U0491901

中国社会科学院学部委员专题文集
ZHONGGUOSHEHUIKEXUEYUAN XUEBUWEIYUAN ZHUANTI WENJI

哲学与宗教学研究

吕大吉 ◎ 著

中国社会科学出版社

前　言

　　哲学社会科学是人们认识世界、改造世界的重要工具，是推动历史发展和社会进步的重要力量。哲学社会科学的研究能力和成果是综合国力的重要组成部分。在全面建设小康社会、开创中国特色社会主义事业新局面、实现中华民族伟大复兴的历史进程中，哲学社会科学具有不可替代的作用。繁荣发展哲学社会科学事关党和国家事业发展的全局，对建设和形成有中国特色、中国风格、中国气派的哲学社会科学事业，具有重大的现实意义和深远的历史意义。

　　中国社会科学院在贯彻落实党中央《关于进一步繁荣发展哲学社会科学的意见》的进程中，根据党中央关于把中国社会科学院建设成为马克思主义的坚强阵地、中国哲学社会科学最高殿堂、党中央和国务院重要的思想库和智囊团的职能定位，努力推进学术研究制度、科研管理体制的改革和创新，2006年建立的中国社会科学院学部即是践行"三个定位"、改革创新的产物。

　　中国社会科学院学部是一项学术制度，是在中国社会科学院党组领导下依据《中国社会科学院学部章程》运行的高端学术组织，常设领导机构为学部主席团，设立文哲、历史、经济、国际研究、社会政法、马克思主义研究学部。学部委员是中国社会科学院的最高学术称号，为终生荣誉。2010年中国社会科学院学部主席团主持进行了学部委员增选、荣誉学部委员增补，现有学部委员57名（含已故）、荣誉学部委员133名（含已故），均为中国社会科学院学养深厚、贡献突出、成就卓著的学者。编辑出版《中国社会科学院学部委员专题文集》，即是从一个侧面展示这些学者治学之道的重要举措。

　　《中国社会科学院学部委员专题文集》（下称《专题文集》），是中国社会科学院学部主席团主持编辑的学术论著汇集，作者均为中国社会科学院学部委员、荣誉学部委员，内容集中反映学部委员、荣誉学部委员在相关学科、专业方向中的专题性研究成果。《专题文集》体现了著作者在科学研究实践中长期关注的某一专业方向或研究主题，历时动态地展现了著作者在这一专题中不断深化的研究路径和学术心得，从中不难体味治学道路之铢积寸累、循序渐进、与时俱进、未有穷期的孜孜以求，感知学问有道之修养理论、注重实证、坚持真理、服务社会的学者责任。

2011年，中国社会科学院启动了哲学社会科学创新工程，中国社会科学院学部作为实施创新工程的重要学术平台，需要在聚集高端人才、发挥精英才智、推出优质成果、引领学术风尚等方面起到强化创新意识、激发创新动力、推进创新实践的作用。因此，中国社会科学院学部主席团编辑出版这套《专题文集》，不仅在于展示"过去"，更重要的是面对现实和展望未来。

这套《专题文集》列为中国社会科学院创新工程学术出版资助项目，体现了中国社会科学院对学部工作的高度重视和对这套《专题文集》给予的学术评价。在这套《专题文集》付梓之际，我们感谢各位学部委员、荣誉学部委员对《专题文集》征集给予的支持，感谢学部工作局及相关同志为此所做的组织协调工作，特别要感谢中国社会科学出版社为这套《专题文集》的面世做出的努力。

《中国社会科学院学部委员专题文集》编辑委员会
2012年8月

目　　录

第一部分　马克思主义宗教理论研究

马克思、恩格斯历史唯物主义宗教观的理论与历史概说 ……………(3)
从近代西方比较宗教学的发展谈马克思主义宗教学的性质和
　体系构成 ……………………………………………………………(51)
以理性的态度认识和对待马克思主义宗教理论 ……………………(70)
从古希腊罗马时代到18世纪法国的启蒙宗教理论概说
　——马克思主义宗教理论的历史背景之一 ………………………(84)
青年黑格尔派和费尔巴哈宗教观理论概说
　——马克思主义宗教理论的历史背景之二 ………………………(109)

第二部分　西方近现代哲学、宗教学研究

洛克物性理论研究 ……………………………………………………(141)
不可知主义哲学与宗教
　——休谟、康德宗教哲学述评 ……………………………………(252)
从神本主义到人本主义
　——关于文艺复兴和人文主义 ……………………………………(272)
17、18世纪的英国自然神论思潮述评 ………………………………(288)

第三部分 中国宗教研究

中国宗教和中国文化探源导引
　　——关于《中国各民族原始宗教资料集成》……………………（305）
泛论宗教与文化的关系
　　——兼谈中国传统文化的特质 ……………………………………（318）
中国传统宗教与传统道德的历史关联 …………………………………（418）
中国现代宗教学术研究的百年回顾与展望 ……………………………（438）

第四部分 宗教研究方法及其他

学术需理性　信仰要宽容
　　——宗教研究方法谈之一 …………………………………………（471）
科学不要宗派　思想需要开放
　　——宗教研究方法谈之二 …………………………………………（477）
唯物史观与宗教研究方法论 ……………………………………………（482）
宗教是什么？
　　——宗教的本质、基本要素及其逻辑结构 ………………………（491）
试论宗教在历史上的作用 ………………………………………………（520）
概说宗教禁欲主义 ………………………………………………………（541）

第一部分

马克思主义宗教理论研究

马克思、恩格斯历史唯物主义宗教观的理论与历史概说

青年黑格尔派的宗教批判运动和费尔巴哈的人本主义宗教观对德国激进思想的发展产生了重要的影响，推动了青年一代的革命化，直接走上了反对封建专制主义的革命道路。这种发展是德国历史的必然趋势，也早在青年黑格尔派和费尔巴哈的预期之中。无论是施特劳斯、鲍威尔，还是费尔巴哈，都从一开始就把他们自己进行的宗教批判当成政治革命的先导。传统的政治、法律、道德以至整个社会都是以神圣的宗教作为自己的精神支柱，从而获得了不可动摇的统治权。一当宗教在批判的武器的攻击之下，失去了固有的神圣性，它所支撑的政治、法律、道德和社会也将随之而丧失其不可动摇的统治权。人既然从神那里收回了异化出去的本质，从神的奴仆变成了真正的人，成了掌握自己命运的主人，人也将不再甘心于继续充当地上统治者的奴仆，而希望人自己成为社会的主人，天国的革命必将演化为人间的革命。领导这场革命的人就是马克思和恩格斯，指导这场革命的思想武器就是他们创建的"马克思主义"。

马克思、恩格斯是发动共产主义革命的思想家和革命家。他们在其革命生涯中也很重视宗教问题的研究，特别在他们的青年时代更是如此。他们写下了一系列论述宗教问题的论著，形成了很有特色的宗教学说，构成了马克思主义体系的一个重要方面。对于这部分学说，社会主义国家的马克思主义学者过去普遍称之为"科学无神论"，本书著者过去也曾接受并使用过这个称呼。现在认为，这似乎有些欠妥之处。第一，正如本书所论述的，西方宗教学说史上有各种各样的理论形态，其中很多形态都具有无神论的性质。如果我们仅仅把马克思主义的宗教观

称之为"科学无神论",这实际无异于把其他各种非马克思主义的宗教观和无神论一律贬入"非科学"的领域,显然不妥。即使我们把"无神论"等同于"科学性",把各种形态的宗教观在无神论上"彻底性"的程度等同于它们在"科学性"上的程度(这是把问题简单化,未必妥当),而且,即使我们进一步把马克思主义宗教观当作一种历史上最彻底、最完整的"无神论",那么,我们也只能由此得出结论:马克思主义宗教观是最彻底的无神论,因而是最科学的无神论,但却不能说,其他各种非马克思主义无神论就不是"科学",或者说不具"科学性",而只能说,它们的"科学性"的程度较差而已!所以,过去那种专把马克思主义挑出来称之为"科学无神论"的提法是不符合于历史实际的,是一种具有狭隘性、排他性的文化宗派主义。

第二,如果我们把马克思主义宗教观称之为"科学无神论",那是否意味着它在内容上完全正确、完全合乎科学呢?任何一个具有科学头脑、懂得一点认识辩证法的人都不会把任何一种理论和学说(包括马克思主义宗教观在内)宣布为百分之百正确的"科学",因为世界上根本不存在这样的"科学"。马克思、恩格斯关于宗教的论述,并非"句句是真理";有些则需要在认识的进一步发展中不断确定其适用的条件和范围,甚至否定自身而前进到新的真理。把马、恩的宗教学说当成百分之百的"科学",实际上是把它绝对化、教条化,变成一种新的"宗教"。

在我看来,马克思、恩格斯的宗教学说是有其自身的特色的,这就是它在理论上和方法上应用历史唯物主义去说明有关宗教的各种基本问题。历史唯物主义是马克思、恩格斯所特有的世界观和方法论,在此基础上建立起来的宗教学说也因而具有马克思主义所独有的特色。因此之故,我提议,如果我们要给马克思、恩格斯的宗教学说起一个名称的话,可以称之为"历史唯物主义的宗教观"或"历史唯物主义的无神论"。这个名称可以为各派宗教学者所接受。拥护历史唯物主义的学者可以在承认历史唯物主义是科学真理的基础上继续把历史唯物主义宗教观当成一种科学的真理;反对历史唯物主义是科学真理的宗教学者,尽可以一方面不承认马克思主义宗教观的"科学性",但却并不妨碍他们接受"历史唯物主义的宗教观"这个单纯描述事实的提法。

我们现在就来对马克思、恩格斯的"历史唯物主义宗教观"的基本内容及其形成过程做些考察。

首先需要考察和说明的问题是：历史唯物主义的宗教观并不是马克思、恩格斯从其诞生之日起就天赋而有的，也不是一经形成就一成不变的。它本身有一个形成和发展的历史过程。正如他们在世界观上有一个从唯心主义发展为唯物主义，在政治上有一个从革命民主主义发展为共产主义的过程一样，在宗教观上则有一个从宗教有神论发展为理性主义的启蒙无神论、再发展为历史唯物主义的无神论的过程。

一　中学时代的宗教信仰

马克思、恩格斯从青年时代起就非常关心和重视宗教问题，积极参加当时德国青年黑格尔派批判宗教神学的斗争。事实上，对宗教理论的研究乃是马、恩全部理论活动的起点，对宗教的批判构成他们对社会批判的前提，理论上的无神论成了他们创建共产主义学说的开端。但是，马、恩和普通人一样并不是天生的无神论者。他们生长的德国是一个信奉基督教的封建专制国家，宗教信仰的长期传统从小就在他们的心灵上打上了宗教的烙印。马克思的父亲希尔舍·马克思是一个富有文化教养、接受启蒙思想的犹太人，在伏尔泰、卢梭、莱辛等人著作的影响下，他在政治上和宗教信仰上都主张自由主义[①]。中学时代的马克思虽然仍是基督教的信徒，但其信仰已逐渐偏离正统的教义。1835 年，他写了一篇讨论宗教问题的作文——《根据约翰福音第 15 章第 1 至 14 节论信徒和基督教的结合，这种结合的本质、绝对必要及其影响》。马克思在文中主张把宗教建立在道德的基础之上。他承认人必须与神结合。"但人神结合的原因在于人的本质，因为人永远是用不断提高道德水平的办法使自己上升到神的地位的，基督教在于使人获得真正的道德，只有通过表现在基督身上的神的道德启示，

[①] 马克思的父亲于 1816 年冬（或 1817 年初）放弃犹太教，改宗福音派基督教，马克思和他的母亲也分别于 1824 年和 1825 年改宗受洗。

才有可能通过基督教达到人与神的结合"。① 这时的马克思把基督教道德看成是神圣的、美好的东西，但他同时却又把这种崇高的基督教道德了解为为人类的幸福而牺牲自己。他在另一篇题为《青年选择职业的考虑》的作文中写道："历史把那些为一个共同目标奋斗，并使自己变得更加高尚的人们看成是伟大的人物；经验则把造福于人类最大多数的人称颂为最幸福的人；宗教本身教给我们，一切人所追求的那个理想为人类牺牲了自己……"②这时的马克思仍奉宗教为神圣，但已显示了一种伦理人道主义的启蒙思想。他把基督教的道德理解为献身人类的解放和幸福。不过后来当他认为基督教的道德无助于这种事业时，就抛弃了宗教，选择了革命。

恩格斯生活在一个虔诚派基督教徒的家庭，从小就受到浓厚的宗教教育的熏染。中学校长在他的毕业证明书上称赞他心地纯洁，性格温和，具有笃信宗教的感情。我们从恩格斯 16 岁行坚信礼时所写的一首诗里看到，他当时还温顺地拜倒在上帝的神座之前，把自己对人间生活的依恋之情视为罪恶，向上帝忏悔、祈求上帝和基督拯救他的灵魂。在 19 世纪初期蓬勃发展的进步思潮的影响下，恩格斯参加了反封建、争自由的运动，开始了摆脱传统信仰的进程。1839 年，恩格斯在与当牧师的友人的一封通信中，谈到他正在为甩掉信仰上帝的精神负担而进行着严肃认真的思想斗争："当然，你可以像躺在暖床上那样舒舒服服地躺在你的信仰上面，一点也体会不到我们这些人要断定上帝真的是上帝，还是并非上帝时所经历的是一种什么样的斗争。你也体会不到当第一次感到怀疑时，旧信仰给人带来的负担（当人们对旧信仰必须决定赞成还是反对，必须决定取舍时，就是一种负担）是多么沉重。"③ 这封信表明恩格斯已开始怀疑上帝的存在。幼年时代的宗教梦快要做到头了。正在这时，德国思想界围绕施特劳斯的《耶稣传》爆发了论争并日益尖锐起来，恩格斯和马克思一起被卷进了这场批判宗教神学、反对封建专制制度的思想激流之中。

---

① 《马克思恩格斯全集》俄文版，第 1 卷，第 421—425 页。
② 《马克思恩格斯早期著作选》，1956 年俄文版，第 5 页。
③ 恩格斯1839 年 7 月 12—27 日致弗·格雷培的信，见海·格姆科夫著《恩格斯传》，生活·读书·新知三联书店 1980 年版，第 26 页。

二 参加青年黑格尔派运动时期的启蒙无神论

青年时代的马克思和恩格斯都积极热情地参加了青年黑格尔派的活动。在世界观上，他二人当时还是黑格尔哲学的信奉者，把它作为理性的象征和真理的化身而予以接受。在宗教观上，他们把传统基督教崇奉的那个超自然上帝化为黑格尔哲学的绝对精神或自我意识，进而了解为人性的异化、人的创造物，经过泛神论而走到理性主义的启蒙无神论。对宗教问题的思考，是马、恩青年时代最为关心的课题，也是他们摆脱传统观念的束缚、探索新的真理、建立新的世界观的起点。他们和青年黑格尔派布鲁诺·鲍威尔等人一样，把批判宗教的斗争当成历史的使命和时代的命令，视为直接为变革旧世界服务的革命事业。大体上，在1840年左右，马、恩都还是作为青年黑格尔派的成员进行活动的。这一时期，马克思的主要代表著作是博士论文：《德谟克里特的自然哲学与伊壁鸠鲁的自然哲学的差别》（1841）。恩格斯的主要代表著作则是《乌培河谷来信》《谢林与启示》《基督教英雄叙事诗》等。

马克思的《博士论文》通过对伊壁鸠鲁无神论的肯定来推进当时德国的宗教批判。他把宗教看成是与哲学根本对立的东西：哲学是绝对自由的，而宗教则是上帝的奴仆。因此，哲学"反对一切天上和地下的神灵"。他要求哲学发扬"我痛恨所有的神灵"的普罗米修斯殉道精神，宁肯被缚在岩山上，也不愿做上帝的忠顺奴仆。无神论的战斗性跃然纸上。但是，马克思这时是用"自我意识""自由"之类黑格尔的哲学范畴来解释伊壁鸠鲁的原子唯物主义。马克思反对宗教和迷信，因为这违反了人的理性；他反对一切神灵，因为他认为人的自我意识即是最高的神性，在自我意识之外没有任何神灵可与之并列。马克思的理性主义启蒙无神论抬高了理性的权威，却把理性的权威用之过度，把理性变成了"神性"。只是由于费尔巴哈人本学唯物主义的启发，才使马克思抛弃了黑格尔唯心主义，走向辩证唯物主义和历史唯物主义；在此基础上，从理性主义启蒙无神论走向历史唯物主义无神论。

这一时期的恩格斯更是以他特有的激情参加批判宗教神学的斗争。

1839年的《乌培河谷来信》一方面揭露该地区工人阶级的悲惨生活，同时则把这种社会不幸与宗教虔诚主义对工人的精神毒害联系起来。他认为，正是这种对宗教的虔诚信仰使工人在精神上麻木不仁，看不到自己身遭不幸的根源，从而使工厂主放心大胆地压榨工人的血汗。这篇文章的特殊意义在于它说明恩格斯当时已敏锐地把传统宗教视为维护剥削制度的工具，对宗教与社会都采取了批判的态度。这一点，在他同年10月29日致友人的信中说得更加清楚："金融贵族靠牺牲贫民而享有免税特权，力求建立一成不变的专制统治；而达到这个目的手段则是：政治机构的镇压，使大多数人民处于愚昧无知的状态，利用宗教……"[①] 人们在这时已可闻到成熟时期马克思主义所特有的阶级斗争火药味。

1841年，当鼎鼎大名的哲学家谢林秉承统治者的旨意在柏林大学讲坛上宣讲调和理性与信仰的"启示哲学"，公开反对黑格尔哲学和青年黑格尔派的时候，恩格斯被激怒了，接连著文批判谢林，把他讥之为"基督的哲学家"。因为谢林把哲学变成宗教，改造为神的智慧，贬低了理性的权威而把它降为神的奴仆。恩格斯把理性或精神看成是历史的动力；虽然黑格尔在专制主义的重压之下不敢忠于自己的理性原则，但原则本身是好的，是反对信仰主义的。青年黑格尔派的功绩就在于保存了这些原则，批判了精神自由发展的最大障碍——基督教，从而使精神摆脱了宗教的监护，为人类开辟了一个新的时代："因此，'黑格尔党徒'现在毫不隐瞒这样一个情况，即他们不能、也不想再把基督教看成是自己的界限。基督教的一切基本原则以及过去一般称为宗教的一切，都在理性的无情批判下崩溃了；绝对观念要求成为新时代的奠基者。伟大的变革——上一世纪的法国哲学家只是这一变革的先驱——在思想的王国获得了完成，实现了它的自我创造。笛卡尔创造的新教哲学完成了自己的发展；新的时代到来了，凡是和自我发展的精神一同前进的人，他们的神圣义务就是使民族认

[①] 科尔纽：《马克思恩格斯传》，王以铸等译，生活·读书·新知三联书店1963年版，第231页。

识到这一巨大的成果，并把它变成意志的生活原则。"① 恩格斯把理性主义反对信仰主义、哲学反对宗教的理论批判，当成是实现社会变革的先导；但恩格斯对社会变革的性质的理解是"黑格尔式"的，因为他把这种变革说成是"绝对观念"的自我创造。

恩格斯的《基督教英雄叙事诗》是一部讽刺作品，是为反击普鲁士反动派对布·鲍威尔的政治迫害而写的。他形象地描绘了"自由人"（由鲍威尔兄弟、马克思、恩格斯、费尔巴哈、施蒂纳、科本等人）组成的无神论集团，与由虔诚的宗教神学家组成的集团之间的激烈战斗。《叙事诗》说，"自由人"得到丹东、马拉、伏尔泰、罗伯斯庇尔和黑格尔等人从地狱前来的支援，直逼敌军。圣徒和天使抵挡不住，纷纷落荒而逃。虔诚派集团败军之际，普鲁士国家突然发出免去布·鲍威尔职务的通告。这一下，形势陡然逆转，"自由人"在天使的追击下逃回人间。宗教于是得救，信仰因而获胜。这出笑剧活画出恩格斯当时对宗教与政治关系问题的基本观点。他把青年黑格尔派批判宗教的运动与18世纪法国大革命的精神领袖与政治领袖们的目标和命运紧紧地连在一起，他本人则自命为反对基督教和基督教国家的斗士。

青年恩格斯和青年马克思的独特之处，就在于他们在当时已是从变革社会的角度来考虑德国的宗教批判运动，表现出了一种"革命家"的精神和气质。他们后来成为共产主义运动的革命领袖不是偶然的。

三　历史唯物主义宗教观的形成

1841年，费尔巴哈的《基督教的本质》一书发表了。这本书标志着德国宗教批判运动的哲学基础已从过去的唯心主义转到唯物主义之上，其特殊意义则在于它对马克思、恩格斯的思想解放作用，构成他们从黑格尔唯心主义转向唯物主义的桥梁。恩格斯后来说："这部书的解放作用，只有亲自体验过的人才能想象得到。那时大家都很兴奋：我们一时都成了费尔巴哈派了。马克思曾经怎样热烈地欢迎这种新观点，而这种新观点又是

---

① 《马克思恩格斯早期著作选》俄文版，第398—399页。

如何强烈地影响了他（尽管还有批判性保留意见），这可以从《神圣家族》中看出来。"①

从1841年到1847年，是马克思、恩格斯在世界观上急剧转变，并最后形成马克思主义思想体系的时期。他们在这一时期的思想发展可以再分为两个阶段：从1841年到1844年是马、恩世界观的转变阶段；从1844年到1847年《共产党宣言》标志辩证唯物主义和历史唯物主义哲学世界观的形成和马克思主义思想体系的完成。本书不拟全面论述整个马克思主义的形成过程，只打算探索马、恩的宗教观在这两个阶段中的形成和发展过程，并力图说明马、恩宗教观的发展在整个马克思主义形成发展过程中的作用和意义。我们要强调一个事实：青年马克思和青年恩格斯的理论活动和革命实践活动，首先是从宗教批判开始的；他们在哲学世界观上的转变，也首先是在费尔巴哈的影响之下，以宗教观的转变为起点的。马、恩为了说明宗教的本质，先是以费尔巴哈所揭示的神圣家族的世俗基础为立足点，进一步对此基础进行解剖，从对天国的批判转向尘世的批判，从宗教批判转向社会批判，从费尔巴哈的人本学唯物主义发展为辩证唯物主义和历史唯物主义，并因此而在宗教观上实现了从理性主义启蒙无神论到历史唯物主义无神论的转变。

费尔巴哈的《基督教的本质》把宗教和神的本质从施特劳斯的"实体"和鲍威尔的"自我意识"还原为人的本质的虚幻表现，论证了"人创造了宗教，而不是宗教创造了人"这个原理。由于找到了这个结论，在马克思看来，"对德国来说，对宗教的批判实际上已经结束"②。于是，马克思的主要注意力从宗教问题转到了社会政治问题。他开始在报刊上撰写政治文章，为反对德意志专制制度，争取人的自由民主而斗争。但德国专制制度的精神支柱是基督教，所以马克思的政论不能不触及宗教问题。

1842年1—2月，马克思写《评普鲁士的书报检查令》，批判普鲁士政府的书报检查制度把政治原则和基督教宗教原则混在一起，使宗教的信仰而不是自由的理性成为国家的支柱，企图把普鲁士建成一个基督教国

---

① 《马克思恩格斯选集》第4卷，人民出版社1972年版，第218页。
② 《马克思恩格斯选集》第1卷，人民出版社1972年版，第1页。

家。他认为:"国家应该是政治的和法的理性的实现"①,现代国家不是教徒的联合,而是自由人的联系;国家的任务不是实现宗教教义,而是实现人的自由。马克思这时仍是应用黑格尔法权哲学的思想来反对建立基督教国家。

1842年4月,马克思开始为《莱茵报》撰稿。同年10月至1843年3月,任该报主编。他撰写了《第179号"科伦日报"社论》反击《科伦日报》政治编辑海尔梅斯对思想言论自由和对青年黑格尔派宗教批判运动的攻击,阐发了一些宗教理论问题:

第一,针对海尔梅斯关于宗教是国家的基础、国家的兴衰决定于宗教的兴衰的观点,马克思根据历史事实得出了相反的结论:国家不是因宗教的兴盛而兴盛,倒是宗教随国家的消亡而消亡。"民族"和"国家"才是古代宗教所崇拜的真正对象。马克思道出了宗教的世俗内容及其对政治的依赖关系,表明他正在突破黑格尔哲学的框架。马克思宗教观的下一步发展就将是进一步分析民族和国家的经济基础与阶级构成,揭示宗教的社会本质及其发展的社会动因。

第二,马克思反对海尔梅斯企图使科学服从于宗教、把哲学变成神学的婢女的观点,他指出,哲学和宗教、科学研究的世俗理性与宗教理性之间的对立,这甚至是新教神学家也不能不承认的历史事实。除了强使科学融化于宗教,没有别的办法可以证明科学结论和宗教结论的一致性。基督教只有依靠强制的手段和警察的帮助,才能维持信仰的地位。哲学是理性的,宗教则是非理性的;宗教许诺人们以天堂,哲学只许诺真理;宗教要求人们信仰宗教的信仰,哲学并不要求信仰其结论,而只要求检验疑团;哲学的结论无论对天堂或人间的贪求享受和利己主义,都不会纵容姑息。马克思站在理性主义启蒙思想的立场对无神论哲学作了热情的歌颂,对宗教信仰主义进行了尖锐的谴责,这实际上是对德国哲学、特别对青年黑格尔派的宗教批判的热情肯定,以此来反击官方对它的围剿。

马克思在上述两篇论文中的宗教观,着眼于从社会政治方面来批判宗

---

① 《马克思恩格斯选集》第1卷,人民出版社1972年版,第14页。

教，这是其深刻之处和独到之点，但总的说来，马克思这时仍停留在理性启蒙主义水平。他要求发扬哲学的自由精神，但他的哲学仍属于黑格尔唯心主义范畴；他反对反动的"基督教国家"，但他心中的国家仍不过是"自由理性"的表现。这种唯心主义的历史观是马克思下一步予以克服的课题。

作为《莱茵报》的主编，马克思有机会广泛地接触到社会政治生活和经济生活的各个方面，促使他对社会政治生活的基础与本质进行更多的思考。种种现实问题使他认识到标榜体现普遍理性的国家和法律并不代表贫苦农民的利益，引起了他对黑格尔哲学（特别是法哲学）的怀疑，促使他去研究经济。[①] 随着唯物史观的萌芽，马克思的宗教观也随之变化。他越来越自觉地从物质生产关系来分析和研究宗教问题，这在他为《德法年鉴》所写的几篇论文中得到明确的表现。

1843年，《莱茵报》被政府查封。这意味着马克思此前信奉的黑格尔哲学所谓的"自由理性"的破灭。此后至1844年3月，他与另一位青年黑格尔派中坚人物卢格合作出版《德法年鉴》。这一年是马克思世界观急剧变化的时期，他写了四篇重要的论文：《黑格尔法哲学批判》《论犹太人问题》《〈黑格尔法哲学批判〉导言》《经济学—哲学手稿》。这四篇论文表明马克思已在哲学上由唯心主义逐步转向唯物主义、政治上由革命民主主义转向共产主义、宗教观上则由理性主义启蒙无神论转向历史唯物主义无神论。

《黑格尔法哲学批判》（1843年夏），可以认为是马克思历史唯物主义的起点。此文把黑格尔弄颠倒了的国家与市民生活的关系再颠倒过来，指出私有财产对政治国家起着支配作用，是社会的物质生活关系决定国家，而不是国家决定社会的物质生活关系。唯物主义史观开始冲击黑格尔体系，破土欲出了。

[①] 马克思后来在《〈政治经济学批判〉序言》中谈到了这个问题："1842—1843年间，我作为《莱茵报》的主编，第一次遇到要对所谓物质利益发表意见的难事。莱茵省议会关于林木盗窃和地产析分的讨论，当时的莱茵省总督冯·沙培尔先生就摩塞尔农民状况同《莱茵报》展开的官方论战，最后，关于自由贸易和保护关税的辩论，是促使我去研究经济问题的最初动因。"（《马克思恩格斯选集》第2卷，人民出版社1972年版，第81—82页）

同年秋写作的《论犹太人问题》批判布鲁诺·鲍威尔关于"宗教解放"与"政治解放"之关系的唯心史观，第一次用唯物主义观点说明宗教的社会根源和阶级根源，并按照马克思自己的观点说明人类摆脱宗教桎梏的道路。马克思指出：宗教对于人的精神压迫（"宗教桎梏"）根源于人的物质压迫（"世俗桎梏"）。宗教的本质不能化为神学问题而得到解释，而必须化为世俗问题，从社会历史出发去说明它。既然社会不平等的根源不在宗教，而在于社会的现实关系，那么，人的社会平等和自由的实现，便不是像鲍威尔所主张的那样，在于首先废除宗教，而是要消除产生宗教的社会桎梏本身。宗教压迫和政治压迫之最深刻的根源是私有财产制度，要想实现人类在宗教和政治方面的解放，包括废除宗教，必须进行废除私有财产制度的社会革命。

这是一种包涵着历史唯物主义之本质因素的观点，标志着马克思与青年黑格尔派分道扬镳了。马克思这种新的宗教观在《〈黑格尔法哲学批判〉导言》中得到更全面、更深刻的阐述。如果说，在《论犹太人问题》中，马克思着重阐述宗教的社会根源以及消除宗教的途径，那么，在《导言》中则除了进一步阐明上述原理外，更多地分析宗教的社会本质和社会职能，为消除宗教桎梏提供更深层的理论论证。《导言》阐发的宗教理论是马克思这一时期形成的新宗教观的全面表述，在马克思主义宗教学说体系中具有奠基性的地位。《导言》论述的宗教理论主要内容可归纳为三个方面：

第一，总结了德国哲学对宗教的批判，肯定了它的历史意义。

《导言》开宗名义第一句就说："就德国来说，对宗教的批判实际上已经结束，而对宗教的批判是其他一切批判的前提。"这是马克思为德国哲学的宗教批判所做的总结。他把对宗教的批判和对其他一切（政治、法、国家、社会）的批判紧紧联系起来，认为对宗教的批判并不单纯是宗教问题，而是富有政治意义的斗争，是为德国的政治革命和社会革命开辟道路、准备条件、创造前提。这是因为，在马克思看来，宗教对人间谬误进行天国申辩，它用神的名义为现实的苦难世界加上一道神圣的灵光圈；如果不首先驳倒这种天国的申辩，人间的谬误就不可能裸露在世人而前，而"谬误在天国的申辩一经驳倒，它在人间的存在就陷入了窘境"，苦难世界就失去了它存在的神圣根据。"因此对宗教的批判就是对苦难世界——宗教是它的灵光圈——的批判的胚胎。"①

第二，论述了宗教的本质及其产生的社会根源。

关于宗教的本质及其产生的根源，是德国哲学、特别是青年黑格尔派着力解决的理论问题。施特劳斯和鲍威尔说法不同，但都把宗教归结为人类精神的创造。施氏把创造宗教（神话）的"人"说成是精神性的客观"实体"，鲍氏则说成是"自我意识"。所以，他们的"人"不是真正的人，而是作为黑格尔绝对观念之表现和外化的人。费尔巴哈对黑格尔唯心主义哲学进行了有力的批判，把他们弄颠倒了的观念与人的关系颠倒了过来。"观念"变成了人的观念，是人对世界的反映，而不是世界的本体。他用这种人本学唯物主义世界观来说明宗教的本质和起源。他指出，宗教中关于上帝的一切属性和本质都是人类把自己的属性和本质自我异化的结果，不是上帝创造了人，而是人按照自己的形象创造了上帝。费尔巴哈否定了宗教和上帝的神圣本质，把它还原为它的世俗基础。

马克思总结和继承了他们关于宗教的本质就是人的本质，以及人创造宗教的思想，把这作为自己进行宗教批判的理论根据："反宗教的批判的根据就是：人创造了宗教，而不是宗教创造了人。"② 但是，《导言》不满足于费尔巴哈已经得出的结论，而是把它作为马克思继续前进的出发点。在马克思看来，费尔巴哈所了解的那个创造宗教和神的"人"有严重的局限性，因他把人从其赖以生存的社会关系中孤立出来，把人看成是抽象地栖息在世界以外的东西，还不知道人是社会的产物，不知道"人就是人的世界，就是国家、社会"，因此，费尔巴哈在把宗教世界还原为人以后就停止了自己的脚步，没有进一步批判人所生活的环境——国家与社会。他在理论上没有揭示宗教的社会根源，在政治上没有得出社会革命的结论：费尔巴哈人本主义宗教观停步不前的地方于是成了马克思历史唯物主义宗教观的新起点。《导言》指出，宗教这种颠倒的世界观之所以在人脑中发生出来，根本原因在于在人的背后有一个颠倒的世界，即人压迫人、人剥

---

① 《马克思恩格斯选集》第1卷，人民出版社1972年版，第1—2页。
② 《马克思恩格斯选集》第1卷，人民出版社1972年版，第1页。

削人的社会。在颠倒的世界里，人民没有人的权利和地位，没有过上真正的人的生活。因此，人就把人的本质异化为幻想的救世主，希望在一个幻想的天国里过上幸福的生活。既然宗教异化的根源是颠倒的世界，那么，单纯地揭露宗教异化现象是不足以消灭宗教的，只有进一步消灭颠倒的世界，推翻剥削制度的社会和国家才能提供这种可能性。《导言》从这个无神论理论出发得出了一个政治上的革命性结论：

> 彼岸世界的真理消逝以后，历史的任务就是确立此岸世界的真理。人的自我异化的神圣形象被揭穿以后，揭露非神圣形象中的自我异化，就成了为历史服务的哲学的迫切任务。于是对天国的批判就变成对尘世的批判，对宗教的批判就变成对法的批判，对神学的批判就变成对政治的批判。①

马克思的意思是，在驳倒宗教神学（"彼岸世界的真理"）以后，我们的历史任务就是通过对社会、法和政治的批判，在人间建立真理和正义的社会（"确立此岸世界的真理"）。

《导言》这段话提出了两种"异化"：一种是人的本质自我异化为"神圣形象"，一种是人的本质自我异化为"非神圣形象"；而且在马克思心目中，后一种异化还是前一种异化的基础。由于费尔巴哈只是揭穿了前一种异化，所以，"揭露非神圣形象中的自我异化，就成了为历史服务的哲学的迫切任务"。马克思这里提出的"迫切任务"，《导言》没有完成，而是在他于1844年写作的《经济学—哲学手稿》中执行的。《手稿》把生产者的劳动过程看成是人性的异化过程。人通过劳动，把自己的本质异化或对象化为劳动产品。但是，在以私有制为基础的剥削社会里，劳动产品却不属于劳动者本人所有。于是，劳动的现实化表现为劳动者的非现实化，劳动的对象化表现为对象的丧失并为对象所奴役。在资本社会里，劳动产品变成资本家的资本，劳动者转而受到自己劳动的异化物（即资本）的统治。为了克服这种人性的异化，无产阶级就必须通过社会革命粉碎剥

---

① 《马克思恩格斯选集》第1卷，人民出版社1972年版，第2页。

削制度，使劳动产品回归劳动者所有，而不再成为与自己作对的异己力量。过去异化于劳动产品中的人性（人的本质）从而得到恢复，无产者就成了自己劳动的主人，成为一个真正的人。在马克思看来，劳动异化现象的消失，也就是整个社会的解放。随着社会异己力量的消失，必然导致宗教异化的最后消亡。马克思就这样把克服宗教异化的无神论和克服劳动异化的共产主义革命联系起来。《手稿》中有一段重要的话：

> 宗教、家庭、国家、法、道德、科学、艺术等等，都不过是生产的一些特殊的方式，并且受生产的普遍规律的支配。因此，私有财产的积极的扬弃，作为对人的生命的占有，是一切异化的积极的扬弃，从而是人从宗教、家庭、国家等等向自己的人的即社会的存在的复归。宗教的异化本身只是发生在人内心深处的意识领域中，而经济的异化则是现实生活的异化，——因此异化的扬弃包括两个方面。不言而喻，在不同的民族那里，这一运动从哪个领域开始，这要看一个民族真正的、公认的生活主要是在意识领域中还是在外部世界中进行，这种生活更多地是观念的生活还是现实的生活。共产主义从一开始就是无神论（欧文），而无神论最初还远不是共产主义；那种无神论无宁说还是一个抽象。所以，无神论的博爱最初还只是哲学的、抽象的博爱，而共产主义的博爱从一开始就是现实的和直接追求实效的。[①]

单纯的无神论只是一种抽象的哲学，只有扬弃私有财产制度和劳动异化，才能扬弃宗教异化。走到这一步，马克思的确表现出他与包括费尔巴哈在内的一切历史上的启蒙思想家、无神论者的根本不同之点。过去的启蒙思想家和无神论者批判宗教神学，追求人的解放；但他们所了解的人的解放，主要是人的思想解放和精神上的自由，并不主张消灭私有财产制度（梅叶等空想共产主义者例外）。他们甚至把私有财产当作人的人格独立和政治自由的条件，把财产权当成天赋的人权。可是，马克思却与他们根本不同。他把私有财产制度当成人类彻底解放的根本障碍和一切异化现象的

---

① 《马克思恩格斯全集》第42卷，人民出版社出版1979年版，第121页。

最后根源，必欲消灭之而后已。马克思从理论上的无神论发展为共产主义学说，从启蒙思想走到社会革命。

第三，论述了宗教的社会历史作用，认为宗教是人民的鸦片。

《导言》对于宗教在社会历史上的作用有集中的论述，说法很多，总的精神是一句话：宗教是人民的鸦片。因为，在马克思看来，宗教的作用无非是为颠倒的世界提供感情上的安慰、道德上的核准和理论上的辩护，用神的名义从各方面论证剥削社会的合理性，使之具有神圣不可侵犯的性质。宗教给苦难中的人民以幻想的幸福，为人们身上的锁链装饰上虚幻的花朵，使人们精神上感到有所慰藉而不愿扔掉它。这就是宗教对人民的精神麻醉。《导言》同时也指出："宗教里的苦难既是现实的苦难的表现，又是对这种现实的苦难的抗议。"① 这是因为苦难人民对天堂幻想的追求表现了对现实苦难的不满和抗议。但是这种抗议是消极的，对被抗议的现实社会并无所损害，故《导言》接着指出"宗教是人民的鸦片"。在马克思的心目中，宗教天堂对现实苦难的抗议，也表现出它是麻醉人民的精神鸦片。马克思在自己的其他论著中关于宗教的社会历史作用有大量的论述，但其基本精神都可以用这句话来概括。所以，后来列宁把马克思的这句名言说成是"马克思主义在宗教问题上的全部世界观的基石"②。

《导言》和《手稿》阐明的宗教理论，其主要内容大致有如上述，它比较集中地体现了马克思的宗教观。在《德法年鉴》时期，马克思几篇著作中虽然已不时迸发出历史唯物主义的思想火花，但尚未成型，还没有找到最适当的概念做出准确的表述。随着马克思、恩格斯的哲学世界观（特别是唯物史观）日趋成熟，他们的历史唯物主义宗教观才得以完善和形成。

我们再来看一看恩格斯这一时期宗教观的发展情况。恩格斯说，费尔巴哈的著作对他起了思想解放作用，使他抛弃了青年黑格尔派把言词与行动混为一谈、把思想批判视为世界历史之动力的唯心史观，从此迈步走进革命实践之中。他开始为《莱茵报》写稿，批判普鲁士的专制制

---

① 《马克思恩格斯选集》第1卷，人民出版社1972年版，第2页。
② 《列宁选集》第2卷，人民出版社1972年第2版，第375页。

度和基督教。1842年，恩格斯奉其父之命去英国经商，借机考察英国资本主义社会和工人运动。英国资本主义的弊端以及无产阶级和资产阶级之间日趋激烈的阶级斗争，对于青年恩格斯世界观的演变发生了重大的影响。据恩格斯说，他当时已注意到，在资本主义社会中，决定人们一切思想和行动的轴心，乃是人们的经济地位和物质利益。恩格斯决定去探索一个问题：决定人类社会和历史发展的动力是什么？是经济利益，还是思想原则？恩格斯在英国与工人交朋友，做社会调查，与社会主义运动建立联系，研究空想社会主义与古典经济学的著作，对上述问题寻找自己的答案：

> 我在曼彻斯特时异常清晰地观察到，迄今为止在历史著作中根本不起作用或者只起极小作用的经济事实，至少在现代世界中是一个决定性的历史力量；这些经济事实形成了现代阶级对立所由产生的基础；这些阶级对立，在它们因大工业而得到充分发展的国家里，因而特别是在英国，又是政党形成的基础，党派斗争的基础，因而也是全部政治历史的基础。[①]

这种崭新的见解是恩格斯的唯物史观正在形成的标志。恩格斯这一时期的著作都涉及宗教问题。他当时已形成了自己的社会主义的理想与理论，而且非常强调社会主义学说的纯洁性，反对企图把宗教与共产主义学说结合起来的流行思潮，1843年10—11月，恩格斯写了《大陆上社会改革运动的进展》，其中特别批评了法国共产主义者所谓"基督教就是共产主义"的公式。他坚持认为，社会主义是反对宗教偏见的，宗教与社会主义是截然对立的。当时还是近代共产主义运动的早期阶段，无产阶级还尚待觉醒和组织，可在这时，恩格斯就坚决反对宗教观念对共产主义思想的渗透，这是值得注意的，可见后来共产主义与宗教的对立不是偶然的。

1843年的《英国状况——评托玛斯·卡莱尔的"过去与现在"》是恩格斯这一时期讨论宗教问题的重要著作，它从对宗教之本质的分析出发指

[①] 《马克思恩格斯选集》第4卷，人民出版社1972年版，第192页。

出，宗教绝不能作为救世的良药，只有社会主义，而不是宗教，才能解决资本主义社会的危机和弊端。

卡莱尔的《过去与现在》一书对英国资本主义社会的丑恶现象作了尖锐的批评和揭露。但他把这些丑恶现象归罪于无神论和道德上的利己主义，主张重新恢复宗教信仰，建立泛神论新宗教；在政治上确立以贵族为中心的"英雄崇拜"。恩格斯肯定卡莱尔对英国社会丑恶的揭露，但反对他的救世主张。他指出，要想使英国和整个欧洲得救，绝不应该回到宗教去，而是应该通过无神论达到社会主义，恢复人类在宗教异化中丧失了的人性，使人成为真正的人。卡莱尔所控诉的精神的空虚、社会的腐败，其实正是宗教造成的。宗教的本质就在于把人的本质和大自然的全部内容转化为彼岸之神的幻影。人的精神和本质由于异化而丧失，自然造成精神空虚。宗教非但不是医治精神空虚的良药，而倒正是造成精神空虚的病根。要反对道德上的伪善和谎言，只有依靠哲学和科学，而不能求助于宗教。因为伪善源于宗教，宗教就是谎言。只有通过无神论克服宗教，才能消除虚伪，使人成为一个有灵魂、有理性、有道德的人，掌握了自己命运的真正的人：

> 我们要把宗教夺去的内容——人的内容，不是什么神的内容——归还给人，所谓归还就是唤起他的自觉。我们消除一切自命为超自然和超人的事物，从而消除虚伪，因为人和大自然的事物妄想成为超人和超自然的野心就是一切虚伪和谎话的根源。正因为如此，我们才永远向宗教和宗教观念宣战，毫不顾及别人会给我们扣上什么无神论或者别的帽子。[①]

在恩格斯看来，人类解放的根本道路，既不是泛神论的新宗教，更不是卡莱尔设计的以"真正贵族"为中心的"英雄崇拜"，而是通过消除宗教的无神论来恢复人的本质和尊严，通过"一般否定私有制"来否定卡莱尔所指斥的金钱统治的根源，实现人类利益的一致。这种使人重新获得自

[①]《马克思恩格斯全集》第1卷，人民出版社1956年版，第649页。

己的人性、实现人的本质的社会,就是恩格斯当时所了解的社会主义。在这里,恩格斯得出了马克思在《导言》和《手稿》中阐述的关于无神论和社会主义学说之关系的相同结论。

四 历史唯物主义宗教观的完成

从1844年马克思、恩格斯首次合作写《神圣家族》开始,到1847年合写《共产党宣言》,是马克思主义整个体系完善和完成的时期。由于他们确立了历史唯物主义的世界观并应用于宗教的分析,这就使得马克思主义的宗教观——历史唯物主义的宗教观——得以完善和完成。

马、恩的《神圣家族》是为了回击鲍威尔兄弟等宣扬以"自我意识"为中心的主观唯心论并反对传播共产主义的主张而写的,该书标志着马、恩与青年黑格尔派的最终决裂。该书用辩证法来解决思维与存在、精神与自然、主体与客体、理论与实践的关系,奠定了他们的辩证唯物主义世界观;同时,还制定了历史唯物主义的基本原则,提出了关于社会历史发展的决定力量不是思想原则,而是社会物质生活方式的原理;它还应用新的世界观和方法论去观察和分析唯心主义和唯物主义各自与宗教的关系,对之作了新的、更深一层的说明。

马、恩对青年黑格尔派的宗教批判历来都是肯定的,甚至认之为无神论。但当他们通过《神圣家族》从唯心主义转到唯物主义的时候,便看到了鲍威尔的宗教批判与其唯心主义哲学的矛盾,认为他的唯心主义哲学实质上具有"神学"的性质。马、恩认为,唯心主义哲学不仅不能战胜宗教神学,而且可以转化为对宗教神学的论证,甚至其本身就是一种新的神学。鲍威尔所崇拜的"普遍自我意识",即是基督创世说的复活,因为,那毫无内容的、同自然和社会相隔绝的、只为自己而存在的"自我意识",在逃避了世界之后就变成了神圣的精神而过着神圣的生活。马、恩讽刺性地把鲍威尔称为"神学家",半是文学性的幽默,半是着眼于本质问题的哲学分析:唯心主义哲学与宗教神学之间有着本质上的一致,并没有不可逾越的鸿沟。他们认为,只有唯物主义哲学才在历史上一贯反对宗教神学,是真正的启蒙思想和无神论,并导致社会主义和共产主义理论。

《神圣家族》认为，法国大革命后所产生的政治国家不过是资产阶级的统治工具。因此，单纯的政治解放不能使人从其自我异化下得到解放，必须实行人类的解放。而人类解放的实现，则要求消灭私有制，即通过共产主义革命来实现社会的根本变革，最终克服宗教异化。

1845年，马克思写作《关于费尔巴哈的提纲》，批判费尔巴哈人本学唯物主义的局限性。由于费尔巴哈哲学的核心内容是一套人本主义的宗教观，故对宗教问题的分析便成了《提纲》的重要内容。《提纲》认为费尔巴哈的局限性在于他只是着眼于把宗教还原为它的世俗基础，却没有进一步分析这世俗基础何以会"二重化"，异化出宗教世界来。马克思认为，宗教的自我异化只能用世俗基础的自我异化才能得到说明，只能通过这个世俗世界的自我分裂和自我矛盾才可以得到理解。因此，要想克服宗教的自我异化，首先必须克服世俗世界的自我矛盾；这种社会矛盾只能通过革命的实践才能得到解决，单纯的思想批判是不行的。既然费尔巴哈已经发现了神圣家族（宗教）的秘密存在于世俗家庭（社会）之中，那么，我们的批判便必须从对宗教的批判转向对社会的批判，通过革命实践改造这个社会。《提纲》还批判了费尔巴哈关于"宗教感情"的抽象人性论。指出人是"社会关系的总和"，人的"宗教感情"也只能是"社会的产物"，绝不是脱离具体历史条件和人类社会关系的个人所有物。马克思对抽象人性论的批判，不仅只是针对费尔巴哈的，而且也是对文艺复兴时期以来一切启蒙思想家而言的。因为从马克思看来，他们的启蒙宗教观都具有抽象人性论的特征；只有消除了抽象人性论，才能认识到宗教感情中的社会内容和阶级特性，从而对宗教问题进行阶级分析。《提纲》有关宗教的理论在基本精神上与《导言》是一致的，但由于马克思这时的辩证唯物主义和历史唯物主义世界观已经成型，已经清除了鲍威尔等人和赞尔巴哈的影响，所以，《提纲》阐述的宗教观，比之《导言》具有更自觉的历史唯物主义形式。但是，《提纲》毕竟只是一份建设哲学体系的简要的工作草图，对许多重大问题，如人的社会关系和人的阶级特性的具体内容、"宗教感情"与"社会关系"的具体关系……均未做具体说明，有待进一步发挥。在紧接《提纲》之后，马、恩合写的《德意志意识形态》（1845—1846）和《共产党宣言》（1847），便对这些历史唯物主义基本原则做了经典性的表述，并因此而赋予历史唯物主义宗教观以更准确的表现形态。

《德意志意识形态》是一部哲学著作，主要批判费尔巴哈唯物主义的直观性和唯心史观，对青年黑格尔派进行再清算。马、恩在批判过程中论证了马克思主义哲学，特别是唯物史观的根本原理。《共产党宣言》则是马克思主义体系的集中表现。这两部著作的主题都不是宗教问题，但它们论述的哲学世界观的基本原理却对分析宗教问题具有方法论和认识论的意义，为马克思主义宗教观提供了理论基础和指导原则。例如，这两部著作提出并表达了生产关系（《德意志意识形态》用的是"交互关系"这一概念）一定要适合生产力的性质、上层建筑一定要适应于经济基础、全部文明史都是阶级斗争的历史、社会意识由社会存在所决定、意识形态是人们的生产关系和所有制的产物，它们随着人们的生活条件、社会关系、社会存在的改变而改变……这一系列历史唯物主义原理，在马克思、恩格斯那里，便被应用来说明宗教的本质和社会历史作用，揭示宗教的社会根源，发现宗教之发生、发展和消亡的途径……例如，《德意志意识形态》在论及社会物质生产形式决定社会意识的时候写道："道德、宗教、形而上学和其他意识形态，以及与它们相适应的意识形式便失去了独立性的外观……那些发展着自己的物质生产和物质交往的人们，在改变自己的这个现实的同时，也改变着自己的思维和思维的产物。不是意识决定生活，而是生活决定意识。"[1] 意思是说，不要把宗教视为独立自足的存在，它是为社会的物质生产关系所决定的，由它们的需要而产生，随它们的变化而改变。

由于马、恩认为"到目前为止的一切社会的历史都是阶级斗争的历史"[2]，他们更清楚地指出，宗教的变化和发展是受阶级斗争制约的，宗教斗争是社会阶级斗争的反映。《共产党宣言》不同意所谓宗教只改变形式，但宗教永恒存在的说法，认为宗教和一切社会意识形式一样，在形式上的改变和运动乃是社会阶级对立的反映。阶级斗争的需要决定它们的存在，随着阶级对立和阶级斗争的完全消亡，宗教也会消亡。然后，马克思、恩

---

[1] 《马克思恩格斯全集》第 3 卷，人民出版社 1960 年版，第 30 页。
[2] 《马克思恩格斯选集》第 1 卷，人民出版社 1972 年版，第 250 页。

格斯代表共产党人发出了一篇著名的宣告：

> 共产主义革命就是同传统的所有制关系实行最彻底的决裂；毫不奇怪，它在自己的发展进程中要同传统的观念实行最彻底的决裂。①

这一句著名的宣告从此就成了马克思、恩格斯及其以后一代又一代共产党人对待宗教和其他一切传统观念的态度。所谓"传统的所有制关系"，就是私有财产制度及其所决定的生产关系，它是传统社会的经济基础；至于所谓"传统的观念"，则是在此经济基础上产生出来的"社会意识形态"，即上层建筑。按照马克思、恩格斯的历史唯物主义的基本观点，私有财产制度是一定要消亡的，一切建基于其上的"传统观念""社会意识形态""上层建筑"必然随着私有财产制度的消亡而趋于消亡，这是不以人的意志为转移的社会发展的"必然规律"。按照这条"规律"，宗教必将消亡。并不是马、恩要它消亡，而是历史规律决定它必然消亡。

总之，马克思、恩格斯在《德意志意识形态》和《共产党宣言》两部著作中形成并完成了自己的历史唯物主义，并应用它来说明宗教和其他一切意识形式，这就使他们的宗教观建立在历史唯物主义的基础之上。今后的问题主要是应用这种历史唯物主义的世界观和宗教观进一步分析和认识宗教问题。

五　《共产党宣言》之后的历史唯物主义宗教观

马克思、恩格斯在世界观的转变和他们的共产主义思想体系的形成时期，对宗教问题的关心，在他们全部理论活动和实践活动中占有非常突出和重要的地位。这个道理在马克思的《〈黑格尔法哲学批判〉导言》中已有说明。因为，在他看来，如不首先批判传统宗教，就不能剥去旧制度的灵光圈而有效地批判这个制度；如不首先打破传统宗教信仰的精神束缚，并清除唯心主义哲学的影响，就不能创立历史唯物主义的世界观。理论上

---

① 《马克思恩格斯选集》第 1 卷，人民出版社 1972 年版，第 271—272 页。

的无神论是马、恩发展出辩证唯物主义和历史唯物主义、建立整个共产主义的第一步。

然而，随着《共产党宣言》等著作的问世，马克思主义的整个体系形成了，而且它已不再是马、恩书斋中的抽象理论，而是已和国际共产主义运动结合起来，成了革命的武器。马、恩这时已是国际共产主义运动公认的导师和领袖，他们的主要精力不能不有所转移。正如马克思在《导言》中所说："彼岸世界的真理消逝以后，历史的任务就是确立此岸世界的真理。人的自我异化的神圣形象被揭穿以后，揭露非神圣形象中的自我异化，就成了为历史服务的哲学的迫切任务。于是对天国的批判就变成对尘世的批判，对宗教的批判就变成对法的批判，对神学的批判就变成对政治的批判。"[①] 1844年说的这段话，大体上就是马、恩一生的道路。从那以后，他们为了"确立此岸世界的真理"，即他们理想中的"科学社会主义"社会，集中他们的精力与智慧，从理论和实践上进行对尘世、法和政治的批判。在理论方面，他们着重建立马克思主义的哲学、政治经济学和科学社会主义；只是在国际共产主义运动在理论和实践上的需要涉及宗教问题的时候，他们才进入宗教领域。马、恩有关宗教的论著主要是：

恩格斯：《德国农民战争》（1850）；

恩格斯：《德国的革命与反革命》（1851）；

恩格斯：《流亡者文献》（1874—1875）；

马克思：《哥达纲领批判》（1875）；

恩格斯：《反杜林论》（1876—1878）；

恩格斯：《自然辩证法》（1873—1883）；

恩格斯：《布鲁诺·鲍威尔和早期基督教》（1882）；

恩格斯：《启示录》（1883）；

恩格斯：《路德维希·费尔巴哈与德国古典哲学的终结》（1886）；

恩格斯：《社会主义从空想到科学的发展·英文版序》（1892）；

---

① 马克思：《〈黑格尔法哲学批判〉导言》，《马克思恩格斯选集》第1卷，人民出版社1972年版，第2页。

恩格斯：《论早期基督教的历史》（1894）。

这些著作涉及历史唯物主义宗教观的各个主要方面。如宗教的本质，宗教发生、发展的规律，宗教消亡的条件和途径，对基督教史的历史的研究，宗教的社会功能，马克思主义政党对待宗教的态度等等，马、恩对这些问题的论述，构成历史唯物主义宗教观的基本理论。本书拟综合有关论述对这些"基本理论"做扼要的叙述。

（一）论宗教的本质（宗教定义问题）

宗教是什么？马、恩在此之前的论著中有不少提法，如：

> 宗教是那些还没有获得自己或是再度丧失了自己的人的自我意识和自我感觉。①
> 宗教即颠倒了的世界观；②
> 宗教是被压迫生灵的叹息，是无情世界的感情，正象它是没有精神的制度的精神一样；③
> 宗教是人民的鸦片；④
> 宗教按其本质来说就是剥夺人和大自然的全部内容，把它转给彼岸之神的幻影。⑤

但是，这些论断或者讲的是宗教的社会功能，或者讲的是宗教的某一方面的特点，而且还是他们在形成历史唯物主义宗教观之前的观点，还带有青年黑格尔派和费尔巴哈哲学的影响，都不是对宗教之所以为宗教并与其他事物区别开来的本质做出全面准确的规定，从而给出一个关于宗教的定义。解决这个问题实际上也只能在马、恩形成了历史唯物主义之后。1876—1878年，恩格斯写作《反杜林论》与杜林论战。杜林提出的问题

---

① 《马克思恩格斯选集》第1卷，人民出版社1972年版，第1页。
② 同上。
③ 同上。
④ 同上书，第2页。
⑤ 同上书，第647页。

很多，涉及哲学、政治经济学、社会主义学说各个方面，其中也包括宗教问题。杜林主张在他的未来社会主义中将消灭一切宗教。消灭一切宗教的主张，本来是德国青年黑格尔派、费尔巴哈以及青年马克思、青年恩格斯的共同想法，但马克思、恩格斯在形成历史唯物主义的世界观和宗教观之后，已经把宗教问题放在革命的次要地位；他们首先关切的是尘世的批判，是推翻整个旧制度。为了驳斥杜林这种宗教问题上的"超级革命"的激烈观点，恩格斯觉得有必要对宗教的本质及其发生发展的规律作一番专门的论说。因为，他意识到，只有对宗教的本质和发展的规律有一个客观的说法，才有可能对宗教在未来社会的消亡问题做出客观的、而不是主观臆断的说明。因此，《反杜林论·社会主义篇》在论述宗教问题时，一开始就对"宗教是什么"问题做了回答：

> 一切宗教都不过是支配着人们日常生活的外部力量在人们头脑中的幻想的反映，在这种反映中，人间的力量采取了超人间的力量的形式。①

马克思主义宗教研究者一般都把这段话视为马克思主义宗教观关于宗教之本质的经典性规定，或马克思主义的宗教定义。恩格斯本人并没有这样说，但从这个判断的内容和逻辑形式上看，他似乎是力图对宗教之所以为宗教、并与其他意识形式区别开来的本质规定性做出概括的规定：它说明，宗教作为一种意识形式本质上是一种"幻想的反映"；揭示了宗教幻想的内容和对象乃是"支配着人们日常生活的外部力量"，从而把宗教崇拜的神圣对象还原为与人们日常生活有关的世俗力量；阐明了宗教观念在表现形式上的特殊性：人间力量表现为"超人间力量"的形式；同时，它还说明了人间力量之所以"超人间化"的原因（在于它支配着人的日常生活，是一种异己力量）。无论人们站在何种立场，马克思主义立场也好，非马克思主义立场也好，大概都会承认这段话的内容是丰富的，它的确概括了宗教观念所应包含的重要内容，可以据此把宗教观念和非宗教观念区

---

① 《马克思恩格斯选集》第3卷，人民出版社1972年版，第354页。

别开来。正是因为这个缘故，恩格斯以后的马克思主义宗教研究者把这段话当成宗教定义，是有其根据和道理的。

但是，恩格斯这段话明显是把宗教作为一种"观念"形态作出规定的。恩格斯和马克思差不多在一切场合阐述他们的历史唯物主义的根本思想时，都是把宗教和哲学、道德、法律、艺术……放在一起，作为"社会存在"所决定的"社会意识"。而所谓"社会意识"，也就是存在于人的头脑之中的"观念"形态。问题就在于马克思、恩格斯关于宗教的这个看法有其显而易见的局限性。因为宗教并不仅仅只是一种意识形式或观念形态，而是在历史上和现实生活中一种强有力的社会力量，如果只把宗教当作一种"幻想的反映"那是不够的，一切宗教观念中最本质、最核心的，无疑是"神"的观念。神在世界上根本不存在，当然是一种"幻想的反映"，但神观念要想成为信仰者祈求崇拜的对象，就不能始终局限在个人主观的幻想世界之中，而必须表现为信众可以感知和体认的感性物。因此，各种宗教几乎都是把他们想象中的"神灵"客观化为具有感性形态的象征系统，有了这种神的感性象征，还必须有宗教象征物的安息之所或供奉之地，为信仰者提供宗教活动的场所，于是便发展出了祭坛、神庙、教堂之类。这样一来，幻想中的神灵便具有了物质存在的形式，它客观化了、社会化了。

这种客观化和社会化的情况进一步体现在宗教信仰者的行为之中。按照恩格斯的说法，在宗教幻想中，支配人们日常生活的力量采取了超人间力量的形式。但事情并未到此为止。当人们把这种异己力量表象为超人间、超自然的力量的时候，也就会伴生对这种超人间、超自然力量的敬畏感、依赖感和神秘感。情动于中势必表现于外，发之为尊敬、爱慕、畏怖、祈求、祷告的言辞，表现为相应的崇拜活动。各种宗教于是便通过一定的仪式把这些原为自发而且分散的宗教行为规范化、程式化，并附加上神圣的意义。一切宗教都有自己的礼仪行为，而且都是规范化的，是有组织地进行的，具有鲜明的社会性。宗教的社会性更具体地表现为宗教组织的建立。宗教既然有了一定的组织形态，为了对外立异和对内认同的需要，便相应地规定出与其教义相适应的教规和制度。教义、教规和制度的设立，强化了宗教社会性，把广大信仰者纳入共同的组织，规范了他们的信仰和行为，影响以至决定他们的整个社会生活，这就使宗教在现实社会中成为一种重要的社会力量。由此可见，宗教作为一种社会化的客观存在大体上有四个方面的要素，一是宗教的观念，二是宗教的感情，三是宗教的行为，四是宗教的体制。这四方面要素构成一个由内及外、由主观到客观、由个人到社会的有层次结构和逻辑秩序的有机体系。历史上和现代世界上任何一种宗教，只要我们细加分析，就会发现它们都具有上述四种要素，都是这四要素的综合和统一。一个人如果只有宗教观念，例如，他的心中如果只有一个超人间、超自然力量的观念，甚至有一个明确的人格化神灵的观念，但如其只停留在主观的幻想世界之中，而不表现为对之进行祈求和崇拜的行为，那么，我们只能说此人是个唯心主义者、超自然主义者、有神论者，但却不能说他就是一个宗教徒。恩格斯所谓的把支配人们日常生活的外部力量幻想地反映为超人间力量的形式，实际内容只是"神"观念，无论我们如何说它具有多么丰富的内容，提法多么准确，但这句话所谈的只是揭露了"神"观念的本质，并未涉及宗教的其他要素。因此，恩格斯的这一论断，只是关于"神"观念的定义，而不是关于作为社会存在物的宗教的定义。为什么恩格斯把关于"神"观念的定义直接当成关于"宗教"的规定呢？这与整个19世纪宗教理论研究的状况有关。在19世纪40年代，青年黑格尔派和费尔巴哈的宗教理论，大体上都满足于把宗教和神说成是人的创造，把神的本质归结为人的本质的自我异化，他们以为只要揭露了这一点，也就揭露了宗教的本质。费尔巴哈说过，宗教的本质就是神的本质。马克思和恩格斯对德国哲学的宗教批判所达到的这个结论很是满意，认为到此为止，德国的宗教批判可以宣告胜利结束，应该从天国的批判转向尘世的批判。正是由于这个缘故，马、恩的主要精力自此之后很少放在宗教研究之上。除了用他们创建的历史唯物主义对宗教的社会基础做出进一步的说明以外，对宗教的深层结构、宗教的本质和特性等问题几乎没有过多的深入。恩格斯写作《反杜林论》的时候是19世纪70年代末。这时，以麦克斯·缪勒为代表的近代比较宗教学刚刚兴起。他们的兴趣所在仍集中在神灵观念的起源和本质，只不过发展了一套比较语言学、比较神话学和文化人类学的理论和方法，把他们的宗教学理论建立在可以经验材料予以实证的基础之上。从恩格斯这一时期的著作可以看到，他对新起的比较宗教学似乎并不陌生。例如：在《反杜林论》论及宗教时，他在一条脚注中写道：

> 神的形象后来具有的这种两重性，是比较神话学（它片面地以为神只是自然力量的反映）所忽略的，使神话学以后陷入混乱的原因之一。这样，在若干日耳曼部落里，战神，按古代斯堪的那维亚语，称为提尔，按古代高地德意志语，称为齐奥，这就相当于希腊语里的宙斯，拉丁语里的"丘必特"（替代"迪斯必特"）；在其他日耳曼部落里，埃尔、埃奥尔相当于希腊语的亚力司、拉丁语的玛尔斯。①

显而易见，恩格斯在这里如果不是直接引用，至少也是参证了从图平根学派到麦克斯·缪勒比较语言学和比较神话学的结论和资料。在恩格斯的《路德维希·费尔巴哈和德国古典哲学的终结》一书的第二章谈到了从灵魂观念如何从梦境中产生以及宗教从自然力的人格化到多神教、一神教的发展，这很可能参考了泰勒的《万物有灵论》（泰勒的主要著作：《原始文化》出版于1872年，而恩格斯的《终结》出版于1886年）。近代的比较宗教学比之于德国哲学的宗教批判运动，对于宗教的研究要深入得多、具体得多，但无论是麦克斯·缪勒，还是泰勒，他们著作的主旨仍集中在神观念的起源和本质。（麦克斯·缪勒认为最早的宗教起源于太阳神话，泰勒则认为宗教发端于误解梦幻、出神之类而产生的"灵魂"观念）马克思、恩格斯是革命家、思想家，但并不是专门的宗教学家，他们没有对人类历史上各民族的宗教作过具体研究；所以，即使他接触到了缪勒和泰勒为代表的近代比较宗教学，也不可能填补其不足。在这种文化背景下，恩格斯自然而然地把神观念的本质当成一般宗教的本质，把对神的规定宣布为一般宗教的规定。这种理论上的局限性是宗教学说的历史发展造成的。任何人都不可能超越历史条件的限制，马克思、恩格斯也不例外。一百多年前的恩格斯把他关于神观念的定义宣布为一般宗教的定义，如果

---

① 《马克思恩格斯选集》第3卷，人民出版社1972年版，第355页。

说并非"真理",却是可以理解的;但在一百多年以后的今天,那些自称"马克思主义者"的学者们仍把恩格斯的这个论断当成马克思主义宗教观的宗教定义,视为不可超越的"真理",那就是不可原谅的错误了。

(二) 论宗教的发展

在苏联、东欧的社会主义国家里,在我国,马克思主义的学者们总喜欢说,马克思、恩格斯发现了宗教发生和发展的规律,我自己在有关论著中也有类似的说法。其实,这些说法和论断不过是套用了所谓"马克思主义的唯物史观发现了人类社会发展的客观规律"这个更普遍的说法而已,并没有建立在实事求是的学术性研究的基础之上,没有充足的根据和理性的证明。马克思、恩格斯无疑承认社会历史的发展有其客观的规律,而且自认为他们已经发现了这个规律,并因此而把他们建立的社会主义学说当成达尔文进化论一样的"科学"[①]。但是,我们在马、恩的论著中尚没有发现他们已把这个总的说法移植到宗教学领域。他们并没有直接论述过宗教发生、发展的历史规律,更没有直接说他们已经发现了这种规律。有关这个问题的论述有一些,但并不很多,而且是散见于多篇论著之中。即使在个别著作中比较集中地论及宗教在不同历史阶段上的不同形态,但更多是哲学性的、历史唯物主义的;而不是宗教史学的。马克思、恩格斯是非常严肃的理论家,他们是不会在自己未曾深入研究过的宗教学领域宣布发现了什么宗教发生、发展的规律的,这种"宣布"是我们这些后来人出于某种原因的过甚其辞,强加在马、恩身上的。

马克思、恩格斯在创立自己的历史唯物主义之后,曾力图把它的原理原则作为揭示宗教历史发展过程的理论和方法。例如,《德意志意识形态》提出过一个观点:宗教本身没有自己的历史,宗教的发展为客观的社会条件所决定。马克思在《〈政治经济学批判〉序言》中说:宗教和法律、政治、艺术、哲学等社会意识一样,随着生产关系和经济基础的变更而变化。他们大体上是认为,宗教的形式和形态是由社会的形态所决定的,也

---

① 恩格斯写道:"正象达尔文发现有机界的发展规律一样,马克思发现了人类历史的发展规律……"(《马克思恩格斯选集》第3卷,人民出版社1972年版,第574页)

是随着社会形态的变化而变化的。恩格斯把这个原则应用来说明宗教的历史发展，非常概略地提到过三种发展图示：

第一种：自然宗教→多神教→一神教。

恩格斯是在1876—1878年的《反杜林论》中提出来的，不过这个提法并非恩格斯的新发现。18世纪的休谟、霍尔巴赫，19世纪的费尔巴哈、孔德以及近代宗教学的奠基人麦克斯·缪勒、爱德华·泰勒先后都曾提出过类似的观点。恩格斯的特殊之点只是力图把唯物史观应用到这个图式中来。早在1846年，恩格斯在其致马克思的一封信中就提到了他的这个想法：

> 如果要想就自然宗教、多神教、一神教的陈旧论调说些什么，那就必须用这些宗教形式的现实发展来对比，为此首先必须研究这些宗教形式。①

恩格斯虽然把"自然宗教、多神教、一神教"的图式说成"陈旧论调"，但并未抛弃它，而只是说他不愿意停留在宗教在形式上如何演变的空泛之谈上。他打算与"现实发展"作对比来说明这些宗教形式的发展。他所谓的"现实发展"，即指社会历史条件的发展。他显然是主张用社会形态的变更决定宗教形式的变更这一唯物史观来重新解释"自然宗教→多神教→一神教"这一"陈旧论调"。恩格斯在《反杜林论》中是这样说的：

> 在历史的初期，首先是自然力量获得了这样的反映，而在进一步的发展中，在不同的民族那里又经历了极为不同和极为复杂的人格化。根据比较神话学，这一最初的过程，至少就印欧民族来看，可以一直追溯到它的起源——印度的吠陀经，以后更在印度人、波斯人、希腊人、罗马人、日耳曼人中间，而且就材料所及的范围而言，也可以在克尔特人、立陶宛人和斯拉夫人中间得到详尽的证明。但是除自

---

① 《马克思恩格斯全集》第27卷，人民出版社1972年版，第66—67页。

然力量外，不久社会力量也起了作用，这种力量和自然力量本身一样，对人来说是异己的，最初也是不能解释的，它以同样的表面上的自然必然性支配着人。最初仅仅反映自然界的神秘力量的幻象，现在又获得了社会的属性，成为历史力量的代表者。在更进一步的发展阶段上，许多神的全部自然属性和社会属性都转移到一个万能的神身上，而这个神本身又只是抽象的人的反映。这样就产生了一神教……①

在《路德维希·费尔巴哈与德国古典哲学的终结》一书中，恩格斯又一次提出这个图式：

> 由于自然力被人格化，最初的神产生了。随着宗教的向前发展，这些神愈来愈具有了超世界的形象，直到最后，由于智力发展中自然发生的抽象化过程——几乎可以说是蒸馏过程，在人们的头脑中，从或多或少有限的和互相限制的许多神中产生了一神教的唯一的神的观念。②

恩格斯对"自然宗教→多神教→一神教"宗教进化论所做的唯物史观说明，主要有两点：一是用异己力量对人们日常生活的"支配"作用，来说明宗教之所以产生和存在的根据，这同时也就意味着这种"支配"状况的演变决定着宗教形式的演变；二是主张被宗教幻想"超人间化"的异己力量，除了自然力量以外，还有社会力量，宗教崇拜的神既有自然属性，也有社会属性。一旦社会属性发生变化，神的神性形象和宗教形态也将随之变化。恩格斯的说明很有价值，可惜他始终停留在概括性的一般说明之上，没有（或者说来不及）发展为宗教史实的实证；同时，我们还要指出一点：这个从自然宗教发展为多神教，最后发展为一神教的宗教进化论图式只是一种"假说"，并未得到宗教学界的一致承认。一百多年来的近代

---

① 《马克思恩格斯选集》第3卷，人民出版社1972年版，第354—355页。
② 《马克思恩格斯选集》第4卷，人民出版社1972年版，第220页。

宗教学和宗教史学研究一再证明，各民族宗教演变的历史进程形式是多种多样的，很难归结为单一的图式。有些民族的宗教大体上是沿着自然宗教→多神教→一神教的系列演进的，但有许多民族的宗教演变形况就不尽如此。这说明，这种宗教演化图式不是唯一的，还有其他可能的各种演化图式。在我国，有不少学者把恩格斯借用过来的这个"陈旧论调"当成"马克思主义"宗教观、放之四海而皆准的普遍真理，到处套用。主要是因为几十年来学术、文化上的封闭性，不知道各民族宗教演进的复杂性，不了解近代比较宗教学和宗教史学的发展状况所致。这种无知状况将随着学术上的开放而逐步改观。

第二种："自发的宗教"→"人为的宗教"。

这个说法是在1882年的《布鲁诺·鲍威尔和早期基督教》中提出来的：

> 事情很清楚，自发的宗教，如黑人对偶象的膜拜或雅利安人共有的原始宗教，在它产生的时候，并没有欺骗的成分，但在以后的发展中，很快地免不了有僧侣的欺诈。至于人为的宗教，虽然充满着虔诚的狂热，但在其创立的时候便少不了欺骗和伪造历史，而基督教，正如鲍威尔在批判新约时所指出的，也一开始就在这方面表现出了可观的成绩。[①]

这段话的原意只是就宗教是否有"欺骗的成分"问题，把历史上的宗教区分为原始时代的"自发的宗教"和以后的"人为的宗教"，并没有把这种区分作为宗教历史发展的规律那样广大的用意，恩格斯也没有继续就此问题做必要的说明和更多的发挥。但是，马克思主义学者们越来越觉得恩格斯这段话有更深的意义和更广的适用范围，认为原始宗教之所以具有"自发"的性质，是为原始社会人际关系无须"人为"的欺诈所决定的；而以后的宗教之所以具有"人为"的欺诈，则是统治阶级为了维护统治秩序而利用宗教；宗教从"自发"到"人为"反映了人际关系的演变；如

[①] 《马克思恩格斯全集》第19卷，人民出版社1963年版，第327—328页。

果从无阶级社会到阶级社会的发展是历史发展的规律,那么,从自发宗教到人为宗教,则是由上述规律所决定的宗教发展的规律。这个看法是从恩格斯的一段话中演绎出来的一种"推论",绝非恩格斯的本意。用宗教是否有"欺诈"的成分作为宗教历史分类的标准,更上升为宗教发展的规律,实在是小题大做,对研究宗教的发展没有多大意义。同时,"自发性"与"人为性"的区分只有相对的意义。原始宗教是自发产生的,但在原始社会的末期,就不能绝对地排除任何人为的欺诈成分进入其中,统治阶级的国家宗教一般都具有"人为的"性质,但阶级社会中的一切宗教,是否就不具有任何"自发"的性质呢?这是不能绝对地否定的。看来,对于这个问题,合乎理性的结论应该是回到恩格斯本人的论述本身,抛弃由此而作的推论。"自发的宗教""人为的宗教"的提法,对于人们了解原始社会的宗教和阶级社会的宗教的一个方面的特性是有益的,但把它说成宗教历史发展的"规律",那就未免夸大其词、言过其实了。

第三种:部落宗教→民族宗教→世界宗教

这个宗教发展图式可以说是真正属于恩格斯的。1882年和1886年,恩格斯在《布鲁诺·鲍威尔和早期基督教》和《路德维希·费尔巴哈和德国古典哲学的终结》中,根据社会结构的发展与宗教形态的演变之间的关系,提出了这个图式:

> 古代一切宗教都是自发的部落宗教和后来的民族宗教,它们从各民族的社会和政治条件中产生,并和它们一起生长。宗教的这些基础一旦遭到破坏,沿袭的社会形式、继承的政治结构和民族独立一旦遭到毁灭,那末与之相适应的宗教自然也就崩溃。本民族神可以容许异民族神和自己并立(这在古代是通常现象),但不能容许他们居于自己之上。东方的祭神仪式移植到罗马,只损害了罗马宗教,但不能阻止东方宗教的衰落。民族神一旦不能保护本民族的独立和自主,就会自取灭亡。①

---

① 《马克思恩格斯全集》第19卷,人民出版社1963年版,第333页。

这样在每一个民族中形成的神，都是民族的神，这些神的王国不越出它们所守护的民族领域，在这个界线以外，就由别的神无可争辩地统治了。只要这些民族存在，这些神也就继续活在人们的观念中；这些民族没落了，这些神也就随着灭亡。罗马世界帝国使得旧有的民族没落了……旧有的民族的神就灭亡了，甚至罗马的那些仅仅适合于罗马城的狭小圈子的神也灭亡了；罗马曾企图除本地的神以外还承认和供奉一切多少受崇敬的异族的神，这种企图清楚地表现了拿一种世界宗教来充实世界帝国的需要。但是一种新的世界宗教是不能这样用皇帝的敕令创造出来的。①

恩格斯的论述渗透着历史唯物主义精神：一切宗教都是从各民族的社会政治条件中产生，并随着这些条件的演变而演变。在以血缘关系为社会结构之纽带的古代社会里，最初的宗教观念是由每个有血统关系的部落和民族所共有，故原始部落社会的宗教表现为自发的部落宗教。民族集团的神都是民族的保护神，神的存废决定于民族的盛衰，这样的宗教是民族宗教。随着世界性帝国的形成，为适应于它的需要，便出现了取代民族宗教的世界宗教。如果我们从作为一个专业宗教学者的眼光来看恩格斯的这些论述，它们无疑过于概括和简略，哲学性的概论代替了宗教史的实证。但是，正因为恩格斯是位哲学家、思想家，才有可能省去历史的细节，从宏观上对宗教形态的历史演变做整体性的把握，这个图式体现了马克思主义唯物史观的精神，内容上比较深刻，形式上比较严整，适用范围也更广一些。当然，我们也绝不能说它放之四海而皆准。因为，事实上许多民族的民族性宗教至今并未发展为世界性宗教，它们至今仍并存于世界上的宗教之林，在可以预见的将来，在很长的历史时期之内，它们也不可能被世界性宗教所取代。也许有那么一天出现一个大同世界和世界大同的宗教，但那一天毕竟太遥远了。科学不能建立在"也许"之上。尽管如此，现代世界上的三大世界宗教确是随着跨民族大国、世界性帝国的发展而形成的。在这个范围之内，恩格斯的这一图式还是适用的。

---

① 《马克思恩格斯选集》第4卷，人民出版社1972年版，第250—251页。

（三）论宗教存在的根源和消亡的条件

在马克思、恩格斯的宗教观中，关于宗教存在的根源和消亡的条件的理论最为深刻，很有特色，它形成于《德法年鉴》时期，后来又有新的发展。为保持这部分理论的完整性，本书将重新回到它的起点开始评述。

作为青年黑格尔派主要成员的马克思和恩格斯曾致力于消除宗教的迷雾。但是，当他们形成历史唯物主义世界观，成为社会主义运动的领袖之后，他们对宗教消亡的看法便有了很大的改变。他们认识到，宗教的消灭并不是消灭旧社会制度的条件。宗教作为颠倒的世界观，它的根源在于颠倒的世界。只有消灭颠倒的世界，才能除去宗教赖以产生和存在的基础，从而创造出宗教消亡的条件。颠倒的世界之所以颠倒，在于在私有财产制度上产生的一个阶级对另一个阶级的剥削和压迫；如果要把它颠倒过来，只有首先消灭私有财产制度，实行社会主义或共产主义。马克思是在批判鲍威尔和费尔巴哈时系统展开这一理论的。

在1843年的《论犹太人问题》中，马克思对布·鲍威尔把社会不平等归结为宗教信仰问题，把废除宗教视为社会解放的根本途径的理论，提出了不同的主张。他指出，宗教上的不平等并不是社会不平等的原因，而是它的结果：

> 但是由于宗教的存在是一个缺陷的存在，那末这个缺陷的根源只应该到国家自身的本质中去寻找。在我们看来，宗教已经不是世俗狭隘性的原因，而只是它的表现。因此，我们用自由公民的世俗桎梏来说明他们的宗教桎梏。我们并不认为：公民要消灭他们的世俗桎梏，必须首先克服他们的宗教狭隘性。我们认为：他们只有消灭了世俗桎梏，才能克服宗教狭隘性。我们不把世俗问题化为神学问题，我们要把神学问题化为世俗问题。相当长的时期以来，人们一直用迷信来说明历史，而我们现在是用历史来说明迷信。[①]

[①] 《马克思恩格斯全集》第1卷，人民出版社1960年版，第425页。

既然宗教对于人的精神压迫（"宗教桎梏"）根源于社会对于人的物质压迫（"世俗桎梏"），那么，要想消灭社会的不平等，正确的途径便不是首先废除宗教，而是革新社会，进行废除私有制度的社会革命。

马克思在《1844年经济学—哲学手稿》中通过对宗教异化与劳动异化的关系的讨论，深入论述了只有通过消除劳动异化的社会主义革命才能消除宗教异化的理论。如前文所述，费尔巴哈通过对基督教的批判已经得出了一个重要的结论：上帝是人把自己的本质自我异化的产物。异化的结果造成了人与上帝的颠倒：创造上帝的人成了上帝的创造物，而被人创造的上帝反倒成了创造人的主体。宗教异化现象还把人从人类中分离出来，变成为脱离了与其他人交往的孤独的、利己主义的个体。只有消灭宗教，人才能重新跟人类统一起来，从而也才能够过上符合于人的本质的、合乎理性的生活。那时候，人类之爱就代替人对上帝之爱，并成为人类生活的最高准则。这就是费尔巴哈通过宗教批判达到的"人道主义"或"人本主义"。马克思接受并改造了费尔巴哈的异化理论。他进一步认为，人的自我异化现象不仅存在于宗教之中，也存在于社会和国家之中；而且人之所以自我异化，其主要原因不是宗教，而是以私有制为基础的社会关系。人要消除自己本质的异化并且过上符合于其本质的生活，就不能只是消灭宗教，而必须首先消灭以私有制为基础的资产阶级社会以及与之相适应的政治国家。以私有制为基础的资本主义社会必然产生异化劳动，而异化劳动的消灭必须以消灭私有制为条件。

马克思当时认为，人为了把自己确立为真正的人，必须自由地、自觉地活动；这种活动主要就表现在人把自己的生命力外化为劳动并自己占有劳动的产品。在劳动过程中，人为自己创造了一个自然界，这个自然界当作为人的活动的产物时，便失去了它的异于人的异己性和客观性，成为人化的自然。当人把自己的活动异化为劳动产品后，又重新占有了自己的劳动产品时，人便在其中重新发现并确立自身。人异化出来的劳动产品在回到劳动者手中以后，也就不再是一种异己的存在，可是，在资本主义社会，由于私有制的统治，劳动者的劳动产品不但不为劳动者所占有，反而变成了资本家的资本，变成了独立于劳动者之外的异己的对象，劳动者转而受到异化物（资本）的统治。由于劳动的异化，劳动者便不能通过自己的劳动产品重新发现自身、确立自身。人与人的社会关系便只有通过商品交换这种物化的形式来进行。人的生活本身变成了一种异化的生活。为了克服人性的异化，无产阶级就必须通过社会革命粉碎以私有制为基础的剥削制度，消除异化劳动，使劳动产品回复到劳动者手中，而不再成为与自己作对的力量，过去物化于劳动产品之中的人性或人的本质从而得以恢复，无产阶级于是就成了自己劳动的主人，成为一个真正的人。

劳动异化的消除，必须消除一切形式的异化，人将解决人与人之间和人与自然之间的矛盾。消除了异化的人将会解决个体与类、个人与他人的矛盾而成为社会化的人。同时，自然也将不再成为与人作对的异化对象！而成为人化了的自然界。"社会化的人"与"人化了的自然界"于是达到了自然的统一。劳动异化现象的消失，也就是整个社会的解放。随着社会异己力量的消失，必将导致宗教异化现象的最后消失。在这里，马克思把克服宗教异化的无神论和克服劳动异化的共产主义革命紧紧地联系起来。无神论由于否定神而否定了人和自然界的非实在性，共产主义则由于废除了私有制而创立了人的真正存在。但是，单纯的无神论仅是一种抽象的哲学，只有扬弃私有财产制度才能扬弃宗教异化，使人在异化的对象世界中重新确立自身，实现人的本质的完全复归。

1844年以后，马克思的著作中使用"异化"概念日渐减少，基本上没有再讨论通过消除劳动异化来消除宗教异化问题。马、恩作为共产主义运动的导师和领袖，当然不会改变他们对私有财产制度的彻底否定态度，也不会放弃私有制是宗教异化的根源这一观点。但是，他们是否已经意识到，宗教的根源问题很复杂，不能单纯地归结为私有制呢？对此，他们的著作没有具体说明，我们无从肯定或否定。不过，在后来的马、恩著作中，他们更具体地认为宗教存在的最深刻的根源是人与自然、人与人之关系不合理，从而使自然力量和社会力量对人成为盲目起作用的、异己的支配力量。只有当人与自然、人与人之间的关系变得明白而且合理，人在社会生活中成为自由的人，社会生产方式成为自由人自然结合的产物，物质生产过程处于有意识、有计划的控制之下时，宗教才将失去其存在的社会基础而趋于消亡。马克思在《资本论》中是这样论述这个问题的：

只有当实际生产的关系，在人们面前表现为人与人之间和人与自然之间极明白而合理的关系的时候，现实世界的宗教反映才会消失，只有当社会生活过程即物质生活过程的形态，作为自由结合的人的产物，处于人的有意识有计划的控制之下的时候，它才会把自己神秘的纱幕揭掉。但是，这需要有一定的社会物质基础或一系列物质生存条件，而这些条件本身又是长期的、痛苦的历史发展的自然产物。[①]

马克思的这段话论及宗教的根源和消亡的条件显然已不完全局限于私有财产制度问题。他提出了宗教消亡的两个条件：一是人与人的关系极为明白而且合理；二是人与自然的关系极为明白而且合理（逆向推理即可推知，他认为这二种关系不明白、不合理，即为宗教存在的基础和根源）。要实现这两条，一必须实现社会主义，使人与人之间的关系在社会生活和社会物质生产中是自由结合的关系。这当然意味着必须消灭建立在私有财产制度基础上的资本主义制度。二必须"有一定的社会物质基础或一系列物质生存条件"。这就意味着社会的物质生产力高度发达，使人成为自然力的主人。这个条件并不是单纯消灭资本主义、消灭私有财产制度就能自动实现的事情。所以，马克思接着说："这些条件本身又是长期的、痛苦的历史发展的自然产物"。苏联搞了七十多年的社会主义革命，多次宣布已经彻底埋葬了资本主义制度，正在走向共产主义，可是，这个世界上第一个社会主义国家彻底失败了，垮台了。他们那里的宗教不仅一直未曾消灭，而且大有重新燎原之势。这就充分证明，私有财产制度并不是宗教存在的独一无二的根源。私有财产制度的消灭，也不能自动地带来一个人与人的关系极明白而且合理、人与自然的关系也极明白而且合理的理想社会。如果用马克思这个论断去分析苏联社会宗教之所以继续存在的原因，那就必须承认，那个国家和社会的人与人的关系、人与自然的关系仍是"不明白""不合理"的。由于那里的"社会生活过程"并非是"作为自由结合的人的产物"；人际关系不明白、不合理，那里的人民并未成为掌握自己命运的主人；由于那里缺乏"一定的社会物质基础或一系列物质生

[①] 《马克思恩格斯全集》第23卷，人民出版社1972年版，第96—97页。

存条件",人民并未完全控制自然力、成为自然的主人,所以,正当苏联社会的各种宗教仍然继续存在的时候,立志要消灭它的社会主义国家体制倒先期崩溃了。苏联人民用自己的亲身经历证实了马克思的预言:这是一个"长期的、痛苦的"历史过程。

在恩格斯生活的晚期,他集中讨论宗教的根源和消亡问题的著作是《反杜林论》。他仍然坚持生产资料私人占有制对社会成员的奴役是宗教反映的根源,但与此同时,他又认为宗教的消亡,不仅必须实现生产资料的社会占有和有计划使用,而且只有在"谋事在人,成事也在人"的时候才能实现:

> 当社会通过占有和有计划地使用全部生产资料而使自己和一切社会成员摆脱奴役状态的时候(现在,人们正被这些由他们自己所生产的、但作为不可抗拒的异己力量而同自己相对立的生产资料所奴役),当谋事在人,成事也在人的时候,现在还在宗教中反映出来的最后的异己力量才会消失,因而宗教反映本身也就随着消失。原因很简单,这就是那时再没有什么东西可以反映了。[①]

恩格斯这里提及的宗教异己力量消亡的条件至少有三条:一是消灭生产资料的私人占有制,实行社会占有制;二是社会对生产资料实行有计划的使用;三是谋事在人,成事也在人。除了第一条比较明确具体以外,后两条的内涵很抽象,很模糊,可以做弹性很大的多种解释。但是,无论如何,有一点还是可以比较清楚地看出来的,后两个条件并不等同于第一个条件,因而,即使实现了第一个条件,把生产资料的资本主义占有制改变为社会主义的占有制,并不就自动实现了社会对生产资料的有计划使用,更不等于实现了谋事在人,成事也在人。大体上,恩格斯的宗教观里,已经比较清楚地意识到,从私有财产制度产生出来的支配力量并不是社会中唯一的异己力量,因而也不是宗教产生和存在的唯一根源。即使在消灭了资本主义,把私有制改造为社会所有制之后,如果社会还不能有计划地使

---

① 《马克思恩格斯选集》第 3 卷,人民出版社 1972 年版,第 356 页。

用生产资料，消除经济关系中支配人们日常生活的异己力量，使人成为自己命运的主人，宗教反映的根源仍将存在。苏联七十余年，中国四十余年的社会主义实践一再证明，要实现社会对生产资料的有计划地使用，消除经济生活中的盲目性和异己力量，并不是消灭私有制之后自动实现的。甚至立即消灭一切私有制本身就是一种更大的盲目性，人民并未因此而成为经济关系和社会的主人，人的命运仍在很大程度上被各种异己力量所支配。人民仍将"长期的、痛苦的"和各种异己力量做斗争，甚至在"痛苦"之余跑到宗教幻想的天国里去寻找精神上的安慰。

总而言之，从《资本论》和《反杜林论》的这两段论述中，我们可以看到，马克思、恩格斯已经意识到宗教的根源和消失问题的复杂性，逐渐认识到不能把私有制度当作宗教的唯一根源。他们已提到：人与人之间、人与自然之间的关系不明白、不合理；社会物质基础的不充分；社会未能实现有计划地使用生产资料；"谋事在人、成事也在人"的社会条件的缺乏……这些也可能构成宗教的根源，这些想法是颇有教益的。沿着这条思路，人们对一个未来的理想社会可以产生许多构想：究竟什么样的人与人、人与自然之间的关系才算是极为明白而且合理？什么样的社会生活形态才算是自由结合的人的产物？有计划地使用生产资料的准确含意是什么？在什么样的社会条件下，才有可能实现"谋事在人、成事也在人"？为什么这些条件未能实现的时候，宗教就不可能自然消亡……这一切，已经远远超出了宗教观的范围，涉及马克思主义科学社会主义学说的根本。遗憾的是，马克思、恩格斯生前似乎并没有对这一系列问题做出非常具体准确的回答。他们的后继人常常从那些相对模糊的前提推出错误的结论。他们一般总是认为在消灭了资本主义所有制之后，颠倒的世界就颠倒过来了：无产阶级就因此而成了生产的主人、社会的主人、自己命运的主人；人与人之间的关系和人与自然的关系就因此而极为明白合理了；私有制的结束也就意味着生产无政府状态的结束，国民经济有计划、按比例发展的法则已经实现了；在社会主义社会，人已由必然王国进入自由王国，谋事在人、成事也在人了……于是，无论在苏联、在东欧的社会主义国家，还是在我们中华人民共和国，几乎毫无例外地、先先后后不止一次地采取过用行政手段消灭宗教的措施。其结果也是众所周知的：毫不例外地以失败而告终。如果我们今天以一种客观的、理性的态度来分析这个问题，那么，应该说，马克思、恩格斯本人除了主张通过社会主义革命消灭一切私有制的途径来消灭宗教以外，他们是反对用行政手段来消灭宗教的。在他们生活的后期，更意识到了宗教消亡的其他社会条件，他们不能承担其后继人在这个问题上所犯错误的责任，问题只是在于他们的有关论述有相当的模糊性，存在着错误解释的可能性。马克思主义宗教学者应该吸取的历史教训是，绝对不能把马、恩的论述当成绝对完善的绝对真理，而应该深入具体地研究现实生活中的宗教问题，把宗教研究推向前进。

（四）论宗教的社会功能："宗教外衣论"

马克思、恩格斯有关宗教的论述大多都是分析宗教在历史上和现实社会生活中的作用问题。他们作为共产主义的革命家和思想家，主要目标是推翻一切剥削制度，创建他们所理想的社会主义社会。他们总是从社会革命的角度来分析宗教的社会历史作用，采取了激烈的批判和否定态度。总的说来，他们认为宗教是维护经济基础的上层建筑，本质上是历史上的统治阶级用来维护其统治秩序的工具；对于被压迫人民而言，则不过是麻痹其革命意志的精神鸦片。对此，马克思在其《〈黑格尔法哲学批判〉导言》中进行了集中的说明，大体上从三个方面来说明"宗教是人民的鸦片"；第一，宗教是颠倒的世界借以安慰和辩护的普遍根据。

《导言》写道：

> 国家、社会产生了宗教即颠倒了的世界观，因为它们本身就是颠倒了的世界。宗教是这个世界的总的理论，是它的包罗万象的纲领，它的通俗逻辑，它的唯灵论的荣誉问题，它的热情，它的道德上的核准，它的庄严补充，它借以安慰和辩护的普通根据。[①]

马克思认为，宗教作为颠倒的世界观为颠倒的世界提供感情上的安慰，道德上的核准和理论上的辩护。意思是说，宗教用神、佛、上帝的名

[①] 《马克思恩格斯选集》第1卷，人民出版社1972年版，第1页。

义从各方面论证统治秩序在道德上的正义性,政治制度在理性上的合理性。《导言》还有一个说法:"宗教是它(苦难世界)的灵光圈",意思是:宗教为苦难世界提供神学上的辩护,把它美化为上帝天命的安排,使之在耀眼的灵光圈的保护下,具有神圣不可侵犯的性质。从马克思看来,如果人民相信了宗教对苦难世界的神学辩护,就不可能得知自己遭逢的苦难命运的真实根源,从而就不可能产生变革苦难世界的革命要求。

第二,宗教给人民以幻想的幸福,为人民身上的锁链装饰上虚幻的花朵。

马克思认为,人民在剥削社会本来生活在苦难之中,可宗教却说,只要安于苦难,就会进入来世的天堂;人民身上戴着锁链,可宗教却在锁链上装饰以虚幻的花朵,使人民在精神上有所慰藉而不愿扔掉它们,这就是宗教对人民的精神麻醉。所以,马克思在《导言》中号召对宗教批判,使人民从鸦片的麻醉中清醒过来,为砸碎锁链,争取现实幸福而斗争。

废除作为人民幻想的幸福的宗教,也就是要求实现人民的现实的幸福。要求抛弃关于自己处境的幻想,也就是要求抛弃那需要幻想的处境。因此对宗教的批判就是对苦难世界——宗教是它的灵光圈——的批判的胚胎。①

宗教批判摘去了装饰在锁链上的那些虚幻的花朵,但并不是要人依旧带上这些没有任何乐趣任何慰藉的锁链,而是要人扔掉它们,伸手摘取真实的花朵。②

在马克思看来,"幻想的幸福""虚幻的花朵",尽管会对信教者的感情发生安慰作用,但这种安慰是对信教者的欺骗,是鸦片烟的麻醉。

第三,宗教是现实苦难的表现和抗议。

《导言》承认宗教也是对现实苦难的表现和抗议:

> 宗教里的苦难既是现实的苦难的表现,又是对这种现实的苦难的抗议。宗教是被压迫生灵的叹息,是无情世界的感情,正象它是没有

---

① 《马克思恩格斯选集》第1卷,人民出版社1972年版,第2页。
② 同上。

精神的制度的精神一样。宗教是人民的鸦片。①

　　马克思的意思是说：在现实苦难世界里，被压迫生灵往往找不到摆脱苦难处境的现实道路，很容易相信宗教的说教，希望在来世天堂的幻想幸福中寻求苦难的解脱。而对来世天堂的追求，实际上是被压迫生灵无可奈何的一声叹息，但这也包涵了他们对现实生活的不满。在这个意义上，马克思认为"宗教里的苦难既是对现实的苦难的表现，又是对这种现实的苦难的抗议"。但是，从马克思主义的宗教观看来，这种宗教式的"抗议"没有什么意义，并不表示它对现实苦难的否定，对于那些企图保持现实苦难秩序的社会阶级而言，他们不仅希望为自己的来世保留一个极乐世界，而且也乐意把天堂的大门向被压迫者打开。所以，宗教天堂对现实苦难社会的"抗议"，对被抗议者有利无弊，这种"抗议"正表现出它是麻醉人民的精神鸦片。

　　对于宗教为统治阶级服务这种社会作用，马克思还在《导言》以外的其他论著中大量论述过，其基本精神都是一致的。例如，马克思在1847年写的《"莱茵观察家"的共产主义》一文中对基督教的社会原则作了激烈的批判和全面的否定：

　　　　基督教的社会原则有过一千八百年的发展，它并不需要普鲁士国教顾问做任何进一步的发展。

　　　　基督教的社会原则曾为古代奴隶制进行过辩护，也曾把中世纪的农奴制吹得天花乱坠，必要的时候，虽然装出几分怜悯的表情，也还可以为无产阶级遭受压迫进行辩解。

　　　　基督教的社会原则宣扬阶级（统治阶级和被压迫阶级）存在的必要性，它们对被压迫阶级只有一个虔诚的愿望，希望他们能得到统治阶级的恩典。

　　　　基督教的社会原则把国教顾问答应对一切已使人受害的弊端的补偿搬到天上，从而为这些弊端的继续在地上存在进行辩护。

---

① 同上。

> 基督教的社会原则认为压迫者对待被压迫者的各种卑鄙龌龊的行为，不是对生就的罪恶和其他罪恶的公正惩罚，就是无限英明的上帝对人们赎罪的考验。
>
> 基督教的社会原则颂扬怯懦、自卑、自甘屈辱、顺从驯服，总之，颂扬愚民的各种特点，但对不希望把自己当愚民看待的无产阶级说来，勇敢、自尊、自豪感和独立感比面包还要重要。
>
> 基督教的社会原则带有狡猾的假仁假义的烙印，而无产阶级却是革命的。
>
> 基督教的社会原则就是这样。①

在这里，马克思完全是从阶级斗争史观来看待基督教的社会历史作用：对于统治阶级，基督教是维护其统治秩序的工具；对于被压迫人民，则是假仁假义的欺骗。

马克思在其全部著作中对于宗教在历史和现实社会中的作用几乎没有肯定性的评价，而且在《共产党宣言》之后也几乎没有写过一篇集中讨论宗教问题的著作和文章（个别性的论断例外）。看来，马克思很可能认为他早期的宗教批判已经得出了应该得出的结论，说了应该说的话，可以不再写什么，也不需要修正什么，补充什么了。正如他在《导言》中所宣布的那样："就德国来说，对宗教的批判实际上已经结束"。他的任务是从宗教的批判转向对尘世的批判。而要批判尘世，只要揭露出"宗教是人民的鸦片"这种消极的社会作用也就够了。相比之下，恩格斯则有些不同。他不仅在其以后的著作中继续讨论宗教问题，甚至还专门写了几篇研究基督教史的文章；更值得注意者，他似乎意识到宗教在历史上的作用并不完全是消极的，否定性的；在一定的历史条件下，也可以起到某种积极的、肯定性的作用。为了与他和马克思过去对宗教的彻底否定的主张相协调，他提出了"宗教外衣"这个新的概念。恩格斯的一些论著分析了中世纪的异端运动、德国的农民战争和早期资产阶级革命的情况，他发现，所有这些反对封建制度的运动都曾打着宗教的旗号，具有浓厚的宗教色彩。作为社

---

① 《马克思恩格斯全集》第 4 卷，人民出版社 1958 年版，第 218 页。

会主义者和无产阶级革命家，他和马克思都毫无保留地肯定这些反封建斗争；但作为历史唯物主义者和无神论者，他们对宗教的社会历史作用又从来都是否定的。在这种情况下，恩格斯得出结论：在当时那种宗教居于绝对统治地位的情况下，被压迫人民的一切反抗斗争都必须穿上一件"宗教外衣"。按照笔者的初步统计，恩格斯的论著中至少有六个地方提到了"宗教外衣"这个概念，兹摘抄如下：

其一，见于1850年的《德国农民战争》：

> 16世纪的所谓宗教战争也根本是为着十分明确的物质的阶级利益而进行的。这些战争，同稍后时期英国和法国的国内冲突一样，都是阶级斗争。如果说这许多次阶级斗争在当时是在宗教的标志下进行的，如果说各阶级的利益、需要和要求都还隐蔽在宗教外衣之下，那末这并没有改变事情的实质，而且也容易用时代条件来加以解释。①

其二，也见于《德国农民战争》：

> 由此可见，一般针对封建制度发出的一切攻击必然首先就是对教会的攻击，而一切革命的社会政治理论大体上必然同时就是神学异端。为要触犯当时的社会制度，就必须从制度上剥去那一层神圣外衣。
>
> 反封建的革命反对派活跃于整个中世纪。革命反对派随时代条件之不同，或者是以神秘主义的形式出现，或者是以公开的异教的形式出现，或者是以武装起义的形式出现。②

恩格斯在这里把"神圣外衣"进一步穿在"封建制度"身上。当然，他同时认为中世纪革命反对派的三种斗争形式都穿的是"宗教外衣"。

其三、其四、其五：均见于恩格斯在1886年写的《路德维希·费尔巴哈和德国古典哲学的终结》中：

---

① 《马克思恩格斯全集》第7卷，人民出版社1959年版，第400页。
② 同上书，第401页。

中世纪把意识形态的其他一切形式——哲学、政治、法学，都合并到神学中，使它们成为神学中的科目。因此，当时任何社会运动和政治运动都不得不采取神学的形式；对于完全受宗教影响的群众的感情说来，要掀起巨大的风暴，就必须让群众的切身利益披上宗教的外衣出现。①

当路德的宗教改革在德国已经蜕化并把德国引向灭亡的时候，加尔文的宗教改革却成了日内瓦、荷兰和苏格兰共和党人的旗帜，使荷兰摆脱了西班牙和德意志帝国的统治，并为英国发生的资产阶级革命的第二幕提供了意识形态的外衣。在这里，加尔文教是当时资产阶级利益的真正的宗教外衣……②

由此可见，基督教已经踏进了最后阶段。此后，它已不能成为任何进步阶级的意向的意识形态外衣了；它愈来愈变成统治阶级专有的东西，统治阶级只把它当做使下层阶级就范的统治手段。③

其六，见于《社会主义从空想到科学的发展·英文版导言》：

当时反对封建制度的每一种斗争，都必然要披上宗教的外衣，必然首先把矛头指向教会。④

尽管宗教在这一切反封建制度的革命中所起的作用，只是提供一件意识形态的"外衣"，而非宗教的实质内容，但恩格斯毕竟对宗教的这种作用是肯定的，比之于马克思在这个问题上的全盘否定态度要全面一些。恩格斯的"宗教外衣论"使马克思主义的历史唯物主义宗教观在解释宗教的历史作用问题时具有更多的灵活性，使它从全盘否定的僵硬态度上解脱出

---

① 《马克思恩格斯选集》第4卷，人民出版社1972年版，第251页。
② 同上书，第252页。
③ 同上书，第252—253页。
④ 《马克思恩格斯选集》第3卷，人民出版社1972年版，第390页。

来。当然，喜欢探索的人不会完全满足于恩格斯的"宗教外衣论"，他们会进一步问：难道宗教在这些反封建革命中所起的作用仅仅是"外衣"么？难道宗教的内容——教义——就不起作用么？这是一个应予继续探讨的问题。但是，在这种情况下，宗教为反封建革命所提供的东西，无论是"外衣"也好，"内容"也好，都不是决定性的东西。反封建制度的社会力量（中世纪的农民和早期资本主义社会的资产阶级）之所以奋起斗争，决定性的原因是他们的社会地位以及由此而产生的社会的、政治的、经济的需要，而宗教的"外衣"或"内容"都不过是他们用以实现其需要的"工具"。在这个意义上，恩格斯的"宗教外衣论"大体上足以满足学者们解释历史事件的要求。

对于恩格斯的"宗教外衣论"来说，真正成为问题的，倒是在于：如果宗教作为"革命反对派"的工具只是"外衣"，那么，它作为"统治阶级"的工具就是"本质"了。"外衣"的积极作用是虚假的，"本质"的消极作用才是真实的。照此推论下来，宗教本质上是统治阶级的统治工具，它的历史作用，从本质上分析，便是消极的，甚至是反动的了。看来，马克思、恩格斯本人也是这样推论的。他们有关宗教的论著基本上都是把宗教视为统治阶级维护其统治秩序的工具。马、恩作为革命家，对宗教的这种作用历来是否定的。影响所至，后来的列宁更着重批判宗教的这种"反动的"社会功能，而马克思主义、列宁主义的后继人更是把这种推论推到极端，总是把宗教等同于统治阶级，进一步又把统治阶级等同于反动阶级，从而否定宗教的任何积极作用。这样的推论无疑是片面的，也并不符合于历史唯物主义的基本精神。历史唯物主义的历史辩证法应该承认，历史上的一切事物都有一个发生、发展和消亡的过程。社会的制度和秩序是如此，社会上的统治阶级也是如此。一种社会制度或一种社会秩序，当其符合于历史发展的规律的时候，它就起着一种推动社会发展、历史进步的积极作用；只有当它们在进一步的发展中成为一种阻碍社会进步的东西时，它们才是一种保守的因素，必须为某种新的制度和秩序所代替。这种历史辩证法同时意味着它绝不否定统治阶级在一定历史阶段上的积极作用。当统治阶级所维护的统治秩序符合于历史发展的要求时，它就是社会生活中的积极因素和进步力量。只有当它所维护的统治秩序成为社会发展的障碍时，这时的统治阶级才是保守的、反动的社会力量。马克思、恩格斯的《共产党宣言》在分析资产阶级的历史作用时就使用了历史辩证法的分析方法。他们曾充分肯定资产阶级在其上升时期在历史上所起的巨大进步作用。既然如此，我们也可以把这种历史辩证法应用到宗教领域中来，承认统治阶级进步时期的宗教的进步作用。只有当宗教为反动、保守的统治阶级服务时，它的社会历史作用才是保守的、反动的。遗憾的是，我们所做的这样的推论和结论，马克思、恩格斯的论著中并没有直接而明白的论述；但是，它确是合乎逻辑地包含在历史唯物主义的历史辩证法中。

马、恩的宗教观在评价宗教的社会功能问题上有一个更重要的片面性，就是：马、恩一般只是把宗教视为统治阶级的统治工具，只看到宗教的政治功能；他们忽视了，甚至没有注意到宗教还是一种社会文化形式，除了政治功能以外，还具有文化功能。他们的有关论著中对于宗教在文化领域的巨大影响，几乎没有直接的论述。即使有时顺便提到了，也只限于宗教对政治、道德、哲学诸方面的消极影响，而对宗教在保存、培育、包容诸文化因素的积极作用，基本上没有涉及。也正是由于这个原因，造成了近百年来马克思主义者在对待和处理宗教问题上的片面性和简单化。如果说，由于马克思、恩格斯本人是革命思想家，而不是专业的宗教学者，对于他们在认识宗教文化功能上的不足，我们应予理解的话；那么，对于马克思主义的专业宗教学者在百余年来的宗教研究中也始终不越雷池一步，继续忽视宗教文化功能的研究，那无疑是一种不能原谅的过错。

马克思、恩格斯的宗教观，其主要内容大体上有如上述。总起来看，这种宗教观的最大特点是以马克思主义的唯物史观作为其基本理论和基本方法。历史唯物主义的宗教观无疑是历史上一切无神论中最彻底的无神论。它丢掉了过去无神论形态所保留的任何神学的尾巴，不仅不为统治阶级保留宗教；更不为愚昧无知的社会大众保留宗教；不仅否定自然神论者那个拱默无为的理性上帝，也否定泛神论者那个泛存于宇宙万物之中的神性，而且还否定费尔巴哈那个建立在纯粹的人性之上的"爱的宗教"。马、恩和旧世界彻底决裂的同时，也宣告他们和一切宗教的彻底决裂。社会和人们尽可以不赞成他们的无神论，但却不能不赞佩他们在理论上的彻底性和政治上的无畏精神。马克思、恩格斯的宗教观和他们整个的共产主义思想体系一样,在全世界许多民族中点燃了革命的怒火,影响之巨大和深远,自古至今,旷所未有。特别是在苏联、东欧以及中国等社会主义国家内,马克思主义被写进宪法,成为国家的指导思想,而历史唯物主义宗教观作为马克思主义的一个组成部分也随之而成为国家的意识形态,指导了国家的宗教工作。马克思主义历史唯物主义宗教观在百余年的历史实践中受到了检验,这种历史实践的检验仍在继续进行之中。

(原载于《西方宗教学说史》第 11 章,中国社会科学出版社 1994 年版)

从近代西方比较宗教学的发展谈马克思主义宗教学的性质和体系构成

近年来,关于宗教的研究越来越受到我国学术界的重视。随着具体宗教史和具体宗教问题研究的进展,学者们普遍感到,如果没有一种对宗教之本质和一般规律做出科学说明的宗教理论提供认识论和方法论的指导,宗教研究的深入发展是有困难的。这就提出了建设一门新的学科——"马克思主义宗教学"的问题,一些学者正在研究这门学科的性质和体系问题,一些大学也在考虑开设宗教学的课程,编写有关的教材。但究竟有没有(甚至是否可能建立起)这样一门学问,在我国学术界中,仍是一个颇有争议、需作认真探索的问题。相当长的时期以来。人们把"宗教学"当成资产阶级的伪科学予以批判,从根本上否定这门学科存在的必要性;而一当提出建立"马克思主义宗教学"的任务时,又往往认为马克思主义关于宗教的理论,即科学的无神论,就是现成的宗教学体系。这两种看法都不尽妥当。无论是对非马克思主义的宗教学,还是对马克思主义的宗教理论,都有一个清醒的认识和全面的估价问题。

由于历史的原因,我们常常自觉或不自觉地把马克思主义当成一种包罗万象、自给自足的百科大全。只要听说要发展某种理论,就不仅立即在经典著作中找根据,而且还把各种有关的论说编织成一个体系,似乎就此即可以形成一个新的学科。在宗教学的建设问题上,我们应当避免这种情况。我们在观念上应该认识到,"宗教学"作为一门独立的人文学科,它与个别性的宗教理论或宗教学说是有区别的。社会上有许多的人,特别是那些从事哲学社会科学研究的学者们,差不多都有自己的宗教观。他们对待宗教问题常有自己的态度,并通过一定的理论形式或概念形式表现出来，形成或提出关于宗教的观点、理论或学说。但是，这并不意味着他就是一位宗教学家、他的宗教观就等于宗教学。这是因为一个人的宗教观，不仅有系统和零散的之分，而且还有独立性的和"从属性的"之别。有些学者提出过某种宗教理论和宗教学说，甚至很有价值，但这些理论或学说常常是作为其哲学或社会科学之附属物而零散地、偶然地表现出来的。对于这种情况，我们只能说此人拥有一定的宗教观，但还未把他的宗教观发展为系统的知识体系，把他的宗教理论发展为独立的学科。从这里，我们可以看到宗教学有其不同于一般所谓宗教观（宗教理论、宗教学说）的两个特点：第一是它在学科上的独立性，它以宗教这一社会历史现象作为认识对象，对它进行学术性的考察和研究，真正的宗教学，如同哲学、历史学、文学、政治学、法律学……一样，应该是一门独立的人文学科。第二是它在内容上的系统性。宗教学，应该是在对宗教的各个方面进行系统研究的基础上形成的关于宗教的知识体系，而不仅只是个别性的观点和理论。

宗教与哲学、道德、法律、政治、文学、艺术一样，是上层建筑和社会意识形式的重要组成部分之一。每一种社会现象、上层建筑和社会意识形式的各个部门都应该而且可能成为人类认识和科学研究的对象，在此基础上，建立起独立的、自成体系的各种哲学社会科学学科。正如我们现在已经有了哲学、伦理学、法律学、政治学、文艺学一样，我们也应该有一门以宗教为研究对象的独立学科——宗教学。

马克思主义奠基人总结了历史上宗教研究的成果，批判地继承了历史上各种无神论、特别是费尔巴哈宗教学说的遗产，用辩证唯物主义和历史唯物主义的科学世界观对宗教问题进行了深入的研究。马克思主义的宗教理论，是整个马克思主义科学体系的一个重要组成部分，在科学性方面，是任何非马克思主义的宗教学说所无法比拟的。不过我们也应该承认，在马克思主义经典著作中，关于宗教的科学理论常常是作为辩证唯物主义和历史唯物主义的一个问题进行讨论的，在这个意义上，它们实际上只是马克思主义哲学体系的附属部分；同时，这些论述还比较分散，没有集中起来像马克思主义哲学、政治经济学和科学社会主义一样作为独立的宗教学科学体系出现。但是，它却为马克思主义宗教学的建立奠定了坚实可靠的理论基础。我们现在的任务，就是要在马克思主义哲学和宗教学说的理论基础之上继续前进。应用马克思主义的世界观和方法论，把宗教这种社会历史现象作为一种独立的认识对象，对之进行全面、科学的研究，把马克思主义的宗教理论发展为一门完整的宗教学，使之成为像马克思主义的哲学、政治经济学、政治学、伦理学一样的独立的科学。

（一）

为了更好地实现上述任务，我们需要科学地确定马克思主义宗教学的性质、对象、内容及其体系结构。在这方面，19世纪中叶以来在西方世界兴起的宗教学有很多东西值得我们参考借鉴。因此，我们有必要对近百年来的西方宗教学作一些历史性的回顾，在此基础上进行实事求是的分析和评价。

19世纪下半叶以来，西欧各国宗教研究出现了真正的高潮，其显著的特点是：一方面它逐渐摆脱传统宗教神学的束缚，不是站在信仰主义的立场，而是以理智的态度对宗教现象进行学术性的研究；另一方面它又从哲学体系中分化出来，以"宗教学"或"比较宗教学"的名称，作为一门独立的人文学科出现于学术之林。1870年，英籍德国学者麦克斯·缪勒在英国皇家学院作了题为《宗教学导论》（Introduction to the Science of Religion）的一系列学术讲演，他在这里第一次提出了"宗教学"这个概念。同时，他对宗教的研究远远超出了传统基督教的范围，对古代的宗教和东方宗教作了广泛的比较性研究，所以，西方的宗教学者一般都把缪勒称为宗教学的奠基人，把《宗教学导论》的讲演看成是宗教学的开端。

近代宗教学的兴起有其社会的原因和历史的条件，主要有三点：

第一，资产阶级启蒙思想的发展动摇了基督教的独断统治。

文艺复兴时期以来，自然科学、人文主义启蒙思想、唯物主义哲学和无神论宗教观有了强大发展，从各个方面给予宗教和教会以沉重的打击。基督教及其教会从中世纪以来的独断性统治地位严重动摇了，神的灵光黯然失色，不那么神圣了。人们（特别是知识阶层）逐渐把信仰的虔诚视为愚昧的迷信。这就为宗教研究者创造了一种思想条件，使他们有可能不再把宗教视为盲目信仰的对象，而当成理智思考的对象。他们开始把基督教当成世界上众多宗教中的一种，把它摆在与其他宗教并列的地位上作比较性的考察。如果没有启蒙思想对信仰主义和基督教至上主义的冲击，对宗教进行理性的思考和学术性的研究是完全不可能的。在这个意义上，近代西方的比较宗教学是启蒙思想的产物。

第二，宗教的视野的扩大和世界上各种宗教的资料的积累。

要想使宗教研究摆脱基督教中心主义，学者的眼光就必须走出西欧——地中海地区的狭小天地，对世界历史上的各种宗教有必要的了解，如果没有这方面的知识和资料，就不可能有对世界上各种宗教的比较研究。16世纪的地理大发现，打开了欧洲人的眼界，越来越多地接触到世界其他地区和民族的文化与宗教。随着知识与资料的积累，直到19世纪才使宗教学者对世界上各种宗教进行比较性的综合研究成为可能，从17世纪到19世纪上半叶，陆续出现了一些对不同宗教和宗教现象进行比较分析的著作。[①]

第三，进化论观念对比较宗教研究的影响。

非西方文化和非基督教宗教资料的积累，迟早会引起宗教观念的变化。用一种新的宗教观念对世界上各种宗教现象做出综合性把握，从而对比较宗教学的形成起了决定性作用者，就是"发展"和"进化"的观念。近代西方比较宗教学形成时期的一个最重要的特点，就是力图用历史进化的观念去统一把握世界历史上的各种宗教，把它们纳入一个世界性的历史演化的体系之中。这种进化观念有两种形态，一是哲学上的宗教发展观，一是科学上的生物进化论。

18世纪的启蒙思想家霍尔巴赫以及休谟，19世纪的黑格尔和孔德都曾以不同的形式提出了宗教发展观的主张，其中，半有宗教史实的依据，半属哲学性的思辨。它们是对当时已知的宗教史实的初步综合，对近代比

[①] 例如：爱德华·布雷尔伍德（Edward Brerewood）的《世界主要地区的语言差异和宗教差异之研究》（1614）；亚历山大·罗斯（Alexander Ross）《世界全部宗教一览》（1653）；拉菲托神父（Father Lafitan）的《美洲野蛮人的风俗与原始时代的风俗之比较》（1724）；皮卡德（Picard）与伯纳德（Bemard）的《世界民族的宗教习俗和宗教仪式》（1727—1724）；C. F. 迪皮伊（Dupuis）的《各种宗教信仰的起源》（1795）；本杰明·康斯坦特（Benjamin Constant）的《宗教》五卷本（1824—1831）。

较宗教学的形成有历史的影响。

1859年,达尔文的《物种起源》提出了生物进化论,对欧洲和人类的精神立即产生了无法估量的巨大影响。在宗教研究领域内,它使上述哲学思辨性的宗教发展观有了科学根据,立即成了比较宗教研究的基本原理和方法。在把进化观念引入宗教学的进程中,斯宾塞起了特殊的作用。还在《物种起源》出版之前,他已用进化观念来说明社会生活和文化的各个方面。1862年,他在其《第一原理》中更把"进化"说成是一切事物皆必遵循的普遍规律:

> 首先我要指出:有机物的进化规律是一切事物进化的规律,无论是地球的发展,还是地球表面上的生命的发展,社会、政府、人工制品、商业贸易、语言、文化、科学艺术的发展,同样是从简单的事物经过连续的分化而发展为复杂的事物。①

由于斯宾塞和其他学者对进化论的大力提倡,进化论思想迅速进入宗教研究和其他人文学科领域,成为新时代的学术精神。既然人类是进化的,那么,人类的文明也是进化的。人文学者用进化论观念来考察人类文化的各个领域,力图了解它的起源和发展。宗教自不例外。宗教学者无不热衷于宗教的起源和演化问题,特别致力于原始时代宗教信仰的资料的收集、整理与研究。比较宗教学因此而勃兴起来,而且必然与人类学相结合,形成宗教人类学。著名的英国宗教人类学家马雷特在1911年的《人类学》中写道:"人类学是用进化观念照亮和影响的人类的整个历史……人类学是达尔文的产儿,达尔文主义使之成为可能。如果否定达尔文主义,就必然同样否定人类学。"②

比较宗教学作为达尔文进化论的产儿,也随着达尔文主义在科学上的胜利而不断前进。它很快就发展为一门颇有声势的独立的人文学科,其主要标志是:欧美一些名牌大学相继开设了比较宗教学(当时一般以《宗教

---

① 斯宾塞:《第一原理》,伦敦(1862年第1版),第148页。
② 马雷特:《人类学》,伦敦(1911年),第8页。

通史》为名）课程，设立教授讲席；出版了专业刊物；1900年在巴黎召开了第一届宗教史国际会议，并建立了国际性的学术研究组织。在巴黎会议上，会议主持人阿尔门特·列维尔的开幕词谈到了这门学科在当时的情况：

> 宗教史这门学科正如所有的历史学科一样，只有依靠一切愿为之贡献精力的人们的集体劳动，才有可能进行研究。我们绝不能说：这件事已经做得很彻底、很完善、无可改进了。然而，我们可以说，它的主要轮廓已经勾画出来，矿藏的范围已经探明，已经划分，已经深挖，而且，现在已经轮到每一个采矿者尽其所能去开凿分配给他的每一个矿层了。对于我们在整个科学进步的天地中所占据的地位，我们既不夸张，也不低估。我们多半都是些谦卑微残的工匠，但我们正在从泥土中提取宝贵的金属。……尽管有种种东西仍然在阻碍我们达到那吸引我们的理想目标，19世纪还是应该享有这样的荣誉——它在宗教史方面为20世纪留下了一笔不能不增殖的资本。假如我们真诚地热爱真理，那么对我们来说，这必然会成为能够使我们满足的一种抱负。[①]

这段话大体上说明了比较宗教学到1900年时所取得的进展和成就。

自1870年麦克斯·缪勒发表《宗教学导论》的系统讲座以来，宗教学已有百余年的发展史。美籍德国宗教学者乔·瓦哈把它分为三个阶段：

第一阶段是把宗教学从基督教神学独立出来的时期，不单研究基督教，也研究其他宗教，但仍具有哲学思辨的性质。其代表人物是麦克斯·缪勒和荷兰学者蒂勒。

第二阶段，学者从人类学、历史学、社会学和心理学等各种角度来研究宗教，特别热衷于研究宗教的起源和进化的历史，形成宗教人类学、宗教史学、宗教社会学和宗教心理学等分支学科，其学术特点是具有浓厚的

---

① 《第一届国际宗教史大会文集》1901，第48—49。转引自夏普《比较宗教学史》，第48—49页。

实证主义倾向。主要代表人物有英国的泰勒、法国的杜尔凯姆、德国的冯特等。

第三阶段：第一次世界大战后，哲学和神学取代实证主义重新在宗教研究中取得地位，主要代表人物在哲学方面是柏格森和胡塞尔，在天主教神学方面是冯·胡格尔（Hugel）和席勒尔（Seheler）；新教神学方向是瑟德布洛姆（Soderblom）、巴特（Barth）和奥托（Otto）。他们企图克服实证主义在宗教学研究中造成的专科化，致力于研究宗教经验的本性和基础，探索终极实在的客观性，通过对宗教经验中非理性因素的强调，反对理性主义，使宗教学与宗教神学达成新的结合。

瓦哈的说法有一定的参考价值，但并不完全符合历史实际。实证主义在宗教研究中的影响一直很强大，至今未衰；宗教学分科化的过程也未结束，除宗教人类学呈衰颓之势以外，宗教史学、宗教社会学、宗教心理学、宗教现象学都在继续发展之中；至于把宗教学与神学结合起来的企图，虽然第一次大战后趋于明显化，但多数学者仍坚持实证主义的原则和方法。整个说来，西方宗教学至今未丧失其独立于神学的地位。考虑到上述情况，如果我们把它分为两个阶段似乎更符合于历史实际一些。

第一阶段：从宗教学的兴起到20世纪初年或第一次世界大战之前，比较宗教学主要是在进化论的强大影响之下研究宗教的起源和发展问题，出现了各种不同的宗教起源和宗教演化体系。就宗教起源论而言，影响较大者，有麦克斯·缪勒等德国的自然神话学派说的"自然神话说"[1]，英国人类学家泰勒的"万物有灵论"[2]，斯宾塞的"祖灵论"[3]，史密斯（英）、杜尔凯姆（法）和弗洛伊德（奥）等人的"图腾说"，[4] 马雷特、金、弗雷泽等人的"前万物有灵论"[5]。这种种理论实质上都是把宗教归原于原始时代野蛮人的错误观念，把文明社会的比较精致、复杂、高级的

---

[1] 认为宗教和神话中的"神"都是自然力（特别是日月星辰）的人格化。
[2] 认为原始人由于对梦、出神等生理心理现象的误解而产生的灵魂观念是一切宗教的最新起源。
[3] 认为对死去祖先的鬼灵的崇拜是一切宗教的起源。
[4] 认为原始人的图腾崇拜是全都宗教的初原形式。
[5] 认为在原始人信仰万物有灵之前有某种更原始的宗教形态。"前万物有灵论"有两种理论形态：一为金氏和弗雷泽的"巫术先行论"，一是马雷特的"玛纳—禁忌论"。

宗教说成是宗教的进化，这就打破了基督教神学长期宣扬的上帝天启说，有其合理的因素、具有启蒙的意义。正因为上述这些宗教起源问题上的宗教进化论具有反传统宗教的启蒙意义，一些具有护教色彩的宗教学者也利用某些宗教人类学的材料构造出反对宗教进化论的宗教退化论体系。著名代表人物是维也纳的天主教神父威廉·施米特。他认为世界上文化层次最古老、最原始的种族都信仰至上神，一神观念是亘古以来就有的，起源于上帝对人类的原始启示。多神教则是原始一神信仰的退化。施米特这种宗教起源论称为"原始启示说"或"原始一神论"。施米特的理论具有浓郁的护教色彩：他所根据的人类学、民族学材料很多也不那么可靠，因此，不少宗教学者都对之表示怀疑，甚至采取批判以至否定的态度。但与此同时，也有一些学者认为，在有些原始民族中，确有信仰至上神的事实，不容一概否定，这些事实，性质上是与当时流行的各种宗教进化完全抵触的，以进化论为其原则的宗教人类学的权威地位从此受到挑战，发生动摇。

同时，19世纪下半世纪以来的各种宗教起源论和宗教演化体系，不可避免地都具有"想当然"的猜测性质，它们往往只是根据体系构造者各自掌握的那一部分人类学、民族学和考古学的事实，难免各执一偏，在理论上和事实上互相否定。在实证主义思潮流行的西方世界，这种情况的继续，必然使宗教学者逐渐对比较宗教学关于宗教之起源和发展进行研究的理论和方法产生怀疑。他们把这种研究称之为半哲学的思辨，说什么这种研究不可能得到经验材料的实证，不可能使比较宗教成为真正的科学。社会的因素又进一步刺激了这种怀疑情绪的发展。1914年第一次世界大战的爆发及其对社会的严重破坏，从社会心理上打击了关于社会文明不断进步的乐观主义情绪，加强了资产阶级对宗教的需要。他们意识到，从达尔文的生物进化论到比较宗教学、宗教人类学的宗教进化论都是在挖传统宗教信仰的墙脚，必须放弃。这种种因素结合在一起，就使得西方宗教学者逐渐放弃宗教的起源和发展问题的研究。这个趋势从20世纪初开始，第一次大战后更趋明朗。

第二阶段：随着宗教学者放弃无所不包的宗教进化体系的构造，他们逐渐专注于特殊的宗教、具体的宗教问题和宗教现象的实证性研究，这就造成了宗教学的分科化，形成不同的分支学科，使比较宗教学进入到第二个发展阶段。主要有这样几个分支学科：

（1）宗教史学。主要是各种不同宗教的宗教史，而不再是熔世界上各种宗教于一炉的"宗教通史"（这是早期用进化论观点对古今各种宗教进行历史比较的"比较宗教学"）。

（2）宗教社会学。主要研究宗教与社会的关系，宗教在社会体系中的作用，宗教在社会生活和历史变迁中的功能。开创时期的主要代表人物是法国的杜尔凯姆和德国的马克斯·韦伯。

（3）宗教心理学。对宗教现象中的心理因素进行分析由来已久，但宗教心理学作为一门学科从宗教学中分化出来，则是19世纪末20世纪初的事情。近代实验心理学之父冯特的十卷本《民族心理学》用了三卷之多的篇幅专门讨论神话和宗教问题，他的美国学生斯塔伯克于1900年第一次以《宗教心理学》（*The Psychology of Religion*）为标题出版。留巴、詹姆士、普拉特、奥托相继而起，宗教心理研究之风吹及欧美，盛极一时。宗教心理学中流派很多，倾向不一，至今未形成一致公认的体系，难以做统一说明。

（4）宗教现象学。虽较早提出这个概念的是荷兰学者向特比·德·拉·索萨耶，但范·德尔·莱乌的《宗教现象学》（1933）则是这门学科成型的标志。

第一次世界大战之后，欧洲资产阶级为医治战争在人们心灵上造成的创伤，进一步意识到宗教拯救的需要，一些宗教学者有感于作为宗教人类学和严格的宗教历史学的比较宗教学破坏了宗教的神圣性，转而要求宗教学能说明宗教的真实性，把种种宗教现象说成是宗教本质的直接表现。这就产生了宗教现象学的理论和方法。宗教现象学不强调研究宗教的起源及其历史，而是把构成各种宗教体系的基本现象类型化、范畴化，对之做出不带任何价值判断的客观描述。现象学的理论原则有两条：第一，不做判断，即不用哲学的预设去做主观的解释；第二，直观本质，即把祭祀、祈祷、忏悔、礼仪等宗教现象视为信仰者内在本质的直接体现，对之表示理解、同情和爱。但在宗教现象学领域中，仍有描述现象学和哲学现象学之分。

概略地回顾比较宗教学的发展过程，我们可以看到，近代西方的比较宗教学的确已经摆脱神学的传统窠臼和对哲学的依附，发展为一门有自己的对象和研究方法的独立学科。它对许多宗教现象和宗教问题的研究，取得了颇有价值的成果。尽管绝大多数比较宗教学者都不是真正的无神论者，但他们对宗教之起源和发展的研究，对各种宗教现象的分析，一般都抛弃了上帝启示论，消除了宗教现象的神圣性和神秘性，无疑具有科学的因素，值得我们认真总结，批判吸取。但在西方世界，由于传统宗教观念的束缚，资产阶级偏见和非科学的世界观的作用，必然会对比较宗教研究产生消极性的影响。因此，尽管西方宗教学已有百余年的发展史，但对这门学科的性质、对象、内容构成等这样一些最基本的问题还未找到科学的答案。让我们首先从这门学科的名称谈起。

西方宗教学者对到底使用什么样的名称来称谓这门学问至今仍有不同意见。麦克斯·缪勒最早提出了"宗教学"（"the Science of Religion"）这个概念，意思是它是关于宗教的科学。可是在后来的发展中，逐渐放弃了这个概念，常用的是"比较宗教"（"Comparative Religion"）和"比较宗教研究"（"Comparative Study of Religions"）这两个名称，强调所谓宗教学就是对各种不同的宗教进行比较性的说明和研究，避而不谈这门学问是否为"科学"（Science）的问题。

早期的"比较研究"主要是广泛收集各种原始宗教和古代东方宗教的材料，对历史上各种形态的宗教进行历史的研究，这就形成了"宗教史学"（History of Religions），它事实上成了"比较宗教学"的代名词。所以，比较宗教学者召开的国际会议都叫作"宗教史国际会议"。1950年，由各国宗教学者组成的国际学会取名为"宗教史研究国际学会"（"International Association for the Study of History of Religions"）。以后又从中去掉"研究"一词，改称为"宗教史国际学会"（"International Association for the History of Religions"），简称"IAHR"。单从名称上看，"比较宗教学"和"宗教史学"似乎差别很大，但二者实际上是一回事。因为西方宗教学者所谓的"宗教史学"，实际是按各种宗教在历史上出现的时间顺序对其现象形态作一种经验描述。在他们看来，这也就是从历史顺序上对历史上出现的各种宗教的一种比较研究。因此，不少名为"比较宗教学"的著作，实即一部宗教通史。欧美一些大学最初开设的比较宗教学课程，一般都名为"宗教通史"。

近几十年来，由于宗教社会学、宗教心理学、宗教现象学等分支学科的出现，它们的内容又不属于时间性的历史范畴，而是对各种宗教所同具的某一方面的特性进行研究。这样一来，如果继续把宗教学等同于宗教史学，这些非历史性的分支学科就难以包容在宗教史学之中，从而被排斥于宗教学之外。于是，我们看到，又出现了更为空泛一般的"宗教研究"（"Religions Studies"）之类名称。近年来，有些西方宗教学者鉴于关于宗教学的各种名称都有不妥之处，提议使用"Religiology"这个名词。但是，由于这个词包含有关于研究宗教之内在逻辑或规律的含意，许多宗教学者觉得难以接受。因此，这个名称未在国际上得到支持。

宗教学的名称难于确定以及因此而出现的意见分歧，说明了一个重要的事实：虽然宗教学作为一门人文学科在西方已有百余年之久，但这门学科的性质仍处在探索之中。这种情况的出现看来与实证主义思潮的影响有关。在实证主义思潮影响之下，许多宗教学者都想把宗教学研究的对象和研究范围限制在宗教现象的领域之内，既不主张涉及宗教现象的本质，也闭口不谈宗教发展的规律。可是，宗教和任何事物一样，它的现象形态和外部特性是多种多样的，如果我们对宗教的研究只限于对它的现象形态作经验的描述，那么，这种描述既可从某一或某些方面着手，也可以从另一些方面着手。观察或描写的角度不同，就会有不同的宗教概念，形成不同种类的宗教学。看来，这就是西方宗教学者难于确定宗教学的名称，对宗教学的性质认识不清的主要原因。

宗教学体系应该包含哪些内容，在西方宗教学者中更是众说纷纭，莫衷一是。主要争论集中在两个问题上：一是宗教研究与哲学和神学的关系；二是宗教研究内，历时性的历史研究与共时性的现象研究的关系。宗教学的奠基人麦克斯·缪勒在其《宗教学导论》中把这门新学科分为"比较神学"和"理论神学"两部分。[①] 他所了解的"比较神学"，其内容

---

① "宗教史国际学会"前秘书长、英国宗教学者夏普在其《比较宗教学史》中对麦克斯·缪勒所用的"神学"一词作了如下评论："非常有趣的是，这两个部分的名称都是用'神学'一词组成的，这或许是用以标志其来源，或许至少是标志其肃然起敬的性质。"（该书英文版，第43页）

是纯粹研究宗教的历史形态，"理论神学"的内容则试图说明任何形态的宗教之所以可能的条件，相当于教义神学和宗教哲学的混合物。他的兴致集中在第一部分。以后，宗教学者中，一派主张宗教学的内容应包括宗教哲学和神学，一派则主张把宗教哲学和神学排除出去。比利时宗教学者阿尔维拉主张宗教学的内容应分为三类：一是神圣志（Hierography），关于宗教事实及其地理分布的记录；二是神圣学（Hierology），关于宗教事实的分类；三是神圣哲学（Hierosophy），评判各宗教的真理、价值及其形而上的特性。法国宗教学者普拉伊和维也纳宗教人类学者施米特都表赞同。施米特还提议将"神圣的"一词直接换成"宗教的"，用"Religiography"（宗教志）、"Religiology"（宗教学）、"Religiosophy"（宗教哲学）三词代替上述三个名称。施米特是一位积极护教的天主教神父，他主张把宗教学、宗教史、宗教心理学、宗教哲学作为发现上帝"原始启示"的一种途径，他的比较宗教研究与宗教神学结为一体，乔·瓦哈于1924年的《宗教学——为建立这门学问之基础的导论》一书，讨论了宗教学的方法论以规定宗教学的性质、对象和内容构成。他认为宗教研究有两种方法和两方面的内容：一是"规范性（normative）研究"，一是"描述性的（descriptive）研究"。前者指对宗教的本质做出价值判断的研究，后者则是对宗教的现象作经验性的记录和描述。他本人力图把宗教学与宗教哲学、神学结合起来。

上述这种主张受到相当多的宗教学者的抵制，他们反对把神学和宗教哲学融入比较宗教学之中。他们认为神学和宗教哲学所研究的是超经验的形而上学问题，与作为经验科学的比较宗教学无关；神学属于信仰范围，不能列入严肃的学术研究之内，宗教学应排除宗教哲学和神学。但是，由于比较宗教学的发展和分科化，出现了宗教文学、宗教社会学、宗教心理学、宗教现象学等分支学科，在这一派学者中，对宗教学体系的内容构成也发生了意见分歧，有些人主张，只有共时性的比较宗教研究才算真正的宗教学或宗教科学，历时性的宗教史学应属于"宗教志"的范畴。

日本宗教学者岸本英夫在其《宗教学》一书中总结了上述种种情况，对宗教学的内容构成提出了一个简单明快的图示。岸本英夫把宗教研究的立场和方法分为"主观的立场"和"客观的立场"两种。主观性的研究是从信仰的角度或批判信仰的角度出发的研究，是探讨宗教应该怎样存在或批判这种存在的研究；客观性的研究与此根本不同，是所谓如实地用实证的和价值中立的方法来研究作为社会文化现象的宗教；主观立场的研究包括基于信仰的"神学"和基于理性以批判性地探求宗教本质的宗教哲学，客观立场的研究则包括宗教史或他所了解的宗教科学。岸本英夫认为宗教学的对象和内容大致可归纳为四种不同的类型，并用下图来表示：

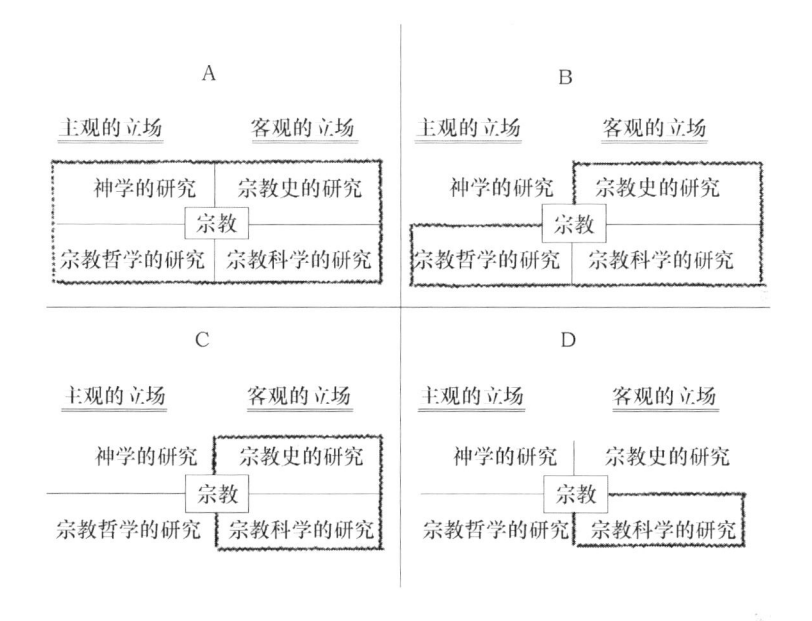

A	B
主观的立场　客观的立场 神学的研究　|　宗教史的研究 ――宗教―― 宗教哲学的研究　|　宗教科学的研究	主观的立场　客观的立场 神学的研究　|　宗教史的研究 ――宗教―― 宗教哲学的研究　|　宗教科学的研究
C	D
主观的立场　客观的立场 神学的研究　|　宗教史的研究 ――宗教―― 宗教哲学的研究　|　宗教科学的研究	主观的立场　客观的立场 神学的研究　|　宗教史的研究 ――宗教―― 宗教哲学的研究　|　宗教科学的研究

据上图，第一种（A）意义下的宗教学，对象范围最广，是神学、宗教哲学、宗教史、宗教科学以及有关宗教问题的一切研究的总称；第二种（B）意义下的宗教学则不包括神学在内的关于宗教的批判性研究；第三种（C）意义下的宗教学对象和范围又窄了一些，把宗教哲学作为与神学性质一样的所谓主观性研究而予以取消，只包括所谓客观性的研究（宗教史和宗教科学）；第四种（D）意义下的宗教学，对象范围最窄，连宗教史也取消了，只剩下宗教现象学、宗教社会学之类。[①]

岸本英夫上述主张的特点就是把宗教学作为"描述性的"（或"客观

---

① 岸本英夫的主张，见于他的《宗教学》一书。日本大明堂1965年版，第5—9页。

的")研究学科,企图把它和所谓"规范性的"(或"主观的")神学及宗教哲学严格地加以区别,以此来强调宗教学独立于神学和宗教哲学之外,对于宗教神学既不取信仰的态度,也不取批判的态度;宗教学的研究不涉及宗教的本质,更不对之做出价值性的批判,按照这种主张,宗教学所研究的对象仅仅是各种宗教的历史形态和外部现象,这门学科的性质是经验的,而非理论的,是客观中立的,而非信仰的和批判的,在方法上,则是单纯描述性的。岸本英夫的主张在近代西方宗教学者中有相当大的代表性,它与施米特、瓦哈等人的主张有明显的区别。他把神学和宗教哲学贬为"主观性的"东西而主张把它们从宗教学中排挤出去,力图使宗教学在信仰主义与宗教批判之间保持价值中立地位,显然具有抵制把宗教学神学化的积极因素,我们应该给予实事求是的评价。

但是,岸本英夫所表述的关于宗教学的性质和内容构成的观点,从总体上看是不科学的。首先,科学与宗教、信仰主义和理性主义是对立的,如果宗教要成为一门真正的人文科学,它就必然会对宗教采取批判的立场,它的学术结论如果是科学的,就必然会与宗教的信条和基本理论产生不可克服的冲突和矛盾。所谓在科学与宗教之间、信仰主义和理性主义之间保持客观中立的立场是不可能的。

其次,在宗教研究中,区分"主观性的"与"客观性的"两种态度,也许是有必要的,但这两种态度的区分必须有科学的标准。不能说,只有描述性的研究,才是客观性的研究,而对宗教的真假和价值做出某种评判,就是主观性的研究。对宗教事实采取单纯描述性的态度本身并不能保证研究者的"描述"就一定是客观的,描述性研究的结果也有准确和错误之分。同样的道理也适用于岸本英夫所谓的"主观性的"研究。对宗教的评价,事实上对任何研究者而言都是无法避免的,总是有所偏向的,有护教的,也有批判宗教的。评价,必然也有正确和错误之分。只有错误的评价才能说是"主观性的",而正确的评价,既然是符合于客观事实的,那应该说是客观性的真理,而不应贬之为"主观性的"意见。神学和以护教为目的的"宗教哲学",由于它所辩护的宗教乃是一种颠倒的世界观,必然是反科学的东西,理所当然地应排除于宗教科学之外。至于对宗教取批判态度的"宗教哲学",例如历史上的无神论、唯物论以及真正科学的宗教学，那是不应该把它们和神学以及以护教为目的宗教哲学混为一谈，一律扫地出门的。

同时，把宗教学规定为单纯描述性的东西，而不以把握宗教现象的内在本质及其发生发展的规律为目的，这样的宗教学也不可能是真正的科学。这样的宗教研究会变成宗教事实的堆砌和排列，我们只能在其中见到宗教的现象形态，而看不到它的内在根据，只能见到宗教在历史上的先后继起，而看不到它发生的客观逻辑，这样的宗教学，即使赋予科学之名，也无科学之实。

（二）

简单地回顾近代西方宗教学的发展过程、实事求是地分析它的成就与缺欠，可以为马克思主义宗教学的建设提供有益的教训，使我们能比较科学地确定宗教学的性质和内容构成问题。

宗教学所研究的对象当然是作为社会现象的宗教。但如果要把宗教学建设成为一门真正的社会科学，我们对宗教的研究就不能停留在宗教的现象形态和外部特性的范围。我们必须透过宗教的外部现象把握决定它们的内在本质，通过偶然的属性揭示其必然的规律。认识和把握对象的本质和规律，这不仅是作为科学的宗教学的基本要求，也是一切科学之所以为科学的基本要求。物理学不仅仅是描述声、光、电、磁等物理对象的表面特性，而且还要透过这些外部现象揭示它们的内在本质和运动规律。生物学不仅仅是描述各种生物的外部现象，而且还要研究生命现象的本质和生物发生、发展的规律。社会科学也是如此。各门具体社会科学的研究对象，是相应的社会历史现象。一切社会历史现象和自然界的物理对象一样，它们都是运动的，而运动都是有自己的规律的，它们的一切外部特性都是由其内在的本质所决定的。历史学不是关于王朝兴替的事实记叙，而是通过历史变迁的事实把握社会发展的运动和规律。不承认社会历史现象有其内在的根据和本质，不承认它们的发生发展有其必然的规律，这样的学说和理论，绝不是真正的社会科学。当然，承认不等于认识。虽然我们承认一门科学必须反映它的对象的本质和规律，但却在自己的学说和理论中没有正确、如实地反映它，那也不是真正的社会科学。

根据这个道理，我们似乎可以这样来规定宗教学的性质和对象：宗教学是认识宗教现象的本质，揭示宗教产生和发展的规律的科学。

如果这个规定可以成立，我们就可以由此出发来进一步确定宗教学所应包含的基本内容，探索宗教学作为一种科学体系的内在结构，使宗教学研究有自己的正确方向。

第一，作为科学的宗教学的研究对象，既然是宗教的本质，那么，我们就必须具体分析宗教作为社会意识形式的基本内容或构成宗教的基本要素，从对这些内容或要素的具体分析出发，找到宗教之所以为宗教并与其他社会意识形式区别开来的本质规定性，这就要求我们对各种宗教信仰的宗教观念（如神灵观念、灵魂观念、神性观念等）、宗教感情（敬畏感、依赖感、神秘感）、宗教行为（各种形式的崇拜活动和崇拜仪式，如祈祷、献祭、巫术、禁忌、礼仪等等）和宗教制度进行比较分析。只有通过对这些构成一切宗教的基本要素的比较分析，才有可能使我们具体地而不是抽象地、深入地而不是表面地认识宗教的本质。在西方的宗教学中有所谓"宗教现象学"的分支学科，大体上就是对各种宗教所共同具有的现象形态进行同时性的并列和比较。如果我们把这种性质的研究作为深入具体地把握宗教之本质的前奏和手段，那么，这种"宗教现象学"就变成了"宗教本质学"的必经的阶梯和有用的向导。脱离对宗教现象形态的研究，所谓对宗教本质的认识，就不可避免地成为一种没有具体内容的抽象。

第二，为了进一步认识和把握宗教的本质，我们必须具体研究宗教的社会功能及其在历史上所起的作用。宗教既是一种社会意识，也是一种上层建筑和社会力量。马克思主义历史唯物论教导我们，社会意识是社会存在所决定的，上层建筑是经济基础所决定的，社会意识和上层建筑产生出来又是为社会存在和经济基础服务的，这是一切社会意识和上层建筑的本质，宗教作为社会意识和上层建筑的重要组成部分，它的基本特征就在于满足社会存在的某种需要，为一定的经济基础服务，它的本质也就在这种社会服务中表现出来。科学的宗教学，既然以认识和把握宗教的本质为自己的主要任务，那就必须深入分析宗教的经典、基本教义和基本理论，把握它们的社会意义和社会职能，具体研究宗教与社会上的阶级斗争或社会政治经济斗争的关系以及宗教与其他社会意识和上层建筑的关系，因为宗教的社会意义以及宗教在社会历史上的作用，就具体体现在上述这些关系之中，而正是这些实际作用具体体现了宗教的本质和基本特征。

具体地说，科学的宗教学应该包括宗教与政治、宗教与哲学、宗教与伦理道德、宗教与文学艺术、宗教与科学等等问题的研究，通过这些问题的专门研究，可以构成宗教学的若干分支学科：如宗教政治学、宗教伦理学、宗教文化学、宗教与哲学和科学的关系学等等，这些专门研究，既有各自独立的内涵，彼此又互相联系，互相关联，不能截然分开。从它们的独立内涵着眼，每一种专门研究都可构成一独立的人文学科；从它们互相关联、不能截然分开看问题，则所有这些学科，都是为了从宗教在社会生活和历史发展中所起的具体作用来把握宗教的本质和基本特性，是科学的宗教学体系不可缺少的具体内容。

在揭示宗教的社会功能问题上，研究宗教与社会主义的关系以及宗教在社会主义社会中的作用，具有特殊的意义。如：宗教与科学社会主义这两种思想体系能否调和？如何评价宗教社会主义？有没有社会主义宗教？宗教在社会主义社会中是否已经演变而成为社会主义上层建筑的一部分？马克思主义政党应如何看待和处理社会主义时期的宗教问题？……这一系列问题，无论是在无产阶级争取社会主义的革命斗争中，还是在建设社会主义新社会的现实生活中，都具有深刻的理论意义和重要的实践意义。对这些问题的研究，应该成为马克思主义宗教体系内容构成的一部分。

第三，既然宗教学要揭示宗教发生、发展和走向消亡的客观规律，我们便必须对出现于历史舞台上的各种具体宗教的发展史进行研究，从中概括和总结出宗教产生和存在的根源，找出决定宗教发展的动力和原因，探索宗教演变的一般历史形态和内在的逻辑。这种研究，事实上构成西方宗教学者所谓的宗教史学。但是，如前所说，西方宗教学者一般都把宗教史学作为一种单纯描述性的学问。马克思主义宗教学与此不同，按宗教的历史发展形态进行研究的宗教史学，根本目的在于借此来探索宗教演变的历史逻辑，正如社会历史的研究是为了探索社会发展的规律、指明历史发展的方向一样，宗教史的研究也是为了探索宗教发展的规律，预测宗教的未来，找到摆脱宗教信仰主义的科学途径。

在马克思主义宗教学的理论体系中，宗教史的研究具有非常重要的地位，宗教发展的规律，只有在宗教的历史演变中才能体现出来。没有宗教史的深入研究，要把握宗教发展的规律是根本谈不上的。我们绝不能拿思维中逻辑推理的必然性来代替在历史发展中展现出来的客观规律性。所以，我们必须具体地研究原始宗教的形成和发展，研究古代社会的氏族宗教和部落宗教，阶级社会各国的民族宗教和国家宗教以及各种世界性宗教。宗教学中关于宗教史的研究当然要包括对各种具体宗教的历史的研究，但又与具体宗教的历史研究有所不同。在宗教学体系中，各种具体宗教的历史不应该以独立的历史出现，而是应该把它们摆在世界宗教的历史位置上，寻找世界宗教发展的总的规律，揭示各种宗教产生发展以至消亡的共同规律。

在这里，我们也可以看到马克思主义宗教学与西方宗教学的区别和联系，后者常常把宗教学等同于宗教史学，而前者则把宗教史视为宗教学中一个重要的组成部分；后者把宗教史学看成是对世界各种宗教之现象形态的历史描述，历史描述本身就是全部目的本身；前者则把宗教史学作为揭示宗教发展的客观规律的一种手段和方法，历史本身不是目的，而是为在正确揭示规律基础上的革命实践服务。

第四，宗教信仰的对象是上帝、神灵、灵魂和来世生活，任何一种宗教都是对上帝和神灵的崇拜，对灵魂不朽的信仰和对来世生活的追求。它们构成宗教的实质和基础。因此，各种宗教学说或宗教理论，无论它打着什么样的牌号，事实上都不可能回避上述这些宗教的基本问题，这就像伦理学和美学不能不回答什么是善、什么是美，哲学不能不回答哲学基本问题（思维和存在的关系）一样。历史上出现的各种宗教理论，都曾用自己的理论、范畴和逻辑对上述宗教基本问题提出了自己的答案。他们或者肯定其有，或者断言其无，或者提出新的说法变相地维护或批判传统神道观念。于是，一方面出现了宗教神学和论证有神论的唯心主义哲学，另一方面则出现了唯物主义无神论世界观、各种形式的自由思想和启蒙思潮，这两种宗教理论在历史上进行了长期、激烈而且复杂的斗争，这是一部有神论和无神论，唯心主义和唯物主义，宗教与科学，信仰主义、蒙昧主义和启蒙思潮、理性主义的斗争史。

只要宗教还在社会历史上存在一天，它就总是要宣扬上帝神灵的存在，鼓吹灵魂的不朽和来世的天堂，它就要歪曲科学的材料，利用科学的暂时困难，构造出各种花样翻新的神学唯心主义体系，论证宗教的教义和信条，它就必然要发动反对唯物主义和无神论的斗争。在这种情况下，无神论与有神论、唯物主义与唯心主义、科学与宗教的斗争是不会停息的。马克思主义的宗教哲学或科学无神论是历史上无神论发展的高峰，但它并未终结科学和唯物主义哲学的发展，也没有赋予无神论以到此为止、可以不再前进的绝对地位。无神论一定要回答宗教神学和唯心主义哲学的新的挑战，要总结新时代科学和哲学的新成就，使自己具有更科学的内容和更完备的理论形式，来保证马克思主义宗教学的发展。

马克思主义宗教学不仅应该包括马克思主义的宗教哲学或科学无神论，而且还应该把无神论和宗教学说的发展史作为自己的研究对象和马克思主义宗教学科学体系的一部分。这是因为马克思主义的科学无神论或宗教哲学不是凭空产生出来的，而是历史上各种宗教哲学或无神论思想发展的结果。它总结和继承了先前各种宗教学说中科学性和民主性的精华。宗教学说史上的各种具有科学价值的优秀成果，绝不能被视为过时的东西而被简单地否定，而是应该在马克思主义宗教学体系中得到更科学、更健康的发展。一切合乎科学的东西都是不会过时的，即使是那些在今天看来已经是错误的东西，也会从反面给我们启发，开阔我们的眼界，打开我们的思路。通过宗教学说史（包括无神论思想史）的研究，不仅可以使我们对马克思主义的宗教学的形成和发展有更深刻的了解，而且可以使我们在各种宗教学说的历史比较中，找到马克思主义宗教学进一步发展的正确方向。

上述四个方面，我们认为，构成了马克思主义宗教学的主要内容。从马克思主义宗教学的内容构成看，它的内容是非常丰富的。要系统完整地说明这些内容，得出科学的结构，绝不是少数研究者一时所能完成的任务，它需要我国宗教研究工作者的共同协作和长期努力。

（原载于《世界宗教研究》1987年第4期）

以理性的态度认识和对待马克思主义宗教理论

本书所要研究的主题是马克思主义思想体系的一个方面，即它的宗教哲学或宗教理论（一般又称之为"宗教观"）。这一部分与通常所说的马克思主义三大组成部分（辩证唯物主义与历史唯物主义哲学、政治经济学和科学社会主义）比起来，其地位当然要次要得多。不过，马克思、恩格斯对于宗教问题的论述，总体上是作为马克思主义哲学（特别是历史唯物主义）的一部分来展开的。马克思、恩格斯青年时代就参加了黑格尔哲学中的激进派——青年黑格尔派的宗教批判运动，这是他们一生从事革命性的理论活动和实践活动的开始，这个第一步对马、恩创建马克思主义哲学以整个马克思主义思想体系有着非比寻常的意义。没有这个第一步，马、恩就不可能从对宗教的批判转向对政治和法的批判，从对天国的批判转向对尘世社会的批判；也不可能在哲学世界观上从青年黑格尔派的崇尚理性启蒙的唯心主义超过费尔巴哈的人本学唯物主义，进一步发展为辩证唯物主义和历史唯物主义。再进一步，如果他们没有通过德国的宗教批判运动创建了自己的哲学世界观和历史观，并把它们作为研究社会历史和政治、经济问题的认识论和方法论，也就不可能创建马克思主义的政治经济学和科学社会主义。在这个意义上，马克思、恩格斯研究宗教问题、从事宗教批判，对于整个马克思主义理论体系的创立，具有特殊的意义。我们的马克思主义研究者，特别是我们的专门研究马克思主义宗教理论的宗教学者，应该深刻了解马、恩的宗教理论在马克思主义整个体系形成和发展过程中的特殊地位和特殊作用；在此基础上，对进一步深入研究马克思、恩格斯的宗教理论的意义和必要性给予特殊的重视。

对于宗教问题的批判研究，并不仅仅是马克思、恩格斯一生的理论活动和实践活动的开端，而是贯穿在他们毕生的革命事业之中。只要革命事业提出了宗教问题，他们就会拿起笔来，从事宗教问题的研究和著述。在这方面，恩格斯尤其关注，付出了更多的精力，留下了更多的论著。马、恩的宗教理论，无论是在他们的生前，还是在他们逝世以后，它的影响力，也和整个马克思主义思想体系一样，是非常之深远和巨大的。自19世纪中期以来，马克思主义不仅在思想学术领域引发了开天辟地式的革命，而且在社会生活中启发了国际工人阶级和被压迫人民的阶级觉悟和革命意志，掀起了风起云涌、声势浩大的社会运动和政治革命。这种影响超越了时间和空间的限制，从欧洲走向全世界，从19世纪延续至今。随着马克思主义和国际共产主义运动的发展，马、恩的宗教理论也超越了单纯的学术理论范围，成了国际工人运动和马克思主义政党处理宗教问题的指导思想。苏联、东欧社会主义国家的建立，以及中国共产党通过长期的革命战争夺取政权之后，马克思主义、列宁主义的宗教理论更成为党和国家处理宗教事务的指导思想和制定宗教政策的理论依据。这样一来，这些遭遇就与作为执政党的共产党和国家的命运紧紧地联系在一起了。几十年来，各社会主义国家的共产党在对待和处理宗教事务上所走的道路是曲折多变的。既有成功的经验，也有失败的教训。但无论是经验，还是教训，对于我们都是一笔宝贵的财富，值得认真总结，提高认识。唐太宗李世民说得好："夫以铜为镜，可以正衣冠；以古为镜，可以知兴替；以人为镜，可以明得失。"千古名言，是以为训。我们要看到一个重要的历史事实，自从马克思主义诞生以来，它在乘风破浪式的迅猛发展的同时，也遭受到各种社会势力和社会思潮的激烈反对。特别是马克思主义的宗教理论，由于它具有的特殊性，其所遭遇的质疑与反对，更有特殊的激烈性。这是因为它在世界宗教思想史上是一种最为彻底的无神论，而在它的对面，矗立着拥有广大信众的传统宗教及其教会组织，宗教和教会有着久远的历史传统，在人类历史上一直发生着深刻的社会影响，是一种巨大的社会力量，它们以神或上帝的名义，用一切手段，对历史上一切批判和反对宗教的怀疑论、自由思想和无神论思潮，施行残酷无情的打击。至于马克思主义的宗教理论，作为一种最彻底的无神论，更是被它们视为洪水猛兽，必欲灭

之而后快。马克思、恩格斯在《共产党宣言》中,开宗明义第一句话就指出:

  一个幽灵,共产主义的幽灵,在欧洲徘徊。旧欧洲的一切势力,教皇和沙皇、梅特涅和基佐、法国的激进党人和德国的警察,都为驱除这个幽灵而结成了神圣同盟。
  有哪一个反对党不被它的当政的敌人骂为共产党呢?又有哪一个反对党不拿共产主义这个罪名去回敬更进步的反对党人和自己的反动敌人呢?①

在这个反共神圣同盟中,以教皇为代表的宗教势力占有特殊的地位。他们之所以反对共产党,其根本原因当然是因为共产党人要推翻旧的社会制度,实现共产主义理想;而在马克思主义的共产主义理想中也包括消除传统宗教的无神论人道主义理想。正是这个原因,马克思主义的宗教理论被维护旧制度的"神圣同盟"当成自己的敌人。这种敌对状况从此一直在历史上延续下来,反对它的声浪长期不断,调门不仅未曾减低,甚至越来越高。苏联、东欧社会主义国家社会剧变前后,那里的基督教新旧各派教会、东正教会已经明里暗里为反共势力煽风点火,摇旗呐喊。剧变之后,宗教势力更是勃然兴盛起来。马克思主义、列宁主义的无神论宗教理论的传统权威地位,俨然被宗教和教会取而代之,甚至被抛进历史的逝波。宗教势力和政治自由派把苏东剧变说成是马克思主义、列宁主义、共产主义的失败;当然,也意指马克思主义、列宁主义的宗教理论和共产党的宗教政策的失败。

在我们中国,宗教战线的基本状况也有与苏东社会类似的表现,中国共产党在民主主义革命时期在如何对待宗教势力、处理宗教问题上就确立了一个好的政策和传统,这就是主张宗教信仰自由,把爱国宗教人士作为统一战线的对象。这个正确的决策,不仅在民主革命时期减少了革命的阻力,而且在夺取政权之后,宗教界人士也接受了共产党的领导,支持社会

---

① 《马克思恩格斯选集》第 1 卷,人民出版社 1972 年版,第 250 页。

主义建设事业。令人遗憾者，这种好景为时不长。毛泽东在 1958 年发动的"大跃进"运动和在 1966—1976 年发动的"文化大革命"中，先后开展大规模的群众运动，力图把传统宗教作为"四旧"予以扫除。不仅宗教界人士，甚至在宗教战线上做实际工作的党政干部，都一下子变成了"牛鬼蛇神"，遭受到不应有的打击。这种废除宗教的运动，先后都随着"大跃进"和"文化大革命"的失败而失败了。应该承认，这也意味着当时实行的那种宗教政策的失败。"文化大革命"之后，社会上一部分人由此而对马克思主义宗教观本身产生了不同程度的怀疑的和否定的情绪。这大概有两方面的原因：第一，在惨痛失败的历史事实面前，人们易于受激动的情绪的支配和驱使，一般是难以冷静地区别何者是马克思主义宗教理论的核心和基础，何者是后人对它的误解和歪曲；何况那些推行错误的宗教政策的人，往往把马克思主义的旗帜举得更高，马克思主义的口号喊得更响。第二，改革开放以来，国内社会在政治上和学术上的大环境相对宽松，国外的各种宗教和宗教学术思潮大量涌进，各种传统宗教、民间信仰以至新兴宗教快速恢复和发展，宗教学术领域的理论思潮也逐渐展现出多样化的趋势。"文化大革命"之前马克思主义宗教观和世界观对宗教学术研究的一元化指导，受到不同形式和不同程度的冲击。在上述两种情况的影响下，有些人（包括一部分研究宗教问题的学者）便从对"大跃进"和"文化大革命"时期错误的宗教政策的否定，逐渐发展到对马克思主义宗教观本身的怀疑。局部怀疑者有之，全面否定者亦有之；用各种不同方式认为马克思主义宗教理论并无普遍意义者有之，甚至宣称它已经过时者亦有之。消极面对的程度有轻有重，怀疑以至否定的形式推陈出新。这种复杂的情况，意味着马克思主义宗教理论在新的历史阶段遭遇到了新的挑战。在这种挑战面前，我们国家宗教战线的实践工作者和从事宗教学术研究的宗教学者不能再像"文化大革命"时期的红卫兵那样，把这些"挑战者"打成"阶级敌人"，以"大批判"的方式对待之。不管各种对马克思主义宗教理论持不同意见的挑战者有着什么样的政治内涵，但它们一般都是以学术见解不同的学术形式表现出来的。我们不能把学术之争归结为政治斗争。学术上的不同见解本质上是个认识问题，认识上的是非对错只能通过学术上的自由讨论才能得到合乎理性的解决。认识问题解决了，它所蕴含的政治内涵也就清楚了。在我国的宗教学术领域，党和国家提倡以马克思主义的世界观和宗教观作为指导思想。这种提倡的基本根据就是相信马克思主义是科学的真理。既然如此，马克思主义（包括它的宗教理论）作为一种"科学"，它本身应该被视为学术研究的对象，而不是信仰的对象，学术研究的对象应该允许不同意见者的怀疑，也不应担心和害怕别人的反对和否定。一切科学，一切真理，都是在怀疑和否定旧时的成见中成长起来的，它们本身也需要在不同意见者对它们的怀疑以至否定它的挑战中进一步完善和发展。只许别人信仰，不许别人质疑，那不过只是自封神圣的"宗教"，而不是真正的科学。一切主义、理论或学说，只要它是科学的真理，它就应该能够经受得起任何人的怀疑和反对，是推不翻、打不倒的。马克思、恩格斯以及他们创建的马克思主义150年来不就一直经受各种各样的怀疑和反对吗？苏联、东欧剧变、中国"文化大革命"的失败，不是曾被敌对者说成是马克思主义彻底失败的历史证明吗？这些一贯反对马克思主义的社会势力，特别是他们的政治家思想家，不是也趾高气扬地欢庆他们"最终战胜"了马克思主义的"伟大胜利"吗？然而，历史的真实很快就教训了他们，他们的估计完全错了。马克思和他的思想仍然在世界上广大人民的心里，影响着他们的精神和行动；这种影响之大、之深，在世界历史上是任何其他的人都无与伦比的。甚至西方世界的主流媒体和知识界也逐渐冷静下来，改变其在"冷战"之后对马克思主义的全盘否定和冷嘲热讽的态度，重新思考马克思和马克思主义的历史意义和时代价值。20世纪末，即1999年秋天，英国广播公司（BBC）用相当长的时间发动一次活动，在国际互联网上通过自由投票，评选一位在第二千纪一千年间全世界最伟大、最具影响力的人物。这显然是一件具有深刻历史意义的活动。人们不难想到，一千年，是一个漫长的历史过程。在整个人类历史上，第二千纪无疑是社会变革最为激烈，社会进步最为急速，文化、科学、哲学、宗教、政治、经济的发展最为深刻的时期。在这一千年间，全世界涌现出了许许多多的叱咤风云、给历史巨轮以巨大推动的"风流人物"，被人们公认为可以载入史册的"伟大的""具有影响力"的历史巨人（思想家、哲学家、宗教家、文学家、艺术家、科学家、军事家、政治家……），有如天上的繁星，难以数计，要在其中单挑出一个

"最伟大""最具影响力"的"No.1"("第一号"),那他无疑应该是伟大中的伟大,巨人中的巨人。如其没有创造出开天辟地、震古烁今的历史事功,是绝对不会得到世界公众的公认而入选的。BBC在经过反复的评选过程之后,最后确定:这一千年中世界最伟大、最有影响力的人物是"马克思"。这次国际互联网自由评选的结果是意味深长的。值得注意者,这次评选活动的主持者,并不是我们中国或其他共产党国家,而是西方资本主义世界的主流媒体之一英国广播公司(BBC)。如此这般的结果和结论,显然是那些自认为赢得了"冷战"的思想家和政治家始料未及的,他们也许不会承认,也许至今仍高声反对;但BBC评选结果所表现的,是一千年中的历史事实,这次评选活动本身就是一个历史事件,而历史事实是抹不掉的客观存在。这个事件值得一切有思想者的深思,尽管曾经高举马克思主义旗帜的苏联和东欧的社会主义国家输掉了与资本主义世界体系的"冷战",但"马克思主义"却并未在与资本主义思想体系的思想斗争中输掉自己在历史上的崇高地位与伟大价值。因为苏联和东欧等社会主义国家所实行的"社会主义"并不等同于马克思主义本身,甚至很大程度上不符合于马克思主义的真义。在我们研究马克思主义的真实意义和历史价值的时候,不能忘却上述这个历史的启示。

在我们身处现当代的世界大环境中,通过BBC1999年的评选活动分析和认识马克思作为第二千纪"最伟大""最具影响力"人物的意义和价值的时候,我们也不能忘记和抹煞历史事实的另一方面,自从马克思主义诞生以来,无论在政治上,还是在学术思想上,都成了激烈争议的对象,国际社会的各色人等、各个阶层、各种学术思潮和政治派别都曾卷进这场思想争辩和政治斗争之中,这种论争,从来就没有停止过,现在仍在进行,未来大概也不会停止,BBC的评选结论,也不会停息世界上各种各样反对马克思主义的声浪。这就像西方式民主国家的总统选举一样,多数票选出的总统获得了合法的执政权,但反对派即使处于少数,仍可继续坚持他们的反对立场,进行其反对活动。对于这种客观的历史和现实,我们要有清醒的认识。无论是对马克思主义和列宁主义的整个思想体系,还是对作为其思想体系的一部分的宗教理论,我们都应该保持一种科学的态度。

改革开放以来,邓小平一直提倡我们要对马克思主义、列宁主义、毛泽东思想抱实事求是的态度，求全面、准确的了解。近年来，中央有关领导更具体地要求我们在研究他们的论述时，要分清"四个哪些"问题：

1. 哪些是必须长期坚持的马克思主义基本原理；
2. 哪些是需要结合新的实际丰富和发展的理论判断；
3. 哪些是必须破除的教条式的理解；
4. 哪些是必须澄清的附加在马克思主义名下的错误观点。

这"四个哪些"，深刻地体现了邓小平倡导的实事求是的科学精神。我认为，在马、恩创建马克思主义150年余年之后的今天，用"四个哪些"的精神和原则去分析它所包含的各种内容（特别是我们所要研究的宗教观）是十分必要的。这150余年的历史，无论是在全世界，还是在我们中国，都是社会激烈变化，各种社会变化思潮风起云涌，互相竞争而又彼此渗透的过程，这就决定马克思主义思想体系（包括它的宗教观）的发展必然是曲折多变的。其中，既有自身的演变，也有鱼龙混杂的情况。这并不是马克思主义一家所独有的特例。在人类历史上，各种曾在人类社会及其历史发展过程中发生重大影响的思想文化体系，它的发展进程都不会是像复印机或生物基因一样，一代接一代地自我复制的。它们一般都会随时代的演进、社会的变迁而发生适应性的演变。它们的反对者会提出针锋相对的反对意见；它们的追随者也会对其宗师做出不同的理解；除此以外，它会不时遭遇别有用心的曲解以及有意无意的误读。时过境迁，原版思想体系就会不同程度地改变其本来的面目，被附加上许多原版没有或与原版不同的东西。有符合于原版之"正义"者，亦有违背原版基本精神之"邪门歪道"。试以佛教为例。佛陀逝世后，佛弟子的第一次结集就在教内产生了以大迦叶为代表的一派与以富楼那为另一派的争论，两派各将所闻佛陀教诲定为"佛说"。第二次结集发生了戒律之争，正式分裂为上座部和大众部。以后的论争更扩大到对一系列佛教基本教义的理解（如宇宙是实有，还是假有？有我，还是无我？有神，还是无神？），佛教分裂为几大部派。贵霜王朝时，则正式形成大乘和小乘两大教派。佛教世界化过程中，更与当地的传统宗教相结合，使佛教具有了地区性色彩，如以禅宗为代表的汉地佛教、以活佛信仰为特色的藏传佛教……佛教如此，基督教、伊斯兰教更是如此。孔子创立的儒家学派与上述诸大宗教的情况也大致不差。孔子之后，诸子学说先后兴起了争鸣。孟子时竟出现了天下之言"不归于杨，则归于墨"的情况。儒家学派内部分化情况也很严重。按韩非子的说法："自孔子之死也，有子张氏之儒，有子思之儒，有颜氏之儒，有孟子之儒，有漆雕氏之儒，有仲良氏之儒，有孙氏之儒，有乐正氏之儒"（《韩非子·显为》）。荀子儒学自立门户，除抨击思孟之儒外，还指斥子张、子夏、子游诸儒学门派为"贱儒"。两汉时代及其之后，儒学上升为独享尊荣地位的国家哲学，但儒学内部仍不断因意见分歧而出现对立的学派。汉朝有今文经学与古文经学之争；魏晋玄学有"崇有"与"贵无"之辩；宋明则有程朱理学与陆王心学的分化；明清时代，则兴起了否定程朱陆王的"实学"和以戴震、颜元为代表的新派儒学。"五四"时期，孔孟儒学作为封建时代的礼教的思想基础，被启蒙学者批得一无是处。毛泽东发动的批林批孔、评法批儒运动更把它再度打翻在地，踏上千万只脚。可现代新儒家们却逆风而上，把儒学重新抬了出来，并用新时代的话语（从西方的康德哲学到中国的马克思主义）对孔孟之道作了新的诠释。古代的儒门圣哲穿上了时代的新装，面目一新矣。

这些思想文化史上的历史事实，应该能对我们研究马克思主义宗教理论以及其他各个方面时提供许多有益的启示。当我们把马克思主义及其宗教理论当成一个学术研究对象进行研究的时候，绝不能把它当成一成不变的东西，既要紧紧地把握它们在不同历史阶段的具体的时代特性，也要努力跟从它在历史发展链条中的连续性；既要看到它那些作为马克思主义之基础的基本原理，也要看到它随时代和具体事物的改变而必须改变，以便毅然放弃那些确已过时的论断。对于某些敌对者的有意歪曲和诬蔑，我们当然应该据理辩正，但对于信从者的不同理解和不同诠释，我们则需要给予实事求是的分析。对误解者，纠其误而正其解无疑是必要的；但对那些有别于传统"正说"、但却适应了新社会的需要、符合新时代的精神的"新解"或"新说"，我们则应肯定其为与时俱进的创新，以此来推动马克思主义的传统观点与时代精神的结合，使其能随着社会的前进而不断发展。固执陈见，率由旧章，把昔日经典的一言一语，视之为神圣的天启，句句是真理，一个字也不能改动，是不可能有思想文化（包括马克思主义）的发展的，社会也就因此而被旧传统所固结，不会有什么进步了。今日之地球上，充满着数以百万、千万计的物种，它们的存在和发展，构成了我们这个五彩缤纷、万紫千红的大千世界。然而，它们都是从几十亿年前诞生的原始生命体长期演进而来的。如果原始生命体不随环境的变化而变化，它们的基因不随时随机地发生变异，我们这个地球还会有今日之繁华荣茂多彩多姿的成功盛景吗！适者生存，生则变易，"变则通、通则久"，这是生物发展的规律，也是社会和文化发展的规律，马克思主义整个体系不能例外，作为其组成部分之一的马克思主义宗教理论也不能例外。只有根据这个观念来对待马克思主义及其宗教理论，才是科学的态度。这也正是"四个哪些"原则对我们的要求。笔者曾在1984年（那正是邓小平倡导的"拨乱反正"的年代）写作《宗教学通论》一书时谈及我们对马克思主义宗教理论应持的态度时，写下了这段文字：

> 马克思主义的宗教观是在马克思主义哲学的理论基础上建立起来的宗教理论，它的基本精神和主要内容，经受了历史实践的检验，至今仍是正确的，有生命力的。马克思主义的世界观和宗教观可以为我们的宗教研究提供认识论和方法论的指导。但是我们决不能把马克思主义的这个观点或那个理论当成现存的结论或永恒不变的教条，更不能把马克思、恩格斯、列宁的个别论断当成证明的工具。彻底的辩证法不承认超时空的绝对物，当然也反对把马克思主义自身绝对化。马克思主义应该是一种开放的系统，既要敢于随时抛弃已被实践证明为错误的东西，更要不断研究新的问题，吸取新的营养，使自身得到发展。[①]

写过这段话后时间已过了20余年之久，但我仍坚持这段话的基本内容，我认为，它和中央现在提倡的"四个哪些"原则的基本精神是一致的。在学习和研究马克思主义宗教理论，写作本书时，我将努力应用这段话所体现的"四个哪些"原则的精神。

问题在于我们在研究马克思主义宗教理论时，究竟如何具体体现"四

[①] 吕大吉主编《宗教学通论》，中国社会科学出版社1989年版，第33页。

个哪些"原则？或者说，为何在研究中，一方面坚持展现马克思主义宗教理论中那些"正确的""有生命力的"科学内容；另一方面，又不把它绝对化、神圣化为宗教式的信条，"既要敢于随时抛弃已被实践证明为错误的东西，更要不断研究新的问题，吸取新的营养，使自身得到发展"？要在研究实践中具体贯彻和展现这些原则和精神，根本之点是要在研究过程中应用确有科学意义的方法论。在笔者看来，这种具有科学意义的方法论，就是马、恩创立的历史唯物主义，历史唯物主义是一种建立在对一切社会历史现象进行科学分析基础上的哲学世界观。它关于社会存在决定社会意识、经济基础决定上层建筑、阶级分化与阶级分析的原理如果能得到研究者的准确的理解和科学的应用，那它们对一切社会历史现象和社会文化形态的认识与分析都具有普遍性的意义。马克思、恩格斯的宗教理论本身，本质上就是马、恩应用历史唯物主义原理对历史上的宗教和现实生活中的宗教问题进行理性分析的结果。今天，当我们把马克思主义宗教理论作为学术探讨的对象时，无疑也应该是应用历史唯物主义的原理对之进行历史的、唯物的分析，具体地说，这要求我们在研究马克思主义宗教理论的基本原理和各种论断时，要深入研究和细微分析这些理论究竟是在什么样的历史背景和具体环境下提出来的，它所要解答的问题究竟是什么样的东西，这也就意味着要还当时当地的具体论断以本来面目，把后人和别人对它们的误读、曲解以及各种人为的附加成分予以清除。深入研究马克思主义宗教理论提出时的具体历史条件十分重要。因为正是这种具体的历史条件决定了马克思、恩格斯以及后来的列宁提出其理论或概念的具体内容，自然也相应地决定了这些理论或概念在应用时的条件和范围，只有在相同的历史条件下，它们才具有使用价值。一旦超出了这些具体的历史条件而做超时空的应用，它们往往就不那么适用，以至在实践上导致误用和失败。

但是，按笔者的理解，马克思主义宗教理论的历史具体性并不意味着它应当再具有普遍性的意义和价值。具体与一般、特殊性与普遍性，是一对既有对立又相统一的哲学范畴。现实世界的事物都是具体的、特殊的。但具体性中包含一般性，特殊性中包含普遍性，一般性、普遍性的东西即存在于具体性、特殊性的东西之中。真理是具体的，只有在它反映的具体历史条件下才是具体的，只有在它反映的具体历史条件下才有其适用的价值，才是真理，超出这个历史条件，真理就会转化为谬误，但是，一当此真理适用的历史条件出现于世，即使是在不同的时间和空间，这个真理就会具有其固有的适用价值，具有真理的意义。这就意味着真理的具体性与普遍性的统一。为了说清这个道理，且以马克思的一个论断为例，马克思关于宗教问题的最重要的一篇论文是《〈黑格尔法哲学批判〉导言》。这篇文章开宗明义第一句话说："就德国来说，对宗教的批判实际上已经结束；而对宗教的批判是其他一切批判的前提。"马克思说这句话的具体历史条件是针对19世纪德国青年黑格尔派（马克思、恩格斯本人是此派的重要成员）发动的宗教批判运动而言。在19世纪的德国的社会政治制度，还是落后而反动的君主专制制度。社会、政治、法律以及哲学、道德等意识形态笼罩在宗教神学的灵光圈之下，被宗教神圣化为上帝的意志或天命，人民必须绝对顺从，不得违抗逾越，在这种性质的社会历史条件下，人民只能"在天国的幻想"中去寻找自己所憧憬的未来。为改变当时德国那种已经陈腐的社会政治制度，追求社会的变革与革命，青年黑格尔派便在思想领域发动了反宗教的批判运动，藉以打破德国人民关于天国的幻想，用理性和行动去粉碎反动社会政治制度的镣铐，争取现实的幸福，如果没有宗教批判，就不可能进行对德国社会政治和法的批判，所以，马克思所说的"对宗教的批判是其他一切批判的前提"这句话，对当时德国而言，无疑是颠扑不破的真理。但这个真理是具体的，马克思自己也说它是"就德国来说"的。离开19世纪德国这个具体的历史背景和社会政治条件，这句话就不一定有同样的适用价值。因此，我们不能把马克思这个论断绝对化，不管何时何地，在任何社会历史条件下都把"宗教批判"当成"其他一切批判的前提"。这种性质的错误常可见到，我本人就曾犯过。1979年，邓小平、胡耀邦发动解放思想、破除迷信、改革开放运动。这场具有深刻社会革命意义的运动，是从针对林彪、"四人帮"推行的神化领袖、个人迷信的极"左"思想的批判展开的。个人迷信无疑有信仰主义特征，政治上的信仰主义也具有某些宗教信仰主义的色彩。但政治信仰主义与宗教信仰主义毕竟是性质不同的东西，不能混为一谈。可我当时在批判林彪、"四人帮"的政治信仰主义的时候，就曾不加分析地引用了马克思的这句话，把宗教批判说成是其他一切批判的前提，是思想解放的必要条件，我的这些说法当时就引起宗教界朋友的反感。20世纪70年代中国的社会历史条件与19世纪30—40年代德国的社会历史条件是大不相同的，邓小平的改革开放运动与青年黑格尔派的宗教批判运动，其社会性质与政治内容也是大不相同的。我把马克思那句针对德国的宗教批判运动的话，用来比附针对林彪、"四人帮"推行的"个人迷信"运动，显然是脱离了马克思当时针对的具体历史条件，做了超时空的应用。于是，一个具体的真理，由于我的误用，变成了脱离具体性的抽象物，转化为"谬误"。

　　但是，在我说明我对马克思这句话做过错误的理解和应用的同时，我觉得还有必要做进一步的思考。必须指出，正如具体性包含一般性、特殊性包含普遍性一样，马克思那句针对19世纪德国宗教批判运动的话也具有超出当时德国社会的具体历史条件的普遍意义。无论何时何地，只要其社会历史条件与当时的德国相同或相似，那么，马克思的那个论断便具有适用的价值，具有超出当时德国的普遍意义。18世纪的法国，以伏尔泰、狄德罗为代表的启蒙思潮对传统宗教的批判导致了法国社会的革命化，直接导致了推翻波旁王朝的法国大革命。思想史家普遍承认，18世纪法国的思想启蒙思潮的思想革命，是没有法国大革命的政治革命，与此相同的情况也曾发生在辛亥革命前后的中国社会。在辛亥革命之前，一代接一代的具有启蒙思想的先进中国人就曾不断提出"革天""革神"的启蒙宗教观，认识到一个深刻的真理：如欲救亡图存，必须变法图强；欲革封建君权，必革封建神权。革命先行者孙中山在一次演说中说："帝制时代，以天下奉一人，皇帝之于国家，直视为自己之私产，且谓皇帝为天生者，如天子受命于天，及天壑聪明诸说皆假此欺人，以证皇帝之到尊天上，甚或托诸神话鬼语，坚人民之信仰。中国历史上，固多有之。"（《在桂林对滇赣粤军的演说》）孙中山认为，神权、君权，都是过去的陈迹，应在民权时代予以扫除。这些论断与马克思所说"宗教的批判是其他一切批判的前提"，在内容和话语形式上可以说是异曲同工，精神实质是完全一致的。世界历史上的众多事实都确定地证明，在任何国家和社会，只要存在着宗教神权的精神统治和宗教神学对社会政治制度的神圣维护，那么，要想变革传统社会，必须批判传统宗教。"对宗教的批判是其他一切批判的前提"

这个论断既是符合于当时德国具体情况的具体真理，对于具有类似德国社会历史条件的国家社会而言，也是具有普遍意义的真理，真理的普遍性同时存在于真理的具体性之中。

当我们把历史唯物主义作为研究马克思主义宗教理论的认识论和方法论的时候，我们固然要强调马克思、恩格斯、列宁在不同历史条件下发表的宗教论述的历史具体性，但与此同时，我们也不能忘记，所谓"历史具体性"并不是永远停留在某个"时间点"上的历史事件，不是静止不变的东西。历史是一个不断前进、不断变化的过程，社会存在决定社会意识，社会存在的发展与演变也决定社会意识的发展与演变，这对马克思、恩格斯、列宁的宗教理论同样适用，一当社会历史条件发生变化的时候，原来与之相适应的理论、概念就会与变化的新的社会历史条件不相适应了，成了过时的思想观念，必须而且必然为新的理论、新的观念所代替。因此，马克思主义宗教理论应该而且必须与时俱进，不断创新，有新的发展。当然，此种与时俱进的新理论、新概念仍是历史的、具体的。但这个新时代的"历史具体性"是意指它们与新时代的社会历史条件相适应而言。如果此时此地的坚持把过时的理念视为不变的真理，那就是毛泽东不断揭示的教条主义。如果固执坚持这种信念，马克思主义及其宗教理论就会变成一具僵尸，不能不为不断前进的社会所抛弃。我们要以历史主义的发展观来看待马克思主义的宗教理论和整个马克思主义思想体系。

历史事实也是这样展开和运行的。马克思、恩格斯以至列宁，他们本人关于宗教的理论也是随社会历史条件的变化和他们对宗教问题的认识的深化而不断改变、修正和发展的，马克思、恩格斯的宗教理论在他们一生经历的不同历史阶段〔如青年黑格尔派宗教批判运动时期、《德法年鉴》时期（1843—1844）、《共产党宣言》时期（1848）、马克思主义思想体系创建并走向国际工人运动时期〕各有其不同的特点和重点，在他们的晚年（特别是恩格斯的晚年）更对宗教问题提出了不同于过去的新的论点。至于列宁，由于他身处沙皇俄国，又实际领导着布尔什维克党进行推翻俄国沙皇专制统治的无产阶级革命运动，他所面临的宗教问题与马、恩时代有很大的不同，他在宗教理论和宗教实际问题上显然不可能原封原样地照搬马、恩的论断，即使原文引证马、恩宗教理论的词句，他也会根据俄国革命的实际做出自己的解释。简单地把马克思主义的宗教理论和列宁主义的宗教理论等同起来，画上等号，是不符合历史实际的。

基于上述分析，可以看到，马克思、恩格斯的宗教理论即有其历史具体性的方面，又有其历史发展性方面。历史唯物主义的认识论和方法论要求我们对它的研究，必须一方面要准确把握它在某个历史阶段上为当时社会历史条件所决定的具体规定性，另一方面又要全面系统地把握它在历史演变中的变化和发展，并把它的历史具体性和整体发展观联系起来。这也意味着本书的研究对象和研究内容，应该是系统地研究马克思、恩格斯和列宁的宗教理论在历史发展中的全部过程。

但是，本书的主旨并不完全是限于对马克思主义和列宁主义的宗教理论的历史发展进行论述的纯历史性的研究，历史的研究不是目的本身，而是用以指导我们正确认识和解决当前中国社会宗教领域中提出来的一些具有重要理论意义和实践意义的新的问题，包括那些针对马克思主义和列宁主义的宗教理论发出的质疑和挑战。如何认识和解决这些问题，如何应对这些质疑和挑战，势必会对马克思主义、列宁主义的宗教理论在中国的当前地位和未来发展产生重要影响。在当代中国的宗教战线上，已经有一些理论工作者和实践工作者对上述这些问题和挑战进行了自己的研究，提出了自己的答案。不管这些研究和回应是否完善，能否得到宗教学术界和社会各界的赞同，它们都是有益于社会、有益于宗教学术的，马克思主义的宗教理论也将会因为这种探讨而得到新的发展。基于这种考虑，本书作者自愿参加到这个探索队伍中来。我们想通过对马克思、恩格斯和列宁的宗教理论的历史研究，进一步探讨当代中国的宗教问题，把历史的研究和现实的生活结合起来，提出一些纯属个人性质的设想。主观上，我们力求在探讨和应用马克思主义唯物史观，作为我们的认识论和方法论，但在客观上能否达到预期的效果，得到社会和学界的承认，那就超出了主观预期的范围。只有社会实践和历史发展才能给出正确评判。

从古希腊罗马时代到 18 世纪法国的启蒙宗教理论概说

——马克思主义宗教理论的历史背景之一

马克思、恩格斯创立的宗教理论或宗教哲学，有如中国的长江黄河，浩浩荡荡，气势夺人。但长江黄河都不是从天而降的无源之水，而是由沿岸的众多支流汇集而成。马克思、恩格斯的宗教理论也是如此，它有悠久的历史源泉和深厚的理论文化背景。从其基本内容和理论倾向看，它本质上是从古代希腊哲学以及文艺复兴时期人文主义思潮以来两千余年各种具有宗教启蒙色彩的先进思想文化发展的结果。一切现实的存在并不仅是当下的展现，本质上是历史的延续。要说明现实，必须回顾历史。要深入准确地了解马克思主义的宗教理论，我们有必要回顾和追溯它得以产生的理论源泉和历史文化背景。

马克思在《〈黑格尔法哲学批判〉导言》中说："宗教是那些还没有获得自己或是再度丧失了自己的人的自我意识和自我感觉。"[①] 这句话富有深意。按照我的理解，马克思这句话的意思是说，宗教所信仰和崇拜的神以及在此信仰基础上建立起来的人与神的关系，本质上不过是失去了自我意识、丧失了命运主人翁感觉的人的头脑中幻想的产物，是一种没有客观对象的主观意识。马克思的这句话是从哲学高度对宗教的神和神人关系的分析，我们不能就此而否定宗教意识在社会和人类生活中的巨大影响。人头脑中的任何一种思想、观念、意识、意欲……不管它的性质如何，是一种理念还是一种幻想，当其成为社会大众的一种生活追求和信仰对象的时

[①] 《马克思恩格斯选集》第 1 卷，人民出版社 1972 年版，第 1 页。

候，它往往会演变和转化为一种巨大的精神力量和物质力量。裴多菲诗："生命诚可贵，爱情价更高。若为自由故，二者皆可抛"；林则徐诗："苟利国家生死以，岂因祸福避趋之"。诗人内在追求的自由主义、爱国主义的精神境界、政治理念可以让他们为之忘我奋斗，直到献出自己的生命。陶渊明的"桃花源"、摩尔的"乌托邦"，本来不过是他们头脑中的一种主观愿望、一种幻想，但千百年来却成为许多有志有识之士的生活追求。宗教的神和人对神的敬畏与信仰，何尝不是如此。按照马克思的说法，宗教不过是人的一种自我意识和自我感觉。但是，在人类历史上，特别是在基督教统治之下的西方人的社会生活中，却成了与人的命运息息相关的问题。在社会上居于至高无上地位的基督教宗教力量、宗教神学以及受其影响、为之服务的各种社会文化，把神说成是人和世界的"主"，要求人绝对地信仰神、服从神，把神与人的关系说成是"主"与"奴"的关系。这种把人贬为神的奴仆的教义实在有损人的尊严和价值，只能通行于那些"还没有获得自己或是再度丧失了自己的人"当中，只有当人处于对自己的人格尊严愚昧无知的状态下才会接受它。当人对自己的人性和人格有了新的自觉，他就会挣脱这种有辱自己的奴仆地位。正是这个缘故，西方宗教的这种神人关系即主仆关系的教义孕育了自己的对立面。在西方社会历史进程的不同阶段，涌现出了各种形式的启蒙宗教思潮和无神论宗教哲学。这些启蒙宗教思潮和无神论宗教哲学以各种理论形式，从各个角度要求把人从传统的宗教和神的精神控制下解放出来，把人从宗教迷梦中唤醒过来，重塑人的独立人格，使人成为能掌控自己命运的主人翁，成为实现人的本质的真正的人。这样一来，就在西方历史上形成了神本主义和人本主义两种思想路线、两种世界观和人生观的冲突。人摆脱神和传统宗教的精神控制而获得解放是随着人的自我觉醒程度而发展的，需要社会的进步和文化、科学的发展，更为直接的是需要宗教观念和哲学观念的发展。由于人在社会历史发展进程中的逐渐觉醒以及自然科学和理性哲学的发展，人逐渐认识到，那被传统宗教视之为主宰人类命运和自然万物的神圣上帝，实际上只不过是人性异化的产物。他们一步一步地把神还原为人，把神性还原为人性，把超自然的存在还原为自然的存在，把神圣的彼岸世界还原为世俗的人类社会。这样的认识是逐步达到的，经历了一个长期、曲折、充满斗争的过程。

代表人类觉醒的启蒙宗教思潮在不同的历史阶段展现为不同的理论形式：在古代希腊罗马时代，是包含在哲学和文学中的启蒙宗教思想；在中世纪，则是潜在于基督教异端神学中的反正统神学思想；15—16 世纪的文艺复兴时期，逐渐兴起了反对神本主义的人本主义思潮，各种形式的宗教启蒙思想从此冲开基督教传统神学的精神统治的闸门，奔流不息；在 16—17 世纪，出现了反对超神论正统派神学的泛神论思潮；到了 16—18 世纪，兴起了与超自然主义宗教神学直接对立的实验科学和机械唯物主义的自然哲学；发展到 17—18 世纪，则变形为广泛流行的自然神论思潮；再进一步则发展为 18 世纪法国以百科全书派为代表的、具有战斗无神论特色的启蒙运动以及 19 世纪德国青年黑格尔派发动的宗教批判运动，欧洲历史上涌现的这一系列反对宗教教会的政治控制及其宗教神学的精神统治的宗教启蒙思潮和宗教批判运动。实际上就是马克思主义宗教理论得以产生的理论来源和历史文化背景。如果我们想对马克思主义宗教理论有比较深入透彻的理解，确实大有必要对历史上这些思潮进行一番系统的探讨。这是一个内容博大的学术领域，应该有一门学科去作专门性的研究。拙作《西方宗教学说史》就是为此目的写的一部专著。由于这部书的篇幅过大，我不能也没有必要重复那些已经公之于世的东西，有志于深究此问题的同道学人可以直接阅读该书。笔者在此打算只对两千多年来各种西方宗教启蒙思潮的主要理论内容进行一番综合性的总结，从横的方面概括其基本理论，并从纵的方面说明其在历史上的展现。这将不是对启蒙宗教学说发展史的直线型的历史说明，而是对各种启蒙学说共同具有的理论范畴的共时性综合及其历史发展的理论与历史一致的理论性研究。笔者相信，这种性质的学术研究将会使我们对马克思主义宗教理论形成之前的西方启蒙宗教学说史有一种新的认识。在此基础上，对马克思主义宗教理论的主要内容、主要方面的来龙去脉有更深切的理解。

按照笔者的研究，马克思主义宗教理论产生之前的启蒙宗教学说的理论内容是非常丰富的，他们在不同的历史时期根据时代的要求对宗教的教会生活、教义、教仪和神学理论进行过多方面的分析和批判。在文学艺术、政治、伦理、科学和哲学等文化学术领域，都留下了内容广博、影响深远的启蒙思想，对后来的宗教学说（其中当然也包括马克思主义宗教理论）的产生与发展发挥了重要的作用。对启蒙思想的各个方面展开面面俱到的论述既无可能，也无必要，本文只着重讨论其中四个最重要的方面：（1）认识神人关系的实质，把神还原为人，把神性还原为人性；（2）通过科学理性和哲学理性的分析，揭露基督教神学信仰主义的反理性主义性质；（3）用历史学和语言学的考证，把神圣的《圣经》还原为世俗的作品，得出了是人创造宗教，而不是宗教创造人的结论；（4）揭露宗教（特别是基督教）在社会历史上的消极作用，打开了从无神论人道主义走向"社会主义"观念的通道。

由于19世纪青年黑格尔派的宗教批判运动和费尔巴哈的人本主义宗教观与马克思恩格斯的宗教理论有着更直接、更密切的关系，笔者将在对上述四个方面综合论述之后，专辟一章讨论德国19世纪青年黑格尔派的宗教批判和费尔巴哈的人本主义宗教哲学，因为它们实际上是马克思恩格斯创建的历史唯物论宗教观的最直接的理论背景。

一　认识神人关系的实质，把神还原为人，把神性还原为人性

在原始的氏族—部落制社会，宗教实际上是其他各种原始文化和上层建筑的总汇。氏族—部落制社会是每一社会成员赖以生存的绝对条件，社会成员个人离开了社会组织是无法生存的。个人绝对地从属于社会组织，也绝对地依附于社会崇奉的原始神灵。在原始人心目中，神不仅是社会生活的主宰，也是个人命运的主宰；不仅是宇宙万物的创造者，也是一切自然活动的操纵者。原始时代的神人关系，是主宰者和被主宰者、操纵者和被操纵者的关系。在神面前，人是没有任何个性和地位的。但是，随着万千年时光的流逝，人逐渐认识了自己，也逐渐认识了自然万物的一些特性及其活动的常规。与此过程相应，人一点一滴地扩大了自己的主体性认识，一步一步地增强了对自然的控制和对人自身命运的掌握；在此基础上，人也逐渐认识到，原来，宇宙万物、人间万事，并不完全是神灵主宰的，人也可以通过自己的实践活动实现对自然和社会的控制，而不一定事

事诉诸对神灵的祈求。这是人类的历史进步和文化发展的过程，是人逐渐摆脱神的绝对控制而扩大人的自主性的过程，是人从蒙昧状态进化到文明状态的标志性表现。如果我们把整个人类历史看成是一个文化不断发展、人类文明程度不断深化和提高、人对自然和社会的掌控度越来越大的历史过程，那么，我们似乎可以得出一个概括性的结论：在人类的宗教信仰中，在对神人关系的认识和实际对待中，人对神的依附性总体上是越来越缩小，而人的主体性则越来越扩大。尽管在文明社会的高级宗教中，宗教神学家把神和神性说得越来越崇高、越来越完美、越来越神圣，把神的地位放到越来越高远莫测的天上，但神却因此而让出了在古代社会中那种事必躬亲、主宰一切世俗生活的传统领地。人因此而获得了一定程度的自由和主体性。此言绝非空洞的推论，而是具有历史实证的真理。例如，在原始人类的社会生活中，人的一切活动都必须通过巫术、禁忌、祈求、祭祀之类宗教仪式，求得神的允准而后行；而在文明时代的高级宗教里，尽管此类仪式活动仍然存在，却是日渐稀少了。一年四季，信仰者只需定期上教堂就行了。对比不同时代情况形成的历史反差，难道还不能说明我们上述判断的可信性吗？

在中外的文化发展史上，当人类越来越多地摆脱蒙昧状态，文明程度越来越高的时候，就相继出现了怀疑以至反对传统宗教所构建的那种绝对主奴型的神人关系模式，出现了把人从神的绝对统治下解放出来的宗教启蒙思想。这种文化和宗教上的革命性变化，同时出现在公元前6世纪前后的中国、希腊和印度。德国学者雅斯贝尔斯把这种人类最早发现宗教启蒙思想的时代称之为"轴心时代"。对于"轴心时代"这个概念所反映的历史事实，当今世界的各行学者大体上都是赞同的，但对它的文化实质却各从各自的立场做出了不同的解读，我个人也有自己的解读。我认为，"轴心时代"涌现出了各种形式的新文化，如早期的哲学、自然科学、实验知识、文学艺术……它们的基本内容和基本特点大体上都表现为反对传统的宗教信仰及其用以解释社会生活和自然世界的神话世界观，体现了人对自身的人性的自觉和理性的醒悟。在这种人性和理性的觉悟面前，传统的神人关系逐渐解构，人逐渐摆脱神的束缚，走向人自身的解放之路。所有这一切，概括起来就是一个名称：宗教启蒙思想。中国的"轴心时代"文化发生在先秦的春秋战国时期，它的核心是重构"天（神）人关系"，代表性的说法是："大民，神之主也"（《左传》桓公六年）；"国将兴，听于民；将亡，听于神。神聪明正直而壹者也，依人而行。"（《左传》僖公五年）孔子集编的《诗》三百篇中有大量疑天、怨天、咒天的诗句。有见识的智者主张"天道远，人道迩"，处理人间事务应远鬼神而尽人事。古代印度的轴心文化的体现者，学界一般认之为以佛陀和耆那教为代表的沙门思潮，其基本特点是反对传统婆罗门教的"三大主义"（吠陀天启、祭祀万能、婆罗门至上），提出了重构"梵我关系"，使"自我"（人）获得解脱的各种新的法门。相比之下，古代希腊的轴心文化，其宗教启蒙性质更为丰富多彩，更具理性色彩。希腊的启蒙思想家们反对传统宗教的神话世界观，用各种形式的自然哲学去说明宇宙万物的自然产生。普罗泰戈拉直接提出了"人是万物的尺度"的论断。就这个论断的精神实质而论，似乎可以认为，它成了以后西方思想史上人本主义思想的基本命题。文艺复兴的人文主义及其以后一波接着一波的宗教启蒙思潮，实际上不过是不断回归古希腊人本主义的这一基本命题。

欧洲中世纪千余年的基督教的精神统治和神权统治把希腊轴心时代极富人性和理性的启蒙思潮打进地狱之门，重新把神人关系变成主奴关系。在基督教的神权和神学统治之下，人把自己所有的一切人性虔诚地献给上帝，成了没有自然情欲、丧失自由意志、剥夺理性思考的一具僵尸。人的情欲、意志和理性乃是人性的根本内容，是人的独立人格之所在。丧失了这些东西，人也就失去了自己的本质和人的人格，而不再是真正的人了。要使人重新成为真正的人，就必须把被基督教盘剥而去的人性和人格夺取回来，使其复归于人的自身。这种思潮在欧洲历史上叫作"人文主义"（Humanism），它出现于14—16世纪的"文艺复兴时期"。

15、16世纪之交，由于兴建土木工程，从罗马废墟中挖出了古代希腊罗马时代一批艺术珍品（如"望楼上的阿波罗""拉奥孔"等）。这些古典雕塑的风格和神韵，与中世纪以来的宗教禁欲主义说教形成尖锐的对照。古代艺术家塑造了极为完美动人的形体，表现了人体自身的崇高与伟大，体现了人体的美丽和人性的可爱。这就唤起了文艺复兴时代的人的自觉与自尊，燃起了人们热爱人和人生的世俗情感。人们开始在感情上，又逐渐在理性层次上对那种否定人性、否定人的肉体情欲、否定物质利益，认为人类天生有罪的宗教禁欲主义和基督教神学世界观产生了越来越大的怀疑。恩格斯说得好："罗马废墟中所掘出来的古代雕刻，在惊讶的西方面前展示了一个新世界——希腊的古代；在它的光辉形象面前，中世纪的幽灵消逝了。"[①] 一大批人文主义思想先驱横空出世。他们大力收集已经散失的古代希腊罗马时代的文化典籍，从希腊聘请许多学者来罗马讲授古希腊的语言和学术。这是一股强劲的文化新风，它吹开了知识界的思想之门，重新去认识基督教诞生之前的古代希腊罗马的文化、学术和精神风貌。在这些充满异教情调的古典文化中，渗透着一种对自然、社会和人生的奥秘进行自由探讨的精神，表现了人性的可爱和理性的伟大。

文艺复兴时期的人文主义者们活动在不同的文化领域，但他们的思想大体上有一个共同的倾向，那就是强调并肯定人的地位和作用。他们讴歌的人，不再是宗教教会的圣徒或僧侣，而是现实生活中有感官情欲之爱的世俗凡人。

皮科在其《论人类尊严》的演说中，肯定人类具有自由的意志和实现其自由意志的无限能力，人可以成为人所欲成就的一切，实现人想要达到的目的。莎士比亚在《哈姆雷特》中也对人的尊严唱出了皮科式的颂歌："人类是一件多么了不得的杰作！多么高贵的理性！多么伟大的力量！多么优美的仪表！多么文雅的举动！在行为上多么像一个天使！在智慧上多么像一个天神！宇宙的精华！万物的灵长！"[②] 在中世纪，由于宗教禁欲主义的长期禁锢，人们把自己看成是生而有罪的罪人，在上帝面前不过是渺小卑微的两脚动物，而在文艺复兴时代人文主义者的笔下，人竟被抬高到如此崇高的地位。这种观念上的改变，无疑反映了人的觉醒。这种觉醒更以艺术形象展现在艺术作品之中。在中世纪，由于神对人性的剥夺，古代希腊罗马时代那种充满人性的艺术之花凋谢了。绘画、雕塑和建筑严格地为基督教的神圣性服务，成了表现宗教道德的感性象征，艺术蜕化为宗教教义的点缀物。新时代的艺术观则完全不同，艺术被视为对人和自然的模

---

① 恩格斯：《自然辩证法》，中央编译局译，人民出版社1961年版，第4页。
② 《莎士比亚全集》第9卷，朱生豪译，人民文学出版社1978年版，第49页。

仿，人和自然应该成为一切艺术活动的中心，应该是自然美和人体美的展现。如果不热爱人和人的肉体，不热爱大自然，也就不可能有什么艺术。按照基督教神学和宗教禁欲主义的价值观念，人的肉体、威信、情欲，乃是罪恶的渊薮，应予谴责和抛弃。人的自然人性被宗教剥夺了，异化为敌视人的自然力量。特别是女人，更被视为罪恶之源而被神圣的宗教钉在禁欲柱上。只是到了文艺复兴时期的艺术作品中，昔日被异化而去的人性才重新复归到人的自身，作为美的化身得到表现。既然人性（包括人的肉体和情欲）是美，那么，追求人性的满足，也就是符合自然的事情。传统基督教那种鄙视人、否定人的教条，特别是那一套禁欲主义的道德说教便是反乎自然之道，悖乎人性之理了。个别人文主义思想家（如彭波拉奇）更否认人的灵魂不死，这就有助于免除死后惩罚的恐惧，把人的兴趣和注意力从来世转向今生，从天堂转向尘世。这是这一时期人的解放和人性复归的精神催化剂，人们（特别是资产阶级市民阶层）可以放心大胆地去追求物质的利益和人欲的实现，无须胆战心惊于死后地狱的火刑了。

　　文艺复兴时期人文主义思潮虽然没有否定上帝和基督教，但却贬低了它们的地位和作用，高扬了人的尊严和价值，这是从"神中心"向"人中心"的转化，是用人本主义代替了神本主义，其社会意义则是推动了资本主义代替封建主义的历史进程，其历史进步价值是巨大的。至于它推动近代哲学思想和启蒙宗教学说上的意义，更值得肯定。人文主义关于人性复归、人的解放的主张，实际上是近代西方思想史上第一次突破了中世纪基督教神学的精神统治，在这座"精神围城"的城墙上打开了第一个缺口。从此以后，人性解放的历史洪流奔腾不息，浪逐潮高。相继出现于欧洲历史的各种宗教启蒙思潮，如泛神论、自然神论、机械唯物主义的自然哲学和自然科学的宗教观、法国启蒙运动、青年黑格尔派的宗教批判运动……实质上都是从不同角度深化这种从以神为中心转化为以人为中心、从神本主义转化为人本主义的进程。在此基础上，费尔巴哈直接把他的无神论宗教哲学称之为"人本主义"。马克思、恩格斯全面继承了欧洲历史上这种人本主义传统，最后概括为一个总的结论：是人创造了神和宗教，而不是神和宗教创造了人。在欧洲启蒙思想家的心目中，传统宗教和基督教所构建的以主奴关系为其社会实质的神人关系彻底被否定了。"颠倒的世界观"被颠倒了过来,人不再是为宗教和神主宰其命运的奴仆,成了自己命运的主宰,成了真正的人。

二 通过科学与哲学的理性分析,揭露基督教神学信仰主义的反理性主义实质

在悠远的古代（作为西方文化之源的古代希腊文化）,人类的智慧尚处于萌芽时期,对于生活于其中的生活环境（自然世界和社会生活）的性质及其变化,都认之为神灵的操纵和作用。他们对此坚信不疑。在人的头脑中缺乏理性智慧的时候,想象力便惊人地发展起来。人类凭借其丰富的想象力编造了许许多多的神话故事,说明神灵如何使用其超人的神奇力量,操纵自然事物,主宰人间事务,以至创造自然世界和人类本身。这种种神话故事也是古代人智窦初开时对自然世界和人间事务的本原和原因的一种解释性说明。其中渗透着一种具有普遍性的宗教观念：神是世界的本原,是万事万物的原因。应该承认这种观念中存在着原始性的哲学思想和科学探索的因素。正是这种理性的因素促进了早期的科学和哲学的产生。古代希腊最伟大的哲学家亚里士多德对此有一段精彩的论说：

> 古今来人们开始哲理探索,应起于对自然万物的惊奇；他们先是惊奇于种种迷惑的现象,逐渐积累一点一滴的解释,对一些重大的问题,例如日月与星的运行以及宇宙之创生,作出说明。一个有所迷惑与惊异的人,每自愧愚蠢（因此神话所编录的全是怪异,凡爱好怪异,凡爱好神话的人也是爱好智慧的人）；他们探索哲理,只是为脱出愚蠢……①

按此说,对自然和天象的惊奇以及由此而对之寻求解释,产生了宗教神话；摆脱神话的愚蠢,就形成哲学。

宗教赋予神灵、神性、灵魂等崇拜对象的超自然、超经验、超理性之

---

① 亚里士多德：《形而上学》,吴寿彭译,商务印书馆1959年版,第5页。

类神秘特性，也激发了哲学思想和科学探索的产生与发展。因为正是这种神秘而又神圣的宗教观念，孕育了人类关于经验与超经验、理性与信仰、自然与超自然、神与人、神性与人性之关系的思考，成了文明时代各种哲学思想和科学探索的动因。如果没有古代宗教关于超经验、超理性、超自然的神圣观念，也就没有社会在文明发展的一定阶段（"轴心时代"），一方面激发起把"超自然力量"还原为自然力量、把神还原为人、把神性还原为人性、用理性和经验去说明和实证一切存在之物，否定或怀疑超经验、超理性的存在和可证性；另一方面，在宗教方面，则出现了用理论的形式论证其实有的宗教神学和为其服务的宗教哲学。这就出现了两种不同性质的思想路线：一方面是肯定并论证超自然力量的宗教神学以及附属于它、为宗教观念作论证的宗教哲学；另一方面是把超自然力量还原为自然力量和人间力量的自然哲学（早期的自然科学）和启蒙思想。这两种思潮在历史上不断进行理论上的争论以至于政治上的斗争，又不断互相渗透和启发；既推动了宗教神学、启蒙哲学和自然科学自身的发展，又激发了人类理性思维和各种文化思想的发展。

在西方历史上，这种思想路线的斗争开端于古希腊的轴心时代。泰勒斯及其之后相继出现的一批又一批的启蒙思想家用各种不同的物质元素（水、气、无限者、土、火、种子、原子和虚空……）的分解与组合，来说明宇宙万物的产生及其变化。物质元素代替传统宗教的神成了"万物的本原""世界的第一原理"[①]。在否定神的哲学—科学思维的影响下，古希腊的启蒙思想家们还对神灵的本质和起源问题提出了各种理智性的学说，其闻名于世者有克塞诺芬尼的"神灵拟人说"（认为神灵是人的虚构，是拟人化的产物）；普罗提库斯的"感恩说"（认为宗教观念和人对神灵的崇拜起源于人对自然力的感恩活动）；德谟克里特的"恐惧造神说"（认为宗教神灵观念起源于人对自然力的恐惧感）和"法律造神说"（据柏拉图的转述，德谟克里特及其信徒认为："神的存在是一种狡猾的臆造；实

[①] 亚里士多德说："神原被认为是万物的原因，也被认为是世间的第一原理"。见《形而上学》，吴寿彭泽，商务印书馆1959年版，第6页。转引自《古希腊唯物主义者》，莫斯科版，第14页。

际上神是不存在的，神［只是］靠某些法规才被认为是存在的"[①]）。克里底亚的"神道设教说"（认为古代立法者为了约束人民，便虚构出诸神作为人类道德的监督者和审判官），犹希麦如的"人死封神说"（认为古代人所信诸神皆是声名显赫的帝王或英雄死后被人神格化的结果）。所有这些学说都是哲学家、思想家对神和宗教的起源问题进行理性探索的结果。具体说法各有不同，但都是把宗教和神灵归结为人的创造（臆造）。中世纪以后各种发展程度更高的启蒙哲学体系，本质上都是上述古代希腊启蒙思想的继承和发展。

到西欧中世纪，由于基督教在政治上和精神上的独占统治，古代希腊充满人文精神和理性精神的伟大文化（哲学、文学、艺术、科学）被完全埋没了。宗教禁欲主义把人的自然人性作为牺牲献给了上帝，理性主义的哲学和其他一切世俗文化都变成了服务于基督教神学的婢女，人重新成了神的奴仆。整个精神文化为教会僧侣所垄断，哲学成了论证上帝存在及其超自然权能的工具。少数有些哲学头脑的教父们反而用哲学思辨的形式来论证宗教信仰主义，认为信仰高于一切，理性必须服从信仰。早期的教父神学家德尔图良（约150—220年）说，信仰是基督亲自制定的准则，是绝对必须相信的神圣真理。人的理性和哲学之所以不能认识和证明它们，只不过说明它们自身的低级和愚蠢。例如，按照人类理性的判断，基督既是神，就不应有死；说他死了，就不合于理性。基督既已被钉在十字架上死去，并已被埋葬，说他复活，也不合于理性。但德尔图良说，基督死而复活是肯定的，是不容怀疑的神圣事件。理性不能证明，只不过表明理性的局限性，人类理性视为荒谬的事，恰正说明宗教真理超于理性之上，表明了宗教的神圣。他留下了一句名言："正因为荒谬，所以我才相信。"这句"名言"集中表现了中世纪基督教神学的反理性的、信仰主义的本质。在后来的发展中，也出现了一些更高明的经院神学家，如11世纪的安瑟伦和13世纪的托马斯·阿奎纳，他们试图用哲学推理的形式来论证上帝的存在。安瑟伦提出了先天性的本体论证明，托马斯·阿奎纳则在否定这种先天性证明之后，提出了后天性的五种证明（宇宙论的、目的论的等。

[①] 转引自《古希腊唯物主义者》，莫斯科版，第147页。

具体的证明方式，请参见拙作《西方宗教学说史》第 3 章，此处略）。这些证明对神学和哲学的影响都很大，教会视为最高信仰的最好证明，哲学则视为必须质疑的课题，被宗教信仰服务的哲学家奉为圭臬，或者循此思路提出各种形式的新的论证；反对传统宗教的理性主义、唯物主义哲学家则斥之为暧昧虚假的概念游戏，直至用严格的逻辑推理揭露它的虚妄。不仅从哲学理性否定上帝存在、灵魂不死、超自然律的意志自由之类神学基本命题的可证性，而且进一步从科学理性的基础上直接否定一切超自然存在物的存在。哥白尼的太阳中心说从科学上开始了对宗教神学的第一次"反叛"；开普勒发现的天体运行三规律证明被传统宗教神学视为神圣的天体，其运行严格符合于不变的自然规律；伽利略的实验物理学更进一步用实验的方式确证一切自然物体的运动和变化皆服从于具有数学必然性的物理法则，并用数学方程式予以表达；牛顿总结了当时自然科学的发现，提出了大至天体，小至物质微粒皆必须遵从的三个基本力学规律和万有引力定律。科学理性和哲学理性从根本上否定了一切超自然之物（上帝、灵魂）的存在，也进一步从根本上否定了《圣经》所载之上帝和耶稣基督可随心所欲地创造的那些违反自然规律的神迹事件。笛卡尔（在物理学上）、拉普拉斯、狄德罗、康德都在各自的时代从自然科学或自然哲学角度提出了物质宇宙自然形成和演化的学说。上帝创世的圣经信条被否定了，我们生活于其中的物质宇宙和自然万物从来都是按照自然规律运动和演变，其中没有上帝的任何作用。上帝被哲学家和科学家抛弃了。如果说，在 16—17 世纪的泛神论、17—18 世纪的自然神论以及牛顿的天体运行论，实质上否定上帝及其作用的同时，还在名义上为上帝留有一席之地的话，那么，到 18 世纪法国以百科全书派为代表的哲学家（狄德罗、霍尔巴赫、爱尔维修）那里，则形成了与宗教神学针锋相对的战斗无神论，西方启蒙宗教思想在其发展史上臻于鼎盛时期。在科学理性和哲学理性的审判台前，宗教信仰和崇拜的一切超自然、超人间的存在（神、神性、神迹）都被剥夺了其存在的权利，创造世界的超自然上帝还原为一切按自然律而运行的物质自然，超人间的神被理性归还为人的创造。这是理性审判官的判决。理性的权威是全高无上的，宗教神学所谓的超理性、超经验的上帝或神，既然是超出理性和经验的范围，那只能说明它经受不起理性和经验的检验，其存在当然就是不合理的了。

三　用历史学和语言学的考证，把神圣的《圣经》还原为世俗的作品

犹太教、基督教、伊斯兰教自称为"天启教"，《新旧约圣经》则被它们说成是上帝的启示，是"上帝之言"（包括"上帝之行"）的记录，教会和信徒奉之为神圣的经典。在整个中世纪，甚至在其后的相当时期，"圣经词句在各法庭中都具有法律的效力"（恩格斯语）。基督教世界的社会和人们都必须信仰和服从，不能怀疑，更不能反对。基督教先后分裂为几大教派之后，各教派在教义和教仪上各有差异，甚至互相排斥，但各派都打着神圣《圣经》的旗号，都认为只有自己遵奉的那一套才符合《圣经》的真义，才是真正的"上帝之言"，斥对方为异端。在维护《圣经》的神圣性的名目下，互相进行神学上的攻讦，政治上的迫害，直到发动刀光剑影的宗教战争。文艺复兴时期的人文主义开启了新时代宗教启蒙思潮的日益深化的发展。理性旗帜高扬，人性逐渐复归，人逐渐从传统宗教及其上帝的绝对信仰中（实质上是剥夺人的理性思维的精神奴役）解放出来。一批又一批启蒙思想家重新发扬古希腊哲学家、思想家的理性精神和人文精神去思考教会的宣示和《圣经》所说的一切，是否真正是上帝的启示？《旧约》中，上帝在六天之内创造世界万物，上帝通过耳提面命规定以色列人的生活方式和行为规范、众先知传达的上帝的启示等等；《新约》记载的耶稣基督所行的各种惊世骇俗的"神迹"（诸如使瞎子复明、使聋人复聪、赶鬼治命、起死回生……）。这一切显然违背了事之常规、人之常理的记载，难道都是真实的历史事件么？一旦人的理性开了窍，就自然会对这些记载的真实性表示理性的怀疑；再进一步，就会对《新旧约圣经》的神圣性进行理性的探讨。于是就出现了一门用历史学和语言学的方法来研究《圣经》的历史真实性的学问——"圣经批判学"。在这门学问的早期发展中，意大利人文主义者罗伦佐·瓦拉（1406—1457）对于历史文献《君士坦丁赠赐》的考证性研究是这方面最具典型意义的例证。公元754年时，教皇司提反三世与丕平达成一项互利的协议：教皇承认丕平为

墨洛温王朝的合法君主,丕平则把拉温那地区和昔日拜占庭总督在意大利的全部辖区赠给教皇。教皇为了给此项馈赠披上一件神圣而又合法的外衣,便伪造了一个文件,说什么塞尔维斯教皇按照圣彼得和圣保罗梦中显灵的指示,为君士坦丁大帝施以洗礼,治好了他们所患的麻风病。从此君士坦丁便皈依了基督教,并把罗马以及西方所有的辖地和意大利的城市赠赐给塞尔维斯教皇及其后继者。《君士坦丁赠赐》这份纯属伪造的文件为教皇的世俗统治权提供了历史依据,后世竟为其所骗,信以为真。但瓦拉通过语言学、历史学的考证,证明这份文件并不是教廷所说的那样在4世纪写出,而是在8世纪伪造的。瓦拉的考证在学术上具有无可怀疑的权威性。这一学术杰作实质上是指向教廷权威的挑战书,说明罗马教廷的世俗权力,对教皇领地和其他地区的统治完全是非法的。瓦拉还不顾教廷的迫害,继续通过古典文献的论证,证明一系列基督教历史上的重要文献均为伪造,对罗马教廷的教权主义给予了沉重的打击,这种性质的历史学、语言学上的考证研究后来逐渐从教廷文书发展到《新旧约圣经》本身之上。早在12世纪时,西班牙的犹太学者麦蒙尼地(1135—1204)注意到《圣经》所记载的大量神奇事件存在暧昧不清、自相矛盾、不合乎人之常理之处,难以令人相信。他受当时流行的亚里士多德理性哲学的影响,提出了一个主张:要求用理智原则来解释《圣经》的记载。他本意无非是想把《圣经》那些不合常理的神话故事说成是某种"隐喻",并非真有其事,以此把《圣经》故事解释得合乎理性一些,以便易于为人所信。但这样一点点理性主义的要求也为当时正统神学家坚决反对。另一个犹太学者耶乎大·阿尔帕恰提出了一条与麦蒙尼地针锋相对的原则,主张理智应该完全服从《圣经》的条文。按斯宾诺莎的描述:"他立下了一个一般性的原则,就是无论《圣经》教条式地告人以什么,明白地肯定什么,必须以《圣经》里的这话自身为根据,承认其为绝对真理。"[1] 研究《圣经》的学者一般把这一"原则"称之为"阿尔帕恰定律"。坚持理性权威的启蒙思想家理所当然地反对这种盲目迷信《圣经》权威的反理性原则,进一步激发他们对《圣经》进行严格的理智性研究,用历史考证和语言比较的方

---

[1] 斯宾诺莎:《神学政治论》,温锡增译,商务印书馆1982年版,第203页。

法，研究《圣经》这本书在历史上究竟是怎样形成和演变的、各种语言的译文（希伯来文、希腊文、拉丁文、现代西方语言）、各种版本之间异同的比较（特别是以《圣经》故事的不同描述及其互相之间的矛盾）……这就开辟了以历史学和语言学为基本方法的《圣经》研究。在这方面，斯宾诺莎做出了卓越的贡献，他的《神学政治论》是这方面的经典之作，对后来西方启蒙思潮的发展产生了深远的影响。

斯宾诺莎对"阿尔帕恰定律"极其厌恶和反感，认为它实质上是把理智和哲学当成宗教信仰的奴仆，把古代犹太人的偏见和无知当成神的启示。斯氏坚持理智的权威，如果理智的判断与《圣经》条义有冲突，那就不能使理智屈从《圣经》，理智是我们最大的才能，是来自上天的光明，为什么要屈服于《圣经》中违反理性和经验事实的死文字呢？斯宾诺莎通过对《圣经》的研究，具体揭示出其中充满了大量的自相矛盾的叙述，是理智无法否认也不能予以调和的。他指出，研究《圣经》的真正科学的方法就是历史学的方法。正如要科学地解释自然，就必须研究自然的历史一样，要想科学地解释《圣经》，也必须研究《圣经》的历史。《圣经》的记述，凡是不能历史地予以证实和做出解释的，就不能信以为真。《圣经》的作者不是上帝，而是古代希伯来人。因此，我们必须首先弄懂希伯来人所用语言的性质和特点，把原文的句法加以比较，只有这样，才能了解原作者的真意。同时，斯宾诺莎认为，还必须进一步将分析与写作《圣经》各篇章的历史背景联系起来，必须了解"每篇作者的生平、行为与学历，他是何许人，他著作的原因，写在什么时代，为什么人写的，用的什么语言。此外，还要考求每篇经历的遭遇，最初是否受到欢迎，落到什么人手里，有多少种不同的原文，是谁的主意把它归到《圣经》里的。最后，现在公认为是神圣的各篇是怎样合而为一的"①。这种研究方法的提出，充分表明《圣经》这本书在斯宾诺莎的心目中不过只是一部在古代历史上由普通人所写作和编纂起来的普通著作，根本不是什么上帝的启示。

斯宾诺莎应用他提出的历史学、语言学的研究方法，以他那精湛渊博的希伯来文知识和历史知识，考证出《圣经》不但不是上帝的直接启示，

---

① 斯宾诺莎：《神学政治论》，温锡增译，商务印书馆1982年版，第111页。

而且也不是一个人的作品，而是分别由不同的人、在不同的时期写的，前后经历两千余年，由后人编纂成书。以《摩西五经》为例，书中谈及摩西事迹时使用的是第三人称，还描述了摩西的死和埋葬的情况。斯宾诺莎据此证明，《摩西五经》显然不是摩西写的，而是出自他死后的另一个人的手笔。至于《约书亚记》《撒母耳记》《列王记》等也是如此。斯宾诺莎还根据阿本·以斯拉的注释证明《摩西五经》的原本与现存版本是大不相同的。因为原书是在一个祭坛周围，按犹太教的传统说法，那个祭坛只有12块石板。可见原本必比现本简短得多。《圣经》各篇章的语言风格和文字的雅俗也各有不同，反映它们是由各具不同文化素质的众多作者写作而成。根据诸如此类的历史考证，斯宾诺莎的结论是："圣书不是一个人写的，也不是为一个时期的人写的。而是出自脾气不同的许多笔者的手笔，写作的时期自首至尾亘两千年，还许比这更要长些。"[①]

斯宾诺莎对于《圣经》的历史学和语言学的考证是非常深刻的，令人信服地证明《圣经》并没有神圣的来源，我们不应该把表现古代犹太人肤浅无知的那部分文字，当成神圣的绝对真理而盲目信仰。他从事圣经研究的目的，就是要揭示《圣经》在历史上的本来面目，揭穿犹太教、基督教把《圣经》当作"上帝的普遍的绝对的教义"的虚伪性，把人们的思想和精神从宗教的神圣权威的束缚下解放出来，树立理性的权威，争取思想和信仰的自由。

斯宾诺莎的《圣经》研究立即在社会上，特别是在学术思想界产生了巨大的影响，推动并深化了启蒙思潮的发展进程。18世纪英国的著名哲学家大卫·休谟在其哲学巨著《人类理智研究》中也公开宣告《摩西五经》不过是世俗作家的作品："是由一个野蛮无知的民族提供给我们的一部分，它是在他们视为野蛮的年代写的，而且完全可能是在其所叙述的事实很久以后写成的。它们没有为一致的证据所确证。而且仿佛是各民族对其起源所做的那些荒诞的说法……"[②]《圣经·摩西五经》的神迹记叙是完全虚妄的。休谟在《人类理智研究》的结尾，勇敢无畏地宣告，应该把诸如此

---

① 斯宾诺莎：《神学政治论》，温锡增译，商务印书馆1982年版，第194页。
② 大卫·休谟：《人类理智研究》，商务印书馆1999年版，第120页。

类的宗教神学著作，从图书馆的书架上拿下来，"把它投到烈火中去"①，付之一炬。

自然神论哲学家约翰·托兰德的名著《基督教并不神秘》提出，理性既是确证一切的基础，也是证明《圣经》是否真实可信的基础。信仰必须以理性为根据，相信任何人类理智无法设想的东西，并非真实的信仰，而只是一种鲁莽的臆想和顽固的偏见。如果信仰没有充分的理由，必然随之而产生不信任和社会生活中的各种罪过。《基督教并不神秘》的一大特殊贡献，就是它也用历史学的方法探讨了基督教神圣仪式在历史上的产生发展过程。托兰德通过历史考证，证明原始基督教的仪式非常简朴。只有洗礼和圣餐礼，其他的那些充满神秘色彩的仪式都是从异教传入，或由改宗者带进基督教中的。大约是在公元2—3世纪，异教的神秘仪式才逐渐取代原始基督教的简朴；除洗礼外，又增加了尝奶和蜜、十字标记、穿白袍等，此后又增加了教理内容，恢复了犹太教旧有的斋戒、涂油、接吻，增加了向接受洗礼者口中灌盐和酒、第二次涂油、按手等仪式；往后，又有了无休止的灯光、驱邪、吸气以及其他异教徒的虚饰。由此出发，不仅在基督教中产生了对预兆、前兆、星兆的信仰，而且也产生了偶像、祭坛、音乐、教堂献祭之类繁杂豪华的神秘仪式。基督教的教主们由于私利的驱使，便借助这些神秘仪式建立起独立的政治团体，逐步确立了教阶制的等级和秩序，出现了副补祭、读经师；最后出现了罗马教皇、红衣主教、主教长、都主教、大主教、首席主教、副主教、副监督、地方主教、顾问、教区教师及其数不胜数的扈从随员的名称。这些从异教引进来的各种神秘而又神圣的仪式，一方面加强了无知信徒的盲目迷信，另一方面则巩固了教士们的封建神权："各种礼仪和戒律的法令或典制，为这种新状态增加了光彩，大大地影响了或麻痹了无知者的头脑，而且使他们相信果真是能够给一定时间、地点、人物或活动带来尊严的上帝和人之间的中间人。靠这种方法，教士们能够做到任何事情；他们最终垄断了解释《圣经》的唯一权力，并且以此要求承认他们自身的绝对无误性。"②

---

① 大卫·休谟：《人类理智研究》，吕大吉译，商务印书馆1999年版，第153页。
② 约翰·托兰德：《基督教并不神秘》，张继安译，商务印书馆1982年版，第93页。

斯宾诺莎的《神学政治论》和约翰·托兰德的《基督教并不神秘》开辟的用历史学和语言学的方法对《圣经》和基督教神秘仪式的本来面目及其在历史上的演变过程的研究，对西方宗教启蒙思潮的发展起了非常特殊的作用。这种历史考证性的研究不同于哲学家的思辨推理，它完全建立在历史事实的实证基础上，主观随意性比较少，因而更加使人信服。在19世纪的德国，关于《新旧约圣经》的历史批判研究在思想界和知识界得到了空前的发展。如果说，以鲍尔为代表的图平根学派大体上是在纯学术性的领域进行这种性质的研究的话，那么，以施特劳斯、鲍威尔为代表的青年黑格尔派，则有意识、有目的地把这种批判研究从学术领域导向政治领域，发动起一场对德国社会产生了震撼性影响的宗教批判运动。施特劳斯的《耶稣传》、鲍威尔的对几本福音书批判，通过历史考证证明《圣经》所载的那一连串令人心醉神迷的耶稣救世故事，不过是人有意或无意编造的"神话"，神圣的《圣经》其实是人为的臆造，甚至救世主耶稣其人在历史上也不是真实的存在。青年黑格尔派关于基督教《圣经》的历史批判研究得出了千百年来西方宗教启蒙思潮所要达到的结论：是人创造了神和宗教，而不是宗教和神创造了人。这是一个惊天动地的革命性的结论。更重要的是，马克思、恩格斯都是青年黑格尔派的重要成员，参加青年黑格尔派发动的宗教批判运动，是他们一生学术活动和社会革命活动的起点。他们高度评价历史学和语言学的宗教研究方法。恩格斯在其晚年还写了几篇专门研究基督教史的论文，在肯定施特劳斯、鲍威尔的学术成就的同时，特别肯定他们应用的历史学、语言学的圣经研究方法："从历史学和语言学的角度来批判圣经，研究构成新旧约的各种著作的年代、起源和历史意义等问题，是一门科学。"[①]

至于以施特劳斯、鲍威尔为代表的青年黑格尔派发动的宗教批判运动的情况，及其对马克思、恩格斯的影响，笔者将在下一篇文章中进行专门讨论。

[①] 《马克思恩格斯全集》第21卷，人民出版社1965年版，第10页。

四 揭露宗教(特别是基督教)在社会历史上的消极作用,打开从无神论人道主义走向"社会主义"观念的通道

启蒙思想家从哲学理性和科学理性批判宗教神学的反理性实质,从历史学和语言学的考证证明神学经典的非神圣性,其目的本质上是为了人和人性的解放,从宗教的神那里夺回人格的尊严,实现人的价值。为了达此目的,单纯从理性上、逻辑上证明宗教神学的荒谬还是不够的,还要对宗教在社会历史上的功能和作用进行揭露和批判,证明宗教的社会历史作用是消极的、有害的甚至是反人性、反社会的。只有这样,启蒙思潮对宗教的批判才不致局限于社会上极少数知识精英的客厅或沙龙里,才能为社会大众所理解和接受。文艺复兴时期的人文主义者已经开始了这方面的批判,但当时主要的批判目标还是揭露罗马教皇和教会僧侣在生活上的腐败。被称为"人文主义之父"的彼特拉克对亚威农教皇的品行有一段淋漓尽致的揭露:

> 这不虔诚的巴比伦,地球上的地狱,罪恶的渊薮,世界的阴沟。在此既无信仰,也无仁爱。宗教对上帝之敬畏……世界上所有的丑行和邪恶,荟萃于此……老年人热烈而轻率地沉溺于维纳斯的手臂中(按:意即沉湎于声色中),忘其年龄、尊严和权力,他们对羞愧之事,趋之若鹜,好像他们的荣耀不在耶稣的十字架,而在宴乐、酗酒、不贞……教皇游戏之猥亵和逸乐,乃是和奸、血族相奸、强奸和通奸。[①]

这段言辞,也许不无过激之词,教廷的教皇和教士不见得人皆如此,但教会生活腐败的基本情况是大致不差的。因为当时此类谴责之词充斥于

---

① 威尔·杜兰:《世界文明史》第 14 卷,幼狮文化公司译,幼狮文化出版社 1978 年版,第 82 页。

各种书籍之中，甚至连圣·凯瑟琳和马丁·路德都对罗马教廷的荒淫无耻进行过激愤的攻击。言词之激烈，比之于彼特拉克犹有过之。

16世纪宗教改革运动所引起的长期而激烈的教派冲突、血腥残酷的宗教战争以及新旧各派教会为了突显本派对上帝和《圣经》的忠诚而表演出的迫害"异端"和自由思想家的竞赛，引发了欧洲基督教世界的分裂和社会政治秩序的破坏以及社会基本伦理的沦丧，更激发起社会大众特别是思想界知识精英关于传统基督教对社会历史到底起了何种作用的思考，越来越深化了对基督教及教会以至对一切宗教的怀疑和否定。文艺复兴时期以来的各时期的启蒙思想家差不多都对宗教及其教会的社会罪行进行了深刻而又尖锐的揭露，这种反宗教的批判在17、18世纪的法国达到高潮。蒙田、培尔的著作尚以冷嘲热讽的文学语调表现出来，伏尔泰、狄德罗、霍尔巴赫、爱尔维修、拉美特利等人则以战斗的姿态，对宗教的社会罪行发起集团军式的猛烈冲锋。下层平民的思想代表让·梅叶把宗教与封建君主专制联系起来，从启蒙无神论发展为社会政治思想上的社会主义。他尖锐地指出，宗教是统治者奴役人民的精神支柱。宗教支持最坏的政府，而政府也同样庇护最荒谬、最愚蠢的宗教。他号召人民起来进行反对贵族和国王的残暴统治和教会神甫的宗教欺骗的斗争，甚至主张用这些披着袈裟的刽子手们的肠子来绞死他们。观点之严峻，主张之激烈，在西方和世界历史上可谓空前。狄德罗、爱尔维修、霍尔巴赫等百科全书派在揭露宗教的社会功能时，调子虽温和得多，理论上却更深刻，更精细。

狄德罗痛恨封建专制制度，更痛恨它的帮凶——僧侣政治。他认为，僧侣不过是一群好吃懒做、骗取民财之徒；更可恶者，僧侣们总是宣扬迷信、反对理性、憎恶知识、仇恨科学。宗教迷信是僧侣们用以束缚人民的自由思想，压制智慧和科学自由发展的工具。只有打破宗教对人类理性的束缚，才能为建立公正的社会、仁慈的政府打下思想基础。

爱尔维修认为，人人生而在智慧和道德上平等，差异在于后天的环境和教育上的不同。要消除这种不平等的状况，根本途径是为人们提供平等的教育，改造不公正的社会环境。法国的教育制度历来为基督教教会严密控制，扼杀了人们思想、灵魂中的美德，造成了人们的无知和盲目迷信，而无知则是罪恶的种子。为此，必须重建法国的教育制度，使之摆脱教会的控制，从属于国家与社会。

在道德问题上，爱尔维修认为生命的目标乃是此生之幸福，而所谓幸福不过是快乐的感受及其延续。所有的快乐本质上都是感官的、生理的，而精神的快乐与知识的追求则是最能令人长久满足的快乐。宗教提倡的禁欲和苦行是反人性、反自然的，也是愚蠢的行为。性的快乐，如果不伤害别人，是完全合法的。美德的真义不在对上帝律令的服从，而是给予最大多数人以最大的快乐。公众利益是所有人类美德的崇高原则，同时也是一切立法的基础。只有国家建立了为公众利益服务的法律和政府，对人民进行最好的教育，人民才能培养起美好的道德，社会才会有淳良的风俗。所以，人类的道德和幸福，并非来自他们宗教的神圣，而是来自法律的智慧。

霍尔巴赫认为世界上广泛传播的上帝观念和普遍流行的宗教，实际上不过是人类的一个普遍的错误。它在人类社会的政治、道德方面产生了恶劣的作用。综上所述，主要有以下几方面：

1. 上帝不是道德的榜样

《自然的体系》写道：

> 所有的宗教似乎都一致向我们宣扬一个专横、嫉妒、好复仇和利己的上帝。它不认识任何原则，在一切方面都顺从一时的私欲；爱恶去取全凭自己的幻想。它喜爱屠杀、抢劫和犯罪；玩弄自己弱小的属下，用幼稚的命令去使他们疲惫不堪，向他们不断地张开陷阱，严禁他们请教自己的理性。[①]

犹太人的耶和华是一个多疑、嗜血、谋害、屠杀的上帝；罗马人的丘比特是一个淫秽的怪物；腓尼基人的摩罗克是一个吃人肉的家伙；基督教徒的上帝要人们为缓解他的愤怒而扼杀他的亲生儿子；墨西哥人的神则要求杀戮成千的人作为献祭的牺牲才能消除其对于血的饥渴……这样的神或上帝怎能成为人类美德的模型！

---

① 霍尔巴赫：《自然的体系》下，管士滨译，商务印书馆1964年版，第197—198页。

2. 宗教信仰造成不同信仰民族之间的仇恨

宗教不但没有使人联合起来，反而把他们分裂了；人们不但没有互相亲爱、彼此帮助，反而时常为了一些同样没有道理的意见而互相争执、互相轻视、互相仇恨、互相迫害、互相残杀。他们在宗教观念中的一点点分歧，就使他们彼此成为敌人，在利害关系上把他们分开，使他们处于不断地争吵之中。为了神学上的臆说，一些民族和另一些民族便势不两立；君主防范着自己的属下；公民们对自己的同胞兵戎相见；父辈厌弃自己的子女，子女则用利剑残杀自己的父兄；夫妇离异，亲属不相认；社会亲手把自己撕毁。可是就在这些吓人的混乱中，每个人却都硬说自己是符合于上帝的心愿的。而且对于为了上帝的缘故而犯的那些罪恶，谁也不肯对自己加以任何责备。[①]

基督教宗教改革后的宗教纷争显然是这方面的典型。

3. 宗教使政治败坏，使政治成为暴政

上帝的赏善罚恶不仅不能约束君王的暴行，反而使政治败坏，成为暴政。正是宗教的教士们，一方面把专制君主说成是上帝手中的剑，王权来自神授；另一方面又对轻信的民众说，他们的受苦受难是上帝的旨意。于是，这些君主王侯们便自认为神的代表而胡作非为，仿效上帝的榜样在地上推行最专断的专制主义。

对于一个神化的暴君，上帝的赏罚是无能为力的。特别是宗教的"赎罪"观念，更易于使他们放肆地犯罪。行为最放肆的人往往也是最迷恋于宗教的，因为宗教为他们提供了最廉价的"赎罪"方法。

4. 迷信的民族必然变成腐败的民族

在被宗教败坏了的政府首领的统治下，宫廷成了不断产生恶行的污水坑，上行下效，败坏了整个民族。由于宗教神权的统治，缺乏合理的管理、公正的法律、有益的制度、合乎理性的教育，人民被专制君主和教士

[①] 霍尔巴赫：《自然的体系》下，管士滨译，商务印书馆1964年版，第200—201页。

压制在无知与桎梏之中，必然变成迷信和腐败的民族。宗教的精神统治，使很多民族都只有一种祭司的和神学的道德，教士们用梦想去代替现实，用教规去代替德行，用盲目的迷信去代替理性，君主与教士结合起来对人民施行暴政，而人民的幸福与自由则屈从于上天的神和地上的神的联合起来的压力之下。牧师们编造着种种虚构的罪恶，以便掌握悔罪的垄断权；规定越来越多的用来束缚人民的教规，以便从犯规的奴隶身上谋求利益。他们定下犯罪的抽税表，其中被认为最严重的犯罪，无非就是祭司们认为最有害于其私利的那些罪，如：不虔敬、渎神、异端、侮辱神灵之类，人民犯了这些"罪"，比之于与社会有关的真正的滔天大罪更使人感到惊恐。这样一来，人民的善恶、是非观念就被完全弄颠倒了，民族风尚被导向道德上的腐败。

霍尔巴赫进一步指出：人类社会的一切道德规范，不是从神的本性，而是从人的本性；不是从宗教，而是从人与人的关系引生出来的。基于人性的自然道德与基于神启的宗教道德是完全对立的：

自然叫人爱自己，保存自己，追求幸福，而宗教却命令人厌恶自己，专爱上帝；

自然要人以理性为向导，追求真理，而宗教却要人停留在无知之中，惧怕真理；

自然要人节制情欲，平衡情欲，而宗教则要人抛弃一切情欲，成为一块没有感觉的东西；

自然告诉人们要合群，爱自己的同类，要在人际关系中保持公正、和平、宽容、慈悲，使他们幸福，而宗教却劝人逃避社会，迫害以至屠杀在宗教信仰上的不同意见者；

自然把一些诚实刚毅的灵魂作为公民的楷模，而宗教却把狂信者、癫狂的悔罪者奉为圣徒；自然要求夫妻相亲相爱，宗教却把柔情当作一桩罪恶；

自然要求道德败坏的人为自己所犯的罪羞惭，而宗教却说，只要他们拜倒于庙堂之前，俯伏于牧师的脚下，就可以使良心平静，在上帝眼中洗清罪行……

正是这些违反人性、违背自然道德的宗教道德戕害了人的尊严，束缚了人的自由，有害于人的解放，阻碍了社会的进步。

一个具有健全理智的无神论者比一个迷信之徒更富于人性，而不会因为盲目迷信把道德原则忘得一干二净。即使他做了坏事，也不是由于无神论的理论，而且无神论者至少不会借口他对上帝的虔诚而把恶变成为善。健全的社会不是由于宗教，而是由于良好的法律和教育。

霍尔巴赫的结论是：一个由无神论组成的社会不仅是可能的，而且是更为高尚和更为有德的。①

18世纪的法国启蒙思想对传统宗教神学及其所维护的旧世界社会秩序的批判是非常全面、系统、深刻而又尖锐的。它不仅教育了法国人民，也影响和教育了整整一代欧洲人，促进了法国和欧洲各国社会和人民的革命化。

18世纪的法国大革命实际上就是法国启蒙运动的产物。启蒙思想对宗教的批判是革命前的革命。恩格斯高度关注18世纪法国唯物主义启蒙无神论哲学对于法国大革命的"巨大"影响：

> 在法国，唯物主义最初也完全是贵族的哲学。但是不久，它的革命性就呈现出来了。法国的唯物主义者没有把他们的批评局限于宗教信仰问题；他们把批评扩大到他们所遇到的每一个科学传统或政治设施；而为了证明他们的学说可以普遍应用，他们选择了最简便的道路：在他们因以得名的巨著《百科全书》中，他们大胆地把这一学说应用于所有的知识对象。这样，唯物主义就以其两种形式中的这种或那种形式——公开的唯物主义或自然神论，成了法国一切有教养的青年的信条。它的影响是如此巨大，以致在大革命爆发时，这个由英国保皇党孕育出来的学说，竟给了法国共和党人和恐怖主义者一面理论旗帜，并且为《人权宣言》提供了底本。②

恩格斯的这段话，道出了18世纪法国以百科全书派为代表的启蒙思

---

① 霍尔巴赫：《自然的体系》下，管士滨译，商务印书馆1964年版，第319页。
② 《马克思恩格斯选集》第3卷，人民出版社1972年版，第394—395页。

潮和唯物主义哲学对法国社会所产生的革命性影响，这种影响事实上远远超出了法国的国界。批判传统宗教的启蒙之风在 19 世纪的德国找到了它的继承人，那就是青年黑格尔派，马克思、恩格斯也身在其中，他们通过青年黑格尔派发动的宗教批判运动，进一步在哲学上发展为历史唯物主义，在社会政治方面发展为社会主义和共产主义。

青年黑格尔派和费尔巴哈宗教观理论概说

——马克思主义宗教理论的历史背景之二

在以法国百科全书派为代表的启蒙运动和法国大革命的影响下，19 世纪德国出现了激进的启蒙思潮和社会运动，其中最有代表性也最为激进者，就是青年黑格尔派。青年黑格尔派之所以要在这时发动一场批判传统宗教的启蒙思想运动，与在此以前欧洲启蒙运动先驱一样，是要把异化为神性的人性从众神那里夺回来，使人成为掌握自己命运的真正的人，实现人的解放和社会的解放。正是由于这个崇高的社会目标，把青年时代的马克思、恩格斯吸引到青年黑格尔派之中。当然，德国 19 世纪的社会情况有其时代的特征，这也决定青年黑格尔派在选择宗教批判的突破口时具有自己的特殊性。在对青年黑格尔派作分析之前，我们当然有必要对黑格尔哲学发展和分化的情况作一些概括的叙述。

一　黑格尔的宗教哲学

黑格尔是欧洲和世界历史上最伟大的哲学家之一，他建立了一个包罗万象、规模宏大的唯心主义哲学体系：在宗教领域，他也提出了独具特色而又系统完整的宗教哲学。他是一个彻底的理性主义者，没有一个哲学家像他那样把理性的权威推崇到无以复加的程度和至高无上的地位。在他的哲学体系中，人类理性不仅是万能的、认识一切的东西，而且变成了脱离人而客观存在的、创造一切、认识一切的绝对精神，实际上也就是基督教的上帝和造世主。世界上的一切事物都变成了绝对精神的自我发展和异化，人类理性思维和各种意识形态则成了绝对精神的自我意识。

黑格尔的彻底的理性主义一方面反对和批判盲目信仰的传统基督教及其神学，把它们视为束缚人的理性和思想自由的精神枷锁，另一方面也批判当时出现于德国和欧洲的非理性和反理性的宗教观。不仅反对当时名噪一时的新教神学家施莱尔马赫之类的浪漫主义神学，也反对声名显赫的哲学家康德对理论神学的怀疑，用他的绝对理性主义为上帝存在及其可被认识性提供理性证明。大体上，前一方面体现了黑格尔继承了文艺复兴时期以来欧洲启蒙思潮的优秀传统，这在黑格尔的青年时代表现得尤为突出；后一方面则更多地体现了黑格尔唯心主义哲学的保守方面，在黑格尔哲学成为德国国家哲学之后表现了它与宗教势力的妥协。

青年时代的黑格尔曾为法国革命热情欢呼。他步法国启蒙思想家的后尘，追求政治上的自由和民主，并把当时的宗教视为封建专制主义政治的"一丘之貉"。1795年他在致谢林的一封书信中写道：

> 宗教和政治是一丘之貉。宗教所教导的就是专制主义所向往的。这就是蔑视人类，不让人类改善自己的处境，不让他凭自己的力量完成其自身。[①]

青年时代的黑格尔对基督教采取了激烈批判的态度。当然，我们注意到一个事实：他批判的不是基督教本身，而是它的传统和现状；不是关于人格神的宗教本质，而是基督教会的组织与体制。

黑格尔把犹太教和基督教称为"天启宗教"，意指它不过是一种倚仗权威的命令和传统的势力迫使人们不得不信仰的宗教。他还把这种"天启宗教"与他所谓的古代希腊罗马时代的"民众宗教"对立起来。黑格尔把古代希腊罗马的共和国体制理想化，把它说成是一个由自由民组织起来的社会；个人都是自由的，个人与国家处于和谐的统一之中。国家观念在当时乃是个人为之工作的终极目的；当时的宗教则是表现了人类的尊严和自由人的自由的"民众宗教"。但是，随着罗马帝国取代了共和国制，古代的民主制度走向没落，人民逐渐丧失了原有的自由：

[①] 《黑格尔通信百封》，苗力田译，上海人民出版社1981年版，第43页。

罗马皇帝的专制把人们的精神从地上驱逐到天上去了，剥夺了人民的自由，迫使他们抛弃了一切永恒的、绝对的东西，逃避到神那里去求庇护。剥夺自由带来的广泛苦难，迫使他们在天国里去寻找和仰望幸福。相信神的客观存在和人的腐化与奴役以同样步伐进行的，前者只不过是这个时代精神的一种启示、一种现象罢了。①

这就是说，黑格尔认为，只是在这种剥夺了人的自由的专制时代，人民才从天国和上帝那里去寻求幸福，基督教才趁势得以传播开来。基督教是与剥夺人的自由的罗马专制制度同步发展起来的。因此，宗教与专制政治是"一丘之貉"。

黑格尔把历史上的基督教分为三个阶段和三种形态：一，基督教的原始教义；二，有组织的基督教；三，成为国教的基督教。基督教的这个演变过程是它日趋僵化的过程，是应用天启的神圣权威来建立信仰体制的过程。他认为，早在基督传道时代，它就通过人们对它是上帝之子的启示的神圣权威来破除犹太教；后来基督教成为罗马帝国的国教之后，只是利用外在的力量把基督教的信条体系从外面强加于人，用政治权力的权威强使人民奉之为真理，听从于它的权威；它的所谓的"真理"是使用威权的力量人为地来维持的，不管它是否得到传统或理性的验证，都要求人们无条件地信奉和服从。它完全剥夺了人们在道德上的自主性和意志上的自由选择，使人丧失了独立行使理性能力的权力，扼杀了人们的理性自由，践踏了人的尊严，无视人们的价值。黑格尔尖锐、激烈、深刻地斥责基督教和教会乃是专制制度用来"秘密地毒害"人民的工具，是专制主义罪行的辩护士。②

黑格尔的批判与伏尔泰、狄德罗、霍尔巴赫、爱尔维修等启蒙大师的言论非常相似，难怪他直接成为青年黑格尔派（包括马克思、恩格斯在内）进行宗教批判的理论上的导师。鲍威尔的一些主要的宗教批判著作都

---

① 《黑格尔早期神学著作》，贺麟译，商务印书馆1988年版，第260页。
② 同上书，第249、424—425页。

把黑格尔理性哲学直接说成是无神论体系，假黑格尔之名以进行反宗教批判。

随着黑格尔唯心主义哲学体系的完成并上升为封建帝制德国的国家哲学，在此保守体系的重压之下，黑格尔青年时代的启蒙思想的光辉逐渐趋于暗淡。不过，也要看到这种光辉并未彻底消失。尽管他不否认上帝的存在，但他不仅反对把宗教置于理性之外的纯信仰领域，而且进一步把宗教与哲学的内容和对象视为一体，反对把宗教置于非理性和反理性的基础之上。他所理解的"上帝"，就是作为黑格尔哲学之本体的"绝对精神"、"绝对观念"、"绝对理念"或"永恒的自我意识"。这种"绝对物"，实质上不过是形而上学改装了的、脱离了人的理性或意识而客观化了的人的自我意识。正如费尔巴哈所指出的那样，"在黑格尔哲学中，上帝的本质事实上不是别的，就是思维的本质，或将'自我'从思维的人抽象出来的思维。因此黑格尔哲学是将思维，亦即将那被思维作为主体的、异于主体的主观本质，当成了神圣的、绝对的本质"[①]。

黑格尔把宗教和哲学统一起来，认之为绝对精神发展的不同阶段，它们都是绝对精神在人的精神中对自身的自我意识。所不同者，宗教是以感性表象的形式来展现绝对精神，哲学则是以概念的形式来展现绝对精神。宗教在人类历史上相继展现为自然宗教→精神个别性的宗教或自由的主观的宗教→绝对宗教。此绝对宗教就是基督教，它是"绝对而完善的宗教"。

但作为绝对宗教的基督教并不是绝对精神自我认识的最后完成，精神虽然在绝对宗教体现了它的真实形态，但仍是以一种感性表象的形式表现出来，不能完全体现绝对精神作为纯理性的本质，因而精神继续发展，过渡到概念，以便在概念中完全消除其感性形式。而用概念来把握绝对精神者即为哲学，故哲学高于宗教。黑格尔常常把宗教和哲学相提并论。他在其《宗教与哲学》一书中宣称：哲学与宗教的内容、要求和利益都是相同的：

> 宗教的对象和哲学的对象一样，是客观存在的永恒真理本身，是

[①] 《费尔巴哈哲学著作选集》上卷，生活·读书·新知三联书店1959年版，第105页。

神，除了神和对神的解释以外，再也没有任何其他东西了……所以，哲学在解释宗教时，也就是在解释自己；而在解释自己时，也就是在解释宗教……这样，宗教和哲学便合而为一了；哲学本身实际上就是神灵礼拜……因此，哲学和宗教是同一的，它们的差别就在于它们的活动方式不同……它们按研究神的方式的不同而有所区别。①

二者的区别和联系，主要表现于宗教是通过表象和象征来揭示哲学概念的理性内容。故其地位较哲学为低，尽管宗教在这里也被哲学化了。黑格尔既把宗教哲学化，他也就不得不从宗教中排除许多神秘主义的东西，抛弃纯粹的教义学和神迹信仰，把宗教的教条变成哲学的象征。正是这一事实，一方面激怒了正统的神学家，他们因此而批判黑格尔宗教哲学的理性主义；另一方面，这也促使黑格尔的那些政治上比较激进的弟子们（青年黑格尔派）进一步发展黑格尔宗教哲学中的理性主义精神，对传统的宗教神学进行激烈的批判，发展到理论上倾向于无神论，政治上走向激进的民主主义。

二 青年黑格尔派的宗教批判运动
——从施特劳斯到布鲁诺·鲍威尔

19 世纪 30 年代中期，作为德国国家哲学的黑格尔学派解体了，分裂为青年黑格尔派和老年黑格尔派。这种分裂，既有黑格尔学派本身所固有的内部根源，也有德国社会政治发展的外部导因。黑格尔哲学的辩证法思想使他把一切事物视为不断发展永无终结的过程，可他的唯心主义哲学又要求他把自己建立的体系视为绝对真理的最后发展，表现在政治上，他竟然宣布普鲁士国家和基督教就是绝对理性的体现。但是，普鲁士这样一个仍在实行封建君主专制制度的国家，在经历了 17 世纪英国资产阶级革命和 18 世纪法国大革命之后，已经在进步知识界眼里越来越不符合历史的趋向和时代的精神了。随着资本主义自由经济的成长，新兴资产阶级势必

---

① 《黑格尔全集》第 1 卷，斯图加特出版社 1928 年版，第 37—38 页。

要求更多的政治自由；自然科学的蓬勃发展和启蒙思想的深入人心，思想界和有教养的人们日益不满足于基督教信仰主义的精神统治。社会政治方面的外部导因加剧了黑格尔学派固有的内在矛盾。激进的左派利用黑格尔哲学中具有革命意义的辩证法来批判保守的社会政治体系，保守的右派则反其道而行之。

大卫·施特劳斯的《耶稣传》（1835）的出版可以说是导致黑格尔学派分裂的直接导因。该书的理论、方法和结论都超出了黑格尔哲学的规范，在黑格尔学派中引发了地震式的震动，导致黑格尔学派分裂为拥护施特劳斯的激进的青年黑格尔派和反对他的保守的老年黑格尔派。就此而言，虽然施特劳斯本人并不是青年黑格尔派的成员，但他却是青年黑格尔派得以形成的先导。

从《耶稣传》的本质内容看，它和文艺复兴时期以来的启蒙著作一样，着眼于批判和否定基督教《新约圣经》中所记叙的超自然神迹，以此来剥夺基督教的神圣性。但过去的启蒙著作（斯宾诺莎的《神学政治论》除外）多侧重于从哲学和自然科学的角度来否定超自然神迹的可能性，这在理论上无疑是正确的，但实证史实的根据则难免流于空泛。以黑格尔为例，他主张在研究基督教时，可以不去注意《圣经》福音故事的历史事实，而只要考虑它们的象征意义就够了。施特劳斯却对此不以为然。他认为构成基督教的实质的正是这些故事。这些故事，并不是什么哲学象征，而是神话。它们是否具有真实性，不能依靠哲学概念的分析，而必须通过历史事实的考证。《耶稣传》的特点则是他应用从斯宾诺莎的《神学政治论》到德国图平根学派（鲍尔[①]）的历史考证方法来考证新约福音神话故事的真实性。它通过对四部福音书的历史考证和比较研究，证明围绕耶稣的一切超自然的神迹都不过是人为编造的神话故事，而不是真实发生过的历史事实。这样一来，启蒙思潮对超自然神迹的否定，就不再只是哲学家的主观性的概念推理，而是历史学家考证得

[①] 斐迪南·克里斯提安·鲍尔本是一位神学家，他的学术贡献主要是于 1831 年第一次在德国试图用历史考证的方法确定《旧约》的历史内容，大卫·施特劳斯由此受到启发，继续按鲍尔的历史考证方法来考证《新约》所载之耶稣故事的历史可靠性。就此而论，施特劳斯的《耶稣传》实际上是鲍尔学术思想的继承和发展。

来的历史真实。

施特劳斯认为，以往用于解释《圣经》的方法有两种，一是超自然主义的，一是理性主义的。前者承认耶稣生平就是一种超自然的历史，后者否认这一点，但认为福音书记载的都是"自然的历史"，他们试图对超自然事件做出自然的、合乎理性的解释，把它解释成可以承认的历史事实。施特劳斯对这两种方法都予以否定。他的基本原则是：根本没有超自然事件的存在。超自然事件与真实的历史有着无法调和的矛盾。因此，不仅超自然主义是错误的，甚至用"理性主义"的解释合理化福音书中的超自然情节，使之成为自然的历史也是错误的。[①] 施特劳斯《耶稣传》大体上使用两种方法来考订耶稣生平故事的真假是非。一是根据因果自然律指出一切超自然神迹的不可能。因为一切与自然规律、因果关系不符合的神迹记载都不可能具有历史的真实性，而只能是神话。如所谓耶稣的母亲玛利亚本是处女，她是感受圣灵而怀孕；耶稣死后复活；赶鬼治病，起死回生；用五块饼两条鱼使五千人吃饱之类故事均属之。二是通过对四部福音书在记载上的互相矛盾之处进行比较分析，特别是找出福音书故事的逻辑矛盾来证明此类记载不是可信的历史事实。他的结论是：

> 我刚才……所提出的方法，曾在我的《耶稣传》中试图予以实行，而其结果对四部福音书都是否定的。这就是说，这些故事从头到尾都应该认为不是目睹见证人的记叙，而只是生活于离发生事件时期很远的人们的零碎记录。尽管他们也记下了许多真实的资料和言论，但同时也收集了各式各样荒诞的传闻，而且还部分地利用他们自己的虚构加以粉饰……[②]

施特劳斯就这样粉碎了四部福音书关于耶稣故事记载的历史真实性。那么，福音书关于耶稣的那一系列令人眼花缭乱的超自然神迹又是怎样

---

① 施特劳斯：《耶稣传》第 1 卷，吴永泉译，商务印书馆 1981 年版，第 51 页。
② 同上。

编造出来，并得到人们的广泛信仰呢？《耶稣传》对此进行了深刻分析，并提出"神话说"对此问题做出了自己的回答，施特劳斯认为诸福音书围绕耶稣所记载的那些超自然神迹，乃是耶稣的犹太信徒们由于深信耶稣是《旧约圣经》中弥迦、以赛亚之类"先知"所预言过的"弥赛亚"，因而应该有许多神迹，特别是应该如同《旧约》所预言的那样发生在耶稣身上。于是，他们就按照救世主观念所要求的那样编造了一系列神话故事。① 这些故事辗转相传，日趋神奇。基督神话产生和发展的过程，是"弥赛亚"（基督）观念自然发生的结果。早期的基督教信仰和基督教会就是随着"基督"观念以及相应的神话故事及其寓言而逐步形成起来的。这样一来，福音书塑造的耶稣形象，实际上不过是人为的编造。尽管编造者可能是无意识而为之，而不是故意捏造以便进行欺骗。但不管是无意还是故意，编造总是编造，已没有任何的历史真实性了。施特劳斯的宗教观不仅摧毁了传统的基督教神学，也突破了黑格尔的宗教哲学体系。

  施特劳斯对福音书的历史批判研究和对耶稣生平的历史观察，有一个自觉的政治目标。在1864年版的《耶稣传》中，他特地回答过社会上流行一时的这样一种观点：你们这些学究研究教义，进行唯理主义和超自然主义的争论没有什么意义，我们这个时代的正当任务乃是实现理想的教会生活。施特劳斯不同意这种说法。因为他认为教会生活的体制不过是表现一定的基督教实质的工具和形式，如果你要知道并实现最合理、最恰当的教会体制的形式，你就必须好好地考虑你的基督教的性质是什么，它是自然的呢，还是超自然的？因为一种神秘的、表征圣恩的超自然宗教，必然要带来一个高出于全体教徒之上的僧侣阶级。凡想把僧侣阶级从教会里驱逐出去的人必须首先把神迹从宗教中驱逐出去。施特劳斯明确指出，这是德国人实现在"政治上的自由"，"精神上、道德上和宗教上的自我解放"，"解决政治问题的最安全、最有效的办法"。

  正是由于《耶稣传》不仅追求实现人的精神解放，而且追求实现人的政治自由，所以，它的问世立即在当时德国的思想界、宗教界以至整个社

---

① 施特劳斯：《耶稣传》第1卷，吴永泉译，商务印书馆1981年版，第210—211页。

会引发了巨大的震动。保守的政治势力和宗教势力、正统派神学家自然视之为洪水猛兽，群起而攻之。他们为了维护宗教的神圣权威，否认科学在从历史和哲学方面来批判宗教和神圣经典的权利。柏林大学神学教授亨格斯坦堡是这一势力的带头人，他在《福音派教会报》上激烈批判施特劳斯的观点是无神论。他还进一步激烈批判黑格尔哲学，批评它把基督教变成了一种泛神论，正如人们在《耶稣传》中所表现的那样，泛神论必然导致无神论。

在保守势力的进攻面前，黑格尔学派分裂了。其右翼为了对付亨格施坦堡的批判，开始与施特劳斯划清界限，责备他歪曲了黑格尔的思想；左翼自由派则支持施特劳斯，他们不仅捍卫科学和哲学批判宗教的权利，而且试图通过宗教批判反对传统的教会和封建专制的国家制度。黑格尔学派的左右两翼也就是所谓老年黑格尔派和青年黑格尔派。马克思、恩格斯都是青年黑格尔派的成员。恩格斯当时还是个中学生，他在施特劳斯《耶稣传》的直接影响下一下子从宗教之梦中惊醒过来，以一种极其兴奋的情绪转变为施特劳斯主义者。马克思则更多地通过布鲁诺·鲍威尔的影响并与他共同战斗，把施特劳斯开辟的宗教批判推向新的高潮。青年黑格尔派有众多的代表人物，但对马克思影响最大、关系最深的则是布鲁诺·鲍威尔。我们有必要对他做些比较具体的论述。

在施特劳斯的影响下，青年黑格尔派进一步发展了他的批判，力图使黑格尔哲学适合于当时的自由主义思潮。其着力点主要在于消除黑格尔的保守体系和辩证法之间的矛盾，使黑格尔所谓的观念发展运动不仅适合于过去的历史，而且在现存和未来的德国社会也不会停止其继续发展的进程。他们极力使哲学成为向反动势力做斗争和改变国家制度的武器。但是，正如恩格斯所说，现实的社会政治问题，仍是一个荆棘丛生的危险领域，所以，青年黑格尔派首先选择了对宗教的批判，以此为突破口，然后旁及对社会政治领域的批判。在这方面，如果说，施特劳斯的《耶稣传》是开路先锋，那么，布鲁诺·鲍威尔则是把宗教批判推向前进，并使之走向激进民主主义的主将。在《耶稣传》的思想冲击波面前，布·鲍威尔最早是跟着保守的正统神学家的脚步反对施特劳斯的。但其后不久，鲍威尔在批判《耶稣传》神话说的同时，却以一种比施特劳斯更为激进的观点对基督教和国家制度进行批判。

恩格斯在《布鲁诺·鲍威尔和早期基督教》一文中说，在研究早期基督教的历史起源问题上，"布鲁诺·鲍威尔的贡献比任何人都大得多……按照施特劳斯含糊的神话论，人人都可以任意地把福音书的记述当作历史的记述，鲍威尔彻底揭露了这种理论的非科学性。既然福音书的全部内容，几乎绝对没有一件事情是历史事实，那就可以说明连耶稣基督在历史上是否实有其人也成问题……"① 鲍威尔在其《约翰福音史批判》（1840）、《对观福音和约翰福音批判》（1842）中对施特劳斯同正统教义神学的决裂是肯定的，认之为是一种不可磨灭的功绩；但他认为施特劳斯把福音神话说成是早期信徒因相信耶稣是救世主而无意识地创作了这些神话的观点予以严厉的批判。其批判主要有三：一是认为《耶稣传》所假定的一些历史事实不能成立；二是认为施特劳斯作为神话创作的思想依据的"救世主"观念在古犹太世界中流传得并不像施氏所想的那样广泛，在早期基督教社团中也没有非常完备的"救世主"观念；三是反对施特劳斯所谓福音神话的产生为无意识的编造说。鲍威尔从哲学上反对这种观点。他从对黑格尔哲学的了解出发，承认"救世主"观念对于基督教，或者一般说来，"观念"乃是历史发展的主体，但"观念"要起作用则必须通过意识到"观念"的个别人物的有意识活动，即通过个人的"自我意识"作为中介才能实现。《马可福音》是最早写成的福音书，它的作者也正是第一个有意识地编造耶稣神话故事的人。福音书的作者并不是仅仅把有关耶稣的传说记载下来的记录者，而实即这些福音故事的创造者。因此，基督教福音书的起源应归功于《马可福音》作者的天才，是作者创造的艺术作品。就任何一件艺术作品而言，其作者不仅影响作品的内容，而且创造它的内容。早期基督教的信徒和团体希望详细了解耶稣的生平，于是，福音书的作者就适应这种需要编造了这些故事，提供有关细节。除《马可福音》之外，《路加福音》、《马太福音》的作者又根据新的需要编造了新的情节。鲍威尔进一步认为，即使历来被承认为"真实"之作的使徒书也并非真实，它们或者是后人所作，或者不过是过去一些不知名作者对古代一

---

① 《马克思恩格斯全集》第19卷，人民出版社1963年版，第328页。

些著作加工制作而成。

鲍威尔与施特劳斯的分歧，主要的并不在于福音故事的真假，而是在于编造它们的方式：究竟"救世主"观念是在古代信徒的流传过程中无意识地表现出来的呢？还是福音书作者的"自我意识"的有意识的编造呢？二人都是在黑格尔哲学体系中高谈阔论，不过施氏强调"观念"的客观发展，鲍氏则强调"观念"的主观意识。从施氏观点出发，救世主观念在古代信徒中自发地表现为神话故事，有可能具有某些历史真实性，而非蓄意虚构；而从后者出发，那些救世主神话则完全是神话创作者的文学虚构，没有任何历史真实性可言。1841年11月1日发行的《德意志年鉴》中的《布鲁诺·鲍威尔初探——对观福音史批判》对施、鲍二人有这样一段比较性的评语：

> 柏林人问：鲍威尔的著作与施特劳斯的著作有什么不同？一句话，施特劳斯还相信许多东西是耶稣生平的真实历史见证，认为许多重要之点具有历史的内核，并且认为关于教团的传说是所谓神话故事的萌芽；而鲍威尔却致力于证明，在福音书中没有丝毫实际的可靠性；毋宁说，它里面所包含的完全是福音书的文学创作……和施特劳斯的实证的前提相对立，鲍威尔提出人类的自我意识作为神圣历史的全能创造者——这种自我意识，照费尔巴哈的说法，就是某些教义的创造者。[①]

鲍威尔在否认福音书的历史真实性的基础上，直接把福音书作者称之为"世界上最大的骗子手"。1849年初，他在致卢格的信中写道："［我］已确实无疑地证明第四部福音书的作者是世界上最大的骗子手。迄今人们尚不明白他究竟怎么取得成功的……一旦揭露了这位好出风头的骗子手的真面目，基督教就一定会衰落。"[②] 鲍威尔还在《复类福音作者批判》中

[①] 科尔纽：《马克思恩格斯传》，王以铸等译，生活·读书·新知三联书店1963年版，第70页。
[②] 兹维·罗森：《布鲁诺·鲍威尔和卡尔·马克思》，王谨等译，中国人民大学出版社1984年版，第59页。

否认耶稣的历史真实性,把这说成是"基督教徒的幻想",对耶稣是否是一个真实的历史人物的问题,我们的回答是:有关历史记载的耶稣的一切,即我们所知道的关于耶稣的一切,都是指的幻想世界,更确切地说,指的是基督教徒的幻想。它同生活在现实世界中的人没有任何联系。因此,解决这一问题的最好办法就是从此打消这一念头。[①] 既然如此,基督教又是如何产生于罗马帝国时代呢?鲍威尔为此对基督教产生的社会背景和历史条件作了颇有价值的分析。按照马克思的说法,鲍威尔在这方面的全部工作,实际上是对黑格尔的"苦恼意识"说的注释。

鲍威尔认为,在古代,人与自然的关系以及人与种族的关系,都使当时的人类在精神生活和社会生活上处于受奴役的地位。但随着人的觉醒而强化的自我意识则必然反对这种奴役。罗马时代流行的哲学思潮如伊壁鸠鲁主义、斯多葛主义和怀疑论都向人揭示了人的内在性,要求给人以摆脱奴役状态的权利,这就使人意识到自我意识的原则。要实现这些原则,必将要求人与现存制度做斗争,并消灭这些制度;还要求人们摆脱根深蒂固的习惯,把人视为衡量一切现实事物的标准。由于罗马帝国建立了世界范围的统治,它切断了旧的家庭和种族的联系,消灭了昔日"天然的"各种公共机构,建立了万能的专制统治。与此同时,却也导入了与传统相对立的、要求摆脱传统限制的个性原则。罗马及其哲学与帝国内的世界性统治就成了摆脱种种限制的一种普遍性的力量。但当时,宗教已成为一种普遍力量。这就决定追求个性原则的自我意识的解放不可能在宗教之外。这种新的宗教就是基督教,它使人摆脱了自然和种族的统治,反复向人灌输内在性、主观性和无限性的原则。尽管如此,"异化"对人的折磨并未因此而减弱,相反,基督教加剧了异化的程度并使它成为一种绝对的东西。鲍威尔在《复类福音作者批判》中写道:"如果解放成为人类的基本目标,即异化不再是包括人类生活的绝对的东西,那么就必须在自我异化的精神领域内消灭现存的束缚精神生活的种种限制。"[②] 这样一来,自然和隐蔽的

[①] 布鲁诺·鲍威尔:《复类福音作者批判》第3卷,引自兹维·罗森《布鲁诺·鲍威尔和卡尔·马克思》,王谨等译,中国人民大学出版社1984年版,第65页。

[②] 兹维·罗森:《布鲁诺·鲍威尔和卡尔·马克思》,王谨等译,中国人民大学出版社1984年版,第105—106页。

各种异化就瓦解了。在瓦解了的异化中，人对其创造物就没有什么依附感，创造世界的动力也转到了自我，但这种自我不是人本身，即不是构成人类的众人，而是在上帝面前体现整个人类和作为人类代表的唯一的"我"——耶稣基督。鲍威尔有一段著名的论断：

> 当花朵在历史的进程中消逝时，当罗马政权砸碎锁链时，神的概念这个吸血鬼就结束了自己的生命，它从人类那里吸取了全部的精髓、生命直至最后的一滴血；自然和艺术、家庭、种族和国家，所有这些只剩了一些幻影；在垂死的世界的废墟上栖息的只是精疲力竭的、被榨干了的、孤独的自我，不过这个自我却是唯一的力量。在遭到巨大的失败之后，自我不可能在它力所不及的和普通的范围内创造业已失去的生活方式——自然和艺术的、种族和国家的生活方式——至少不可能立即创造出来。对自我来说，唯一重要的事就是吸收所有那些曾在旧世界中存在过的事物。自我现在成了一切，但又完全是空虚的；它成了一种普遍力量，也就是说，它依然属于宗教精神范畴，而且通过发挥它那种与自然相对立的普遍力量的作用来完成异化，把普遍力量看做是要以恐慌来对待的生疏的、异己的力量，以使它们能为自己的存在和赎罪起作用。自我把耶稣看做这种存在的保证，因为耶稣代表了实际上是自我本身所具有的那些属性，认为普遍的力量是这样一种力量，它不仅包含一切自然观，而且对道德精神、大众精神、国家生活和各种艺术见解也能从道义上进行区分。①

在这种社会心理和宗教心理状况下，人由于摆脱了对自然界和自然秩序的依赖，成了他自己通过想象、思想、概念和情感创造出来的概念力量的奴隶。人把这个想象的世界异化为基督教的天国，并把他对和平、安全、宁静、繁荣的希望都寄托在这个空想的天国，他自己则成了宗教（基督教）支配下的奴隶。也就是说，由于罗马帝国的专制统治，古代那些曾

---

① 布鲁诺·鲍威尔：《复类福音作者批判》，参见兹维·罗森《布鲁诺·鲍威尔和卡尔·马克思》，王谨等译，中国人民大学出版社1984年版，第106—107页。

把各个个人联系在一起的社会纽带趋于瓦解。个人一旦脱离社会联系，便会对孤立的个人自己丧失信心，不可能在普遍的社会生活范围创造业已丧失的生活方式（自然的和艺术的、种族和国家的生活方式）。这就在人们心中产生不幸的和苦恼的意识，促使人们希望远离这个世界，以便保持自己内心的自由。他们把这种希望幻想为作为救世主的耶稣，认为耶稣是能使自我个人获得幸福的保证。正是这种心态为基督教对社会的普遍统治铺平了道路。基督教便是这种社会心态的普遍表达，是对罗马帝国时代的政治关系和市民关系趋于瓦解的一种奇妙的反映。它表现了古代人对自己的不幸以及古代人由于其自由的艺术、科学和政治制度的瓦解而产生的恐惧感。

鲍威尔对基督教在罗马帝国产生之原因的分析，完全是在人的自我意识对罗马帝国的苦恼感、恐惧感的范围内进行的。他把基督教的产生看成是自我意识的一种表现，一种发展。他和黑格尔一样，把基督教的产生视为普遍的自我意识发展的新阶段，同时也承认基督教在改造古代世界方面有过重大的功绩。这种分析方法表现了黑格尔哲学的辩证法方面。但鲍威尔更强调黑格尔辩证法的不断发展思想，并不像黑格尔晚年那样，赋予基督教以绝对而又完善的价值，他更强调"自我意识"的进一步发展，否认任何实体和任何历史形态有权被认为是普遍自我意识的最终体现和绝对完成。他只是把基督教看成是普遍自我意识的一种受时间制约的、暂时的、历史性的形式，而不是永恒的、绝对的形式。他尖锐地指出，由于基督教把人变成了自己创造出的神的客体，并且使人受到教义信仰的束缚，基督教已成了普遍的自我意识进一步发展的障碍了。鲍威尔呼吁人类现在应该摆脱基督教的精神束缚，达到真正的自我意识。人类当前最伟大的任务就是要对基督教以及浸透了基督教信仰的国家进行彻底的批判，摆脱基督教的精神压迫，获得人类的精神解放。

在上文分析鲍威尔关于罗马帝国时代的苦恼意识的时候，我们已经注意到他不断使用"异化"这个概念。"异化"和"宗教异化"是鲍威尔宗教哲学中一个非常重要的思想，也是他在这一领域内的一大学术贡献。

鲍威尔的宗教哲学认为，宗教本质上是意识的一种分裂，自我意识把自己变成一个对象，一个想象的独立存在，一个与意识相对立的独立力量，甚至觉得自己在那个独立力量面前微不足道而对之崇拜，这就是宗教意识。宗教意识是自我意识分裂的结果，是人把人自己的属性剥夺掉，然后把它们放到天国里去的结果。他明确指出，人所崇拜的神或上帝，是他们自己幻想的、膨胀的、歪曲的反映；上帝是人创造出来的，然而是一个非人性的神。走到这一步，就达到了青年黑格尔派宗教批判运动的根本结论：宗教是人性的自我异化，神是人的创造。鲍威尔为此提出了"自我异化"（德文 Selbstentfrem‐dung；英文 Self‐alienation）这个概念，并在青年黑格尔派中立即流行开来，至今仍成为许多学者进行宗教分析和社会分析时一种常用的理论范畴。

鲍威尔还从"宗教异化"的宗教哲学出发提出和建立了他关于人类历史两阶段论的历史哲学。他明确地把历史分为两个时期。第一个时期是"史前期"；第二个则是"真正的人的历史时期"。从古代到鲍威尔时代为第一个时期，这是人类处于异化状态的时期。在此阶段，人在精神上和政治上都受到压制人的制度的压迫和奴役，其代表就是宗教和政治上的暴政统治（法国大革命和那些与宗教和暴政对立，或孕育新时代的社会状态不包括在内）。鲍威尔把这个历史阶段称之为"准备史"的阶段。在这漫长的历史阶段内，通过逐渐的积聚，为形成以鲍威尔为代表、为他所开创的第二个历史阶段创造了条件。当然，为了达到这个历史阶段需要进行启蒙运动和批判，使之达到尽善尽美的程度。这要经过许多年的奋斗。鲍威尔认为黑格尔哲学的出发点是革命，它反对一切现存的制度，反对现存的宗教、国家和法，他把自己看成是黑格尔哲学的合法继承人。他自认为他已为世界带来了拯救的启示。他在其《西奥多·克利福思的基督教引论》中写道：

> 历史本身能奋斗吗？自私、弱点、恐惧、屈从精神可以为所欲为，它们还在抗争，如果人们采取适当的措施，它们甚至会进行压制；但这时受自我意识指导并把自己看做是普遍力量的人类又有什么关系呢？人类已进入一个新的时代，在认识到它的一切力量都是它本身的创造之后，人类已第一次了解了自己。现在人类正向新的方向发

展，而这一切只有人类自己才可以控制。①

鲍威尔指出，消除受基督教控制和奴役的国家制度，将有利于自我意识的自由发展，从而有利于批判、科学和哲学，而这种批判、科学和哲学的代言人，就是鲍威尔本人。他本人正在为人类的幸福、为自由战胜奴役、真理战胜荒谬而斗争。他的哲学的目的就是反对人的"异化"，反对造成这种"异化"的所有条件。他进行的这场反对宗教异化的斗争是这场斗争的最后阶段。他高声呼喊："我们必须同人类的最后敌人作斗争。"②鲍威尔的宗教异化历史观有一个中心思想：基督教的原则已发展到了顶点，因此，现在可以取消它以解放人类。基督教的教义已经使人类遭受了1500年的苦难。人类在当时受其诱惑而不得不遭受这种苦难。但人类也只有在遭受这样的苦难和折磨之后才会采取下一步重大步骤，因为人类在这种奴役制度中受到了教育，从而为争取自由准备了条件。鲍威尔在当时致马克思的一封信中也表达了上述思想：

即将发生的事情是肯定无疑的了，以致不允许人们有片刻的动摇……敌对的势力现在已经剑拔弩张，一场厮杀即将决定胜负……灾难将是可怕的、深重的。我几乎可以说，它比基督教在世界上出现所引起的那一次灾难更大、更猛烈。③

鲍威尔的历史哲学不仅论证了消除基督教的历史必然性，也预测了这场斗争的激烈性和残酷性。他俨然以一种"救世主"自居的笔调把他自己描写为发动和指导这场斗争的统帅，反对基督教和基督教国家的战斗精神跃然纸上。

---

① 兹维·罗森：《布鲁诺·鲍威尔和卡尔·马克思》，王谨等译，中国人民大学出版社1984年版，第128页。
② 布鲁诺·鲍威尔：《自由的正义事业和我们的事业》，参见兹维·罗森《布鲁诺·鲍威尔和卡尔·马克思》，王谨等译，中国人民大学出版社1984年版，第129页。
③ 兹维·罗森：《布鲁诺·鲍威尔和卡尔·马克思》，王谨等译，中国人民大学出版社1984年版，第129—130页。

鲍威尔所反对的"异化",不仅针对宗教异化,也包括社会异化和政治异化。因此,他对基督教的批判必然发展到对基督教国家的批判,从宗教启蒙思想发展到政治上的激进主义。

鲍威尔对普鲁士国家的看法与态度有一个过程。他曾一度把普鲁士视为一个理性的国家,希望它能在哲学和宗教、科学和宗教教条之间的斗争中站在科学和批判哲学这一方。1840年,普鲁士国王威廉三世去世,青年黑格尔派和自由派人士寄希望于继位的威廉四世。但是这种不切实际的希望很快就变为失望。新国王比他的父亲更保守、更反动。他即位不久就对一切形式的自由主义进行压制和打击,青年黑格尔派则成了第一批牺牲者。鲍威尔从大学讲台上被赶了下来,并被逐出柏林。青年黑格尔派关于普鲁士是理性国家的信念动摇了,开始认识到国家与宗教在维护旧制度上的结盟是一种普遍的现象,宗教的批判必须发展为政治的批判。鲍威尔在被免职的一个月后,写出了《对黑格尔、无神论者和反基督教者的末日的宣告》。他指出,由于黑格尔哲学把神归结为绝对观念,宗教就失去了一切教条主义性质,必然走向无神论。鲍威尔把"绝对观念"解释为"普遍的自我意识"。黑格尔的神无非就是绝对精神的自我意识,而绝对精神是通过它所异化的现象达到对自身的认识,即达到自我意识。但鲍威尔不同于黑格尔的是:自我意识在其发展中不会停顿,当精神、自我意识一旦把自己异化为某一固定的实体或形式,这固定的实体和形式就会变成自我意识进一步发展的障碍,自我意识的进一步发展就不得不摧毁它,以便越过它继续前进。这意味着,普遍的自我意识在其发展过程中所展现的一切特定的形式,如宗教、政治、哲学和社会形式,都只有在特定的时间过程中才是合理的。随着时间的过去,历史的前进,它们就会变得不合理,被新的形式所代替。这种变革是通过批判而发生的。只有通过批判,才会消除现存事物中不合理的东西,促使自我意识不断发展。显然,鲍威尔继承并发展了黑格尔辩证法的批判精神,把它变成了消除不合理事物的革命武器:

> 哲学是对现存事物的批判……必须区分现存的东西和应有的东西。只有应有的东西才是真实的和合理的,它应当被重视,应该转而

采取行动，采取实际的反对立场。反对立场应该是严肃的、尖锐的、深入的、无情的，并应以推翻现存事物为目标……所以，哲学应该也在政治方面起作用，如果现存关系同哲学的自我意识有矛盾，就应该直接向现存关系进攻并且动摇它们。①

在这里，鲍威尔从哲学的高度，即从"自我意识"不断发展的辩证法思想的高度，直接发展出关于"应该直接向现存关系进攻并且动摇它们"的激进政治主义。这种哲学思想是很有价值的，值得肯定的。他对当时德国现存政治制度的批判绝不是偶然的。

如果我们进一步研究鲍威尔的全部思想，特别是他的宗教哲学，当会对他在对待宗教与政治国家的关系问题上之所以持激烈否定的态度有更深入的了解。鲍威尔信奉并继承了18世纪法国启蒙无神论对宗教与政治的批判路线。恩格斯在青年黑格尔派时期的一篇作品中，把他和马克思等称之为"雅各宾党"。鲍威尔继承18世纪法国启蒙无神论的观点，也把宗教产生和存在的根源，归结于人缺乏知识，反对科学和愚昧无知。但鲍威尔更进一步认为人们之所以走向宗教崇拜还有社会原因。因为人们还经常对家庭和个人的灾难提心吊胆，对死亡感到恐惧，同时现实社会还给人带来各种苦难……所有这些都迫使人们去相信来世的报应和期待未来有一个较好的命运。在这种情况下，宗教便对其信徒许诺一个幸福的天国，以此来欺骗他们安于悲惨的现实。在这个意义上，鲍威尔早在马克思之前就把宗教比喻为使人"迷惑"并使人处于"麻木不仁状态"的"鸦片"："在对尘世的一切高贵的、美好的东西进行诋毁之后，它［宗教］又以鸦片似的迷惑力描绘出一幅未来世界的图景，它完全不同于现实的世界，因为一切事物都改变了，都变成新的了。"②

纯粹的基督教国家是神话法则占统治地位的国家。当这种法则通过与

---

① 1942年出版的布鲁诺·鲍威尔一个匿名小册子，题为《对黑格尔、无神论者和反基督教者的末日的宣告》（在有关论述中通常把它简称为《末日宣告》或《宣告》），由于小册子被禁止出售，马克思与鲍威尔计划作为续编的对黑格尔著作进行批评性分析研究的文章也无法继续出版。

② 布鲁诺·鲍威尔：《自由的正义事业和我自己的事业》，载兹维·罗森《布鲁诺·鲍威尔和卡尔·马克思》，王谨等译，中国人民大学出版社1984年版，第108页。

鸦片类似的作用使全体人类处于麻木不仁状态时，它就达到真正权力或绝对权力的地步，如果某些人偶尔醒悟的话，那么他们就会犯使尚未成为基督教徒或业已抛弃基督教制度的人感到恐惧的罪行。①

我们在这里应该注意到一个具有重要意义的事实：当鲍威尔对宗教使用"鸦片"这个词来形容的时候，他赋予"鸦片"一词的意义是非常明确的：第一，宗教诋毁了现实世界一切高贵的、美好的东西之后，为人描绘了一幅关于未来世界（宗教的天堂之类）的图案，因而宗教具有"鸦片似的迷惑力"。第二，宗教（特别是基督教）使神学法则在国家中占据了统治地位，"通过与鸦片类似的作用使全体人类处于麻木不仁的状态"，从而使这些神学法则和国家拥有了"绝对权力"，而这种"绝对权力"使人产生恐惧感，把抛弃或违反宗教制度视为一种"罪行"。当鲍威尔写这些话的时候，马克思与他同处于青年黑格尔派宗教批判战线的同一条战壕之中，他的宗教哲学对那时的马克思有深刻的影响。

在近些年的中国宗教学界对马克思所说的"宗教是人民的鸦片"这一论断有各种不同的理解的时候，我们是否应该思考一下马克思与鲍威尔在青年黑格尔派中的关系，把鲍威尔的"鸦片论"作为马克思的"鸦片论"的理论背景呢？

鲍威尔对宗教意识与现存社会关系的结合，特别是基督教与基督教国家制度的结合持严厉的批判态度，并从批判宗教进一步发展为批判宗教所维护的国家制度。在他看来，从总的方向说，宗教意识与客观世界的关系是双重的：一方面，宗教把它的各种特性移植到自身之外，即移植到客观世界，因此，它是分裂的、异化的，创造了一个具有类似特点的世界；另一方面，宗教又是对现存关系的缺点和弊端的孤立的体现和鼓励。它是一切关系和趋势的总的本质，不过这却是一个被歪曲了的本质，是一个脱离了这些关系和趋势的本质。因此，宗教作为一种被歪曲了的本质，它是没有本质的反映，是歪曲的反映。为了摆脱这种歪曲的反映，也为了拯救人类，并给人类带来自由，我们必须像改变已被宗教

---

① 布鲁诺·鲍威尔：《基督教国家和现代生活》，载兹维·罗森《布鲁诺·鲍威尔和卡尔·马克思》，王谨等译，中国人民大学出版社1984年版，第109页。

歪曲了的人的意识那样,来改变这个已被宗教歪曲了的世界。鲍威尔进一步指出,这个世界之所以是歪曲的,是因为世界的许多方面已在宗教的影响下背离了国家理性所应有的合理方式,而把人变成了权力的奴隶,特别是变成了教会和宗教生活的奴隶。人受到警察和反动势力的迫害,出版和写作受到严格的审查,当局不让公民有发表言论的自由以及其他自由。因此,本来具有丰富个性的人,不能按自己的意愿主动行事,更不能决定自己的命运。生活在这种社会和国家的人只能是被动的、悲惨的、可怜的。这种社会意识形态上的特点实质上是宗教造成的。这是因为,一方面宗教捍卫现存的社会政治制度,为它辩护并使其合法化;另一方面,又把它自己的缺陷同非人的世俗社会联系在一起。为了使人得到精神上的解放和自由,必须批判宗教,消除宗教对现存社会政治制度的辩护。但是,鲍威尔也清醒地认识到,他生活于其中的基督教国家是不会容忍这种宗教变革和社会变革的。基督教国家已经调动了一切宗教的镇压手段,并正在继续利用宗教来捍卫它本身的存在。他希望对这种政治现实进行彻底的变革和改变,使国家和个人摆脱基督教的统治而获得自由。一旦宗教失去对国家和社会的统治地位,宗教信仰就变成个人的选择,人也就成了自由的人。

　　鲍威尔这一系列关于宗教(特别是基督教)之本质、特性、作用及其与现存国家和社会制度的关系的理论,是非常深刻、很有学术价值的。即使从我们时代的时代精神来分析,它也具有无可否认的合理价值。他从一般宗教的批判发展到对现存国家的批判,从提倡"改良"到呼吁"革命"的政治主张也是极具革命民主精神,富有理论勇气和政治勇气的。鲍威尔作为青年黑格尔派宗教批判运动的主将,他在历史上的地位和价值是相当重要的,我们应该以历史唯物主义的态度做出实事求是的肯定评价。尤其值得我们注意的,是他对马克思的影响。他与马克思的关系在当时是非常密切的,既是"师生",又是朋友,对青年马克思的宗教观、政治观和世界观的形成有着深刻的影响。当我们现在研读马克思早期讨论宗教问题最有代表性的著作《〈黑格尔法哲学批判〉导言》时,我们不难发现这篇著名的论文从思想到文字都闪烁着鲍威尔"宗教异化论"、"宗教鸦片论"和"歪曲反映论"……的影子,鲍威尔与马克思在宗教哲学上的历史联系，是不容我们视而不见的。在我们对鲍威尔做出历史的肯定评价的时候，也不能不注意到鲍威尔在哲学上和政治上的历史局限性。他的宗教批判的哲学基础是黑格尔唯心主义和辩证法，他把一切宗教视为绝对精神在人的自我意识中的表现，这就限制了他的视野，不能全面深入地理解宗教意识与社会存在的关系。这就使得鲍威尔基本上把人的宗教解放放在首要地位，相信什么只要彻底进行宗教批判，实现人的宗教解放就能实现人的政治解放和社会解放。在政治问题上，他所谓反对现存的社会国家制度，也只是限于实现资产阶级的民主共和国，他反对当时已在德国先进思想界逐渐流行起来的共产主义思潮。鲍威尔的上述这些主张，正是马克思理论思想成熟以后致力克服的东西。马克思很快就越过鲍威尔这座思想之山，从鲍威尔的黑格尔唯心主义哲学（经过费尔巴哈的人本学唯物主义）走向他和恩格斯共同创建的历史唯物主义；从鲍威尔的民主主义发展到走向社会主义和共产主义。在历史的辩论法中，鲍威尔在一定程度上成就了马克思，但最终被马克思主义超越和否定。

三　费尔巴哈的人本主义宗教哲学

在观察马克思、恩格斯创建马克思主义宗教理论的历史背景和理论背景的时候，我们概要地说明了施特劳斯和鲍威尔为代表的青年黑格尔派发动的宗教批判运动对他二人的直接影响。施特劳斯和鲍威尔的宗教批判理论各有自己的成就和贡献，但他们的成就和贡献集中到一点，这就是他们都是从自己的宗教哲学出发证明了一个宗教学上的伟大真理：是"人创造了宗教，而不是宗教创造了人"（马克思语）。这一真理是施特劳斯和鲍威尔留给马、恩，并成为马、恩继续前进，创建马克思主义宗教理论之新起点的重要理论财富。问题在于施特劳斯和鲍威尔心目中那个"创造宗教"的"人"，究竟是一种什么性质的存在？按照施特劳斯的说法，那就是客观存在的人关于"救世主"的观念；鲍威尔的说法不同，认为那是人的主观的"自我意识"。但无论是施氏的客观存在的观念实体，还是鲍氏的主观性的"自我意识"，都不过是黑格尔哲学所谓的"绝对精神"、"绝对理念"的体现，这种"创造宗教"的"人"，终究不是作为自然存在物之一的真正的"人"。这样一来，尽管口头上承认人创造宗教，但实质上仍不过是"绝对精神"本身展现为宗教，而"绝对精神"在黑格尔哲学体系中不过就是"上帝"本身。施特劳斯、鲍威尔的宗教批判运动在绕了一个大圈子之后，岂不又回到"上帝创造宗教"的神学呓语了么？这真是一出辛辣而又辛酸的哲学讽刺剧！显而易见，要把宗教批判进行到底，就得实行一次哲学上的"哥白尼转向"，对黑格尔的唯心主义哲学进行批判，把青年黑格尔派的宗教批判运动的哲学基础从唯心主义转向唯物主义，在此基础上，对"创造宗教"的"人"作真实的唯物主义的了解。开创这一哲学变革的哲学家就是费尔巴哈，他建立了人本主义的唯物论哲学，把19世纪德国的宗教批判运动推向新的阶段。

费尔巴哈从1830年匿名出版《论死与不死》起，就开始了批判基督教的斗争，这部论著的主要内容就是批判基督教关于灵魂不死的信仰。由于此，他立即遭受到宗教势力的指责和迫害，被赶下大学的讲坛。但这种迫害却更加坚定了他的反宗教立场。他终身退隐乡村生活，回到大自然的怀抱，以保持思想的自由，坚持其反宗教的哲学思想和理论著述。在当时条件下，费尔巴哈本来也参加了青年黑格尔派的宗教批判队伍，与布鲁诺·鲍威尔、卡尔·马克思等一起进行共同的斗争，他们三人甚至一度想创办一家公开研究无神论问题的刊物（未果）。随着宗教批判运动的发展，费尔巴哈很快就觉察到黑格尔唯心主义哲学与宗教神学有着内在的联系，要从根本上否定宗教，必须同时否定唯心主义哲学。他承认，近代的思辨唯心主义哲学曾经是人类理性对宗教统治的一种抗辩，是恢复人类理性权威的一种形式，因为它把人类理性神圣化，确立了理性的尊严和价值。但是，由于唯心主义哲学与宗教有其内在的共同性，它不可能真正克服宗教，甚至还会把宗教理性化为神圣的桎梏；而唯心主义哲学则成了宗教神学的理性加工品。用费尔巴哈的话说，宗教是"天上的、想象的唯心主义"，唯心主义哲学则是"地上的、理性的宗教"。黑格尔哲学是近代思辨唯心主义的完成，因此，要否定唯心主义就必须否定黑格尔哲学，费尔巴哈认为："谁不扬弃黑格尔哲学，谁就不扬弃神学。黑格尔关于自然、实在为理念所建立的学说，只是用理性的说法来表达自然为上帝所创造、物质实体的非物质的、亦即抽象的实体所创造的神学学说。"①

在费尔巴哈看来，"黑格尔哲学是神学最后的避难所和最后的理性支柱"②。黑格尔关于思维与存在的同一性的学说，把纯粹的存在概念作为整个体系的出发点。但这种没有任何规定性的"纯存在"在现实中根本不存在，而只是一种纯思维的想象。黑格尔所谓的存在与思维的同一，只不过是思维与其自身的同一。在他那里，思维就是存在；思维是主体，存在是宾词。这种纯思维的存在，不可能"外化"出自然界来。费尔巴哈嘲讽黑格尔这种观念，实质上"等于处女不与男人交媾，仅仅凭借圣灵而生出救世主，等于从水里做出酒，等于用语言呼风唤雨，用语言移动山岳，用语言使瞎子复明"③。费尔巴哈把黑格尔弄颠倒了的存在与思维的关系进行"哥白尼式的转向"，把它再颠倒过来，"思维与存在的关系只是这样的：存在是主体，思维是宾词，思维是从存在来的，然而存在并不来自思维。"④

作为存在的本质，就是自然的本质。自然是与存在没有区别的实体。我们绝不能像黑格尔那样，把脱离了人的"绝对精神"、"绝对理念"作为思维与存在同一性的基础。精神、思维、理性都是人脑的活动，不能脱离了人而独立存在。因此，只能把"人"作为这种基础，作为全部哲学的出发点："思维与存在的统一，只有将人理解为这个统一的基础和主体的时候，才有意义，才有真理。"⑤ 在对"人"的看法上，费尔巴哈则与黑格尔和一切唯心主义完全对立。他指出，人是自然的一部分，依赖于自然界而存在，自然界是人赖以存在的基础。人的思维、精神活动作为身体和大脑的机能，也是自然的产物，不可能独立于物质的身体、独立于自然界而存在，更不能转变为自然界的创造主。

---

① 《费尔巴哈哲学著作选集》上卷，王太庆等译，生活·读书·新知三联书店1959年版，第114页。
② 同上书，第115页。
③ 《费尔巴哈哲学著作选集》下卷，王太庆等译，生活·读书·新知三联书店1959年版，第447页。
④ 同上书，第115页。
⑤ 《费尔巴哈哲学著作选集》上卷，王太庆等译，生活·读书·新知三联书店1959年版，第181页。

人不仅不能脱离自然界，也不能脱离其他的人。人是以"你"为基础的"我"和"你"的物质统一体；人只能是人类的一分子，没有人类也就没有"我"。世界上根本不存在唯心主义哲学所谓的那种超于人类之上的、孤独的、不受任何限制的"自我"或"主体"。费尔巴哈在哲学上断然否定超自然、超人的一切精神性实体的存在，而把自然界和作为自然界之一部分的"人"作为哲学的基础和出发点。他把自己的新哲学叫作人本主义，这种性质的人本主义无疑是一种纯粹的唯物主义。

费尔巴哈一再宣称：他毕生只追求一个目的，把一切活动都集中在这个目的上面，这就是宗教批判。他之所以否定黑格尔的思辨唯心主义，他之所以建立自己的新哲学——人本学唯物主义，也是为了服务于宗教批判这个唯一的目的。当他的人本主义哲学否定了一个脱离了自然和人而独立存在的精神实体之后，他也就超出施特劳斯和鲍威尔的局限性，从崭新的角度和立场重新审视德国青年黑格尔派发动的宗教批判运动。施特劳斯和鲍威尔通过宗教批判已经得出了宗教哲学上的一条伟大真理：是人创造了神和宗教，而不是神和宗教创造了人。可问题在于笔者在上文所分析的那样，无论是施特劳斯，还是鲍威尔，他们所说的"人"，本质上并非作为自然存在物的"真正的人"，而是黑格尔哲学所谓"绝对精神"的体现者。可在黑格尔哲学中，这个"绝对精神"就是"上帝"。这样一来，青年黑格尔派在黑格尔唯心主义哲学基础上进行的宗教批判运动必然在理论上不彻底，重新回到了神学，为宗教留下了新的基础。费尔巴哈否定并抛弃了这种哲学唯心主义，把"人"从抽象的、非感性的精神世界中迎接回来，还原为世俗的、感性的、有血有肉的、自然的人。于是，创造神和宗教的"人"，不再是虚无缥缈、不可捉摸的"精神"或普遍性的"自我意识"，而是你、我、他这样的活生生的自然人；而施特劳斯的"观念"、"实体"，鲍威尔的"自我意识"，则变成了这个活生生的自然人的一种思维活动。青年黑格尔派那种用头站在地上来进行的宗教批判，被费尔巴哈颠倒了过来。人现在是脚踏实地、头顶蓝天来进行宗教批判了。

既然宗教和神是现实的、自然的人的创造，那么人又为何创造宗教和神呢？费尔巴哈从人本主义哲学的人性出发对此作了细致的分析。他指出，宗教虽是虚无，是荒谬，但宗教从其上帝或神那里给出的规定，却有其人性的内容。[1]

> 宗教是人类精神之梦。但是，即使在梦中，我们也不是处身于虚无或天空之中，而是仍旧在地上，仍旧在现实世界之中。[2]

宗教的本质内容是神或上帝，而神或上帝的本质是人的本质。有无宗教信仰，是人与动物的一个本质区别。动物没有宗教，只有人才有宗教。因此，我们只有在人性中才能找到宗教的本质和根源。人之异于禽兽的本质区别，在于人有"意识"，严格地说，在于人具有将自己的"类"、自己的本质当成对象的那种"意识"。一般动物也有"自我感"，将个体当成对象，但却不能将"类"当成对象。宗教的神是具有无限性的存在，故宗教是对于无限的东西的意识。一般动物的个体意识是不能产生对无限者的意识，即宗教意识的。人具有"类"的意识，它超出了个体的界限，故不是有限的、有止境的，而是具有无限性的。所以，人的这种异于动物的本质就构成了宗教的基础和对象："宗教是，而且只能是人对自己的本质的意识。"[3] 宗教的神或上帝，本质上就是人类所特有的无限性的自我意识的投射和异化。只要我们具体分析宗教对象（神、上帝）的一切属性和规定，当可发现，它们无非就是人自己的属性和规定。人的自我意识的性质和内容如何，它异化出的神或上帝便具有相同的性质和内容：

> 人之对象，不外就是他的成为对象的本质。人怎样思维、怎样主张，他的上帝也就怎样思维和主张；人有多大价值，他的上帝也有这

---

[1] 费尔巴哈：《基督教的本质·1843年第二版序言》，载《费尔巴哈哲学著作选集》下卷，王太庆等译，生活·读书·新知三联书店1959年版，第17页。
[2] 同上书，第17—18页。
[3] 《费尔巴哈哲学著作选集》下卷，王太庆等译，生活·读书·新知三联书店1959年版，第27页。

么大的价值，绝不会再多一些。上帝之意识，就是人之自我意识；上帝之认识，就是人之自我认识。你可以从人的上帝认识人，反过来，也可以从人认识人的上帝；两者都是一样的。人认为上帝的，其实就是他自己的精神、灵魂，而人的精神、灵魂、心，其实就是他的上帝；上帝是人之公开的内心，是人之坦白的自我；宗教是人的隐秘的宝藏的庄严揭幕，是人最内在的思想的自由，是对自己的爱情秘密的公开供认。①

人的自我意识的本质内容，无非有三个方面：理性（思维、认识）、意志（愿望）、心（爱）。真正的存在者，是思维着的、爱着的、愿望着的存在者。因此，由自我意识异化出来的神或上帝，其全部属性和规定，也无非上述三方面的内容。你相信爱是上帝的属性，那是因为你自己也在爱；你相信上帝是一个智慧的、仁慈的存在者，那是因为就你自己来说，再也不知道有什么比仁慈和智慧更好的了；你相信上帝实存着，相信它是主体或本质，那是因为你自己生存着，你自己是本质；你把爱、善良和智慧看作是人的最高的善美，因此，你也把上帝看作一个智慧的、福乐的、仁慈的存在者。神的性质即是人的性质，神的本质即是人的本质。只不过人把自己的性质和本质异化为神的性质和本质时，突破了个体的、属肉体的人的局限，把它理想化，超出有限个体的限制，对象化为一个不同于有限个体的独自的本质，并对之崇拜：

> 宗教——至少是基督教，就是人对自身的关系，或者，说得更确切一些，就是人对自己的本质的关系，不过他是把自己的本质当做一个另外的本质来对待的。属神的本质不是别的，正就是属人的本质，或者，说得更好一些，正就是人的本质。而这个本质，突破了个体的、现实的，属肉体的人的局限，被对象化为一个另外的、不同于它的、独自的本质，并作为这样的本质而受到仰望和敬拜。因而，属神

---

① 《费尔巴哈哲学著作选集》下卷，王太庆等译，生活·读书·新知三联书店1959年版，第38页。

的本质之一切规定,都是属人的本质之规定。①

这就是说,宗教的神或上帝无非是人把自己的本质理想化后自我异化或对象化为一个异己的对象而对之表示信仰和予以崇拜。所以,宗教是一种人与自己本质的分裂,是人的自我异化。通过这一系列宗教哲学的分析,费尔巴哈得出了与施特劳斯和鲍威尔一样的结论,宗教和神实质上是人的自我异化,不是宗教和神创造了人,而是人按照自己的"人性"(理想、需要、愿望)创造了宗教和神。所不同者,施特劳斯和鲍威尔笔下那个创造宗教和神的"人"不过是黑格尔哲学中的"绝对精神"的体现,而费尔巴哈人本主义哲学所理解的那个创造宗教和神的"人",则是现实生活中有血有肉的、感性的、自然的、真实的人。费尔巴哈把德国宗教批判运动所达到最高成果从其唯心主义哲学基础转换到人本学唯物主义哲学基础之上。应该承认,这是宗教学说和哲学上一次具有里程碑意义的进步,产生了深刻的影响;而对马克思、恩格斯的影响就尤为重要。费尔巴哈的人本主义唯物论构成了马克思、恩格斯从黑格尔主义演变为马克思主义的桥梁。恩格斯明确地承认,费尔巴哈宗教哲学的代表作《基督教的本质》一书对他本人和马克思的思想发展起了"解放作用":

> 这时,费尔巴哈的《基督教的本质》出版了。它一下子就消除了这个矛盾(这里指的是德国宗教批判斗争对于唯物主义自然观的需要与黑格尔唯心主义哲学体系的矛盾——引者注),它直截了当地使唯物主义重新登上王座。自然界是不依赖于任何哲学而存在的;它是我们人类即自然界的产物本身赖以生长的基础;在自然界和人以外不存在任何东西,我们的宗教幻想所创造出来的最高存在物只是我们所固有的本质的虚幻反映。魔法被解除了;"体系"被炸开了,而且被抛在一旁,矛盾既然仅仅是存在于想象之中,也就解决了。——这部书的解放作用,只有亲身体验过的人才能想象得到。那时大家都很兴

---

① 《费尔巴哈哲学著作选集》下卷,王太庆等译,生活·读书·新知三联书店 1959 年版,第 39 页

奋：我们一时都成为费尔巴哈派了。马克思曾经怎样热烈地欢迎这种新观点，而这种新观点又是如何强烈地影响了他（尽管还有批判性的保留意见），这可以从《神圣家族》中看出来。①

马克思在1849年1月所写的一篇文章《路德是施特劳斯和费尔巴哈的仲裁人》中，也曾高度地赞扬费尔巴哈的历史贡献，认为"只有通过费尔巴哈才能走向真理和自由"：

> 我劝你们，思辨神学家和哲学家们，假如你们愿意明白事物存在的真相，即明白真理，你们就应该从先前的思辨哲学的概念和偏见中解放出来。你们只有通过火流（原书关于"火流"一词的译者注：双关语，德文《Feuerbach》字面的意思是"火流"，而音译是"费尔巴哈"——引者注）才能走向真理和自由，其他的路是没有的。费尔巴哈，这才是我们时代的涤罪所。②

马克思把费尔巴哈人本主义唯物论哲学誉之为"从先前的思辨哲学的概念和偏见中解放出来"，"走向真理和自由"的唯一道路，这个评价是非常高的。事实上，马克思和恩格斯也是通过费尔巴哈才从黑格尔思辨哲学的概念和偏见中解放出来的。当我们研究和探讨马克思主义的宗教理论（甚至马克思主义整个哲学）的历史背景和理论来源的时候，我们有必要牢记恩格斯和马克思二人在上述引文中对费尔巴哈的崇高评价，充分认识费尔巴哈对马克思、恩格斯的影响和作用。当然，我们也注意到，正如恩格斯所说，在"热烈地欢迎"费尔巴哈的"新观点"的时候，也有"批判性的保留意见"。在马克思看来，费尔巴哈的人本主义宗教哲学的基本局限性在于：尽管他把创造宗教和神的"人"作了唯物主义的了解，但他仅只是把人了解为自然存在物的自然人，而没有认识到人除了是依赖于自

---

① 恩格斯：《路德维希·费尔巴哈和德国古典哲学的终结》，载《马克思恩格斯选集》第4卷，人民出版社1972年版，第218页。
② 《马克思恩格斯全集》第1卷，人民出版社1960年版，第33—34页。

然界的自然人之外,还是依赖于"国家、社会"的社会中人。这样的"人"仍然是"抽象的栖息在世界以外的东西","人就是人的世界,就是国家,社会"①。因此,德国宗教批判运动在费尔巴哈用一般唯物主义哲学达到是"人创造了宗教,而不是宗教创造了人"之后,还是很不够的。既然人就是国家和社会,那么,所谓"人创造了宗教"就应该进一步理解为,从根本上说,是国家和社会产生了宗教。宗教本质上是一种"颠倒了的世界观",那是因为产生了它的国家和社会本身就是"颠倒了的世界"。因此,施特劳斯、鲍威尔和费尔巴哈所进行的宗教批判尽管有其巨大的历史功勋,但这绝不是批判的终点。对天国的批判应该变成为对尘世的批判,对宗教的批判应该变成为对法的批判,对神学的批判应该变成为对政治的批判。这就是说,对宗教的哲学批判应该进一步发展为社会政治革命。正是在这里,一方面表现了马克思、恩格斯的宗教理论与青年黑格尔派和费尔巴哈人本主义的历史继承性,另一方面也体现出了它与后者的区别。马克思、恩格斯通过青年黑格尔派和费尔巴哈的宗教哲学逐渐确立起了历史唯物主义宗教理论,从哲学上将"颠倒世界观"的批判发展为推翻"颠倒的世界"的社会政治革命,最后发展为关于共产主义革命的马克思主义思想体系。

---

① 马克思:《〈黑格尔法哲学批判〉导言》,载《马克思恩格斯选集》第 1 卷,人民出版社 1972 年版,第 1 页。

第二部分

西方近现代哲学、宗教学研究

洛克物性理论研究

前　言

约翰·洛克（1632—1704）在欧洲哲学史上是一位非常重要的哲学家，恩格斯把他誉之为英国哲学的"巨匠"。[①] 他集历史上的经验主义认识论之大成，第一个对知识起源于经验的原理做了系统的论证，他是17世纪唯物主义经验派哲学的主要代表。

洛克的经验主义认识论是以他的唯物主义自然观和世界观为理论基础的。洛克的唯物主义自然观集中体现为他关于物性的理论，即第一性质和第二性质的学说。这个学说，在洛克的整个哲学体系中占有十分重要的地位。

在哲学和科学的历史上，关于物性的理论，也就是关于自然界各种物体的外部属性及其内在本质的研究，一直是一个非常重要的问题。古代罗马的唯物主义哲学家卢克莱修就把他总结和综合原子唯物主义世界观的伟大著作叫作"物性论"。事实上，从德谟克里特、伊壁鸠鲁到卢克莱修的原子唯物主义世界观的中心内容，就是一整套关于自然物体的性质及其内在根据的物性理论。这并不是古代原子唯物主义所特有的情况。在马克思哲学以前，从古代希腊罗马的素朴唯物主义到近代的机械唯物主义，他们说明自然界的理论，他们的自然观，实质上正是企图对自然界的各种物体的物质特性做出统一说明的"物性论"。不同的物性理论代表了各派哲学的自然观和世界观。

[①] 恩格斯在《英国状况·英国宪法》中写道："在哲学方面，英国至少能举出两位巨匠——培根和洛克"（《马克思恩格斯全集》第1卷，人民出版社1960年版，第679页）。

对物性的研究，更是自然科学所要研究的中心所在。自从自然科学诞生以来，它的主要任务，实际上就是研究自然界中各种物体的性能（机械的、物理的、化学的、生物的等等）的特殊性，探索这一切特性的内在的本质和根据。这种情况，对于自然科学来说，并没有变成历史上的陈迹，现代自然科学的任务，似乎仍是如此。

关于物性的理论和研究，把唯物主义哲学和自然科学紧紧地联结在一起。在古代，自然科学和唯物主义哲学的物性理论融为一体、分不开家。近代以来，自然科学逐渐从哲学中分化出来，独立发展为各门具体科学。科学史的事实告诉我们，17世纪以来的各门具体科学的长足发展之所以可能，除了社会的、经济上的原因以外，也与唯物主义哲学的自然观或世界观的指导是分不开的，17世纪的机械唯物主义关于物性的理论，为各门具体科学的研究活动提供了认识论和方法论的原则和基础，对近代自然科学的大发展做出了自己的贡献。当然，我们也应当看到，古代原子唯物主义和近代机械唯物主义的以物性理论为代表的自然观也有它的局限性，随着自然科学的进一步发展，这种局限性也越来越明显，我们的哲学和哲学史的研究，应该重视这个问题，对哲学史上的物性理论做一番深入具体的研究，总结它们的经验教训，作为发展我们的哲学研究的历史借鉴。

在西方哲学史上，唯物主义哲学家所提出的物性理论中，以约翰·洛克关于第一性质和第二性质的学说最有代表性，对以后的哲学和自然科学的发展所起的作用和影响也最大。洛克关于第一性质和第二性质的物性理论，继承和发展了古代原子唯物主义的哲学路线，总结了17世纪以伽利略、波义耳、牛顿为代表的自然科学和以笛卡尔、伽桑狄、霍布斯为代表的机械唯物主义哲学有关物性问题的学说，集中体现了从古代希腊的素朴唯物主义到17世纪机械唯物主义的自然观和世界观。深入研究和正确评价洛克的这一学说，在哲学和哲学史方面都具有重要的意义。

我国学术界对洛克的第一性质与第二性质的学说，一向比较注意。评论得最多，但误解也最大。洛克的物性理论，在我们的有关论著中，几乎从来没有享受到较好的待遇，得到应有的评价。我们的评论家们差不多异口同声地把这一学说说成是与辩证法针锋相对的"形而上学"，而且特别把洛克关于第二性质的论述挑出来，视为"主观唯心论"和"符号论"

的样板，打成贝克莱哲学的理论源泉，给予了严厉的批判。"文化大革命"前，笔者曾就此问题发表过一些不同的意见，并与一些同志进行过一些讨论，以后，由于"文化大革命"运动，讨论没有继续进行下去。"文化大革命"期间和以后，直到最近，我国出版和发行的有关西方哲学史的专著、哲学辞典以及大学编写的哲学和哲学史的讲义，凡是谈到洛克的两种性质学说，几乎都是采取批判和否定的态度。看起来，这种评价，似乎已经被视为"正统"和"定论"而被普遍承认。尽管事已如此，但是我仍要说，这种普遍承认的"正统"和"定论"的可靠性，是大可怀疑的。

"文化大革命"前围绕这个问题的初步讨论所涉及的问题，远远超出了对洛克这一学说进行评价的范围，而是牵涉到哲学和哲学史的一系列带根本性的重大问题。我认为，如果不能正确理解这些问题，要想写好西方哲学史是有困难的，甚至要想对辩证唯物主义哲学的世界观和认识论的一些根本原理有正确的理解，也是有困难的。正是因为那些现今仍被视为"定论"的观点，于理于事都并不正确，已经使我们的哲学和哲学史在若干重大问题上偏离了真理的要求，受到了相当的危害。这不是危言耸听。正如我在前面提到的那样，洛克的物性理论是对古代素朴唯物主义的继承和发展，是17世纪机械唯物主义自然观的集中体现，而且在洛克之后，又为后来的唯物主义所继承，因此，它实际上是整个唯物主义哲学传统一以贯之的路线（关于这个论点，本文将要进行具体的讨论）。如果我这个说法确实符合于西方哲学史的本来面貌的话，那么，对这个学说的评价，就不单纯是洛克一个人的问题，而是对整个唯物主义自然观进行评价的大问题。那些"定论"所强加给洛克头上的罪状和帽子，同样也可以戴在其他唯物主义大师的头上。对于西方哲学史这门科学说来，应该承认，这不是一件无足轻重的小事。

围绕评价洛克的两种性质学说的争论，涉及辩证唯物主义的世界观和认识论的基本原理，意义更为重要。这是因为，在洛克看来，物体的第二性质与它们在人的感官中产生的色、声、味之类的观念完全不相似，色、声、味等是我们心中的感觉，而不是物中的客观属性。对这一学说的评价，就直接涉及如何理解世界的本来面貌、如何理解反映论、如何区别辩证唯物主义与主观唯心主义和不可知论等一系列重大哲学问题。事实上，这些问题，在"文化大革命"前的讨论中，已经提了出来，成了争论的重点。这些都是事关哲学基本问题的大是大非问题。为了正确理解辩证唯物主义的世界观和认识论，我们必须通过正常的学术时论把这个问题搞清楚。

基于上述认识，笔者打算对洛克的物性理论做一番考察。我们的考察将不限于对洛克做出历史的叙述和评价，而主要是想就"文化大革命"前的讨论中所涉及的有关哲学和哲学史的一系列重大理论问题，发表一些个人的见解。由于所要考察的问题，意义非常重要，范围非常广泛，性质非常复杂，我的个人见解当然难免会犯错误。我是本着"追求真理、修正错误"的精神，发表我的意见的。真理愈辩愈明。即使我的意见完全错了，但如果能引起学术界的注意和兴趣，大家一起来清除错误的意见，达到真理的认识，把我们的哲学和哲学史的研究推进几步，这就达到了我从事这番探索的真正目的。

一 从古代希腊的素朴唯物主义到洛克的两种性质学说

在评述洛克的第一性质与第二性质学说之前，笔者打算对这个学说的历史渊源做一番比较具体的探索。要想对某种理论或某种学说做出正确的评价，首先必须对这种理论或学说的本来面貌有一个正确的了解。为了达到这个目的，对其来龙去脉进行一番历史的考察常常是非常必要的。如果评论者对所评对象的历史做了错误的了解，那么，这种历史的考察就尤其必要了。

我国哲学史界对洛克第一性质与第二性质学说的评价，就出现了这种"尤其必要"的情况。有些同志把洛克这一学说斥为形而上学的世界观。为了证明自己的论点，他们诉诸于思想发展的历史辩证法。他们说，古代希腊罗马时期的唯物主义哲学，是一种自发的辩证法和素朴的唯物论，由于它的自发性和素朴性，必然要在发展中走向自己的反面，被形而上学世界观所否定和代替。17—18世纪的机械唯物主义哲学就是作为"否定"古代的自发辩证法的对立面而产生的，因而它必然是一种形而上学的世界观。洛克的两种性质学说实质上是17世纪机械唯物主义世界观的概括和综合，所以，它就是形而上学世界观的集中体现。

提出这种论点的同志还把自己的论点与恩格斯联系起来，似乎这种说法直接导源于恩格斯的有关论断。尽管这个说法不无根据，但是，恩格斯并没有把近代的机械唯物主义和形而上学唯物主义等同起来，也没有把它当成辩证法的对立面。恩格斯在《社会主义从空想到科学的发展》一书中，确曾对古希腊素朴唯物主义和近代唯物主义在思维方法上的特点及其差异，做过对比性的研究。他的结论是：古希腊哲学一般从世界的总的画面去把握事物，而近代唯物主义则"把自然界分解为各个部分"；古希腊哲学认为一切事物都处在运动变化、产生和消灭之中，而近代唯物主义则把事物看成是静止的、永恒不变的东西。在《路德维希·费尔巴哈与德国古典哲学的终结》一书中，恩格斯又一次指出，近代机械唯物主义有两大缺陷：第一是机械性，即"仅仅运用力学的尺度来衡量化学过程和有机过程"；第二是非历史观点，即"它不能把世界理解为一种过程，理解为一种处在不断的历史发展中的物质"。[①] 从这些论断可以看到，恩格斯认为近代机械唯物主义世界观中存在着形而上学的缺陷。

恩格斯的上述著作中还有这样一些论断：

> 而近代哲学虽然也有辩证法的卓越代表（例如笛卡儿和斯宾诺莎），却日益陷入（特别是由于英国的影响）所谓形而上学的思维方式；十八世纪的法国人也几乎全都为这种思维方式所支配，至少在他们的专门哲学的著作中是如此。[②]

> 了解了以往的德国唯心主义的完全荒谬，这就必然导致唯物主义，但是要注意，并不是导致十八世纪的纯形而上学的、完全机械的唯物主义。[③]

单从这些论断看，似乎在恩格斯的心目中，近代唯物主义哲学几乎

[①] 《马克思恩格斯选集》第4卷，人民出版社1972年版，第224页。
[②] 恩格斯：《社会主义从空想到科学的发展》，《马克思恩格斯选集》第3卷，人民出版社1972年版，第417页。
[③] 同上书，第422页。

全部为形而上学思维方式所支配，是一种"纯形而上学的、完全机械的唯物主义"。如果我们把恩格斯的这些论断作绝对化的理解，那我们确实只好把近代唯物主义哲学当成"完全荒谬"的"纯形而上学"的东西，一棍子打死。但是，绝对化的做法本身就是一种形而上学思维方式。拘泥于恩格斯著作中的个别字句，而不顾及恩格斯的全部论述及其基本精神，那不能算是忠于恩格斯著作的思想实质。总的看来，恩格斯对近代唯物主义哲学体系中所包含的形而上学思维方式的分量，估计得是很重的，但他并没有就此而彻底否定整个近代唯物主义，更没有把它说成是不具有任何辩证法的合理内容的形而上学。在具体说明近代唯物主义的许多具体问题的时候，恩格斯常常进行一分为二的辩证分析，对近代唯物主义世界观中所包含的辩证法因素，多方面予以肯定。他承认，"近代哲学……也有辩证法的卓越代表（例如笛卡儿和斯宾诺莎）"，并把狄德罗的《拉摩的侄子》和卢梭的《论人间不平等的起源》誉为"辩证法的杰作"①。甚至在比较古代素朴辩证法与近代哲学的形而上学的时候，恩格斯还通过全面的历史分析，指出前者的缺陷和后者的合理之处："这种观点（指古代的素朴辩证法——笔者注）虽然正确地把握了现象的总画面的一般性质，却不足以说明构成这幅总画面的各个细节；而我们要是不知道这些细节，就看不清总画面。"② 而近代机械唯物主义哲学"把自然界分解为各个部分，把自然界的各种过程和事物分成一定的门类，对有机体的内部按其多种多样的解剖形态进行研究，这是最近四百年来在认识自然界方面获得巨大进展的基本条件。"③ 在恩格斯看来，古今哲学中两种思维方式各有短长，他并未对其中一方来一个绝对化的一切肯定，也未对另一方来一个绝对化的一切否定。当然，对于古代哲学之所"短"，恩格斯并没有扣上"形而上学"的帽子；对于近代哲学分析方法之所"长"，恩格斯也没有贴上"辩证法"的标签，但无论如何，我们总不能说古代哲学所"短"之处，仍是某种辩证法，近

---

① 恩格斯：《社会主义从空想到科学的发展》，《马克思恩格斯选集》第3卷，人民出版社1972年版，第417页。
② 同上。
③ 同上书，第418页。

代哲学所"长"之点，也仍是某种形而上学吧！这是一个明显的事例，说明我们不能把古代希腊的唯物主义和近代的机械唯物主义作为辩证法和形而上学世界观的代表者而绝对地对立起来，更没有充分的根据把这种绝对化的观点强加在恩格斯的头上。

至于具体说到洛克关于第一性质和第二性质的学说，那就更不能把它说成是形而上学世界观。洛克的这一学说，确实可以称之为17世纪机械唯物主义世界观的集中体现。但是，恩格斯对机械论的世界观从来没有予以全盘否定，实际情况倒是相反，他对其中所包含的量变引起质变的辩证法思想作了充分的肯定。恩格斯的这个评价完全适用于洛克的两种性质学说。这个问题说来话长，在以下的篇幅中我们将作具体论证，此处不赘。我们在这里想要着重说明的问题是，把以洛克的两种性质学说为代表的近代机械唯物主义世界观，说成是作为古代素朴唯物主义的对立面、作为它的"否定"而出现于世的形而上学，这种观点是不正确的：尽管这种观点具有诱人的"历史辩证法"的表面价值，但它却完全不符合于历史发展的本来面目。欧洲哲学发展史的事实告诉我们，以洛克两种性质学说为代表的近代机械唯物主义世界观，不仅不是对古代希腊唯物主义路线的"否定"，而且恰恰是对它的直接继承和历史发展。把洛克的两种性质学说所代表的近代机械唯物主义与古代的自发辩证法和素朴唯物论作为两种对立的世界观（形而上学与辩证法）而对立起来，完全是对哲学史的本来面貌的误解和歪曲。为了实事求是地澄清这种误解，纠正这种歪曲，从而正确评价洛克的物性理论以及机械唯物主义哲学，我们现在就来追溯从古代希腊唯物主义哲学到洛克的两种性质学说的历史发展过程。历史本身既是真实的见证人，也是公正的裁判官，只有诉诸历史的判决，不同意见的是非曲直才有可能得到一个可靠的结论。

哲学，作为世界观，它一开始就是企图把千变万化的自然现象还原为某种统一的本原。唯物主义哲学路线的本质特征就在于把这种统一的本原说成是物质的东西。所以，我们在古代希腊的第一个唯物主义学派——米利都学派那里看到，泰利士把这种统一本原认作为"水"；阿拉克西曼德认作为"无限者"；阿拉克西美尼认作为"气"。"水"与"气"是一种具体的物质，"无限者"是某种尚未分化的物质。在这里，唯物主义哲学家就必须回答一个问题：自然现象千差万别，事物性质丰富多彩，青山绿水、蓝天白云、石头性硬、蜡块性软、气轻土重、火热水凉，万物各如其类，彼此性质不同，那么，从某种单一的本原（特别是从某种具有自己的特殊性质的物质）怎么能派生出性质各不相类的万事万物呢？具体地说，从泰利士的"水"或阿拉克西美尼的"气"中，怎能派生出诸如山水树木、风花雪月之类各有不同性质的事物来呢？这是一个非常复杂的哲学问题。显然不能说在"水"或"气"这种统一的本原中本来就内涵有由它所派生出来的万事万物的一切性质。说本原是"红"的，固然可以说明红色事物的由来，但却很难解释其他颜色事物（绿色的、黄色的等等）的原因；说本原是"香"的，固然可以说明香花之所以香的原因，但却不能解释大粪何以发臭的理由；如果说本原兼容并蓄一切的质，那么，它所派生的万物为什么却不是兼具一切性质，而是只具有某些特殊的性质呢？更何况，如果本原具有一切性质，那么，此种本原本身就既不能是"水"，也不能是"气"，因为"水"或"气"都只是具有一定的质，而不是具有一切的质。所以，为了说明具有不同性质的万事万物的由来，就假定本原本来具有这些性质的办法是行不通的。换句话说，唯物主义哲学世界观不能走"以质来说明质"的道路。因此，古代希腊的唯物主义哲学家便自觉或不自觉地采取了"以量来说明质"的说明方式，通过统一本原结合为物时的数量上的不同来说明派生物在性质上的差异。泰利士的情况，由于资料不足，我们现在暂时存疑，置而不议，但在阿拉克西曼德那里我们已经可以看到这种做法的苗头。他为了说明从"无限者"这种没有规定性、没有分化的物质混沌中如何派生出具有各种不同规定性的万事万物，便提出了这样一个说法："无限者"中包含有冷和热、干和湿这样一些对立的力量；在"无限者"的漩涡运动中，冷而湿的东西就凝结起来形成地，热而干的东西就扩散开来，散布于大地的四周，形成日月星辰等等天体，从而构成五光十色的宇宙。这就是说，"无限者"之所以派生出各种不同性质、不同种类的事物，其原因在于冷热干湿的不同作用。冷而湿的"无限者"就凝结为一物，热而干的"无限者"就扩散为另一物。这里所谓凝结或扩散，实际上即是"无限者"的不同的数量组合。凝集者量多，扩散者量少，故其结合为物时便具有不同的性质。阿拉克西曼德此种办法事实上已经用"无限者"的量的不同来说明派生物在性质上的差异，包含了"以量来说明质"的思想萌芽。阿拉克西美尼继承和发展了这个思想。他明确地提出了"稀"和"浓"的概念和"基质（气）借稀薄和浓厚而形成不同的实体"的原则。据辛普里丘《物理学》载，阿拉克西美尼认为：

> 基质借稀薄和浓厚而形成不同的实体。当它很稀薄的时候，便形成火；当它浓厚的时候，则形成风，然后形成云，而当它更浓厚的时候，便形成水、土和石头；别的都是从这些东西产生出来的。[①]

所谓"浓厚"，意即同体积的物体中含"气"量多；所谓"稀薄"，意即同体积的物体中含"气"量少。数量多少的不同，决定了石、土、木、火以及其他事物在性质上的差异。比之于阿拉克西曼德，阿拉克西美尼用更明确的语言，表达了"以量来说明质"的思想原则。

米利都学派以后，其他的唯物主义哲学学派对于何者是本原这个问题各有不同的看法，但对于统一本原何以能产生不同性质的具体事物和千变万化的自然现象问题，他们采取的说明方式却大致相同。他们差不多都在不同程度上继承和发展米利都学派所包含的"以量来说明质"的思想原则，即用本原由于冷和热、干和湿、浓化和稀化等等作用而形成的不同的数量结合，来解释派生物在性质上的差异。以赫拉克利特为例。他认为火是世界万物的本原，这一点表现了他与米利都学派的差别，但在具体说明本原转化为万物的过程问题上却大有相似之处。据《第欧根尼·拉尔修》载，火转化为万物的过程和作用是这样的：

> 他的学说的个别方面是这样的：火是元素，一切都由火的转化而形成，或者是由于火的稀薄化形成，或者是由火的浓厚化形成。……上升的运动和下降的运动以下列方式产生了世界：火浓厚起来变成液

[①] 《古希腊罗马哲学》，商务印书馆1961年版，第11—12页。

体，水浓厚起来变成土，这就是下降的运动。反过来，另一方面，土融解变成水，从水形成其余的一切，因为他认为几乎一切都是由海的蒸汽而产生的。这就是上升的运动。①

万物是借着浓厚化和稀薄化而从火产生，又重新分解而为火，因此这个实体乃是唯一的基质。②

米利都学派和赫拉克利特的这种"以量来说明质"的说明方式，甚至在爱利亚学派那里也可见到。克塞诺芬尼用太阳的热对水或汽的作用使之产生量的变化来解释世界的形成和气象的变化③；巴门尼德认为万物是由于火和土这两种元素在热和冷两种作用下形成的④；芝诺也有此类似的说法⑤。阿拉克萨戈拉的自然哲学似乎有所不同。他认为各种性质的万物是由同类性质的种子造成的，而不单是由于统一本原组合为物时的数量差异。但他在说明种子如何产生其派生物时，仍然使用干与湿、稀化与浓化等范畴。此外，他还提出了种子的结合与分离是万物变化生灭的原因这一"量变引起质变"的原则：

浓的和慢的、冷的、暗的结合到现在是地的地方，稀的和热的、干的则结合到以太的高空。⑥

地由这些分离物中凝聚。因为从云中分出水，从水中分出土，在冷的影响下从土中凝结出石头。石头比水分出得更远。⑦

希腊人在说到产生和消灭时，是用词不当的。因为没有一件东西

---

① 《古希腊罗马哲学》，第15—16页。
② 同上书，第17页。
③ "他宣称事物从各种元素而来，各个世界都是无限的和变化的云的形成，是在太阳所造成的蒸汽上升到周围的空气中的时候。"（同上书，第41—42页）
④ "太阳的热是产生一切气象的主要原因。它吸引海星的湿气；淡水因为分量轻便分开了，然后分解为雾气，形成了云；云积厚了，只要它不散而为风，便下起雨来。"（同上书，第44页）
⑤ "他的学说是这样的：有许多世界。虚空是不存在的。万物的本性是由热和冷、干和湿中产生的，这四种元素互相转化着。人是从土中生的，灵魂是由冷、热、干、湿四种元素的等量部分构成。"（同上书，第57页）
⑥ 《古希腊罗马哲学》，第71页。
⑦ 同上。

产生或消灭，而只是混合或与已经存在的事物分离。因此正确的说法是不说产生而说混合，不说消灭而说分离。①

所谓种子的结合与分离，实质上乃是种子的一种数量上的变化，这说明在阿拉克萨戈拉看来，派生物的生灭变化过程，并不是由于种子发生了性质上的根本改变，而是因为种子的分合在数量上发生变化的结果。这个量变引起质变的原则后来被恩培多克勒、德谟克里特、伊壁鸠鲁继承和发展了。早在艾修斯所著《学述》一书中就已明确地注意到了这个情况，其中有这样一段话：

> 恩培多克勒、阿拉克萨戈拉、德谟克里特、伊壁鸠鲁以及一切用极细微的物体的结合来构成世界的人，都是讲组合与分离的，但是实际上并不讲产生和消灭；因为产生和消灭并不是凭借变化在质上发生的，而是凭借结合在量上发生的。②

这是一段颇有价值的文献，它说明艾修斯在那样古远的年代就已认识到，这种用统一本原在组合为物时的数量关系来说明一切自然现象的产生和变化过程，是古代希腊唯物主义哲学的共同原则和一以贯之的传统主张。

古代希腊早期的唯物主义哲学家差不多都是把某一种特殊的物质，作为整个世界的统一本原。但是，既然本原和派生物都是其一类特殊事物，那就很难找到一种说明这些特殊事物为什么被区别为本原和派生物的充足理由。如果水或气可以作为万物之本，那么，火、土之类又何尝不可以作为世界之源呢？正是这个缘故，我们看到，在古希腊米利都学派以后的唯物主义哲学家中，有些人认为"火"或"土"，有些人则认为气、水、火、土等四元素构成全部世界的物质基原，彼此各持一说。这些唯物主义哲学流派的差别和争论反映了这样一个事实：即他们谁也

---

① 《古希腊罗马哲学》，第71—72页。
② 同上书，第75—76页。

不可能在这些本身是一种特殊的物质中，找到一种优越于其他特殊物质的东西，因而可以被公认为世界的统一本原，于是就出现了"仁者见山，智者见水"的情况。看来正是由于这种情况，唯物主义哲学在其后的进一步发展就逐渐倾向于抛弃把某一特殊物质作为世界的统一本原的做法，而去着手寻找某种只具有各种物质事物的共通性而不具有各种特殊物体的特殊性的东西。这最明显地体现在德谟克里特为代表的原子唯物论中。

德谟克里特认为构成世界的物质基原是原子和虚空。原子由于是一切物质客体的基原，所以它只具有一切物质客体都必然具有的共通性而不具有只有某种特殊事物才具有的特质。据德谟克里特说，这就是原子的形状和大小。除此以外，原子不具其他任何性质。原子形体极小，因此永不能为我们的感官直接感知。它不可视，故无颜色；它不可听，故无声音；它不可触摸，故无冷热硬软之类的性质，如此等等。但是，原子是坚实而充满的物质微粒，所以不可能不占据空间，不可能没有其一定的形状和体积（大小）。这就是原子唯物主义者所说的原子的最后的、最根本的性质（后来，伊壁鸠鲁、卢克莱修又给原子增加了重量的特性）。形状、体积也是世界上一切物质事物所共同具有的通性。

原子唯物主义者认为，虽然单个原子只有形状、大小或重量的不同，但每一物质事物都是由许多原子组成的。由于这许多形状不同、大小各异的原子在结合为物时，有不同的数量和不同组合形式，这样就会使它们所组成的万物具有各种不同的性质，例如不同的形状、不同的体积、不同的硬软的程度，通过人的感觉表现为不同的颜色、声音和气味……个中情形，正如以不同的字母加上不同形式的组合，从而构成式样繁多、意义不一的文字一样。

关于原子组合为物时派生出来的色、声、味之类的性质，原子唯物主义者把他们认作为并非存在于物体之中的东西，而是由于原子和物体作用于我们感官的产物。艾修斯说：

> 德谟克里特主张在自然中颜色是不存在的，因为元素是没有性质的，只有一些结实的微粒和虚空；由微粒构成的复合物，全靠元素的

次序、形状和位置而获得颜色。①

在这里，复合物的颜色性质虽是派生的东西，但并未明确肯定地说它们不是客观存在于原子所组成的物体之中。可是在另外一些记载，如塞克斯都·恩披里克的《反数学家》中，色、声、味之类就被明确地当作"从俗约定的"主观的东西。据这本文献载，德谟克里特曾在一本名叫《确证》的著作中说：

> 我们实际上丝毫不认识什么确定的东西，而只认识那依照我们身体的结构，和依照那透入身体之中或留在身体之中的东西而变化的东西。②

《反数学家》还记载说：

> 在叫做"规范"的著作中，按照原文，德谟克里特曾这样说："有两种形式的认识：真理性的认识和暗昧的认识。属于后者的是视觉、听觉、嗅觉、味觉和触觉。"③

这里所指的"那依照我们身体的结构""而变化的东西"即指视觉、听觉、嗅觉、味觉和触觉等他称之为"暗昧的认识"。这样一来，色味之类便被看作为"留在身体之中"的感觉了。当然，德谟克里特一点也不否认这些感觉的客观根据。亚里士多德的《论生灭》中曾指出："德谟克里特说颜色并不是本身存在的，物体的颜色是由于［原子］方向的变化。"又："德谟克里特主张黑色相应于粗糙的原子，白色相应于光滑的原子，他也把各种滋味归因于原子。"④ 原子的精或粗，被说成是产生白色或黑色感觉的客观物质依据。

---

① 《古希腊罗马哲学》，第101页。
② 同上书，第106页。
③ 同上。
④ 同上书，第101—102页。

原子又怎样作为滋味感觉的原因呢？卢克莱修的《物性论》有具体的说明：

> 此外，再注意蜜汁或乳液，在口里引起一种愉快的味觉，而令人作呕的苦艾和辛辣的龙胆草，别用它们恶劣的味道叫人嘴唇都歪起来；由此很容易看到：所有一切能够愉快地触动我们的感官的东西，都是由圆滑的原素所构成。而那些显出苦味和辛辣的东西，乃是由更弯曲的原素缠结在一起，因此老是钩呀割呀才进得我们的感官，而当它们进入时就撕切着我们的身体。①

滋味和颜色一样，被说成是由于原子的形状不同作用于味觉器官所产生的不同的感觉，而不是原子和物体本来就有的东西。

综上所述，可见原子唯物主义把形状、大小看作为原子的基本性质，而把物体的其他一切可感性质看作为由于原子形状、大小、组合形式的不同而派生出来的性质。显而易见，这是把事物的质的根据还原为原子的数量关系，体现了"以量来说明质"的原则。原子论者的这种世界观，体现了从自然本身说明自然现象的唯物精神，体现了科学和哲学不满足于感觉的直观而深入于事物的内在本质并企图给以数量说明的科学要求，唯其如此，才使得这条哲学路线成为17世纪以来近代自然科学的认识论和方法论的基础，也成了以洛克等人为代表的机械唯物主义哲学的直接的理论来源。当然，从德谟克里特、伊壁鸠鲁、卢克莱修到洛克并不是像跨门而入那样容易，这中间经历了漫长而又曲折的发展过程。用某些同志的术语来说，古代希腊的素朴唯物主义确曾被"否定"了。不过与这些同志的说法不同，"否定"它的哲学，不是近代的机械唯物主义或洛克的两种性质学说，而是中世纪的基督教哲学。机械唯物主义哲学的产生和发展，也是一种"否定"，但它所否定的对象却不是古代希腊的素朴唯物主义，而是中世纪的基督教哲学。马克思在他的《博士论文》中曾经提到过这个历史否定的真实过程："伽桑第诚然把伊壁鸠鲁从禁书里面拯救出来了，那是教

---

① 卢克莱修：《物性论》，商务印书馆1981年版，第84页。

会神父们和整个中世纪——那体现了非理性的时代把他禁闭起来的"①。中世纪教会神父对伊壁鸠鲁的"禁闭",即是基督教哲学对以原子唯物主义为代表的古代素朴唯物主义的"否定";伽桑狄对伊壁鸠鲁的"拯救",实质上是近代机械唯物主义对古代原子唯物主义的继承和发展。

中世纪基督教哲学—神学体系也有一套说明世界现象的世界观。它在理论上主要是继承柏拉图的理念论,利用亚里士多德的形式质料说。他们预先假定有独立存在的"理念"或"形式",这就是他们所谓的"隐秘的质"、"实体的形式"、"偶然的形式"之类。世界上的一切现象,各种事物的性质,都可以用它们"分有"这种"质"或"形式"而得到最终的说明。桌子之所以是桌子,就在于它分有桌子的"理念"或"形式",鸦片之所以有麻醉的能力,就在于它具有使人麻醉的"隐秘性质"。这种世界观,可以简单地叫作"隐秘性质说"。它的特点就是用事物分有的"隐秘性质"来说明事物的一切外部特性。因此,我们可以把这种说明问题的方式叫作"以质来说明质"。对于中世纪经院哲学这种世界观和思维方法的性质和特点,牛顿的门徒科茨在其为牛顿的《自然哲学的数学原理》一书第二版写的序言中,对之做出了批判性的说明:"有些人把一些特殊而隐蔽的性质归属于不同种类的物体;根据他们的看法,一些特定的物体的现象是按照某种不知其所以然的方式进行的。渊源于亚里士多德和逍遥学派的各种经院学派,它们各种学说的总和,就是以这个原则为其基础。他们断定,物体的各种作用是由这些物体的特殊性质所引起的。但是他们没有告诉我们,物体是从哪里获得这些特性的,所以实际上他们没有告诉我们什么东西。而且由于他们满足于给各种事物以一些名词,但不去深入探究这些事物本身,所以可以说,他们只是发明了一种谈论哲学的方法,但并未使我们懂得什么是真正的哲学。"② 这里所谓"一种谈论哲学的方法",指的就是"以质来说明质"的隐秘性质说。科茨没有使用"以质来说明质"这个术语,但在精神实质上包涵这个意思。他对中世纪经院哲学隐秘性质说的性质和特点的看法,与我们的观点是完全一致的。我们不是

---

① 马克思:《博士论文》序,人民出版社1961年版,第1页。
② 《牛顿自然哲学著作选》,上海人民出版社版,第139—140页。

说中世纪基督教哲学是对古代希腊唯物主义的"否定"吗？究竟是用什么东西来"否定"什么东西呢？看来，这种"否定"是多方面的，其中一种就是用"以质来说明质"来否定"以量来说明质"。这种"以质来说明质"的说明方式，在哲学上完全是一种同语反复的废话和纯粹的繁琐哲学。用这种方式来解释自然现象，除了增加一个更难理解的隐秘性质以外，不可能使我们的认识有任何更进一步的发展。任何人都可以借助于此种同语反复的神学呓语来说明一切自然现象，这就使得学者切断了自己与现实和自然界的联系。整个中世纪时期，科学和哲学之所以长期处于相对停滞状态，与这种世界观的泛滥流行有着密切的关系。因此之故，彻底否定这种世界观，就成了科学和哲学进一步发展的前提和条件。

到了 15 世纪以后，由于西欧资本主义生产的逐渐发展，以及由此而引起的对自然科学的迫切需要，情况开始发生变化。新兴资产阶级要求把科学和哲学从中世纪基督教的神学世界观的束缚下解放出来，各种实验科学随着资本主义生产的发展而逐渐建立并走向兴旺发达。与此相适应，先进的思想家一方面猛烈批判中世纪基督教神学世界观，特别是批判隐秘性质说；另一方面，则着手建立一种能适应于科学的需要，正确认识自然界的新的世界观和方法论。

新时代的先进思想家们在建立新型世界观的时期，都痛切地感到中世纪基督教哲学家们隐秘性质说的危害性，因此，他们差不多都异口同声地对之进行批判。与此同时，他们也认识到古代希腊罗马时期原子唯物主义哲学在科学上的合理性，予以极大的赞扬和推崇；有些人甚至把恢复原子唯物主义世界观作为自己毕生的事业。这就是说，新时代的新型世界观是在批判中世纪基督教哲学和恢复发扬古代原子唯物主义哲学的过程中建立起来的，这是否定中世纪而复归于古代。这种否定和复归的具体内容之一，就是否定"以质来说明质"的隐秘性质说，复归于"以量来说明质"的古代希腊罗马的素朴唯物主义。

当然，这种"复归"，不是简单的重复，而是"否定之否定"。他们把古代原子唯物主义的世界观放在新时代实验科学的基础之上，使之具有更科学的形态，从而把唯物主义哲学推向一个更高级的阶段，这就是机械唯物主义。近代欧洲新兴的全部实验科学中，首先得到发展的是天文学、数学、几何学和以机械力学为中心的物理学，这些科学在各自的领域中取得了巨大的成功，发现了许多重要的自然规律，而且这些自然规律还以数学方程式予以表述，即发现了它们的准确的数量关系。数学和机械力学的巨大成功，使得这一时代的思想家逐渐培养起了一种思想方式和说明方式，即要求用数学和机械力学的规律对整个自然界作统一的说明，把物质的一切性质还原为可以用数学和力学规律去把握的机械结构和数量组合。这就是说，近代机械唯物主义和古代希腊以原子唯物主义为代表的素朴唯物主义一样，都贯穿了"以量来说明质"的思想原则。但两种唯物主义形态并不是简单的等同。古代希腊的唯物主义虽然也包含有"以量来说明质"的科学要求，但这种要求具有猜测的、素朴的性质。古代的自然科学知识融合在哲学世界观的一般论述之中，还不可能用准确的数量关系来揭示自然规律。近代机械唯物主义就大不相同了。当它要求"以量来说明质"的时候，是以近代的科学发现为基础的，是以数学公式确定下来的自然规律作为这种要求的根据的。

近代机械唯物主义世界观的最早的奠基人应该说是伽利略（1564—1642）。他强烈反对经院哲学的隐秘性质说，认为为了说明某种自然现象而假定相应的"质"或"形式"绝对无助于问题的解决，因为它们本身就仍然尚待说明。他力求用统一的数学和机械力学的规律说明一切自然现象。我们不能承认物质具有尚待说明的"质"或"形式"，我们所能肯定为物质固有的质，只能是物体对空间的占有和进行运动。伽利略宣称：

除了外界物体的大小、形状、数量、运动的快慢以外，我从不向它们要求任何其他东西。[1]

伽利略和古代希腊罗马的原子唯物主义者一样，把物体的形状、大小等等视为根本的质，而其他性质则是物体的空间属性和机械运动的表现，色、声、味之类则是物体作用于人的感官而产生的感觉。他写道："当我设想一件物质或一个有形体的物质时，我立刻觉得我必须设想按它的本

---

[1] 见苏联科学院编：《哲学史》第1卷，第389页。

性，它是有界限、有形状的，和旁的东西比较起来是大还是小，处在什么地方和什么时间，在运动还是静止，与其他物体接触还是分离，是单个、少数还是多数，总之，无论怎样，我不能想象一种物体不具有这些条件。但关于白或红，苦或甜，有声或无声，香或臭，我却不觉得我的心被迫承认这些情况是与物体一定有关系的；如果感官不传达，也许推理与想象始终不会达到这些。所以我想物体方面的这些味、臭、色等，好像真的存在在物体中，其实只不过是名称而已，仅仅存在于有感觉的肉体中；因此，如果把动物拿走，一切这样的质也就消除了，或消灭了。"[1] 他接受并具体运用德谟克里特的原子说，相当详细地讨论了原子在数目、重量、形状和速度方面的差别，怎样造成味道、气体或声音方面的差异。

伽利略的这种世界观，显而易见是在近代机械力学和数学的基础上继承和发展古代原子唯物主义哲学路线的结果。

由于伽利略的时代是科学和哲学正在分化的时期，伽利略的主要活动是在科学而不在哲学，他提出了机械唯物论的一些根本原则，但却未对之做出详细的哲学论证，使之变为一个完整的体系。这个任务是由伽桑狄、笛卡尔（在物理学方面）、霍布斯、洛克等人来实现的。

被称之为近代唯物论的始祖的培根，虽然尚未建立一套用完整的机械唯物论说明自然界的哲学体系，但他的哲学思想中已包涵有许多机械唯物主义自然观的成分。他在猛烈反对亚里士多德的权威的同时，对于德谟克里特特别推崇，这对原子唯物主义的复兴和机械唯物论的形成有很大的推动作用。以培根在政治上和学术上的特殊地位，他的这些思想促使人们把目光和兴趣从亚里士多德转向德谟克里特。培根并未完全接受德谟克里特的原子论。他反对德氏的"虚空"说，并用"真正的分子"来代替德氏的"原子"。他尤其反对中世纪经院哲学的隐秘性质说，主张我们应该"深入到自然里面去"研究"物质的结构和结构的变化"。"但是我们的目的不在于把自然归结为一些抽象，而是在于把它分解为许多部分，正如德谟克里特学派所做的那样，这个学派比其余的学派更能够深入到自然里面去。我们所应当注意的对象不是形式，而是物质，是物质的结构和结构的

---

[1] 引自丹皮尔《科学史》，商务印书馆1975年版，第201页。

变化，以及简单的作用和作用或运动的规律；因为形式乃是人心的虚构，除非你打算把那些作用的规律称为形式。"① 在这里，培根的自然观大体上是与德谟克里特的原子论相似的。他把物质分子的内在结构及其变化，看成是宇宙万物在性质上的差异的根据。他曾对物体的颜色及其变化的情况做了一些物理方面的分析。他指出："颜色同物体的真正性质并无关系，它只是完全依靠于部分的较粗的机械的组织。"② 例如平板玻璃和平静的水面本是无色透明的，但如把玻璃捣碎，或使水面翻腾而卷起泡沫，这时，捣碎的玻璃和卷起泡沫的水就呈现出白的颜色来。根据这些情况，培根得出了这样的结论："如果眼所见的物体的各分子完全是平均的，则那些物体是透明的；如果物体是不平均的，则它们是白的；如果物体虽不平均，而其复杂的组织却是有规则的，则它们除了黑以外，可以呈现出各种颜色，如果物体既不平均，而且组织又是复杂的、纷乱的，没规则的，则它们是黑的。"③ 这就是说，物体的颜色性质依赖于物质分子的组织结构和结构的变化。培根对于热的本质做了详细的考察，最后的结论是，热是物质分子的运动，与近代自然科学的见解非常接近。这些思想都证明培根的自然哲学已经流露出一种机械唯物主义自然观的倾向，以物质分子的组织结构和运动来说明物体的其他性质。但培根对此未做详尽系统的发挥，而且他对运动的了解也绝不是机械力学的观点，因此，我们一般不把培根哲学看成是机械唯物主义的典型代表。

在17世纪机械唯物主义的形成和发挥过程中，法国的唯物主义哲学家伽桑狄起了特殊的作用。他以其毕生的主要精力，致力于宣传伊壁鸠鲁为代表的原子唯物主义。这样就使得新时代的以机械力学为代表的自然科学与古代的原子唯物主义互相结合，在此基础上，笛卡尔、霍布斯、洛克等人建立起了完整的、系统的机械唯物主义的世界观。

笛卡尔的物理学受伽利略的直接影响，他和伽利略一样，强烈反对经院哲学的隐秘性质说。他指出：

---

① 《新工具》第1卷，第51节，见《16—18世纪西欧各国哲学》，生活·读书·新知三联书店1958年版，第18页。
② 《新工具》第2卷，第22节。
③ 同上书，第23节。

我们不应当在解释这些事物时，杜撰一些莫名其妙的新奇事物，如元质（first matter）、实体的形式（substantial forms）以及许多人所爱假设的好些性质。因为这些性质和我们所实在知觉的事物并无关系，而且它们本身比它们所要解释的那些事物还要难懂。①

笛卡尔物理学（自然观）的基本观念是和原子唯物主义的精神完全一致的微粒说。他认为自然界一切物体都是由物质微粒组合而成的，笛卡尔把它叫作"分子"。他之所以把此种物质微粒叫作分子而不像德谟克里特一样叫作原子，主要原因在于笛卡尔认为分子可以无限分割。在对分子的特性的进一步说明中，可以说笛卡尔的分子和德谟克里特的原子之间就很难找出大的差别。笛卡尔认为分子虽可无限地分割，但无论分割到何种程度，它总是具有一定的广袤（形状和体积）。因此，物体的不可分离的真正本性就是广袤，即具有形状、体积。同时，笛卡尔还认为运动也是物体的根本特性；至于物体的其他特性，即"物质的全部花样，或其形式的多样性，都依靠于运动"②。这就是说，物体的一切其他属性，都应该通过物体的形状、体积和运动给以统一的说明。例如，物体的光、色、味、香、声、热、冷等性质，在笛卡尔看来，实质上不过是由于物体各部分的形状、体积和运动的不同配置而在刺激我们感官时产生的各种感觉；而且这些感觉与产生它们的运动是完全相异而不相似的。他说：

……不过我们既然根据我们心灵的本性知道物体的各种不同的运动足以在其中生起它所具有的各种感觉来，而且我们又据经验知道，它的某些感觉实在是由这些运动造成的，而且除了这些运动以外我们又发现不出有任何东西由外面的感觉器官进入脑中，因此，我们就有理由断言，在各种外物方面，我们只能把我们所谓光、色、味、香、声、热、冷以及别的可触的性质，或我们所谓物体的实体的形式等

---

① 笛卡尔：《哲学原理》，商务印书馆1958年版，第57—58页。
② 同上书，第45页。

等，了解为能在各种途径下触动我们神经的这些对象的不同的配置。①

......除了物质各部分的运动、体积、形相和每一物体各部分的位置而外（这些我认为是在物体中的），我们凭感官所知觉的，只是光、色、香、味、声以及别的可触的性质，而这些性质，我最近又曾指出（至少据我们所知的，我可以如此说），只是各种对象的一些配置，只是它们各部分的体积、形相和运动。②

笛卡尔的这种关于自然哲学的观点实际上是古代原子唯物主义和近代机械力学的结合，是机械唯物论的自然观。当然，如前所说，他不同意德谟克里特的某些观点，如否认原子的不可分割，否认虚空，否认原子的重量特性。但这些差别比之于他们的共同点是次要的。笛卡尔的分子不过是用机械力学改装过的德谟克里特的原子。正是考虑到这种"改装"，我们才把笛卡尔的自然观称之为机械唯物主义，以区别于德谟克里特的素朴的唯物主义。

霍布斯的唯物主义自然观，在基本方向和基本内容方面，与笛卡尔的物理学是一致的。实际上，它完全继承了笛卡尔物理学的基本思想；所不同者，霍布斯把它予以彻底的发展，用机械唯物主义的原则去批判和克服笛卡尔哲学的二元论，建立完整的、彻底的机械唯物论的世界观。在霍布斯看来，一切物体的根本属性，就是广袤，即占有空间。凡是没有广袤，不占有空间的东西，就等于说它根本不存在，因此，宗教神学所谓的神、鬼、天使，唯心主义哲学家所谓的非物质的灵魂，以及笛卡尔所谓的不具广袤、只有思维的精神实体......都不过是无稽之谈。

既然物体的根本属性只是广袤，为什么我们感觉到的物体却具有色、声、味之类的性质呢？霍布斯认为物体除了具有广袤属性之外，还具有运动的性能。物体的运动作用于人类的感官，就在我们的感官中产生颜色、声音、冷热、滋味等不同的感觉。这些东西，一般人把它们称之为物体的性质，其实它们只是感觉者的影像，并不存在于对象本身之中："光、色、

---

① 笛卡尔：《哲学原理》，商务印书馆1958年版，第55—56页。
② 同上。

热、声和其他通常称为可感性质的那些性质,不是对象,而是感觉者的影像。"① 这些"感觉者的影像"在物体中的客观根据,在于物体的运动。霍布斯在其《论物体》中写道:"但是一般的事物(至少是那些有原因的事物)的原因是自明的,或者……是对于本性来说所知道的。因此根本用不着方法,因为它们总共只有一个一般的原因,就是运动。一切形状的不同,都是由于造成这些形状的运动不同。而运动除了以运动为原因外,不能被了解为有别的原因。我们通过感觉而觉察到的东西,像颜色、声音、滋味等的不同,除了运动以外,也没有别的原因。这种运动一部分在对我们感官起作用的对象里,一部分在我们自身里面,这种情况显然表明它是某种运动,虽然我们如果不推理就不会知道它究竟属于哪种运动。一切变化都在于运动。"② 霍布斯还特别指出,人们把光、色、声、味之类东西当作客观的真实存在,乃是"感觉的大欺骗","由此也得出以下的结论:我们的感觉使我们觉得存在于世界上的任何属性或性质,都并不在世界上,而只是外貌与显现。真实存在于我们以外的世界上的东西,是引起这些外貌的那些运动。这是感觉的大欺骗,可是也要由感觉来改正,因为感觉告诉我,当我直接去看时,颜色好像存在于对象中;感觉也同样告诉我,当我根据反射来看时,颜色并不在对象中。"③ 霍布斯哲学的基本特性,就在于它用物体的广袤和运动以及运动在人类感官中的作用,来说明物体的一切外在属性,用运动的变化来说明感觉的变化,并把物体的一切可感性质(光、色、声、味、冷、热等等)的差异,归结为这种变化。物体的广袤体现为在空间中的不同的大小和形状,物体的运动体现为物体在空间中的位置移动,这些都是可以用数量关系和力学的法则做出准确的测量和说明的,这是一种用机械力学和数学的规律去观察世界和说明世界的哲学,所以,我们说,霍布斯哲学是一种完整的机械唯物论的世界观。

17世纪英国的实验科学受机械唯物主义的直接影响。波义耳在化学、牛顿在物理学领域内都贯彻使用机械唯物论的原则。他们都把一切自然现

---

① 《霍布斯的形而上学体系》,卡尔金斯选,1910年芝加哥版,第117页。
② 霍布斯:《论物体》第6章第5节,见《16—18世纪西欧各国哲学》,第68页。
③ 霍布斯:《论人性》第2章第10节,见《16—18世纪西欧各国哲学》,第93页。

象、物体的各种物理化学特性，还原为物质微粒的分解与组合，用物质微粒的机械的组合和运动来说明物质的质的差别，并以这些要素的变化来说明物体在感官所产生的感觉的变化。根据这样的世界观，波义耳首次提出了第一性质和第二性质的概念。

波义耳在1666年发表的《从微粒哲学看形式和性质的来源》一书中，按照机械唯物主义的基本原则，把物质了解为分子的组合。与德谟克里特的原子不同，波义耳的分子不是绝对的最小，而是可分的；又与笛卡尔的分子不同，它具有不可入性。因此，他认为所谓物质就是"广袤的、可分的和不可入的实体"。他把广袤性、不可入性、大小、形状、运动、静止、组织等等物质的特性称之为"第一性的偶性"，或"物质的更单纯、更原始的性质"，把物体的表现为色、声、味等的性质叫作"第二性的偶性"。只有第一性的质才是物体本身具有的原始性质，至于色、声之类第二性的质，实际上乃是物质分子组合为物时，由于形状、大小、运动以及空间组合形式的不同而引起的不同作用，在感官上产生的不同感觉，它们依赖于"我们称为人的某种有感觉有理性的生物"。他指出：

> 我们由于幼稚，惯于设想这些可感性质是……对象中的实在的东西……实则在这些可感性质所依属的物体中，除了其组成分子的大小、形状、运动或静止，以及整个的组织以外，并无实在的和物理的东西……①

波义耳还写了一系列小论文尝试证明热、磁、电、固态、液态、气态等物体的性质和现象的内在的机械性。

牛顿是洛克同时代而稍后几年的伟大科学家，他可以说是用他在机械力学上的巨大科学成就，来为17—18世纪机械唯物主义奠定完整而坚实的科学基础，使之臻于完善的人。他用他所发现的力学规律对从天体到一切自然物体的运动做了统一的说明。在物性问题上，他也接受了从伽利略、波义耳到笛卡尔、霍布斯的机械唯物主义的自然观。他认为世界万物

---

① 以上引波义耳文，参见艾朗《约翰·洛克》，1955年牛津版，第121—122页。

都是由物质微粒组成的。一切物体的性质及其变化，都是由于物质微粒在力的作用下结合或分解的结果。他还接受伽利略、波义耳等关于第一性质和第二性质的学说。他把物质及其微粒的机械特性看成是最基本的特性，是"全体自然理论的基本"，"全体之广袤、硬性、不可透性、能动性及惰性，均由部分所成，因此我们推论到物体之极微小的部分亦均须有此等属性，全部自然理论之基本即在于此。"① 至于颜色、声音、滋味等，不过是第一性质在人的大脑里所造成的感觉，"因为正确地说来，光线并没有颜色。在它们里面没有别的东西，只有某种能激起这样或那样颜色感觉的本领或倾向。正像声音一样，它在钟和乐器弦线或其他发音体中不是别的，只是一种颤抖运动，在空气中不过是从发音体发出的这种运动的传播，而在感觉中枢中则是以声音形式出现的这种运动的一种感觉；所以颜色在物体中也不是别的，只是一种能把这种或那种光线比别种光线更多地反射出来的倾向；在光线里它们不过是把这样或那样运动传播到感觉中枢中去的倾向，而在感觉中枢它们则是以颜色形式出现的这些运动的许多感觉。"② 牛顿的自然观与伽利略、笛卡尔等人的机械唯物主义完全一致，他的中心思想就是用机械运动的力学规律和物质微粒的空间结构和数量组合来说明一切自然现象。这是古代唯物主义以来所遵循的"以量来说明质"这条哲学原则的贯彻。牛顿以他在科学上的无上权威使这种机械唯物主义的世界观得到了一种无比的推动力而顺利地向前发展。伯特（Burrt）在其《现代科学的形而上学基础》（《The Metaphysical Foundation of Modern Science》）中写道："牛顿的权威丝毫不差地成为一种宇宙观的后盾。这种宇宙观认为人是一个庞大的数学体系的不相干的渺小旁观者……而这个体系的符合机械原理的有规则的运动，便构成了这个自然界。……空间与几何学领域变成一个东西了，时间则与数的连续变成一个东西了。从前人们认为他们所居处的世界，是一个富有色、声、香，充满了喜乐、爱、美，到处表现出有目的的和谐与创造性的理想的世界，现在这个世界却被逼到生物大脑的小小角落里去了。而真正重要的外部世界则是一个冷、硬、无

---

① 牛顿：《自然哲学的数学原理》，商务印书馆1973年版，第694页。
② 《光学》，见《牛顿自然哲学著作选》，上海人民出版社1974年版，第119—120页。

色、无声的沉死世界，一个量的世界，一个服从机械规律性、可用数学计算的运动的世界。具有人类直接感知的各种特性的世界，变成仅仅是外面那个无限的机器所造成的奇特而不重要的效果。在牛顿身上，解释得很含混的、没有理由再要求人们从哲学上给予严重考虑的笛卡尔的形而上学，终于打倒了亚里士多德主义，变成现代最主要的世界观。"① 伯特的这一大段话反映他不喜欢这种机械唯物主义的世界观，但他也不能不承认机械唯物主义"终于打倒了亚里士多德主义"，即最终推翻了中世纪经院哲学的统治，新的科学和哲学取得了伟大的胜利。

通过这段漫长的历史回顾，可以看到，洛克关于两种性质的学说，并不是属于洛克一个人的东西，更不是某种与唯物主义的整个世界观没有关系的孤立的、偶然的哲学思想，而是从古代的原子唯物主义到17世纪的机械唯物主义一脉相承地继承和发展的结果，是机械唯物主义的自然观和世界观的概括和集中。在分析和评判洛克的物性理论（关于第一性质和第二性质的学说）的时候，我们必须切实注意到这个学说的全部历史背景。对两种性质学说的评价，实质上也是对整个唯物主义的自然观和世界观的评价。否定前者，实质上就是否定后者。企图把古代的素朴唯物主义和近代机械唯物主义对立起来，说什么以两种性质为代表的机械唯物主义世界观，是形而上学对古代自发辩证法的"否定"，这是不符合哲学史的事实和真相的。如果我们要对洛克的物性理论做出实事求是的评价，必须以哲学史的事实作为我们的出发点。

现在，让我们看看洛克怎样论述和展开他的两种性质学说。

洛克和17世纪西欧的唯物主义哲学家、先进的自然科学家一样，他说明物质自然界的根本观念是所谓"微粒说"。洛克在《人类理解论》中明确地谈到过这一点。如前所述，微粒说实际上是用机械力学的原则改装了的古代希腊的原子唯物论。尽管法国的笛卡尔派和英国的牛顿、波义耳都主张用物质微粒的机械组合去说明一切自然现象，但在对物质微粒的基本特性的进一步说明中却也有分歧。在这些争论中，洛克完全接受牛顿、波义耳的观点而反对笛卡尔。笛卡尔认为物质的根本特性是广袤。广袤与

---

① 引自丹皮尔《科学史》，商务印书馆1975年版，第249页。

物质不可分割，因此，笛卡尔反对虚空的存在。洛克不同意这种观点。他认为物质的根本特性是凝固性（solidity），意即物质是凝固而坚实的实体。凝固的物质微粒具有排斥他物的特性，表现为抗力。它占据一定的空间，就排斥任何他物占据这个空间。除非把物质微粒迁离，否则，任何他物不论用多大的力量都不能同时进入这个物质微粒所占有的空间。在这个意义上，洛克又把凝固性称为不可入性（impenetrability），凝固而不可入的物质必然占有空间，即有一定的广袤。但空间和广袤并不等于物体。在洛克看来，它们不同的主要之点即在于"广袤中不含着凝性，它亦不含有抵抗物体运动的力量，至于物体则正与此相反。"① 在这里，洛克和牛顿一样，回到了原子唯物论的立场，承认"虚空"的存在。洛克说了许多话，找了许多理由来反对笛卡尔关于否定虚空的观点，但是，洛克在这场论战中的主张，已为自然科学的正确结论所否定，也不符合于唯物主义精神。空间或广袤是物质存在的基本形式，没有离开空间的物质，也没有离开物质的空间——虚空是根本不存在的。

凝固坚实不可入的物质既然占有空间，就必然具有一定的形状和体积（大小），所以，洛克认为形状、大小也是物质的基本特性。

洛克作为一个机械论者，他否认物质具有自己运动的能力。他只承认在外力的推动下，物质微粒是可以运动的，他把这叫做物质的"可动性"。当然，洛克所了解的运动仅限于位置变化的机械运动。

除此以外，物质微粒还具有什么性质呢？从当时占统治地位的机械论的自然观看来，除了空间属性和运动属性以外，不可能再想象出还有另外的东西来了。洛克既不承认不同的物质微粒具有其他不同的物理化学特性，也不承认它们具有色、声、香、味的可感性质。在洛克看来，作为构成物体的基本单位的物质微粒太小了，我们的感觉器官永远不能直接感觉到。既然看不见、听不到、摸不着，所以不可能具有在我们的感觉器官中表现出来的那些色、声、香、味、冷、热、硬、软之类的性质。

那么，本身不具有其他物理化学特性和色、声、香、味之类的可感性

---

① 《人类理解论》第 2 卷，第 13 章第 11 节，关文运译，见商务印书馆 1959 年版，第 139 页。（以下简称关译本）

质的物质微粒，为什么在组合成不同的物体的时候，却具有各种物理化学特性以及在人的感官中表现为色、声、香、味之类的性质或能力呢？洛克认为这取决于物质微粒本身的空间属性、数量关系和运动的特殊性（即形状、大小、数量、运动的不同），以及组合为物时空间组合形式的不同。不同形状、不同大小、不同数量、不同运动形式的物质微粒用不同的组织方式组合起来，便形成具有各种能力或性质的物体。这些能力作用于人的感官，便产生不同的颜色、不同的声音、不同的味道……这就是说，自然界万事万物的一切特殊的性质都是为物质微粒的不同的形状、大小、运动、数量、组织所决定的。按照这种自然观和世界观，洛克接受了波义耳的提法，提出了物体具有两种性质的学说。他认为，物体具有的性质，大致可以分为两大类：一类是物体的形状、体积、数量、运动和组织形式，洛克叫做第一性质。另一类是物体借第一性质的不同变化而产生的各种能力，这些能力作用于我们人类的感官，就产生各种色、声、香、味、冷、热、硬、软等观念或感觉。洛克把物体在我们心中产生这些观念或感觉的能力叫做第二性质。第一性质和第二性质的主要区别何在？它们的关系如何呢？总结洛克的观点，大致有两点：

> 第一，第一性质是物体在任何时间、任何情况下固有的、不可分离的性质。
> 第一种［性质］不论在什么情形之下，都是和物体完全不能分离的；物体不论经了什么变化，外面加于它的力量不论多大，它仍然永远保有这些性质。①

洛克举例：

> 你如果把一粒麦子分成两部分，则每部分仍有其凝性、广袤、形相、可动性；你如果再把它分一次，则它仍有这些性质。你纵然一直把它们分成不可觉察的各部分，而各部分仍各个能保留这些性质。因

---

① 洛克：《人类理解论》第2卷，第8章第9节，见关文运译本，第100页。

为分割作用……并不能把任何物体的凝性、广袤、形相和可动性取消了，它只能把以前是一体的东西，分成两个或较多的单独物团，这些独立的物团，都是独立的实体，它们分割以后，就造成了一定的数目。①

洛克由此得出结论：

> 总而言之，所谓凝性、广袤、形相、运动、静止、数目等等性质，我叫它们做物体底原始性质或第一性质。②

第二性质则不同。它们并不是物体在任何情况下都可分割地保有的。一粒麦子作用于我们的感官，也有能力在我们的感官中产生一定的颜色、滋味等感觉。但当这粒麦子被分割为不可觉察的物质微粒的时候，这些引起色味之类感觉的能力就消失了。所以，这粒麦子所具有的第二性质（产生色味感觉的能力）是由于物质微粒组合成物时而产生的，它依赖于此粒麦子的物质微粒的凝性、广袤、形相、运动、组织和数量，即依赖于物体的第一性质的不同变状。在这个意义上，洛克把物体的第二性质又叫做附着性质。所谓"附着性质"是与"原始性质"相对而言的。意思是说，物体的第一性质是最基本的、决定性的性质，而物体的第二性质则是第二性的、被决定的性质，是依赖于（附属于）第一性质的。总之，第一性质和第二性质、原始性质和附着性质的区分，其根本的含意在于洛克认为物体的一切其他性质（第二性质）决定于不同形相、体积的物质微粒组合为物时在空间上的组合形式和数量关系。在这个意义上，洛克又把物质微粒的组织形式称之为物体的"实在本质"③，即它是决定一个物体为什么具有各种特性的真正的根据。这就是说，第一性质不仅是物质的第一性的、原始的"性质"而已，它实实在在乃是物体的"本质"，而第二性质事实

---

① 洛克：《人类理解论》第 2 卷，第 8 章第 9 节，见关文运译本，第 100—101 页。
② 同上书，第 101 页。
③ 洛克：《人类理解论》第 3 卷第 6 章见关文运译本。

上不过是这种"实在本质"所决定而表现出来的外部特性。这个思想,是洛克的两种性质学说的真谛所在。

把第一性质,特别是把物质微粒在其间的组织形式或位置排列当作物体的"实在本质"的提法,是洛克的唯物主义世界观的一个非常重要的概念。把物体的一切外部特性还原为物质微粒的空间排列和数量关系,这是从原子唯物论者到17世纪机械唯物论者的一脉相承的基本思想原则,它包含了把物质微粒的空间排列形式当作决定物体的外部特性的内在本质的思想,但明确地把这称之为物体的"实在本质",则是洛克对这个基本原则的一种发展。

从"实在本质"的提法,我们可以看到,在洛克那里,物体的第一性质和第二性质的区别,说到底,是物体的内在本质和外部属性的区别。

第二,物体的第一性质和第二性质都是作用于我们的感官,从而产生相应的感觉和观念的能力,是我们感觉的客观源泉;但这两种性质在其与它们产生的感觉观念的关系上却又有很大的区别,第一性的质与它们在人的感官上产生的第一性的感觉观念在形态上是完全相似的,而第二性的质与其所产生的第二性的感觉观念在形态上则完全不相似。为什么有如此重大的差别呢?在洛克看来,根本原因在于物体本身固有第一性观念产生的"原型",即物体本身固有形状、大小、运动、静止、数量、组织等性质,它们作用于感官,即在我们的感官上产生出它们的"肖像"。第一性观念完全相似于它们的"原型",是第一性质的"真正的肖像"。第二性质则不然,物体本身并不存在如我们的色、声、味、冷之类第二性感觉所反映的"原型"。在物体本身中存在的只是一种由于第一性质的不同状态,即物质微粒的不同的空间组合和数量关系而引起的不同的能力和特性。这些能力或特性作用于人的感官可以产生出各种不同的色、声、味、冷之类的感觉,但如离开人的感官,这些能力和特性则复返于物质微粒的形状、体积数目、组织和运动。洛克写道:

> 第一性质底观念是与原型相似地,第二性质底观念则不如此,——由此我们可以断言,物体给我们的第一性质底观念是同它们相似地,而且这些性质底原型切实存在于那些物体中。至于由这些第

二性质在我们心中所产生的观念，则完全同它们不相似；在这方面，外物本身中并没含有与观念相似地东西。它们只是物体中能产生感觉的一种能力……。在观念中所谓甜、蓝或暖，只是所谓甜、蓝或暖的物体中微妙分子底一种体积、形相和运动。①

一块"天粮"（manna，据《圣经》是一种神赐的食物）在我们的视觉和味觉器官上产生了白和甜的感觉，吃进肚子以后，还会产生疾病和痛苦的感觉。一般人并不认为疾病和痛苦是"天粮"的性质，但总认为白和甜却是"天粮"本身的性质。但是，洛克指出，这两类感觉产生的途径其实都是一样的，"天粮"之所以引起疾病和痛苦的感觉，是因为"它借其细微部分底体积、运动和形相，在肠胃中所发生的结果"②。同样，白色和甜味这两种感觉"亦是天粮借其分子底运动、大小、形相在眼和上颚上所发生的影响"③。洛克继续举例来说明这个思想。你如果把杏仁捣碎，则它的清白颜色可以变成污浊的，它的香甜气味亦可以变成油腻的。杵子的捣击在这里究竟使杏仁发生了什么样的变化呢？实际上这不过改变了杏仁的微细分子的组织形式。组织形式的变化，引起了颜色和滋味的变化。可见，颜色和滋味等在物体本身中依赖于物质微粒的组织形式。又如：同样的水，在同一时间内，可以在我们的左手上产生热的感觉，而在右手上产生冷的感觉（如果事先把左手放在温度低的水中，而把右手放在温度高的水中，然后取出，同时放进温度适中的第三盆水中就会产生这种情况）。洛克解释说：水的温度只是一种运动，这种运动大于左手而小于右手的运动，因而当水与左右手同时接触的时候，就增加左手的运动而减少右手的运动，从而在左手产生热的感觉而在右手产生冷的感觉。洛克认为，这就证明物体本身只具有产生冷热感觉的能力而并不具有与此种感觉相似的原型，而且这种能力在物体本身中实际上只是物质微粒的某种运动。

从洛克的这些论述中，我们可以看到第二性质之所以和它们产生的第

---

① 《人类理解论》第 2 卷，第 8 章第 15 节，见关文运译本，第 102—103 页。
② 同上书，第 8 章第 18 节，见关文运译本，第 104 页。
③ 同上。

二性感觉不相似，有两方面的原因：一是因为第二性质在物体本身中依赖于第一性质的不同变状，二是因为物体的这些第二性质作用于人的感觉器官以后，在感觉器官上发生了影响，引起了变化，从而才产生颜色、声音、滋味等等第二性的感觉。这就是说，这些第二性感觉虽为物体的第二性质所产生，却不直接是它们的肖像，它也反映了感觉主体在承受第二性能力的作用之后所引起的变化。

以上，就是洛克的物性理论，即第一性质和第二性质学说的基本内容。它系统地总结了从古代希腊的素朴唯物主义到17世纪机械唯物主义关于物性的理论，并根据近代自然科学的成就给予了完整的表述，它是17世纪机械唯物主义的自然观的集中体现。把洛克的物性理论看成是古代素朴唯物主义之"否定"，是完全错误的。这种观点之所以错误，就在于它完全不符合于西方哲学发展的历史事实。历史的裁判是任何人都不能抹煞的客观真理。

二 "第二性质"的真义和批判者们的误解

如果要对洛克的物性理论做出一个正确的评价，我认为应该先解决两个问题；一是如何理解洛克本人所论述的物性理论本身的内容，一是如何根据科学和哲学的新发展来对这个理论进行分析评判。前者是纯粹属于哲学史的问题，后者则是有关辩证唯物主义的一些原理的理解和应用问题。两个问题各不相同，但又互相联系。马克思主义者在哲学史的研究中，不能为历史而历史，而要立足于辩证唯物主义的基础，对历史上的哲学遗产进行评价，肯定其合乎科学的精华，否定其反科学的糟粕。但是，如果要使我们的评价做得实事求是、恰如其分，则必须对我们所评价的东西的本来面貌有实事求是、恰如其分的理解。否则，我们的一切评价，就都会是无的放矢，文不对题。我们应当力求避免这种情况。遗憾的是，这种情况还是在过去关于洛克两种性质学说的讨论中出现了。在"文化大革命"前的讨论中，表现出讨论双方不仅对于辩证唯物主义的若干原理抱有不同的理解，甚至对洛克所说的两种性质学说本身的内容也没有统一的认识。在这种情况下，很自然，我们的讨论，只会存异，不能求同。

在"文化大革命"前的讨论中,涉及洛克的物性理论本身的内容,我们有什么分歧呢?主要有两点:第一,洛克是否承认外物中客观存在着第二性质?第二,洛克所说的第二性质究竟所指为何?让我们依次来讨论这两个问题。

传统的和流行的观点,从两百年前的贝克莱到现在的某些马克思主义的哲学史工作者,几乎都肯定地认为洛克是否认第二性质在物体中的客观存在的。但是,这个看法是对洛克第二性质学说的歪曲和误解,需要重新考虑。

首先,从洛克哲学的基本精神来看,洛克不可能否定第二性质在物体中的客观存在。大家知道,洛克哲学的基本精神就是站在唯物主义经验论的基本立场,批判主张天赋观念的唯心主义先验论,系统地论证知识起源于经验的原理。他的整个哲学体系就是在反对天赋观念论的斗争中展开的。因此,他的经验主义的认识论的出发点,就是明确地肯定思想本是一块"白板",一切知识都来自后得的经验。作为一个唯物主义者,洛克特别强调感觉的重要性。既然人心是块"白板",感觉并非天赋,那么,感觉是怎样产生的呢?洛克哲学的基本出发点就决定了他必然自觉地承认外物及其属性的客观存在,并以之作为感觉产生的客观根据。洛克之所以提出两种性质学说,其全部目的就在于他要为作为人类全部认识的基本砖石的感觉观念,找到客观的物质根据。因此,不管洛克怎样谈论第一性质与第二性质的差异,假如他要证明第二性的感觉是起源于经验的,他就必须首先在逻辑上肯定第二性的质在外物中的客观存在,不然,洛克就根本不能摆脱与其出发点自相矛盾的境地:如果那个曾经把思想看成一块"白板"的唯物主义经验派大师,竟至否定第二性感觉所由产生的第二性的质在物体中的客观存在,那的确是令人难以理解的。

当然,问题并不在于逻辑推理的必然性,而是在于事实上洛克从来没有否定过第二性质的客观存在。

洛克的两种性质学说,集中见于《人类理解论》第二卷第八章。这一章的标题是"关于简单观念的进一步考察"。所谓"进一步考察",就是把对简单的感觉观念的考察从主观"进一步",进到客观,考察它们的客观根据。洛克认为,这种客观根据就是物体的客观属性。所以,第八章的全部内容,就是集中讨论物体所具有的属性的种类以及它们产生感觉的途径。正是由于洛克的根本任务是为了要说明感觉的客观根据,所以我们看到,当洛克谈论物体的性质的时候,完全是相对于我们的感觉,并作为感觉产生的根据而对之加以规定的:"心灵在其自身中知觉到的任何东西,或知觉、思想、理解的直接对象,我称之为观念,至于能在我们心中产生任何观念的能力,则我称之为能力所依存的对象的性质。"[①] 在这里,洛克所谓的物体的性质,已经清楚地被归结为感觉产生的客观根据和原因。如果洛克不承认物体性质(包括第二性质)的客观存在,他又怎能说明感觉(包括第二性感觉)的产生呢?诚然,洛克把事物的性质一共分为三种(但洛克又认为第三种性质与第二种性质实质上是一样的,所以他最后认为物体的性质归根到底只有两种:第一性质与第二性质),比较了它们的差别。但不管它们之间有何不同,由于它们都是物体具有的客观能力,都是感觉产生的客观根据,所以它们都是物体本身所具有的客观性质。值得我们特别注意的是,洛克指出,不仅第二性质是客观存在于物体中的真实性质,就是连一般人都否认为物体本身的性质的"第三种性质"(例如太阳可以使蜡熔化、不洁之物可以使人生病、针可以刺痛肌肉之类的能力),洛克也认为它们和第二性质一样是物体的真实性质:"这些性质(指第三种性质),往往仅被人们认作为一种能力,不过,它们实际上也同我通常称之为性质的那些东西,以及同我为了与之区分开来而称之为第二性质的那些东西一样,乃是同等真实的性质。"[②]

在该章的第13节,洛克还专门讨论了色、声等感觉所由产生的具体途径。请注意,他在这段之前加了这样的标题:

  第二性质如何产生它们的观念。

用不着多加解释和引申,这个提法的本身,就以充分的说服力证明洛克承认物体本身具有作为第二性感觉所由产生的根据的第二性质的客观

[①] 洛克:《人类理解论》第2卷,第8章第8节,参见关文运译本,第100页。
[②] 同上书,第8章第10节,参见关文运译本,第101页。

存在。

在本文的上一节中，我们介绍了洛克本人就第一性质与第二性质的区别所做的说明。从这些说明中，我们也可具体地看到，事情的真相并不像洛克学说的批判者所说的那样，似乎洛克只认为第一性质才是客观存在的，第二性质则是什么依附于主观的东西。

洛克把第一性质规定为物体固有的东西，因此他称之为物体的"原始性质"，与此同时，洛克的确把第二性质归结为由于第一性质的不同变状而获得自己存在的能力，它们的存在依赖于第一性质，不能独立于第一性质之外而有自己的存在，在这个意义上，洛克把第二性质叫做"附着性质"。又是不能独立，又是附着，这是否意味着洛克否认第二性质的客观存在呢？不是。因为这里所谓的不能独立，是指不能独立于物体永远固有的第一性质，而不是指它不能独立于感觉主体之外；这里所谓附着，并不是附着于我，也不是附着于你，总之，不是附着于任何人，而是附着于物体永远固有的第一性质，亦即附着于物体本身。因此，第二性质仍是客观的存在，而不是依赖于感觉主体的主观观念。

洛克还认为第二性质不同于第一性质的另一差别是在于第二性质与它们产生的观念不相似："物体给我们的第一性质的观念是和它们（指第一性质）相似的，它们的原型真正存在于物体本身之中。但是，借助于那些第二性质而在我们心中产生的观念则同它们（指第二性质）完全不相似。在物体本身中，并没有与我们的观念相同的东西存在。第二性质在物体之中，仅仅是能在我们心中产生这些感觉的能力。"[①]

洛克对两种性质所做的区别是否合理可信，这是可以持不同意见的，下文将另作讨论。但我们却完全没有理由因此而断定洛克在这里否定了第二性质在物体本身的客观存在。当洛克在上述引文中说："借助于那些第二性质而在我们心中产生的观念则同它们完全不相似"的时候，他正是以对第二性质的客观存在的坚决肯定，作为自己立论的前提。他在客观的第二性质与它们所产生的主观观念之间，画上了一条清楚明白的界线，不容许我们对他的唯物主义立场有任何怀疑。

---

① 洛克：《人类理解论》第2卷，第8章第15节，参见关文运译本，第102页。

既然洛克对第二性质的客观存在做了如此明确的肯定，为什么从两百年前的贝克莱到我们今天的有些同志，却对之持着完全相反的理解，把洛克的第二性质当作主观的观念呢？这是什么原因呢？在我看来，最根本的原因在于，不管是贝克莱，还是洛克的当代批评者，在评论洛克的第二性质学说的时候，都没有真正弄清楚这样一个问题："洛克所说的第二性质究竟所指为何？"传统流行的观点认为洛克所说的"第二性质"就是颜色、声音、滋味之类。其实，这种观点是对洛克的一大误解。

洛克的第二性质究竟所指为何呢？我认为他所说的第二性质并不是颜色、声音、滋味之类本身，而是指客观存在于物体本身中能够在我们心中产生颜色、声音、滋味之类感觉的能力。这两者是根本不同的。第二性质是存在于物体之中的客观的能力，颜色、声音、滋味则是这些能力产生的主观观念，两者有着原则的区别，是不容混淆的。《人类理解论》讨论物性理论问题，集中见于第二卷第八章，这一章谈到第二性质的含义者，共有八处之多，但所有这些地方的说法都非常一致，并无歧义。为了说清楚问题，我们根据英文原文把这些段落重新翻译，摘抄如下：

第10节最重要，洛克在这里对第二性质下了定义。讨论中对这段文字（包括译文）的理解有分歧，须作专门讨论。

> 这些性质（指滋味、声音等——笔者），我们虽然误认为它们有真实性，其实，它们都不是物体本身的东西，而是依赖于我所说的各部分的体积、形相、组织和运动等第一性质而在我们心中产生各种感觉的能力。[①]
>
> 至于由这些第二性质在我们心中所产生的观念，则完全同它们不相似；在这方面，外物本身中并没有含有与观念相似的东西，它们只是物体中能产生感觉的一种能力（不过我们在形容物体时，亦以它们为标准）。[②]
>
> 原始性质在起作用时，如果不能清晰地被人分别出来，则它们的

[①] 洛克：《人类理解论》第2卷，第8章第14节，参见关文运译本，第102页。
[②] 同上书，第9章第15节，参见关文运译本，第102—103页。

各种组织所发生的各种能力，便是所谓第二性质。①

第二性质就是任何物体中，借助于不可觉察的原始性质，在一种特殊方式下作用于我们的感官，并因此而在我们心中产生不同的颜色、声音、气味、滋味等观念的能力。②

其他两种性质（指第二性质和第三性质），仅仅是在其他物体上能发生不同作用的两种能力，这两种能力是由于那些第一性质的各种变状而产生的。③

第二种性质和第三种性质虽然都只是两种能力，虽然都只是同其他一些物体相关的两种能力，虽然都是由第一性质的各种变状而产生的，可是人们往往以为它们是各不相同的。④

总而言之，物体中除了上述那些第一性质而外，即除了它们的各凝固部分的体积、形相、广袤、数目和运动而外，我们在物体中所见的其余两种不同的性质，只是依靠于那些第一性质的两种能力。⑤

类似提法，在《人类理解论》的其他章节还可举出一些。这些资料，无可怀疑地证明洛克所了解的第二性质，乃是物体具有的能在我们心中产生色声之类感觉的客观能力，而不是色声之类本身。至于这些能力，在客观物体之中，则依赖于第一性质的不同变状。

有些同志把洛克的第二性质和色、声、香、味之类等同起来，他们引证关文运所译《人类理解论》第 101 页上的这样一段话来证明自己的观点：

第二种性质，正确说来，并不是物象本身所具有的东西，而是能借其第一性质在我们心中产生各种感觉的那些能力。类如颜色、声音、滋味等等，都是借物体中微细部分的体积、形相、组织和运动，

---

① 洛克：《人类理解论》第 2 卷，第 8 章第 22 节，参见关文运译本，第 106 页。
② 同上书，第 8 章第 23 节，参见关文运译本，第 106 页。
③ 同上书，第 8 章第 24 节，参见关文运译本，第 107 页。
④ 同上。
⑤ 同上书，第 8 章第 26 节，参见关文运译本，第 108—109 页。

表现于心中的；这一类现念我叫做第二性质。

根据这段话，他们得出结论说：既然洛克认为"第二种性质，正确说来，并不是物象本身所有的东西"，那当然就只能是主观的东西；同时，洛克是把"类如颜色、声音、滋味等等……这一类观念""叫做第二性质"，因此，洛克的第二性质就是主观的观念，洛克的第二性质学说岂不就是货真价实的主观唯心主义哲学！但是，这些结论是不正确的，因为这些结论所根据的中译文是不准确的。这段话的英文原文是这样的：

"Secondary qualities——……such qualities, which in truth nothing in the objects themselves, but powers to produce various sensations in us by their primary qualities, i. e., by the bulk, figure, texture, and motion of their insensible parts, as colours, sounds, tastes, etc. These I call secondary qualities."[1]

根据我的理解，我认为这段话应该这样翻译：

第二性质——……诸如颜色、声音、滋味等等这样一些性质，事实上并不存在于对象本身之中，而是一些借对象的第一性质，即不可觉察的部分的大小、形相、组织、运动等引起我们各种不同的感觉的能力。我把这些叫做第二性质。

如果把这段文字和上引的那几段有关解说第二性质的论述对照起来看，那么，任何一个不具偏见的人都应该承认，所有这些论述和提法，从精神到文字都是完全一致的。这也可以证明我们的译文是可信的。显而易见，洛克这里的意思根本不是说"第二性质……并不是对象本身所有的东西"，而是认为颜色、声音、滋味等等并不存在于对象本身之中，存在于对象之中的只是产生这些不同感觉的不同能力。换句话说，洛克的真意

---

[1] 洛克：《人类理解论》第2卷，第8章第10节，参见关文运译本。

是：客观存在的第二性质，并非一般人所谓的颜色、声音、滋味之类，而是"借对象的第一性质，即不可觉察的部分的大小、形相、组织、运动等引起我们各种不同的感觉的能力"。这恰恰与那些根据不正确的译文而得出的结论完全相反。即使单从字面上看，洛克所说的"我把这些叫做第二性质"这句话中的"这些（these）"，也不可解释为系指"颜色、声音、滋味等等"而言，如果从洛克思想的实质来着手分析，情况更是如此。这段话在规定第二性质时，显然是指"而是（but）……"后面这一句话所断定的内容。因为既曰"而是（but）"，则"而是（but）"前面的东西（即从对象本身否定了的色声之类），当然就不是第二性的内涵，只有"而是（but）……"一句才是第二性质的真正内容。具体地说，洛克所说的第二性质，并非色、声、味之类的感觉，"而是借对象的第一性质，即不可觉察的部分的大小、形相、组织、运动等引起我们各种不同的感觉的能力。"当然，也必须看到，在某些个别的地方，洛克在论到第二性质的时候，似乎即指的是颜色、声音等等。例如在《人类理解论》第 2 卷第 23 章第 11 节，洛克写道："如果我们发现物体的渺小部分的原始性质，则物体现在的第二性质将会消失。"洛克在这里所说的"现在的第二性质"，指的就是颜色。这是否可以证明洛克的第二性质的内涵即为颜色或声音之类呢？不然。因为当洛克有时把色、声之类叫作第二性质的时候，他只是暂时依从普通的习惯的称呼，而不是表示他本人对第二性质的真正的规定。必须考虑到，由于人类悠久的习惯把色、声、味之类直接当作物体本身的性质，已经在日常语言中深深地固定下来，所以在日常用语中，我们事实上很难把色、声、味等和第二性质严格分开。例如黄金、白银、香花、臭粪，按照洛克关于第二性质的规定，应该改称；使我们产生黄色感觉的金，能引起香味感觉的花……这种称谓，固然较为科学，但在事实上是不必要的。正如在哥白尼之后，我们并没有必要把"太阳从东方升起"的日常用语，改说成"地球的东部转到面对太阳了"一样。洛克一方面从科学和哲学的角度，批判了普通常识的观点，反对把颜色、声音、滋味等等直接当作物体的性质；而另一方面，在日常用语中他也只好勉从普通的习惯，有时直称这些感觉为第二性质。如果我们是从洛克哲学思想而不是从一两句勉从习惯的用语看问题，那么，这种情况是完全可以理解的。同时，必须着重指出：洛克对于自己有时不得不勉从习惯，把色、声之类称作性质的用法，是预先作过声明的。请看下面这一段话："心灵在其自身中知觉到的任何东西，或知觉、思想、理解的直接对象，我称之为观念。至于能在我们心中产生任何观念的能力，则我称之为能力所依存对象的性质。例如一个雪球具有在我们心中产生白、冷、圆等观念的能力，它们作为存在于雪球之中的、能引起我们的这些观念的能力，我称之为性质；它们作为我们理解中的感觉和知觉，我称它们为观念。如果我谈到这些观念时，是作为存于物体本身之中的那些东西，那么，我的意思是指的存在于物体中能引起我们的感觉的那些性质。"[①] 在这段话中，洛克不仅从原则上规定了所谓性质乃是物体产生观念的能力而非能力所生的观念，而且还具体地举例指出：我们所感的雪球的白、冷、圆等等乃是我们的观念；存在于雪球之中的能引起我们的白、冷、圆等观念的能力，才是物体的性质。这样，洛克就清楚而具体地在第二性质和色、声、冷、热之类的感觉之间，画上了一道不容混淆的界线。

我们应该特别注意到上述引文中最后那一句话："如果我谈到这些观念时，是作为存于物体本身之中的那些东西，那么，我的意思是指的存在于物体中能引起我们的感觉的那些性质。"这是什么意思呢？这是洛克预先向读者做出的声明。他的意思是说：像白、冷等等，本来只是观念，不是物体的性质，但是如果我在以后的某种场合，按照一般习惯，把它们直接用来称作某种物体的性质，那么，我的意思就不是指的我们的感觉，而是"指的存在于物体中能引起我们感觉的那些性质"。如果这不足以说明问题，不能消除洛克的批判者们的"误解"，我们还可以再引证一段资料："我如果说，次等的性质是在事物中的，或是说它们的观念是在能产生它们的外物中的，则人们应该知道我所说的只是一种能力。这类说法完全是为适应于通俗的意念而起的，因为没有这些意念，一个人就不能为他人所充分了解。不过这些说法所指的仍是外物中能产生某种感觉或观念的一些能力。"[②] 这段话就好像是专门为我们那些批判洛克的同志写的，以便澄清

[①] 洛克：《人类理解论》第2卷，第8章第8节，见关文运译本。
[②] 同上书，第353页。

他们的"误解"一样。洛克具体地谈到了他正是为了"适应于通俗的意念",有时才把色、声、香、味的观念和存在于物体中的第二性质不作区分,以便容易"为他人所充分理解",但他同时声明:他所真正理解的第二性质,"仍是外物中能产生某种感觉或观念的一些能力"。读《人类理解论》,我们不难感觉到,洛克在谈到第二性质的时候,他的批判对象正是"通俗的意念",即普通常识和日常习惯把色、声、香、味直接当作物体本身的性质的观点。洛克认为这是不科学的。因此,他才在第二卷第八章中以大量的篇幅,引用了不少科学实验和物理观察来证明色、声、香、味并不直接就是物体本身的性质,真正存在于物体中的第二性质乃是产生色、声、香、味等感觉的能力。因此,那种把洛克的第二性质和色、声、香、味混为一谈的观点,实质上正是洛克所反复批判的观点,把这种观点反加于洛克的身上,是对洛克的第二性质学说的百分之百的误解。尽管这种误解,从贝克莱到今天我们当中的许多同志,是如此悠久、如此广泛地被人信而不疑,但事实终是事实,误解总是误解。难道我们那些洛克第二性质学说的批判者,还不应该根据事实,打消自己的"误解"吗?对于洛克的第二性质的内涵的这种"误解",是导致我们很多同志把洛克这一学说归于唯心主义之列的重要原因之一。因为既然他们把洛克的第二性质和色、声、香、味之类等同起来,而洛克又千真万确地把色、声、香、味之类看作主观的感觉或观念,因此,他们便由此出发断定洛克的第二性质乃是主观感觉而非客观存在。这样一来,洛克便落得一个把物体的客观性质主观化的罪名,被戴上了主观唯心论的帽子。现在,既然我们澄清了对洛克的第二性质的内容的"误解",那么,上述加于洛克身上的批判,似乎便有重新考虑的必要。

有些同志看到洛克把第二性质解释为具有不同形状、不同大小、不同数量的物质微粒的不同组合而产生的不同能力,即把第二性质了解为依附于第一性质这一事实,便认为洛克实际上就取消了第二性质的独立存在。因此,据他们说:"(洛克的)第二性质本身并不构成物体的一种异于第一性质的客观特性",洛克认为第二性质就"不是物体本身存在的东西"。

应该怎样来看待这个问题呢?从认识论的角度来看,不管洛克所谓的第二性质与第一性质之间有无依赖关系,当它们作为我们的各种不同的感觉的客观根据时，它们彼此都是独立存在、不可替代的客观特性，颜色感觉绝对不同于形状感觉，声音感觉绝对不同于大小感觉，因此，物体的第二性质也便绝对不同于物体的第一性质。相对于我们的主观感觉来说，它们都是处于客观的、第一性的地位。但是，难道洛克否认过这一点吗？当洛克把物体的性质区分为不同的种类，并比较它们互相区别开来的特性的时候，他不正是承认它们彼此不可替代的独立地位吗？当他把两种性质一视同仁地当作产生我们感觉的客观能力，即当作主观感觉的客观源泉的时候，难道不正是在认识论上承认它们的同等的、客观的、第一性的地位吗？

只有在纯粹客观的物理范围内，洛克才认为第二性质依附于第一性质，不具有和后者同等的独立地位。因而物体的性质才有第一、第二之分。但是这种分别丝毫没有主观、客观的界限，它们只是在纯粹客观范畴内排座次，分等级。这里的问题在于从科学的角度来看，物体具有的产生色、声感觉的能力（即洛克所谓的第二性质）是否真正依赖于物质微粒的数量组合和空间排列（即洛克所谓的第一性质），这是一个需要专门探讨、未可贸然否定的重大科学问题，哲学家们最好还是慎重对待，虚心向自然科学请教，而不要随意挥舞什么"唯心论"、"机械论"、"形而上学"的哲学大棒，向自然科学打去。但是，不管自然科学的正确答案将是如何（本文下两节将就此问题作专门讨论），这并不妨碍洛克承认第二性质的客观存在。科学的答案看来是和洛克的上述见解，在大方向上是基本一致的，即非如此，这也只能说明洛克的这一学说是"机械唯物主义"，无论如何都不能给洛克这一学说戴上"主观唯心主义"的帽子。

有些同志认为，由于洛克的第二性质学说断定物体的客观能力与其所生起的色、声观念之间完全相似，这样，它们之间便仅仅只是一种因果关系，与此同时，它们既没有"形态上相似性"，也没有"内容上的一致性"，于是他们就提出了如下的说法："在洛克看来，第二性质……不是物体本身所具有的东西，而只是一种能力。"[1] 此种说法真是令人难

---

[1] 《怎样正确理解和评价洛克的"第二性质"学说?》，载《光明日报》1961年11月17日"哲学副刊"。

以理解。请问：既然第二性质被承认为"物体具有的能力"，那么，为什么它却"不是物体本身所具有的东西"呢？为什么"能力"不是"东西"？二者区别究竟何在？在洛克的哲学著作中，我们似乎还没有看到他对"能力"与"东西"下过什么界说，做过什么区分，我们甚至在《人类理解论》中，还根本找不到与这位同志所了解和使用的中文概念"东西"相当的英文实义词（这位同志所据的那段译文是不准确的，原文中没有与"东西"相当的字、词）。遗憾的是，这位同志没有去从洛克著作中找出立论的根据，即使他自己也未对此做过进一步的说明，这就难免出现某种混乱。如果"能力"一方面为物体本身所具有，另一方面又不是物体本身具有的"东西"，这实在无异于说，它既存在于物体之中，同时又不存在于物体之中。这不是什么辩证法，而是语义上的混乱不清和逻辑上的自相矛盾。

洛克在否定色、声、香、味与第二性质在形态上的相似性的时候，是否真如他的批判者们所说的那样也否定它们在"内容上的一致性"呢？在下结论之前，还是让我们看看洛克本人的一些论断：

> 我们所有的简单观念都是实在的，都是与实在的事物相契合的；我所以如此说，并不是说，它们都是实在事物的影象或表象；因为除了在原始性质以外，我们在别的性质方面，已经看到有相反的情形。不过白与冷虽然不在雪内，正如痛觉不在雪内一样，可是白、冷、痛那些观念，既是外物能力的一些结果，而且造物者已经指定这些外物，要给我们产生这些感觉，因此，这些观念就是我们的实在观念，而且我们可以依据它们来分别事物本身中真正存在的那些性质。因为这些现象既然可以当做一些标记，使我们来知晓、来分辨我们所接触的各种事物，因此，我们的观念不论只是外物的一些恒常的结果，或是外物的精确表象，它们都一样可以成为实在的、能分别的特征；因为所谓"实在"，其含义就是各种观念和实在事物的各种差异的组织，是恒常地相对应的。至于那些组织，对它们或为原因，或为印模，都无关系，它们只要常被那些组织所产生，它们就是实在的。因此，我们的一切简单观念，所以都是实在的、真正的，只是因为它们同能产

生它们于人心中的那些事物的能力相契合。①

我们的一切简单观念都是相称的。因为它们既是外物能力的一些结果，而且上帝亦特意使这些外物必然地来产生这类感觉，因此，它们不得不同那些能力相对应、相契合；而且我们确乎知道，它们是和实在的事物相称合的。因为糖既然能给我们产生出所谓白和甜等观念来，因此，我们就确乎知道，糖中一定有一种能力，来在我们心中产生那些观念。每一种感觉既然同作用于我们任何感官上的能力相照应，因此，由此所生的观念一定是一个实在的观念（它不是人心的虚构，因为人心就没有产生任何简单观念的能力），一定不能不是相称的，因为它是同那种能力相照应的。②

我们的简单观念是我们凭天赋能力所接受的一些知觉，而且这些知觉亦是外界事物依其天赋的能力，根据确立的法则和途径给我们所产生的，……因为这种原故，这些观念的真实性就在于它们给我们所产生的那些现象，因为那些现象必然符合于外物中所寓的那些能力，否则它们不会产生出来。这些观念既和这些能力相应合，因此，它们就实在是真正的观念。人心纵然认为这些观念是在事物自身（我相信人大半如此），它们亦仍不会错误。③

既然洛克在这些地方一再强调色、声等等观念是外物的客观能力（第二性质）作用于我们感官的必然结果，反复指出它们必然"相对应"、"相称合"、"相符合"，"那些观念必然符合于外物中所寓的那些能力"，而且"我们可以依据它们来分别事物本身中真正存在的那些性质"……那么，我们怎能说洛克不承认它们之间有任何一致之处呢？为什么黄金在光照下面既非黑色，亦非绿色，而必然是黄色呢？为什么糖在正常人嘴里，既非苦味，更非臭味，而必然是甜味呢？这证明我们的感觉与外物的一定能力之间，的确存在着某种一致性，现在，洛克既然认为它们在形态上完

---

① 洛克：《人类理解论》第1卷，第30章第2节，见关文运译本，第349—350页。
② 洛克：《人类理解论》第2卷，第31章第2节，见关文运译本，第352—353页。
③ 同上书，第32章第14节，见关文运译本，第367—368页。

全不相似，没有形态上的一致性，那么，洛克便必然会承认这种一致性表现于内容方面。不管他是否自觉，他必须肯定它们之间有着"内容上的一致性"。

据洛克学说的批判者说，洛克的第二性质，在他看来之所以与色、声、味等观念之间没有"内容上的一致性"，这是因为他看到洛克认为第二性观念不是客观能力的"精确表象"，而只有"因果关系"。但是，洛克所谓的"精确表象"，是指外表上的相似或形态上的一致而言。对于第二性观念，洛克虽然一方面否认它们与客观能力相似，另一方面，又反复强调它与客观能力相符合，显然他不可能从形态到内容，一并否认它们的一致性。"不相似"，只是形态"相符合"，理应了解为"内容上的一致性"。当然，洛克没有自觉地使用这个概念，但他的论述中不自觉地包涵着这个思想。即使我们转而接受洛克学说批判者的说法，承认洛克的第二性能力与第二性观念之间仅为因果关系，也不能成为否认二者具有"内容上的一致性"的理由。一定之原因必致一定之结果，是一种必然性；所谓必然，即在一定原因下，其结果为一定，只能如此，不能如彼。所以必然性即包含一致性。原因之结果，如果是既可如此，又可如彼，就不是一致，而是多致，也就不是必然，亦即没有因果关系。因果之间的这种一致性，在通常的情况下，很少会体现为形态上的相似。摩擦与热并无任何形态相似之处，但摩擦一定生热。如果摩擦与热之间没有内容一致的关系，那我们就很难设想它们的因果必然性。实际上，我们知道，热是一种分子运动，而摩擦的作用则是使摩擦物的分子做运动，这就正是因果在内容上的一致性。而正是有了这种一致性，摩擦才会生热，热体现了摩擦运动的固有内容。按照一定规律振动的空气波，产生悦耳的乐音；没有振动规律的空气波，则引起刺耳的噪音；在这里，空气波振动的有规律和无规律，与声音的和谐和嘈杂之间存在着必然性或一致性。其所以如此，在于空气波的内容（有规律或无规律的振动）决定了声音的特征（和谐或嘈杂），而声音的特征则体现了空气波的内容。故此，尽管空气波和声音这一对因果关系之间没有形态上的相似，却具有内容上的一致。我们有理由可以肯定地说，任何类型的因果关系，皆以必然性和内容上的一致性为其必要特征。那些批判洛克学说的同志既然承认洛克的第二性质与其所生的观念间有一种因果关系，那么，他也应该承认它们有内容上的一致性才对。

假如我们像洛克哲学的批判者那样，否认因果关系在内容上的一致性，会得出什么样的结论呢？那时，我们就必须说，原因和结果之间，不是一致，而是多致；非是必然，而为或然；既可如此，亦可如彼；火上之水可以沸腾，亦可结冰；石头下掷，既可落地，亦可升天；击出子弹，既可前进，亦可折回。……但是，这岂不是变成了休谟式的哲学吗？固然，那些批判者们尚未走得如此之远，但只要坚持否认因果关系在内容上的一致性，这却是必然的逻辑结论，不可不以之为鉴。我丝毫无意把这些同志和休谟主义等量齐观，但我希望这些同志也不要把洛克和休谟混为一谈。

既然洛克实际上承认了色、声、香、味与产生它们的客观能力之间在内存上的一致性，那么，洛克所称为客观能力的第二性质本身是有其独自的客观内容的，这也就是说，洛克的第二性质是实实在在的、有一定内容的客观存在，而不仅是单纯标志某种莫须有的原因的、象征性的空洞符号，更不是任何人的主观附加。

总结我们的讨论，我认为，在肯定物体的第二性质的客观存在方面，洛克是无可非议的。今天我们有些同志之所以对洛克这一学说采取批判态度，其主要原因之一，在于他们误解了洛克的第二性质的真义。他们错误地把色、声、香、味的第二性质混同起来，从而把洛克的第二性质（客观能力）说成是色、声、香、味一样的主观观念。对于第二性质的这种理解，对洛克来说，自然是百分之百的误会；但对批判洛克的同志来说，这就不但不是误会，而恰好反映了他们自己的真正主张。根本问题在于他们正是把色、声、香、味看作独立于感觉主体之外的、物体自身所固有的性质。因此，当他们看到洛克的第二性质学说反对了这种主张的时候，他们也就站到了洛克所反对的对方，而对洛克进行了批判。这是争论的关键所在。但是，色、声、香、味之类，究竟是我们对于物体的某种能力的感觉呢，还是物体本来固有的性质呢？洛克和他的批判者们，究竟谁是谁非呢？这超出于哲学史的范围，进入了自然科学的领域。我们需要请教于科学事实的裁判。看来，现代科学提供的事实，似乎日益确定地论证了两百年前的洛克的物性理论，而并不有利于洛克学说的现代批判家。

三 自然科学的裁判

我们在本文的第一部分中已经谈到，把色、声、味等视为心中的感觉这种观点，并非始自洛克，我们可以上溯到古希腊时代以德谟克里特为代表的原子唯物主义，但为这种学说赋以近代科学的形态，则大致应从伽利略和波义耳算起。在17世纪，以伽利略、波义耳、牛顿等著名科学家为代表的自然科学，主要是从物理学的角度，把物质的各种物理的和化学的特性及其在感官上的表现，还原为物质微粒的不同的数量组合和空间排列。他们把色、声、味之类视为一定的物理化学特性作用于人的感官的结果。但他们对于产生这些感觉的生理、心理过程的生理学和心理学的研究，在当时还是很不够的。在这方面，大致是在19世纪通过托玛斯·扬和黑尔姆霍兹等人的研究，才获得比较突出的成就。巴甫洛夫学说的发展，使我们对形成感觉的生理、心理过程的本性有了更清楚的认识。近年来，由于实验技术的进步，学者们把各种新的技术广泛应用于对生理过程的研究，取得了许多可喜的成果。自然科学的成就，使我们有条件对以洛克为代表的"第二性质"学说做出比较科学的评价。

近代自然科学的成就，告诉了我们些什么呢？我认为，总的说来，它论证了以洛克为代表的"第二性质"学说的基本思想，证明色、声、香、味之类的确不是存在于物中的客观事实，而是一定物理化学特性作用于人的感官而产生的感觉。科学告诉我们，万紫千红的颜色并不是物体本身固有的东西，在物体本身只是反射出不同波长、不同频率的电磁波，这些电磁波作用于视觉器官，通过感官的生理和心理的一系列变化过程，才在视觉中枢显现而为颜色；自然物体也无所谓抑扬顿挫的声音，而只是震出不同波长、不同频率的空气波，它们通过听觉器官在接受空气波的震动之后所产生的生理心理过程，才转化为听觉中枢所能感觉的声音；同样，物体本身也无所谓气味或滋味，所谓有味的物体，只发散出各种不同的化学性质的气味分子或具有不同的化学元素，它们引起嗅觉器官和味觉器官的生理变化，才被我们感觉为不同的气味和滋味，离开我们的感官，就自然物体自身而言，既无所谓香，亦无所谓臭；既无所谓甜，亦无所谓苦……

为什么我们要把电磁波与颜色、空气波与声音、气体分子与气味等等判为天人不同的两类事物呢？为什么我们偏偏要相信外物所发射和反射的是电磁波、空气波和气味分子，而不是颜色、声音和气味本身呢？既然电磁波、空气波、气味分子在我们的感觉中，总是必然地表现为颜色、为声音、为气味，那么，我们为什么不可以设想颜色就是电磁波的客观形式、声音就是空气波的客观形式、气味就是气味分子的客观形式呢？这是一些非常富于哲理和科学意义的大问题。事实如此，电磁波、空气波等只要为我们所感觉，它就是颜色或声音，而绝不会是其他。即使我们把可见部分的电磁波用三棱镜分析为不同长度的光谱，它们在感觉中也仍然是不同幅度的各种颜色。不过，即使我们充分考虑到这些感觉中不可动摇的事实，科学和哲学的推理仍然要求我们在电磁波、空气波与颜色、声音等等之间画上一道界线。

自然科学告诉我们，作为色、声、香、味的客观对象的电磁波、空气波和物体散发的气味分子，都是物质微粒（如光子、空气分子）的一种运动，它们的精微度，远远超出了我们的天然感官所能达到的可感领域，因此，物质微粒及其运动形态本身，是为我们的天然感官所不能直接感知的。它们作为一种外间刺激力作用于我们的感官，而我们只能通过自己的感官在接受这种刺激力后所引起的变化和产生的结果而间接地感知它们。我们可以用宏观现象来打个比方。当我们看到拳击家一拳击中而被击者立即昏倒在地的时候，我们自然会说："这一拳的力量很重很大。"我们真是"看到"这一拳的"力"吗？没有。我们所看到的只是被击者的昏倒。但是，被击者的昏倒只是"力"作用于被击者的身体而引起的变化和结果。即以被击者本人的感觉而言，他也只是通过自己身上的肌肉、神经的被破坏而引起的疼痛感来感知这一拳之力，也就是说，他是通过它作用的结果来感知它的。

再举一例。我们看到树梢的摇晃，于是就说："风来了。"但是，大家知道，风乃是气体分子的一种运动，它也是为我们的天然感官所不能感知的。树的摇晃只是风作用于树所引起的变化和结果。同样的道理，电磁波、空气波作为物质微粒的运动形态,也根本是不能以天然感官去直接感知的。我们的眼睛所看到的只是光和颜色,耳朵所听到的只是声音,鼻孔所嗅到的只是气味,感官并没有直接地告诉我们说,这就是电磁波、空气波或某种化学分子等等。我们之所以得知我们的感觉对象乃为电磁波、空气波等等,并不是感觉直接的陈述,而是为科学推理所揭露出来的。事实上,我们所直接感觉到的东西,乃是电磁波、空气波在我们感官上的作用而引起的变化和产生的结果,而非直接地等同于它们的本身。正如肌肉的疼痛和树枝的摇晃不是等同于拳力和风力的本身,而是作用所引起的变化和产生的结果一样。如果颜色、声音直接就等同于电磁波、空气波本身的形态的话,那么我们人类应该是可以用天然感官直接认识它们的。所有自然科学特别是物理学家对声、光、电、磁的孜孜研究,就大可不必多此一举了。原始人的天然感觉就会远远超出我们今天的那些大科学家的全部科学知识而为他们惊羡不已了。

我们之所以否认电磁波、空气波本身就等同于色、声、味之类,还在于我们必须考虑下面这些重要的科学事实。大家知道,被我们人类称为颜色的电磁波,只是在波长约 $390m\mu$—$760m\mu$ 之间的一段。在这一段之外,尚有红外线和紫外线,其波长或较红波长而更长,或较紫波短而愈短。不过,它们都是永远处于我们天然视觉的视野之外,所以,谁也没有称它们为颜色。

我们称之为声音的空气波,也只是空气波广阔领域中的很小的一部分,在可听声波之外有次声波和超声波,因为我们的天然听觉器官听不到,所以亦不称它们为声音。

气味看来也是如此。我们人类认为无气味的东西,很多其他的动物却在很远的地方就可觉察出它的味来。警犬的嗅觉灵敏度超出人类数以千百倍计。这使我们有理由设想,也许所有的物体都可以由于自身的运动而发射出某种物质分子,我们人类所认定为有味或无味者,不过是根据自己的感觉而选择出来,予以分类的。

让我们停下来思索一下这些事实:既然不管是可见光,还是不可见的红外光和紫外光,它们都是电磁波;或者,既然不管是可听声波,还是不可听的低声波和超声波,它们都是空气波……那么,我们又有什么理由,偏偏要把电磁波和空气波大家庭中的那微不足道的一小部分挑选出来，说它们本来就是颜色或声音，而其他的绝大部分成员却不是呢？就电磁波之为纯客观的物理对象而言，我们可以设想，由于它有不同的波长和不同的频率，在不同的波段上，对不同的物体的关系上，表现出不同的物理特性，但是我们的理智却很难设想在电磁波的无限广阔的领域中，唯独那渺不可言的一小部分表现而为颜色的客观形式，而其他绝大部分却是与颜色根本不同的另一种东西。这个道理对于空气波和气味分子是同样适用的。

这就是说，在电磁波中色与非色，在空气波中声与非声，在气味分子或化学元素中味与非味的区别，不能在客观对象本身中去寻找。既然人类是把相应于我们感觉的可感部分叫作色、声、香、味之类，那么，所谓色与非色、声与非声、味与非味，只能是相应于我们人类的感觉才有意义。因此，我们有理由认为，色、声、香、味等等，实际上不过是我们对客观对象的可感特性的一种感觉方式。这种感觉方式无疑依赖于人类在自然选择中形成的生理构造的特点。所以，我们必须探寻这样一个问题。人类的生理构造为什么对红外光、紫外光、次声波、超声波以及诸如此类不能感知，而只能选择同类对象中的一微小部分作为自己的可感对象？

如果依照我们的那些第二性质学说的批评者的自然观和世界观，也许这个复杂的哲学问题和科学问题，将会变得如解答小学算术习题一样容易。为什么我们不能感知红外光和紫外光呢？因为它们本来不是颜色；为什么可见光在我们眼睛中显现为颜色呢？因为可见光本来就是颜色。……这种答案看来似乎合乎常识与情理，其实与不回答没有什么两样。这种解答问题的方式，实质上乃是中世纪经院哲学家，或科茨所指责的亚里士多德和逍遥派的世界观，即用"隐蔽的质"、"实体的形式"、"偶然的形式"之类的废话，用来说明任何自然现象的现代化的翻版。这无异于莫里哀喜剧中的那位聪明人物，说鸦片之所以能麻醉人，在于它有麻醉的能力一样。这种话说得越多，自然的奥秘离我们越远。

科学和哲学没有也不可能选择如此这般的简单化的道路。苏联学者瓦维洛夫在其《眼睛与太阳》一书中，以富有说服力的资料，向我们提供了解答这个奥秘的线索。这些科学资料告诉我们：为什么我们不能感知紫外光呢？这并不仅仅是因为紫外光不是颜色而已，而是因为紫外光对生物机体有破坏作用。为什么我们不能感知红外光呢？这也并不仅仅是因为红外光不是颜色而已，而是因为如果人眼能感觉红外光，并以像感觉绿色光一样的敏锐程度去感觉它的话，那么人眼内部的红外辐射将会发生出五百万支烛光的光亮。与这一内部的光相比，作为地球光源的太阳，就好像不发光似地。在这种情况下，人就只能看到自己眼睛的内部，人类就毫无例外地变成名副其实的睁眼瞎子。

为什么我们能看到波长 $390\mathrm{m}\mu$—$760\mathrm{m}\mu$ 的电磁波呢？这并不因为它本来就是颜色。根本原因在于在这一范围内，太阳光的平均能量差不多在地球上是平均分布的，而在较短（紫外光）和较长（红外光）的波长方面，却又有陡然的下降，因此，在这一领域内，就便于人的眼睛能径直地感受太阳光的能量，能够灵敏而明晰地分辨周围世界的对象。就是由于这个客观的根据，决定了眼睛对于光波的可见部分的自然选择。把这一部分光波转化为可以清楚分辨对象的颜色感觉，是在人类进化过程中通过自然选择而形成的对一定光波的主观感觉方式。

我们从《眼睛与太阳》一书的资料中所受到的启发和做出的结论，无疑对于声音、气味、滋味等感觉形成的自然途径，也具有同样的意义。例如对于空气波的可感部分的选择，无疑也是因为它最适应于我们的生理构造，最便于感受那些对我们的生活最有意义的空气波的信号刺激，并不是因为这一部分空气波在空气波大家庭中具有与众不同、独一无二的特点，它本来就是声音。

既然我们从客观方面找不到光波就是颜色、空气波就是声音的根据，那么，在主体方面，人类把这些相应的对象转化为色、声、香、味的感觉的生理机制、生理心理过程又是什么呢？我们有什么理由断定这些感觉依赖于我们的生理机构呢？

"第二性感觉"依赖于生理构造的特点的事实，可以从不同的动物（感觉主体）对同一对象有不同的反应方式得到证明。例如，我们人类觉得大粪简直是臭不可闻，过之则恶心作呕；而狗见之却垂涎三尺，必欲大嚼一顿而后快，苍蝇更见之而徘徊周旋，流连忘返。狗和苍蝇如果像人一样会说话，它们大概会抗议人类对大粪的"偏见"。这倒不是因为它们嗜臭成性，而是因为人类与狗和苍蝇的味觉器官有不同的生理构造。甚至还可以说得更具体一些，它们的味觉器官中有不同的生物化学物质，因此，同一粪便的味觉刺激，在不同类型的味觉器官中便会生起不同的生物化学变化，因而使感觉主体发生不同的味觉。打个浅显的比方，当氢（H）和氯（Cl）化合，便生出有臭味的氯化氢（HCl），而同样的氢（H）与氧（O）化合，却生出无味的水（HO_2）一样。当然这里的有味与无味，仍只有相应于我们的感觉器官才有意义。

由于我们的眼睛不能感知紫外光，我们就说它不是颜色，而具有和我们不同的生理构造的蚂蚁，却能对它有所感觉。恩格斯指出过："我们永远不会知道究竟蚂蚁把化学射线看成什么样子。"[①] 但是，可以肯定，由于蚂蚁的生理构造的特殊性，它很可能把紫外线感觉为根本不是颜色之类的东西。而且，即使是化为"颜色"的感觉，也一定是不同于人眼中的颜色的"颜色"。这一点可以从不同动物对同一光波有不同的感觉和反映的事实得到证明。根据科学家为了解不同的动物的辨色能力所做的研究，结果证明，夜间动物（如猫）几乎全不会辨认颜色，其他各种动物所能辨认的颜色也各不相同，大部分猴子能识别很多颜色，黑猩猩能辨别的颜色最多，几乎和人差不多。我们可以思索一下这些科学事实。这些都是长有眼睛的高等动物，就眼睛的水晶体结构而言，它们与人眼并无不同，它们都可以像镜子一样，把外界的物象拍照下来。因此，如果外物所反射的光波本身即为颜色，而且眼睛的作用只在于像镜子或照相机似地接受颜色，那么，凡是具有水晶体结构的眼睛的任何动物，都应该像镜子一样地可以反映和辨认任何颜色，而且对同样的对象具有共同的颜色感觉。可是，科学家的研究否定了这个说法。为什么同一的电磁波在不同动物的眼睛里有着色与非色的区别呢？在这里，既然作为客观对象的电磁波本身并没有在不同动物的面前有任何变化和不同表现，那么，显而易见，在不同动物眼睛里，同一电磁波之所以有色与非色的区别，究其原因，只能认为是在于不同动物的眼睛的不同的生理构造之中。所以，眼睛的任务和作用，并不是被动地接受外物的颜色，而是在于把本来看不见的电磁波刺激转化为可见的光并形成颜色的感觉：正因为不同动物的眼睛有不同的构造和特性，所

---

① 恩格斯：《自然辩证法》，人民出版社1955年版，第201页。

以才出现了上述科学家所揭示出来的实验结果，使得各种动物有不同的辨色能力，并对同一电磁波的感觉表现为色与非色的差异。

其实，颜色感觉依赖于主体的生理构造这一事实，早已为恩格斯所注意和肯定。他在《自然辩证法》一书第244页上这样写道：

> 什么是光，什么是非光（笔者按：此处所说的光，也指颜色），这是以眼睛的构造为转移的。

所以，色、声、香、味等"第二性感觉"，乃是我们对于外物一定特性的主观反映。同样的对象，在具有不同的生理构造的动物（感觉主体）中，也许并不表现为色、声、香、味的形式，这是很可能的。这里想提一提普列汉诺夫的观点。他认为色、声等所谓物的"形态"，"只不过是自在之物对我们作用的结果"，因此，他指出："自在之物没有任何'形态'，它们的'形态'只存在于受它们作用的那些主体的意识中。现在要问：谁是这些主体呢？人们吗？不，不仅人们是主体，而所有那些由于自身结构的某些特殊性，而有可能这样或那样地'看见'外部世界的有机体都是主体。但这些有机体的结构是不一样的，所以外部世界对他们来说也有不一样的'形态'。我不知道蜗牛是怎样看东西的，但我相信它不像人那样去看东西的。"① 普列汉诺夫这里阐明的关于反映方式依赖于主体的生理构造的特殊性的基本思想，大体上符合于客观事实。至于对此事实的哲学解释，人们当然是可以持不同意见的，不仅如此，即使在人类中，不同的个人对同一外界作用的反映形式，也是不尽相同的。例如，色盲人对某种颜色就不能感知，或把它感觉为与一般人不同的其他颜色。可是色盲人与正常人在这里的全部差异，完全在于眼睛的生理构造。同时，就是同一个人，也可因生理构造的突然变化而发生感觉形式的变化。一个本有正常视觉的人害了黄疸病以后，就会视物皆黄；一个正在发高烧的病人可能对任何珍馐美味失去兴趣，觉其味苦。如果物体反射的电磁波和物的化学元素就等于色味本身，而不依赖于主体的生理构造，如果人的感官的作用只

---

① 《普列汉诺夫哲学著作选集》，第一卷，生活·读书·新知三联书店1959年版，第536页。

限于被动地接受物的"形态",那么,上述情况是不应该发生的。

近代自然科学正是考虑到上述科学事实,从而努力探寻人的感官把电磁波转为光和颜色、把空气波转为声音、把气味分子转为味觉和嗅觉的生理机制和生理心理过程,并因此而在揭示"第二性感觉"的形成的秘密上获得了很大成就。反之,如果我们接受那些洛克哲学的批判者的观点,按他们那一套主张办事,那么,这一切关于感官生理学和心理学的研究就变成多余的了。当然,目前的感官生理学和心理学的成就还不足以详尽无遗地说明外界刺激怎样转化为色、声、味等感觉的详细过程,为揭示它的全部秘密,自然科学家还在作进一步的努力,不过,目前已经达到的成就,实际上已经证明了以洛克为代表的第二性质学说的基本思想。

以视觉为例。早在19世纪,科学家就已发现人的视网膜中有两种细胞,即棒状细胞和锥状细胞。棒状细胞在形成可见物体的明暗、锥状细胞在构成可见物体的色彩上有着特殊的作用。电磁波的可见部分只有通过锥状细胞的作用,才能在视觉中枢表现为颜色。如果锥状细胞具有不同的缺陷(相对于所谓正常人),就会成为不同类型的色盲;棒状细胞如有缺陷,就会成为夜盲。纯粹的白昼动物(如地松鼠)的视网膜上只有锥状细胞,而无棒状细胞,故是天生的夜盲。鸡、鸽子等大多数鸟类是白天活动的动物,它们的视网膜内,锥状细胞多于棒状细胞。一般夜行动物如猫头鹰等的视网膜,则与白昼动物的情况相反,棒状细胞多于锥状细胞。纯粹的夜间活动的动物,如大白鼠、夜行壁虎和某些深海鱼类,它们的视网膜上只有棒状细胞而无锥状细胞,因此它们是天生的色盲。棒状细胞内含有一种特殊的物质,名叫视紫,它在电磁波的刺激下便发生分解,随着分解时的生理化学过程,我们的意识便获得光及其明暗的感觉。

至于视觉器官把电磁波转化为颜色感觉的生理机制和生理过程,19世纪,自然科学家提出了两种学说,一是托玛斯·扬和黑尔姆霍兹的"视觉三原说"。此说认为视网膜锥状细胞中含有红、绿、蓝三种色觉物质,这些物质受光分解,最后便形成各种不同的颜色感觉。黑林(Hering)提出了与此有些不同的"拮抗说"。此说认为眼睛中应该有六种基本感觉,这些感觉以成对拮抗的方式(黑—白;蓝—黄;红—绿)出现。他假设视网膜中存在着三种色觉物质,上述每一拮抗对中的一种颜色(如红)使其中一种物质异化，另一种颜色则使其同化。这两种学说进行了长期、反复的论争。但这两种学说却有一个共同点，即都是否认颜色是外物的客观存在，假定颜色感觉是在光线刺激后由视觉器官中的基本色觉物质的相互作用下形成的。他们的分歧之点仅在于把光线刺激转化为颜色视觉的生理化学过程的方式，各有不同的说明。在20世纪50年代以前，由于实验工具的限制，对于颜色信息在视觉系统的接受、编码和传递过程，无法进行精细的分析，因此很难在严格的生理基础上对这两种理论做出确切的评价。近20年来，随着资料的积累和实验技术的发展，对视觉器官的色觉物质的研究有了重要的突破。例如利用眼底反射分光光度法，来测定视色素对光波的敏感程度，实验证明，在正常人眼中央凹区域，至少包含有两种锥状细胞视色素，一种吸收相当于红色的光波较多，因而对红光较为敏感；另一种则吸收相当于绿色的光波段较多，因而对绿光较敏感，这证明在人眼视网膜的中央凹部分，至少含有红色和绿色两种视色素的锥状细胞。

  还有一些学者利用显微分光光度法来对视锥细胞进行单细胞和细胞化学器的定量研究。它用微光来研究和测定视锥细胞内视色素的光谱特性，这种研究也取得了令人满意的实验结果。李普曼（Reipmam）等利用显微分光光度法，对金色的锥状细胞吸收光谱进行了测定，发现具峰值分别为460（蓝）、540（绿）、640（红）毫微米。布朗（Brown）和沃尔德（Wald）应用显微分光光度法测得了人眼的黄斑部分锥状细胞吸收光波的峰值，分别为535和564毫微米。马克斯（Marks）也用此方法测得了人和猴子的锥状细胞吸收光波的峰值为445、535和570毫微米。根据这些学者的实验测定，证明人眼视网膜中确有三种锥状细胞：感受蓝光的锥状细胞（吸收光波峰值：445—447—450毫微米）、感受绿光的锥状细胞（吸收光波峰值：525—535—540毫微米）和感受红光的锥状细胞（吸收光波峰值：535—570—574毫微米）。这些实验结果都与用心理物理方法所测得的人眼光谱敏感度曲线的峰值（430、540、575毫微米）相当一致。

  近年来，还应用微电极技术来测定单个视觉细胞的电位。日本学者富田用直径小于0.1微米的超微电极，成功地从鲤鱼的单个视觉锥状细胞的内段，记录到了超极化的感受器电位。这种电位的大小，随刺激光的强度变化而改变。在给予量子数相等的有色光刺激下，就测得了单个视觉锥状细胞的光谱敏感性。实验结果也证明视觉锥状细胞中确实有三种类型，它们分别对相当于红、绿、蓝的波长的光波反应最为敏感。

总之，从现代的视色素光谱学的研究和视觉细胞电生理学的研究表明，在视色素的分子生物学水平上，的确存在有三种不同类型的视觉锥体细胞光敏色素。这有力地证明了托玛斯·扬和黑尔姆霍兹的视觉三原说确有科学根据。

既然视觉三原说只承认视网膜中有红、绿、蓝三种视色素，它们又怎能形成万紫千红、丰富多彩的颜色视觉呢？按照视觉三原说来解释，这是因为这三种基本色觉物质，在不同光波的刺激下，可以发生不同程度的兴奋，产生不同比例的组合，从而就产生不同色彩的颜色，这与画家可以用少数几种基本色彩，根据不同的比例配置成各种各样、千差万别的色彩的道理是完全一样的。我们不妨具体地说明如下。按照视觉三原说的解释，视网膜中每一种基本的视色素物质，只能被相当于其色觉的光波刺激所兴奋，引起生理化学反应。对于其他波段的光波，虽然也可引起一些兴奋，但反应却较小。因此，在相应于红色的光波刺激下，感受红光的锥状细胞特别敏感地兴奋起来，感受绿光和蓝光的锥状细胞虽然也要产生兴奋，但程度较弱，故在视觉器官中产生的是红色感觉。相当于绿光和蓝光的光波的刺激，在眼中产生的情况与上述相同，故分别产生绿色和蓝色的视觉。其他色彩的光则是红、绿、蓝基本色素不同比配的结果。例如黄色的颜色感觉，则是因为相当于黄色的光波刺激视网膜，差不多以同等的程度引起红绿两种基本色觉细胞的兴奋，蓝色基本色觉细胞对它的反应则很小。其他任何一种有色光线射到视网膜上，都能不同程度地分别引起这三种基本色觉细胞的兴奋，从而产生不同的颜色感觉。所以，各种色觉的感觉，是我们的三种基本色彩细胞对不同波长的光波的一种综合反应。如果刺激光对三种基本色觉细胞的作用几乎相同，则就引起白色感觉；如对红色和蓝色的色觉细胞的作用较强，便引起紫色感觉；如对蓝色和绿色的色觉细胞的作用较强，便引起青色感觉；强弱比例不同，颜色感觉也随之而不同。

视觉三原说可以比较圆满地解释色盲现象。色盲现象之所以产生，就在于此人的视网膜中缺少相应的基本色觉细胞。缺乏红色基本色觉细胞，则为红色色盲；缺乏绿色基本色觉细胞，则为绿色色盲。医学上色盲症的病理机理，由此就得到了简单明了的解释。

视觉三原说对技术科学的发展，也做出了较大的贡献。例如彩色照相、彩色电影、彩色电视等的颜色比配，都是以视觉三原说的原理作为科学基础的。这些技术科学成就，当然也反过来证明了视觉三原说的科学性。

近年来的实验还发现，眼视网膜中虽然存在着不同的基本色觉物质，但它们形成的颜色信息却并不是以三条各自独立的"专线"向神经中枢传递的。1953 年库夫勒（Kuffer）等观察到猫的神经节细胞感受阈的中心和周边，对光的反应是不同的，具有拮抗对立的形式。20 世纪 60 年代初在从金鱼眼睛中游离出来的视网膜物质中又发现，除了一部分对所有波长的光线均有相同反应外，还有许多神经节细胞对不同的颜色呈现为拮抗反应。红、绿、蓝三种基本色觉物质双双结对，有三种可能的组合，每一对对光的反应在空间上也表现为拮抗对立的形式。科学家们据此判断，颜色信息在从视觉接收器通过神经节向视神经中枢传递的过程中，是以编码为拮抗对立的形式进行传递的。这就保证基本色觉细胞形成的颜色信息不会在传递过程中混淆起来。这一事实证明黑林的拮抗说也有道理。看来，托玛斯·扬—黑尔姆霍兹的三原说与黑林的拮抗说这两种理论之间，并不是互相对立的，他们都有正确的一面，也都有各自的片面性。三原说正确地说明了三种基本色觉细胞在形成颜色信息中的作用；但颜色信息向中枢神经的传递，却是依照黑林拮抗说的假设，拮抗成对编码进行的。这样一来，上述两种表面上互相对立的色觉理论，在新的水平上辩证地统一起来了，这些色觉理论的新成就，应该成为我们分析和评价洛克物性理论的科学根据。我们认为，可以肯定地说，洛克的第二性质学说中关于颜色感觉的基本思想，大体上已经得到了现代科学的证实。把客观世界发射出的电磁波刺激转化为光和颜色感觉的视觉物质及其在神经通路中的传递方式已经初步弄清了。而且我们还可以满怀信心地期望，感官生理学和心理学的进一步发展，将会为这一理论提供越来越多的证明和根据。

颜色感觉的形成依赖于感觉器官的生理结构，这个基本思想，对于其他"第二性感觉"的形成也是同样适用的。以味觉为例，科学家早已发现了形成味觉的生理感受器，称之为"味蕾"。味蕾分布于舌尖，舌边和舌的上表面后部。没有味蕾的作用，即使把一个能产生味道的东西放到口中也不会觉出味道。舌的上表面中部和下表面的全部就全无味觉；而且味蕾也有不同的种类，因此，通过它们的作用，就会发生不同的变化，形成不同的味觉，甜的感受性在舌尖最大，舌后部最小。苦的感受性则与之相反，舌后部最大，舌尖最小。因此，糖精在舌尖上是甜的，渗到舌根时，人常常反而觉其味苦。这个明显的事实，证明一定的物质只有和一定的味蕾接触，生起一定的生理化学变化之后，才产生某种滋味的感觉，没有味蕾参加的生理过程，就物质本身言之，无所谓滋味。

诚然，任何感觉，如果没有外物的一定特性的作用，是不可能形成的，但是，如果没有感觉主体参加进去的生理过程，也是不可能的。颜色、声音、滋味……一定是光波、空气波、化学物质作用于我们的相应的感觉器官的结果，但是，没有主体的生理过程，电磁波本身不是颜色，空气波不是声音，化学特性不是味道。所以，自然科学的事实，向我们证明：色、声、味之类，实际上是心中的感觉，而不是物中的属性。

我们在科学的领域中，作了一度浮光掠影的漫游，笔者对自然科学所知甚少，所引资料是极为粗糙、极不完整的，也许尚不足以使洛克学说的批评者和普通常识的信徒放弃对于色、声、味乃物中存在的传统信仰。不过，我希望读者不要以为这是自然科学的过错。不管我的粗浅叙述是否成功，自然科学所做的结论，仍然是确定无疑的事实，应该成为我们今天评价以洛克为代表的物性理论的基础。

四 自然界的本来面貌及其他

恩格斯对唯物主义世界观的本质特征，作过一个最精彩、最确切的说明。他指出，唯物主义世界观就是按照自然界的本来面貌来说明自然界，而不附加以任何外来的成分。世界本身是个什么样子，我们就说它是个什么样子，还它一个"庐山真面目"来。如何评价洛克的物性理论，特别是如何评价洛克关于第二性质的学说，和我们对自然界的本来面貌的正确了解有着密切的关系。按照洛克学说的批评者们的看法，色、声、味之类就是自然物体本来固有的属性，与任何感觉主体无关。据此，他们心目中的自然界的本来面貌是一个有色、有声、有味的世界。但是，按照洛克的物性理论，这种自然观和世界观就必须大大改观。什么是自然界的本来面貌呢？这就是独立于我们的意识之外，不依我们的意识为转移的物质自然。由于洛克认为色、声、味之类实际上不过是心中的感觉，因此，在他看来，就自然界的本来面貌言之，实际上是无色、无声、无味的。洛克写道："眼如果不看光和颜色，耳朵如果不听声音，味蕾如果不尝滋味，鼻子如果不嗅香气，则一切颜色、香气、滋味和声音等等特殊的观念，便都会消散和停止，并归原于它们的原因，即物体分子的体积、形相和运动。"[1] 这是两种大不相同的自然观。我们常常听到洛克的批评者们发出这样的指责：我们感觉到的自然界是色声俱备、气象万千的，你否认这一点，岂不意味着色、声、香、味等等是我们人类给予这个世界的外来的附加么？难道这还不是违背恩格斯关于唯物主义世界观的根本特征的论断么？

现在我们可以代替洛克回答这种指责了。既然自然科学已经证实色、声、香、味之类实际上只是心中的感觉，而非直接就是物中的存在，那么，当你们说自然界是一个有色、有声、有味的世界的时候，那才真正是把自己的感觉涂抹在自然世界之上，那才真正是给自然界的本来面貌上附加以外来的成分，从而才是不折不扣地违背了恩格斯的论断，违背了唯物主义世界观的根本要求。至于洛克的自然观，既然已为自然科学所证实，它也就如实地反映了自然界的本来面貌，这不是恩格斯所要求和理解的唯物主义世界观又是什么呢？如果我们考察一下两千余年来的唯物主义发展史，就可清楚地看到，把色、声、香、味当作"外来的附加成分"而从人以外的自然世界划去，恰恰正是唯物主义哲学的传统观点。我们知道，全部唯物主义哲学史可以划分为三个阶段。这三个阶段的唯物主义哲学的主要代表都是这样来看待自然界的本来面貌的。

在西方哲学史上，从唯物主义世界观在古代希腊诞生之日起，就一直为正确说明自然界的本来面貌而斗争。两千多年前的素朴唯物主义，就充

---

[1] 洛克：《人类理解论》第2卷，第8章第17节，参见关文运译本，第103页。

分懂得所谓世界的本来面貌是不依我们的意识为转移的客观自然界的这个道理，因而他们在那样古老的年代就不把我们对于世界的感觉与世界的本来面貌混为一谈，正确地认识到我们人类的感官所感并非物之本然。赫拉克利特就曾指出："眼睛和耳朵对于人们乃是坏的见证，如果他们有着粗鄙的灵魂的话。"[①] 因此，他反复强调人们要用理性与智慧的灵魂，去认识那为眼睛和耳朵（感觉）所不能认识的内在于事物深处的"逻各斯"。古代素朴唯物主义的集大成者是以德谟克里特、伊壁鸠鲁、卢克莱修为代表的原子唯物主义。我们在本文的第一部分，已经具体地指出，这些伟大的唯物主义者以细致的经验观察和深刻的哲学推理向我们证明，自然界的本来面貌并不是像我们感官感觉到的那样一幅有色、有声、有味的世界图景，色、声、香、味并不是作为物质基原的原子所固有的东西，而是原子作用于我们的感官而产生的感觉。这就是说，在他们所描绘的物之本然的世界图景中，已经把色、声、香、味等等当作外来的附加成分而去掉了。

唯物主义哲学发展的第二阶段是从17世纪到19世纪的机械唯物主义。这一时期出现了许多唯物主义哲学大师。他们所理解的自然界的本来面貌又是个什么样儿呢？在洛克以前的17世纪的机械唯物主义哲学大师们的自然观，我们已经具体介绍过了（见本文第一部分）。伽利略、波义耳、牛顿、笛卡尔、霍布斯等人都直接继承和发展了原子唯物主义的自然观和世界观，不同意把色、声、香、味之类的主观感觉作为外来成分附加到自然界的本来面貌之上。关于他们的主张，这里也没有必要再加论述了。

我们所要问的问题是：洛克以后的唯物主义哲学，特别是18世纪法国唯物主义哲学家（他们是唯物主义哲学第二阶段的顶峰），他们是怎样看待和理解自然界的本来面貌的？对以洛克的物性理论为代表的17世纪机械唯物论的自然观是取赞成的态度，还是取反对的态度？具体地说，他们是否把洛克的第二性质学说视为主观唯心主义而予以抛弃，而把色、声、香、味之类当作自然界的客观存在呢？在有些洛克学说的批判者们看来，事情似乎就是如此，似乎18世纪法国唯物主义者就已如此这般地与

---

① 《赫拉克利特著作残篇［D107］》，见《古希腊罗马哲学》，第29页。

洛克以前的唯物主义传统一刀两断，另有主张。但是，这种说法是不符合于历史真相的。正如马克思所指出的，18 世纪法国唯物主义哲学有两个老师：一个是法国的笛卡尔（主要指笛卡尔的物理学，即机械唯物主义的自然观），一个是英国的洛克。他们对洛克的以两种性质为代表的机械唯物主义世界观，不但未予抛弃，而且实际上是继承了它的基本思想。

对洛克哲学五体投地的伏尔泰是完全同意洛克上述思想的。他在《形而上学论》中写道："……物质的本质并不在于一个物体有颜色或发声音，而在于它是有广袤和不可入性。"这是洛克两种性质学说的典型体现。伏尔泰的世界图景里是没有颜色和声音的地位的。

再以拉美特里为例。他在其《心灵的自然史》一书中直接使用过第一性质和第二性质的概念[①]。他像洛克一样，认为颜色、声音、滋味、痛苦、冷热等感觉，并不是关于对象的固有属性的反映："我们的感觉不论如何鲜明，也决不能使我们明了主动的对象的本性，以及被动的感觉器官的本性。物体的形状、运动、大小、硬度等属性虽然是我们的感官能够把握到几分的，可不是还有许多别的属性，存在于物体的最后元素之中，不能为我们的感觉器官所掌握，我们的感觉器官只是一种含混的方式与它们发生关系，把它们表达得很差，或者根本不能表达它们吗？颜色、温度、痛苦、滋味、触觉等等，全都是千变万化的，甚至同一个物体对于同一个人也显得有时是热的，有时是冷的，由此可见，感觉器官并不能向心灵描绘出物体的真实状况。颜色不是随着光的变易也发生变化吗？可见我们是不能把颜色看成物体的属性的。心灵对各种滋味所下的判断也是非常含混的，滋味连各种盐类的面貌也不能向心灵表达。"[②]拉美特里甚至把这种观点在一定程度上扩大到第一性质的感觉上："我还要说一句：我们对于物体的第一性的质理解得也并不更清楚些。大小、硬软等观念只是我们的感觉器官所决定的。如果用另外一些感官去感觉，我们对于同样的属性就会得到一些不同的观念，正如从另外一些观点去思想，我们对一切所谓天才

[①] 葛力编：《十八世纪法国哲学》，商务印书馆 1963 年版，第 212 页。
[②] 同上书，第 211 页。

作品或有见解的作品的想法就会不同一样。"① 为什么我们的感觉不能反映自然物体的本性呢？或者说，为什么感觉告诉我们的并不是自然界的"真实状况"或"本来面貌"呢？这是因为在拉美特里看来，我们的感觉观念产生于物体在我们的感觉器官上发生作用后而引起的变化。既然经过了这一层变化，感觉所反映的当然就不再是物体的本来面目。让我们继续引证一段拉美特里的原话："因此我们的观念的来源并不是对于物体的属性的认识，也不是对于我们的感觉器官经历到的那种变化所寄托的东西的认识。观念的形成，是仅仅由于这个变化。按照这变化的性质和程度，在我们的心灵中发生出一些观念；这些观念与它们的偶因和动因毫无联系，当然与意志也毫无联系，它们出现在脑髓中，是不依意志为转移的。痛、热、红色或白色，与火或焰并没有任何共同之处；火元素的观念与这些感觉相去甚远。一个对于物理学丝毫没有涉猎过的人是绝不会理解这个观念的。此外感觉也随着感觉器官而变化；在某些黄疸病患者看来，什么东西都是黄的。你要是用手指使视觉的轴发生变化，就会使对象的数目变多，你也可以随意改变它们的位置和状态。冻伤等等会使触觉失去作用。欧氏管中只要稍微出一点小故障就可以使人变聋。白带可以使阴道完全失去知觉。角膜上长了一层翳，随着它对瞳孔中心发生反应的轻重，人看起东西来就不一样。白内障、黑内障等等则能使人变瞎。"② 根据这些观点和事实，拉美特里最后得出结论说："因此感觉根本不代表事物的本来面目，因为感觉完全依那些为之打开通道的肉体部件为转移。"③ 在这里，感觉所反映的世界图景与事物的本来面目被完全区分开来了。

18世纪法国唯物主义世界观的集中代表是霍尔巴赫的《自然的体系》。《自然的体系》的自然观也是继承了唯物主义哲学关于两种性质的传统主张的，它把第一性质叫作"原始特性"，把第二性质叫作"派生"的"特性"。所谓"原始特性"，就是构成自然物体的存在和本质的特性，如广延、重量、不可入性、形状和运动等等，"这些根本的、基本的特性

---

① 拉美特里：《心灵的自然史》，见《18世纪法国哲学》，商务印书馆1963年版，第212页。
② 同上书，第111页。
③ 同上书，第212—213页。

乃是一切物质所固有的，没有它们就无法对物质形成观念"①。

霍尔巴赫还认为物体的运动也构成物体的本质的特性。由于原始特性和运动的不同，就派生出其他的千差万别的特性："我们并不认识物体的元素，但是我们认识物体的某一些特性或性质，我们根据不同的物质在我们感官上产生的那些结果或变化，也就是根据它们出现时使我们身上产生的不同的运动，把它们区别开来。我们发现各种物质，是根据广延、可动性、可分性、坚固、引力和惰性。从这些一般的原始特性中，又派生出另外一些特性，如密度、形状、颜色、重量等等。因此对于我们来说，物质一般地就是一切以任何一种方式刺激我们感官的东西；我们归之于不同的物质的那些特性，是以不同的物质在我们身上造成的不同的印象或变化为基础的。"② 他还就此原理作了具体说明："一切物质所共有的特性，是广延、可分性、不可入性、可具形状性、可动性或为一种块体运动所推动的特性；火这种物质，除去具有这些为一切物质普遍共有的特性以外，还拥有一种特殊的属性，就是被一种使我们的感官发生热的感觉的运动所推动，并且被另一种使我们的眼睛发生光的感觉的运动所推动。铁，就其对一般的物质而言，是有广延的、可分的、可具形状的、可作块体运动的；如果火的物质以一定的比例或分量与它组合起来，那么铁就获得了两种新的特性，亦即在我们身上引起以前所没有的热的感觉和光的感觉的特性。"③ 从霍尔巴赫这些论述中，我们可以看到：

第一，他和洛克一样，认为物体有两类特性，一类是原始的、物体固有的特性，一类是由它们派生出来的特性。但是，就这两类特性的具体内容而言，他们的说法有些不同。总的说来，是大同小异的：同，是根本性的；异，是次要的。

第二，颜色、光、热之类特性，是物体的运动派生出来的特性。物体本身只具有能产生这些感觉的运动，这些运动作用于我们的感官，造成不同的印象和变化，才产生出颜色、光、热之类的感觉来。人们就把这些不

---

① 霍尔巴赫：《自然的体系》，见《18世纪法国哲学》，第584页。
② 同上书，第587页。
③ 同上书，第588页。

同物质在我们感官上产生的结果或变化，归之于不同的物质的特性。这种观点的基本精神与洛克的第二性质学说是完全一致的，同时，既然颜色、光、热之类派生的特性，是以感觉主体的变化为基础的，那么，它与未经感觉主体"变化"过的物质本身的运动，在形态上显然是不同的。这就是说，颜色之类东西，也被霍尔巴赫根据两种性质的区分，从自然界的本来面目中抹去了。

简单地叙述西方哲学史上的这段历史事实，是为了说明两个重要的问题：

第一，那种把自然界的本来面貌与我们对它的感觉严格区分开来，把它了解为无色、无声、无味的世界的自然现，事实上是两千余年来的唯物主义哲学一脉相承的传统观点。古代希腊罗马以原子唯物论为代表的素朴唯物主义是这样主张的，近代的机械唯物主义（包括洛克以前的17世纪机械唯物主义和洛克以后的18世纪法国唯物主义）也是这样主张的。

第二，这种自然观并不是这些唯物主义哲学家的一个与其世界观的根本主张不相一致的偶然观点，而是他们的唯物主义世界观的不可分割的一部分。因为唯物主义哲学的科学基础是原子论和近代自然科学的微粒说。它必然导致否定色、声、味等在原子和微粒中的客观存在，而把它们视为在感官中产生的变化和引起的结果。

那么，唯物主义哲学的最高阶段——马克思主义的辩证唯物主义，对于从德谟克里特到18世纪的法国唯物主义的上述传统观点究竟持什么态度呢？马克思、恩格斯对于颜色、声音、滋味这些东西的本性，在不少地方都有直接或间接的论述。综合这些论述，我们可以看到，他们对把色、声、香、味排除于世界的本来面貌之外这一唯物主义哲学的传统主张是完全赞成的。马克思在《资本论》中批判"商品拜物教"时，讲了一大段寓意非常深刻的话，其中提到了"颜色"感觉的本质问题。这段话应该引起我们特别的重视。摘抄如下：

……商品形态所以是神秘的，不过因为这个形态在人们眼中，把他们自己的劳动的社会性质，当作劳动产品自身底物质性质，当作这各种物品的社会的自然属性来反映，从而，也把生产者对社会总劳动的社会关系，当作一种不是存在于生产者之间而是存在于客观界各种物品之间的社会关系来反映。就是由于这种转换，所以劳动产品成了商品，成了可以感觉而又超于感觉的东西或社会的东西。这就和光线感觉一样。人们不是把一物在视觉神经中留下的光线印象，表现为视觉神经本身的主观刺激，而把它表现为眼睛外界某物的客观形态。但是在视觉活动中，实际也有光线由一物，一外界客观物，投到另一物，眼睛里。它是两种物理性质的物品之间的物理性质的关系。反之，商品形态和商品形态赖以表现的劳动产品的价值关系，和劳动产品的物理性质及由此发生的物质关系，却是绝对没有关系。那只是人们自己的一定的社会关系，但在这里，在人看来，它竟然取得了一种物品关系的幻想形式。所以，要找一个比喻，我们只好逃到宗教世界的幻境中去。在那里，人脑的产物，好像是一些独立存在的东西，它们各自赋有生命，互相发生关系，并与人发生关系。在商品界，人手的产物也是这样。我把这个叫做拜物教。①

我们不打算从政治经济学的角度来全面分析马克思这段话的深刻含意。值得我们注意的是，马克思在这里用了非常明确的措词表明"光线印象"（即光和颜色的感觉印象）乃是"视神经本身的主观兴奋"，而不是"眼睛外面的物的客观形式"。而且尤其值得我们注意的是，马克思还把与此相反的观点（即把"光线印象"视为"眼睛外面的物的客观形式"的观点），与"商品拜物教"相提并论，当成某种"宗教世界的幻境"。因为，在马克思看来，这种观点和商品拜物教的思想方式是一样的，都是把"人脑的产物"当成"好像是独立存在的东西"。既然那种不把商品形态视为自己劳动的社会性质，而当作劳动产物自身的物质性质的观点，被马克思斥之为"商品拜物教"，那么，根据马克思这段话的启示，我们也可把那种不把"光的印象"或颜色感觉视为"视神经本身的主观兴奋"，而是当作"眼睛外面的物的客观形式"的观点叫作"颜色拜物教"。对于那些坚持颜色之类是客观存在的人来说，马克思这个批评是尖锐的、严厉

---

① 马克思：《资本论》第 1 卷，人民出版社 1968 年版，第 54 页。

的，当然这并不是说他们就是宗教徒，而是说他们的思想方式，实质上是与宗教幻想一致的。

恩格斯不仅接受颜色之类依赖于感官的生理构造这一科学事实，而且还根据新的科学成就去证实它，并给予辩证唯物的解释，使之立足于新的科学和辩证唯物主义哲学的坚实基础之上。我们知道，17、18世纪的唯物主义者尚仅一般地认识到色声之类的客观对象，乃是由于物质微粒的不同组合而产生的某种"能力"，但这种能力到底是什么，他们当时还不可能说得很清楚。只是到了19世纪，自然科学才具体发现了这种能力，乃是电磁波和空气波之类的物质的运动，并初步判明了感官的生理构造在把这些物质的运动形态转化为色、声等感觉的特殊作用，这些进一步证实了唯物主义传统观点的科学事实，在恩格斯的著作中得到了具体的反映。恩格斯在谈及感觉的对象的时候写道："视觉和听觉两者所感知的都是波动。"① 恩格斯没有说视觉和听觉两者所感知的对象是颜色和声音。毫无疑问，恩格斯完全接受了当时自然科学关于视觉和听觉的客观对象并非色声本身，而是电磁波和空气波的主张。至于这些"波动"如何在我们感官上来表现或转化而成为色、声等感觉，恩格斯也和当时的自然科学家一样，认为这依赖于我们感官的生理构造的特殊性。他说："什么是光，什么是非光，这是以眼睛的构造为转移的。"② 例如："夜出的动物显然甚至能看见一部分我们看不见的射线，但不是热射线，而是化学射线，因为它们的眼比我们的更适应于较短的波长。"③

至于列宁，他在《唯物主义与经验批判主义》一书中，更是大量地引述了当时自然科学所提供的事实，把色、声之类作为物质的运动在我们感官上的作用而引起的感觉，可是，列宁在这方面的思想和主张，竟也被洛克哲学的批评者用来作为自己的论据。考虑到这一特殊的情况，我认为有必要对列宁的有关论述进行专门的探讨，放在本文最后一节，这里就不赘述了。

---

① 恩格斯：《自然辩证法》，第194页。
② 同上书，第244页。
③ 同上。

总结马克思、恩格斯、列宁的有关论述，我们可以做出结论：他们与唯物主义哲学关于色、声、味之类的传统主张是一致的。这就是说，从古代的素朴唯物论到近代的机械唯物论，再到马克思主义的辩证唯物论，一以贯之地坚持从世界的本来面貌去说明世界，反对给世界附加以外来的成分。因此，唯物主义哲学也一以贯之地反对把色、声、香、味之类视为独立于我们感官之外的客观存在。就独立于我们感官之外的客观世界的本来面貌而言，既无所谓颜色，也无所谓声音和滋味。

人总是通过自己的感觉来认识自然界，超出感觉的认识是没有的，这就决定了人也总是习惯于把自己的感觉对自然界的反映，当作自然界的本原，从而把色、声、香、味的主观感觉当作自然世界的客观性质。在人类的一切习惯和传统信仰中，这也许是最为悠久、最被认为确定无疑的习惯和信仰。由于唯物主义世界观反对了这种习惯和信仰，所以也自然而然地容易受到人类的古老信仰的反对。当然，这种反对，在现代也带上了哲学的形式。我们常常可以听到诸如此类的议论：如果自然世界本无颜色，那么青山绿水，蓝天白云，万紫千红的锦绣江山，色彩艳丽的天外飞虹，岂不都是浑然一色、漆黑一团？如果自然世界本无滋味，那么珍馐美酒、香花大粪，岂不都是索然无味、彼此莫分？……这样一来，岂不意味着我们就取消了大千世界的无限多样性，取消了物质的质的多样性？自然世界岂不成了机械死板的、没有半点情趣的"黑暗地狱"？

这种想法，大概在任何人的感情上都是很自然的，听起来又是多么合乎情理。但是，实质上这不过是一种"杞人忧天"式的顾虑。自然科学和唯物主义哲学固然否认物体本身即固有色、声、香、味的性质，但却从不否认各种物体之间本有的性质差异。青山绿水，固然无所谓有不同的颜色，但却反射不同的电磁波；香花大粪，固然无所谓有不同的滋味，但却固有不同的化学元素。正是这些不同，构成了自然界的千般差异、万种区别的客观特性；正是这些多种多样的客观存在的物理特性和化学特性，作用于我们的感官，才产生多种多样的感觉。人只是以自己的主观映象反映了客观世界的多样性，而不能改变、更不能取消多样性的客观世界。即使世界没有人类，也只是失去了人对它的反映，而无损于丰富多彩、变化神妙的万有世界。一切事物各按其本身的自然规律，恒常地变化发展。它们各自以自身的不同性质而区别，而同时又以各异的性质互相作用和互相补充。人只是无限世界的一个微小的分子，人通过感觉对世界的反映，只不过是无限世界的微小的一部分，根本没有穷尽世界的丰富多彩于万一，我们又有什么理由说什么如果世界没有颜色和声音，就意味着没有质的多样性？只有那些把自己的主观感觉当作世界的全部表现的唯心主义者，才会说出这种危言耸听的言论，才会把人的感觉之外的自然世界称之为"黑暗地狱"。

唯物主义世界观坚决承认物质的质的多样性，但也坚决主张把物质的性质和人对它的感觉分开。必须指出，那种把它们混为一谈的做法，实质上是导致唯心主义的路线，贝克莱就是这样一位众所周知的典型。我想在这里特别提一下马赫。马赫反对唯物主义把色、声、香、味当作物理对象在我们感官中的主观表现的观点。他认为这样一来，就意味着物"失掉了它整个内容，变成只是心理的符号了"。[①] 把马赫的意思换成我们那些洛克批评者们的语言来说，这就意味着取消了物的"质的多样性"。因此，马赫主张必须把色、声、香、味这些感觉看作是组成世界万物的"要素"本身，而世界万物则是"要素的符合"。这样一来，马赫心目中的"物"就恢复了它的全部内容，变成有色、有声、有味的东西了。但是，既然他的"要素"乃是色、声、香、味之类的感觉，因此他的"物"也就是"感觉的复合"。今天我们那些认为只要主张色、声、香、味是人对物的感觉，就是取消物的质的多样性的同志的观点，与马赫的自然观确有异曲同工之妙。因为既然他们所主张的物的"质"就是色、声、香、味之类东西，而这些东西又被自然科学证明为外物作用所引起的感觉，那么，他们所谓的物岂不也就成了一堆感觉的组合吗？

唯物主义的自然观是承认自然界的质的多样性的，但是，究竟什么是物质的"质"呢？我们这里所说的"质"，实际含义是指物体表现出来的一种特性。但是，物体的"特性"又是什么东西呢？物本身的特性当然不等于人对它的感觉或认识。不过，麻烦的是，人却无论如何不能超出自己对物的感觉和认识，来谈感觉以外的物本身的特性。因此，当人们谈论物

---

① 马赫：《论感觉的分析》，见《西方心理学家文选》，第116页。

体的特性如何如何的时候，其实际内容仍不过是物的一定特性在他的感知中的表现和反映。近代唯物主义的那些伟大代表们都很懂得这个道理，所以他们差不多都是从物与我们意识的关系给物的"特性"以规定。霍布斯就是这样给物的"特性"或"偶性"下定义的："什么是偶性？……最好的回答是把偶性定义为某个物体借以得到了解的方式，这就等于说：一个偶性就是某个物体借以在我们心里造成它自身底概念的那种能力。"① "我给偶性下的定义是：我们认识物体的方式。"② 洛克也是这样："……至于能在我们心中产生任何观念的能力，我称之为能力所依存的对象的性质。"③

再以霍尔巴赫为例："物质一般地就是一切以任何一种方式刺激我们感官的东西；我们归之于不同的物质的那些特性，是以不同的物质在我们身上造成的不同的印象或变化为基础的。"④ 他把物的特性了解为物质以某种方式对我们的作用。拉美特里的主张也是如此。甚至普列汉诺夫的观点也与此完全一致。他写道："应当记住'认识'这个词根本没有任何别的意义，所谓认识某一物也就是认识它的属性的意思，而物之属性是什么呢？这正是它间接或直接作用于我们的那种方式。"⑤

尽管这些唯物主义的哲学大师们都是从物与人的关系，去规定物的特性，但他们都把物的特性了解为物本身具有的、能作用于我们的感官、使我们对它产生一定认识的能力，而不是把人对它的认知直接当成物的特性本身，这接近于科学的要求。不过，通过人与物的关系去规定物的特性，这种做法也并非没有毛病：第一，辩证唯物主义是承认物的特性依赖于物体的关系的。恩格斯写道："自然科学的对象是运动着的物质，物体。物体和运动是不可分的；各种物体的形式和种类只有在运动中才能认识，离开运动，离开同其他物体的一切关系，就谈不到物体。物体只有在运动中才显示它是什么。因此，自然科学只有在物体的相互关系中，在物体的运

---

① 霍布斯：《论物体》，见《16—18 世纪西欧各国哲学》，第 83 页。
② 同上书，第 84 页。
③ 洛克：《人类理解论》第 1 卷，第 8 章第 8 节，参见关文运译本，第 100 页。
④ 霍尔巴赫：《自然的体系》，见《18 世纪法国哲学》，第 587 页。
⑤ 普列汉诺夫：《反对哲学中的修正主义》，第 112 页。

动中观察物体,才能认识物体。对运动的各种形式的认识,就是对物体的认识。"① 这也就是说,物体的特性(形式或形态)必须通过运动,通过和其他物体的相互关系,才能得到自己的表现。离开了运动和关系,我们是不能谈论物体的什么特性的。但是,我们并不因此而可以把物体的特性归结为纯粹的"关系"本身。物体的特性是物本身固有的东西,它是不依赖于任何其他事物的。物的震动必须通过空气,才能产生空气波;空气波又必须通过感受主体的听觉器官才能产生声音的感觉,因此,我们不能离开物—空气—听觉主体的关系,而直接说物具有声音的属性。但是,即使离开空气和听觉主体,我们仍然可以说,物体有运动的能力或特性,因而物有震出空气波,并通过空气波而使听觉主体产生声音感觉的能力或特性。这种能力或特性是物本身所固有的,是不待与他物的关系而然的。同时,此一物体之所以是震出这种性质的空气波,而不是震出那种性质的空气波;是产生这种声调的声音,而不是那种声调的声音,这也无疑取决于物的内在性质,所以,马克思指出:"一物的属性不是由该物同他物的关系产生,而只是在这种关系中表现出来。"② 这是对特性与关系的联系的最科学的说明。尽管特性通过关系而表现,但不是由关系而产生,特性仍是物本身固有的东西。

第二,物所固有的"质"或"特性",当然一定要通过与他物的关系才能表现出来,但由于自然界各种物体是普遍联系和互相制约的,所以,一个物体与其他物体的关系也就有无限之多,绝不仅仅与人的认识相关。因此,物的某一性能就不仅表现在相对于人的关系中,而且也表现在相对于其他物体的关系中。在不同的关系中,同一性能就可能有不同的表现形式和不同的状态,物体反射的电磁波,在与人的视觉器官的关系中表现而为颜色感觉的形式,而在与绿色植物的关系中却表现为光、热、电等等效应。太阳光在人身上产生温暖的感觉,但我们却不能就此说太阳光只是一种温暖的能力;在与他物的关系上,它可以有不同的表现形式。它可以使有些生命(如植物)生长,也可以致有些生命(如细菌)于死亡;它给

---

① 《马克思恩格斯选集》第4卷,人民出版社1972年版,第407页。
② 马克思:《资本论》第1卷,人民出版社1975年版,第72页。

我们带来光明，却给猫头鹰带来黑暗；它使冰溶化为水，却又使水蒸发为汽……即使在相对于同一事物的关系中，在不同的时间、地点和条件下，也有不同的表现，"如夏日之可畏，如冬日之可爱"……因此，单从物与人的关系去规定和把握物的特性，实难免有片面性的毛病。

那么，究竟应该怎样去规定物质的"质"或"特性"呢？我认为我们可根据上述马克思、恩格斯的经典指示精神，对物体的"质"或"特性"作这样的理解：物质的"质"或"特性"，乃是物所固有并表现其本性的东西，它通过与他物的相互关系而得到自己的表现。

如果这个提法可以成立，我们或许就可以比较容易地解决由于洛克的"第二性质"问题而产生的所谓物质的质的多样性问题。这就是说，根据洛克的第二性质学说，虽然世界对人来说变成了一个无色、无声、无味的世界，但这并不意味着取消了世界的质的多样性。因为，在离开人的感觉的情况下，物体本身虽无所谓颜色，但却固有反射某种特定的电磁波的特性；物体本身虽无所谓声音，但却固有震出符合其本性的某种特定的空气波的特性；物体本身虽无所谓滋味，但却固有符合于其本性的某种化学特性……这些特性在与其他的、无限多样的外物的关系中，有着无限多样的表现形式。所以，物体本身不仅固有远比产生色、声、香、味之类为多的性质，而且每一种性质也有无限多的表现形式。我认为只有这样来了解自然界，才算真正承认了自然界的质的多样性，才算如实地说明了自然界的本来面貌。只按照人类对于世界的感觉，把自然界说成为一个有色、有声、有味、有冷、有热……的世界，只是形式上承认了世界的质的多样性。实际上，这种看法不仅取消了这些能产生人的色声感觉的客观能力在对他物的关系上的无限的表现形式，而且它是按照我们感官和感觉的种类，而把物质固有的无限丰富的"质"归结为有限的几种，这就等于说，物质世界只具有可视、可听、可嗅、可尝、可触这几种性质，是不是可以说，这是货真价实地取消了世界的质的多样性呢？培根曾经对中世纪的经院哲学进行了尖锐的批判，把他们的世界观和方法论归结为"扰乱人心的"四种"假相"。其中的第一种假相，培根称之为"种族假相"。"种族假相"是什么意思呢？"'种族假相'的基础就在于人的天性之中，就在于人类的种族之中。因为认为人的感觉是事物的尺度，乃是一种错误的论断，相反地，一切知觉，不论是感官的知觉或者是心灵的知觉，都是以个人的尺度为根据的，而不是以宇宙的尺度为根据的。人的理智就好像一面不平的镜子，由于不规则地接受光线，因而把事物的性质和自己的性质搅混在一起，使事物的性质受到了歪曲，改变了颜色。"① 培根这些话说得非常深刻。把他所谓的"种族假相"应用到上述那些洛克学说的批评者们头上，这顶帽子的尺寸是大致不差的。这些批评者们的自然观实质上就是"认为人的感觉是事物的尺度"。他们对物体的"质"的看法，"都是以个人的尺度为根据的，而不是以宇宙的尺度为根据的"，实质上是把个人的感觉当作客观对象的"质"。正如培根所说的那样，他们"把事物的性质和自己的性质搅混在一起，使事物的性质受到了歪曲，改变了颜色"。为什么以个人感觉为尺度来看待自然界是错误的呢？培根认为，这是因为我们的感官有天然的局限性，感官不能提供关于自然界的性质的全部报道："但是人的理智的最大障碍和差错还是在于感官的迟钝、无力和欺骗性；在于刺激感官的东西的力量超过了不直接刺激感官然而更其重要的东西。因此，看不见的东西既然很少能观察到或者根本观察不到，所以当视觉停止的时候，思考一般也就停止下来。这样，可触的物体所包含的精神的作用，便隐蔽起来而不能被人观察到。同样，在比较粗糙的实体的各部分中，一切较细微的形式变化（这种变化一般叫作改变，虽然实际上它是通过极其细微的空间的一种位置移动）也就观察不到。但是，除非刚才提到的这两种东西已经找到了并且被揭示出来，则对于事物的产生来说，我们就不能在自然中取得多大的成就。再者，我们的普通空气以及一切比空气稀薄的物体（这种物体是很多的）的本质，差不多也是不知道的。因为感觉本身乃是一种不可靠和容易发生错误的东西，而用来扩大感觉或使之锐利的工具，也不能有太大的作用。但是一切比较真实的对于自然的解释，乃是由适当的例证和实验得到的。感觉所决定的只接触到实验，而实验所决定的则接触到自然和事物本身。"② 培根对感觉的局限性是否估计得过分了些，这是可以讨论的。但这种局限性无疑是存在的。而且，以人的感觉

---

① 培根：《新工具》第1卷，第41节，见《16—18世纪西欧各国哲学》，第13页。
② 同上书，第50节，见《16—18世纪西欧各国哲学》，第17页。

为事物的尺度，这种主张确实是把宇宙和自然界的全部性质，限制在人的感觉的狭小天地之内，实际上是取消自然界的质的多样性。应该说，这种自然观具有培根所批判的"种族假相"的特点。

唯物主义的世界观和自然观不能仅限于一般地承认物质的质的多样性，而且还应该进一步研究各种物质的特殊性的内在根据。有史以来，唯物主义哲学家就把这个问题当作自己在哲学上的主要任务之一。在古代，有以原子唯物主义为代表的素朴唯物主义者，在近代，包括洛克在内的17、18世纪的唯物主义哲学家和伽利略、波义耳、牛顿以来的自然科学家，都把物质的一切物理特性、化学特性以及色、声、香、味的可感性质归原为物质微粒的形状、大小、数量、组织和运动的不同的结果。洛克的物性理论，即把物质的性质区分为"原始性质"（第一性质）和"附着性质"（第二性质）的学说，事实上就是从古代的素朴唯物论到17、18世纪的机械唯物论的这种自然观的理论概括。

这种世界观和自然观，在我们那些洛克学说的批判者的笔下以及在其他的许多文献中，几乎被全盘否定，被说成是机械论和形而上学的彻底表现。人们常常把它与古代的自发辩证法和素朴唯物论对立起来，似乎它是完全反辩证法的形而上学。这种看法是不全面的，错误的。毛泽东同志说过，我们分析事物要运用辩证的方法，而不要用形而上学的方法；要两点论，而不要一点论；要一分为二，防止片面性和绝对化。把这种分析问题的辩证方法应用到我们所讨论的这个问题上来，我们认为无论是从两种性质学说内容本身的科学性的程度看，还是从它在科学和哲学发展的历史上的作用来看，这个学说都具有两面性，只有一分为二才能得出正确的结论，肯定一切和否定一切都是错误的。

17世纪洛克等人为代表的唯物主义世界观有一个特点，这就是把唯物主义哲学和17世纪发展起来的以机械力学为中心的自然科学新成就（以伽利略、波义耳、牛顿为代表的物理学和化学）紧密地结合起来。前者为后者提供世界观和方法论的理论原则，后者则为前者提供科学基础。它们互相促进、互相补充。一方面恢复和发展了以德谟克里特为代表的原子唯物主义哲学，使之立足于近代的机械力学、物理学、化学的基础之上，使唯物主义发展到自己的第二阶段——机械唯物主义；另一方面，在符合科学要求的机械唯物主义世界观和方法论的指导下，又推动了近代的实验科学的大发展。

从 17 世纪的唯物主义哲学与近代以机械力学为中心的自然科学的关系来看，它具有机械论的性质是毫无疑义的。洛克的物性理论把自然物体的一切外部特性归原为物质微粒的空间排列、运动形式和数量组合，在这里，物质微粒的空间排列、运动形式和数量组合都是以机械力学为中心的物理学和化学所要具体研究的课题，所以，洛克的物性理论是机械唯物主义世界观的典型表现。我们现在需要着重研究的重要问题是：理论上的"机械性"，是否就等于理论上的"形而上学性"？这两个"性"之间是不是可以画上一个等号？说得再具体一点，机械唯物主义是不是就等于形而上学唯物主义？

在我国学术界，特别是在洛克学说批判者的心目中，这个问题似乎已经变成了从来不发生什么疑义的"绝对真理"。他们会叫喊起来：什么？难道机械唯物主义能够不等于形而上学唯物主义么？难道这还不是像"3 + 2 = 5"一样的常识么？事实确实如此，差不多在我们一切涉及这个问题的哲学和哲学史的著作中都是这样说的，这已成为有口皆碑的"常识"问题了。但是，人的常识并不就是绝对真理。

在我看来，机械唯物主义绝不等于形而上学唯物主义。"机械论"中固然包含有形而上学的成分，但其中也包含有辩证法的合理内容。

如前所说，所谓机械唯物主义的具体含义，指的是 17 世纪唯物主义哲学与以机械力学为中心的自然科学的联盟与结合。因此，如果把机械唯物主义等同于形而上学唯物主义，那实质上无异于把以机械力学为中心的自然科学视为形而上学的东西。这种看法毫无疑问是错误的，17 世纪兴盛发达起来的自然科学，的确是以机械力学为中心的，其主要内容包括天文学、力学、物理学、化学等等学科，它们都是立足于科学实验的基础之上的真正的自然科学。这些学科当时都有重大的发展，揭示了许多重要的客观规律。作为反映客观规律的科学，怎样可能是形而上学的东西呢？当然，17 世纪的自然科学，主要是研究物体的机械运动，即研究物体的空间组合形式和在空间中的位置变化。在有些人看来，机械的位置移动并不包含有性质的变化，不能说明宇宙和事物的发展，于是，在他们的心目中就把机械力学和形而上学等同起来。其实，机械运动内部也包含内在的矛盾，机械运动的形式既是多种多样、性质各异的，又是互相作用、互相转化的，所以机械运动的规律也充满着辩证法的客观内容。伽利略所揭示的炮弹的抛物线运动规律中，牛顿所揭示的天体运动规律中，就充满着辩证法。这些形式的运动乃是惯性力与非惯性力、向心力与离心力、引力与斥力等互相矛盾的自然力的对立统一。伽利略与牛顿事实上正是认识到了它们的矛盾统一，并应用这种认识来说明和分析这些运动形式，从而发现了它们的内在规律，找到了它们的数量关系，并用准确而简明的数学公式把它们表现出来，使天文学、力学、物理学、化学变为真正的实验科学。怎么能说，以机械力学为中心的17世纪的自然科学不包涵辩证法呢？

或许有人辩解说：17世纪的机械力学，作为真正的自然科学，当然不好说它是形而上学的东西。但是，17世纪的科学家和哲学家把机械力学的规律普遍化了，以致把这些规律用来说明其他一切自然现象，说明其他的高级运动形式，这就是把高级运动形式归结为低级运动形式，这种观点就是机械论的观点。17世纪机械唯物主义的世界观就正是具有这样的特点，我们也就是在这个意义上把它叫作形而上学的世界观。

我认为，如果有人提出上述观点，那是有一定道理的。机械力学是科学的，但把机械力学的规律普遍化为世界观的机械唯物主义哲学就不那么符合科学了。在这个意义上，机械唯物主义哲学确实包含有形而上学的成分。但是，与此同时，我们也不应该忘记一个重要的科学事实。机械运动虽然只是自然界的一种低级的运动形式，但它却是最基本的运动形式，一切高级运动形式都必然包含机械运动并以之作为自己运动的基础。离开了机械运动，我们要设想其他一切运动——物理运动、化学运动、生命运动、思维运动——都是不可能的。唯其如此，机械力学所揭示出来的规律，常常是研究其他高级运动形式的科学的基础性原理。现代自然科学与17、18世纪的机械力学相比，性质上已发生了根本性的变化，对物理运动的研究已从原子进到原子核，进到更微小的层子；对生命现象的研究已从肉体解剖学进到分子生理学，从生物分类学进到遗传工程学。但是，无论是层子的运动也好，生命分子的运动也好，都包含机械运动并以之作为自己运动的基础。物理学家用来说明物质性质的层子结构，遗传学家为说明生命遗传现象的秘密而发现的遗传物质的密码结构，几乎都是用物质微粒在空间的结构和运动形式作为理论的基础。这就说明，尽管我们不能把物质的一切运动形式归结为单一的机械运动，也不能把其他自然科学归结为单一的机械力学，但机械运动的基本规律和机械力学的基本原理在其他高级运动形式中和自然科学中总是占有不可剥夺的地位。这就是说，机械运动的规律事实上具有普遍的意义。它固然不能代替一切运动形式，但它却渗透和包含在一切运动形式之中；在说明一切自然现象时都不能完全抛开机械力学的基本原理。基于这样的认识，我们就可以比较确切地分析机械唯物主义世界观的是非功过了，就不至于把它绝对化，或者肯定一切，或者一棍子打死了。17世纪的机械唯物主义哲学确有把一切高级运动形式归结为机械运动的绝对化倾向，因而他们有把机械力学原理绝对化为普遍的世界观的倾向。在这个意义上，他们的世界观包含有形而上学的成分。但是，他们也看到了机械运动的规律是一切运动的基础，因而要求在说明一切自然现象时应用机械力学的原理，在这个特定的范围内，是符合科学本身的要求的，这绝不是形而上学，而是科学的辩证法。

实践是检验真理的唯一标准，对17世纪机械唯物主义世界观的两种评价，究竟哪一种比较符合事实，比较接近于客观真理，这不能取决于我们的主观愿望，而应由那一时期的科学实践的检验来做出决定。大家知道，在17世纪，机械唯物主义哲学和以机械力学为中心的自然科学的关系还是非常密切的，伽利略、笛卡尔、波义耳、牛顿等人既是机械力学的奠基人，也是机械唯物主义世界观的奠基人。科学与哲学是互相渗透的。如果17世纪的机械唯物主义哲学，确如我们有些同志所说的那样，是一种形而上学的世界观，那么，在这种世界观指导下的自然科学是不可能取得成就的，它们只会倒退，不能前进；如果这一时期的自然科学不是倒退了，而是前进了，甚至取得了划时代的成就，那就证明他们研究自然科学的世界观和方法论，必定有合理的东西，必然包含有辩证法的客观内容。至于他们对辩证法的了解，是自觉，还是不自觉，那是另一个问题。

这是一个客观的检验标准。任何一个尊重事实的人，只要看一看17、18世纪的科学发展的历史，都会毫不犹豫地承认，这一整个历史时代的自然科学发展非常之快，成就空前，是过去历史上任何一个时代所不能比拟的。但是，这同一时期，恰恰是机械唯物主义世界占统治地位的时代。机械唯物主义用物质微粒组合为物时的数量组合、空间排列和运动形式的差异作为说明自然界一切物体的外部特性的内在根据的原理，成了自然科学（特别是物理学和化学）的理论基础。以近代的实验化学为例，从17世纪的波义耳到19世纪的道尔顿和门捷列夫，莫不是用物质微粒的数量组合来说明化学元素的物理特性和化学特性。这种机械唯物主义世界观在他们每一个人手上的每一次应用，都把化学这门科学推进到一个新的阶段。恩格斯指出："化学中的新时代是从原子论开始的（所以近代化学的始祖不是拉瓦锡，而是道尔顿），与此相适应，物理学中的新时代是从分子论开始的（是从运动形态互相转化的发现开始的，这在形式上虽然不同，但在本质上不过是这一过程的另一方面）。"① 这里的原子论和分子论，与当时的机械唯物主义世界观都有密切关联，这些科学史的事实，无可辩驳地证明17世纪的机械唯物主义世界观在17、18世纪对自然科学的发展，整个说来，并未发生阻碍作用，而是起了推动作用的。这有力地证明，如果17世纪的机械唯物主义世界观是什么纯粹的形而上学的东西，那我们就很难对科学大发展的历史事实做出合乎理性的解释。

我们还要把对这个问题的探讨继续推进一步。既然我们肯定以洛克两种性质学说为代表的机械唯物主义自然观对自然科学的发展起了推动作用，因而必然包含有合理的辩证法因素。那么，这种辩证法的具体内容又是什么呢？

如上所说，洛克的物性理论主张第二性质依赖于第一性质的不同变状，广义地说，这也就是主张物质的各种物理化学特性取决于物质微粒的运动、空间排列和数量组合的特殊性。运动的快慢、形状的样式、体积的大小、组合的形式、数量的多少……这些都是可以精确测定和度量的特性，因此，当这种物性理论把一切物理化学特性规定为物质微粒、空间排列和数量组合的特殊性的时候，实质上就是把物质的"质"的差异的内在根据放在物质的"量"的差异的基础之上。这种自然观事实上体现了量变引起质变的辩证法思想。19世纪俄国科学家门捷列夫发现的周期律，把化

---

① 恩格斯：《自然辩证法》，第248页。

学元素的特性归原为原子量的周期函数，实际上就是这种具有辩证法因素的唯物主义自然观的具体运用。这是从古代希腊罗马的原子唯物主义到近代的机械唯物主义的哲学之花所结出的科学之果，也是对他们主张的"用量来说明质"这条原则所包含的辩证法因素的直接证实。当然，包括洛克在内的机械唯物主义哲学家和科学家们对辩证法的理解不可能是自觉的，不过，这并不能成为我们否认它在客观价值上所包含的自发辩证法思想的理由。门捷列夫发现周期律时也不是自觉的辩证法者，可是现今谁又能抹煞周期律所包含的辩证法的实质呢？恩格斯在《自然辩证法》一书中写道："黑格尔的规律不但适用于化合物，并且也适用于化学元素本身。我们现在知道：'元素的化学性质是原子量的周期函数'；因此，它们的质是由它的原子量的数量所决定。这已经得到了光辉的证明。……门捷列夫不自觉地应用黑格尔的从量转化为质的规律，完成了科学上的一个勋业，这个勋业可与莱维利叶之计算尚未知道的海王星行星的轨道居于同等的地位。"① 如果我们如实地承认门捷列夫的周期律和原子唯物主义、机械唯物主义的自然观的联系，那么，我们也应该承认，恩格斯对门捷列夫的高度评价，也同样适用于其他科学和哲学上的先辈。

洛克的物性理论所体现的机械唯物主义的自然观也包含有相当严重的形而上学成分，这主要表现在三个方面：

第一，洛克的物性理论认为物质微粒的量的变状决定物体的性质差异，但是，物质的形状、体积、运动、组织形式的变状又是怎样引起的呢？是什么力量决定的呢？对于这个问题，洛克和当时其他一切机械唯物论者都没能给予正确的回答。诚然，在洛克的原始性质中也包括"运动"。但他所理解的运动，纯粹是在机械力学规律制约下的物体在空间中的位置移动。他把一切运动形式都归结为机械运动，这就是机械论、形而上学的根本表现。机械唯物论者口中大谈物质的机械运动，可他们眼中的物质又是完全丧失了能动性的惰性的东西。物质自身绝对不能自己运动，而必借助于外力的推动。洛克说，我们可以设想物质是永久的、原始的存在，但却不能设想物质的自己运动："比如面前一块小石的物质是永久的、密集

---

① 恩格斯：《自然辩证法》，第44页。

的，而且其各部分是完全静止的，那么世界上如果没有别的东西存在，它不是终究是一块死寂而不活动的物团么？它既是纯粹的物质，那么我们能想象在自身加上一种运动，产生出任何东西来么？因此，物质如只凭其自己的能力，则它连运动亦不会产生出来；它的运动必须亦是原始以来就有的，否则是被比物质更有力的东西加于物质的，因为物质自身显然没有能力来产生运动。"① 洛克的两种性质学说认为不同的物体系由于物质微粒以不同的组合方式聚集而成。但由于他的物质被动论，他就始终不能解释是何种力量把物质微粒聚集起来。物质微粒自己没有这份力量，用外界的空气或以太的压力也不能最终地说明问题，因为这种说明问题的方式不能同时说明空气或以太本身的分子又何以聚合起来。在洛克看来，如果不从物质以外请出一位超自然的神灵或上帝，物质如何运动的问题就永远不可理解。"[运动]是被比物质更有力的东西加于物质的，因为物质自身显然没有能力来产生运动。"这种比物质更有力、并给物质以运动的东西就是上帝。上帝是物质世界的最后动因。物质世界的一切花样，虽然直接起因于物质微粒的组织和运动，但归根到底却是上帝的安排。机械唯物主义哲学的外因论和被动论，使洛克走到了神学唯心论的困境。

当然，这种发展不是洛克一个人的问题，而是17世纪机械唯物主义者的一个普遍性的现象。形而上学的思想方法使他们割裂物质和运动，看不到物质的内在矛盾，看不到矛盾的斗争是物质运动的源泉。18世纪英国的约翰·托兰德和法国唯物主义者有鉴于这个严重的历史教训，才主张把物质和运动结合起来。但是他们仍然把机械运动当成唯一的运动形式，而且仍然找不到物质运动的真正源泉。直到19世纪，黑格尔才第一次提出了运动发展的源泉是事物对立面的斗争及其转化的思想。可是黑格尔是一个唯心主义者，他把物质自然界当作绝对精神发展的一个阶段，黑格尔眼中的物质世界本身也是惰性的、没有运动和发展的，矛盾的斗争和对立面的转化只存在于绝对精神之中。这就是说，马克思主义哲学以前的旧唯物主义以及黑格尔的唯心辩证法，都找不到物质运动的真正源泉。只有马克思主义哲学才科学地解决了这个问题。毛泽东同志在《矛盾论》中批判了

---

① 洛克：《人类理解论》第4卷，第10章第10节，见关文运译本，第619页。

形而上学的外因论，阐述了辩证唯物主义的发展观，他说："事物发展的根本原因，不是在事物的外部而是在事物的内部，在于事物内部的矛盾性。任何事物都有这种矛盾性，由此引起事物的运动和发展。"① 马克思主义哲学的运动观或发展观是对旧唯物主义哲学的经验教训的科学总结，它彻底克服了旧唯物主义的形而上学的局限性。

第二，他们把作为哲学的唯物主义世界观与作为自然科学理论的原子论混为一谈，这样一来，他们也就把作为哲学对象的物质一般理解为物理学上的原子，从而使他们不得不把原子当成某种不变的、最终的物质实体。正如列宁所指出的，这是不正确的，19世纪电子的发现，证明了原子论中所包含的错误。

第三，由于他们把物体的一切物理、化学特性说成是基于原子的不同的运动、空间排列和数量组合的结果，这样一来，他们就不能不认为原子只具有空间特性，而取消了其他的物理化学特性，从而把原子看作"同质"的东西。这种物质观是很片面的。固然，同质原子的不同的数量组合、不同的空间排列和不同的运动，也是可以引起性质上的差异的。恩格斯曾列举大量科学实例来证明过这一点：

> 在自然界中，质的变化……只有由于物质或运动（所谓能量）的量的增加或减少才能发生。②
>
> 物体的各种不同的同质异性状态和聚集状态，因为是基于分子的各种不同的类聚，所以是基于物体所分有的或多或少的运动的量。③
>
> 化学可以称为研究种种物体由于变化了的量的构成而发生的质的变化的科学。……拿氧来说：如果结合在一个分子中的有三个原子，而不是像普通那样只有两个原子，那么我们就得到臭氧，一种在气味和作用上与普通氧显然不同的物体。更不待说，如果把氧和氮或硫按各种不同的比例化合起来，那么其中每一种化合都会产生出一种在质

---

① 《毛泽东选集》第1卷，第289—290页。
② 恩格斯：《自然辩证法》，第40页。
③ 同上。

的方面和其他一切物体不同的物体！笑气（一氧化二氮 N_2O）和无水硝酸（五氧化二氮 N_2O_5）是如何的不同！前者是气体，而后者在普通温度下是结晶的固体。然而两者在构成上的全部区别是：后者所含有的氧为前者的五倍，并且在这两者之间还有三种氮的氧化物（NO，N_2O_3，NO_2），它们在质的方面和前两者以及彼此间都是不相同的。

在同属的碳化合物、特别是较简单的碳氢化合物中。这一点表现得更为显著。在普通的石蜡属的化合物中，最低级的是甲烷，CH_4；在这里碳原子的四价是被四个氢原子所饱和。第二种，乙烷，C_2H_6，有互相联结的两个碳原子，其自由的六价是被六个氢原子所饱和。以下依据代数学的公式 C_nH_{2n+2}，便有 C_3H_8，C_4H_{10} 等等，所以每次增加一个 CH_2，便形成一个与以前的物体在质上不同的物体。这一属最低的三种是气体，已知的最高的一种十六烷 $C_{16}H_{34}$，是沸点为摄氏 270 度的固体。对从石蜡属（理论上）得出的伯醇类（公式是 $C_nH_{2n+2}O$）以及一元脂肪酸（公式为 $C_nH_{2n}O_2$）的一属化合物，情形也完全一样。在量上加上一个 C_3H_6，能够造成怎样质的区别，可以从如下的经验看出来：我们喝可以饮用的并且不掺杂其他醇类的乙醇 C_2H_6O，另一次我们喝同一的乙醇，但掺入了小量的戊醇 $C_5H_{12}O$（它是有名的杂醇油的主要成分）。在饮用后者之后，第二天早晨我们的脑袋就一定会感到这一点，而且觉得受到了它的损伤；所以甚至可以说：酩酊大醉和由之而来的第二天的头痛正是由量到质的转化，一方面是乙醇，另一方面则是加上了 C_3H_6。

在这一属中，黑格尔的规律还以另外的形式出现在我们面前。较低的诸化合物只允许原子的唯一相互排列。但是，当结合成一个分子的原子的数目达到对每一属来说是一定的大小时，分子中的原子排列就能够有多种方式；于是就能出现两种或更多的同质异性体，它们在分子中包含有相等数目的 C、H、O 原子，但是在质上却各不相同。我们甚至能够计算这些属每一化合物可能有多少同质异性体。"[1]

---

[1] 恩格斯：《自然辩证法》，第42—43页。

这就是说，同样性质的物质微粒的不同的空间排列和不同的数量组合是可以决定物质在性质上的不同的，17、18世纪的唯物主义者在这一点上并没有错。问题在于他们把这一点夸大了、绝对化了，以致把物质的一切特性都归原为由于物质微粒的不同的数量组合，从而否定了物质微粒本身也是具有多种质、多种特性的。恩格斯之所以把这种自然观叫作"机械的自然观"，原因也在于此。他指出："化学似乎已走上了一条正确的途径，从原子体积和原子量的比例去说明元素的一系列物理属性和化学属性。但是没有一个化学家敢断言：某个元素的一切属性可以用它在梅耶尔曲线上的位置完全表示出来，单凭这个位置就能说明，例如，碳元素的特殊属性（这些特殊属性使碳元素成为有机生命的主要担当者）或磷在脑髓中的必要性。然而'机械'观正是在这样做。它用位置变动来说明一切变化，用量的差异来说明一切质的差异，同时忽视了质和量的关系是相互的，忽视了质可以转变为量，正如量可以转变为质一样，忽视了这里有相互作用。如果我们把质的一切差异和变化都归结为量的差异和变化，归结为机械的位置变动，那么我们就必然要达到这个命题：所有物质都是由同一的最小的粒子所组成，而物质的化学元素的一切质的差异都是由量的差异，即这些最小的粒子结合成原子时在数目上和在空间排列上的差异所引起的。但是我们离这种结论还远。"①

我把这段引文中所有的"一切"，都打上重点，意在说明恩格斯并不反对用物质微粒结合成物时在数目上和空间排列上的差异来说明化学元素和化合物在性质上的差异，而仅只是反对用这种方式说明"一切"性质上的差异，反对因此而把所有物质都看成是由同一的最小的粒子所组成。正确的做法应该是一方面既承认"量可以转变为质"，另一方面也承认"质可以转变为量"（即承认物质微粒并非同质的最终粒子，它们也有质的不同，并也有其量的根据）。这两方面的辩证统一，才能说明一切物质特性的内在根据。

让我们继续引证恩格斯的卓越见解："自然界中一切质的差别，或是基于不同的化学成分，或是基于运动（能量）的不同的量或不同的形式，

---

① 恩格斯：《自然辩证法》，第212页。

或是——差不多常常如此——同时基于这两者。"① 恩格斯以来现代自然科学的发展，以日益丰富的材料证明着这些深刻的思想。如果说，门捷列夫周期律的原始形式，尚只看到元素的化学特性随原子量的变化而周期性地变化，因而尚只认识到元素的质的差异只是基于原子量的差异，而相对地忽略了"不同的化学成分"对于元素的化学性质也发生决定作用的话，那么，现代自然科学对于"基本粒子"的特性的研究，则清楚地证明元素的化学性质不仅取决于原子的外层电子和核电荷的不同数目和空间组合，而且原子核中还包含有各种性能彼此不同的大量"基本粒子"，它们的差异也决定着物质元素性质上的差异。这突破了门捷列夫周期律的局限，证明了恩格斯的辩证的自然观的光辉和伟大。

总起来说，17世纪的自然科学家和以洛克等人为代表的唯物主义哲学家，只看到质基于不同的量，而没有同时看到质也基于不同的质，只看到质量转化的一个方面，而没有全面地看到质量之间的互相渗透和互相转化，所以，这种自然观虽然包含有合乎辩证法的合理因素，但却又把它形而上学地绝对化了。

说到这里，让我们回过头来看一看，物体的性质是否真像洛克两种性质学说所说的那样，存在着原始与附着、第一与第二之分呢？从现代科学看来，物体的性质可以作为另一种质的根据，决定另一种质。在这个意义上，这里也可以说存在着"基原"与"附从"之分、"根本"与"派生"之别。就此而论，原始（第一）性质与附着（第二）性质的提法，也不无合理的因素。但我们认为两种性质学说作为一个整体看却是片面的。因为我们虽然承认一种质可以决定另一种质，但此种作为基原的质也不是最终的、原始的、第一的，它也是被决定的。物质世界并没有洛克所谓的作为宇宙最后基原的"原始性质"。辩证唯物主义抛弃了原始性质与附着性质、第一性质与第二性质的过时的提法。我们认为，事物总是一分为二的，物质是无限可分、不可穷尽的。在物体中，只有现象和本质、第一级本质与第二级本质以及更深的本质的区别。洛克在两种性质学说的基础上，提出过"实在本质"和"名义本质"的概念。他表达了科学与哲学

---

① 恩格斯：《自然辩证法》，第40页。

不满足于认识物质的外部特性和表面现象，要求深入认识物质的内在结构，掌握决定外部特性的内在本质。这个思想不仅是合理的科学要求，更具有合理的科学内容。可是，洛克的"实在本质"，实质上即是他所谓的"原始性质"，因而总带有最终的、原始的意义，这就限制了认识和科学的进一步发展。更何况，洛克又提出了实在本质不可认识的错误理论，用不可知论来限制科学对物质世界内在本质的研究。这再一次说明洛克的机械自然观所包含的形而上学的局限性。

洛克关于第一性质和第二性质的学说，在历史的一定阶段上，曾起过推动科学和哲学发展的进步作用，但同时又曾束缚科学和哲学的思想和眼界。如果说，在17、18世纪，由于自然科学的发展程度还较低，机械唯物主义的自然观尚未完全暴露出它的形而上学的局限性，因而主要起了促进科学的作用的话，那么，到了19世纪，由于自然科学的进一步发展，机械论的自然观就完全解释不了电子论、量子论、相对论等科学理论所揭示的科学事实，这时，机械论的自然观对科学的发展就起了阻碍作用，这也是不容忽视的历史事实。当然，我们是辩证唯物论者，又是历史唯物论者，我们既不否定机械唯物论的自然观的历史功绩，也不否定电子论、量子论、相对论与原子论、分子论或微粒说的历史联系，正如我们不能否认辩证唯物主义哲学与旧唯物主义哲学的历史联系一样。我们的目的是从对这个学说的历史分析中总结出人类认识自然界的经验教训。在自然科学和唯物主义哲学已发展到如此高度的新时代，谁如果因为只是看到洛克两种性质学说的某些合理因素，就企图照搬照抄，那完全是徒劳无功的蠢事。自然发展史的考察证明了人是从猴子演化而来的，但在今天，又有谁去用猴子变人来代替人种遗传呢？

五 "反映"是主体与客体的辩证统一

由于洛克的物性理论承认色、声、香、味等等并不是独立于感官之外的客观存在，而是物体的第二性质在感官上生起的感觉，而且这些感觉与产生它们的客观能力在形态上完全不相似，所以也就引起了一系列复杂的认识论问题，在认识论领域内，唯心主义者、不可知主义者利用这一学说作了许多文章。也许正是有鉴于此吧，我们有些同志对这一学说深具戒心，总觉得它与唯心主义和不可知主义有某种亲戚朋友关系。这自然是误解。其实，既然这个学说基本上是如实地反映了事情的真相，它就不能不与唯心主义和不可知主义相抵触，而符合于辩证唯物主义的基本原理。更进一步说，辩证唯物主义的认识论也不能不以这一学说所揭露的科学事实作为自己的出发点。

唯心主义与不可知主义对于洛克的物性理论、特别是对于他的"第二性质"学说的利用，只能是对它的歪曲。贝克莱是歪曲利用第二性质学说来建立主观唯心主义体系的第一个、也是最典型的一个。可是，我们有些哲学史著作却并没有去认真研究和比较洛克与贝克莱在这个问题上的根本区别，没有细致地考察和揭露贝克莱歪曲洛克学说的恶劣手法，只是站在远远的地方，看到他们两人都主张色、声、香、味之类乃是人类的主观感觉，于是就大笔一挥，把洛克的有关主张赶进主观唯心主义的行列，视为贝克莱哲学的源泉。实际情况完全不是这么一回事情。贝克莱并不是继承和发展了洛克第二性质学说的主观唯心主义，而是把洛克的唯物主义歪曲为主观唯心主义。

贝克莱歪曲洛克物性理论的第一步，就是把洛克所谓的"第二性质"与色、声、香、味等"第二性观念"混为一谈，说什么色、声、香、味等等就是第二性质。在这种情况下，如果人们是透过贝克莱这个"哈哈镜"来观察洛克的形象，洛克就自然而然地成了一位否定第二性质的客观存在，把物质视为色、声、香、味之类主观感觉所组成的唯心主义哲学家，即使洛克坚持第一性质的客观存在，他也至少是半个主观唯心论者了。这是地地道道的歪曲，本文第二部分已作了具体研讨，此处不必赘谈。这里只想补充说一句：我们今天那些把洛克的第二性质学说视为贝克莱哲学的源泉的同志，应该以此为鉴，不要惑于贝克莱的歪曲才是。

贝克莱在把洛克的第二性质歪曲为纯粹主观的感觉之后，接着就着手反对洛克的客观存在的第一性质，建立他的唯心主义体系。贝克莱说："那些人虽然主张形相、运动和其他第一的或原始的性质，都离开心灵存在于不能思想的实体中，不过他们同时却也承认颜色、声音、热、冷以及相似地第二性质，都不存在于心外。他们告诉我们说，这些都只是在心中存在的一些感觉，它们是依靠于物质中微粒子的不同的大小、组织和运动的，而且是由它们所引起的。他们认为这是无疑的真理，而且以为这是可以无例外地证明出来的。不过那些原始的性质如果同那些别的可感知的性质不可分离，紧连在一块，而且即在思想中也不能分离，那它们分明只是在人心中存在的。不过我希望任何人都思考一下，试试自己是否可以藉着思想的抽象作用，来设想一个物体的广延和运动，而不兼及其别的可感觉的性质？在我自己，我并没有能力来只构成一个有广延、有运动的物体观念。我在构成那个观念时，同时一定要给它一种颜色和其他可感知的性质。而这些性质又是被人承认为只在心中存在着的。一句话，所谓广延、形象和运动，离开一切别的可感知的性质，都是不可想象的。因此，这些别的性质是在什么地方存在的，则原始性质也一定是在什么地方存在的，就是说，它们只是在心中存在的、并不能在别的地方存在。"[1]贝克莱的意思是说，我们感觉到的物体的诸种属性是统一而不可分的，既有第一性质，也有贝克莱所谓的第二性质，因此，它们必须在一起存在，既然第二性质是主观观念在心中存在，那么，第一性质也必然是主观观念，也在心中存在。这样一来，客观存在的物质的一切属性，都化为各种各样的主观观念，物质不过是一堆主观观念的集合。离开人的感知，物质便失去了它的客观存在，物质"消灭"了。不过贝克莱对洛克唯物主义的这种攻击，仍然只是歪曲加诡辩而已。

首先，如前所说，洛克是承认第二性质的客观存在，并把它当作第二性感觉（色、声、味等）的客观物质根据的。贝克莱想从这里找到一块攻击唯物主义的立脚石的企图是徒劳无益的。

其次，经验告诉我们，我们是可以离开颜色之类观念来构成一个物体观念的，一只鲜红的苹果在漆黑无光的黑夜里，便失去了它的美丽的颜色；天生的盲人，也不可能想象出苹果的颜色来。这种第一性质与第二性质的分离，并不是产生于人心的"抽象作用"，而是感觉经验的陈述，其根源在于物体的颜色并非物体固有的客观存在，它不仅依赖于人的视觉器官，而且也依赖于其他的光源，一般的物体只有反射光波的能力。

---

[1] 贝克莱：《人类知识原理》，第10节，见商务印书馆1973年版，参见关文运译本，第24页。

再次，即使我们同意贝克莱的说法，承认在一般情况下，已经反映于人的意识中的某一具体物的完整的知觉形象，既有广袤、形状、大小等第一性质的感觉，也有颜色、声音、冷热等第二性质的感觉，两者紧紧连在一起，但这种情况的原因并不如贝克莱所说，它们同是主观的存在，而是由于该物体本身是一个复合刺激物，它具有第一性感觉所反映的"原型"，这是洛克所肯定的；另一方面，虽然洛克的物质客体本身不具有色、声、味等第二性感觉所反映的相似的"原型"，但洛克却肯定它具有产生这些感觉的客观能力，并把它称之为第二性质。用现代科学的语言说，物质客体具有反射光波、震出声波、发射出气味分子的能力或属性。所有这些第一性质与第二性质统一存在于物质客体之中，并作为一个复合刺激物作用于我们的感官，因此我们才有统一这些属性的完整的知觉形象，知觉中各种属性的统一性，依赖于复合刺激物的诸种属性的统一性。贝克莱可以一百遍、一千遍地宣称一切属性都是主观观念，但设如某一物体不在贝克莱的感觉范围之内，则他无论如何也不能对于该物体构成知觉形象。黑暗中的物体不反射光波，贝克莱纵有天大本领，也不能感知它的颜色。显而易见，物体的属性与我们对属性的感觉是根本不同的，前者是第一性的客观存在，后者是第二性的、主观的。

我们和洛克一样，承认洛克的第二性质与其所产生的感觉并不相似，物质客体中没有和感觉完全一样的原型，承认色、声、味之类的主观性，但是，洛克并不否认这些主观感觉的客观物质根据，由此出发，根据我们所感知到的物体的两种属性的统一性或不可分性，便不能像贝克莱那样作结论，说什么一切属性都是主观感觉，而只能说物质客体不仅固有第一性质，而且也具有反射光波、震出声波、使我们产生相应的色声感觉的第二性质。在这个意义上，我们是完全承认两种性质是统一而不可分的，都是客观的。在这个意义之外，说到第二性质感觉，我们是不承认物体中有与之相似的原型的。在这里，"所谓广袤、形相、运动离了别的可感的性质"，不但是可以想象的，而且是符合事实的。至于对于贝克莱，不仅第二性质可以完全离开物质客体而存在，而且第一性质也可以完全离开物质客体而存在，这才真正"是不可想象的"。除了贝克莱之类的发了疯的脑袋以外，任何人都不可能想象离开客观的实在事物还有什么可感的性质。

我们知道，对于外物的感觉是随感觉者的主观条件的变化而变化的。贝克莱抓住了这一事实，歪曲和夸大感觉的相对性，企图以此来证明洛克的第一性质也不过是主观感觉。他写道："所谓大、小、快、慢我们都公认为是在人心以外存在的，因为它们完全是相对的，是跟着感觉器官的组织或位置变化的。因此，存于心外的广延便不是大，也不是小，存于心外的运动，既不是快，也不是慢，它们是根本不能存在的。您一定又会说，它们是一般的广延和一般的运动。是的，这样就更可以见到，关于心外存在的有广延而能运动的信条是怎样依靠于那种奇怪的抽象观念的学说了。"[1]

贝克莱的诡辩是他在这里混淆了两种根本不同的东西，客观存在的广延的大小、运动的快慢和我们关于大小、快慢的反映。应该说，人对于外物及其属性的反映，总是主观的反映，因而必定有其主观因素。随着主观条件的变化，感觉也有相应的变化。例如我们对同一物体的大小感觉就是随我们的观察位置或观察工具的改变而改变的。远看则较小，近看则较大；如果我们是用放大镜、显微镜去观察，物体的大小则比肉眼所见更要大许多倍。但是这绝不意味着物体本身的大小随我们的观察位置和观察工具的改变而随时改变。广袤（空间）和运动是物质客体的根本属性，广袤的大小、运动的快慢，是不依人的意识为转移的。那么，这是不是就像贝克莱听说的那样，"存在于心外的广袤便不是大，亦不是小，存于心外的运动，既不是快，亦不是慢"，因而便是所谓并不存在的"抽象观念"呢？当然不能这样说。即使离开人的感觉，对于物体本身的广袤和运动，也是可以有大小、快慢之分的，而且这种区分是有其客观标准的。比如物体的大小就取决于物体本身占有空间的大小和相对于其他物体的大小的比例。我们说："某物较大"，"某物较小"，这是相对于另一物体的大小的比较而言，而不是相对于我们的观察位置而言。人的观察位置的远近的变化，绝不能影响物体本身大小的变化；相反，物体本身大小的变化，却必然使人的大小感觉发生变化。对于人的感觉而言，物体广袤的大小是绝对的、不变的；另一方面，某一物体对此一物而言，可能是大，而对彼一物

---

[1] 贝克莱：《人类知识原理》，第1节，参见关文运译本，第24—25页。

而言，则可能是小，就这种意义来说，所谓大小，也可以说是相对的，可变的。但这种情况下的大小相对性的原因，在于客观物体间的相对关系。承认这种相对性，恰巧证明了大小的客观标准，从而也就证明了物体的广袤属性的客观性。至于物体运动的快慢以及其他属性，其情形也都与此一样，这里不再一一论述。从这里可以得到一个结论，洛克的唯物主义承认第一性质在心外的客观存在，并不是空想出来的"抽象观念"，而是因为洛克所说的作为第一性观念的原型——第一性质——确实是在物质客体中真实存在的。贝克莱用"抽象学说"的帽子来攻击洛克的唯物主义，不过是说明贝克莱的唯心主义思想在作怪罢了！

好了，现在我们可以结束贝克莱在两种性质学说上对于洛克的攻击的考察了。客观的观察家会清楚地看到，贝克莱的主观唯心主义并不是渊源于洛克的两种性质学说。实际情形并不是像我们的哲学史著作所说的那样，似乎是因为洛克的物性理论（或者至少是第二性质学说）是什么主观唯心主义的东西，因而被贝克莱所利用并加以继承，而是因为贝克莱本来就是站在主观唯心主义立场，对洛克的唯物主义哲学发动进攻。他们两人之间的关系，是唯心唯物的两军对战，而不是什么师徒之间的授受关系。洛克和贝克莱之间的共同之处，在这个问题上只有一点可说，即他们都认为色、声、香、味之类是主观感觉。除此之外，他们的观点是针锋相对的。洛克认为这些感觉是由物质客体的第二性质作用于人的感官而产生的观念，其情形正如第一性感觉是由第一性质所产生的一样；而贝克莱则根本否认第一性质和第二性质的客观存在，并反过来说什么所谓物质客体不过是感觉的集合。这是两条根本不同的哲学路线，我们怎能因为他们有上述那一点共同之处，就把洛克打成贝克莱主观唯心主义哲学的思想源泉，并因此而彻底否定洛克的物性理论呢？应该说，德谟克里特以来的唯物主义哲学揭示出颜色、声音、滋味等感觉与产生它们的客观能力不相似，这一科学事实对于自然科学和哲学都具有重大的意义。在这样重要的科学事实面前，唯物主义哲学和唯心主义哲学都一定是要做出自己的解释，利用它来为自己的哲学服务的。任何重大的科学发现，都会在哲学领域内产生类似的反响。电子论、量子论、相对论等科学发现，不是都曾引起唯心主义哲学的一片喧嚣么？这又有什么值得大惊小怪之处呢？难道我们能因为唯心主义哲学家的歪曲利用，就把电子论、相对论等科学发现视为魔鬼而抛弃于九霄云外吗？

其实，由于贝克莱对洛克的物性理论的歪曲，实在是太露骨了，公正的人是不会把他们两人混为一谈的。再加上，贝克莱把一切感觉都当成纯粹主观自生的东西，根本否定外物中具有引起感觉的客观特性，实在是违反了科学的起码事实，所以，后来的贝克莱主义者也不能不对贝克莱的主观唯心主义改头换面、有所修正。把物当作"感觉的复合"的马赫主义也许是最接近于贝克莱主义的哲学了，可是马赫也不能不承认"要素"在一种联系上是心理学的对象，在另一种联系上是物理学的对象；阿芬那留斯也在经验的"依存系列"之外，承认一个"独立系列"。

歪曲地利用"第二性质"学说，影响更为巨大的是不可知主义，特别是康德。康德与贝克莱不同，他承认感觉来源于自在之物对我们的作用，但他认为感觉乃是在物的作用下面产生的主体之变化，并不表示自在之物的任何性质。感觉只和主体有关系，只是对主体之变化的一种知觉。因此，康德认为，感觉的产生，虽然一方面证明了自在之物的存在，但它并不能使我们对自在之物及其性质有任何的认识。康德的不可知主义在哲学史的影响之大是众所周知的。以后有不少受到这种哲学影响的科学家，甚至力图从科学、特别是从感官生理学和心理学的角度来证明世界的不可知性。例如著名的科学家黑尔姆霍兹，他承认感觉是外物作用于我们感官的结果，也看到了感觉依赖于主体的生理结构的事实。他作为一个科学家，力图探求形成感觉的生理机制，在生理学和心理学等方面做出了许多不容抹煞的贡献。但是，由于不可知主义的影响，他却因此而否认感觉是外物的反映，说什么感觉不过是外物的"符号"。

更有甚者，是生理心理学家约翰·蔑勒，他极端地夸大感觉神经在形成感觉中的特殊作用，竟至认为人的感觉完全是神经自身的特性和状态的表现。他认为各种特殊感官的特殊感觉，并无与之相适应的一定的外界原因。光固然可以在眼中引起颜色感觉，机械打击也未始不可以在眼中引起颜色感觉。而且即使没有任何外界作用，眼睛也可由于体内的作用而产生同样的颜色感觉来。据他说，甚至天生的盲人的眼睛，也会看到色彩；据此，他得出结论说，颜色（一般地说：感觉）并不是对于一定的外界作用的反映，而是视觉器官和视觉神经所固有的特性的表现。请看他总结出来的关于感觉的第五通则："一个外界原因的作用，经由神经的传导而影响脑部感觉中枢，感觉就是这个中枢这样得到的关于感觉神经自身底（并非外物的）某些性质或状态的知识；这些性质在各感官彼此通通不同，每种感官的神经有它自己的特殊性质和能力。"① 再走一步，蒄勒就得出了他的具有不可知主义色彩的结论："要想我们的感官把物质界的真象和本性披露给我们是不可能的。我们与身外自然界发生交涉之时所知道的，始终只是我们自己的感觉，由这些感觉，我们就成立了对于外物的特性的概念，这些概念相当正确。可是我们始终不能够直接知觉外物自身底性质，像神经中枢直接感知我们身体各部分的状态那样。"② 如果我们接受蒄勒的说法，承认感觉所及只是感觉自身，而不是外物及其属性，那么我们便永远不能超出感觉自身之外而达到对于外物的认识了。这样一来，感觉就变成了意识的对象，而不是关于对象的意识了，这无疑是错误的。因为感觉本身就是一种主体之意识，说我感觉到一朵花，与说我意识到一朵花，这两种说法是完全一样的。在认识主体中，专门意识感觉的、超感觉的意识主体，实际上不过是笛卡尔哲学所谓的"我思"，或康德哲学中所谓的"先验统觉"、"自我意识"，这些形而上学的玩意儿，其实是并不存在的。感觉总应有其所感的对象，换言之，我们感觉所意识到的并非感觉自身，而是感觉或意识到一个被感觉的对象，感觉则是关于外在于感觉的客观对象的一种认识。由此可见，感觉并不是把感觉主体和客观外界分隔开来的帷幕，而是沟通主、客观的桥梁。我们必须抛弃蒄勒之流那种把感觉当作感觉对象自身，因而通过感觉永远不能达到客体自身的提法，而应当把感觉当作关于对象的认识和反映。当然。所谓感觉是对象的反映，这也并不意味着感觉是对象在形态上的简单再现，毫不依赖于我们感官和感觉神经的特性。洛克的第二性质学说告诉我们，色、声、香、味之类的感觉，的确有赖于主体感官的特殊作用，颜色感觉与电磁波，声音感觉与空气波之间在形态上是完全不相似的。可是，事实的本质并不像蒄勒所主张的那

---

① 《生理学纲要》，见《西方心理学家文选》，第62页。
② 同上书，第65页。

样，似乎色、声、香、味之类仅仅是感觉神经自身的特性的表现。它们本质上乃是电磁波或空气波的一定特性的主观反映。

但是，有些同志觉得，为了与康德和蔑勒之类的不可知主义彻底地画清界线，我们似乎就应该采取"对着干"的方针，把感觉对于对象的"反映"当作对象在形态上的相似的再现和复制，否则就似乎不能逃脱不可知主义的厄运。在这些同志看来，感觉与被感觉者在形态上的相似性，乃是"反映"概念的本质特征。由此出发，他们便把第二性质学说当作不可知主义一路的货色而予以反对。

然而，洛克关于第二性质的主张是否真正违反了唯物主义的反映论呢？"反映"范畴是否必以形态相似为其条件呢？我们似有必要探讨一下反映范畴的实质。所谓"反映"，当然总是这个东西（甲）对那个东西（乙）的反映，因此，反映表现了甲—乙之间的一种关系，但是反映并不是关系的自身，而是这种关系的结果。甲对乙的关系自身是直接的，而反映作为甲对乙这种关系的结果，它或者是通过甲而反映乙，或者是通过乙而反映甲，它与被反映的关系则是间接的。这就是说，反映并不是被反映者的直接表现，而是被反映者通过反映者的折光或反射而出现的一种间接表现。黑格尔在《小逻辑》中有一段很有启发的话："反映或反思（Reflexion）这名词本来是用来讲光的，当光直线式地射出，碰在一个镜面上时，又从这镜面上折回转来，便叫作反映。在这个现象里有两方面，一方面一个直接的存在，第二方面，同一存在成为一间接的建立起来的事实。当我们反省或反思一个对象时，情形亦复如此。因为我们这里所欲认识的对象，不是它的直接性，而是它的间接的反映过来的现象。"① 黑格尔对于"反映"概念所做的说明，我认为对我们用来说明感觉与被感觉者的关系很有用处。一方面，感觉是反映，是通过主体的折光而反映对象，而不是如蔑勒等人所说的那样，我们的感觉只表现自己的感觉；另一方面，我们通过感觉所反映的对象，并"不是它的直接性，而是它的间接的反映过来的现象"。这也就是说，感觉所反映出来的东西，并不直接就是对象自身，而是通过反映主体的折光而表现出来的东西。客体既经主体的折光而表

---

① 黑格尔：《小逻辑》，第251页。

现，表现出来的东西就不能不因主体之折光而有所变化。因此，感觉作为客观对象的反映，并不是客观对象的直接再现，而是主体与客体的辩证统一。

反映关系，实际上也是一种因果关系。客体作用于主体的感官，我们的感官在接受客体作用之后，必然会发生某种生理过程的变化去适应于客观作用。这种生理过程的内部表现就是心理过程。而作为适应于外界作用而引起的生理心理过程的结果就是感觉，就是对客体的反映。客体的作用是作为主体之外的外界原因而出现的。主体在作用下而发生的生理心理过程，则是反映的内在根据，亦即是作为内部原因而出现的，没有外界的作用（外因），自然没有反映；但没有内在根据（内因），也同样不可能有什么反映。外因通过内因而起作用，客体则是通过主体的变化和适应而引起对它的反映。所以，感觉作为一种反映，它的产生，乃是内因与外因的辩证统一，这里所谓主体与客体的辩证统一，内因与外因的辩证统一，是什么意思呢？这意味着作为这种辩证统一的感觉，它是主体与客体对立统一的结果。这就决定了它与被感觉者的关系，既有统一性的一面，也有对立性的一面。从统一性的一面来说，它既是客体的一定特性刺激我们感官的结果，它就不能不表现这种刺激的特性，因此，感觉乃是客观特性之主观反映；从对立性的一面来说，由于感觉是结合主体的一定特性，通过主体的一定变化去反映客观特性，它也就不能不反映主体参与变化的一定特性，因此，它就不可能是客观特性的直接的简单的再现。感觉与被感觉者的不一致或不相似之处，就成为必然的而且合乎规律的现象，

如果我们坚持辩证法的原则，从对立统一规律来分析反映过程，那么，我们就不应该对洛克"第二性质"学说所揭露的科学事实大惊小怪。色、声、香、味之类"第二性观念"与客观存在的第二性质在形态上完全不相似，这反映了它们之间有着对立性的一面；但是，颜色不能不是光波之一定特性的反映，声音不能不是空气波之一定特性的反映。这就表现了它们之间的统一性的一面。所以，色、声、香、味等"第二性观念"仍然是客观性质的主观反映，它们虽然没有形态上的相似性，但却有内容上的一致性。

对于反映过程或反映概念的这种辩证唯物主义的理解，使我们与庸俗

唯物主义和不可知主义完全区别开来。

那种坚持感觉与被感觉对象在形态上必须相似的主张，是一种庸俗唯物主义的反映观，并不符合于反映过程的辩证法，它只看到主、客体之间的统一性，而没有看到它们之间的对立性，因而是一种地道的形而上学观点。如果从这种庸俗的反映观出发，以形态上的相似性作为反映的本质特征，那么，我们就必须进一步把光波、空气波当作颜色或声音本身。因为所谓形态上的相似，只能意味着颜色与颜色的相似或声音与声音的相似。"异类不比"，这是起码的逻辑常识，我们总不能说颜色与一个非颜色的东西或声音与一个非声音的东西是相似的吧！但是，这却明显地违背自然科学所揭示的事实，所以，这种庸俗的反映论是违反科学的。

如果我们从人类更高级的认识形式来看"反映"概念的实质，这种庸俗反映论的错误性质就更加明显。"概念"，也是关于对象的一种反映形式。但是概念反映对象，只可能是对象的本质的抽象，而不可能是形态上的相似。"动物"这个概念是人、牛、马……共同特征的反映，但其所反映的内容，只能是它们的共同本质，而不可能是它们的"共同形态"的相似性的再现。人、牛、马等在形态上是各有特色、绝不相似的。如果"动物"概念是牛的形态的相似性的反映，它就不可能反映人、马的形态了，除非这个"动物"概念的内容，是特种的姜子牙的坐骑——"四不像"。概念愈抽象，它与被反映的对象在形态上的不相似性就愈加明显。"价值"与体现于商品中的社会劳动量之间，"规律"与事物发展过程中的必然性之间，又有什么形态上的相似性呢？难道这还不足以证明那种把形态上的相似性，当成"反映"概念的本质的反映观乃是一种庸俗的、浅薄的主张吗？

由于对"反映"原则的机械论的理解脱离了科学事实，绝不能驳倒不可知主义，只有把反映原则放在科学事实的基础上，放在既唯物而又辩证的基础上，才能使我们获得有力的武器，有可能予不可知主义以合乎科学的有力批判。

应该说，不可知主义看到了主体与客体的对立性的一面。他们认识到了感觉不是外物及其特性的简单的直接表现，而是客体作用于主体引起变化的结果，因而他们把感觉与被感觉的对象区别开来。特别是所谓"第二性感觉",的确如同他们正确地看到的那样,与作为它们的源泉的客观对象之间,在形态上是完全不相似的。所以,这种观点中间也包含有若干合理的因素。问题在于他们把主体与客体之间的对立性的一面绝对化了,以至于根本否认它们之间有统一性。如果事情真如康德所说的那样,感觉仅仅是主体之变化,或者真如薆勒所说的那样,感觉仅仅是感觉神经固有特性的表现,因而根本不能认识"自在之物"的任何性质,那么,我们就很难理解,为什么在一定的刺激之下,我们的感官总是产生一定的变化,而不是其他的变化?为什么我们永远不用我们"固有的"红色感觉去反映玉兰花反射出的光波?为什么我们永远也不用我们"固有的"黑色感觉去反映天外彩虹的视觉刺激?我们也不能理解,为什么我们永远都觉得大粪是臭而不可闻也,而入芝兰之室却总觉得异香扑鼻,沁人心脾?显而易见,感觉与被感觉对象之间存在着某种一致性,感觉的特殊性是由被感觉对象的特殊性所决定的。物本身固然无所谓颜色,无所谓声音,无所谓味道,但物本身却固有使我们产生一定的颜色、声音或味道的能力或特性,我们的一定感觉则是这些能力和特性的主观表现。

费尔巴哈也否认感觉就是物的客观特性的直接表现,他曾指出:"……我的味觉神经,正如盐一样,也是自然界的产物,但是不能因此就说:盐味本身直接就是盐的客观特性;在仅仅作为感觉对象时是怎样的,它自身也就是怎样的;舌头对盐的感觉是我们不通而变化,所以这些神经能够利用外部原因在它们内部发生底那些变化,使感觉中枢不特知道神经自身底状态,而且知道外物上特性和状态底变化。各感官这样得来底关于外物底知识,每官不同,与它底神经底性质或能力有一种关系。"①

不过,薆勒认为感觉本质上只是外物特性所引起神经自身的状态,它与外物特性的真象和本性,并无任何共同之处,因此,"要想感官把物质界底真象和本性披露给我们,是不可能的。"②

还必须指出,类似这种不可知主义或"半不可知主义"的论点,我们甚至在18世纪的法国唯物主义者那里也可以找得到。拉美特里就说过:

---

① 《生理学纲要》,见《西方心理学家文选》,第67页。
② 同上书,第65页。

"我们的感觉不论如何鲜明,也决不能使我们明了主动的对象的本性,以及被动的感觉器官的本性……感觉器官并不能向心灵描绘出物体的真实状况。"① 霍尔巴赫也是如此。他一方面承认我们可以通过感觉而判断物的性质;另一方面,由于他看到了感觉的形态依赖于我们的生理构造的事实,他便把我们感觉所判断的物的性质,和独立于感觉之外的物的本性对立起来,说什么物的本性是不可认识的:"我们承认物质的本质不可思议,或至少我们只能以被它感触的方式微微理会到它。"②"我们之认识物质,是通过物质所给予我们的知觉、感觉和观念;正是根据这些,我们才依照我们器官的个别情况,判断物质是好是坏。"③"我们不认识物质的本质,也不认识它真实的本性,虽然我们根据物质作用于我们的方式,对它的某些特性或性质能够有所认识。"④

拉美特里和霍尔巴赫这种"半不可知主义"的观点,显然是看到了感觉与被感觉对象(物的性质)在形态上的不相似性,从而夸大了它们的对立性的结果,在这一方面,他们甚至比洛克的观点更为落后。正如我们在本文第二部分所引证的,洛克虽然承认第二性观念与第二性质在形态上不相似,但他反复声称,它们在内容上是相符合的。在简单观念(感觉)这个领域内,洛克认为我们是可以通过简单的感觉观念认识外物的性质的。⑤

我们应该考虑到这个问题的复杂性,必须如实地承认感觉与被感觉的对象有它的对立性的一面。"第二性观念"与客观的"第二性质"在形态上是完全不相似的,即使是"第一性观念"与客观的"第一性质"也只有相对近似的相似性。情形的确如此,如果我们把认识限制在直观的感觉的范围之内,我们便永远也不会知道在我们感觉以外的物体的本来面貌是个什么样子。普列汉诺夫曾企图在辩证唯物主义的基础上来解决这个问

---

① 拉美特里:《心灵的自然史》,见《18世纪法国哲学》,第211页。
② 霍尔巴赫:《自然的体系》下卷,第91页。
③ 同上书,第92页。
④ 同上书,第116页。
⑤ 洛克也有某种类似不可知主义的观点。洛克认为物质的外部特性是由物质微粒组合为物时的空间排列、运动形式、数量关系所决定的。他把这种空间排列、运动形式、数量关系叫作物体的"实在本质",不过,洛克又认为,物质微粒太精微了,我们的感觉器官量永远也不能感知到它们的。物体的物质微粒到底是怎样组合的,我们的感觉是永远不能告诉我们的。"实在本质"是不可知的。

题，克服不可知主义在认识论领域内造成的困难。他的尝试对我们是有启发的，但可惜的是他似乎也没有充分认识到这个问题的复杂性，而采取了某些简单化的做法。现在让我们来看看他的论点："如果我们宁愿当唯物主义者，那么只要稍加思考，我们就会确信，如果我们由于自在之物对我们的作用而知道这些物的某些特性，那么同霍尔巴赫的意见相反，我们也就在某种程度上，知道它们的本性，因为物的本性正是表现在物的特性中的。通常把本性和特性对立起来，这是没有根据的，而正是这种对立使得认识论陷入经院哲学的迷宫，在这个宫中，康德迷失了方向，而现今唯物主义的一切反对者依然不知所向，束手无策。歌德凭其天才的诗人和思想家的敏感，甚至比唯物主义者霍尔巴赫也更清楚地懂得，真理究竟在什么地方。"他说：

  无所谓内，无所谓外，因为，内就是外，外就是内，不要迟疑，抓住这神圣的公开的秘密。①

把通过我们的感觉而判断的物的特性，同物的本性绝对对立起来，这自然是形而上学的错误观点，是不可知主义的认识论根源。在这个范围内，普列汉诺夫的论点是完全正确的。但是，普列汉诺夫却走过了头，以致把二者完全混为一谈，说什么"内就是外，外就是内"，说什么特性就是本性，他完全忽视了它们之间还有对立性的一面，这就未免陷入于另一种形而上学的错误。由于在这里所表现的形而上学的影响，把普列汉诺夫从一个正确的出发点引导到一个错误的地方去了，本来，他是完全接受自然科学关于色、声感觉与其原因不相似的观点的："颜色和声音的感觉难道同引起这些感觉的那类运动（根据现代自然科学的学说，这种感觉是由那类运动引起的）相似吗？当然是不相似地。"② 既然承认这一点，那么我们就必须说，物体的这些特性反映于我们感觉中的"状态"，与物体本身的"状态"是不相似的。但是，由于普列汉诺夫急于简单地反掉不可知

---

① 见《普列汉诺夫哲学著作选集》，第534页。
② 同上书，第535页。

主义而把物的特性（指通过感觉所反映的物的"状态"）与物的本性（物的本来面貌）混为一谈，于是便"忘记"他所承认的上述科学事实。因此在不多的几行以后就读到了与他上述承认自相矛盾的语句："但是，'形态'只不过是自在之物对我们作用的结果，除了这种作用，它们就没有任何'形态'。所以，把存在于我们意识中的物的'形态'同据说物在实际工具有的那种'形态'对立起来，就是不懂得'形态'这个词有什么含义。康德主义的整个'认识论的'经院哲学，如上面所说的，都是建立在不确切的术语上的。"①

康德的不可知主义，并不完全是建立在对"特性"、"本性"、"形态"之类术语的不确切的含义上的。对它的批判也不能单纯依靠对这类术语作个"确切的"规定，就可达到目的。以为我们只要说上一句"特性就是本性"，或"除了物对我们作用的结果，物就没有任何形态"，就可以克服不可知主义，那未免太天真可笑了。

从辩证唯物主义的反映论来看，感觉乃是主客观的统一，感觉与物的本来面貌既是对立的，又是统一的。光波不是颜色，空气波亦非声音，物的本来面貌不同于我们对它的反映，它们之间有对立、有区别；但是它们之间有一致性或同一性，光波、空气波的一定特性也通过色、声感觉而得到自己的表现。因此可以通过色觉而认识光波、通过声觉而认识空气波。为什么色、声、香、味等感觉与外物性质的本来面貌不相似，有对立性，我们却又说它反映了物的本来性质呢？这是因为这种对立性所决定的不相似，仅是表现在形态方面，而它们所固有的统一性，却表现为内容上的一致性。正是在这种意义上，我们可以说这些感觉忠实而正确地反映了物本身的一定特性。例如，红色感觉反映了波长 $620m\mu—760m\mu$ 左右的光波的特性，绿色感觉反映了波长 $510m\mu—550m\mu$ 左右的光波的特性……不管我们念俄语 A 音，它总是一千周波的倍音，而 O 音总是 500 周波的倍音，这清楚地证明了感觉与被感觉的东西在内容上的一致性，因而通过感觉我们可以正确地反映和认识世界。

不可知主义是错了。他们错在不承认感觉与被感觉的东西以及特性与

---

① 见《普列汉诺夫哲学著作选集》，第536页。

本性的任何统一性。他们把二者在形态上的不相似，夸大为内容上的不一致，这是把二者形而上学地绝对对立的结果。

不可知主义还有一个极大的错误。他们不懂得感性与理性的辩证法，不知道感性认识可以上升为理性认识，看不到理性认识的巨大作用。感性与理性也是辩证的统一。感性认识只反映事物的外部特性，理性则可深入认识事物的内在本质。如果我们把认识局限于感觉表象的狭小天地里，我们便永远不能超出事物的外部特性而深入认识物的内在本质。感觉永远只能把电磁波转为颜色的感觉，而不会透过颜色的感觉直观客观的电磁波。不可知主义所以认为我们不能认识"物自身"，不能认识物的"真象和本性"，根本原因之一就在于他们把认识局限于感性的领域，这实际上就是把感性认识当成唯一的认识形式。

但是，物的本性与特性，感觉与被感觉者之间有同一性。本性表现于特性之中，又反映于感性认识之中。因而，我们通过感觉对于物的外部特性的反映，也在一定程度上反映了物的本性或本质。我们经过对感觉中所包含的本质内容的科学抽象，就可以使我们对物的认识由感性而上达理性，并经由对物的外部特性的认识而认识物的内在本质，认识物的"真象和本性"。现代自然科学不仅已经超出了色、声、香、味而认识了为感觉所不及的电磁波、空气波和物质的其他运动形态，而且还准确地测定了它们之间的数量关系。难道我们还能怀疑我们事实上已经超出了感觉的限制而上升到理性，认识到了物的"真象和本性"吗？只要不是一个死不认账的"花岗岩脑袋"的不可知主义者，他是应该承认科学事实的。我们可以说，世界的本来面貌是不可穷尽的，但绝不可以说，世界的本来面貌是不可认识的。

六　关于列宁的有关论述

马克思主义哲学经典作家的著作，是辩证唯物地分析问题的典范，常常是我们立论的根据，并给我们以方法论上的启示。在我们的文章中，引证经典著作是可以理解的。但是，经典作家当时所解决的问题与我们今天所面临的问题常常并不一样，即使字面上极其相似，在精神上也可能大相径庭，因此，引用经典著作，似应侧重于实质的掌握和方法论上的借鉴。按照自己的需要，寻章摘句，恐难免于断章取义、牵强附会之嫌。

在关于评价洛克第二性质学说的辩论中，出现了这样一种情况：对立双方都在引证列宁《唯物主义和经验批判主义》中的言论。读者自然会问：究竟哪一方符合于列宁指示的真意呢？

列宁的著作中对于"第二性质"问题并没有专门的论述。但他在《唯物主义和经验批判主义》中，对感觉与外物的关系，从不同角度，进行了深刻的分析，留下了大量的论述，它们都直接地涉及这个问题。为了使我们今天的讨论求得比较正确的解决，全面认真地分析与总结列宁的有关论述，是大有必要的。

大家知道，在关于感觉与外物的关系上，列宁反复强调指出，感觉是对象的复写、模写、摄影，是客观世界之主观映象，类似提法，在该书中凡数十处，而贯穿于其中的根本思想则是反映论的原则。应该怎样理解列宁的反映论原则呢？现在我们很多同志实际上把这个原则归结为形态相似的原则。他们认为，所谓模写、摄影，当然是意味着反映与被反映者在形态上的相似。如果不是完全相似，至少也应该或多或少的相似。由此出发，他们便导致对于洛克的"第二性质"学说持否定立场。他们认为色、声、香、味应该相似于它所反映的客观特性，因此，客观特性也必须就是色、声、香、味的本身。

据我看来，把反映原则理解为形态相似原则，实际上是纯粹字面或语义上的抽象解释，并不符合于列宁的反映原则的实质。列宁的《唯物主义和经验批判主义》中，有关于我们这次讨论的论述，可以简单归结为如下三点：

第一，完全忠实于自然科学的主张，认为色、声、香、味等感觉的对象是光波等物质的运动，而不是色、声、香、味等等本身。

该书对于唯心主义、不可知主义的批判和对自己观点的表述，列宁处处都是从自然科学出发的。列宁在谈及感觉与外物的关系的时候，总是没有忘记指出自然科学在这方面的主张。读该书，不难体会到这个特点。

19 世纪的自然科学证明了独立于感官之外的客观对象乃是物质的某种运动（光波、空气波等等），而颜色、声音等感觉则是这些运动作用于感官所产生的结果，离开我们感官的作用，光波并不就是颜色，空气波亦非声音，两者不能混为一谈。列宁正是以自然科学的上述主张作为自己理论的科学基础，进行反对马赫主义的斗争。

马赫主义的根本观点是要素一元论，他把客观的物理对象与我们在心理上对它们的感觉混为一谈，说什么大、小、高、低、黄、硬、冷、痛之类的感觉是组成世界的要素。这些要素在一种联系上是心理的，在另一种联系上是物理的。他认为这就可以消除物理的东西与心理的东西的对立，克服唯心、唯物的"片面性"。列宁的批判则坚决揭露这种把感觉与对象混为一谈的非法性和反科学的实质。他以自然科学关于光波与颜色的区别与联系为例，证明马赫所谓的世界要素实际上不过是感觉，是依赖于我们的神经和意识而存在的，而物理对象并非由这些"世界要素"所组成。列宁指出，与这些感觉相应的物理对象并非颜色等感觉本身，而是光波等物质的运动。

> 如果要素是感觉，那末你们连一秒钟也没有权利认为"要素"是不依赖于我的神经和我的意识而存在的。但是，既然你们承认这种不以我的神经和我的感觉为转移的物理对象，这种只是通过对我的眼网膜的作用而产生感觉的物理对象，那末你们就是可耻地离开你们的"片面的"唯心主义而转到"片面的"唯物主义的观点上来了！如果颜色仅仅在依存于眼网膜时才是感觉（如自然科学迫使你们承认的那样），那末，这就是说，光线落到眼网膜上才引起颜色的感觉；这就是说，在我们之外，不依赖于我们和我们的意识而存在着物质的运动，例如，存在着一定长度和一定速度的以太波，它们作用于眼网膜，使人产生这种或那种颜色的感觉。自然科学也正是这样认为的。它用人的眼网膜之外的、在人之外和不以人为转移的光波的不同长度来说明各种颜色的感觉，这也就是唯物主义：物质作用于我们的感觉器官而引起感觉。[①]

[①] 《列宁选集》第2卷，人民出版社1972年版，第49—50页。

阿芬那留斯关于经验材料的依存系列和独立系列的学说与马赫的要素一元论一样，也是把感觉和物理对象混为一谈。列宁则同批判马赫时一样，把感觉与被感觉的东西严格分开，指出作为所谓"独立系列"的物理对象是光波，而所谓"依存系列"的颜色是光波作用于眼网膜上的结果："光源和光波不依赖于人和人的意识而存在着"，"颜色依赖于这些光波对眼网膜的作用。"[①]

从上述可知，一方面，当时的自然科学主张光波本身不是颜色，颜色是光波在眼网膜上的感觉；另一方面，也可说明，列宁完全忠实于自然科学的主张。他正是从自然科学的这一主张出发，批判马赫把颜色等当作"世界要素"、当作"物理的对象"本身，批判阿芬那留斯把它当作"独立系列"的存在。

至于声音，列宁也完全同意当时自然科学关于空气的运动并不直接就是声音的主张。列宁引证了物理学家杜恒的这样一段话：

"（我们知道声音）怎样同我们发生关系，而不知道它本身即在发声的物体中的状态。声学使我们可以认识这种实在，而我们的感觉从其中只能发现外表和浮面的东西。声学告诉我们，在我们的知觉只是把握着我们称之为声音的那种表面现象的地方，确实有一种很小的、很迅速的周期运动"。[②]

列宁怎样评价杜恒这种思想呢？他指出："他（指杜恒）非常接近辩证唯物主义。"[③] 这就清楚地证明，列宁认为声音只是物体的运动对于我们的感官的关系上而产生的感觉，并不直接存在于发声的物体中。换言之，声音并不是独立于我们感官之外的客观存在。

列宁认为滋味也和颜色、声音一样，并不直接就是物体的客观特性。关于此，列宁引证了费尔巴哈的思想：

---

① 《列宁选集》第2卷，人民出版社1972年版，第55页。
② 同上书，第318页。
③ 同上书，第318页。

"……我的味觉神经，正如盐一样，也是自然界的产物，但是不能因此就说：盐味本身直接就是盐的客观特性；盐在仅仅作为感觉对象时是怎样的，它自身也就是怎样的；舌头对盐的感觉是我们不通过感觉而设想的盐的特性。……"①

在这里，费尔巴哈认为盐的味并不直接地就是盐的客观特性本身。盐的咸味，只有作为感觉对象，只有在人的舌头上才有意义。因此，费尔巴哈主张："咸味是盐的客观特性的主观表现。"② 列宁完全同意这种符合于当时自然科学的唯物论观点，并从此得出自己的结论：

感觉是客观地存在于我们之外的自在之物作用于我们的感官的结果，这就是费尔巴哈的理论。感觉是客观世界、即世界自身的主观映象。③

"感觉是客观世界的主观映象"，是列宁关于感觉的本性的最完整的表述。为什么他要在"映象"之前加上"主观"一词呢？这是因为他忠实于"物质的运动"与感觉并不相同的科学事实。这个提法本身无疑包涵了这样一个思想：色、声、香、味等感觉的形成，依赖于我们感官的主观作用，我们是通过这种主观的作用而反映客观世界的一定特性的。这个提法意味着列宁认为感觉是主客观的统一。下面将以事实证明这一分析。

第二，感觉是外物与我们身体交互作用的结果，是主观与客观的辩证统一。

列宁既然认为：物质的运动不是色、声、香、味等等的本身，因此，当列宁说这些感觉是物质作用于我们感觉器官的结果的时候，他当然就在事实上承认了感觉器官在形成这些感觉中的特殊作用。由于当时的斗争并未直接提出必须说明形成感觉的具体过程的任务，列宁在这方面的具体论

---

① 《列宁选集》第2卷，人民出版社1972年版，第117页。
② 同上书，第117页。
③ 同上。

述并不多，但从一些间接的评述中，列宁对此是从不怀疑的。

如前所说，德谟克里特以来的唯物论的伟大代表们差不多都认为感觉（特别是"第二性感觉"）乃是物体与我们身体交互作用的产物。马赫对这种唯物论观点作了如下的表述：

> "我们面前有一个具有尖端 S 的物体。当我们碰到尖端，使它和我们的身体接触的时候，我们就感到刺痛。我们可以看见尖端，而不感觉刺痛。但是当我们感觉刺痛时，我们就会发现尖端。因此，看得见的尖端是一个永恒的核心，而刺痛是一种偶然现象，依照不同的情况，它可能和核心联系着，也可能不和核心联系着。由于类似现象的多次重复，最后人们习惯于把物体的一切特性看作是从这些永恒的核心中发生并通过我们身体而传给自我的'作用'；我们就把这些'作用'叫做'感觉'……"①

马赫表述的观点，大致类似于洛克关于第二性质与第三性质的观点。这种观点把感觉当作为物的一定特性与身体交互作用的结果，它肯定物质是感觉的客观根据，所以是极明显的唯物论。列宁对这种观点作了肯定的评价，他认为这是一种唯物论的观点。针对着这段话，列宁写道：

> 换句话说，人们"习惯于"坚持唯物主义的观点，把感觉看作物体、物、自然界作用于我们感官的结果。②

马赫也看到了这一点，所以他极力反对把感觉看作是"交互作用的结果"而认为感觉就是组成物的要素本身。他说："但是，这些核心因此便失去它们的全部感性内容，成为赤裸裸的抽象符号了……"③ "因而，说世界仅仅由我们的感觉构成，这是正确的。但这样一来我们所知道的也就

---

① 《列宁选集》第2卷，人民出版社1972年版，第37页。
② 同上。
③ 同上书，第37页。

仅仅是我们的感觉了，而关于那些核心以及它们之间的相互作用（这种相互作用的产物只是感觉）的假定，就是完全没有意义的和多余的了。这样的观点仅仅在不彻底的实在论或不彻底的批判主义看来才是好的。"①

列宁反对马赫的批判而维护马赫所批判的唯物论。列宁嘲笑马赫道："最可敬的教授先生，这是陈词滥调呵！"② 感觉依赖于物质的作用和我们身体的某种生理过程，乃是符合于科学事实的正确主张。马赫作为一个科学家，他有时也不能不违背自己的唯心主义世界观而承认这一点。他写道：

"假使正当我感觉着什么东西的时候，我自己或别的什么人能用一切物理的和化学的方法来观察我的头脑，那就可以确定一定的感觉和有机体中所发生的哪些过程有联系……"③

列宁揭露了马赫的自相矛盾，他就此指出：

好极了！这不是说我们的感觉和整个有机体中、特别是我们头脑中所发生的一定过程有联系吗？是的，马赫十分肯定地作出了这种"假定"；从自然科学的观点出发，不作出这种"假定"是困难的。但是对不起，这正是关于那些"核心以及它们之间的相互作用"的"假定"……④

透过列宁对马赫上述的评论，可以明确地看到列宁坚持自然科学和传统唯物论关于感觉是我们身体与外物交互作用的结果的观点，承认感觉器官在形成感觉中的特殊作用。但是，主体的这种作用表现在什么地方呢？我们可以透过列宁对阿芬那留斯的批判看出他在这方面的主张。阿芬那留斯曾经猛烈攻击如下的见解：

---

① 《列宁选集》第2卷，人民出版社1972年版，第37—38页。
② 同上书，第37页。
③ 同上书，第38页。
④ 同上。

"感觉是由于传来的运动（刺激）的作用以及其他物质条件（例如血液）的协助而在某种实体（大脑）中产生的。……"只能把感觉的出现理解为传来的运动的一种创造作用。"①

无疑，他所攻击的正是自然科学和唯物论的主张。列宁对阿芬那留斯的攻击采取什么态度呢？列宁轻蔑地指出：这不过是"唯心主义的诡辩"。这从又一个侧面证明列宁认为外界的运动只有通过主体的某种"创造作用"才能形成感觉。这种主体的"创造作用"具体就表现为主体对于物质运动的刺激的"转化"。列宁写道："任何一个没有被教授哲学弄糊涂的自然科学家以及任何一个唯物主义者都认为，感觉的确是意识和外部世界的直接联系，是外部刺激力向意识事实的转化。"② 例如：光波只是一种物质的运动，它作为一种"外间刺激力"，只有通过主体的"转化"才能成为颜色的感觉，成为我们的意识事实。既然感觉乃是外间刺激力之转化为意识，那么感觉当然便是外物与我们身体交互作用的结果，是主观与客观的辩证统一。

第三，感觉是外间世界的反映，通过感觉可以正确认识世界。

不可知主义利用感觉与对象在形态上的差异，认为我们不能通过感觉认识外间世界。列宁在本书中对之作了充分的批判。列宁批判的核心，则在坚持认为感觉是客观世界的反映。他反复指出，感觉并不是"隔离意识与外部世界的屏障、墙壁"，而是"意识和外部世界的联系"③。列宁所说的"反映"（以及映象、模写、复写、摄影等同类概念）的具体内容是什么呢？

事实的确如此，列宁对赫尔姆霍茨关于感觉与外界作用没有"任何的类似性或同等性"的符号论观点提出过严厉的批判，指出这是不可知论。他说过：感觉是物的反映，而不是与物没有任何相似的记号或符号。因此，从这里可以正当地得出结论，列宁认为映象与外物有相似性。

---

① 《列宁选集》第2卷，人民出版社1972年版，第44页。
② 同上书，第46页。
③ 同上书，第46页。

但是，问题不应到此为止。列宁所说的"相似"的具体含义又是什么呢？是不是如同有些同志所理解的那样，列宁所谓的"相似"就是颜色感觉与客观颜色，声音感觉与客观声音的相似，因而这是否意味着列宁把独立于感官之外的光波、空气波直接当作颜色、声音的本身呢？这种看法显然违背自然科学的主张，因而也绝不符合列宁的思想实际。如前所说，列宁处处都坚持科学事实，认为光波只有依存于眼网膜上才是颜色，声音依赖于与我们的关系，并不在发声的物体之中。如果我们不是把列宁推到与自然科学对立而居的地位，就不能对列宁所说的"相似"作上述解释。

既然我们是从列宁对于赫尔姆霍茨关于物与感觉"没有任何相似"的符号论观点的批判中导出列宁的"相似"概念，那么，为了正确掌握列宁的真意，我们就必须具体分析列宁是在何种意义上对赫尔姆霍茨进行批判的。

大家知道，赫尔姆霍茨也是属于列宁所称之为伟大的科学家和渺小的哲学家之类的人物，对于他的科学成就以及符合于科学的哲学观点，从来是给予肯定的评价的。列宁所批判的只是他曲解科学事实而做出的不正确的哲学结论。作为一个在感官生理学方面有着突出成就的自然科学家，赫尔姆霍茨论证了色、声、味、热之类的感觉乃是对象在我们感官上作用而产生的结果，并不是对象本身的性质。这是在当时的整个自然科学界得到公认的，列宁对此也是信而不疑的。列宁从赫尔姆霍茨的《生理光学》中引证了这样一段话：

> 首先，谈到外部对象的质，只要稍微想一想就会明白，我们可以加之于外部对象上的所有的质，仅仅表示外部对象对我们的感官或对自然界的其他对象的作用。[1]

赫尔姆霍茨这段话包涵着这样的意思：外部对象本身并不具有色、声、味、热之类的"质"，我们之所以认为对象具有这些"质"，乃是对象在我们感官或其他自然对象上发生的作用。因此这些"质"，乃是我们

---

[1] 《列宁选集》第2卷，人民出版社1972年版，第239页。

加于对象上的。列宁对这个思想如何评价呢？他指出：

> 这里赫尔姆霍茨又转到唯物主义观点上了。①

于此可见，列宁是同意黑尔姆霍兹的上述符合于自然科学的观点的。既然列宁认为颜色、声音等"质"乃是对象在我们感官上的作用而不直接就是独立于感官之外的对象本身的特性，那么，显而易见，列宁所谓感觉是物的反映、映象、模写或者承认感觉与物的"某种相似"的真正意义，便绝不是颜色感觉反映着客观的颜色，或者颜色与颜色的"相似"，以及诸如此类。

既然如此，列宁所谓反映、映象、相似的具体意义又是什么呢？让我们看看列宁对此所作的具体说明：

> 感觉是运动着的物质的映象。不通过感觉，我们就不能知道实物的任何形式，也不能知道运动的任何形式；感觉是运动着的物质作用于我们的感觉器官而引起的。这就是自然科学的看法。红色的感觉反映每秒钟频率为四百五十亿兆的以太的振动。天蓝色的感觉反映每秒钟频率大约六百二十亿兆的以太的振动。以太的振动是不依赖于我们的光的感觉而存在的。我们的光的感觉依赖于以太的振动对人的视觉器官的作用。我们的感觉反映客观实在，即反映不依赖于人类和人的感觉而存在的东西。这就是自然科学的看法。②

值得我们注意的是，列宁在这里一再强调当时自然科学的主张。认为客观的实在乃是物质的运动，乃是依一定频率而震动的以太波，它们作用于感官才是一定的颜色，根本没有把以太波直接当作颜色。但是，尽管如此，列宁还是认为感觉是"运动着的物质的映象"，是"反映"。不过，他所谓的"映象"、"反映"，并非红色反映红色，蓝色反映蓝色，而只是一定的颜色反映依一定的频率而震动的"以太波"。这就是说，在列宁看

---

① 《列宁选集》第2卷，人民出版社1972年版，第239页。
② 同上书，第308页。

来，尽管一定的以太波只在感官上才表现为一定的颜色，但此一定的以太波必致一定的颜色，因而我们的特定感觉必然反映着外物的一定特性，它们是彼此一致、互相符合的。看来，这就是列宁所说的"反映"、"映象"、"模写"或"相似"的真正意义。这样一来，列宁所谓的"相似"与今天某些同志所理解的"相似"，事实上有着根本不同的含义。既然列宁所谓的"反映"乃是颜色感觉反映一定的以太波（本身并非颜色），那么，列宁所谓的"相似"，也只能是颜色与一定的以太波的"相似"，但对于某些同志说来，所谓"相似"，则是颜色与颜色之间的相似，这是两种不同性质的"相似"观。我认为列宁所理解的"相似"，乃是就性质和内容而言〔附注〕，而某些同志所理解的"相似"，则是就外表或形态而言。因此，列宁意义下的"相似"，实质上是着眼于性质上的符合或内容上的一致；而某些同志意义下的"相似"，事实上是指的外表上的照相或形态上的相同。

诚然，列宁并没有直接使用"性质上的符合或内容上的一致"这样的字眼，但我以为这个提法正确地反映了列宁的本意。列宁曾引证了费尔巴哈信徒阿·劳对黑尔姆霍兹的批判，阿·劳也认为物体的特性依赖于物体对我们的关系，但他反对黑尔姆霍兹把感觉当作对象的符号。他认为："物在我们身上引起的感觉是这些物的本质的模写。"[1] 列宁同意阿·劳的提法，并认为："唯物主义者就是这样批判赫尔姆霍茨的。"[2] 这是否足以证明列宁所谓的反映、映象、复写、模写等等的含义即指"本质的模写"而言呢？看来，这个结论是不可避免的。这不仅符合于推理的逻辑，更重要的是符合于科学事实，符合于列宁的整个认识论的精神实质。

然而所谓"本质"是不可以具体形态来模写的。因此所谓"本质的模写"，只能意味着性质上的符合或内容上的一致，而绝非外表上的照相或形态上的相同。

必须从上述理解出发，我们才能正确地了解列宁对黑尔姆霍兹的符

---

[1] 《列宁选集》第 2 卷，人民出版社 1972 年版，第 241 页。
[2] 同上。

号论的批判。如果黑尔姆霍兹的意思只限于断定我们的色、声之类感觉与客观的物质运动形式在外表或形态上的不相似，那么，这是符合于客观事实的科学见解，这里并不包涵错误。但这绝不意味着我们的感觉就不是对象的反映，绝不意味着感觉与对象之间没有"任何的类似性与同等性"。黑尔姆霍兹所谓感觉与对象之间没有"任何的类似性与同等性"的"任何"，他的意思只能被理解为是说它们既无形态上的相似，更无性质上的符合或内容上的一致。唯其如此，黑尔姆霍兹才把感觉称之为不表现物体的任何性质的"符号"，走到"符号论"。列宁批判这种错误的观点。因为列宁虽然认为客观的物质运动本身并非色、声之类，二者没有形态上的相似，但列宁坚持认为感觉乃是对象的"本质的模写"，坚持二者在性质上的符合或内容上的一致。由于有了这种内容上的一致，感觉与对象当然便不是没有"任何的类似性或同等性"，感觉便不是符号，而是对象的反映。列宁一针见血地指出，如果感觉只是不表现对象任何性质的符号，那么，它就变成了"某种任意的标记"，这就意味着对象甲既可以用 X 来标记，也可以用 Y、Z 等等来标记，而这明显地违背于科学事实。因为"红色的感觉反映每秒钟频率约为四百五十亿兆的以太的振动，天蓝色的感觉反映每秒钟频率大约六百二十亿兆的以太的振动"。反过来说，四百五十亿兆的频率的以太波在感官上一定表现为红色，不会是蓝色或黑色，更不会是香味或臭味，这就明显地证明感觉与对象在性质上是符合的，在内容上是一致的，证明感觉不是人们"任意的标记"，而是客观特性的主观映象，因而我们通过感觉是可以正确认识客观对象及其特性的。但是，按照符号论的观点，如果感觉与对象从形态到性质、从外表到内容都无任何相似之处，那么，世界当然就是完全不能认识的了。正由于此，列宁才把黑尔姆霍兹的符号论斥之为不可知论。

列宁还进一步指出，从符号论出发，不仅会导致不可知论，而且还会否认客观世界的实在性，走到唯心主义。列宁说："符号论不能和这种观点（如我们已经看到的，完全唯物主义的观点）调和，因为它对感性有些不信任，即对我们感官的提示不信任。不容争辩，模写决不会和原型完全相同，但模写是一回事，符号、记号是另一回事。模写定要而且必然是以

'被模写'的东西的客观实在性为前提的。'记号'、符号、象形文字是一些带有完全不必要的不可知论成分的概念。"① 列宁并不认为"模写"与原型"完全相同",即并不认为感觉与对象从形态到性质都"完全相同"。不过,形态可以不同,性质却是一致。感觉以外物的"客观实在性"为其前提,表现它的一定性质,包涵着为它所决定的客观内容。相反,感觉如果只是符号,只是"任意的标记",那就意味着它不包含有任何客观内容,不表现任何客观特性,它就成了纯粹主观任意的东西了。由此出发,就可能否认世界的"客观实在性"。这样一来,外部对象的存在就有些问题了,因为记号或符号完全可能代表虚构的对象。不可知论就这样滑进了唯心主义的深渊。

从列宁对于赫尔姆霍茨的符号论的批判中,可以看到,那种想从这里找到根据,从而把列宁的反映原则归结为"形态相似"的原则的主张是片面的、说不通的。解释者本人可以作如是观,但不能把这种说不通的解释强加在列宁的头上。至于笔者的解释是否符合列宁的真意,那也不能凭信自己的主观意愿。客观的读者会直接从列宁著作中得出公正的结论。如果我曲解了列宁的原义,那是非常遗憾的,责任自由我负,列宁思想的光辉,永远照耀着我们探求真理的道路。

[附注]:

列宁在《唯物主义和经验批判主义》一书最后的补充中,引证并赞同车尔尼雪夫斯基对康德的批判。列宁指出:"在车尔尼雪夫斯基看来,就象在一切唯物主义者看来一样,我们感性知觉的形式和对象的真实的即客观实在的存在的形式是有相似之处的。"② "在车尔尼雪夫斯基看来,就像在一切唯物主义者看来一样,思维规律不是只有主观的意义,也就是说,思维规律反映对象的真实存在形式,和这些形式完全相似,而不是不同。"③

---

① 《列宁选集》第2卷,人民出版社1972年版,第240—241页。
② 同上书,第367页。
③ 同上书,第367—368页。

也许有人会从这里得出结论，认为列宁断定了感性知觉和对象在"形态"上"是有相似之处的"、甚至断定"完全相似"吧！甚至可以说，列宁在这里断定了我们的色、声感觉在"形态"上相似地反映了客观存在的颜色或声音吧！

如果有人想作这样的结论，那么，我要说，这个结论仍然错了！

第一，列宁的这些话是直接引自车尔尼雪夫斯基对康德的批判。车氏认为康德所谓作为感性知觉的先天形式的空间与时间，与物自体存在的形式不相似的观点是错误的，空间与时间也是物自体的存在形式，因而我们关于时间和空间的感性知觉是与作为物自体的存在形式的时间与空间相似的列宁赞同车氏这个批判。这说明什么问题呢？这说明列宁所谓"我们感性知觉的形式和对象的真实的即客观实在的存在的形式是有相似之处的"，是指空间与时间而言。在这里，列宁根本没有涉及颜色、声音与其对象是否相似的问题。读者当然不会忘记，洛克早就把空间形式（广袤）作为物体的"第一性质"，肯定我们的空间观念与它是完全相似的。

第二，列宁在这里还提出了思维规律与对象的真实存在的形式"完全相似"的思想，这就进一步证明列宁所理解的"相似"的真意，根本不是就"形态"而言。因为无论是客观的规律，抑或是思维的规律，都是没有具体形态的。据此，作为马克思主义哲学认识论—反映论的重要范围的"相似"概念，不能解释为"形态上的相同"，而应解释为"本质上的模写"，或"内容上的一致"。

1962年　初稿

1977年　修订

（中国社会科学出版社1982年版）

不可知主义哲学与宗教

——休谟、康德宗教哲学述评

在欧洲宗教学说和无神论思想史上，17、18世纪可称为理性主义宗教观时代。主要的宗教学说，如泛神论、自然神论、17世纪的机械唯物主义的无神论和18世纪法国的启蒙思想和战斗无神论等，都尊崇理性，把理性置于信仰之上，作为审判宗教信仰和其他一切的法官。在宗教问题上，它们或者从理性主义出发，干脆否定传统的宗教神学，走到公开的无神论；或者用理性的原则批判和改造传统的天启宗教，要求建立一种理性主义的自然宗教或崇拜自然的泛神论宗教。理性主义成为这一时期反宗教、反神学的思想旗帜，传统的宗教神学则被宣布为反理性的盲目迷信。不过，我们还要看到另一种情况：在18世纪的下半世纪，在反对传统宗教神学的思想大军中，又出现了一种非理性的宗教观。它的旗帜上写的是"怀疑主义"或"不可知主义"，其代表人物是著名哲学家休谟和康德。尽管这二位思想家的不可知主义宗教哲学，具有非理性主义宗教观的一面，但从其根本主张在当时所起的客观效果看，主要仍是反传统宗教神学的。他们事实上是无神论的同盟军。

一 休谟的宗教哲学

1. 休谟怀疑主义哲学的无神论倾向

休谟（1711—1776）的宗教哲学具有浓厚的无神论倾向。他在死前对其友人鲍斯威尔说：自从他读过克拉克和洛克的著作后，就不相信宗教。还说：由迷信宗教而产生的道德是最坏的，对一般信宗教者也有消极影响。可见他很早就不相信宗教。洛克哲学和自然神论思潮对他的影响很大。1763—1766 年，他在英国驻法公使馆任职，与卢梭、狄德罗、达朗贝尔、爱尔维修等人有密切交往，经常出入于这些启蒙思想家的沙龙与他们讨论哲学与宗教问题。在法国启蒙运动的影响之下，休谟的宗教观有新的发展：早期，他在批判传统的天启宗教的同时，主张建立以理性为原则的自然宗教；后来他发展到批判自然宗教，否认宗教有任何理性基础。

休谟在哲学上自称为"温和的怀疑主义"。他认为，人类的全部知识源于感官印象，认识的界限也止于感官印象。感官印象源于何处？它之外是否有一个唯物主义所谓的物质客体或唯心主义所谓的精神实体作为客观源泉，原则上不可知。因为我们的一切认识都不能超出感官印象之外而做出进一步的推论。在休谟的哲学体系之中，感官印象是唯一可予确证的实在，其他一切存在由于得不到印象的确证，其存在与否是值得怀疑的。休谟的怀疑主义一方面攻击唯物主义肯定物质客体的存在是一种出自人的自然本能的偏见，另一方面又批判唯心主义肯定精神实体存在也不过是一种虚构。如果精神实体是否存在不能确定，那么，唯心主义和宗教神学所谓的非物质的、不死的灵魂以及神的存在也就成为可疑的了。在本体论问题上，休谟的怀疑主义显然是一种动摇于唯心主义与唯物主义、有神论与无神论之间的中间派哲学。

但是，就休谟对宗教的根本态度言之，我们有合理的根据断定，休谟怀疑哲学的主要锋芒是反对宗教神学的。甚至可以说，它本质上是用以掩饰其无神论倾向的方便工具。尽管他在其《人性论》和《人类理解研究》中对物质世界的存在表示怀疑，但他的意思是就这种存在的理性证明而言，在生活实践上他是并不怀疑的。他的全部著作，尤其是《宗教的自然史》和《自然宗教对话录》，主要内存是用来批判宗教神学的，特别是批判各种神学关于上帝存在的理论证明。

2. 对宗教神学关于上帝存在的几种论证的批判

《对话录》通过自然宗教、天启宗教和怀疑论三种宗教观的代表者颇有戏剧性的辩论，展开对各种论证上帝存在的神学理论的批判。主要反对三种论证，一是自然宗教的"宇宙设计论"，二是天启宗教关于上帝是

"必然的存在"的先天论证；三是两派从不同角度共同主张的道德论证。

宇宙设计论是17、18世纪甚为流行的有神论观点。它从宇宙结构的精巧及其与人工制造品的相似，应用类比推理推论到宇宙必有一个具有无限理智的设计师或创造主——上帝。休谟在《人类理解研究》中已应用他的因果性学说对宇宙设计论提出批判。他指出，从结果推知原因乃是因果事件在经验上多次重复、经常联系而在人心中产生的一种习惯性联想，故可从结果的出现推知原因的存在。但是在宇宙问题上，宇宙是唯一无二的事件，创世的上帝又被假定为宇宙中唯一的实有。我们对上帝创世没有任何经验，又没有任何同类事件与此相似可资我们借鉴进行类比推理，因此，我们就不可能把宇宙作为结果而对其原因（上帝）作任何推测，至于从作为原因的上帝返回来，进一步推论来世的状况和特殊的天命，更是超出合理的推理和类比了。

在《对话录》中，休谟除重申上述推理之外，又进一步发展了宇宙设计论的批判。从宇宙秩序必有其原因出发，不能推论到一个观念世界作为其始因；因为这不仅不能得到经验的证实，而且对观念世界也同样可以继续追溯其原因。如果我们的追溯止于观念世界，也可以同样止于物质世界；如果最高的理智可以自己形成宇宙的秩序，那么，物质世界同样也可以根据自己的本性而形成宇宙的秩序。与其说宇宙相似于人工制造的机械品，不如说宇宙更相似于自然生长的动物或植物。对于植物的生长，我们并不为它假定一个制造者，那么，为什么偏要假定宇宙需要一个创造主呢？

至于宇宙的结构和秩序的"最后因"，休谟认为这是人类的能力永远不能解决的。我们必须在某个地方停止这种探索的脚步。我们可以提出成百个自成系统的宇宙起源理论。这里有着选择的自由。休谟本人倾向接受伊壁鸠鲁的路线。由于物质的永恒的、继续不断地运动，一个状态接着一个状态，经历无数年代，宇宙终将会在无秩序的连续变化中最后得到稳定。"我们不是可以在没有定向的物质的永恒变革之中，希望甚至相信物质有这样一个状态吗？而这个不就可以解释所有呈现于宇宙中的智慧与设计吗？"[①] 这个思想与狄德罗关于只要在无限的时间系列中，物质的普通骚

---

① 休谟：《自然宗教对话录》，商务印书馆1962年版，第55页。

动就定会出现目前世界的秩序的主张，是完全一致的。

休谟对宇宙设计论的批判表明他已不满足于自然神论，而在批判之后竟至倾向于接受伊壁鸠鲁和狄德罗的唯物主义自然哲学，更说明他的世界观和宗教观确实与无神论甚为接近。

休谟认为天启宗教关于上帝存在的先天证明经不起理性的推敲。用先天的论证来证明一个事实是一个明显的谬误，除非那个事实的反面蕴涵着一个矛盾。可是，凡是我们设想为存在的事物，我们也能设想它是不存在的，因为"存在"的不存在并不蕴涵矛盾。上帝的不存在与上帝的存在同样可以设想，这个判断并不包涵自我矛盾，因此，上帝并不是"必然的存在"。所谓"必然的存在"这个字眼是没有意义的。

既然传统神学的先天论证和自然神学的后天论证（指宇宙设计论）都不可能证明上帝的存在，我们是否可以从道德的必需来证明它呢？传统的天启宗教从人类的懦弱与不幸引导人们去承认神的保佑；自然神学则把上帝视为道德和仁慈的化身和人类幸福的保证。在休谟看来，人类的悲惨和邪恶，正是宗教感情的基础。为什么世界上会有痛苦呢？当然不是出于偶然，而必然有着某种原因。它是出于神的主意吗？但宗教说神是完全仁慈的；它是违反神的意志吗？但宗教说神是万能的。这个由伊壁鸠鲁早已提出的老问题，是非常简明有力、无法动摇的。即使我们后退一步，承认现实生活中的苦乐混杂现象与上帝的全善全能可以相容，也无法据此证明上帝纯粹不杂的品德。因此，天启宗教和自然宗教各自从道德需要的立场证明上帝的存在，都不可能达到自己的目的。世界上的恶和人生中的苦，与某个全智、全善、全能的宇宙设计师的概念，有着不可调和的矛盾。

3. 对神迹说的批判

在欧洲宗教学说史上，对上帝任意创造神迹说的批判，一直是无神论和启蒙思想的一项重要内容。在这方面，休谟有深刻的见解和独到的贡献。

休谟指出，所谓神迹，本质上是违反和破坏自然法则而出现的奇特事件。任何符合于自然法则的事件，既符合于自然，就不再是神迹。判断神迹是否存在只能依赖于我们的经验。当某种事实是否存在有互相冲突的两种证据时，人类总是选择证据较多一方，证据越多，我们给予确信的程度就越大。对于从无例外的事件和证据，我们就视为自然法则而予以最大的确信。既然所谓神迹是违反自然法则的、独特的、奇异的事件，而我们的经验却使我们确信自然的齐一性或自然法则，因此，任何人类的经验和证据都不能证明神迹的存在，并使它成为任何宗教体系的正当基础。他指出，全部历史上没有任何一种神迹得到过足够的权威人士的证实。任何神迹都曾被揭穿过，而且各种宗教所奉的神迹常常互相反对。关于神迹的传闻，主要来源于野蛮民族，文明越发达，神迹就越少。一个聪明多思的读者自然会问：这类神怪的事件为什么不曾发生于我们这个时代？这确是怪事。但古往今来的人都爱好撒谎却并不稀罕。《摩西五经》记载了大量神迹，但它并不是上帝自己的语言，而只是世俗作家和历史家的作品，它是由一个野蛮而无知的民族提供给我们的。任何一个人在认真思索之后都会说，这部书是假造的。休谟还从人的本性和爱好论证了神迹产生和流传的心理根源。一般人之所以容易相信神迹，是因为神迹的传闻会给人带来惊诧快乐的情绪。有些人则由于充当先知的虚荣心而存心玩弄编造神迹的骗术。听众的轻信增加了他的厚颜，他的厚颜也征服了听众的轻信。于是，休谟做出了自己的结论：所谓神迹，无非是"轻信"加上"欺骗"的结果。这与伏尔泰所说宗教产生于骗子碰到傻子的公式异曲而同工。[①]

4. 论宗教的起源和发展

这里事实上已触及宗教起源问题。对此，休谟也有独到的见解。

为了剥掉传统宗教所谓基督教起源于上帝启示的神圣画皮，文艺复兴时期以来的启蒙思想家和无神论者异口同声地从"人性"中去寻找宗教得以产生的源泉和基础。当时所了解的"人性"，包括人的理智、道德、意志和情感等方面。他们或者从人的理智或者从人的道德意志，或者从人的自然情感去发现宗教的秘密。泛神论（斯宾诺莎）、自然神论（赫尔伯特）、唯物主义无神论都是宗教观上的理性主义者。唯物主义无神论以理性为基础，认为宗教源于骗子手的欺诈和轻信者的无知，从根本上否认宗

---

① 参见休谟：《人类理解研究》，第十章"神迹"。

教的合理性；自然神论则认为宗教源于人类天赋的理性（人类生而具有几条基本宗教观念），真正的宗教应该是合乎理性的和普遍必然的；历史上的具体宗教在教义和仪轨上的不合理，乃是由于违背了天赋的宗教，因而是宗教的堕落，不是真正的宗教，而是虚妄的宗教。自然神论的任务是要在天赋理性的基础上重建合乎天赋理性的自然宗教。休谟关于宗教起源的理论主要是针对自然神论的理性主义宗教观的。休谟作为认识论上的经验派，根本不承认人类有什么天赋的宗教观念。他认为，宗教的产生不是基于神性，而是基于人性。但此"人性"不是人性中的"理性"，而是人性中的"自然感情"。在宗教的起源和基础问题上，休谟是一位非理性主义的主情论者。他的《宗教自然史》一书就此问题进行了系统的论述。

《宗教自然史》一开始论证说，对无形的理智力量（神）的信仰不是遍及全人类的天赋的基本感情和基本倾向。历史学家的记载和旅行家的报道都已证明有些民族并没有任何宗教感情，而任何两个不同的人的宗教感情又难得完全一致，这说明宗教感情并没有人皆具有的普遍性，不是产生于天赋的本能和自然的基本印象。只有像自爱、两性爱，对子嗣之爱以及感激悔恨之类的感情，才是绝对普遍的自然感情。宗教感情不能与此相比，因而是第二位的、后天的。

休谟根据他所接触到的历史资料和原始民族的材料，认为古代人类普遍都曾是多神论者和偶像崇拜者，各地区、各民族绝无例外。他分析了人类认识的发展进程来论证上述经验事实。他指出，正如我们不能设想人类在穴居野处之前是居住于宫殿之中一样，也不能设想在原始人把神理解为神人同形同性之前，就把神灵理解为全智、全能、全善、全在的纯粹精神（一神教的上帝）。从不完善的神性观念到完善的神性观念，从多神教到一神教，需要一个从低级到高级的抽象提高过程。任何事物都不可能打破这种思想发展的自然进程。

休谟还从自然力量的多样性、不确定性以及各种自然力量之间持久不断的冲突出发，证明原始时代野蛮民族不可能在这种情况下形成宇宙设计师（统一的造物主）的概念。他们只能在每一种自然力量的背后设想出一位神灵。这就是说，野蛮民族必然是多神崇拜。

那么，多神教和偶像崇拜又是在什么基础上产生出来的呢？休谟断定，在一切信奉多神教或偶像崇拜的国家，最初的宗教观念绝不是从对自然活动的沉思中产生出来的。因为，那种追求纯粹理智的真理的感情，对于野蛮民族来说，是过于高雅了。探研宇宙的理性结构，这个题目对于他们那小小的才能来说，又是过于博大精深了。他们对于自然力量的动因的解释，只能发自日常生活中最常见的感情，即："对幸福的急切关心，对未来不幸的畏怖，对死亡的恐惧，对复仇的渴望，对食物和其他生活必需品的欲求，人们由于为希望和恐惧所扰，特别是为恐惧所扰，便以一种惶恐不安的好奇心来细察未来原因的源泉，考察日常生活中多种多样、互相矛盾的事件。在这种漫无秩序的场合，他们用更为漫无秩序和惊恐不安的眼睛看到神灵的幽暗的踪迹"。① 这就是说，人类对自己切身的幸福与不幸的严重关切乃是一种天赋的自然感情，出于这种自然感情，人们便对还未认识的现象感到恐惧，把它想象为某种有理性、有意志的神灵，并用献祭、祈祷的方式向神祈福避祸，从而产生最初的宗教观念、多神教和偶像崇拜。休谟据此做出结论说，从根本上看，人类最早的宗教产生于对未来的恐惧，宗教幻想产生于对自身幸福的需要，而不是产生于对上帝信仰的需要；人们渴望的东西不是某种天上的幸福，而是最现实、最实在的福利。

休谟还应用心理分析的方法，说明神性无非是人性的投影。他说："人类有一种普遍的倾向，把一切事物都想象成类似于自己，并把他们所熟悉和个人意识到的那些性质转移到一个对象之上。我们在月亮上找到人的脸庞，在云彩上找到人的臂膀，我们的自然倾向如果不受经验和思考所规正，就会把给我们以伤害或愉悦的各种事物说成是恶意或好意的东西。"② 诗歌使用拟人化的手法把山林树木人格化，使非动物具有感觉与感情。这种情况逐渐变成无知庸众的真正信条，相信每一个树丛和每一片田野都拥有一个特殊的精灵或保护神。即使是哲学家也并未完全摆脱这种自然人性的缺陷，他们常常把人类的情感赋与非动物的对象和神灵身上，把神灵视为具有人类的情欲和缺陷、反复无常、偏私不公的化身，神还具有

---

① 休谟：《宗教自然史》，牛津大学出版社 1976 年版，第 32 页。
② 同上书，第 39—34 页。

人类一样的躯体和形象，在各方面与人相类似。

《宗教自然史》还探索了宗教从多神教到一神教（基督教）的发展问题。在休谟看来，一神教不是以理性为基础，也不是对自然界的理性结构的理解，而是由于更强烈、更偏狭的迷信，出于人们喜欢阿谀奉承、卑躬谄媚的心理本能。值得注意的是，休谟在这里提到社会政治因素在一神教形成过程中的作用。古老民族在多神崇拜的同时，往往在诸神之上承认有一个主宰的神，这个神就像位于群臣之上的世俗君主一样。对于这个君主之神，人们不断奉迎献媚，邀其恩宠，使它的力量和权威不断扩大，形象日趋完善，逐渐就形成了全智、全善、全能的最高实在，"宇宙的创造者和统治者"，他不仅受凡人崇拜，也受诸神崇拜，在天堂世界形成一种神圣的等级制度。基督教也是这样发展起来的，故基督教仍包含有许多多神论因素。如：除上帝崇拜之外，还崇拜天使、圣徒等次级神。

休谟这种宗教的起源和发展论继承和发展了伊壁鸠鲁、卢克莱修所提的著名的宗教起源于恐惧感的学说，把宗教视为野蛮人无知和迷信的结果，把神灵还原为人类情欲和缺陷的化身，还把一神教（基督教）说成是人类谄媚心理的发展，显然是对传统的神圣宗教的亵渎与不敬。它不仅抹去了传统天启宗教的神圣灵光，而且也破坏了企图在天赋的宗教观念基础上，建立理性宗教、自然宗教的根基。在一定的意义上，我们甚至可以说，休谟的理论比自然神论具有更多的合理内容和更明显的无神论色彩。特别是他用人性的转移来说明神性的源泉，已经包涵了费尔巴哈关于人创造宗教、神性是人性的异化等人本主义无神论思想，有重要的历史作用和科学价值，值得我们重视。

当然，在合理地否定了宗教观念和宗教感情天赋论，把宗教的基础建立在人类的本能和自然感情之上时，也还有一个正确理解自然感情与理智之间的关系的问题。人类的感情活动与认识活动（理智）是否有第一、第二之分或先后之别，也还是一个值得讨论的问题。不过，这更多的属于哲学和认识论方面的问题，本文存而不论。

5. 揭露宗教的祸害

休谟的主要著作《人类理解研究》、《宗教自然史》、《自然宗教对话录》等书都对"通俗迷信",特别是对基督教进行了相当激烈的批判,从理智上、道德上、政治上揭露了宗教的祸害。他认为,宗教一旦作为独立的原则和力量控制了人的心灵,就会变成内乱和野心的掩护物:"党争、内战、迫害、政府的倾覆、压迫、奴役等等,总是伴随着通俗迷信控制人心之后而起的凄惨的后果。在任何历史记载中,如果提到了宗教精神,我们在其后会就必然遇见随之而起的许多灾祸。没有哪个时期能比得上从未注意或从来未听到过宗教的时期,更为幸福、更为繁荣的了。"① 他的历史著作《英国史》中不止一次提到,英国内战时期,各教派的祭司都是为了自己的政治力量而活动的。他们用蛊惑人心的宣传,煽起人民的狂热和仇恨,把教徒投入骨肉相残的战争之中。在休谟笔下,宗教在历史上所起的社会政治作用是消极的,应予否定的。

至于宗教在道德上的作用,休谟则对之作了更多的谴责。他认为,由于各种宗教都要求信仰者履行种种仪式,以此来培养信仰者的宗教信仰和宗教感情,把履行仪式的价值看得远胜于道德义务的实践,这就削弱了人类对自然道德(对正义和人道的追求)的信念。同时,既然宗教感情、宗教信仰违反了人类的自然感情,这就使信仰者心口不一,成为一个伪善的人:"但即使迷信或宗教狂热并不直接违反道德;可是注意力的分散,一类新的而无谓的褒奖的抬高,赏罚的乖谬的施与,必然会产生最有害的后果,并极端削弱人们与正义及人道的自然动机的联系。""人们以貌似的热诚履行许多宗教仪式,但在那时候心却是冷,萎靡的一种佯装的习惯就逐渐养成了;欺诈和虚伪变成主要的原则。所以人们通常观察到,最高度的宗教热忱和最高度的虚伪,绝不互相冲突,且往往或通常统一在同一个人的性格中。"②

休谟是一个具有启蒙色彩的自由思想家,他对宗教(特别是基督教)在人类理智方面的危害更是充满厌恶愤懑之情。他认为基督教是一种非常专横、排斥异己的宗教,它扼杀一切自由。人们对于知识和自由的热爱,招来了宗教审判官的审判。理性和哲学变成了只能为宗教教义服役的工

---

① 休谟:《自然宗教对话录》,商务印书馆1962年版,第89页。
② 同上书,第91页。

具,不许对教义有所怀疑,更不许提出违反教义的任何理论与学说。一种宗教在政治上的专断,只会使得势的教派气焰嚣张,带来"无止境的争论、吵架、竞争、迫害和内乱"①。

这些宗教的祸害,在基督教之前的原始多神教里也有,但当时容许不同地区、不同人群信奉不同的神灵,它们互相限制,比较宽容。而在督教一神教那里,则绝对排斥其他信仰,残酷镇压异教。故上述祸害必然愈演愈烈。休谟认为,宗教愈发展,祸害愈大。在《人类理解研究》的结尾,休谟发出了要求把宗教神学著作付之一炬的激烈呼吁:"我们在巡行各个图书馆时……我们如果在手里拿起了一本书来,例如神学书或经院哲学书,那我们就可以问:其中包涵着数和量方面的任何抽象推论么?没有,其中包涵着关于实在事实和存在的任何经验的推论么?没有。那么我们就可以把它投在烈火里,因为它所包涵的没有别的,只有诡辩和幻想。"②

尽管休谟提出上述极其激进、"焚经坑教"的主张,他仍然把自己说成是"真正宗教"的虔信者和无神论的敌人。他辩解说,他之所以攻击宗教的理性基础,正是为了更好地保卫基督教。他的方法"正可以驳倒基督教的那些危险的朋友或乔装的仇敌,因为他们正想借人类理性的原则来拥护基督教。我们的最神圣的宗教是在信条上建立着的,并非是在理性上建立着的。我们如果使基督教来经受它所经不起的试验,则那正足以揭发它的弱点。"③ 这个说法,如果是针对托兰德一类自然神论者而言,无疑是有道理的。他们确有使基督教去经受它本来经不起的理性检验的打算,把他们称之为"基督教的危险的朋友和乔装的仇敌"是恰如其分、名副其实的。然而,休谟本人是否如其自白的那样是基督教的真诚捍卫者呢?在他对宗教的合理性唱了那么多的反调之后,这位宗教和哲学上的"怀疑主义者"对宗教的"真诚"就大可怀疑了。

休谟的怀疑主义宗教观对后来的影响很大。他在英国的后继者根据他的怀疑哲学,宣称我们无法知道神是否存在,即使有,神与我们也不可能

---

① 休谟:《自然宗教对话录》,第92页。
② 休谟:《人类理解研究》商务印书馆1957年版,第138页。
③ 同上书,第107页。

发生关系，在实践上应假定什么神也没有。这种怀疑主义成了休谟之后英国一切非宗教的哲学形式。

休谟对康德的哲学思想和宗教观更有直接而深刻的影响。康德说，正是休谟的怀疑主义把他从独断论的迷梦中唤醒过来，促使康德对传统的理性神学进行更深刻的批判。并在非理性的道德领域中去寻找宗教的基础。康德继承和发展了休谟的宗教哲学的基本路线，使不可知主义哲学与宗教的联系有了新的形式。

二　康德的宗教哲学

康德是德国古典哲学的奠基人，是近代最伟大的哲学家之一。他的哲学思想和整个欧洲哲学一样与宗教问题有着密切的关系。作为德国新兴资产阶级的思想代表，康德对封建专制制度及其精神支柱——传统的宗教神学是持反对态度的。但德国资产阶级所固有的软弱性也在康德身上有明显的反映，使他在政治上和宗教上都具有浓厚的妥协性。

1. "批判哲学"在宗教上的基本倾向

康德把当时的时代称为"批判的时代"，要求对一切东西都要进行理性的批判，即使尊严的法律和神圣的宗教也不能例外。他说过一段非常有名的话："现代尤为批判之时代，一切事物皆须受批判。宗教由于其神圣，法律由于其尊严，似能避免批判，但宗教法律亦正以此引致怀疑而不能得诚实之尊敬，盖理性惟对于能经受自由及公开之检讨者，始能与以诚实之尊敬。"[①] 对于法律，康德没有写出批判专著，但对于宗教，康德的两大"批判"[②] 都与之有关，其批判是深刻的。他对传统的基督教神学和文艺复兴以来的标榜理性的宗教神学，都从其理论基础进行批判分析，锋芒所向，主要是批判当时在德国宗教、哲学界居统治地位的莱布尼兹、伏尔夫

---

① 康德：《纯粹理性批判》第一版序言的注，生活·读书·新知三联书店1957年版，第3页。
② 一般称康德的三部主要著作《纯粹理性批判》、《实践理性批判》、《判断力批判》为三大批判。

的理性神学。中世纪的经院派神学，特别是托玛斯·阿奎那的神学也曾企图以理性推理的形式论证基督教的基本信条和教义。近代德国的莱布尼兹、伏尔夫继承和发展了这个传统，以科学的形而上学的名义建立理性神学体系。另一方面，文艺复兴时期以来的启蒙思潮，更是高举理性大旗，对传统的宗教和神学进行无情的审判，发展为16—17世纪以布鲁诺、斯宾诺莎为代表的泛神论，17—18世纪遍及全欧的自然神论和18世纪法国的无神论。康德对传统宗教神学的厌恶以及休谟怀疑主义对他们的启发，破除了康德对理性神学的迷梦，燃起了他对之进行批判的热情。但德国资产阶级对于宗教的需要又使康德不能彻底摆脱宗教，因此而对近代唯物主义无神论也深怀疑惧，抱有反感。这样一来，康德的批判便指向了左右两个方面：既反对唯心论，也反对唯物论；既反对狂信者，也反对无信仰主义者；既反对宗教神学，也反对无神论和怀疑主义。按照康德本人的说法，他的批判的目的就在于："惟有批判能铲除唯物论、定命论、无神论、无信仰、狂信、迷信（此皆能普遍有害于公众者）及观念论、怀疑论（此则主要有害于学派而尚难传达于公众者）等等。"[①] 在康德看来，上述左右双方都有一个共同的错误，即他们在把"理性"应用于宗教领域之先，都未对"理性"本身的性质和能力进行批判性的审查，都对理性做了错误的应用，使之超出了理性所适用的范围，因而，在宗教问题上，或者走上"独断论"，或者走上"怀疑论"。为此，康德决定对"理性"本身进行批判性考察，他的目的是要证明人类的理性能力是有限的，要认识宗教领域的对象是可望而不可即的，既不能用人类理性去论证宗教，也不能用它去否定宗教。

康德通过一套极其复杂深奥的哲学推理向人们证明，人类的全部知识（包括普遍必然的科学知识）都是感官所得的感觉材料和人类悟性先天固有的思维形式（时空直观和知性范畴）组合而成的。思维形式无感觉材料则空，感觉材料无思维形式则盲。感觉材料是客观对象作用于感官而引起的主体之变化，经此变化已不再是客观对象自身的再现。时空直观和悟性范畴虽然有普遍必然的性质，但它们也只有和感觉材料相结合才能形成知

[①] 康德：《纯粹理性批判》第二版序言，生活·读书·新知三联书店1957年版，第21页。

识。它们的功能无非是把杂多的感觉材料纳入先天的直观形式和思维形式之中加以范型，使之综合起来，具有必然的秩序。它向感觉到的自然界颁布思维中先天的规律和法则。但关于自然界的知识仍然是感觉经验所提供的，只在经验中有效。可是人类的全部感觉或经验，如上所说，并不是客观对象本身（物自身）的直接反映。因此，人类的一切知识、一切科学，都只是在经验中有效的经验知识。它所认识的对象，乃是现象，而不是物的自身。现象，本质上不过是主体的感觉。而物的自身则是非感性的、超经验的，绝不是感性直观和悟性范畴所能把握的。用康德的说法，所谓物自身或现象的本体实际上乃是我们对之绝无所知，而且也绝不能有所知的"X"。这个"X"，不是知识或科学的对象，而是宗教信仰的对象。从康德这种不可知主义哲学出发，就可以得到一个在哲学和宗教上非常重要的推论：唯心主义哲学所肯定的精神实体，唯物主义哲学所肯定的物质实体，宗教神学所肯定但却为无神论所否定的上帝、自由意志、灵魂不死之类，都是对这个不可知的"X"的断定。它们都是人类的理性的误用，都是"独断论"，物自身永远是"X"，永远不可知、无论人们把"X"说成什么东西，都超越了人类理性的合法权限对超经验的东西作了论断，因而都是错误的。康德的不可知主义用在宗教问题上，一方面否定了建立理性神学的任何可能性，另一方面也否定了近代的理性主义、唯物主义、无神论对宗教神学的批判，把宗教信奉的神圣对象置于人类理性不可企及的超验领域，具有明显的两面性。康德不可知主义对于欧洲思想的发展有极大的影响，成了各种调和宗教与哲学、调和宗教与科学、调和有神论和无神论的思潮的基本模式。

2. 对理性神学关于上帝存在的各种论证的批判分析

康德宗教哲学的另一重要内容是对理性神学关于上帝存在的各种论证所做的批判分析。他把传统神学有关上帝存在的全部论证分为三大类：一是本体论证明，二是宇宙论证明，三是目的论证明。然后逐步进行批判，证明三种论证都是理性的错误使用。

本体论证明从上帝概念的完善性推论到完善的上帝必然包含存在。安瑟伦发明这个论证之后不久，就受到过高尼罗的批判，甚至托玛斯·阿奎那也不赞成，近代的启蒙哲学家又继续对之批判。但是，笛卡尔却在其著作中重复了本体论证明，所以康德把它称之为笛卡尔的证明。康德的批判除了继续发挥历史上批判本体论证明的传统论据，坚持不能把逻辑的必然性和存在的必然性混为一谈以外，还提出了独具特性的论点。这就是用综合判断与分析判断的区别，说上帝是否存在乃是综合判断，必须依靠经验，而不能只依靠对上帝概念的先天分析来推导出上帝的存在。康德指出，一个判断如果是分析判断，它的宾语必然包涵于主语之中，就可以在逻辑上从主语推出宾语而得出一个必然的判断。例如："三角形有三只角"就是分析判断。因为，如果我们否定宾语说三角形不是三只角，就包含自相矛盾，因而是不可能的。但是，关于"上帝是存在的"这个判断，却不是分析判断，而是综合判断。凡是肯定某事物存在的命题都是综合的。否定宾语，说上帝不存在，丝毫没有什么矛盾。一个综合判断必须以经验材料为基础，上帝存在的实在性要依赖于经验，而不能单靠对上帝观念的先天分析。可是，我们对上帝却不可能有任何经验。本体论证明的错误就在于把关于存在问题的经验综合判断，当成了与实在存在无关的先天分析判断。

康德说，最完善的观念当然是存在的，但这只是观念中的存在，理想的存在，而不是事实上的存在。所谓上帝是最完善的观念也不是断定上帝实际存在。因为实际的存在必须是概念与对象的综合。我可以有一百块银元的概念，并不等于就因此而有了一百块实际的银元。实在的银元之所以有别于银元的观念，在于它在经验上可以验证而上帝的纯粹观念并不能提供这种经验。康德的结论是：著名的本体论证明，所花费的劳动是白费心思；一个人只用观念并不能扩大他的知识，正如一个商人不能在他的现金簿上加上几个圈就可以增加他的财富、提高他的经济地位一样。

康德对本体论证明的批判比过去大大进了一步，更深入细致，更有说服力。在康德看来，宇宙论证明和目的论证明事实上都以本体论证明为其基础，因此，他对本体论证明的批判也适用于其他两种证明。

宇宙论证明是从任何一个有条件、有限的存在物出发，追溯其原因，最后推论出一个作为第一因的绝对必然的最高存在，其推理形式是：

如果任何东西存在，一个绝对必然的存在者就存在；

至少我是存在的；

因此，一个绝对必然的存在者是存在的。

这个论证方式是从经验事实出发，与从先验概念出发的本体论证明不同。但是，经验只能告诉我们任何存在的东西都是有条件的，相对有限的，它们都不是不以其他存在为原因的必然存在，无论我们把这个因果链条推到多么遥远都是如此，要推论出一个不以其他存在为原因、本身即包含存在的绝对必然的存在者，就意味着抛弃经验，诉诸先验的理性，从概念的审查中推出这种存在来。宇宙论证明事实上是问：在一切可能的东西中哪一个东西在其中含有绝对必然存在所必具的条件？它最后相信，所需要的条件只能在一个绝对实在的存在的概念里找到，因此而推论说，那就是绝对必然的存在，这是从绝对实在的概念推论出绝对必然的存在，这个推论方式恰恰正是本体论证明。

康德认为目的论证明（他又称之为自然科学的证明）和宇宙论证明一样也是以本体论证明为基础的。目的论的推理步骤是：

1. 世界任何存在物都有与一定目的相适应于的清楚表现，这种适应于是由极大智慧产生的；

2. 这种适应于不是存在物的本性所决定的，而是外来的，如果无限众多的事物不是为某个理性原理按一个预定的观念统一安排以适应于那个目的，如此众多的事物便不能通过无限多样的途径共同达到一个单一的目的；

3. 所以，必有一个智慧而崇高的原因，它不是自然的盲目性，而必须是有理智而自由的原因；

4. 世界各部分相互关系所表示的统一性是世界秩序的统一性的表现。从经验观察所及可以确定世界原因的统一性，按照类比规则，可以推论出经验观察之外也服从于此世界原因的统一性。

目的论证明是从世界体系的秩序性和存在物合目的适应性推论出一个具有最高智慧的存在，而经验所及的世界与那个最高智慧存在者的关系是完全非经验所及的。这意味着目的论证明在从经验出发走第一步之后就放弃了经验，而使用先验的理性，推论出作为第一原因的绝对必然的存在，其推理方式和宇宙论证明是一样的。如上所说，宇宙论证明本质上是改装过的本体论证明。

康德进一步指出，目的论证明从自然界合乎理性的秩序性和合目的性立论，只能证明上帝是世界秩序的设计师，而并未证明他是构成世界万物的质料和实体的创造者和造物主。

康德说，在论证上帝存在问题上，思辨理性所构想的论证方式，除上述三类外，别无他途。既然这三种证明都是虚构，那就证明人类的思辨理性是完全不能证明上帝存在问题的。康德的宗教哲学对此问题的批判分析，就其气魄之大、范围之广、分析之深、影响之巨而言，可以说是前无古人的。他把人类思辨理性所能构想的有关推理归结为三种方式，又把这三种推论方式还原为本体论证明。本体论证明的虚假至为明显，为绝大多数学者（其中甚至包括托玛斯·阿奎那这样的神学家）所公认，这就使得康德的批判具有极大的说服力。

宇宙论证明和自然神学证明原来主要是托玛斯·阿奎那所发展的。到近代，自然神论思潮在反对传统宗教神学的同时，也发展了这种证明，企图为基督教寻找一个理性基础。他们承认自然界为因果性所统治，表现出普遍的规律和秩序；承认近代自然科学对于自然界的一切发现，反对上帝对自然进展的不断干预。但是，与此同时，他们又把上帝说成宇宙因果无穷系列的第一因和宇宙大机器的设计师。自然神论者的上帝当然是一个被剥夺了为所欲为的自由意志、并严格地遵守自然规律的空洞抽象物，但这个上帝仍被肯定，表现了自然神论的神学不彻底性，可能为基督教神学所利用。康德的批判揭示了自然神论在理论上的脆弱和虚假，神学家要想利用它变得更加困难了。就此而论，康德的批判在宗教学说史上的意义和贡献是超过自然神论的，也比休谟进行的性质相同的批判进了一步，更深刻、更有力。德国的革命诗人海涅对康德的这些批判评价极高，誉之为可与法国的政治革命相比美的"精神革命"，说它表现了与过去时代的决裂，废除了对传统的一切尊敬，在德国推翻了作为精神统治之基础的自然神论：

> 同年（1781），哥尼斯堡出版了伊曼努尔·康德的《纯粹理性批判》……从这本书的出现起，德国开始了一次精神革命，这次精神革命和法国发生的物质革命，有着最令人奇异的类似点，并且对一个深

刻的思想家来说这次革命肯定是和法国的物质革命同样重要。这次革命按照同样的发展阶段进行着，在这两次革命之间并且显示出最值得注目的一致性。在莱茵河的两岸，我们看到和过去时代同样的决裂，以及对传统的一切尊敬的废除：如同在法国每一项权利的正当性都受到了考验一样，在德国每一种思想的正当性也必须受到考验；如同在法国推翻了旧社会制度基础的王权一样，在德国推翻了精神统治基础的自然神论。①

又说：

在德国，这部书便是砍掉了自然神论头颅的大刀。②

海涅认为康德批判的革命意义就在于它摧毁了上帝和天国存在的一切证明："康德扮演了一个铁面无私的哲学家，他袭击了天国，杀死了天国全体守备部队，这个世界的最高主宰未经证明便倒在血泊中了，现在再也无所谓大慈大悲了，无所谓天父的恩典了，无所谓今生受苦来世善报了，灵魂不死已经到了弥留的瞬间——发出阵阵的喘息和呻吟。"③ 海涅的评价当然有道理。康德对传统神学和自然神论进行了那么多、那么深的批判，不可能不使思想界对上帝和宗教产生怀疑，从而起到思想解放的作用。但这种评价似乎也有夸大其词的成分。海涅本人不仅是德国民族的诗人和文豪，而且也是一位参加过反封建斗争的战士。他无疑是从他个人的主观感受和思想境界做出上述判断的，这就难免不在其中渗入某些属于个人的感情因素，着重强调和突出康德宗教哲学作为启蒙思想的一面。海涅也曾提到康德的消极性，但却视之为掩人耳目的魔术表演。这是令人难以完全信服的。我们对此打算做一些分析。

---

① 海涅：《论德国宗教和哲学的历史》，商务印书馆1974年版，第96—97页。
② 同上书，第101页。
③ 同上书，第112页。

3. 否定理性，维护信仰

尽管康德批判了传统神学，但并未彻底否定宗教本身；他虽然否定了对上帝的理性证明，但却未从理性上根本否定上帝的存在。他还把自己比做捍卫宗教信仰的警察。据他说，他之所以否定理性，正是为了维护信仰。否定理性的权威，主要目的是为上帝的存在找到一块理性永远达不到的安全之岛。值得注意者，康德不是说说了事，而是为此作了认真的论证。他在《实践理性批判》中指出，这个安全之岛就是人的道德实践。他宣称，由于道德实践的先天要求，纯粹理性所不能证明的"上帝存在"、"意志自由"和"灵魂不死"等神学信条，必须作为道德律的必然条件而予以肯定："神、自由及灵魂不灭之假定（此为我之理性所有必然的实践运用而假定者）若不同时剥夺'思辨理性自以为能达到超经验的洞察'之僭妄主张，则此种假定亦属不可能者。……故我发现其为信仰留余地，则必须否定知识。"①

康德认为，人在纯粹理性范围内，必须借助于先天的悟性思维形式。它们是必然的，人是没有自由的。但是，在道德领域内，人若没有自由，就会导致对自己的道德行为不负责任，就没有道德可言。负责任才有道德，这就要求人的意志应当是自由的，意志自由乃是实践理性的先天要求。

在世界上实现至善，乃是一个被道德法则所决定而为道德意志所追求的必然对象，但是，要达到这种至善的道德境界，使我们的意向与道德法则的要求完全一致，却不是感性世界中的有限存在者一下子就能达到的，只能在趋向那种圆满一致的无止境的进步中实现出来。但是，只有我们假定人的存在和人格无止境地延续下去时（即所谓灵魂不死），这种无止境的进步才是可能的。因此，至善的道德只有假定灵魂的不死，在实践上才是可能的。

道德律还进一步要求我们必须假定上帝的存在。一个人的道德行为应当得到与之相当的幸福，可是人的意志并不是世界的原因，因此人就没有权能来保证他能得到这种幸福。道德律规定我们应该追求最高的善，所

---

① 康德：《纯粹理性批判》，商务印书馆1960年版，第19页。

以，这最高的善一定是可能的。而这就要有一个最高的原因来保证实现这最高的善和完全的幸福的一致。这最高的原因必然是一致的根据。只有假定自然有一个最高原因，而且其因果作用和人的道德性格一致，最高的善才能在世上实现。这最高的原因就是上帝。

把康德这些晦涩难懂的语言说得通俗一些，就是说：至善要求至福，最高的道德要求最好的报偿，这是道德律的必然要求。可是，这种报偿至善的行为的至福生活，在现实生活中得不到，因此就必须假定上帝存在来保证这种完全的报偿。上帝的存在乃是追求至善的先决条件，是道德上的必需。康德说："诚然，自由、灵魂不死和上帝这三个理念不是知识，但是至少它们是思想，其对象不是没有可能的。它们是必然的实践规律命令我们作为我们的目标的东西之可能性的必然条件，而在这个意义上它们是有其客观实在性的。"[①] 这就是说，自由、灵魂不死、上帝三者，虽不是通过理性得到的知识，但却是道德行为的必然条件。承认它们可能存在，乃是一切道德信念的基础。这种承认不是理性的，而是实践性的；不是知识，而是信仰。康德就这样在道德实践领域内为上帝和宗教的生存找到了一个新的立足之地。康德宗教哲学建立在他的不可知主义哲学之上。他与休谟一样，一方而强烈攻击理性神学，同时又有反对理性主义和唯物主义无神论的一面。

由此看来，康德对于上帝存在、灵魂不死、意志自由的假定，不能简单地视为康德用来掩饰其反宗教目的的一件外衣，它在康德的整个批判哲学体系中有其内在的根据。我们不能把《实践理性批判》与《纯粹理性批判》完全对立起来，把《实践理性批判》发挥的全部理论当成魔术表演，这不是一个严肃的思想史家可能设想的分析方法。康德与休谟在对待宗教的基本态度上是有些差别的。对于休谟的那些所谓限制理性以维护信仰的自我表白，我们是可以不必认真看待的。但对于康德却不能这样说。他对宗教信仰比休谟要真诚得多，理论上对信仰的维护要严肃得多。如果我们进一步考虑到德国的传统，考虑到德国资产阶级对宗教的需要，我们

[①] 康德：《实践理性批判》，译文引自约翰·华特主编选：《康德哲学原著选读》，商务印书馆 1963 年版，第 254 页。

也许不能不说，对于康德及其所代表阶级说来，即使他们认识到上帝不能证明，也要求把上帝作为实践的需要而保存下来。海涅也曾问过自己："难道他（康德）毁灭了上帝存在的一切证明正是为了向我们指明，如果我们关于上帝的存在一无所知，这会有多么大的不便吗？他变得几乎像住在威斯特伐利亚的我的一位朋友那样聪明，这人打碎了葛廷根城格隆德街上所有的路灯，并站在黑暗里，向我们举行了一次有关路灯实际必要性的长篇演说，他说，他在理论上打碎这些路灯只是为了向我们指明，如果没有这些路灯，我们便什么也看不见。"[1] 考虑到种种情况，海涅倾向于否定的疑问，实际上乃是全面评价康德宗教哲学的一种比较合理的假设，除非我们置《实践理性批判》于视野之外。

在康德之后的德国思想界，特别是宗教学说领域，实际上确也兴起了一股非理性主义的浪漫主义思潮。费希特继承康德宗教哲学的路线，认为宗教的基础是道德。赫尔德、雅科比、舍林格、施莱尔马赫、弗利斯等人则从非理性的道路转回到休谟的思路上去，认为宗教的基础在于人的自然感情或个人对上帝的直觉。施莱尔马赫为宗教信仰不仅与科学和理智无关，甚至也与道德无关。宗教是个人感觉的直觉，是有限者对无限者的体认。神在个人心中，个人以自己的感觉与上帝发生联系。在施氏那里，宗教成了个人感情的宗教：上帝不再是理智所了解的上帝，而是个人感情所经验或体验到的上帝。施莱尔马赫的宗教神学适应于宗教改革打破了天主教教会权威之后，转而强调个人与上帝直接联系，毋需教会中介的情况，奠定了新教神学的基础。它事实上乃是基督教神学为了对抗文艺复兴以来的理性启蒙主义和唯物主义无神论的强大发展，维护宗教信仰的一种保守思潮。这种保守思潮在思想渊源上与休谟和康德的不可知主义哲学有千丝万缕的联系。不可知主义哲学在休谟手中主要是用来对宗教神学表示怀疑的理论工具，而经过康德之后，却被宗教神学利用，导致了基督教新教神学的建立。

（原载于《无神论与宗教研究论丛》，四川大学出版社 1987 年版）

---

[1] 海涅：《论德国宗教和哲学的历史》，商务印书馆 1974 年版，第 113 页。

从神本主义到人本主义

——关于文艺复兴和人文主义

发端于 14—16 世纪意大利文艺复兴时期的人文主义思潮,是一场涉及各个文化领域(语言、历史、文学、艺术、建筑、哲学、道德、宗教)、内容广泛的思想文化运动。本文不打算就上述各方面展开全面分析,而只着重论述渗透于其中反对传统宗教观念的那部分内容,考察它对人的解放进程的影响。

一 从神中心到人中心的转换

文艺复兴时期,人文主义者们活动在不同的文化领域,但他们的思想大体上有共同的倾向:强调并肯定人的地位和作用。他们要求把人作为文化和生活中的主体,文化学术活动应当发现人、肯定人。他们一般都轻蔑中世纪神学家侈谈神明而暗于人生,讴歌来世而贬低现实的神本主义。彼特拉克提出了人应该认识自己的口号。他认为,人如果不认识自己,就不能认识上帝。他有一篇题为《论古代伟大人物》的论文,讴歌了古罗马英雄时代的人物。他所讴歌的人是有感官情欲之爱的现实生活中的人。他已经意识到,这种观点已经违背了圣奥古斯丁的教义,使人的灵魂离开了对天上事物的热爱,对被造之物的爱超过了对造物主的爱,对于这种奥古斯丁式的责难,彼特拉克的答复是:"我自己是凡人,我只要求凡人的幸福"[1]。这句话说出了人文主义思潮的基本观念。薄伽丘的名著《十日谈》中的主人公拥有人的一切情感和欲望,把这些视为人的自然之性,认为满

---

[1] 《从文艺复兴到 19 世纪资产阶级文学家艺术家有关人道主义、人性论言论选辑》,商务印书馆 1971 年版,第 4 页。

足自然人性完全合理。对于宗教道德对人性的禁锢，薄伽丘进行了无情的嘲弄。皮科（1463—1494）公开发表了一篇《论人类尊严》的演说，通过虚构的故事肯定人具有自由的意志和无限的能力。故事中的上帝对亚当说：我既不曾给你固定的住所，亦不曾给你独有的形式或特有的功能，为的是让你可以按照自己的愿望、按自己的判断取得你所渴望的住所、形式和功能。其他一切生灵的本性，都被限制和约束在我规定的法则的范围之内，但是我交给你的是一个自由意志，你不为任何限制所约束，可凭自己的自由意志决定你本性的界限。这就是说，一切非人的生灵都受制于特定的法则，因而都是有限的；人则不同，上帝赋予人以自由意志和实现自由意志的无限能力。人可以成为人所欲成就的一切，实现人想要达到的一切目的。皮科这种高扬人的尊严和价值的思想在意大利以外的其他欧洲国家的人文主义者中也有表现。

划时代的文学巨人英国的莎士比亚在著名悲剧《哈姆雷特》中就对人的尊严和价值唱出了皮科式的颂歌："人类是一件多么了不得的杰作！多么高贵的理性！多么伟大的力量！多么优美的仪表！多么文雅的举动！在行为上多么像一个天使！在智慧上多么像一个天神！宇宙的精华！万物的灵长！"

在中世纪，由于宗教的长期灌输，人们把自己看成是生而有罪的罪人，在上帝面前不过是渺小卑微的两脚动物。而在文艺复兴时代的人文主义者笔下，人竟被抬高到如此崇高的地位。这种观念上的巨变，无疑反映了人的觉醒。

对于人的尊严和价值的自我意识，更以具体化的形象渗透在艺术作品之中。在整个中世纪，由于神对人性的剥夺，古代希腊罗马时代那种充满人性的艺术之花萎谢了。保留下来的绘画、雕塑和建筑，严格地为基督教的神圣服务，成了表现宗教道德的感性象征，艺术蜕化为宗教教义的点缀物。新时代的艺术观则完全不同：绘画，从根本上说是对自然事物的模仿，人和自然应该成为一切活动的中心，艺术应该展现自然美和人体美。如果不热爱人和人的肉体，不热爱大自然，也就不可能有艺术。

当然，即使是在文艺复兴的全盛时期，许多著名的艺术家都是受雇于教皇和大主教，把艺术创作献给教堂的装饰；雕塑、绘画的题材仍多以宗教神话和圣经故事为其主题。但其内容和形式却有了本质上的变化。神的形象实际上是人的情貌风范的再现。不止一位艺术大师把维纳斯和圣母玛利亚作为绘画主题，但画中的维纳斯集女性人体之美于一身，与其说是宗教的神，不如说是使人牵心动魄的美人。拉斐尔画了五十幅圣母像，都是选择最美丽的女人作为模特。他着意表现的东西是女人的人体美、儿童的天真可爱和母子之间的人性爱。达·芬奇的绝世之作《最后的晚餐》描绘出了耶稣与其十二门徒在一场戏剧性情节前的各种表情，实际上是世俗生活的缩影，世俗人性的再现。米开朗基罗的《大卫王》一直被认之为雕塑史上的顶峰，它通过细腻的肌肉纹理，完美而又健壮的体态，高雅果敢的面貌来表现一个圣经故事中的英雄。他面对可怕的巨人歌利亚，准备战斗，鼻孔略张，眉毛紧缩，高度兴奋，似却缺乏自信的紧张。无论是形体的造型，还是精神状态的表现，都是人性的。按照传统的宗教神学和价值观念，人的肉体、感官、情欲，乃是罪恶的渊薮，应予诅咒和抛弃。人的自然人性被宗教和神剥夺了，异化为敌视人的异己力量。特别是女人，更被神圣的宗教钉在禁欲柱上。只是到了文艺复兴时期的艺术作品中，昔日被异化而去的人性才重新复归到人的自身，作为美的化身得到表现。既然人性（包括人的肉体和情欲）是美，那么，追求人性的满足，也就是符合于自然的事情。传统宗教那种卑视人、否定人的教条，特别是那一套禁欲主义的道德说教便是反乎自然之道、背乎人性之理了。人文主义学者们更直接地应用概念性语言对宗教禁欲主义进行公开的谴责。他们虽然尚未发展到从理论上否定来世的天堂，但却把人的兴趣和注意力从来世转向今生，从天堂转向尘世。他们适应于富裕起来了的平民阶层追求现实利益的需要，主张现世幸福高于一切，满足感官情欲符合自然本性。彼得拉克公开号召人应追求凡人的幸福；薄伽丘则主张追求幸福的实现乃是人皆具有的权利。罗伦佐·瓦拉（1406—1457）更鼓吹个人的自由意志和个人利益的至上性。1431年，他写了一本对话体著作《论享乐和真正幸福》，通过伊壁鸠鲁派的代表比卡的里安东尼、斯多葛派代表布鲁尼（坚持传统美德，主张禁欲）和基督教的代表尼可罗·尼哥里（主张调和基督教义和哲学的冲突）三人对话，着重发挥了伊壁鸠鲁关于真正幸福是快乐的感觉的观点，反对斯多葛主义和基督教所谓苦难是最高幸福的主张。书中，伊壁鸠鲁被写成一位在论证上强而有力、使人信服的论者，读者可以直觉地意识到他实即瓦拉的代言人。他的主张是：我们必须假定人性本善，因为人性是上帝赋予的；事实上，天性与上帝同为一体。既然追求喜乐和幸福是天赋之性，而这种人的天性又是善的，那么，这种追求是无罪的，乃是人生的正确目标。所有的享乐，无论是感官上的，还是知识上的，在其未被证明为有害之前，都将被合法地保存着。我们有迫切求偶的本性，却绝没有终身贞洁的本性。所以，禁欲是不自然的，违反了人的天性，那是一种不应忍受的痛苦，不应作为美德予以提倡；保持童贞是错误的、不必要的，文雅高尚的妓女较之尼姑对人类有更多的价值。[①] 瓦拉宣传的这种伦理观念在此之前是不可想象的，清楚地反映了人的觉醒和人性的复归。

二　揭开教会生活的黑幕

随着基督教使徒时代在历史上的远逝，使徒的圣迹在人们心中也就日益淡化，成了模糊不清的记忆，它在道德上的制约力不可避免地松弛了。由于基督教在西方世界的胜利，特别是它在中世纪成了垄断一切的上层建筑之后，罗马教廷掌握了庞大的世俗权力。宗教权威与行政权力的结合，既是基督教得以巩固的保证，也是导致它自身日趋腐化的腐蚀剂。罗马教廷的世俗化过程，早在中世纪（甚至早在罗马帝国时代）就开始了。文艺复兴时期，随着资本主义经济的发展而滋长起来的金钱万能主义，使上帝的尘世代表——教皇和罗马教廷也拜倒在财神爷的帐下。金钱的上帝在各方面都击败了禁欲的上帝。通过征求什一税、出卖圣职和赎罪券聚敛起来的大量财富，帮助教皇和各级主教可以随心所欲地满足自己的感官情欲，但这样一来也就使他们在道德上堕落和变质。历任教皇所过的那种腐朽糜烂的生活，与他们信誓旦旦恪遵奉行的神圣信条适成尖锐的对比。我们中国人形容假道学先生的那句老话"满嘴巴仁义道德，一肚子男盗女娼"，如用到他们身上，那倒是非常之贴切的。

[①] 上述有关瓦拉的叙述，参见威尔·杜兰的《世界文明史》第15卷，幼狮文化事业公司1979年版，第250—251页。

庇护二世纵情声色，私生子不只一个。1463 年他下诏自责，请求上帝和教会宽恕他的罪孽。保罗二世（在位期 1464—1471）爱财如命，《教皇传记》的作者普拉提那（Platina，约 1421—1481）说他是一个贪得无厌、爱慕虚荣、穷奢极欲的怪物。他的一顶皇冠上镶满珠宝，价值连城，超过一座富丽堂皇的宫殿。锡斯特二世（在位期 1471—1484）滥用亲人，出售圣职，奢侈无度，使原已道德败坏的教廷更无道德可言。传说他所宠信的两名侄儿实即他的儿子；一说此二人是教皇的情人（锡斯特二世是同性恋者）。英诺森八世（在位期 1484—1492）年轻时代即滥情风月，至少有一儿一女，他本人对此坦然自承。为了敛财，他增设许多圣职高价出售。例如，他将教皇秘书增至 26 名，又增设 52 名掌玺官。

亚历山大十六世是一个姘居情妇、有儿有女的淫荡之徒，当时社会上流传着他与其儿子争夺其女儿的爱情的流言，把他视为邪恶的典型。人文主义者鸠西阿地尼说："这个恶人以无节制的野心，可恨的奸诈，极多可怖的残酷行为，怪异的贪欲，不论是神圣的，或是邪恶的，都一视同仁地出卖，已麻醉了整个的世界。"①

教廷和教皇在道德上的腐败，不可避免地激起人民的愤慨，而作为时代精神之先驱的人文主义者则对之进行揭露，拉开黑幕，任其曝光。"人文主义之父"彼特拉克对亚威农教皇的丑行嬉笑怒骂，淋漓尽致：

> 这不虔敬的巴比伦，地球上的地狱，罪恶的渊薮，世界的阴沟。在此既无信仰，也无仁爱宗教和对上帝之敬畏……世上所有的丑行和邪恶，荟萃于此……老年人热烈而轻率地沉溺于维纳斯的手臂中（按：即沉湎于声色之乐中）；忘其年龄、尊严和权力。他们对羞愧之事，趋之若鹜，好像他们的荣耀不在耶稣的十字架，而在宴乐、酗酒、不贞……教皇游戏之猥亵和逸乐，乃是和奸、血族相奸、强奸和通奸。②

---

① 《鸠西阿地尼著作集》第 3 卷，第 82 页。
② 引自威尔·杜兰《世界文明史》第 14 卷，第 228 页。

薄伽丘的《十日谈》更是以文学形式集中暴露教会的黑暗与腐败，僧侣的堕落与无耻。打开书的第一个故事就描述一个无恶不作、无罪不犯的无赖汉夏泼莱托编造谎言，竟被教会尊为"圣徒"，这就揭露了"圣徒"的虚伪性。紧接下去，第二个故事更用高度的艺术技巧、辛辣的语言直捣罗马教廷。故事说，基督教徒扬诺不断地劝说犹太教徒亚伯拉罕改宗基督教，后者拗不过，便提出了一个条件：先到罗马观光，如有所感悟，就遵劝改宗。亚伯拉罕在罗马看到的情况是什么呢？教廷中，从上到下，没有一个人不是寡廉鲜耻，犯着贪色的罪恶，甚至违反人道、耽溺男风，连一点点顾忌、羞耻之心都不存了。因此竟至于妓女和娈童当道，有什么事向廷主请求，反而要走他们的门路。教士们全是些酒囊饭袋之徒，个个爱钱如命，贪得无厌。非但是人可以当牲口买卖，甚至是基督徒的血肉，各种神圣的东西，不论是教堂里的职位，祭坛上的神器，都可以任意买卖。贸易之大，手下经纪人之多，远非巴黎商人所能望其项背……罗马教廷的种种丑行，使这位品德严肃、行为端正的犹太人大为愤慨。他回到法国后，对他的基督教朋友扬诺说了这样一段意味深长的话：

> 我只觉得罗马不是一个神圣的京城，而是一个容纳一切罪恶的大熔炉。照我看，你那位高高在上的"牧羊者"（教皇），以至一切其他的"牧羊者"，本该做基督的支柱和基础，却正用尽一切心力和手段，要叫基督教早些垮台，直到有一天从这世上消灭为止。……可是，不管他们拼命想把基督教推翻，可它还是屹然不动，倒反而日益发扬光大起来，这使我觉得一定有圣灵在给它做支柱，做基石。这么说，你们的宗教确是比其他的宗教更其真诚神圣。①

于是，亚伯拉罕改宗了基督教。

这则故事妙趣之极。表面上从腐朽透顶的教廷坚固不垮说到定有上帝支持，骨子于里却对上帝的公义，以至上帝的存在表示怀疑。《十日谈》全书有一百篇故事、几乎每个故事都渗透着诸如此类的内容。《十日谈》

---

① 薄伽丘《十日谈》第一天故事之二。

并非这方面的唯一著作。从 14、15 到 16 世纪的文学作品中，描写意大利教会僧侣们生活放荡、道德败坏，几乎始终是主要的题材。这些作品也许不无夸张，但绝非不实之词。据载，Ploveditor Sopramonosteri 档案中就存在三十巨册关于僧侣与修女同居的审判记录。当时一些著名的宗教家也对罗马教廷的道德生活发出了严厉的谴责。马可·路德在 1511 年访问罗马后对罗马下了一句著名的判断：假如有地狱的话，那么罗马便是建立在地狱之上的。名彪教会史的著名女圣徒圣凯瑟琳说得更绝："不论你转向哪一边，转向教士、主教这一类人世教士也好，转向各种修会教士团也好，转向阶级较高的教士也好，所看到的只是一片罪恶；这些人所犯的恶行，令人为之掩鼻。他们心胸窄狭、贪婪、爱财……不关心灵魂是否得救……只重口欲的享受，耽于宴饮，从事秽行，贪好女色……逃避参加崇拜仪式就如同逃避毒药一样。"[1]

众口一词的口诛笔伐一再证明罗马教廷和各级教会僧侣在道德上的腐化与堕落。这种腐败是不可避免的。他们既控制了巨大的世俗权力，又掌握了庞大的物质财富，处在人性复归、肉欲横流的文艺复兴时代，教会僧侣怎能禁止财富和肉欲的诱惑呢？在这种情况下，他们腐败的程度和速度，总是和他们所控制的权力与财富成正比的。绝对的权力导致绝对的腐败；权力越大，滥权为私越无忌惮；金钱愈多，肉欲追求愈无节制。这一时代的人文主义者实际上未尝不是享乐的先驱。他们抛弃了禁欲主义的宗教道德，追求世俗的享受；也玩女人，追情妇，个别人甚至还搞同性恋……只不过他们受权力和财富的限制，在这方面不如风流教皇和大主教们之甚罢了。问题在于，人文主义者们本来就是凡夫俗子，而教皇主教们却是上帝的代理人，不能用同一个道德尺度去衡判他们的行为。如果说，凡人们的性解放是对宗教禁欲主义的一种抗议，那么，教皇的性解放便是伪君子、假道学的丑行了。人文主义者们对这种丑行的揭露，其实际社会作用绝无可能使社会的道德价值观重返回到宗教禁欲主义，而只能是剥开教皇、大主教们披在自己身上那件伪君子的画皮，使宗教和教会组织丧失其神圣性，由此而必然造成宗教和教会的信仰危机和信任危机，社会不可

---

[1] 《五百年来的宗教》第 2 卷，第 399 页。

能再像中世纪的善男信女那样，对他们持盲目迷信的态度了，传统宗教加于人们心灵上的精神绳索越来越松动了。

有些人文主义者还利用自己掌握的古典学术知识作为否定罗马教廷教权主义的历史依据。当教皇尤吉尼四世（在位期1431—1447）主张那不勒斯是罗马教皇的领地，并支持那不勒斯国王阿方索的敌人与他争夺那不勒斯的王位时，著名人文主义者罗伦佐·瓦拉投身于阿方索的保护伞下，通过对古典拉丁文献的科学考证，证明那份作为罗马教皇享有世俗权力之根据的历史文献《君士坦丁赠赐》，其实不过是中世纪教士伪造的赝品。原来，在公元754年，教皇司提反三世与丕平达成一项互利的协议：教皇承认丕平为墨洛温王朝的合法君主，丕平则把拉温那地区和昔日拜占庭总督在意大利的全部辖区赠给教皇。教士们为了给此项馈赠披上一件神圣而合法的外衣，便伪造了一个文件，说什么在君士坦丁大帝患麻风病的时候，圣彼得和圣保罗在梦中显灵，指示君士坦丁去求塞尔维斯教皇治疗。教皇给君士坦丁施了洗礼，这时，天上伸出一只手来触摸了君士坦丁，他的麻风病因此而得以痊愈。自此之后，君士坦丁便放弃了偶像崇拜，皈依了基督教，并把罗马以及西方所有的省、县和意大利城市赐赠塞尔维斯教皇及其后继者。《君士坦丁赠赐》这份纯属伪造的文件为教皇的世俗统治权提供了历史依据，后世竟为其所骗，信以为真。但瓦拉通过语言学、历史学的考证，证明这份文件并不是在4世纪写出的，而是在8世纪伪造的。瓦拉的考证在学术上具有无可怀疑的权威性，从此，所谓的"君士坦丁赠赐"乃是伪造历史遂成定论。

瓦拉以此学术成果向教廷权威宣战：罗马教皇的世俗权力，对教皇领地外其他地区的统治是非法的。由于这项伪造，教皇已从牧人变成强盗和豺狼；教皇非法篡夺的世俗权力带来了基督教的腐化，带来了意大利的战争，带来了"威压的、野蛮的、专制的僧侣统治"。瓦拉甚至呼吁罗马的人民起来推翻他们城市的教皇政府，并邀集欧洲各国君主夺回被教皇非法夺占的领地。教皇尤吉尼和宗教裁判所企图审判瓦拉，但阿方索却命令宗教裁判所释放了他。瓦拉在阿方索的保护下，继续通过古典文献的考证，证明一系列基督教历史上的重要文献均为伪造，给予罗马教廷的教权主义以沉重的打击。只是当瓦拉看到阿方索有意与教皇修好时，才主动停止了他的挑战，撤回了他的异端学说，请求教皇原谅他的过错。教皇鉴于实无力从学术上证明已被瓦拉推翻的结论，也只好不了了之。1448年，新任教皇尼古拉五世聘任瓦拉为教廷的一名书记，授命他将希腊文献译为拉丁文。尽管这场论争落得如此下场，但它证明人文主义的学术之花结出了反教权主义的政治之果。

三　宗教宽容精神与宗教怀疑主义

　　文艺复兴运动和人文主义思潮在精神领域开绽的第一批花朵，主要是在文学艺术领域，绘画、雕塑、建筑，辉煌巨制，精美绝伦，小说与诗歌的成就亦颇为可观，但在科学的探索和哲学的思考方面，则尚处在刚从千年昏睡觉醒过来的黎明时节，资本主义初期的手工业作坊对于科学技术的依赖尚不十分明显，当时尚未建立起较大的科学实验室；由于绘画雕塑的需要而发展起来的人体解剖学只是初开其端；没有望远镜观测天象，也没有显微镜研究生物……科学依然处于思辨哲学的襁褓之中。反过来，由于没有新的科学发现，也就不可能激发新的哲学思路。所以，文艺复兴时期，对人类精神起过重大推动作用的思想家和哲学家屈指可数。

　　人文主义思潮本质上是反传统、反宗教、反封建的。但文艺复兴时期的人文主义者一般都未能彻底摆脱传统宗教神学在理智上的束缚，在宗教哲学上得出革命性的结论。他们批判宗教禁欲主义已不符合人性，谴责教会僧侣的伪善和不道德，这推动了思想的解放，最终导致宗教神道主义的崩溃。但就他们内心深处的宗教观念而言，仍未超脱于宗教的樊笼。彼特拉克对基督教的信条并不怀疑，认为基督教在道德上仍高出异教之上，他甚至还写过几本有关祈祷的书。薄伽丘在打破宗教的神圣性方面所起的作用之大，也许是任何反宗教的哲学著作无法相比的，但他本人却压根儿不是个专一的思想家。他相信众魔的存在，也相信占卜、算命、圆梦之类市井迷信。马基雅弗利可能是这一时代最大胆、最深邃的思想家，但他仍囿于时代的迷信，相信大气中充满精灵，相信各种启示、预言之类无稽之谈。尽管人文主义者在世界观上有这样一些缺欠，但我们必须注意到另一方面的事实：他们一般都在宗教信仰问题上养成了某种自由主义精神，除了继续信仰天主教以外，对异教和异教文化持宽容的态度。正是这种宗教宽容精神，为思想的解放打开了闸门。《十日谈》的第一天的第三个故事讲了一个富有哲学意味的寓言：巴比伦苏丹萨拉丁请一位犹太富翁吃饭，并问他：犹太教、基督教和伊斯兰教何者最好？这位聪明的犹太人便讲了一则故事作为回答：从前有一位富翁拥有一只珍贵无比的戒指，作为世代传家之宝。他宣称，任何继承此戒指的儿子即为他的继承人，其他儿子应尊他为家长。可他那三个儿子都同样优秀，父亲一视同仁，并无偏爱。三子都恳求乃父传此戒指于他。父亲为使三兄弟都同样满意，便私下雇匠师另造两只完全相同于原戒指的戒指，连匠师本人也分不清真品与赝品。父亲死前偷偷把三只戒指分别传给三个儿子，父死后，三兄弟都说自己得到了父亲的继承权，否认其他两人有此权利，并都拿出戒指为证。由于三只戒指一模一样，无人能断定何者为真。所以，究竟谁是乃父继承人问题无法解决，到现在也还没解决。

故事寓意非常清楚：三大宗教都是上帝真传，无真假之分。编故事的薄伽丘在信仰上是宽容的。他不仅与中世纪基督教视一切异教为敌的专断划清了界线，而且与薄伽丘之前不久的大诗人但丁也大不相同（但丁的《神曲》把穆罕默德打进炼狱，永受活体解剖之苦）。

其他许多艺术作品也体现了这种宗教宽容精神。此前，教堂上画的壁画、立的雕塑，都是圣经的故事和人物，现在，异教的神灵和英雄也走进基督教的殿堂。拉斐尔为教皇朱利阿斯二世的"显灵室"画了一幅负有盛名的壁画，画的是代表希腊思想鼎盛时期的五十位人物，在巨大的回廊拱门下集会。其中有苏格拉底、柏拉图、亚里士多德、毕达哥拉斯、赫拉克利特、狄奥根尼、阿基米德、托勒密、琐罗亚斯德（波斯袄教创始人）……这些人代表不同的哲学、思想和宗教，而作为基督徒的拉斐尔却把他们请到一处，和谐地共处一室之中。如果拉斐尔没有某种宗教宽容思想，要创作这幅画是不可想象的；如果时代与社会没有流动着这种宽容思想，这幅画不被斥为异端也是不可能的。

宗教信仰上的宽容精神，是新兴资产阶级追求政治上的民主、思想上的自由的前提，更是宗教观念、宗教理论摆脱传统神学束缚的思想条件。尽管文艺复兴时期在宗教哲学领域没有像在艺术领域那样产生达·芬奇、拉斐尔和米开朗基罗式的巨人，但确也开发出一片可望在未来成长起参天大树的苗圃，生长出一种对传统宗教信仰起破坏作用的宗教怀疑主义和与正统的基督教超神论相对立的泛神论，其代表人物是库萨的尼古拉、彭波拉齐和布鲁诺。

库萨的尼古拉与经院派神学完全不同，后者力图应用理性推理来论证上帝，库萨的尼古拉则认为人永不能认识上帝。既然上帝是无限的存在，而人的感觉和理智是相对的，那就决定人不能通过感觉和理智达到对上帝的认识。当然，他认为人可以通过理性直觉直接与上帝联系起来，但此理性直觉却很难摆脱感性与理智的干扰。因此，人应知道自己的无知，知道自己无知就是知识。只有知道自己对上帝一无所知的人，才能接近无限的上帝，此即他所谓的"有学识的无知"。这是一个著名的论断，库萨的尼古拉最重要的哲学著作即以此为名。

库萨的尼古拉由此进一步指出，人的宗教观念和人类的其他一切认识一样，都是相对的不可能与宗教真理完全一致。各种宗教体系在信仰上的差异，实际上就是这种相对性的表现，它们的地位是平等的，应该克服对本派宗教的狂热，彼此和谐相处，互相容忍。这种主张从认识论的高度为宗教宽容提供了理论前提。历史的教训，越来越证明尼古拉这种思想的可贵。马丁·路德发动宗教改革运动之后，基督教分裂为新旧两大派，彼此互把对方视为"异端"。不仅不能宽容基督教以外的其他宗教，甚至也不能宽容教内不同教派。它们为此进行了长达百余年的宗教斗争和宗教战争，必欲消灭对方而后快。基督教新旧两派在杀人盈城、流血遍野、民怨沸腾、精疲力竭之后，才意识到了宗教宽容精神的价值。17世纪末，以洛克为代表的先进思想家重新对宗教宽容问题做了系统的论证。

库萨的尼古拉虽然是基督教的红衣主教，但他心中的上帝与正统神学的上帝本质上却是不同的。他认为正统神学把上帝说成是圣父、圣子、圣灵的三位一体，这不过是拟人化的说法。推而广之，"在神学中对上帝所作出一切确定名称都是拟人式的。"[①] 在他看来，上帝不过是包涵一切差异、杂多于其中的绝对的"一"。在此绝对的"一"中，多不再具有个体

[①] 库萨的尼古拉《论有学识的无知》，商务印书馆1988年版，第53页。

的局限性，而是"全在于一之中"。故上帝作为绝对的一，既是独一无二，又是一切事物；既是极大，又是极小。上帝作为"极大"，展现为无限的、无所不包的宇宙；宇宙既是上帝的展现，是分化为杂多的"一"，是上帝的摹本，上帝展现于其中的一部分；但就上帝呈现于每一个别事物而言，上帝又是"极小"。因此，上帝既在宇宙之中，也在每一个体事物之中：

> 上帝既在宇宙之中，也就在每一个体之中，并且每一现实存在着的个体，都同宇宙一样，也直接地在上帝之中。说"每一事物在每一事物之中"，也就等于说，上帝以宇宙为中介而在一切事物之中，以及宇宙以一切事物为中介而在上帝之中。①

尼古拉的上帝不是超越于宇宙万物之上，而是存在于宇宙万物之中；上帝是宇宙万物的本体，宇宙万物则是上帝的展现，这是一种泛神论或内在神论，它否定了正统神学上帝的超越性，也否定了它的拟人性。这种上帝观直接构成布鲁诺和斯宾诺莎泛神论宗教哲学的理论来源，而布鲁诺和斯宾诺莎则是16、17世纪最著名的无神论思想家。

文艺复兴时期意大利各大学里随着人文主义思潮的影响而弥漫着宗教怀疑主义，其主要内容是怀疑灵魂不朽和来世生活，其主要代表则是彭波拉齐。1513年，教皇利奥十世曾公开谴责那些主张灵魂有死的人。可是，此后不过三年，彭波拉齐就写了一本题为《不朽的灵魂》的书，指出：教皇所谴责的学说恰正是亚里士多德的主张，而后者早被教廷奉为正统。这无异是嘲弄教皇已成为违反正统的异端邪说者。彭氏认为，心必附着于肉体之上，一个脱离了肉体的灵魂，即使比肉体活得更长，也不过是毫无作用的东西。我们作为基督教的信徒和上帝的儿子，可以相信灵魂不朽；但作为哲学家，则不能接受这个说法。

否认灵魂不死，必然导致否认死后的天堂和地狱。可我们将如何来保持世人对道德规范的遵守呢？彭波拉齐在其最后一本著作《命运》中主张，如果要求人承担道德责任，便必须承认他的良心有自由选择的权利，

---

① 库萨的尼古拉《论有学识的无知》，商务印书馆1988年版，第78页。

人的活动与行为如有更多的选择自由，就应承担更大的道德责任。美德自应受到善报，但美德的充分报偿就是美德本身，而不是死后的天堂；同样，恶德的充分报偿即为恶德本身，而不是死后的地狱。不过，彭氏也认为，人类的大多数理智有限，而兽欲却很强，对他们进行哲理说教并无多大实效。有鉴于此，宗教的立法者才构想出灵魂不朽、死后奖罚的说教。这当然不是真理，但却是为人类利益着想的，可以督促人类走向善良之路。

彭波拉齐的宗教怀疑主义激起了教会僧侣的愤怒，因此而引起一连串的论争。政治上的高温高压，使他情绪紧张，百病交集，他不堪忍受，终于1525年绝食自杀。

对灵魂不朽的怀疑，对天堂地狱的否定。是这一时期人的解放和人性复归的精神催化剂，人们可以放心大胆地去追求物质的利益和人欲的实现，毋需胆战心惊于死后地狱的大刑了。马基雅弗利更进一步，他公开斥责基督教关于天堂地狱的教义把天堂的荣耀赐给那些温顺、谦卑和盲从的人，结果使人为了获得天堂的入门券，便软弱无力地屈服于各种横逆。基督教是在用女性的美德来削弱男人。男人的美德应该是雄壮、威武、刚强、智慧、勇敢、无畏，为了达到目的，可以不顾及传统宗教所教导的道德规范，采取一切合适的手段。马基雅弗利心中理想的人和人的道德，显然只能是在打破了传统的宗教与道德的束缚，摆脱了对死后地狱的恐惧之后才能出现。人文主义思潮和宗教怀疑主义在历史上所起的积极作用，正是造就了一批具有这种精神的新人。布鲁诺则是其中之佼佼者。

乔尔丹诺·布鲁诺是文艺复兴时期最卓越的思想家和反对宗教蒙昧主义的英勇斗士。他因坚持真理，被教廷监禁八年，最后被判死刑，于1600年2月17日被烧死在罗马鲜花广场。

布鲁诺在宗教哲学上的基本思路与库萨的尼古拉极为相似，无疑受其影响。所不同者，布鲁诺的世界观以哥白尼天文学为其科学基础，使自己站在更高的起跑线上。但他也不是照抄照搬，而是对之作了很大的修正。在布鲁诺的宇宙图景里，不仅地球不是中心，而且太阳也不是。宇宙是统一的、无限的、永恒的，太阳系只是宇宙中的一个世界，而宇宙中有无数个像太阳系这样的世界。既然地球不是宇宙的中心，人类也就不是上帝的选民；人并不居于特殊地位的宇宙中心之处，一切天体及其运行秩序也不是上帝专为人类生活的方便而创造和安排的。……布鲁诺对上帝创世说和神学目的论的批判，渗透着深刻的科学精神，对此后科学、哲学和宗教思想的发展留下了重要的启示。

布鲁诺也像库萨的尼古拉一样否定超自然的神。他一方面把自然界说成是神，另一方面又把神说成是内在于自然万物中的世界灵魂。自然界是唯一的实体，是无限的、永恒的存在，而不是被造的东西。既为无限，就不可能有与它相反或不同的东西使它变化。自然界没有超自然的外在原因，它本身就是万物的产生者，万物即在自然之中。因此，自然界是产生者与被产生者的统一。就自然界是万物的产生者而言，它是"能生的自然"；就自然界万物是被产生者而言，它是"派生的自然"。但无论是"能生"，还是"派生"，都是自然界本身的活动。

布鲁诺进一步把"能生的自然"的能动力量叫作"世界灵魂"或"万物之神"。自然万物都有活动、有灵魂、具有神性，它弥漫于万物之中，给予万物以运动和生机，赋予万物以条理和秩序。众世界是由于内在本原而运动，这本原就是它们自己的灵魂。布鲁诺把超自然的神化解为内在于万物之中的神性（灵魂），并以此来说明自然界能动力量和理性秩序的本原。正统神学中那个高踞于自然界之上的、创造世界、安排秩序、拟人化的上帝消融于自然万物之中，这是一种内在神论，而内在神论可以视为泛神论的一种表现形式。

布鲁诺认为，宗教的祸害并不仅仅在于教阶制的种种弊端、宗教仪式的荒诞或某些教义的虚假，更重要的，是它控制了人的理性与自由，哲学家的任务是应该把人从宗教的精神压制下解放出来，使人类获得自由，自由地进行思考和认识活动。

布鲁诺的宗教哲学是文艺复兴时期启蒙思想的高峰，他的死，标志着16世纪启蒙思想的"涅槃"，从火刑场的灰烬中诞生出新的"凤凰"。在他之后，欧洲的宗教和哲学达到新的高度。理性的要求更加突出，无神论性质更加明朗化。17世纪，斯宾诺莎继承和发展了布鲁诺的思想路线，把泛神论发展为更系统、更全面、更公开的无神论哲学。

四　历史的启示

在意大利的文艺复兴运动中，我们看到了古典文化的再生，人文主义思想的兴起，异教精神的渗入，宗教宽容精神和宗教怀疑主义的发展……这一切唤起了人的觉醒，促进了思想的解放。当然，就整个社会而言，人的觉醒有先有后，对于人性的自觉程度有高有低，但总算是产生了一批最先觉醒的人，特别是在知识界。历史学家把这一批特殊人物称之为"the man of the Renaissance"（"再生人"），这也就是当时人文主义思潮所理想的人。所谓"再生人"，在精神气质上的最大特点是他们在宗教信仰上已不再囿于传统教义的束缚，逐渐淡化了对来世生活的关切和对地狱惩罚的恐惧，日益肯定今世的生活；对上帝的崇拜逐渐转变为对知识的景仰，对灵魂不死的信仰逐渐转变为对声名不朽的追求；支配他们言行的准则已不是传统的宗教与道德，而是人文主义精神。他们致力于发展个人的潜能，追求人性的实现，藐视基督徒的谦卑、温顺和怯懦。观念上的更新导致果敢的行动，而在达到目的的行动过程中，不愿放弃享乐的机会，以审美的观念代替道德的观念，去鉴赏和追求自然美、人性美和女性美。

"再生人"的出现是人性复归、人摆脱神的精神束缚而解放的结果。但这种复归的人性已不再是古典时代的简单复制品，本质上是新兴资产阶级的阶级之性。"再生人"实为"新生人"，是冲击中世纪封建制度和封建观念，为新兴资本主义社会鸣锣开道的先锋。

人本主义代替神本主义、资本主义代替中世纪封建主义，这是时代的巨大进步，是人文主义启蒙思潮的历史功勋。但是，社会为这种巨变也付出了沉重的代价。关键问题在于，人文主义思潮的发展和资产阶级个人主义精神的勃兴，在削弱了传统的宗教和道德对于人性的约束和对社会的束缚之后，在当时却没有提供一种有效替代传统宗教和传统道德的制约力量。其结果是：人们不再抑制自然人性的欲望和冲动，肆无忌惮地追求财富，纵情声色，从而导致道德的腐化和社会的动乱。"再生人"那解放了的人性和旺盛的生命力，既创造了适合资产阶级需要的新文化，也衍生了奸淫、欺诈、抢劫、暴乱以及城邦之间的分裂和战争。可以认为，文艺复兴时期既是一个创造的时代，也是一个疯狂的时代，意大利文艺复兴之后，人文主义启蒙思潮并未衰落。它的基本精神在整个欧洲奔流不息，所到之处都激发起人（资产阶级）的自觉，唤起人（资产阶级）的觉醒。文学、艺术、科学、哲学蓬勃发展，道德宗教、政治法律等实现了观念上的更新，导致16世纪德国和全欧的宗教改革，先后在16世纪的尼德兰，17世纪的英国，18世纪的法国，19世纪的整个欧洲以至北美等地，迎来了反对封建专制主义的资产阶级民主革命。但是，正如我们在意大利文艺复兴运动过程中所看到的那样，随着人性解放而伴生的个人主义有其消极性的一面，它会给社会带来对金钱肉欲的追求，引起社会整体精神的瓦解，道德秩序的崩溃和政治生活的腐败。这种情况在历史上一再重演，应该引起社会的警觉。但历史的进程不会重走回头路，重新把人置于传统的信仰和道德的禁锢之下，而是在尊重人的权利与尊严的前提下，把人性的实现引上理性的道路，使个人与社会实现合理的结合。没有人性的"理性"，不过是中世纪式的专制主义和信仰主义；失去理性的"人性"，则不过是动物式的本能，在这种社会中，人与人的关系将变质为狼与狼的关系。我们既要反对非人性的信仰主义，也要反对非理性的"狼道主义"。

（原载于《云南社会科学》1990年第4期）

17、18世纪的英国自然神论思潮述评

一　社会对理性精神的呼喊

17世纪的欧洲，兴起了一种规模盛大、影响深广的宗教哲学思潮——自然神论。它发端于英国，随后传到欧洲大陆。后来又远涉重洋，传到新大陆。这种思潮是文艺复兴以来启蒙思想的进一步发展，本质上是一种反对传统宗教的新宗教观。但是，自然神论不同于霍布斯式的无神论，具有更多一些的神学不彻底性。它公开标榜的目的，是企图把传统的天启宗教改变为理性主义的自然宗教。这种从霍布斯主义到自然神论的"倒退"，有其深刻的社会原因。17世纪的英国，是新兴资产阶级正在进行革命并取得胜利的时代。为此，他们不仅反对作为中世纪封建制度的国际中心组织的罗马天主教和罗马教廷，也反对作为英国封建王朝之神圣基础的英国国教。但是，英国资产阶级当时是打着清教的旗号来进行这场革命的，他们并不反对宗教本身。而在1688年"光荣革命"胜利之后，英国资产阶级更需要一种新型宗教来巩固他们所建立的社会新秩序。这就决定了他们对待宗教的基本态度不是废除它，而是改良它。他们的某些思想家有时在批判宗教神学时走过了头，导致无神论（霍布斯），这并不符合英国资产阶级的现实利益。所以，我们在历史上看到，霍布斯主义在英国不仅遭到宗教神学家的猛烈攻击，甚至在自由思想家中也没有得到应有的理解与支持。霍布斯主义的遭遇，促使自由思想家们从公开的无神论阵地上撤退下来，寻找某些新型的宗教观。它仍然反对传统宗教，但其内容和方式较为隐蔽，因而也更为方便，更有实效，这就是自然神论。由于自然神论标榜理性，主张建立一种以理性主义为基础的自然宗教去代替传统的、燃起狂热信仰的天启宗教，所以它又称"理神论"。

自然神论思潮有许多代表性人物，他们的主张并不完全一致，但在宗教的一些基本问题上却有大致相同的倾向：对于宗教赖以建立的基础，自然神论者主张以理性代替启示；对于宗教崇拜的对象，他们强调崇拜自然界及其规律，或者把"上帝"解释为赋予自然界以规律的"理性设计师"，用以替代传统宗教神学所说的那种绝对自由、为所欲为的上帝；在宗教的职能问题上，他们主张宗教的功用不是对个人的救赎，而是维护道德的公义；他们把基督教会规定的那一套神秘主义的传统信条谴责为神学家的欺骗；把隆重而又繁琐的礼仪斥之为教会出于私利的捏造，要求返回使徒时代的简朴。

　　这一时期自然神论的代表性人物有哪些人？这在不同的思想史著作中说法不尽相同。1754—1758年间，当自然神论在社会上引起的广泛争论达于顶点的时候，有一位反对自然神论的作家写了一本题为《17—18世纪英国主要自然神论的观点》的书，其中开列了一份名单，列入其中者有：契伯利的赫尔伯特、托玛斯·霍布斯、查尔斯·布隆特、沙甫兹伯利、安东尼·柯林斯、托玛斯·伍尔斯顿、马太·丁达尔、托玛斯·摩尔根、托玛斯·邱普、韦斯康特·波林布罗克……。现在看来，这张名单既不完全，也不尽妥当。多数思想家倾向于把霍布斯排除在外，并认为约翰·洛克、大卫·哈特莱、约瑟夫·普列斯特利等人应属于最重要的自然神论者。

　　欧洲自然神论思潮的整个发展过程，大体上可以分为三个阶段：

　　第一阶段：17世纪初，契伯利的赫尔伯特提出了理性宗教的五条基本观念，奠定了自然神论思潮的基础；

　　第二阶段：1688年英国光荣革命前后到18世纪上半叶，为自然神论思潮蓬勃发展时期；

　　第三阶段：18世纪以后，是自然神论从英国传播到欧美新旧大陆的扩展时期。

　　本文只限于论述英国自然神论的形成与发展。对第三阶段的情况将略而不论。

二 英国自然神论的兴起和洛克哲学的促进

学者一般公认契伯利的赫尔伯特（Edward Herbert of Cherbnry 1583—1648）是自然神论思潮的先驱。由于基督教各派之间的长期斗争，在赫尔伯特时代的英国社会已出现了对基督教的怀疑。宗教人士对此发出了阵阵叹息。福若比主教（Fotherby）说：《圣经》已丧失了昔日所享的权威，而被视之为无知与白痴的信仰。罗伯特逊（T. M. Robertson）在其《自由思想》一书中说：1646年英国有一本题为《地狱逃出牢笼：这个时代弥漫的各种错误、异端、对上帝和神祇的亵渎言论及行为一览》的书，列述了流行于当时的各种反宗教思想：有些人怀疑《圣经》的真实性，认为它只不过是人写的作品，并未展现出一个神圣的上帝；有些人公开宣称：只有正确的理性才应该是信仰的统治者，对于《圣经》、三位一体、耶稣既有人性又有神性、死而复活……之类信仰，必须与理性相调和（见该书第76页）；许多人否认地狱的存在，否认耶稣的神性；越来越多的人主张，基督教徒只要承认上帝存在和灵魂不朽就够了，其他信条则不是非信不可的。赫尔伯特在1624年的《论真理》中对当时流行的思潮做出了哲学的论述。他着重强调理性的意义和真理的权威：真理是独立于《圣经》之外的，不能经由教会或任何其他权威给予认可，予以公布。真理有其神圣的来源，是天赋的、自然的真理，因而是属于人们普遍共有的概念。真理的特征是：优先、独立、普遍、确实、必然和直接。对于真理的最好检验就是人类对它的普遍同意。赫氏认为，只有这种自然天赋、普遍同意的真理才是宗教的基础；一切宗教都建基于这种普遍而自然的真理，不过却是以不同的教义形式表现出来而已。在他看来，这种表现于一切宗教之中的"自然真理"共有五条：

1. 信仰一个至高无上的上帝。上帝是宇宙中一切存在物的第一因；是整个自然界一切事物的共同基础；上帝通过自然秩序的和谐与美妙显示自己的存在；

2. 人们应该崇拜上帝；

3. 人们崇拜上帝的最好方式是过一种虔信的、合乎美德的生活；

4. 人们对于自己违背道德的罪恶，必须忏悔改正；

5. 人们应该受上帝的赏罚。人的美德和罪过将在末日审判中得到应有的奖赏和惩罚。

这五条都是自然的真理，如果一个人没有偏见，循着自然天赋的理性，都会趋于这种信仰。因此，这五条基本信念应成为一切宗教的基础。世界上各种宗教，以及基督教的各个教派的差异，在于它们不过是这些普遍性的宗教真理的变形。至于那些以人为牺牲的宗教和屠杀异端的宗教，则是由于僧侣的腐蚀、宗教的堕落。

从赫氏的观点看来，既然宗教的基础是自然的真理，那么，真正的宗教便不是那种接受神启的宗教。但是由于这种看法直接与基督教这种"启示宗教"相冲突，赫氏对此作了一些修正；基督教虽以自然真理为基础，但可以由上帝的直接启示予以补充，而上帝的启示必然是合乎理性的。

赫尔伯特的宗教观并不是无神论，其特殊意义在于要求把宗教建立在天赋的自然理性基础之上，并提出了五条宗教真理作为一切宗教的理件基础。尽管他并未直接否认启示的合理性，但实际上意味着启示必须合乎理性，这就限制了启示的范围，否定了一切不合理性的启示。当然，赫氏所谓的五条宗教真理，既不是真理，也不是天赋而有，甚至远未得到一切宗教的普遍赞同。释迦牟尼、原始佛教关于"诸法无我、诸行无常、涅槃寂静"的教义就不承认永恒的神和不灭的灵魂，洛克更对天赋真理、普遍同意之说进行了深刻的批判。但赫氏的上述主张在当时那种教派斗争、异端迫害的年代实际上是要求各教派在五条"宗教真理"的基础上达成一致，把次要教义和外在礼仪的分歧放在一边，结束宗教斗争，这就为宗教宽容提供了思想基础。

对于自然神论思潮的发展推波助澜、发生了重大影响的人，应该着重提到的是约翰·洛克。

约翰·洛克（John Locke，1632—1704）是17世纪英国资产阶级首屈一指的思想家，他的哲学思想、政治理论和宗教学说不仅在当时起了巨大的反响，而且长时期地影响了整个西方世界的精神和制度。在思想史上，洛克是以他的唯物主义经验论的哲学和自由主义的政治学说建立起自己的崇高学术地位的，一般都不大重视他的宗教哲学。但是，只要我们深入地考察洛克的全部思想，就不难发现洛克的宗教哲学事实上乃是他的全部学说的出发点和归宿地，是我们打开其思想内室的一把钥匙。

洛克长期而又一贯地主张宗教宽容。早在 1666 年，他为沙甫兹伯利的殖民地卡罗利亚起草的宪法中就写进了宗教宽容的条款，在后来的政治活动和学术著作中更不断发挥这种思想。光荣革命后，他发表的第一部著作就是《论宗教宽容的书信》（1689），由此可见他对宗教宽容问题的高度重视。1690 年，他出版了哲学巨著《人类理解论》，从哲学认识论高度上对宽容问题做了论证，对宗教狂信主义作了理论上的批判。洛克晚年大部分精力都集中于宗教研究，并应付由此而引起的论战，写作并出版《基督教的合理性》。总的精神仍是坚持宗教宽容，要求把基督教放在合乎理性的基础之上，反对宗教狂信主义。主要内容可归纳为以下几个方面：

第一，从基督教的道德性质出发论证宗教宽容的合理性与必要性。

在洛克看来，所谓"真正宗教"的含义，应该严格符合于基督教所宣扬的道德原则，其核心内容就是"仁爱"精神。

一个缺乏仁爱、温顺以及对全人类乃至对非基督徒普遍的友善，就不配称为真正的基督徒。只有在信仰上对那些持有异见的人实行宽容，才是与基督的福音和人类理智的本性相一致的。对不同信仰者进行迫害既不符合基督教的道德和耶稣基督的教诲，也不符合人类理智的本性。

第二，政教分离。

为了剥夺教会和政府对不同信仰者进行迫害的权力，保证信仰自由和宗教宽容的实现，洛克从理论上考察了教会与政府的性质、目的和职能，提出了政教分离学说。

洛克严格确定并区分政府与教会的性质、目的与主管领域。政府的职责是负责保护公民对外在物的所有权，教会的职责则是礼拜上帝拯救信徒的内在灵魂。管理的方式随对象在性质上的不同而有原则的区别：政府为保护公民权利，可根据法律对侵犯公民权利者使用强制手段，而教会则根本无权使用强制手段。因为宗教只是一种内在的信仰，一个人信或不信，信什么，不信什么，是无法强制的。

既然政府与教会是性质上根本不同的两种东西，那么，政府就无权插手公民的宗教信仰事务，教会也无权使用专属于政府的法律与强制手段来处理宗教信仰问题。

教会只不过是信教者自愿结合的一种团体，一个人既可自由参加也可以自由退出。对于一个信教者来说，除了支配他对永生的憧憬之外，不受任何其他约束。教会不应管理其信徒之属于人民的权利和财产事务，而且在任何情况下都不能使用暴力和其他强制手段。对于属于另一教派的人和属于另一宗教的异教徒，教会更无权干涉其信仰自由。

在洛克以前，直至洛克生活的年代，政治与宗教、政府与教会紧紧地结合在一起。罗马教廷控制各国政府，把国家变成教廷的附庸；宗教改革之后，信奉新教的各国政府则把教会置于自己控制之下，利用宗教达到政治目的，不管是教会控制国家（旧教），还是国家控制教会（新教），都是政教合一。各教派都在那里利用国家的政治权力来加强和推广本教派的信仰，对另一派实行压制和迫害。这就使宗教斗争更加深化和强化，以至发展为长期的宗教战争，给人民和社会带来深重的灾难。洛克的政教分离学说力图解决这个问题。如果实现了洛克这一设想，政府的政治权力就不再是宗教斗争的后台，而成了信仰自由和宗教宽容的保障。教会权力大受限制，实现宗教宽容的可能性就大为增加了。洛克这一学说具有鲜明的反对封建教权主义和宗教狂信主义的精神，表现了资产阶级民主主义和自由主义的进步意向。

第三，论信仰自由的根据。

宗教信仰为什么必须自由而不能强迫呢？洛克认为，这是由信仰的本质决定的。宗教是一种信仰，一个人之所以崇奉某种宗教，加入某一教会，在于他们相信这种宗教和教会所确定的教义和仪式可以得到上帝的喜悦，从而拯救自己的灵魂，获得永生。这种思想上的内在确信就是宗教的全部生命和动力之所在[1]。洛克的论述促进了政治信仰上的自由。欧洲中世纪以来，由于政治与宗教密不可分，政治上的信仰往往穿着一件宗教外衣表现出来，不同的教派实际就是不同的政治集团，在这种情况下，洛克关于信仰自由的理论，就透过宗教的纱幕而投射到政治舞台之上，体现为政治信仰上的自由主义。宗教信仰对不同信仰者的宽容，也意味着在政治

---

[1] 洛克：《论宗教宽容》，第6页。

上对不同政见者的宽容。显而易见,洛克的宗教宽容学说是他的资产阶级民主主义的政治学说的生动体现。

第四,宗教信仰应建立在理性基础之上。

宗教上的狂信主义总是把本教派的教义宣布为上帝的启示或上帝注入人心之中的天赋真理,而把其他教派信奉的教义和教仪斥为"异端",对之进行迫害。为了破除宗教迫害的神学根据,洛克在其哲学巨著《人类理解论》中,用很大篇幅就此问题作了哲学和认识论的考察。《论宗教宽容》也有认识论上的论证。

洛克认为,所谓上帝的启示只能信仰,不能证明[①]。

洛克并不绝对地否认任何启示的真实性。但他认为,启示是否为真,必须以理性为基础,用理性进行判断。但是,洛克又不愿把基督教中那些神秘主义的信条,《圣经》所载的那些不合乎理性的神迹,直接宣布为反理性的东西。为了调合理性与宗教的矛盾,他又从理性主义的立场后退,承认有某种"超理性"东西的存在,说它们虽不能为理性的证明,却也不能为理性所驳倒。信与不信,可以由各人自由做出选择。

洛克并不否定上帝的存在,甚至还煞有介事地为之提供理论上的证明。不过,除此在外,他对许多重要的神学信条不是干脆否认,就是表示怀疑。他在认识论上是一个唯物主义的经验论者,他把经验主义的认识论引向对神学信条的怀疑。《人类理解论》第一卷批判"天赋观念论"。经验是我们认识的源泉,如果没有关于对象的经验,就不可能有关于对象的知识。这意味着从根本上否认任何知识(包括宗教观念)来源于上帝的赋予或先天性的生而有之。他认为,"理性"不是来自天赋,而是源于经验。

对于灵魂的非物质性(这是作为宗教之基础的重要信条),洛克也根据其理解有限性的学说,表现了怀疑主义式的否定态度。他说,我们固然不能清楚地设想纯粹物质性的实体如何能思想,但我们同样也不能设想一个不具空间特性的纯思想性的灵魂如何存在,这证明我们在这方面的知识是脆弱而贫乏的。他之所以反复强调人类理解力的局限性和知识的相对性,主要是反对宗教狂信主义的偏执,要求在信仰和意见上互相宽容,而

[①] 洛克:《人类理解论》,商务印书馆1959年版,第202页。

不要强加于人，互相迫害。

洛克以很大的政治勇气和理论勇气否认君主和教会拥有认识真理和领导人们通向天堂的垄断权，从哲学和认识论的高度论证了个人有坚持自己意见和信仰的民主权利。他反复强调，任何人都可以按照自认为上帝所能接受的方式来信仰宗教，谁都无权把个人的信念当作唯一的真理强制别人服从。对不同信仰者使用强制性暴力，固然可以达到外在的顺从，但却不能赢得内在的确信，它所培植起来的，只不过是一种虚假和伪善的宗教。

总的说来，洛克全部宗教观的核心，在于实现信仰自由和宗教宽容。他的主张在政治上是非常温和的，既反对宗教神学的专断，也反对激烈的无神论；既要求信仰和启示必须合乎理性，却又承认超理性的存在；既反对宗教狂信主义，却又为各派宗教、各种信仰留下自由生长、自由选择的广阔空间。他的宗教哲学不能简单地归结为自然神论，大体上，可以认之为一种在肯定认识相对性的哲学认识论基础上发展出来的宗教自由主义，它包含了发展为各种宗教学说的可能性。但是，在当时的历史条件下，科学与宗教、启示与理智的冲突日益明显，洛克宗教哲学中反对宗教狂信主义的理性主义因素，更适合于时代的精神和思想界的胃口，所以，那些反对传统宗教的自由思想家们自然而然地利用和发展了洛克宗教哲学中的这些方面，推动了自然神论思潮的迅速发展。

三　自然神论思潮的发展

洛克的哲学、宗教观和政治理论立即在英国思想界产生了强大的影响。在宗教方面，许多自由思想家都利用他的某些哲学原理批判宗教狂热，反对信仰主义、神秘主义和蒙昧主义，要求把宗教建立在理性基础之上，把"启示宗教"改造为"自然宗教"。还在洛克健在的时候，一个自称为洛克学生的爱尔兰哲学家、自然神论者约翰·托兰德便在洛克哲学的启发下提出了激进的理性主义宗教观，向宣传宗教神秘主义的"启示宗教"宣战，把自然神论推向新的高度。

约翰·托兰德（John Toland，1670—1722）在1696年匿名出版了轰动一时的著作：《基督教并不神秘》。该书的主旨突出地体现在它的副题中：

"证明在福音书中没有任何违背理性并超越理性的东西；以及恰当地说来，任何基督教的教义都不能叫作某种神秘"。显然，托兰德的目的是要批判崇信基督教为神秘的信仰主义和蒙昧主义。该书的主旨也表明了托兰德进行这种批判时与洛克的联系和区别。如上所述，洛克一方面要求宗教信仰应当合乎理性，但另一方面也承认"超理性"的存在。他在肯定《新约圣经》并无不合理性和违反理性之处的同时，又承认某些圣经教义是"超理性"的，这就为宗教神秘主义留下了存在的余地。托兰德不仅反对宗教中那些反理性的神秘，而且进一步否认有所谓"超理性"的神秘，要求把宗教信仰完全建立在理性基础之上。

托兰德用非常明确的语言宣称：理性既是确证一切的基础，也是证明《圣经》之神圣性的唯一基础①。托兰德坚决反对《圣经》中有所谓"超越理性"的"神秘"。他在这里利用了洛克哲学关于实在本质不可知的学说，认为上帝和一切物体一样，它们的实在本质都是人类理解所不能认识的。但不能认识之物并不就是神秘。如果我们因上帝的实在本质不可知就认为上帝"神秘"，那么，一切物体的实在本质均不可知，它们就都是与上帝一样的"神秘"了。在托兰德看来，虽然我们对上帝的实在本质一无所知，但却能认识到他的种种性质（善、爱、智慧等），因此，我们不能把上帝说成是某种"神秘"。信仰必须以理性为基础。如果信仰没有充分的理由，总是随之产生不信任和社会生活中的各种罪过。

托兰德不敢否定上帝的存在，也不敢直接否定上帝有施行神迹的可能性。但他要求把神迹与理性一致起来，要求任何神迹都不得违背理性。所有那些在其中会产生任何矛盾的神迹都违反理性，因而都是虚构。

《基督教并不神秘》一书在宗教学说史上还有一项值得注意的贡献，这就是它探讨了基督教神秘仪式的社会功能及其产生的原因。他指出，原始基督教的仪式非常简朴，只有洗礼和圣餐礼，其他各种神秘性的礼仪都是从异教传入或由改信宗教者带进基督教中的。统治阶级公开赞助基督教后更有意利用神秘仪式为其政治利益服务；教士们则由于私利的驱使，借助神秘礼仪建立起一个独立的政治团体，逐步确立起教阶制的等级和秩

---

① 托兰德：《基督教并不神秘》中译本，第20页。

序，神秘礼仪的确立起了恶劣的社会作用，一方面加强了无知信徒的盲目迷信，另一方面则巩固了教士们的封建神权。

然而托兰德所反对的，只是作为反理性和超理性的基督教神秘，却肯定了基督教根本教义的合理性。这种不彻底性，一方面反映了托兰德作为资产阶级自由派思想家在政治上的局限性，另一方面也说明了他早期世界观的不成熟性。托兰德写此书时才20岁，还不能摆脱当时整个思想界由于科学、哲学发展水平的限制而产生的对上帝存在的信仰。

托兰德在理论上对无神论和唯物主义哲学的发展所做的贡献，最为重要者是他在1704年出版的《致塞林娜的信》的第四、第五封信中对物质和运动之关系的考察。他指出，物质是一切实体的基础，我们只要根据自然本身的运动就可以解释一切现象（包括物和人的行为）。鉴于只要哲学把物质和运动对立起来，就必然从物质之外去寻找"第一推动力"，他坚决主张把物质和运动联系起来。他批评斯宾诺莎哲学把运动说成是实体的样式、而不是实体的属性的观点，认为运动乃是物质本身的本质属性。运动如果脱离物质就根本不存在。物质是能动性的，不是处于绝对静止状态之中毫无生气的东西，这个理论使托兰德在宗教问题上有可能克服机械唯物主义无神论和自然神论的局限性，进一步走到公开的无神论。

1720年，托兰德写出了《泛神教》，这是英国文献中最富于无神论思想的著作。它以物质与能动力的一致为理论基础，把上帝理解为自然、宇宙和物质本身。用他的说法，上帝就是自然整体的力和能。他发展了斯宾诺莎的泛神论，把超自然的神归结为纯粹的不存在，而把自然界转化为唯一存在的神。托兰德完全排斥上帝启示说和通俗的信仰，并宣布他要建立一种与科学和哲学完全一致的新宗教：它的信徒是泛神论者，他们与国教没有联系，否认基督教、天启和其他传统信仰。新宗教的上帝就是自然万物由之而生的宇宙，它的礼拜式就是对"真理、自由和健康"的崇敬和尊重；它也有自己的"圣徒"和"教义"，但那是一切时代（尤其是古典时代）最卓越的天才思想家（如苏格拉底、德谟克里特等）。但即使他们也没有权力来束缚人类的自由精神。托兰德的"新宗教"名为"自然宗教"，却排除了任何超自然神秘的信仰，根本不具宗教的性质，实际上只是一种崇尚理性和哲学的无神论哲学，他不过是借宗教之名掩盖其无神论的本质而已。

尽管托兰德受到宗教势力的迫害，但自然神论思潮继续发展，柯林斯、丁达尔、普列斯特利等一大批自由思想家从各方面对宗教信仰主义进行有力的批判。

安东尼·柯林斯（Anthony Collins，1676—1729）是与托兰德同时代的一位重要的自然神论者。他与洛克有着亲密的友谊。洛克在给他的信中称赞他是一位具有"为真理而爱真理"的"美德"的人。柯林斯最负盛名的著作是《论思想自由》。它的基本思想是要求思想自由、信仰自由和学术自由。它认为，思想不仅是人类的权利，也是人类的义务。知识的进步只有在一定程度的思想自由环境下才有可能；没有思想自由，人就不可避免为压抑人类的偏见所统治。所谓自由的思想，其意义就是利用人类的理解力致力于探索一切意见和见解的意义；不论什么见解和意见，都是考虑到自然证物对它是支持还是反对；然后再根据这些证物是否有力再对之作出判断。对于真理的探究，舍此以外，别无他途。① 柯林斯根据这种自由思想的观点对《圣经》作了考察。他指出，基督教信条十分繁杂，对《圣经》的内容又有各种不同的解释，仅仅关于《新约》原文的批判，学者已写出了三万多本书。那么，究竟那种解释是正确的呢？用什么东西来判断是非呢？难道我们只有诉诸武力才能评判吗？柯林斯认为，在这类问题面前，我们唯一可以依靠的只能是理性的判断。

柯林斯还探讨了灵魂的本性。他根据当时对动物的比较解剖学知识指出，动物与人类之间并无不可逾越的鸿沟；如果宗教不承认动物有灵魂，也应否认人类有灵魂；既然宗教否认动物灵魂不死，那么，人的灵魂也不是不死的。意识和思维是物质特有的能力，但只出现于特殊的有机体之中。肉体消灭时，思维能力也就消失了；正如钟表部件一样，当把它们合乎法则地组装起来时它就走动；如将其拆散，它就停摆不动了。

柯林斯之后，不少自然神论者都把对灵魂的物质本性的研究、对灵魂不死说的批判作为重要问题。大卫·哈特莱在其《人类论》中的生理学部分认为人类的全部思想和感情均出于大脑的振动；普列斯特利否认灵魂实

---

① 柯林斯：《论自由思想》，第5页。

体的独立存在，认为物质是能动的、积极的，在一定条件下能够进行思维。这些观点破坏了宗教神学的基础。

马太·丁达尔（Matthew Tindal，1657—1733）的代表作是《基督教像创世一样古老》（1730），此书出版时，他已是 73 岁高龄了。

丁达尔着重论证了"自然神论者关于自然宗教"的设想，力图在普遍的自然法则和人类理性之上，把基督教改造为合乎理性的自然宗教。他反复论证说，理性是上帝给予人类的工具，上帝要求我们去认识、相信和实现的事，其本身必定是合理的；而任何事物是否合理，也唯有理性才能作出判断。正如眼睛是可见事物的唯一判断者、耳朵是可听事物的唯一判断者一样，理性也是合理事物的唯一判断者。自然法则和创建它的上帝一样，是绝对安全、永恒不变的，上帝永远不会违反自然法则行事。真正的宗教必然是按照永恒不变的自然法则建立起来的。真宗教和福音的目的不在于增加和减少这些自然法则，而在于把人类从众多的迷信中解放出来，按照自然法则立身行事，求得人类的共同幸福，尽我们自己对上帝、对自己、对别人的义务。这是政府的任务，也是上帝创立宗教的目的。

丁达尔没有绝对地否定上帝的启示，但他认为启示作为传达上帝旨意的外在形式，不能违反人类理性和自然法则的本性。在丁达尔看来，真正的启示是在自然界本身之中，在人类天赋的理性之中；而真正的上帝，则是牛顿显示的那种上帝，他是根据不变的自然法则来运转这神奇世界的设计师；至于真正的道德，则是与自然法则和谐一致的理性生活。丁达尔认为，基督教推行的禁欲、苦行、割礼、祭仪……都起因于他们的上帝观与上帝的本性不相一致，违背了自然法则和人类理性的本质。宗教是上帝创世时就颁布和建立的，基督教像创世一样古老；但历史上的基督教，却因它建立在错误的上帝观之上而充满罪恶。必须重新把它建立在自然法则和人类理性的基础之上成为自然宗教。这种自然宗教将和上帝一样永存，它的任务不是救赎，而是保障人类的幸福，是纯道德的宗教。

丁达尔对启示宗教的批判是对整个基督教的批判，摧毁了它的根本基础。丁达尔的上帝实际上不过是自然法则和人类理性的化身，他心目中的"自然宗教"，实质上是一种尊重自然科学和自然道德的"哲学"，并非真正的宗教。

沙甫兹伯利伯爵（三世）是站出来为丁达尔辩护的第一位非常有影响的自然神论者，但他与其他主流派自然神论不同。后者崇尚理性，把理性视为宗教信仰的基础；沙甫兹伯利则认为人的感情才是宗教的基础。人的情感既常导致宗教上的狂热和迷信，也是人间最宝贵事物的源泉，既产生"善"的宗教，也产生"恶"的宗教。

沙甫兹伯利看到了人的感情因素在宗教生活中的作用，补充了主流派自然神论那种唯理主义宗教观之不足，对于欧洲宗教学说的发展产生了不容忽视的影响。英国的休谟接受并发展了这种"主情论"宗教观，用人的感情而不是理性来说明宗教的产生；法国的自然神论者和启蒙思想家卢梭主张建立感情的宗教；德国的新教神学家施莱尔马赫（19世纪）和奥托（20世纪）等思想家则从护教立场利用主情论宗教观，在人的宗教感情基础上建立基督教新教神学。当然，这种发展与沙甫兹伯利以反对信仰主义为主旨的主情论宗教观相比，未免就南辕北辙了。

四　历史的反响

英国自然神论思潮在当时和以后的历史上产生的影响是广泛而又深刻的。随着理性呼声的高扬，信仰的权威不断下降。无论是在宗教神学界，还是在自由思想家中都引起了热烈的反响。在自然神论的理性权威面前，神学家死守传统的信条和《圣经》的一字一句者有之；企图修改传统信条，调和"自然的上帝"与"启示的上帝"、"自然宗教"与"启示宗教"之间的矛盾者亦有之。宗教神学界的有识之士在不同程度上转而接受了宗教宽容思想，对自然神论不仅不那么愤激，反而主张停止争辩，更多地致力于身体力行耶稣的教诲。自然神论思潮促进了宗教宽容的发展。

还在18世纪英国自然神论的高潮时期，它的思想越过英吉利海峡，在欧洲大陆特别是在法国和德国的思想界产生了深远的影响。法、德的启蒙思想的先驱如伏尔泰、孟德斯鸠、卢梭、狄德罗（早期）、达朗贝尔……莱辛、雷玛鲁斯、门德尔松、歌德……都不同程度地接受了自然神论的基本原则，并把它转变为强大的启蒙运动。自然神论思潮还通过法国的启蒙思想漂洋过海传播到美洲新大陆。美国开国时期的几任总统和主要思想家（如杰弗逊、富兰克林等人）都是自觉的自然神论者。在他们的直接影响下，自然神论的基本原则渗透到美国的《独立宣言》与宪法的精神和条文之中。

（原载于《云南社会科学》1991年第6期）

第三部分

中国宗教研究

中国宗教和中国文化探源导引[*]

——关于《中国各民族原始宗教资料集成》

1. 原始人的宗教信仰不但是整个人类宗教的发端，在一定意义上，也是人类社会各种文化形式的一种源泉。文明时代的各种宗教，不管它们崇拜的神灵多么伟大，信奉的教义多么玄秘，构建的礼仪多么神圣，实际上都不是来自神灵的启示，而是起源于原始时代野蛮人粗俗的膜拜。同样，文明时代各种高雅精致的文化形式：崇高的道德规范、庄严的政治制度、赏心悦目的文学艺术、智慧深邃的哲学思辨……尽管它们各有其植根的社会土壤，但在其发育的初期，几乎无不寄生于原始宗教的腹中。宗教和其他各种社会文化形式在发生学和发育学上的这一事实，凸显出我们今日之所以必须研究原始宗教的学术意义。如果我们想了解宗教和其他文化形式的本质和奥秘，就得探索它们得以产生的根据和发展的动因，对之进行追根溯源的研究。正是由于这个原故，许许多多的宗教学家、哲学家、伦理学家、文学家、艺术学家、人类学家、民族学家、社会学家、历史学家……像探寻金矿的淘金者一样，都情不自禁地走进原始宗教这个令人困惑不解而又使人兴奋不已的领域。

2. 宗教如何产生，这在宗教学中是一个至关重要的问题。传统的信仰总是相信神圣的宗教必有其神圣的来源，宗教神学家则说成是神的启示。科学的宗教研究打破了这种神话。历史上的启蒙思想家们用理性的批判精神破除信仰主义的独断，肯定宗教和世界上其他一切事物一样，都有其形成和发展的自然过程，并从人而不是从神那里寻找宗教的本质及其产生的

---

[*] 本文是吕大吉、何耀华总主编之《中国各民族原始宗教资料集成》（多卷本，中国社会科学出版社出版发行）的"总序"。

根据。对宗教之源问题进行的这种理智性探讨，使得宗教研究得以摆脱神学的束缚，在19世纪下半叶形成一门独立的人文学科——宗教学。

研究宗教的起源和发展问题，不仅催生了近代宗教学（一般称为"比较宗教学"），而且一直是宗教学者乐此不疲、孜孜以求的热点。达尔文生物进化论的胜利，更对近代宗教学的发展给予了极大的推动。既然人类是从猿类进化而来，那么，人类所有的一切，包括神圣而又神秘的宗教，理所当然地也有其从产生到发展、从低级形式到高级形式的进化过程。于是，野蛮的原始人代替"神圣的上帝"成了人类宗教的最初创建人，也成了探索宗教之根的宗教学者们追踪猎奇的主要目标。一时之间，对世界上各个民族的原始社会、原始文化和原始宗教进行实地调查、文献收集和学术研究之风，勃然兴起，成为学术界的时尚。

3. 从19世纪下半世纪宗教学的诞生，到20世纪初，是近代宗教学蓬勃发展的时期，名家辈出、学派林立、百花竞放。他们争鸣的焦点，主要集中在宗教如何产生、如何发展问题上。单以宗教起源论而言，其中之影响较大者，就有德国自然神话学派的"自然神话说"①，泰勒的"万物有灵论"②，斯宾塞的"祖灵论"③，史密斯、杜尔凯姆和弗洛伊德等人的"图腾说"④，马雷特的"前万物有灵论"⑤，施米特的"原始启示说"或"原始一神论"⑥……除了"原始启示说"把人类最初的宗教说成是上帝对原始人的启示以外，其他诸种宗教起源论实质上把宗教的发端归结为原始人的错误观念和错误联想，把宗教的"神"还原为原始人的幻想，把神的"神性"还原为人的"人性"。这些宗教学说的争鸣，使近代宗教学从其问世之日起就展现出一种波澜壮阔的态势。

---

① 认为宗教和神话中的"神"，均发端于原始人对自然力（特别是日月星辰）的人格化。
② 认为原始人由于对梦幻、出神等生理心理现象的误解而产生的灵魂观念，是人类宗教的最初起源。
③ 认为原始人对死去祖先的鬼灵的崇拜，是一切宗教的起源。
④ 认为原始人的图腾崇拜是人类宗教的原始形式。
⑤ 认为原始人在信仰万物有灵之前有某种更原始的宗教形式，如美拉尼西亚人的"玛纳—禁忌"信仰。
⑥ 认为最原始的民族都信仰至上神。一神观念是亘古就有的，起源于上帝对人类的原始启示，多神宗教则是原始一种信仰的退化。

研究宗教之起源问题，并非始自 19 世纪。早在古代希腊罗马时代，思想家们即已提出过种种不同的理论，如：克塞诺芬尼的"神灵拟人说"①，德谟克里特、伊壁鸠鲁、卢克莱修的"恐惧造神说"②，普罗蒂库斯的"感恩生神说"③，克里底亚的"神道设教说"④，亚里士多德的"天象惊奇说"⑤，犹希麦如的"人死封神说"⑥……这些宗教起源论也是把宗教和神的产生归结为人的错误观念，是一种反信仰主义的理智性探讨。但近代宗教学的宗教起源论有一个大不相同的特点。古代思想家们构想的宗教起源论没有与生物进化论有关的"原始人"观念，没有有关"原始宗教"的实证资料，基本上是一种哲学性的思辨与推理。近代宗教学则不然。它非常重视原始社会之宗教与文化的实地调查和实证资料的积累，近代宗教学的奠基人麦克斯·缪勒曾以巨大的热情整理并翻译古代东方的宗教典籍（特别是古印度的吠陀经典），出版了震惊学术界的《东方圣书集》（原书 50 卷）；宗教人类学的开创者爱德华·泰勒青年时代游历墨西哥，对当地土著民族的原始文化和原始宗教进行实地考察，写成不朽之作：《原始文化》；弗雷泽通过《关于未开化或半开化的各民族的风尚、习俗、宗教、迷信等问题的调查》，广泛收集世界各地许多原始民族的宗教和习俗的资料，写成了关于原始宗教的巨作《金枝》；马林诺夫斯基等许多卓有贡献的宗教学家都曾长时期深入到原始部落民中生活，实地调查原始民族的宗教信仰，在占有实证资料的基础上进行理论著述。可以认为，如果没有关于人类早期和古代宗教信仰的调查和有关资料的积累，就不可能有近代宗教学的诞生。

　　4. 与此同时，我们也不能不注意到事情的另一方面：近代宗教学发展

---

① 认为神灵是人的虚构，是拟人化的产物。
② 认为宗教神灵观念起源于对自然力的恐惧。
③ 普罗蒂库斯是公元前 5 世纪希腊智者派哲学家，他认为宗教和神灵观念起源于人对生存攸关的自然力的感恩活动。
④ 克里底亚，公元前 5 世纪希腊智者派哲学家，他认为古代立法者为了约束人民，便虚构出诸神作为人类道德的监督者和审判官。
⑤ 认为宗教神话和哲学一样，起源于自然万物之创生与天体之运行而产生的迷惑感与惊奇感，解答此种惊奇，产生宗教神话；摆脱神话的愚蠢，就形成哲学。
⑥ 犹希麦如，公元前 4—前 3 世纪希腊人，他认为古代人所信诸神皆是声名显赫的帝王或英雄死后被人神格化的结果。

初期出现的各种宗教起源论和宗教发展观，不仅在理论上各执一词，而且在所据的经验事实上往往也互相冲突。这种情况的继续，便在不少宗教学者的心中产生了对研究原始宗教的怀疑。文明民族的原始时代毕竟已成遥远的过去，当代尚存的原始民族情况又非常复杂，任何学者都不可能穷尽所有民族原始时代宗教信仰的详情，了解和掌握全部有关资料。因此，当时的宗教学者们在构建其人类宗教的起源和发展理论体系时，难免就会以偏概全，用半哲学的思辨去填补历史事实上的缺环。鉴于这种情况，有些宗教学者便认为，关于宗教之起源和发展问题的研究，不可能得到经验材料的充分实证而成为真正的科学。于是，他们逐渐放弃此种性质的宗教研究，转向对各种宗教信仰和宗教现象进行同时性的比较分析，作心理学、社会学和现象学的解释。这样一来，在近代宗教学的领域中，除了宗教人类学、宗教史学之外，又形成了宗教心理学、宗教社会学、宗教现象学等等宗教研究的新理论与新方法。

但是，近代宗教学的这种发展趋向绝不意味着降低、更不意味着否定研究原始宗教的重要学术意义。宗教学作为一门独立的人文学科出现于学术之林，毕竟只有一百来年的短暂历史，在其发展的早期，出现不同学术见解的纷争，是一种势之必然的正常状况。各种宗教起源论和宗教发展观都有一定的事实根据，从不同方面加深了我们的认识。我们不是因此而离开真理，而是更接近真理。学术上的争论只不过是在告诉我们：应当在更广阔的范围内加强对世界各民族原始宗教的调查研究，收集更全面、更系统、更完整的事实，为进行新的理论综合打下更坚实的资料基础。

宗教心理学、宗教社会学、宗教现象学之类同时性的比较研究方法无疑是有价值的，但它们的产生，实际上也得益于早期宗教学者关于原始宗教的研究，从他们对原始人之所以产生宗教神灵观念，并以各种方式进行崇拜活动的分析中吸取营养，进一步对原始人的宗教信仰进行心理学和社会学的分析，做出现象学的解释。在宗教信仰活动的心理基础问题上，原始人的宗教心理最为单纯；在宗教的社会功能问题上，原始宗教在原始社会中体现得最为充分；在各种宗教现象的人性基础问题上，原始人的"人性"很少受其他文化的、伦理的、政治的社会因素的压制和扭曲，更为直接地展现在宗教生活的现象形态之中。离开原始宗教，这些宗教研究的新方法不可能得到充分的发展。如果我们把对原始宗教的研究视为各种宗教研究的新方法和新理论的基础性工作，这种看法应该说是符合于宗教学发展的历史事实的，并非言过其实。

5. 研究原始宗教的意义远不限于宗教学领域。在漫长的历史中，宗教一直高踞于社会上层建筑的顶端，支配着广大人类的精神世界。正像宗教的神被视为君临世界的主宰一样，它也被视为人类社会各种文化形式的神圣之源。古代中国人把人世的一切都说成是天或上帝的命定，此即《尚书》所谓"天惟与我民彝"，"天叙有典"，"天秩有礼"，"天命有德"。西方人则更有甚焉，认为上帝创造世界，天命决定一切。近代各种人文学科都在各自领域内不断破除这种"宗教天命论"的传统观念，而近代宗教学关于原始宗教的研究则从根本上予以毁灭性的一击。既然人类诞生之初本无任何宗教神灵观念，人类最早信仰的"神"不过是原始时代野蛮人的创造，那么，一切文化形式也和宗教一样，它们的真正创造主便不是神，而是人；一切文化的最初创造主，实际上就是最初造出了神的原始人。各种文化的幼芽几乎无不包容在原始人的宗教观念和宗教活动之中。

不管泰勒的"万物有灵论"能否得到宗教学者的普遍赞同，但相信万物有灵的原始民族在世界上确实相当普遍。所谓神灵支配万事万物，虽是宗教的幻想，但原始人有这种幻想却是确定无疑的事实。正是这种普遍的信念在原始人的心目中戴上了一副"万物有灵论"的眼镜，把观察所及的世界投入于宗教神秘主义的浓云密雾之中。原始时代的宗教变成了原始人包罗万象的纲领，成为他们思想的原理、行为的原则、激情的源泉、道德的效准、人际关系的纽带、社会秩序的保证。原始人的社会生活和各种文化形式无不打上宗教的印记，从宗教观念吸取自己成长所需的营养，通过宗教活动来展现自己的存在，并由之而获得自己的表现形式。

原始时代文化与宗教的这种结合，并非强迫的婚姻，而是自然的进程；不仅不曾阻碍各种文化的成长，反倒是促使其进一步发展的契机。原始宗教体系赖以构成的基本要素，诸如宗教的观念、宗教的感情、宗教的行为、宗教的体制，都对原始社会各种文化形式的生长产生过"激素"似的作用。

6. 原始人的头脑中产生出某种灵魂观念和神灵观念，应该说是人类思维发展史上的一次质的飞跃。从高深的神学理论和现代文明人的眼光看，原始人的神灵观粗俗不堪。但在使用石器的原始时代，神灵观念却是原始人所能设想出来的最伟大、最崇高的一种存在。它集中了原始人的最高智慧，寄托着他们对美好生活的期待以及对自身命运的关注。我们时代的文明人不妨设身处地地想一想：原始时代这些凭借自然本能、终日以生存为务的原始人群，不知何时，竟能构想出某种逐渐脱离肉体的"灵魂"观念；再进一步，竟至设想出灵魂的不死；设想出飘忽不定的"精灵"；设想出能创造出原始人所不能创造的"奇迹"的"神灵"……这样的幻想，比之于现代科学家设计脱离地球引力的宇宙飞船，是毫不逊色的，那是划破原始时代黑暗世界的一道曙光。原始宗教的神灵观念给原始人的想象添上了超自然的羽翼，使之解脱了人类生理本能的自然束缚，翱翔于超自然的无垠空间；也使原始人超出动物式的感性直观，进入了人类所特有的抽象思维领域。正是这种具有超自然性质的宗教灵魂观念和宗教神灵观念，孕育了人类关于人与超人、自然与超自然的思考，成了文明时代各种哲学思辨和科学探索的起点。我们当然不能像泰勒那样，把产生万物有灵观念的原始人称之为"原始的哲学家"，因为他们头脑中所有的，不过是某种模模糊糊的信念，而不是明晰的推理。但是，如果原始人没有某种关于"超自然力量"的意念，就不会有宗教的神；也就不会在文明发展的一定阶段，出现论证它的哲学与神学，也不会因此而激发起把这种"超自然力量"还原为自然力量的自然科学和启蒙哲学。

  7. 原始人一旦在自己的幻想世界里生出超人间、超自然的神灵观念，必然伴生出对神灵的依赖之感和敬畏之情。随着神灵观念的演进，神的神性愈益崇高，神的权能日益强大，人对神的依赖感和敬畏情也就相应膨胀。对神的信仰愈是虔诚，人的宗教感情便越发强烈。情动于中势必发之于外，表现为相应的言词和身体动作。由于神灵只是幻想中的存在，任何人都不可能对神有实在感触，所以，一切表现神灵的言辞和身体动作便不能不是拟人化的、象征性的。或者用某种物质性的实物和偶像象征那本属虚无的神灵，或者用比喻性的语词来表象神灵的性状，或者用模拟化的身体动作再现神灵的活动和自己对神灵作用的感受……一切"象征"性的表现，都是人性的创造活动展现为形象化的艺术。语言的象征，发展为讴歌神灵事功、感谢神灵恩德的文学艺术（诗歌和神话之类）；身体动作的象征性模拟，发展为舞蹈艺术；神灵偶像的制作，发展为雕塑绘画之类造型艺术……原始人的艺术活动和艺术创作之最深刻的源泉，无疑是他们的社会实践；但同样无疑的事实是，原始艺术在原始社会的存在和发展，不可能脱离宗教观念的激发和宗教崇拜活动的哺育。文化人类学的研究告诉我们，世界各民族的早期文化艺术几乎无不具有宗教的色彩，寄生于原始人的宗教生活。

8. 原始人对于神灵的依赖，必然表现为向神祈求、对神献祭之类崇拜行为；对神灵的敬畏又总是体现为对自身行为的限制和禁戒规定。由于相信万物有灵，原始人的社会活动几乎成了事事献祭、处处禁忌的宗教活动。原始社会是一个以血缘关系为纽带而结成的氏族制社会，全体氏族成员信仰共同的神灵，进行共同参加的宗教活动，这就逐渐形成了全体氏族成员必须共同遵奉的规范化的宗教礼仪，它把氏族全体成员纳入普遍性的行为模式和统一性的宗教体制之中。规范化的宗教礼仪具有超个人的权威，对氏族集团中每一个人行为与活动具有社会的强制力。氏族社会赋予宗教禁忌规定和宗教礼仪以神圣的权威，迫使原始人逐渐强化了对社会规范的服从和对个人行为的制约。这些神圣的禁忌和规范逐渐成了原始人在生活中必须遵守的"无上命令"，使原始人天赋的动物性本能受到抑制，由此而受到自制的教诲。年深日久，这些神圣的禁忌规定和行为规范演变而成为氏族的习尚。外在的强制化为内在的责任，行为上的"必须"积淀为良心上的"应该"，这就强化了源于人际关系的行为准则和伦理意识。弗雷泽说，与神圣观念相联系的禁忌制度，在人类早期的社会生活中，对稳定社会秩序，对确立私有财产不被盗窃、不受侵犯，对婚姻的神圣性，对保护和尊重人的生命，都有重大作用。这个说法确有道理。在原始社会，如果没有与宗教崇拜相联系的礼仪制度和禁戒规定，以及随之而来的对犯禁者的严酷可怕的神圣制裁，原始人的道德规范和"法纪性"规约是难以建立的，社会的文明与进步就难以想象了。

9. 在原始时代，宗教的体制和社会的体制是浑然一体的。氏族制度被宗教化，宗教崇拜活动的体制也构成氏族社会的社会制度。由图腾崇拜而固定了同一图腾氏族男女不婚的外婚制；由祖先崇拜而强化了以血缘关系为基础的氏族制，规定了相应的丧葬制度和礼仪规范；与生产活动相联系的自然崇拜和丰产巫术发展为各种祭祀制度……这一切都充分说明，原始宗教渗透到氏族社会生活的各个方面，固定以至构成氏族社会的各种制度。当然，各种社会上层建筑（其中包括宗教）的终极根源是社会的经济基础，但它们在原始社会时，一般都是作为原始宗教的一个组成部分而表现出来的。尽管随着社会的演进，许多上层建筑和社会制度都或先或后脱去了宗教的外衣，但如追根溯源，我们几乎总是可以在原始时代的宗教中找到它们诞生之初的表现形态。

10. 探究事物的根源，集中反映出人类理智的本性。人类的理智之所以有别于动物的感知，就表现在它不满足于感官的直观陈述，而不断追溯直观背后的根源，以至根源的根源……这种追根溯源的研究激发起思想的热度，促进认识的深化。地理学家探寻长江、黄河的源头，目的不是使江河倒流，而是为了科学地揭示其形成过程，预见其未来的发展，以求更好地整治和利用。同样，从原始宗教那里去探寻各种文化形式的源流，并不是把文明还原为野蛮，贬低文化的高雅和价值，而是从原始人性中寻找各种文化的种子或基因，揭示出文化发展的真正轨迹。

11. 原始社会是一个漫长的历史过程，原始宗教为学术研究留下了巨大的时间和空间，是宗教学和其他人文学科取之不尽的知识之源。但是，如要研究原始社会的宗教，就得广泛收集一切有关的资料，没有资料就没有学术研究。

有关人类早期宗教信仰情况的第一手资料，只能是原始人的遗骸和文化遗址。尽管宗教的观念不可感知，但如其萌生于原始人的思想之中，迟早总得外化为相应的语言和行为，表现为宗教崇拜活动。活动本身可以消失，但活动的后果却会以感性化、物态化的形式留存于世（如山顶洞人的随葬品，新石器时代原始人的墓葬，红山文化遗址的神庙和祭仪礼器等），人类学、考古学可以对这些原始遗物进行比较分析，推断原始人的宗教观念和崇拜活动。

考古发现的宗教遗物本身并不能直接陈述原始人宗教信仰和宗教崇拜的故事，我们只能根据与之处于同一文化时代的现代原始民族的宗教信仰情况，通过类比推理对之做出诠释。地理大发现以来，世界各民族、各地区的社会生活和文化习俗越来越多地为人们所了解。其中，不少民族至今尚处于原始社会阶段，民族学的资料可以为我们的研究提供直接根据和参照系。

近百余年来，宗教学家、人类学家、考古学家、民族学家对原始民族的社会、文化和宗教进行广泛的调查研究和资料积累。从西亚到北非，从古代印度到古代中国，从东北亚到北欧，从地中海沿岸到黑非洲腹地，从澳大利亚到南北美洲……到处都留下了调查者的足迹，这些地区有关原始宗教的资料进入到学术研究的领域，燃起了学者们研究原始宗教的热情。可以断言，这种热情方兴未艾，不会熄灭。

12. 中国是人类发祥地之一。中华各民族的原始祖先都有自己的原始性宗教信仰。大多数民族在其发展的一定阶段跨入文明时代，但迟至20世纪50年代，仍有一些民族停留在原始社会，他们是原始宗教和原始文化的"活化石"。即使像华夏民族这样早已创造了世界最古老的文明的民族，其传统宗教也并未彻底除去原始祖先的印迹，其历史文献更大量保存有原始宗教生活的记叙和历史追述；至于考古发现的原始宗教和原始文化遗址，则遍布于长城内外，江河南北。所有这些，为我们研究中国各民族的原始社会、原始宗教和原始文化提供了非常丰富的人类学、考古学、历史学和民族学的资料。如果我们今天想要探溯中国文化和中国宗教的源头，必须对我国各民族的原始宗教给以特殊的关注。

13. 鉴于原始宗教研究的重大学术意义，我在1983年春于福州召开的我国第六个五年计划期间（1981—1985）哲学社会科学规划会议上，建议把研究中国原始宗教、收集整理有关资料列入国家科研规划。这个建议得到了学术界的重视。1986年在北京召开的"七五"期间哲学社会科学规划会议把这项研究列为国家重点科研项目，并委托我为这一课题的主持人。全国各地许多宗教学者、民族学者热烈支持此项研究，愿意投身到这一学术事业中来。在很短时间内，数十名学有专长、卓有成就的专家和教授参加我们的计划，组成这个规模壮观的课题组，展开广泛的协作。

当务之急是要广泛深入地进行调查研究，全面系统地占有原始资料，整理出版，为广大的宗教学者和其他人文学科的学术工作者提供最有权威的研究资料。为此，我们编辑出版这一套《中国各民族原始宗教资料集成》。本书将尽可能完备地汇集迄今为止有关各民族原始宗教的全部资料。其内容和来源有四：

一是考古发现；

二是历史文献记载；

三是学术论著中具有资料价值的论述；

四是实地调查。

这将是我国各民族原始宗教研究资料的全面集成。

我们也应注意到：尽管我国各民族的原始宗教是丰富多彩的，但我国学术界对它的调查与研究都并不充分。20 世纪 50 年代和 60 年代，我国政府出于进行社会改革的需要，曾组织大批力量（其中不少是民族学者）对各民族的社会和历史进行过规模颇大的社会调查，获得了大量资料，很多内容涉及各民族的传统文化和民俗活动。这些资料是非常难得的、宝贵的。但是，由于种种原因，当时的调查主要侧重于社会经济形态和阶级构成，对于传统宗教的调查多有顾忌，一般不过是一鳞半爪，浅尝辄止。对原始性宗教的表层现象有所记述，对其深层内容则触及不多。如果我们今天再想补上宗教调查这一课，客观上确有难以克服的困难。可是，对各民族原始宗教的调查与研究又不允许我们继续拖延下去。中华人民共和国建国 40 年来，是社会大变动和各民族文化交融过程加速进行的历史时期。随着社会的改造，至今尚存的原始民族以及各民族原始性宗教的传统遗迹，正在加快消失。这种情况加重了我们完成这项事业的紧迫感和历史责任感。对各民族原始性传统宗教的调查研究以及资料的收集整理，是一桩带有抢救性的文化学术工程，必须充分重视，立即行动，抓紧进行。现在开展这方面的调查，为时已嫌过晚，如果一误再误，将来时过境迁，让时间的洪流冲刷尽原始性宗教的最后痕迹，我们就后悔莫及了。我们课题组全体同仁就是本着这样的认识承担起这副历史担子的。我们在经费短缺、人手不够的情况下，一方面对现有文献资料进行全面系统的收集整理，一方面深入民族地区进行实地调查。有些同志年事已高、体弱多病，但他们却忘我地献身于这项事业，跋涉于高山深谷之地，奔走于穷乡僻壤之间。阅读本《集成》各卷的学界同事，当能从中体味到他们所做的奉献；对由于客观条件的限制而造成的某些资料缺欠之处，也就能更多地予以谅解。

14. 本书的性质决定我们编选的资料只限于各民族的原始性宗教，可我国的大多数民族早已越过历史上的原始阶段，进入阶级社会，原始宗教的因素已沉积和混杂于后来发展的宗教之中。这就有一个如何按"原始宗教"这个概念的内涵和外延来收集和编选有关资料的问题。我们课题组对此问题作过多次研讨并达成共识。我们认为，所谓"原始宗教"的"原始"，乃是一个历史范畴，本意是指产生并活动于原始社会之中的宗教形态，它是人类宗教的发端。原始宗教随着原始社会的发展而演变，但并不随原始社会发展为阶级社会而完全消失。它的许多因素和表现形式都经过变形而沉积在后代的宗教之中。尽管阶级社会的宗教已不再是标准意义上的"原始宗教"，但却保留"原始性"宗教的某些因素。只要我们应用科学的分析方法，当不难剥离阶级社会加于其上的"附加品"，筛选出原始宗教的"沉积物"。

如果要对这种"附加品"和"沉积物"做出科学的鉴别，我们必须对原始宗教不同于非原始宗教的特殊性有一个科学的认识。我们认为，这种特殊性主要表现在两个方面：

第一，原始宗教是原始氏族制社会的上层建筑和社会意识的总汇，它的社会本质集中体现为巩固氏族制度和维护氏族社会的传统。原始宗教所包含的各种基本要素（宗教观念、崇拜对象、崇拜行为、崇拜礼仪、宗教体制……），无论在内容和形式上，都体现出原始时代人际关系的性质和氏族制度的需要，并与氏族制度的社会结构浑然一体，成为制约整个氏族集体所有成员之意识和行为的规范。原始宗教是氏族集团全民信仰的"氏族宗教"，不具有阶级社会所特有的阶级色彩。

第二，原始人的宗教观念是原始时代支配人们日常生活的异己力量在原始人头脑中的幻想反映。从人类诞生之日起，人就要仰赖于自然界以维持生存的需要。在当时，人要从自然界获取生存所需，便必须依赖由血缘关系结成的群体共同从事生产活动。这就决定原始人的生活既要服从于自然力量的支配，又要接受社会关系的制约。两种异己力量在原始人的幻想世界中反映为神秘而又神圣的对象，集中表现为自然崇拜和祖先崇拜。两者是原始社会氏族宗教的基本观念和基本的崇拜对象，其他的崇拜对象大体上均由此衍化而来。图腾崇拜则是原始人观念世界中人与自然蒙昧未分之际把自然物视为氏族祖先和氏族象征的一种宗教表现。阶级社会中的图腾崇拜、祖先崇拜、自然崇拜等宗教现象,本质上是原始宗教的"沉积物",只要我们剥除其阶级色彩,就可在一定程度上推知原始宗教的一些现象形态。

《中国各民族原始宗教资料集成》各卷大体上就是按此理论构架来进行资料的调查、收集、选择和编辑处理的。

中国在世界上是一个率先进入文明时代的文明古国,绝大多数民族早已脱离原始时代,各民族之间宗教与文化的交融又特别密切,除了少数几个民族以外,严格意义上"原始宗教"形态早已成为历史的陈迹。如果不采用上述这种剥除"附加品"、提取"沉积物"的办法,那些原始性的宗教因素就将永远埋没在历史的底层。这就像开采黄金一样,自然界中天然的纯金本是稀世之珍,它总是作为元素或颗粒,共生于包含诸多元素的矿石之内,散存于大片沙砾之中。我们只有通过复杂的筛选程序,或者粹取提纯,或者沙里淘金。主观上,我们当然希望淘取的"黄金"纯而又纯,但在实际的淘取过程中却不能不受客观的限制。宗教意识的共生物常常被历史化合为一种新的质态,如果想要把它还原为组合为它的原始因素,只能通过理论的分析和抽象。可这样做,我们献给社会的产品,便不是原始的资料,而是某种理论的抽象物了。基于这种考虑,《集成》各卷有时不得不向读者和学界提供某些原始宗教与其他宗教的"共生物"。对于志在研究中国各民族原始宗教及其历史演变的学者,这种"共生物",也许更能使他们了解原始宗教的历史踪迹及其与其他宗教的关系。我们想,这不仅不会降低此类性质资料的学术价值,反倒可以激发学者们进一步的联想。

15. 我国是一个统一的多民族国家,各民族的原始性宗教既有共同性因素,也各有其民族特色。为保持这种民族特性,我们决定以民族为单元,分卷编辑出版。为了使用和印制上的方便,我们将依某几个民族在宗教性质上的相似性或地区上的共同性,将其资料合编成册。

近年来,我国的考古工作者在中国大地上对原始文化遗址不断有新的重大发现。其中,有原始时代不同时期的文化遗址、墓葬群、祭坛、神庙、神偶、洞穴岩画……数量惊人之多,内容非常丰富,如果集中编印成册，必将生动地展现出我国原始时代活跃而又多彩的宗教文化，揭示出早期原始人内心深处的宗教之秘。

我国又是世界上最早发明文字并用于历史记载的国家之一。

古代文献之丰富，举世无有其匹。从商殷时代的甲骨文到西周的钟鼎文，从经史子集到神话传说和志怪著作，大量保存着关于华夏民族（汉族）原始性宗教的记载，为此，《中国各民族原始宗教资料集成》的内容构成，除了各民族分卷以外，还包括《考古分卷》和《古代文献分卷》。

《集成》的编辑与出版，是一项意义重大的文化学术事业，工程浩大，卷帙众多。由于课题组同志们的艰苦努力和精诚合作，整个工程进展顺利，可以预期必成。我们现在已推出第一批成果。在未来的两三年内，将陆续完成计划中的全部分卷。①

（原载于《云南社会科学》1992 年第 3 期）

---

① 吕大吉、何耀华总主编之《中国各民族原始宗教资料集成》已按计划由中国社会科学出版社全部出版发行，全书分为六巨册，总计约 800 万字，附图 1045 幅，27 个民族分卷和一大册《考古卷》。进入 21 世纪，吕大吉、何耀华又组织汇编了《布依族卷·侗族卷·仡佬族卷》、《苗族卷·水族卷》、《拉祜族卷·高山族卷·畲族卷》三册，已由中国社会科学出版社出版。

泛论宗教与文化的关系

——兼谈中国传统文化的特质

一 回顾与反思：百年探索之旅

宗教与文化的关系，在人文学术领域似乎早已成了一个老生常谈的话题，各行学人（宗教学者、文化学者、伦理学者、历史学者，特别是哲学家、思想家）不仅喜欢就此高发议论，而且似乎还觉得如要深入进行自己的学术研究，就难以避免对这个问题要说点什么。唯其如此，尽管人们过去已高谈阔论了许多岁月，可"逝者如斯"的时间之流并未冲走学者们的热情。时至今日，这个话题仍然常是学术聚焦的热点。人们也许会不禁纳闷：学者们究竟所为何来？不断翻炒这份"冷饭"不怕别人烦么？诸如此类质问，可以来自各个方面，足以激起我们的深思。的确，冷饭炒来炒去，没有新的味道，吃了会倒胃口的。可是，再往深里一想，似又觉得未必尽然。这个问题真是学术中的一盆"冷饭"么？冷饭固然不宜再炒，饭却不可不吃。不吃饭，胃就空虚，口就要抗议。各行学者之所以不断涉足宗教与文化的关系问题，其中必有原故。看来，它并非人文学者凭主观之所爱好而随兴翻炒的"冷饭"。它不仅是存在于万千斯年文化史上的"遗迹"，而且仍是渗透在当代社会文化生活中活生生的事实。"南朝四百八十寺，多少楼台烟雨中"，遍及中华大地的各大宗教圣地，既是光照历史的宗教和文化，现今也仍是吸引世人之宗教关注和激发文化情怀的"磁石"。古代人的宗教想象赋予人生际遇和与人类生存攸关的各种对象以神圣的意义和神奇的遐想，把人生经验和社会生活变成了色彩斑斓的种种文化形式，成了规范世人之行为的准则与习尚。这种文化史上的事实不是依然作为文化传统，或明或暗、或深或浅地遗存在现代人的人生经验和社会生活之中么！只要是事实，不管是历史的，还是现实的，就得正视和反思。忙碌于世俗生活中的社会大众可以浑然不觉地沉浮于这些事实的大海之中，但有志于人文环境的思索与建造的学者却不能不对渗透于这些事实之中的宗教与文化的关系，进行理智性的思考和追根溯源的研究。这种思考与研究，不仅关涉人类旅程的过去与现在，而且也指向它的未来。也许就是这个原故，它才一直没有冷过，在可见的将来，还会保持它的热度。

基于这样的认识，本书作者打算走进这个领域作一番探索。我们的探索并非前无古人的开创，而是沿着前贤们（特别是近现代中国的学者和思想家们）走过的道路继续前行的，只不过我们需要面对的问题主要是当代社会提出来的罢了！因此，在展开我们自己的探索之前，有必要首先回顾我们的前贤们在宗教—文化关系问题上已经做过的事和走过的路。由于篇幅的限制，我们的这种回顾只能是极其简略的，而且回顾的主要对象是我们中国人。进行这种回顾的基本目的只有一个：他们过去的思考和答案是否有助于解决当代中国社会提出的宗教与文化的关系问题？如果我们今天想求得一个更完善的解释，需要做些什么，从何入手？

宗教产生于古老的年代，人类自有宗教以来，它就对社会文化的各个方面发挥重大的影响。伴随着历史的脚步，各式各样的文化也反过来影响宗教的各个方面，其中既有形式方面，也有内容方面。在漫长的历史中，无论是有知识的文化人，还是沉醉于宗教信仰的善男信女，都生活在宗教与文化交融于一体的既存社会之中，对此事实信而不疑。但唯其如此信而不疑，遂致对之置而不究。古往今来，代有才人智者，但究竟又有多少人在享受传统的宗教文化之余，打开理智的闸门去反思一下宗教与文化的种种关系（诸如宗教是什么？文化是什么？宗教何以能够、又如何影响文化？反过来，文化又何以能够并如何影响宗教？这种影响对人类文明和民族文化的建造以及社会的进展到底发生过什么样的作用……）？如果我们仔细去检阅历史，这种"反思"的闪光可能会不时映入我们的眼帘。但认真说来，其中偶发感慨者多，系统穷理者少。此种情况事出有因，并不奇怪。对一般人而言，他可以享受人生，但并不一定会追究人生；正如他时刻都在自发地呼吸空气，但他并不曾自觉地追问空气何以为生命之所必需一样。

环顾中外文化思想史，似乎可以说，把宗教与文化的关系作为学术问题进行思考和研究，有一个从自发到自觉的过程。自发性的思考和处理，古已有之；自觉地进行研究，则是近现代的事情。在西方，大概应从文艺复兴时期算起；而在中国则为时更晚，实际上是随着西学东渐过程而逐步开展起来的。无论西方还是中国，这种思考和研究几乎都是与启蒙思潮的发展紧密相连。贯穿其中的思想倾向是对人性的自觉，对人性复归的渴望，以及在人性基础上建立顺应时代潮流的新文化的追求。这种渴望与追求在其初始阶段一般都具有使文化摆脱传统宗教的精神桎梏的性质。而在其进一步的发展中，一种思潮走向基于理性的哲学、人文学术和自然科学；另一种思潮则企图顺应新发现的人性和新兴世俗文化，重建有别于传统宗教的新信仰。前者使文化与宗教趋于分离而走向世俗化，后者则往往促使宗教变革，使宗教与文化达成新的结合。欧洲文艺复兴时期之后宗教与文化的发展状况表现得最为典型。

基督教成为罗马帝国的国教、特别是日耳曼人推翻了罗马帝国并给予罗马世界古典文化以毁灭性的扫荡之后，基督教及其教会几乎成了西方文化的集中体现和唯一承担者。信仰的绝对化把人和人的人性异化为献给神的牺牲，古代希腊罗马文化被基督教上帝剥去了昔日的光辉和独立存在的地位，变成了宗教神学的附庸，被掩埋在历史的尘沙之下。除了在修道院的高墙之内和经院神学的思辨之中还可以领略到传统文化的闪光之外，西方基督徒们似乎只知宗教崇拜和教堂文化，不知宗教以外的其他文化，也许正是出于对这种宗教绝对地垄断一切文化的反思和反抗，导致了 15 世纪以来以复兴古典希腊罗马文化为宗旨的文艺复兴运动。

从文化的实质上看，我们有理由把欧洲文化复兴运动看成是一场在自觉人性的基础上重新安排宗教与文化的关系，构建适应于新时代人类及其升华了的人性之性质与需要的新文化运动。随着人性的复归与解放，丰富多彩的文化形式摆脱传统基督教的桎梏而发展起来。从哥白尼、开普勒到伽利略、波义耳、牛顿的自然科学；从培根、霍布斯、笛卡尔到斯宾诺莎的理性哲学；从薄伽丘的小说到达·芬奇、米开朗基罗、拉斐尔的绘画与雕塑……伴随新文化思潮的涌动，近现代各种人文学术（语言学、历史学、文学、艺术、建筑学、宗教学、哲学……）相继挣脱宗教神学的垄断，独立出来，并为自己开拓了一日千里的繁荣之路。世俗文化的强劲发展迫使传统基督教进行了激烈而又深刻的宗教改革。

世俗文化的大发展和基督教宗教改革的激烈进行，越来越深地激发起思想界、学术界以至宗教神学家们对宗教与文化的关系问题进行深层次、多方位的理论思考。这种思考在19世纪之后达到高潮，至今仍是西方思想家长盛不衰的话题。见解多种多样，甚至彼此对立。启蒙派思想家猛烈批判传统宗教对人的自然人性和文化学术的束缚，努力把一切文化建立在人性和理性的基础之上。有些研究宗教文化的学者，特别是那些维护传统宗教的神学家们则强调人性和理性的局限，认为宗教永远是文化的源泉和根基。越来越多的人则选择中庸之道，既不愿放弃对自然人性的追求与实现，也主张宗教信仰对自然人性的制约与规范；既要享受世俗的文化，也不放弃神圣的宗教。

在中国文化史上，宗教与文化的关系有大不相同于西方的特殊性。夏商周三代把以"敬天法祖"为基本内容的宗法性宗教作为以宗法血缘关系为基础的国家的国家宗教，并对社会文化发挥着支配性的影响。西周时代周公"制礼作乐"并由之而形成的所谓的"礼乐文化"，无论在内容或形式上，都处在宗法性传统宗教的影响和制约之下。但东周时代却出现了"礼崩乐坏"的社会变乱，随之发展出了以诸子百家为代表的世俗性文化。秦汉中央集权制帝国建立之后，帝王们一方面重建作为国家宗教的宗法性传统宗教，另一方面却推行"独尊儒术"方针，把本为世俗性人文学说的儒家抬高到至高无上的神圣地位。作为"国家宗教"的宗法性传统宗教虽然仍受到作为"国家哲学"的儒家的支持，却逐渐失去了昔日的权威，把支配一切文化的主宰权交给了享有"独尊"地位的儒家。这个文化大局面在此后中国的历史上一直延续下来。尽管在不同历史阶段上，有道教的兴起，佛教的隆盛，基督教、伊斯兰教的传入，它们都曾或先或后、或深或浅地渗透并影响中国传统文化的方方面面，但整个说来，都不得不在不同程度上接受本为世俗性文化的儒家学说的基本观念，承认儒学的独尊地位。由于这种历史特殊性，尽管中国历史上有多种宗教的存在，它们对社会文化仍发挥重要的影响，但它们在政治上和文化上都不曾取得支配地位，更谈不上"独尊"权威，宗教与世俗文化之间没有出现西方式的紧张、对立和冲突。这也就使得在漫长的中国文化史上，很少有人去对宗教与文化的关系进行自觉的理论思考。在中国，这样性质的思考大体上是随着近现代启蒙思想的发展从西方引进的。

晚清时代，社会政治极度腐败，列强不断入侵，亡国之危有如累卵。仁人志士高声疾呼救亡图存，同时提出了学习西方，引进西学问题。戊戌变法运动及其以后，一代接一代先进的中国知识分子引进西方的自然科学和人文学说，其中包括启蒙宗教学说，来审视中国的传统社会及其宗教和文化，从而逐渐兴起了我国自己的以"启迪民智、革新民德"为宗旨的启蒙思潮。其中一个重要内容就是从新的立场和角度来思考和处理宗教与文化的关系。这是一场文化运动，它在近代中国文化史上有一个曲折的发展过程。今天我们需要面对的宗教—文化关系问题，事实上正是这个发展过程在当前的表现。要认识现在，就要总结历史，从总体上系统地把握这个过程。为了做到这一点，似乎可以把这整个过程划分为三个阶段。即：从戊戌变法到辛亥革命阶段；"五四"新文化运动阶段；20 世纪 50 年代中华人民共和国建立以来阶段。

戊戌变法到辛亥革命时期。当时，先进的中国人已经认识到中国已处于危急存亡之秋，如欲救亡图存，必须变法图强；欲革专制君权，必革宗教神权，批判传统的宗教天命论对"君权神授"的神学维护。因此，那时的维新派、革命派和先进知识分子几乎都在不同程度上批判传统宗教，提出了"革天"、"革神"的启蒙宗教观。严复是我国引进西学来冲击传统宗教和传统文化以求变法维新的先驱。他把中国旧文化对天命的崇信和对鬼神的迷信视为社会"进步之阻力"。救国之道在于革新文化，发展科学，兴办新式教育，消除"宗教之流毒"。但严复并不完全否定宗教，而是主张为了导民为善而保留宗教[①]。

尽管维新派和革命派都对传统宗教与文化的影响持批判态度，但如何构建宗教与文化之间的新的关系则有明显的差异。维新派思想家在一般地

[①] 严复在所译孟德斯鸠《法意》第 19 章第 18 节中写了这样一段按语："教者，随群演之浅深为高下，而常有以扶民性之偏。今假景教（指基督教）大行于此土，其能取吾人之缺点而补苴之，殆无疑义。且吾国小民之众，柱往自有生以来，未受一言之德育，一旦有人焉，临以帝天之神，时为耳提而面命，使知人理之要，存于相爱而不欺，此于教化，岂曰小补！……苟得其术，虽有利而无其害可也。"

清算传统的宗教和迷信对民智、民德和文化的消极影响的时候，却对"孔教"和佛教的思想和哲学推崇备至，甚至吸取其某些思想作为变法维新的精神武器。戊戌变法之前的革新派思想先驱龚自珍、魏源已开此端，康有为、梁启超更是援佛以图维新的代表人物。康有为的《大同书》中贯穿了佛教关于现实世界是"苦"的判断和"极乐世界"的理想，援佛入儒，最后更主张孔教立国。① 康有为的"孔教立国"，实质上是以他所解释的儒家经典和儒家思想来统一国人的信仰，重建中国的文化。

谭嗣同著《仁学》激烈地反对作为中国封建宗法社会伦理纲常之基础的"名教"，但他所理解的"仁"，却贯穿了浓烈的佛教精神。梁启超更有甚焉，不仅主张只有宗教信仰才能救世立国，而且认为佛教就是这样的宗教。梁启超笔下的宗教完全等同于一般的信仰，凡对于某种事物或"主义"有绝对的信仰者，即为"宗教"："宗教是各个人信仰的对象"，"凡对于一件事情有绝对信仰，那事情便成了这个人的宗教"（《评非宗教同盟》）。信仰在一个人为一个人的元气，在一个社会为一个社会的元气，故宗教对社会有益而且必要。中国人现在的病根，就是没有信仰。无宗教则无统一、无希望、无解脱、无忌惮、无魄力，也就是说没有民族统一的文化和精神。但梁启超并不赞成他的老师康有为主张的"孔教"。因为他认为，孔教乃教化之教，而非宗教之教。基督教是列强侵华工具，更不行。惟佛教可为国民提供一新信仰。据他说，佛教的特点是：乃智信而非迷信；乃兼善而非独善；乃入世而非厌世；乃无量而非有限；乃平等而非差别；信自力而非他力。梁氏因此鼓吹应在中国发扬这种佛教精神作为改造国民性、改良社会文化的有效途径。梁启超的佛教救国论和佛教文化观在当时的知识界中并非个别现象，甚至在以孙中山为代表的革命派中也有其同道。

发动辛亥革命的革命民主派从反对君主专制制度出发，激烈地反对传统宗教及其对专制君权的辩护，主张建立民主制度，宣扬科学文化。孙中

---

① 康有为在《大同书》中写道："夫大地教主未有不托神道以令尊信者，时地为之，若不假神道而能为教主者，惟有孔子真文明世之教主，大地所无也"。他认为世界各种宗教的教主都是迷信起家，只有孔子不是如此，他以作六经而得到人民信仰，这才是文明世的教主。

山认为，神教和君权，都是过去的陈迹，应在民权时代予以扫除。章太炎指出，惟神之说，崇奉一尊，与平等精神绝对对立。欲使众生平等，不得不先破神教。但章太炎在政治上和文化上否定有神论宗教和传统天命神学的同时，却把佛教看成是某种"无神论的宗教"。在他看来，佛教唯识法相宗主张"万能唯识"，把一切事物（包括神）视为心识之表现。故在佛教中，心为真实，神是虚幻（"此心为真，此神是幻"）。他特别强调佛教所谓"一切众生平等"、"依自不依他"、"无私无畏"、"舍己救人"等说的社会意义，认为这些主张可以为社会、为革命者提供一种道德精神。①章太炎事实上把佛教视为社会改造和文化建设的基础。这种观点在当时的知识阶层中有相当的代表性（例如上面所说的梁启超），对当时正在发展的新佛学的方向也有一定的导引作用。

戊戌变法运动中的维新派和辛亥革命中的革命派虽然有不同的政治主张，他们却都注意到了传统宗教、传统文化与君主专制制度的联系及其对民族精神、民族文化的消极影响。但在当时，他们对宗教与文化之关系的思考既不系统，也欠深入。"五四"新文化运动的启蒙思想家们把这种思考推向新的阶段。

戊戌变法的失败和辛亥革命的流产，使先进的中国人认识到：单纯以推翻帝制为中心的维新或革命都不足以振兴中国。中国社会弊病的根本原因除了腐朽的君主专制制度之外，还在于中国民族的文化和精神不适应于新的时代。如欲振兴中国，固需制度维新和政治革命；但要达此目的，则先必须实行中国民族精神的振兴和中国文化的革命。"五四"新文化运动于是勃然兴起。"五四"运动的代表人物是中国近现代启蒙思想的先驱。他们发动的新文化运动完全类似于欧洲文艺复兴运动及其以后不断发展的启蒙思潮影响下的文化建设。在他们眼中，以儒释道为代表的中国传统文化和传统宗教一方面强化了反对民主、压抑人性和人的人格的君主专制制度，另一方面又培植了反对科学、束缚理性、愚昧落后的宗教迷信。要改造中国文化，健全民族精神，在反对封建礼教和

---

① 章太炎在其《演说录》中说："所以提倡佛教，为社会道德上起见，固是重要，为我们革命军的道德上起见，亦是重要。"

神道迷信的同时，必须从西方请来两位"先生"："德先生"（民主）和"赛先生"（科学）。在创建新文化的过程中，中国启蒙思想家（胡适、蔡元培、陈独秀、李大钊）和西方启蒙思想家一样明确提出了宗教与文化的关系问题。在这方面，蔡元培的论述相当系统，很有代表性。他在其《社会改良宣言》中指出："数千年君权、神权的影响，迄今未泯，其与共和思想抵触颇多。同人以此建设兹会，以人道主义去君权之专制，以科学知识去神权之迷信。"宗教与科学本质上是对立的，科学的发展已经驳倒了传统宗教的教义和信条，社会的基本信仰不能建立在已经破产了的迷信之上[①]，而应以对科学真理的"理信"来代替之。教育、政治和道德应该摆脱对传统宗教的依附而独立发展。针对所谓宗教为道德行为之基础这一广为流传的观念，蔡元培特别指出，道德是人的意志对自由、平等、博爱的追求，可传统宗教却排斥人在现实生活中的快乐和幸福，既不合乎人性，也不利于道德的培养。社会应该以培育高尚情操的美育来代替宗教[②]。至于人类未来的信仰必将是哲学，在哲学发展以后，宗教没有存在的价值[③]。蔡元培对宗教与文化之关系的思考，立足于人性的自觉，着眼于新文化的建设，追求人格的完美、道德的完善和社会的健康发展，理论上有深度，理想上很崇高，是"五四"时代中国启蒙思想的典型体现。

在宗教与文化之关系问题上的启蒙思潮，在中国文化史上发挥了深远的影响，有不可埋没的贡献。它一方面推动了新文化的建设与发展，另一方面又打破了人们对传统宗教和神圣经籍的迷信态度，使学者对宗教进行理智性的学术研究成为可能，为中国宗教史、中国佛教史、中国道教史的

---

① 蔡元培（在信教自由会之演说）中指出："其后人智日开，科学发达，以星云说明天地之始，以进化论明人类之由来，以引力说、原于论明日界之秩序，而上帝创造世界之说破；以归纳法组织伦理学、社会学等，而上帝监理人类行为之说破。于是旧宗教之主义不足以博信仰。"

② 蔡元培在《以美育代替宗教说》一文中写道："鉴激刺感情之弊，而专尚陶养感情之术，则莫如弃宗教而易以纯粹之美育。纯粹之美育可以陶养吾人之感情，使有高尚洁之习惯，而使人我之见，利己损人之思念，以渐消沮者也。盖以美为普遍性，决无人我差别之见能参入其中"。

③ 蔡元培在《关于宗教问题的谈话》中说："将来的人类，当然没有拘牵仪式、倚赖鬼神的宗教。替代他的，当然是哲学上的各种主义的信仰。"又说："宗教不过是哲学的初阶，哲学发展以后，宗教没有存在的价值。"

研究，为人们逐渐真切地科学地了解中国传统宗教与中国传统文化相互之间的关系和作用创造了前提条件。

胡适是"五四"新文化运动和中国启蒙思潮的主将之一。他积极提倡科学精神和民主精神，致力于建设新文化；更正面引进了他所熟悉的西方近代学术的理论与方法，开辟了对中国传统宗教和传统文化的历史研究。他的整个宗教观，实质上是一种崇尚科学的启蒙无神论。他对作为宗教之基础的基本信念（上帝存在、灵魂不灭、天堂地狱、因果报应……）都坚持科学立场，持彻底否定的态度。在他看来，自然科学，特别是达尔文进化论提供的科学证据，已经打倒了两千年来备受尊崇的宗教①。对于基督教，他不仅否定其基本教义，更谴责它所谓的平等与博爱不过是虚伪的说教，是富人手中维护自己利益的工具。对于影响中国文化至深的佛教与道教，他也非常反感。一是因为佛道二教教义中均"充满了惊人的迷信"，与科学精神毫不相容；二是他认为和尚道士都弄虚作假，伪造经典，给传统文化蓄积了一堆难以清理的垃圾。尤其值得注意者，他直接与梁启超、章太炎等人的"佛教救国论"针锋相对，认为佛教传入中国，是中国文化史上的一大不幸。他一直认为，佛教在中国传播，对中国的国民生活有害无益，为害至深。②胡适还应用考据学的方法去研究佛教（禅宗）史和道家史中的若干问题。其重要意图之一就在于用历史事实来证实他关于佛道充满迷信和弄虚作假的主张，打破对传统的神圣宗教和神圣经典的迷信态度，以便对宗教的历史及其对中国文化的影响进行学术性的研究和理智性的考证。胡适的这些思想和学术实践具有深远的启蒙意义。人们（当时的、现代的）尽可以不赞成胡适的主张，但却不能越过这些主张。这就激发有志于此道的学者走上深入研究中国宗教史、中国文化史的道路，以中国的历史实际和文化背景为基础，来构建宗教与文化的关系，并设想中国文化的未来发展。

"五四"新文化运动对儒释道为中心的传统宗教和传统文化的冲击是

---

① 胡适在《五十年来之世界哲学》中说："达尔文的武器是他三十年中搜集来的证据。三十年搜集的科学证据，打倒了二千年来的宗教学说。"

② 胡适在《胡适口述自传》中说道："我把整个佛教东传的时代，看成中国的'印度化时代'，这实在是中国文化发展史上的大不幸也。这也是我研究禅宗佛教的基本立场。"

非常之大的。尽管它所倡导的科学精神和民主精神一时很难在整个民族和民族文化中发扬光大起来，但仍逐渐扎下了根。虽然并未达到根深叶茂的理想境界，但也从未死灭。人的人性和个性逐渐在挣脱传统礼教和传统宗教的束缚而得到自己的展现。自然科学、文学、艺术、伦理道德和哲学观念……无论在内容和形式上，都有新的变化和发展。传统宗教与传统文化事实上已走上夕阳西下的衰颓之路，为求自己的生存，它们不得不与崇尚科学与民主的新文化相妥协，努力在自己的历史遗产中挖掘科学与民主的因素，企图赋予旧传统以时代精神，使之具有某种新的文化形式。这种努力还是颇有成效的。其在佛教，有欧阳渐、太虚等人发起开创新佛学的佛教现代化运动。其在道教，有陈撄宁把内丹养生术与现代医学科学方法相结合的"新仙学"。外来的基督教则发起了使教会与中国文化结婚的"本色化"运动和"天主教中国化"运动，甚至利用"庚子赔款"在中国兴办新式学校的文化福利事业。伊斯兰教也不甘落后，兴起了"伊斯兰文化复兴运动"。在"五四"时期之后，使传统文化现代化的发展中具有持久价值，在文化上更有成效的成就，大概应该首推冯友兰、梁漱溟等人为代表的"现代新儒学"。儒学本来是几千年来中国传统文化的基础和核心，它本身不是宗教，但却起着一般的民族—国家宗教才能起到的赋予中华民族以价值和精神的作用。唯其如此，它在"五四"新文化运动中所受的冲击也最为猛烈。冯、梁否定传统宗教，但却推崇儒家文化，认为儒家文化本身即具有极高明的哲学精神、伦理精神和宗教精神。在冯友兰看来，中国儒家哲学的最高成就就是教人以成为圣贤的方法。为了成为圣人，并不需要作不同于平常人的事。他不可能也不需要像宗教家去表演超自然的神迹，也不需要采用祈祷、礼拜之类宗教仪式。他所做的只是平常人所做的事，但是由于有高度的觉解，他所做的事对于他就有不同的意义。他是在觉悟状态下做他所做的事，而别人是在无明状态做他们所做的事。由觉解产生的意义，就构成了最高的人生境界。所以，中国儒家的圣人既是入世而又出世的，中国儒家哲学也是既入世而又出世的。它既不违反科学，却可代替宗教的功用，"随着未来的科学进步，我相信，宗教及其教条和迷信，必将让位于科学；可是人的对于超越人生的渴望，必将由未来的哲学满足。未来的哲学很可能既入世而又出世的。在这方面，中国哲学可能有所贡献"。①"通过哲学而熟悉的更高价值，比通过宗教而获得的更高价值，甚至要纯粹得多，因为后者混杂着想象和迷信。在未来的世界，人类将要以哲学代宗教。这是与中国传统相合的。人不一定应当是宗教的，但是他一定应当是哲学的，他一旦是哲学的，他也就有了正是宗教的洪福"。②冯友兰主张中国文化现代化，但反对全盘西化，强调要保持中国文化的民族特性。在现代中国的文化建设问题上，人们不应拘泥于过去的传统，而是应跟上时代的变化吸收西方文化的精华。通过中西文化的互补，实现文化类型的转换和中国文化的现代化。总起来说，他否定传统宗教的非科学的迷信，但提倡发扬儒家哲学，主张以哲学代替宗教；反对西化，但主张中西文化互补；尊重中国文化的民族特质，但也主张中国文化跟上时代的变化，提倡中国文化的民族性和时代性的统一。至今看来，冯友兰的这些主张是富有启发意义的。

梁漱溟在面临西方文化和"五四"新文化对传统文化的强大冲击面前，坚决反对西方文化，而主张走复兴中国儒学的道路。这是因为中西文化有根本上的不同。西方文化以基督教为中心，而中国文化则以非宗教的周孔教化为中心。在中国，宗教早在周孔时代已被以道德为中心的"礼教"所代替，其所以如此，是因为周孔之礼教有两大特点：一是安排伦理之分以组织社会；二是设为礼乐揖让以涵养理性。此二者使中国人走上道德之路而无需于宗教。据此，梁漱溟宣称："中国以道德代宗教。"既然古代中国的社会和文化尚且没有宗教的地位，未来中国的社会和文化自然更应如此。西方文化体现的人生态度（哲学基础）是向前奋斗以求"意愿"的满足，为此而有民主的制度和科学的发展；通过科学来征服自然，通过民主来挣脱传统的束缚。但是，意愿的追求没有出境，是永远不能满足的。因此，西方文化之路总有走到尽头之时，那时必然回过头来走中国文化的道路，像儒家哲学所主张的那样对"意愿"实行自我调整，使其适可而止，调和折衷，随遇而安。梁漱溟于是得出自己的结论：以儒学为代表

---

① 冯友兰：《中国哲学简史》，第293页。
② 同上书，第5页。

的中国文化不仅必须复兴，而且还是世界未来文化的必然之路。

冯友兰和梁漱溟在中国文化建设问题上的主张，有基本共同之点，那就是认为中国文化的主体——儒家学说早已取代了宗教的地位，具有永恒的价值。儒学当然要现代化，但如何现代化，冯、梁二人则各有侧重。冯氏更多地主张中西文化互补，吸取西方文化之所长，发扬儒学哲学；因此未来的中国文化和世界文化必然是以哲学代替宗教。梁漱溟则相信未来的中国社会和中国文化仍应继续发展儒家的道德理想，建设并完善以伦理为本位的社会，未来中国的文化仍将是以道德代替宗教。

冯友兰、梁漱溟是现代中国儒学现代化的先驱。他们的文化观实际上是对以胡适、陈独秀为代表的，以反传统儒家礼教文化为中心的"五四"新文化运动的一种回应，其对文化思潮的影响是相当深远的。20世纪50年代以来以至今日，海外和大陆都相继涌现了一批新儒家学者，继续推动儒学现代化运动。在这种思潮的发展过程中，新儒家们对中国宗教和中国文化的性质及其相互间的关系尽管各有不同的见解，但他们都相当重视这方面的研究。在他们关于未来中国文化建设的思考中，宗教的因素也成了重要的不可缺少的内容。

1949年，中国共产党领导的推翻国民党政权的革命在大陆取得胜利，中华人民共和国宣告成立。对宗教与文化之关系的认识与处理，在中国社会和文化学术界进入到一个崭新的阶段。中国共产党把马克思主义作为领导一切事业的理论基础，并写进宪法之中，反对一切非马克思主义的、资产阶级的意识形态对文化学术的浸染，为此发动一次接一次的思想意识批判运动。马克思主义是人类思想史上最彻底的一种无神论，认为宗教作为一种"颠倒的世界观"乃是"颠倒的世界"的产物，其社会功能是为这个颠倒的世界提供神学的辩护，道德的核准和感情的慰藉，为苦难的现实社会罩上神圣的灵光，为套在苦难人民身上的锁链戴上虚幻的花朵，因此，宗教是人民的鸦片。马克思主义政党要领导无产阶级和苦难人民推翻旧世界和打碎旧社会秩序，就必须反对传统宗教对旧秩序的维护，对之进行彻底的批判。从马克思、恩格斯到列宁和毛泽东都把传统宗教当成革命者必须与之彻底决裂的旧观念，是传统文化中的糟粕。毛泽东时代，一方面实行宗教信仰自由政策，把宗教界作为统一战线中的团结对象；另一方面，则把宗教作为腐朽的意识形态，通过无神论宣传和思想批判运动从人的精神世界中予以扫除。毛泽东还在1958年的"大跃进"运动和1966年的"文化大革命"中先后两次发动用行政手段消灭传统宗教和破除与宗教有关的旧文化的运动。

马克思主义、列宁主义、毛泽东思想的这种宗教文化观对我国的文化学术界的影响是强烈的。

1976年，实质上是毁灭文化的"文化大革命"终于随着毛泽东的逝世和"四人帮"的倒台而宣告破产，接着我国进入到历史上难得一见的思想解放年代。邓小平倡导的"拨乱反正"、"实事求是"的思想路线，像一道理性之光，也照进了宗教和宗教学术领域。文化学术界开始从过去那种宗教学术极端政治化的死胡同里走出来，以一种实事求是的理性态度来观察和思考宗教问题。宗教领域出现了两种新情况，一种情况是在"文化大革命"年代被强力压制而一度销声匿迹的各种宗教信仰和崇拜活动，像《天方夜谭》中那个被渔夫打开魔瓶放出的"妖怪"一样，重新回到人间社会，弥漫中国大地；另一种情况则是宗教学术研究逐渐恢复并有力地发展，出现了真正的繁荣。这种情况来之不易。其所以如此，是因为在当时那种思想解放的高潮中，宗教学术领域出现了意义深远的观念更新。人们摆脱了长期否认宗教有任何积极作用的宗教观，有可能对宗教的历史作用和社会功能作更深入的探讨和更全面的评价。宗教学者逐渐达到一种新的共识："宗教是文化"，"一个民族的传统宗教是构成其民族文化的重要内容"。这本非什么新发现，中外学者早有论说。但在"文化大革命"时代及其之前，这种宗教文化观却被视为异端邪说。现在，宗教学者重新发现了它的价值和意义。学者们普遍认识到，宗教在漫长的人类历史上一直居于上层建筑的顶端，对各种文化和意识形态都产生了深远的影响。哲学、政治、法律、伦理、文学艺术……都被宗教打上了深深的烙印。宗教的教义、信条、道德规范更是深入善男信女的心灵，成为指导其生活与行为的一种准则。要了解一个国家和民族的社会、历史、文化和民族心理特性，而不了解它的宗教传统，那是不可能的。当然，中国的历史和文化有自己的特殊性。作为人文学术的儒家学说在中国历史和中国文化发展过程中的地位和作用远远超于各种传统宗教之上（具体论说详后），但历史的真相并不像梁漱溟先生所说的那样,从周孔之后,宗教即已为儒家的道德伦理和礼乐揖让的教化所代替;也不像冯友兰先生所说的那样,中国过去和未来的宗教,已经或可以为儒家哲学所代替。在中国历史上不仅三代以来的宗法伦理性的宗教在秦汉统一帝国之后又重建起来,被历代统治王朝定为赋予君权以合于天命的神圣性、合法性的正宗大教,而且佛教、道教、各种民间宗教和民族宗教,以及外来的基督教、伊斯兰教……也一直存在于中华各民族善男信女的信仰世界之中,并在历史和文化中发挥着重要的影响。学者们还普遍认识到,传统宗教的存在和影响还将是长期的。广大人民的科学水平、美育素养无疑会随着历史的进步而不断提高和升华,但胡适先生所主张的"以科学代替宗教"和蔡元培先生所预言的"以美育代替宗教"(他也主张"以哲学代替宗教"),在可见的将来,都没有完全实现的现实性。现在,我们的国家有着13亿之众的广大人口,又是一个多民族、多宗教同时并存的局面,各民族广大民众文化需求、精神渴望的多样性,科学认识、人文理性发展的不平衡性,以及宗教赖以存在的社会基础的持久性,都决定上述这些著名思想家们以各种文化代替宗教之说既不符合于逝去的历史事实,也难以实现于未来的时代。知识界的精英有可能(或者已经)用道德、哲学、科学、美育来代替宗教的信仰,用人文精神或科学精神来解决人生渴望和精神追求,但世俗大众却难以达到这种境界。毛泽东曾试验用马克思主义世界观去代替宗教,并力图使用政治的强力来达到他的目的,但最终还是失败了。这就证明宗教作为一种文化,不仅有其存在的历史根据和社会基础,而且其社会历史作用也有文化方面的意义,并不完全是消极的。因此,既不能用其他文化形式去代替,更不能应用政治的手段予以消灭。学者们与其不切实际地去预断究竟何种文化可以或可能"代替"宗教,不如实事求是地研究宗教在历史和社会中与各种文化(科学、艺术、道德、哲学、政治)的具体关系。通过这种研究去了解各民族的宗教和各民族之间的文化联系,正是在这种新的宗教文化观念的推动之下,我国宗教学术界不断推出了专论各种宗教与文化之关系的学术著作。大概可以这样认为,在我国的思想文化史上,对于中国宗教与中国文化之间的关系,从来没有得到如此自觉的重视和如此具体的探讨。通过这种性质的探讨,我们现在对中国传统宗教的性质、特性及其在历史上所起的作用、对中国传统文化在其形成和发展过程中在哪些方面接受了传统宗教的影响，与过去比起来，确实有了更多的理解和更为具体深入的认识。这种理解和认识是我们在经历了"文化大革命"的灾难和中国文化濒临毁灭的长期痛苦之后才得到的，因此弥足珍贵。

随着对"宗教是文化"这个"新"观念在认识上的逐步深入，越来越多的学者和社会人士（特别是宗教界）不满足于只把这个观念局限于历史的分析。这些年来，学术界和社会议论得最多的就是社会的道德建设和文化建设与宗教的关系问题。

20年的改革开放，我国的社会生产力有了很大的发展。人性在解放，人格在独立，社会在前进；但与此同时，人性的丑恶方面也急剧膨胀。物欲的追求与实现成了许多人的精神原则和行为的驱动力，金钱和权力变成了"世俗的上帝"，它的崇拜者变成了一群贪婪的"恶狼"。投机倒把、杀人越货、卖淫贩毒、贪污受贿、弄权谋私、黑道社会、黄色文化……泛滥流行，随处可见。种种社会腐败、道德沦丧、文化低下的状况，言之令人痛心，闻之使人发指。如何救治诸如此类社会弊端，再建高雅的文化和高尚的道德，时下已成国人最为关心的课题。哲学家、道德家、宗教家、政治家、忧国忧民的仁人志士，以至普通老百姓，都在那里指点江山，激扬文字，慷慨陈词，提出了许多道德重振、文化再建的设想。马克思主义者主张进一步宣传共产主义的理想和道德，建设社会主义文化；新儒家学派的哲学家提倡弘扬儒家伦理体系，继承传统优秀文化；经济改革家则致力于构建"商品经济伦理规范"，建设与市场经济时代相适应的新文化；除了这些世俗之道以外，有些人则重新寄厚望于超自然、超世俗的宗教之神。他们认为，传统宗教作为一种文化，其基本功能之一是在于它对社会伦理秩序的维系作用。几乎一切宗教都是把神视为道德秩序的立法者、监护者和善恶报偿的审判官。宗教精神是文化的内在原则，价值体系的核心，道德准则的源泉，道德行为的保证。今日中国之所以在文化和道德上出现问题，其深层原因正是由于中国传统文化及其塑造的中国人本来就缺乏追求超世俗价值和超自然境界的宗教精神；几十年的无神论宣传又导致宗教的衰落，随着商品社会市场经济发展，于是出现文化上的极端世俗化和行为上的极端功利性。解决之道，似乎只能是我们的社会应该利用宗教的道德功能，把超世俗、超功利的宗教精神贯彻到各种文化和人的行为之中。如果说，儒、释、道三教本来就是中国人的传统信仰，也是中国传统文化之根，那么，我们今天所应关注和致力的事，就是使之"返本开新"，成为我们社会精神文明的一部分。有关宗教与文化之关系的这些议论，在今日中国社会中，仍然只是展现在少数学术论著的字里行间之中，属于学术论坛的泛泛之谈，似乎并未成为引起政治家重视而必须采取切实措施的迫切问题。但一切有识之士都会意识到，这些"泛泛之谈"实在是极富挑战性的文化问题；如何理解并处理这个问题，不仅涉及今天如何理解我们这个古老民族数千年来辉煌于世界的整个历史和文化，也涉及我们如何规划未来的历史，建设更辉煌的中国文化。

在简单地回顾了百余年来许多先行者关于中国宗教与中国文化之关系的思路历程，环视了当代社会有关于此的种种意见之后，我们对这个问题的学术价值和现实意义当会有一种新的认识。把如此重要、如此富有挑战性的文化问题作为研究的课题，对本书作者说来，也许目标过于崇高，事情过于复杂了。但惟其崇高，才激励我们孜孜以求；惟其复杂，才鼓舞我们奋力以赴。我们总不能永远满足于前贤的成就，更不应老是停留在老生常谈、泛泛之论的水平之上；而是应该根据社会进步的要求和新时代文化建设的需要，努力应用科学的理论与方法，对中国宗教与中国文化的关系问题，进行深层次、全方位的研究。昔日的说法并非已经过时；流行的观念，也不一定确当。追风逐浪，人云亦云，易博一片掌声，但未免流于浅薄。实事求是，追根溯源，无疑是件苦差，却是学者本分。当所谓"宗教是文化"的呼声如雷贯耳的时候，我们需要从宗教与文化的根本性质入手，进一步思考为什么宗教就是文化？当所谓"一个民族的宗教构成其民族文化的核心"、"传统宗教是传统文化的基础和基本精神"、"民族宗教构成一个民族的价值标准、行为规范和民族特性"之类论断铺天盖地，变成有口皆碑的"普遍真理"的时候，我们要静下心来，沉思一下事情的本来面貌是否果真如此。一切民族，特别是我们中华民族，其民族文化、民族精神、价值体系，是否均无例外地以宗教为根基，为宗教所塑造？我们究竟能在什么样的范围之内，在什么样的程度之上来承认上述这些论断的合理性？即使是在这样的范围之内和程度之上，宗教又是如何发挥其作用？对于传统宗教在历史、文化和社会生活中的影响、功能和作用，我们既曾听到过彻底否定的批判，也曾见到过五体投地的赞颂……对所有这些规范性评价，既需要通过理性的审视，更需要本诸历史的真实。只有历史事实本身才是理性判断其是非真假的审判官。本书作者将努力按照这些原则来进行中国宗教与中国文化之关系的思考与探索。一方面通过对宗教与文化之关系的深层理论思考，为说明中国宗教与中国文化的关系提供一种原理或原则；另一方面则力图从中国宗教史和中国文化史的各个层面对之展开具体的分析和历史的说明。康德有名句言：理性脱离感性则空，感性脱离理性则盲。我们在围绕本书主题的探讨中，将努力追求理论与事实的统一，逻辑与历史的一致。

二 文化真义之我见："人类精神（人性）陶铸过的自然"

自古以来，世界上各个不同的种族或民族都曾在历史上创造出了各自的文化和宗教。它们生活在不同的生存环境之中，生活条件的差异使他们在获取生活资料以求生存的过程中，必须采用与其生存环境和生活条件相适应的手段和方式，他们创造的文化和宗教也因此被赋予了不同的色调与特性。埃及、巴比伦人的文化与宗教不同于波斯人和印度人，中国人、犹太人、希腊人、罗马人的文化与宗教也各有自己的特色。

那么，什么是中国宗教，什么是中国文化？它们有什么样的民族特色？这是本书致力探讨的基本问题。但是，在这个问题面前，我们又面对着一个众说不一、聚讼纷纭的局面。许多学者，其中包括从黑格尔到马克斯·韦伯这样的大人物，把中国人的宗教信仰说成是"巫术性"的宗教，近现代在中国学界和文坛很有影响的周作人和张光直等人先先后后也沿袭此说，进一步把整个中国传统文化说成是"萨满教文化"。把世界历史归结为文明史的史学大家汤因比把中国文明定格为从印度传来的"大乘佛教文明"。近现代许多中外学者提出了新的说法，他们认为孔孟儒家才是中国文化的基调和主流，而儒家就是宗教。许多西方学者一方面把儒家说成"儒教"，但与此同时，却又认为这个"儒教"实质上是主张无神论的。他们笔下的"儒教"被视为一种"无神论的宗教"。很多学者一方面赞成儒家是中国文化的主流，另一方面却反对"儒教"说，宗教在中国传统文化中的地位被排了出去。……这些不同的说法，不仅说明这些学者对中国宗教和中国文化及其民族特性有不同的看法，而且也表明他们心中对"宗教"和"文化"在观念上也有不同的理解。在很大程度上，似乎正是由于对宗教观念和文化观念的不同理解，导致他们关于"中国文明"或"中国文化"的性质和内容的不同说法。观念上的模模糊糊势必导致混乱不清的结论。当然，我们不会不注意到，究竟何谓文化？何谓宗教？在文化学和宗教学中也许是一个事情更复杂、争论更激烈的学术问题，谁也别想一劳永逸地求得一个终极解。美国著名的文化人类学家克莱德·克拉克洪在其《人类之镜》一书中，用了27页的篇幅分析了关于"文化"的种种规定：（1）"民族生活方式的总和"；（2）"个人从群体那里得到的社会遗产"；（3）"一种思维、情感和信仰的方式"；（4）"一种对行为的抽象"；（5）"就人类学家而言，是一种关于一群人的实际行为的理论"；（6）"一个汇集了学识的宝库"；（7）"一组对反复出现的问题的标准化认知取向"；（8）"习得行为"；（9）"一种对行为进行规范性调控的机制"；（10）"一种调整与外界环境及他人关系的技术"；（11）"一种历史的积淀物"。然而，克拉克洪自己对这些界定都感到失望，转而求助于比喻手法，把文化直接比做一幅地图、一张滤网和一个矩阵①。克拉克洪感到的困难与困惑实际上是所有研究这个问题的学者的普遍感受。我们不打算把自己深陷在这种困惑之中，卷入这种性质的争论，而只想围绕本书主题的需要，对我们所理解的"文化"和"宗教"作一些作业性的假定，对其基本意义作必要的简单陈述。

颇负盛名的西方文化学家斯宾格勒（Spengler）把"文化"（Kultur, Culture）和"文明"（Civilization）严加区分，他把"文化"规定为一种纯精神性的东西，其最完善的状态则是宗教；而把"文明"说成是文化的物质化的产物，其代表性的状态则是"科学"。一旦"文化"发展为"文明"，即意味着文化进入于接近死亡的老年期。这种观点的极端化的表现，就是他所说的一句话：一切文化的本质是宗教的，而一切文明的本质是非

---

① 克利福·格尔茨：《文化的解释》，韩莉译，译林出版社1999年版，第5页。

宗教的。斯宾格勒关于文化与文明的这种二元对立（精神的与物质的，宗教与科学），即使在西方学者中也有很多非议。马林诺夫斯基和怀特（当代美国著名的文化学家）等人的文化理论就不把"文化"规定为纯精神性的东西，而是把物质器物之类科技产物和人类社会生活、物质生活、精神生活中的一切包容在文化概念之中："文化是指那一群传统的器物、货品、技术、思想、习惯及价值而言的"①。而所谓"文明"，在他看来不过是"用来专指较进步的文化中的一特殊方面"②。把文化与文明对立起来与我们中国人的传统观念是格格不入的。在我国古代人的心中和古代典籍的记载中，文化与文明事实上是义相同而用相通的。其基本意义指的是人类改变自然的质野状态而进行的创造活动的产物，并使其创造物具有化育万物、教化人生的意义和作用。我国最古老的成文经典《尚书》就是在此意义上来看待"文明"和"文化"的。《尚书·舜典》最早提出"文明"这一概念，孔颖达的《尚书正义》对"文明"做了一个定义式的规定："经纬天地曰文，照临四方曰明"。天地者，自然万物也。自然大地本身原无所谓"文"，"文"乃经纬天地的结果，是"经纬"之后的变化（"化"）。所谓"经纬"，应该指的是人类的创造性活动，它改变了自然原有的质朴状态，赋予它以新的性质、形制、秩序或意义。于是，质朴之自然状态终结了，变化了，演变成了"文化"的状态。有了经纬天地之"文"，乃可以有"照临四方"之"明"。照此说来，如无"文"，则无"明"，天地四方本身便是一片蛮荒，暗淡无光了。《尚书》这种把文明与质野对立起来的文化观念在孔夫子那里也有类似的说法。《论语·雍也》有一句话："质胜文则野，文胜质则史，文质彬彬，然后君子。"孔子心中的"文"，是与"野"对立、高于质野状态的自然的。在他看来，只是由于人创造了"文"，才把自己升华为"文质彬彬"的"君子"。"文"不仅可以化蛮荒无明之自然为"明"，而且可以化"质野"之人为"君子"。文有教化之用，故文明即文化。

宋明理学继承和发展了《尚书》和孔夫子的传统文化观念，进一步把

---

① 马林诺夫斯基：《文化论》，费孝通等译，中国民间文艺出版社1987年版，第2页。
② 同上。

"经纬天地"、"照临四方"的"文明"或"文化"与作为中国传统文化之最高范畴的"道"或"理"联系起来。唐代文豪韩愈已开此端,认为文化不过是"道"的载体("文以载道")。宋代理学大师朱熹作了进一步的发挥:"道之显者谓之文。"如此说来,道是文化的内在本质或本体,文化则不过是道的外在显示或表现。问题是,朱熹的道如何显示为文?他们理解的"道",乃是不依人类而客观存在的宇宙本体,是世界与人生的本质,自然万物和社会人事的理则;既然它存在于人类之外,又怎能显示为人类才有的文化,古代中国人,至少包括孔子和《尚书》成书时代,就已经认为,质野之自然与质野之人都是没有"文"或"文化"的。文化这种东西,应该是人类的一种创造,是人创造性地改变("经纬")自然和人本身的质野状态的产物。如果不经过人类的认识和实践,客观存在的、自然质野状态的"道"是不可能转化为人类"经纬天地"之"文"的。我国近现代的新儒学哲学家贺麟先生深切地意识到文化与自然的这种差别。他一方面承认道为文之体,文乃道之用。但与此同时,他也承认,整个自然界,大至日月星辰,小至稻米花草,虽皆为"道"的显现,但不能说,自然万物都是文化。文化与自然固皆可以载道,但文化是文化,自然是自然。为此,贺麟对朱熹的说法作了如下的补充和修正:"道之凭借人类的精神活动而显现者,谓之文化。反之,道之未透过人类精神的活动而自然地、隐晦地(implicitly)、昧觉地(nuconsciously)显现的谓之自然。换言之,文化乃道之自觉的显现,自然乃道之昧觉的显现。同是一个道,其表现于万物有深浅、高下、多少、自觉与否之不同,因而发生文化与自然的区别。"[①] 在此种区别文化与自然之不同的认识基础上,贺先生对"文化"所下的定义是:"所谓文化,乃是人文化,即是人类精神的活动所影响、所支配、所产生的。又可说,文化就是理性化,就是以理性来处理任何事,从理性中所产生的,即谓之文化。"[②] 文化即人文化,是人类精神活动的产物,而非"自然"之"道"本身,在这一点上,贺麟先生比朱熹说

[①] 贺麟:《文化的体与用》,载《贺麟新儒学论著辑要》,中国广播电视出版社 1995 年版,第 6 页。
[②] 贺麟:《文化、武化与工商化》,载《贺麟新儒学论著辑要》,中国广播电视出版社 1995 年版,第 19 页。

的较为具体，更高明一些。但贺先生在哲学基本观念上是站在黑格尔客观唯心主义基础上继承和发展宋明理学的，这也贯穿在他的文化哲学之中。如果说，文化是人类精神活动的产物，那么，何谓"精神"？它如何活动，并产生文化？贺先生提出了自己的回答：

> 精神就是心灵与真理的契合。换言之，精神就是指道或理之活动于内心而言。也可以说，精神就是为真理所鼓舞的心（spiritismindinspiredbytruth）。在这个意义下，真理也就是提高了、升华了洋溢着意义与价值的生命，精神亦即指真理之诚于中形于外，著于生活文教，蔚为潮流风气而言，简言之，精神是具体化、实力化、社会化的真理，若从体用的观点来说，精神是以道为体而以自然和文化为用的意识活动。根据这个说法，则精神在文化哲学中，便取得主要、主动、主宰的地位。自然也不过是精神活动或实现的材料，所谓文化就是经过人类精神陶铸过的自然。所谓理或道也不过是蕴藏在人类内心深处的法则。将此内蕴的隐晦的法则或道理发扬光大，提出到意识的前面，成为自觉的具体的真理，就是精神的活动，假使道或理不透过精神的活动，便不能实现或显现成为文化，而只是潜伏的、缥缈的、有体而无用的道或理罢了。这样看来，自然只是纯用或纯材料而非体。道或理只是纯体或纯范型而非用，都只是抽象的概念，惟有精神才是体用合一、亦体亦用的真实。道只是本体，而精神乃是主体。文化乃是精神的产物，精神才是文化真正的体。精神才是真正的神明之舍，精神才是具众理而应万事的主体。就个人言，个人一切的言行和学术文化的创造，就是个人精神的显现。就时代言，一个时代的文化就是那个时代的时代精神的显现。就民族言，一个民族的文化就是那个民族的民族精神的显现。整个世界的文化就是绝对精神逐渐实现或显现其自身底历程。[①]

---

① 贺麟：《文化的体与用》，载《贺麟新儒学论著辑要》，中国广播电视出版社1995年版，第7—8页。

我个人并不赞成贺先生淋漓尽致地发挥的黑格尔精神哲学，但我却发自内心地承认贺先生用黑格尔精神哲学来说明文化的性质及其产生的文化哲学蕴含着丰富而且深刻的学术思想。在我所读过的国内同时代的同类学术论著中，在哲理之深刻、论证之明晰，贺先生皆可谓特立独出，罕有其匹。贺先生关于"所谓文化就是人类精神陶铸过的自然"的论断，如果做出正确的解释，足可成为文化学者普遍认同的科学结论。宋明理学和贺先生所谓的"道"或"理"固然不是独立于自然万物之外而客观存在的本体，但自然万物中却内在地蕴含着一定的必然性，此即自然科学和自然哲学所说的自然法则。此种自然法则当其未被人的心灵或精神所认知时，不过只是质野的自然，不成其为人类所有的"文化"，而一当它们为人类的精神所认知，并在人类的生活实践中为人类精神所"陶铸"（创造性改变），它就转化为被赋予人类精神性或"人性"的新的自然。此即贺先生所说的"人类精神陶铸过的自然"；用我的说法，则是"人性化了的自然"。这就是"文化"的真谛。我与贺先生在哲学世界观上有唯心唯物的差异，但在对"文化"之真义的理解上，却殊途而同归。

当我在这里说"文化就是自然的人性化"与"文化就是人类精神陶铸过的自然"这两个提法"殊途同归"的时候，我是把贺先生的"人类精神"广义地理解为人的"人性"活动而言的。我没有去细究二者之间的"殊途"意义。其实，贺先生的"人类精神"，指的是人类的"理性"，所以，他又说："文化就是理性化，就是以理性来处理任何事，从理性中产生的，即谓之文化。"而事实上，一切人类精神的活动，都不过是人性的活动，而人的人性内容是复杂多样的。既有理性化的，也有感性的、意欲的，理性化的自然固是文化，感性化、意欲化的自然亦是文化。因为它们都是把人性加于自然之上，从而改变自然的原有质野状态，把自然人性化、精神化。从根本意义上说，人类之所以要创造性地改变自然的固有状态，进行文化产物的创造，实质上是为了人性的满足和人类生存的需要。人性的根本内容不单是理性精神的逻辑要求，而是人类自身的生存和发展的需要。为了人类的生存，人类才按照人性的需要，把人的意志、欲望，亦即人的人性加之于自然之上，于是实现了自然的人性化，创造了新的自然。这种使自然人性化的活动就是人类的文化创造活动，其活动的产物就是"文化"。文化和文化创造过程之最典型、最原本的体现就是人类的"劳动"。劳动是人类把自身的人性需要加于自然之上、使之适用于人类生存所需的过程，所以劳动所改变和创造的世界，不再是本来的自然，而是一个"人化了的自然"。劳动的产物就是"文化"。在劳动过程中，人提高了技能，获得了对自然物性能的认识和对人自身之自然本性（内在之自然）的觉知，此"内在的自然"也就因此而成为"人性化了的自然"或"人化的自然"，使自身进化为具有自觉人性的人类。人通过劳动过程创造了劳动产品，其本质内容就是使自然物按人性需要发生变化，被赋予以人的人性，具有了人的价值性功用。自然界的石头，当其处于与人类无关的纯自然状态中时，是不具有任何"人性"或任何文化意义的。但当其被人类有意识地击打或磨制成为改造自然的劳动用具时，它就被人类赋予了人的人性，具有了满足人性需要的价值功能，成了人类石器时代文化的标志。按我国古史传说，燧人氏钻木以取火，伏羲氏弯木以为弓，有巢氏构木以为巢，神农氏育五谷以为食、尝百草以为药，黄帝氏造宫室舟车，嫘祖缫丝为衣……更是人性变化自然而后"开物成务"的文化创造，这些传说人物也就成了中国文化史上不绝于书的"文化英雄"。

人类作为群居动物，为了生存，不仅与自然界发生关系，也与群体内各个个体发生关系。人与人在群体内的关系也有"自然状态"与"文化状态"之别。当群体关系完全循着生物本性的途径而发生和运行时，那不过是一种与蚂蚁、蜜蜂之类无所差别的自然状态。如果人类超越其自然本性，或者按特定的生存需要和一定的价值取向而改变、抑制或升华其本有的自然本性，从而构成某种新的群体结构，个体之间结成一种新的关系时，它就超出本来的"自然状态"，演变为"社会状态"，产生出与新群体结构相适应的行为准则和社会规范；个体与个体的关系就成了人类才有的社会结构或社会体制。这种社会关系、社会结构、社会体制、社会规范，乃是改变或抑制人的自然本能而使人性升华之后的社会体现，是人性的一种文化创造。正是这种社会性的文化创造活动，一方面创造了社会性的文化，另一方面也使人类从"自然状态"下的高级动物进化为"社会状态"下的人类。社会性文化实质上是人的"自然人性"的社会化，它改变了自然状态下的人性，使人成为真正的人，创造了人类社会，所以，人类社会也可以说是文化的产物。

近现代西方的文化人类学家大多都是以人和人的人性为基础和出发点来说明文化的本性及其起源和结构。不过，他们对何为"人性"则说法不同。基本思路大致无非两种：一种是把人类"天赋"的文化性本身当成人所特有的"人性"；一种则是把人类作为动物的一种所本有的生物本性当成基本人性。前者的典型是卡西尔和怀特的"符号论"；后者的代表则应推马林诺夫斯基的"生存需要论"。

在各种文化理论中，恩·卡西尔（1874—1945）的"符号论"可能是最有影响的。他认为，文化是人类的独特创造。但人类之所以能创造文化，在于只有人类才能创造"符号"（Symbols）。符号的创造与应用是人之区别于一切其他动物的最基本的特性。卡西尔以此为据把人定义为"符号的动物"。在他看来，一切人类文化及其全部发展其实不过是人类的"符号化思维和符号化行为"所产生的结果。他事实上把符号的创造理解为人类特别的"人性"。各种形式的文化不过是"人性"活动的各个方面：语言、神话、宗教、艺术、科学、历史，都是表现人性之不同方面的符号体系。美国文化人类学家莱斯特·A. 怀特（1900—1975）也持与卡西尔相同的理论。他把"符号"看成是"全部人类行为和文明的基本单位"：

> 一切人类行为都是在使用符号中产生的。正是符号把我们的猿类祖先转变成人，赋予他们人性。只有通过使用符号，全部人类文明才得以产生并获得永存。正是符号使人类婴儿成长为完人，未曾使用符号而成长起来的聋哑人则不能称之为完人。一切人类行为皆由使用符号而构成，或依赖于它。人类的行为是符号行为；符号行为是属人的行为。符号是人性之全体。[1]

符号是人之所以为人，并把人区别于其他动物的"人性之全体"。符

---

[1] 怀特：《文化科学》，沈原等译，山东人民出版社1988年版，第22页。

号又是什么？怀特说："'符号'可以定义为使用者赋予意义或价值的事物。"① 因此，符号的应用便是文化的产生和存在：

> 全部文化（文明）依赖于符号。正是由于符号能力的产生和运用才使得文化得以产生和存在；正是由于符号的使用，才使得文化有可能永存不朽。没有符号，就没有文化，人也就仅仅是动物而不会成其为人类。②

卡西尔和怀特等人的"符号文化论"在文化学领域有大量的支持者，是现代非常流行的一种学说，应该说，它的学术价值是不容否认的。因为，符号的产生和应用确是人类所独有的现象，文化的产生和发展也依赖于符号。但是，我们是否可以因此而把"符号"说成是"人性之全体"呢？如果我们同意这种说法，我们势必会把符号当成人类天赋而有，与生俱来的东西，而无需考虑它本身得以产生的自然根据和源泉了。这种结论显然有悖于人类进化的科学事实。既然人类从猿类进化而来经历了漫长的过程，那么，人类发明符号并学会使用符号也必然是伴随这个漫长的进化过程而逐步获得的。人类的语言是最原始、最基本的符号，而人类语言显然是从类人猿的"语言"进化发展而来。其他各种"符号"的产生和发展莫不可作如是观。一切符号既是人类的发明，说明它不是人类的天赋。既然不是人类天赋而有，那就说明它们不是人类的"本性"，更不应视为"人类本性之全体"。如果我们像"符号文化论"者那样把符号视为"超生物"、"超机体"的东西，说符号即等于文化，那事实上就是把符号或文化自身封闭起来，它的产生或发展，它的形式和内容，都只能依靠符号或文化自身做出说明。这种性质的"符号文化"对人类有什么功用呢，人类为什么、有什么必要创造它？发展它呢？人类，特别是人类之"初"的原始人类，其一切活动只有一个目的，那就是"生存"。生存尚且不保，哪里有心思去为发明符号而发明符号，为创造符号文化而创造符号文化！

---

① 怀特：《文化科学》，沈原等译，山东人民出版社1988年版，第24页。
② 同上书，第31—32页。

符号和文化的创造与使用，必然是为了人类生存的需要，并在适应生存需要的过程中创造和发展出来的，二者是因与果的关系。在此因果关系中，人类的生存需要是第一性的，符号和文化的创造与使用是第二性的。因此，如果我们要谈论人类的本性或"人性"的话，绝不可能脱离人类的生物学的本性。人类作为生物学上的存在，它的本性（"人性"）只能是人的生存需要，即保持人作为生物的存在。只是因为人类生存需要不同于其他动物生存需要的特殊性，导致了满足生存需要的方法和方式上的特殊性，表现出了人类特有的东西：符号或文化。在这个问题上，我国两千多年前的思想家告子早就看出了此中奥秘，他深刻而简明地指出："食、色，性也"。人类的本性，无非两种：第一是吃饭，满足个体生存的食物需要；第二是性媾，通过性媾生儿育女，满足种族生存的需要。这两种生存需要，其他动物也有，但在如何实现的方式方法上，人类却表现出了只有人类才具有的特殊性，因而构成人类的本性和"人性"的基本内容。人类的一切文化，本质上都是为了满足人性的需要而产生、发明和发展起来的。我们并不完全反对"符号文化论"，但我们把符号或文化的本质及其发生与发展置放在人类生存需要的根本人性基础之上，做出恰如其分的理解。马林诺夫斯基就是在人类生存需要的基础上建立起他的科学的文化理论的。这个理论实质上是告子"食、色，性也"的现代文化版，只不过更富逻辑性和论证性罢了。

马林诺夫斯基的《文化论》和《科学的文化理论》都没有对"文化"下一个标准意义的定义，而是用经验主义的列举法开列出文化的"众多表现形式"："它［文化］显然是一个有机整体，包括工具和消费品、各种社会群体的制度宪纲、人们的观念和技艺、信仰和习俗。无论考察的是简单原始的、抑或是极为复杂发达的文化，我们面对的都是一个部分由物质、部分由人群、部分由精神构成的庞大装置。人借此应付其所面对的各种具体而实际的难题。"[①]

马氏最为关心的问题是，所有这些文化形式究竟是如何产生，如何发

[①] 马林诺夫斯基：《科学的文化理论》，董建波等译，中央民族大学出版社1999年版，第52—53页。

展的，它们产生和发展的基本条件、内在根据和驱动力究竟是什么？在这个问题上，马林诺夫斯基强调指出，关于"文化"的概念和理论必须立足于人是生物这样一个生物学的事实。人类是一个动物物种，他们受基本自然条件的制约。只有满足这些条件，个人才能生存，种族才能延续，整个物种的正常形态才能维持，因此，"显而易见的是，个人和种族的机体或基本需求之满足，是强加于每种文化之上的一组最低条件"①，个人机体生存的基本需求是"食"（饮食、营养），种族机体生存的基本需求是"色"（性媾、生殖），这与告子的思想可以说是完全一致的。马氏还用定义的方式把"食色"之类生物学功能当成人的基本人性："我们所讲的人性就是指内在于每个文明及其中所有个体的生物决定因素，即执行呼吸、睡觉、营养、排泄和生殖等躯体功能。"② 由此出发，他进一步把人类的一切行为和活动建立在为了满足基本人性的基础之上，视为人类创造的一切文化的"最低条件"。为了满足人类对于营养、生殖和卫生的需求，就必须建造实现此需求的、新的、次生的人工环境（工具的制造、人群的组织化、生产活动或经济活动的进行和管理……），这个人工环境恰恰就是"文化环境"。个人和种族的生存的延续，决定上述这种文化环境必须持续地得到再生、维持和管理，从而形成"文化传统"。文化传统必须从一代传递给下一代，为此便出现了某种教育方法和机制。群体的组织化和社会化，要求与之相应的秩序和法律，每个群体或社区必然出现认可其传统、风俗、伦理和法律的安排，文化的物质底层则需要更新并维持其正常运转状态。因此，一些经济组织形式必不可少。所有这一切，乃是群体赖以生存和延续的普遍公则，即使是最原始的文化亦必遵从这些公则：

> 总之，人必须首先满足其机体的全部需求。他必须为果腹、取暖、住房、穿衣或抵御风寒和变天而作出安排和展开活动。他必须保护自己并组织起来对付外敌和危险。无论这危险来自自然、动物还是人类。人类的所有这些基本难题都要由个体通过器物，通过组成合作

---

① 马林诺夫斯基：《科学的文化理论》，黄建波等译，中央民族大学出版社1999年版，第53页。
② 同上书，第80页。

群体，通过发展知识、价值和道德意识来求得解决：我们力图表明，有可能发展一套理论。该理论可将基本需求及其文化满足与新的文化需求的衍生挂钩。而且，这些新的文化需求又将一套次生型的决定机制强加于人与社会。我们将能把产生于诸如经济、道德、教育和政治等活动类型的功用性驱力与整合性驱力分开。后者可以知识、宗教和巫术为例。我们将能把艺术和娱乐活动与人类机体的特定生理特征直接联系，并表明它们对协作行为方式、对巫术、工业和宗教信仰等等的影响和依赖。①

这段话并不长，但它却从人类的生存需要出发，把人类文化的起源、发展、内容、形式及其结构关系作了提纲挈领的说明。它不像卡西尔的"符号文字论"那样富于深沉的哲理，却对各种文化符号的深层本质和内在基础作了更深一层的发掘和清晰明白的说明。如果说，卡西尔、怀特所说的"符号"是人之所以为人、并异于其他动物的"人性"，那么，马林诺夫斯基的人类生存需要应该被认之为"符号"，之所以得到产生的根基，是"人性"之中的人性。用马氏自己的说话，人类基本需求之满足，是一切文化得以产生的"最低条件"。如果马克思、恩格斯活到马林诺夫斯基写作《文化论》（1936 年）和《科学的文化理论》（1944 年）的年代，他们大概也会赞同马林诺夫斯基的理论的：因为，马、恩在一百多年前（1845 年）写的《德意志意识形态》中已经阐发了类似的观点。他们指出，如果要研究和说明人类的历史，"我们首先应当确定一切人类生存的第一个前提也就是一切历史的第一个前提，这个前提就是：人为了能够'创造历史'，必须能够生活。但是为了生活，首先需要衣、食、住以及其他东西。因此第一个历史活动就是生产满足这些需要的资料，即生产物质生活本身。同时，这也是人们仅仅为了能够生活就必须每日每时都要进行的（现在也和几千年前一样）一种历史活动，即一切历史的基本条件"②。马、恩接着指出："已经得到满足的第一个需要本身、满足需要的活动和

---

① 马林诺夫斯基：《科学的文化理论》，黄建波等译，中央民族大学出版社 1999 年版，第 54 页。
② 《马克思恩格斯选集》第 1 卷，人民出版社 1972 年版，第 32 页。

已经满足需要的工具又引起新的需要。这种新的需要的产生是每一个历史活动。"① 随着人的生存和生活需要的不断延续，生产工具也随之而需要更新，这就形成人类的历史。除此之外，人类还必须重新生产自己的生命："一开始就纳入历史发展过程的第三种关系就是：每日都在重新生产自己生命的人们开始生产另外一些人，即增殖。"② 马林诺夫斯基文化论的基本出发点与马克思、恩格斯的历史唯物论多么相似！似乎可以认为，他所做的事情，无非是把马、恩所说的人类"创造历史"活动中的"历史"一词，改写为"文化"一词而已！按照我们现代人的理解，人类的历史其实就是人类的文化发展史。正是因为人类的一切创造活动，其创造物就是"文化"，所以，人类历史的创造实质上就是文化的创造。

综合马克思、恩格斯的唯物史观和马林诺夫斯基的文化理论，我们对文化可以形成一个总的看法。所谓"文化"就是自然的人化，人类之所以进行使自然人化的文化创造活动，其最终目的无非是满足自身的需要。生活需要或生存需要当然是最原始、最基本的需要，但随着人类的进化、社会关系和历史的发展，人类需要的内容也必然日趋复杂多变，人性本身也日益自觉，日益升华。适应于不同的需求，产生出不同的文化回应。需求越复杂，文化愈发展。马斯洛心理学研究了人类的需要，把它们归结为如下几种类别。他认为，人不但有生存所需的生理需要，还有对归属与爱的需要，自尊和来自他人尊重的需要，自我实现的需要，对认识和理解的需要，对正义、秩序的需要，对真、善、美的需要等等，用马斯洛的话说，既有满足生存的基本需要，又有实现存在价值的发展需要。这一切都是人性的因素和内容。如果我们承认马斯洛所说的这些人性需要，那么，人一旦在适当条件下把它们付诸实现，人就会把相应的自然人性化，按照人性的不同内容，用一定的方式去改变自然对象。为满足人的生理需要，人要渔猎、耕作、纺织，为此就要创造和使用不同的生产工具和生产技术，从而形成技术文化和器用文化（物质文化）；为满足种族的生存和性的需要，人类在性媾行为过程中建立不同形式的性关系，逐渐形成种种性生活行为

---

① 《马克思恩格斯选集》第1卷，人民出版社1972年版，第32—33页。
② 同上书，第33页。

规范和婚姻制度，在此基础上建构起以血缘关系、亲属关系为纽带的社会体制；为适应安全需要和尊重需要，人类既要自尊，也要尊重别人，在互相制约的人际交往过程中建立起行为规范，逐渐发展为各种社会制度的行为文化（习俗、道德、政法、宗教礼仪和禁戒规定）；一切需要的满足和实现，都必须包涵关于对象的认识和理解，这就发展为人类的知识及相关的符号系统，形成包括各种知识和科学以及哲学的认知文化；对美的爱好，使得人把自己对美的意识与判断（审美判断）用之于对象之上，进行美的创造，实现美的欣赏，于是就出现了各种艺术文化（音乐、舞蹈、美术、诗歌、神话、小说、建筑……）。如果我们上面关于文化的理解可以成立，那么，它不仅说明了人类文化的基本性质及其产生的根据，还进一步说明了它的主要内容及其层次结构。

人性有不同的内容并随着人类生存需要的发展而发展，这就决定它展现而成的文化有不同的内容和形式，并随着人类文化的发展而自然形成文化体系的层次性结构。在这方面，怀特的《文化科学》作了相当深入的研究和清晰的说明。他认为，人类文化是一个组织起来的一体化的系统，其中可以区分为三个亚系统，即技术的系统、社会学的系统以及意识形态的系统。

技术的系统是由物质的、工具的、机械的、物理的和化学的仪器以及使用这些仪器的技术构成的。人类作为一种动物，依靠这一技术系统使自己与其生存的自然环境紧密联系。技术系统的内容包括生产工具、生活资料的获得方式，与生存安全相联系的进攻与防卫器械……

社会学的系统是由人类群体社会中的人际关系构成，通过个人与集体的行为方式来表现的。在此系统中包括各种人际关系，如：社会关系、亲缘关系、经济关系、伦理关系、政治关系、军事关系、教会关系、职业关系、娱乐关系……

意识形态系统由思想、信仰、知识构成，它们是以清晰的语言或其他符号形式表现的。其中包括的内容有神话与神学、传统、文学、哲学、科举、民间智慧以及普通常识。

人类文化体系所包含的上述三个亚系统是互相贯通、彼此影响的。但它们在作为整体的文化过程中所发挥的作用却有轻重主从之不同。技术系统发挥着基本的作用。作为一个物种的人类以及相伴随的作为整体的文化，在适应自然环境的过程中依赖于物质和机械的工具。人必须吃东西、躲避暴风雨的袭击、抵御敌人的攻击。倘若人想要继续生存下去，他必须完成这三项任务，而要完成这些目标，只得依靠技术手段。因此，在重要性上，技术系统不仅是首要的，而且也是基本的，整个人类的生活和文化莫不仰仗于它。

在怀特看来，社会系统相对于技术系统而言是次要的和从属的。他把社会系统定义为"人类在使用生产工具，使用防守与进攻武器以及保护设备的过程中组织起来的努力"①。社会关系实际上可视为技术系统的函数。技术是一个自变量，社会系统是一个因变量；后者由前者所决定，并随着前者的变化而变化。

意识形态系统是一种信念和哲学的体系，它对人类的各种经验做出解释。每种类型的技术因而都有解释它的特定类型的哲学。畜牧技术、农业技术、冶金技术、工业技术或军事技术，无不可以在哲学中找到各自相应的表达。某种技术在图腾哲学中获得说明，而另一种技术则可以在占星术或量子力学中找到解释，当然，还应注意到，外部世界的经验并不只是在接近技术的接合处才可得到感觉和解释，它也渗透进社会系统的多棱镜中。社会的、政治的、宗教教会的、经济的、军事的等等系统的性质和特色也在观念形态或哲学中得到反映。

根据上述分析，怀特做出了如下结论：

> 我们可以把文化系统分成三个层次：底层是技术的层次，上层是哲学的层次，社会学的层次居中。这些不同的层次表明了三者在文化过程中各自的作用；技术的系统是基本的和首要的；社会系统是技术的功能；而哲学则在表达技术力量的同时反映社会系统。因此，技术因素是整个文化系统的决定性因素。它决定社会系统的形式，而技术和社会则共同决定着哲学的内容和方向。当然，这绝不是说社会系统对技术的活动没有制约作用，或者说，社会和技术系统不受哲学的影

---

① 怀特：《文化科学》，沈原等译，山东人民出版社1988年版，第350页。

响。事实恰恰相反，不过，制约是一回事；而决定则完全是另一回事。①

我国当代研究文化问题的学者较为普遍的倾向是把文化体系区分为器物文化、制度文化和精神文化三种类型和三个层次，提法与怀特命名的技术的系统、社会学的系统、意识形态（哲学）的系统不尽相同，但实质性内容却大体一致。笔者在对文化体系的性质和内容的分析中，实际上也已包涵了类似的含义。上述两种提法都是可以接受的。在这种关于文化的性质和内容构成的认识基础上，我们就可以对宗教何以是一种文化及其与其他社会文化形式的关系问题进行具体的说明了。

三 为何与如何：为什么说宗教是一种"社会文化体系"？宗教又如何作用于各种文化形式？

十年"文化大革命"浩劫之后，我国宗教学术研究领域出现了空前的繁荣景象，其中原因是多方面的。从根本上说，这种繁荣景象来源于社会的改革促进了学术思想的解放。在宗教学术领域，则表现为学者对于宗教的认识有了观念上的更新。从20世纪50年代以至"文化大革命"年代，社会的普遍看法是把宗教视为在历史上为社会统治阶级服务的意识形态和上层建筑，宗教因此而完全被政治化为消极、反动的东西。这种宗教即政治意识形态的宗教观念对于党和国家的宗教政策产生了重大的影响。社会主义革命的政治斗争不断冲击一切旧时代遗留下来的社会意识形态，而传统宗教作为一切传统社会意识的神圣精神支柱则必然成为首当其冲的政治打击对象。毛泽东发动的提前实现共产主义为目标的"大跃进"运动和"文化大革命"都曾把传统宗教作为"四旧"予以扫除。这种政治上（宗教政策）的失误，根源于宗教观念上的错误，终于受到历史的惩罚。"文化大革命"之后，社会和学界的学术理性对宗教的性质、意义和社会历史作用重新进行认真的反思。

---

① 怀特：《文化科学》，沈原等译，山东人民出版社1988年版，第350—351页。

改革开放之后,迎来了思想的解放。一方面,对极"左"年代被歪曲了的马克思主义实行"拨乱反正";另一方面,各种学术见解和文化思潮也乘着思想解放的春风在社会和学界传播开来。宗教学术界越来越清楚地认识到,过去那种专从政治角度看待传统宗教,把宗教定性为政治性意识形态的主张有很大的片面性。宗教在古今中外的政治历史上无疑具有政治意义,在社会的政治生活和政治斗争中发挥了重要的作用。但是,第一,这种政治意义和政治作用并不一定是完全消极和反动的;第二,就宗教本身的内容和性质看,它也并不完全是政治的。除了政治以外,它还包涵着多方面的意义和内容,如哲学、伦理、社会规范、价值观念、文学艺术等。因此,从整体上说,宗教是一种社会文化体系,而不仅仅是一种政治性的意识形态。当然,政治性意识形态也是一种文化,但它仅是宗教所含内容的一部分。如果把宗教归结并定性为政治意识形态,显然是以偏概全,失之片面。近年来,宗教学术界逐渐形成一种共识,认为:宗教是文化。从过去的"宗教是政治意识形态"到"宗教是文化",这是宗教学术观念上的一次飞跃性的突破和更新。它启发宗教学者自觉地摆脱了长期束缚宗教学术思想的教条主义和政治上的极"左"思潮,从文化学角度对传统宗教和现实宗教问题进行全方位、多层次的思考,迎来了宗教学术研究的繁荣,也为宗教本身的发展开拓了提高其文化内涵的新的方向和道路。

现在,我们最需要的东西,并不是反复高呼"宗教是文化"的口号,而是要从学理上深入系统地证明这个新观念的合理性,这个问题搞清楚了,我们才有可能对中国宗教和中国文化的关系及其在历史上的演化和发展有一个比较准确的理解。如果说宗教是文化的一个方面、一种内容,那么,这种认识似乎可以为我们探讨宗教与文化的关系问题提供一种方法论上的意义:我们不应该以宗教来说明文化,而应该以文化来说明宗教。只有在说明了文化的性质和意义的基础上,才能进一步说明宗教为什么是一种文化。

宗教和人类创造的一切文化形式一样,都是人类创造性活动的产物。因为,从宗教发生学的角度看,人类诞生之初并无宗教的任何天赋因素。所谓"人是天生就具有宗教性的动物"(尼布尔语),或谓神或上帝在人受生之时即把神的观念(或任何一种宗教观念)铭印在人的灵魂之上的

"宗教神启论",无非是神学的说辞,严肃的宗教学者是不会认真看待的。人类是进化的,社会是发展的,宗教实际上是人类进化和社会发展到一定阶段的产物。启蒙思想家们早已从哲学、自然科学、宗教学、文化人类学等各个方面得出结论:是人创造了神,而不是神创造了人;是社会创造出宗教,而不是宗教创造出社会。一切人类的"创造",本质上都是人类按照自身生存的需要把人性对象化,使自然人性化,于是才创造出一个新的、异于人的对象,此即人类所谓的"文化"。宗教就是人类创造出来的社会文化现象。

宗教作为一种社会文化现象,与人类创造的其他文化形式相比较,既有共同性,也有其独具的特殊性。言其共同性,指的是它们都是人类把自己的人性加之于自然之上,是人性的对象化,也是自然的人性化。如果按照符号论文化哲学的说法,宗教文化和其他一切文化一样本质上是人所创造的"符号"的应用,是人类的"符号化思维和符号化行为"所产生的结果。人类之所以应用"符号"创造宗教这种文化,其根本原因亦无非是为了应对人类的生存需要以及由此而衍生的人类群体维护社会秩序和行为规范的需要。

但是,也正是在"符号"的意义和应用上,宗教文化表现出了区别于其他文化符号的特点。宗教诸要素的符号形式,无论是表现为语言,或是表现为意念和体验,还是表现为身体动作,其意义和内容所指的对象总是宗教信仰者对其所信仰的神圣对象及其超自然神性的想象和感受,以及人与神圣对象之间的关涉与交际。神性物既为超自然之物,它就必然不能是作为自然之物的人类的自然感官所能感触得到的。宗教信仰者既无实在的感受,如何表象它,又如何与它打交道,便只能借助于主观想象力的想象,创造一系列象征性的语言和模拟性符号来描述其想象中的神性物的形象和性状;同时,通过模拟性的身体动作来象征性地表现神灵的活动与事功以及人与神灵交通际遇的过程……正是由于这个缘故,宗教世界整个说来本质上是一个想象的世界。想象是一种精神创造,创造的产物则是一套一套的象征性符号。这些象征性符号可以是感性的、物质上的形式(如语言、身体动作、偶像、法器、十字架、山水树石之类自然物等),但它们表现的超自然神圣对象和人神际遇的方式和过程却完全是想象的。当代美国的文化人类学家斯皮罗在其《文化与人性》一书中在谈及宗教系统与文化符号的关系时有一段概括性的话：

> ……宗教只有根据人类独有的符号化能力来解释，因为，正是在符号化的过程中，个人构成的宗教世界——宗教信仰的源泉——被转变成文化上构成的宗教世界。之所以如此是因为，符号从非存在创造存在（幽灵和神），而且把作为工具的力量授予被特化为宗教仪式的言语和姿势。总之，宗教符号往往在文化层次上表现在心理层次上发现的幻想和认知的转化和精心雕琢……①

在斯皮罗看来，整个宗教系统是人类独有的符号化能力的一种创造，正是"符号"从"非存在"创造出宗教世界的"存在"（幽灵和神），转化为宗教仪式的言语和姿势。宗教符号是心理幻想表现在文化层次上的象征性的、隐喻式的表达形式（他认为，本质上，人神关系是家庭—亲属关系的隐喻式表达方式②，关于这一点，此处置而不议）。用符号哲学来解释宗教作为文化的性质，这种观点已经在学术界得到广泛的认同，笔者也是赞成的。

问题在于，既然宗教和其他一切文化形态一样，都是人类创造的一种符号系统，那我们又将如何解释宗教文化和非宗教文化、宗教符号系统和非宗教符号系统的区别？实际上，无论是宗教符号，还是非宗教符号，它们在形式上是没有什么两样的。既可以是感性的、直观的；也可以是非直观的、象征性的。各种宗教信仰的"神"，在不同宗教中表现为不同的语言符号：犹太人的耶和华，基督教的主、天父、基督，佛教的佛，中国传统宗教的道教的元始天尊、玉皇大帝……它们都象征各教心中所崇拜的至高无上的"神"。除了语言符号以外，这个"神"，也可以表现为直观的、感性的物质形式（如神像雕塑、宗教画），甚至用某种实物作为象征或标

---

① M. E. 斯皮罗：《文化与人性》，徐俊等译，社会科学文献出版社1999年版，第282页。
② 斯皮罗在宗教学上有一个基本观点："由于宗教只是我们人类才有的（就我们现在所知道的而言），宗教系统之所以也是普遍存在的，源于家庭（包括亲属）关系，而且可以被看作是家庭关系的隐喻式表达方式。"《文化与人性》，徐俊等译，社会科学文献出版社1999年版，第282页。

志（如基督教的十字架，麦加伊斯兰教圣殿中的黑陨石……）。非宗教文化的符号在形式上也是如此。诗歌的语言符号和文字符号在表达其意境时，既可是象征性的，也可以是直观可感的。中国文字象形表意，西人文字拼音，但它们都是人赋之以特定意义的"符号"，既可用之于宗教文化，也可用之于非宗教文化。酒瓶都是瓶，如有区别，所装之酒品种不同而已，同样的符号形式，人可以赋之以不同的意义和内容，象征不同的对象。宗教符号象征的对象本质上是超自然实体或超自然境界，那是永不可能通过人的自然感官感触的。用斯皮罗的话说，宗教符号是"从非存在创造存在（幽灵和神）"，是一种"幻想"。非宗教的符号，即使采用了象征的形式，但它所象征的内容和对象却可以通过自然感官予以感触或认知。一个国家的国旗或国徽本身是象征性的，但它所象征的对象却是实在的、可直接感知的具体国家。当然，各种文学艺术作品和伦理的、哲学的理念除了可以是现实主义的符号表现外，也可能通过象征性的符号抽象地表现某种内在的感情或某种精神境界，但这种感情世界或精神境界却是可感的、现实的。非宗教文化中的象征性符号与宗教象征符号在这关节点上有根本性质上的区别。我们并不否认在人类的精神世界中既有宗教的幻想，同时也有非宗教的幻想，有些文学家、艺术家、思想家甚至赋予其所幻想的对象和境界以"超自然"的性质。区分"宗教幻想"和"非宗教幻想"的界线只有一条：即幻想者如何看待其所幻想的那个"超自然"对象的存在，如果认其为真实的存在，那就是用"符号从非存在创造存在"，这无疑是一种"宗教幻想"；如果幻想者仅仅把他的幻想视为某种自然境界的象征表现，并不视为真实的存在，那它则属于非宗教的幻想。《西游记》中的孙悟空、猪八戒，《封神演义》中的各路神仙，《聊斋志异》中的狐仙鬼怪，以及他们具有的超自然神通，如果信其实有，乃是善男信女的迷信；而在吴承恩、蒲松龄以及具有科学头脑的读者的心中，不过是他们借以隐喻某种世俗理想的文学想象而已。

19世纪德国青年黑格尔派的启蒙思想家布鲁诺·鲍威尔、人本主义宗教哲学家费尔巴哈和马克思都把宗教视为人性"异化"的产物，认为宗教的神不过是人性对象化为一种与人对立的"异己之物"，宗教是一种典型的异化现象。这种思想很深刻，道出了宗教的真谛。在"异化"问题上，也许能更为明显地体现出宗教文化与非宗教文化的异同之处。如果说，一切文化实质上都是把人性加之于自然之上，使自然人性化的结果。那么，正如上文所指出的，所谓文化不过是人性在自然中的对象化，文化创造过程实质上是人把自己的人性需要化于自然，从而创造出一个异于自己的对象——文化产物。所以，对象化的过程也就是某种"人性异化"的过程。宗教文化如此，非宗教文化亦复如此。问题在于：人性化于自然所创造的异己对象最终是否回复到创造者的自身，为己服务，为人所用？如果它能重新回到文化创造者的手中，为人所利用和控制，这就意味着人性化从此不复归于文化创造者之手，甚至反过来成为控制自己的异己力量，这就是哲学家所说的"异化"现象。在一个不完善的社会环境和不合理的社会制度之中，异化现象屡见不鲜，在宗教文化和非宗教文化中均有其存在。不过，一般说来，各种非宗教的文化大体上会被人们作为人类自己的创造物，在一定条件下，有可能重新回复到创造它们的人的自身，并不必然异化为异己力量。人劳动创造的产品，既可成为自己的生活所用，也可异化为剥削阶级对劳动者进行剥削的工具，成为与劳动者对立的异己力量。取之于民的社会财富，既可用之于民，也可能为贪官所贪，构成他们欺压人民的权势。人类群体创造出了管理社会的政权机构和社会规章（政治体系），既有可能成为维持社会秩序、保障群体正常生活的手段，也可成为剥夺人民民主权利、限制人民人身自由、专与人民作对的异己力量。道德理念、伦理规范、礼乐文化之类精神文化亦复如此，既可导人于善良之行，亦可致人于死亡之境，异化为鲁迅所痛斥的"吃人"的礼教。但是，所有这类文化，当其未被宗教神学神圣化的时候，一般总是被人认之为世俗之人的创造，人们既可创造它们，也可利用它们。而当其"异化"为与人对立的"异己力量"的时候，人们有可能克服其异己之性，把它们改造成为人类所用的东西。即使这种异己性的克服在现实生活中常常需要漫长而且痛苦的过程，但这种可能性总是在理论上得到承认的。因此，在非宗教文化中的"异己性"不是绝对的和不可改变的。可是，在此问题上，宗教则独异其趣，宗教崇拜的神圣对象和规范崇拜行为而形成的宗教制度，固然也是人性对象化而成的文化创造物，但一当它们被人创造出来，出现于人的头脑之中和人类社会之上时，却总是被抬高为至高无上的神圣，被人们奉为不仅创建宗教体制,而且创造了自然和社会的创世之主。创神之人反倒成了神创之物。人异化于神之身的人性被崇奉为支配人和自然的神性,再也不能复归于人之自身,重新置于人的控制之下。宗教与人性异化之间有着绝对的、不可逆转的联系。没有人性的异化,创造出一个高于人并控制着人之命运的神圣对象,就不可能有神和宗教的出现;取消了这种异化,也就取消了神和宗教的立足之地。一旦人把异化于神的人性夺取回来,使之复归于人之自身,人就会成为掌握自身命运的主人,宗教和神便不复存在了。

如果说,"异化"表现了宗教文化特有的品质及其与非宗教文化和反宗教文化的差异,这无疑可以成为我们分析和评价宗教何以是文化、又如何发挥其特有文化功用的重要切入点。与此相关联,非宗教和反宗教文化在文化学上的意义、作用及其与宗教文化区别与联系,亦可由此而得到部分的说明。

人性异化为神圣的过程也就是宗教诸要素的形成并构成整个宗教体系的过程。

宗教体系中最基本、最核心的因素是具有超自然神性的神灵观念。科学的宗教观不承认任何超自然事物的存在,所有超自然神灵不过是自然人性在想象中的超自然化,神性是人性的异化,神是人的创造。正由于宗教异化是一种绝对性的异化,被异化的神圣物之超自然神性的自然人性永远不能复归于人之自身,所以,作为宗教异化的神灵及其神性便越来越被神圣化和神秘化。宗教神学和善男信女更驰骋其丰富怪异的想象力,赋之以日益崇高的超自然地位和越来越大的超自然权能,把神放置在高踞于人事社会和自然世界的顶端,主宰着万物的变化和社会的秩序,控制人生的命运,支配人类的精神生活。这种异化的宗教观念必然使信仰者在神的面前情不自禁地产生对之尊敬、爱慕、畏怖、战栗等类感情活动,此即宗教学者所谓的宗教感情或宗教经验。情动于中必然形之于外,发之为尊敬、爱慕、祈求、祷告的言辞,并通过身体动作表现为相应的崇拜行为。在任何时代,人总是生活在社会群体之中和既定的文化背景和历史传统的支配之下。善男信女的宗教观念、宗教体验和宗教崇拜活动都不能随心所欲,各行其便。由此便出现上述宗教诸要素的组织化、规范化的过程,形成宗教信仰者的组织化，宗教观念的信条化和教义化，宗教行为的仪式化，宗教生活的戒律化和制度化。宗教构成的诸要素及其构成的整个宗教体系的基本过程大体就是如此。尽管宗教家、神学家总是把这个从宗教观念→宗教体验→宗教行为→宗教体制的整个宗教体系的形成过程神圣化，赋之以"天命"、"神启"的美名，但究其实际不过是人和人性的异化过程而已。尤其重要者，宗教异化的诸要素乃是信仰群体共同奉为神圣的教义信条、礼仪行为、戒律规范和教团生活制度，它把广大信众纳入一个神圣的组织和体制之中，规范他们的信仰和行为，影响以至决定他们的精神生活和社会生活，这就不仅范铸信仰者的信念和灵魂，更规定了他们的价值观念和价值取向，甚至引导他们对自然秩序、社会秩序和人生命运做出具有"世界观"性质的解释。马克思在《〈黑格尔法哲学批判〉导言》中对宗教的性质和作用说了一段很有名的话：

> 国家、社会产生了宗教即颠倒了的世界观，因为它们本身就是颠倒了的世界。宗教是这个世界的总的理论，是它的包罗万象的纲领，它的通俗逻辑，它的唯灵论的荣誉问题，它的热情，它的道德上的核准，它的庄严补充，它借以安慰和辩护的普遍根据。①

马克思这段话事实上涉及宗教所发挥的"包罗万象的纲领"式的社会文化作用。近现代比较宗教学和文化人类学更用大量的实证材料指出，早在人类最初创造宗教神灵的原始时代，宗教就已成了当时社会各种文化的总汇。从那时起，宗教及其信奉诸神的权威，就逐步渗入社会文化生活的各个领域，成了群体社会思想的原理，行为的原则，激情的源泉，道德的效准，人际关系的纽带，社会秩序的保证。宗教事实上成了人类社会包罗万象的社会文化体系。更由于宗教文化被人类和社会赋予了至高无上的神圣性和无所不包的普遍性，这就使自然万物的秩序和人际社会关系都被打上了宗教神灵的印记，在此基础上产生的各种社会文化形式几乎无不从宗教观念中吸取自己成长所需的营养，通过宗教信仰和宗教崇拜活动来展现

---

① 《马克思恩格斯选集》第 1 卷，人民出版社 1972 年版，第 1 页。

自己的存在，并由之而获得自己的表现形式。

笔者在《宗教学通论新编》一书中曾对宗教的和内容作了如下一个定义式的规定：

> 宗教是关于超人间、超自然力量的一种社会意识，以及因此而对之表示信仰和崇拜的行为，是综合这种意识和行为并使之规范化、体制化的社会文化体系。①

这个论断以定义的形式直接把宗教规定为由宗教观念—宗教体验—宗教行为—宗教体制四要素逻辑构成的社会文化体系。笔者认为，不仅四要素逻辑构成的宗教体系本身就是"社会文化体系"，而且宗教体系还通过这些要素逻辑构成的社会文化体系与其他社会文化形式发生互相渗透、互为因果的作用和关系。对于宗教学和文化学而言，这是一个重要的理论问题，也是个历史事实问题，需要我们做深入的探讨和具体的说明。

作为宗教之本质与核心的宗教观念主要是灵魂观念、神灵观念、神性观念以及由此衍生的灵魂不死、来世生活、天堂地狱、业报轮回、神创世界、天命神迹之类观念。诸如此类观念，无论是出现于原始时代野蛮人想象中的粗陋形式，还是见诸文明时代宗教神学中的高雅形式，都是他们当时所能想象或推论出来的最伟大、最崇高的一种存在和境界，是人性的高度升华，集中了人类的智慧力和想象力，寄托着信仰者对美好生活的期待以及对人类自身命运的关怀，宗教观念给信仰者的理智与想象添上了超自然的羽翼，使人解脱了人类生理性能的自然束缚，超越一般动物的感性直观，翱翔于超自然的无限空间。正是这种具有超人性、超自然性的宗教灵魂观念、宗教神灵观念、宗教神性观念孕育了人类关于超人与人、超自然界与自然界的思考，成了文明时代各种神学思辨、哲学思考和科学探索的起点。如果没有某种关于"超自然力量"的意念，就不会有创世的宗教之神！也就不会在文明发展到一定阶段，出现论证其实有的理智性神学和有神论宗教哲学。与此同时，也就不可能由此而激发起把这种"超自然力

---

① 吕大吉：《宗教学通论新编》，中国社会科学出版社1998年版，第79页。

量"还原为自然力量，把神灵管理的世界还原为自然规律支配的自然界的自然科学，以及把超人还原为自然人，把神性还原为自然人性的启蒙哲学。这两种思潮，一方面是论证超自然神灵的宗教神学和宗教哲学，另一方面是把超人间、超自然力量还原为自然力量和人的自然科学和启蒙哲学，在中外思想史上不断论战和斗争，又不断互相渗透和彼此激发；既推动了宗教神学、哲学和自然科学自身的发展，又启迪了人类理论思维和各种文化思想的发展。以中国为例，夏商周三代以来传统宗教的基本观念是把上帝、天帝或天奉为至上神，上帝的意志是为天命，天命决定人事。肯定这种"天人关系"的"天命神学"构成上下几千年中国传统宗教最基本的信念。"天人关系"这一基本命题对中国各种非宗教文化（特别是哲学）产生了极大的影响。各派哲学的中心，事实上都在围绕天人关系问题作自己的文章。或者肯定天为超自然的人格实体，对"天命"要敬而畏之；或者主张"天命靡常，惟德是辅"；或者主张天命以民为本，"天视自我民视，天听自我民听"；或者认为"天道自然"，把神圣之天还原为自然之天；更有进者，则主张"人定胜天"，应"制天命而用之"……各派哲学围绕天人关系展开的事实，说明了传统宗教对它们的影响。即使是反传统宗教天命论的自然哲学，也是以传统宗教为其"因缘"而缘起的。中国的这种情况在古代印度和古代希腊也有类似的表现。早期吠陀时代的雅利安印度人尊天神为人之父，人皆为神的子孙，神人关系为亲属关系。奥义书时代发展为梵我同一的思想。正统婆罗门教祭司和反婆罗门教的各派沙门思潮（耆那教、佛教之类宗教和哲学）的基本主题，实质上不过是提出了如何克服业报轮回使自我与梵重新合一的解脱之道，尽管各派解脱之道各有不同。

　　古代希腊以来的西方宗教与自然哲学、自然科学的关系，更是互相渗透、互为因缘的典型。荷马史诗、赫西阿德神谱时代的希腊奥林匹斯诸神崇拜的基本观念，简单说来，无非是一种具有超自然性能的诸神（职能神）主宰各种自然力、社会人事和文化行业的神话世界观。用亚里士多德的说法："神原被认为是万物的原因，也被认为是世间的第一原理。"[①] 一

[①] 亚里士多德：《形而上学》，商务印书馆1959年版，第6页。

言以蔽之，它是用超自然力量（诸神）来说明一切自然现象和社会文化事实。把万物的原因和世间的第一原理归之于神，这就具有"世界观"的性质，孕育着哲学思维的种子。人类文化的进一步发展，可以通过经验和理性去探索万物的真正原因和真实的世间第一原理，否定超自然的神，但不能也不会否定经验和理性对自然原因的探讨，也不能和不会否定用"第一原理"去说明世界一切事物的起因这种具有世界观性质的哲学。于是，就出现了从泰勒斯、赫拉克利特、德谟克里特到苏格拉底、柏拉图、亚里士多德的理性哲学，以及阿基米德、欧几里得为代表的自然科学。哲学和科学的出现本质上是对传统宗教神学世界观的扬弃，但在其发展过程中也出现了学派的分化。有怀疑和否定超自然神灵和传统宗教的无神论启蒙哲学，也有用逻辑推理方式去论证宗教的有神论哲学，出现了宗教与哲学和科学，以及各派哲学之间一方面互相对立，另一方面又互为因缘的情况。基督教统治西方世界之后，这种错综复杂的局面继续发展。作为基督教基本信条的上帝存在、上帝创世、灵魂不灭、意志自由、神迹论之类神学问题，一直成为宗教神学以及为其提供哲学论证的有神论哲学与反对它们的启蒙哲学、自由思想和自然科学之间反复论争的焦点。在很大程度上，我们可以说，从古代希腊、特别是从基督教独占西方精神世界的统治地位以来，西方的宗教、哲学和自然科学（在一定范围内）都是围绕上述这些宗教基本主题而展开和发展的。离开了宗教的传统和文化背景，我们很难对西方的哲学和科学有真切的了解。这不是否定西方思想史上反传统宗教的启蒙哲学和自然科学的独立存在及其反传统宗教的本质，把它们归附于基督教文化和基督教思想，而是确切把握所有这些反宗教的哲学和科学之所以出现，又如何登场上演其反宗教文化的因缘，更切实地洞察哲学、科学与宗教之间的关系，更深刻地认识它们在整个西方文化史上的地位、价值与意义。

  作为整个宗教文化之核心的宗教观念对于文化的作用与影响，绝不仅限于哲学与自然科学的产生与发展，而是辐射及于人类文化的各个层面。人类在异化出神灵观念时，不仅赋之以超自然性质，同时，更赋之以当时社会需要的社会属性。杜尔凯姆的宗教社会学以最为突出的方式提出了这个论点：所有宗教崇奉的"神圣事物"实质上就是社会本身的神圣化。对于社会成员来说，社会就是人们崇拜的神。一切的神，原始社会的图腾、祖灵、精灵，古希腊人的宙斯，犹太人的耶和华……都不过是被神圣化了的社会本身的神圣符号。社会之所以把自身推崇为神，那是因为只有如此才能使社会成员在共同信仰和共同仪式活动中结为一个道德共同体，组成统一的社会。从根源上说是社会产生宗教；从文化功用说，则是宗教使社会成其为社会。神的神性实际是社会赋予的社会性；它反过来作用于社会，以神圣的名义、强化（神圣化）以至构成维持社会成员一体化的道德、法律、政治和国家。氏族制社会的图腾崇拜和祖先崇拜就是宗教文化的这种性质和功用的典型表现。我国社会从原始氏族制时代起，社会就赋予祖先之灵以福佑子孙的神性。氏族社会通过祭祀祖先的共同祭祀仪式之类宗教活动，加强了氏族成员的认同感，由此逐渐形成了一系列以维系血缘关系为纽带的氏族群体一体化的社会体制、行为规范、道德准则和价值体系。三代进入文明时代之后，我国社会体制仍继续保持原始社会以来以血缘关系来组织社会的传统，进一步完善为宗族宗法制和家族宗法制；在宗教观念上，则发展和完善了过去的祖先崇拜，形成以"敬天法祖"、"严畏天命"为核心内容的宗法性传统宗教，成为夏商周三代以来历代王朝一以贯之的国家宗教。孔孟儒家发挥的整套社会的、政治的、伦理的人文学说，本质上不过是宗法性传统宗教基本观念的人文化。两汉以来，儒家成为历代王朝的最高意识形态，是国家哲学，构成一切文化不可逾越的基础和核心。但究其最终根源而论，它起源于从原始氏族制社会到封建宗法社会一以贯之的祖先崇拜观念以及在此基础上形成的"敬天法祖"观念（"天"实际上被历代帝王视为"祖"的延长）。如果不了解儒家文化，就根本不了解中国文化；但如果不了解中国的宗法性宗教，也就从根源上不懂得儒家文化。中国传统宗教中，"祖宗神"的"神性"本质上是宗法血缘社会赋予它他的"社会性"，它构成（后来通过儒家）整个封建宗法社会文化（社会的、政治的、伦理的、哲学的、艺术的）的精神基础。

　　旧约时代的以色列人赋予其上帝以"创世"和"造人"的神性，以色列人被说成是上帝所创的亚当和夏娃的后代子孙，是上帝的"选民"，上帝也因此而成为以色列人事实上的祖宗神。上帝对他的以色列子孙关怀备至，对其社会生活的方方面面都耳提面命，不断颁发"启示"，更先后与亚伯拉罕和摩西立约,从基本信仰到宗教礼仪,从社会政治体制到与其他种族的军事争战,从个人的行为规范到社会的价值准则,以至衣食住行的细微末节,上帝都为以色列人做出了详尽而又具体的规定。全部以色列人的传统文化都被置于宗教的直接控制和影响之下,成为实现上帝启示的现象形式。

新约时代基督教上帝在继承旧约上帝基本神性的同时,也根据新时代的社会需要赋予上帝以新的神性。上帝不再只是以色列人的父,而且是一切信爱上帝为主的人的父。耶稣作为上帝之子,不仅要拯救以色列人的灵魂,而且要拯救一切人的灵魂。基督教从犹太教对以色列人的种族之爱扩大为爱一切人的人类之爱,把"爱上帝"和"爱人如己"抬高为"十诫"的基本精神。上帝的形象更高大了,被神学家推崇为绝对唯一、至高无上、全知、全能、全善的上帝。从罗马帝国到中世纪,千余年来,基督教成了西方世界的国教,高踞于全部社会文化的顶端,支配着基督教社会的精神世界。按照恩格斯的说法,"中世纪把意识形态的其他一切形式——哲学、政治、法学都合并到神学中,使它们成为神学的科目"[1],类似的情况,在各民族传统宗教与民族文化的关系中普遍存在。宗教之神以神圣的名义,把社会的一切神圣化,一切社会文化形式因之而处于宗教的控制与影响之下。

各种宗教的灵魂观念、神灵观念和神性观念不仅以观念形式(教义、信条)展现并支配哲学、科学、政治、法律、社会伦理之类精神文化和相应的社会生活与社会体制,而且通过它所伴生的宗教感情和宗教体验支配着信仰者个人和信仰群体的感情世界,点燃信仰者的激情之火。通过宗教激情的宣泄活动,表现为各种形式的艺术。

人类社会一旦萌生具有超人间、超自然性质和权能的宗教神灵观念,便会自然而然地伴生出某种对它的依赖之感和敬畏之情。对神的信仰愈是虔诚,信仰者的宗教感情便越发强烈。内在的情感必然外在化为相应的言词和身体动作,以之来表现他心中的神灵和自己内心对神灵的体验和感受。可是,宗教的灵魂、神灵及其神性不过只是想象中的存在,任何人都

---

[1] 《马克思恩格斯选集》第4卷,人民出版社1972年版,第251页。

不可能对神有实实在在的感官接触。所以，一切表现神灵及其神性的言辞和身体动作便不能不是拟人化的、象征性的或符号化的。或者用特定的语言符号、某种感性的形象、物质性的实物和偶像来象征那本属虚无缥缈的魂灵和神灵；或者用隐喻和比喻性的言词来表象神灵的性格和形状；或者用模拟化的身体动作来表现神灵的活动、事功以及自己在梦境或幻想中对神灵的交际、感受和体验……一切"隐喻式"、"象征性"、"符号化"的表现，都是超越人的自然本能的人性升华，是人性的创造性活动，具体化为形象性的艺术。

人类最早的宗教遗迹发现于人类学家称之为尼安德特人的墓葬之中。正是在尼安德特人的墓葬中，考古人类学者同时发现了人类最早的艺术遗迹。如：带有图案性的画痕，装饰性的器物，还有洞穴壁画。我国最早的宗教遗迹是北京山顶洞人的墓葬。在这里，考古学家发现了一批经过染色和钻孔等技艺加工而成的装饰品，为死者的随葬物。这在中国是原始性宗教与艺术联系在一起的原始物证。我们还可在中国和世界各地的原始文化考古遗址中发现大批用各种造型艺术形式来表象原始人心中的"神圣物"观念的宗教遗迹。如我国辽宁东山嘴遗址中象征生殖崇拜的孕妇像，牛河梁"女神庙"中的女神头塑像和玉猪龙雕像，安徽含山的玉雕人像，浙江余杭反山的神人兽合一面相玉琮，四川广汉三星堆的似人似神的青铜像以及遍及东西南北各地的岩画，欧洲、亚洲各地的"维纳斯女神像"和洞穴画，澳洲、美洲原始部落民的"图腾柱"……诸如此类原始造型艺术作品，显然是宗教神灵观念伴生的宗教激情激发出的艺术想象的产物。

各种宗教信仰者的宗教激情自然而然地激发起关于超人间、超自然神灵具有神力异能、创造神迹异事的想象，发之为语言文字的象征性描述，逐渐发展为讴歌神灵之事功，感谢神灵之恩德的神话传说和宗教文学。其中之典型表现就是许多民族的史诗和宗教仪式上的颂神诗和祝祷词。如古埃及金字塔文、死人书中所记载的各种神话故事，古代巴比伦的《埃塔那》、《吉尔迦美斯史诗》，古印度的《四吠陀》和《罗摩衍那》、《摩诃婆罗多》两大史诗等，古波斯的《阿维斯陀》，古希腊的《荷马史诗》和赫西阿德的《神谱》……至于中国各民族古代流传下来的口头神话传说和包含丰富宗教内容的长篇史诗更是为数众多，多彩多姿，不胜枚举。《诗》

三百篇，雅、颂部分中很多是宗教仪典中的歌颂词。

宗教观念伴生的宗教感情，激发起信仰者与其所信仰和崇拜之神圣对象进行交际，向其祈求、祷祝、献祭、感恩、谢罪……内在的感情于是便外在化为象征人神交际的仪式活动。信仰者用象征性的语言符号和身体动作来宣泄和展现其内在的精神活动和生活需求，发之为表达心声的音调和手舞足蹈的动作。这就促进了音乐和舞蹈艺术的成长与发展。原始时代流行的巫术在这过程中起了直接的作用。正如泰勒所指出的那样，巫术的本质特征之一就是行术者相信用象征性的模拟行为与所期望的目的之间有直接的因果关系。巫师在巫术仪式中总是用象征性的身体动作和巫术语言（符号）来模拟性地表现他与神魔鬼怪的交往过程以及降魔驱邪的法术过程。因此，巫术仪式几乎必然采取亦歌亦舞的艺术形式。我国古代典籍《书·伊训》记载说："敢有恒舞于宫，酣歌于室，时谓巫风。"疏曰："巫以歌舞事神，故歌舞为巫觋之风俗也。""巫风"，之所以表现为"恒歌"、"酣舞"的形式，其根本原因在于巫术的本质决定它相信，使用"象征性模拟"的行为就能达到行术者所预期的目的。

在古代社会，"民神杂糅，家为巫史"。中国如此，世界各民族亦大体相同。因此，不仅"巫以歌舞事神"，民众亦在频繁举行的宗教节日的事神活动和各种祭祀仪式过程中载歌载舞，"以歌舞事神"，宗教信仰的感情表达发展为歌舞艺术。

信仰者自发性的宗教行为规范化、体制化为社会或国家群体集体奉行的神圣仪典之后，象征性的艺术形式得到多方面的应用和发展。不仅在仪式活动中载歌载舞，而且还要根据特定仪式的性质和内容，把相应的神话传说用一系列象征性的语言和动作表现出来，从而形成戏剧性表演。古代民族传统戏剧的内容，大多都是宗教性的神话剧。澳大利亚土人和美洲印第安人的图腾崇拜仪式一般总是由仪式参加者扮演图腾神话中的各种角色，把神话内容戏剧性地再现出来。

宗教仪式活动对于艺术的需要是多种多样的。为了调动和激发仪式参加者的宗教感受，仪式场合总是具体地象征性地体现人们关于神灵境界的想象；要塑造和设置神灵的偶像；要使用各种祭献的礼器和法器；要对仪式场所进行装饰；再进一步，甚至建造专门的神庙或神坛……所有这些宗教想象都激发起人们的艺术想象,感性化、象征化为各种形式的艺术。特别是把宗教感情艺术化的艺术创造者,他们的艺术想象力总是比一般信仰者更为发达,更为多姿多彩。他们塑造和画出的神像总是集人体美之极致;他们制造的礼器和法器总是集技艺之精华;他们构想的神灵及其活动的神话故事总是充满神异怪诞的戏剧性,能人之所不能,为人之所不能为,集人间英雄行为之大成……艺术的高度想象又反过来作用于宗教的想象和宗教的观念,促使宗教信仰者的崇拜活动更为丰富多彩,调动和激发起更高的宗教感情。

体制化、仪式化的宗教生活和宗教行为对社会群体的人际关系的规范、伦理道德、政治法律、社会习尚的形成与发展起着非常重要的作用。不管是在原始社会的氏族宗教中,还是在民族国家的国家宗教和个人选择其信仰的创建宗教及其教派组织中,全氏族、全民族以及全教派的成员由于有着共同的信念,信奉共同的神灵,进行共同参加的宗教崇拜活动,就会产生把他们联结在一起的道德力量,形成共同遵从的规范化的宗教礼仪,把整个宗教共同体的全体成员纳入一个有共同信仰、普遍化的行为模式和统一的宗教体制之中。共同的教义和信念、规范化的宗教礼仪、神圣的宗教体制具有超个人的权威,对活动于共同信仰体制中的每个个人的思想、信仰、精神生活、行为与活动具有神圣性的社会强制力,强化他们对教义规定的认同,对社会规范的服从和对个人行为的限制。这些神圣的信念、禁戒规定和行为规范,逐渐形成为人们在生活中必须遵守奉行的"无上命令",使人所潜在天赋的动物性本能受到抑制,因此而受到自制的教诲。年深日久,外在的强制内化为内在的责任,行为上的"必须"积淀为良心上的"应该",这就强化了源于人际关系的行为准则和伦理意识。在人类社会的漫长历史时期,特别是早期原始社会,如果社会上没有与宗教信仰、宗教崇拜相联系的宗教信仰体制、礼仪规范,没有与宗教禁忌相联系的禁戒规定以及随之而来的以神圣名义对犯禁违戒者严酷可怕的神圣制裁,人类社会的道德规范、伦理准则和维护社会秩序的"法纪性"规约("习惯法")是难以建立和维系的,社会的文明和进步就难以想象了。

杜尔凯姆在其名著《宗教生活的基本形式》中从宗教社会学角度分析

了社会如何通过宗教崇拜构成了道德一体化的社会共同体：

> 一般说来，社会只要凭借它凌驾于人们之上的那种权力，就必然会在人们心中激起神圣的感觉，这是不成问题的；因为社会之于社会成员，就如同神之于它的崇拜者。实际上，神首先被人们认为是高于人自身的一种存在，是人的依靠。无论它是有意识的人格，如宙斯和耶和华，还是仅仅像在图腾制度中发挥作用的那种抽象力，崇拜者都会认为自己不得不遵循由神圣本原的性质强加给他的那种特定的行为方式，他觉得他正在和这种神圣本原相沟通。而社会也给我们永远的依赖感。既然社会独有一种和我们个体不同的本性，那么它就会去追求同样也为其独有的目标。可是，它不以我们为媒介就不能达到目的，所以它就会命令我们去协助它。它对我们本身的兴趣置之不顾，而要求我们自甘做它的仆人。它听任我们蒙受种种烦恼、失落和牺牲，而如果没有这些，社会就不可能有其生命。正因为如此，我们每时每刻都被迫屈从于那些行为和思想的准则，而这些准则，既不是我们所制定的，也不是我们所渴望的，有时候甚至违逆了我们最基本的倾向与天性。
>
> 但是，如果社会惟有通过物质的压制，才能从我们这里获得让步与牺牲，那么它在我们心灵中，就只能形成我们不得不屈服的物质力量的观念，而不是宗教崇拜那样的道德力量的观念。事实上，社会对意识所拥有的绝对权力，主要不是由于它在物质上所特有的无上地位，而是由于它所赋有的道德权威。如果我们服从于社会的指令，那不仅是因为强大的社会是以之战胜我们的反抗，而首先是因为社会是受到尊崇的对象。[①]

宗教崇拜之神本是社会神圣化的产物，它反过来又使社会神圣化，赋之以道德权威和绝对权力，使社会的人"都会认为自己不得不遵循由神圣

[①] 杜尔凯姆：《宗教生活的基本形式》，渠东、汲喆译，上海人民出版社1999年版，第276—277页。

本原的性质强加给他的那种特定的行为方式"。这种神圣的指令，内在化为人的道德规范，外在表现则形成社会共同体的社会秩序。对神圣物进行崇拜活动的宗教仪式在这方面发挥着特殊的社会文化功能，各种宗教仪式（发展为禁忌规定的消极性仪式；祈祷多子多福的积极性仪式；赎罪禳解仪式）的基本功能都在于使共同体继续维持下去，重新加强社会成员个人从属于社会集体的观念，使人们保持共同的信仰和信心。因为在举行宗教仪式时，一大群社会成员聚集在一起，在信仰感情的作用下，进入高度兴奋的狂热状态。正是这种状态，社会集体表现出了对个人的压力和权威。通过仪式活动，加强了信众与神的关系，也因之而加强了个人与社会之间的关系。宗教仪式实质上是一种手段，社会共同体通过它来定期地重新肯定自身。那些认为自己是被一个有一致的利益和传统的团体联合在一起的个人，通过共同的仪式活动而意识到他们在共同信仰基础上的道德一致性。杜尔凯姆的宗教社会学一方面从社会共同体对道德的一致性需要出发说明了宗教神灵的神性及其本原；另一方面又从宗教信仰的一致性和宗教仪式的集体性说明了社会作为道德共同体的形成，合乎情理，富有深意，深刻地证明宗教何以是一种社会文化形式及其与其他社会文化形式（政治、法律、道德）的内在关系。

由宗教信仰者的组织化、宗教生活戒律化、宗教观念教义化、宗教行为礼仪化而形成的宗教体制对社会的制度文化也有着深刻的影响。在原始时代的氏族制社会和早期民族国家中，宗教的体制与社会的体制基本上是浑然一体的，或者常常是重叠的。社会体制宗教化，宗教礼仪制度也构成了社会的制度。在图腾制社会，由于图腾被神圣化，氏族集团围绕着对图腾的崇拜规定出一系列相应的禁忌和礼仪活动。如禁止乱伦内婚，不许打、骂、杀、食、触摸图腾物，不许进入放置图腾圣物（"楚林噶"）的图腾圣地，定期举行图腾繁殖仪式，在需要的时候，举行图腾巫术仪式。所有这些图腾禁忌规定和图腾仪式活动皆有助于氏族制度的形成与巩固。

通过祖先亡灵神格化而形成的祖先崇拜不仅和图腾崇拜一样形成和巩固了原始社会的氏族制，而且表现了更强大、更悠久的生命力。它的影响一直延续到文明社会，直接或间接地确定了一系列宗教祭祀的仪式制度和社会体制。祖先崇拜在我国华夏民族和许多兄弟民族中的历史上最为充分和发达，影响最为持久和全面。几千年来成为中国华夏民族一以贯之的正统宗教信仰就是宗法性的宗教，其核心内容就是"敬天法祖"。这个祖就是祖先，即氏族的宗祖、家族的近祖、种族的始祖；而所谓"天（上帝）"本质上是皇族祖先的延伸。中国自有文字以来（甲骨文、金文以及经史典籍）对"崇天敬祖"的制度和仪规有相当详尽的记载。我国的祖先崇拜有一个从崇拜血缘祖先发展为"祖有功，宗有德"的过程，并逐渐形成一整套宗法社会的宗教体制和社会体制。春秋时代著名人物展禽对此有系统的叙述：

> 夫圣王之制祀也，法施于民则祀之，以死勤事则祀之，以劳定国则祀之，能御大灾则祀之……非是族也，不在祀典。昔烈山氏之有天下也，其子曰柱，能植百谷百蔬；夏之兴也，周弃继之，故祀以为稷。共工氏之伯九有也，其子曰后土，能平九土，故祀以为社。黄帝能成命百物，以明民共财。颛顼能修之。帝喾能序三辰以固民，尧能单均刑法以仪民，舜勤民事而野死，鲧障洪水而殛死，禹能以德修鲧之功，契为司徒而民辑，冥勤其官而水死，汤以宽治民而除其邪，稷勤百谷而山死，文王以文昭，武王去民之秽。故有虞氏禘黄帝而祖颛顼，郊尧而宗舜。夏后氏禘黄帝而祖颛顼，郊鲧而宗禹。商人禘舜而祖契，郊冥而宗汤。周人禘喾而郊稷，祖文王而宗武王。幕，能帅颛顼者也，有虞氏报焉。杼，能帅禹者也，夏后氏报焉。上甲微，能帅契者也，商人报焉。高圉大王，能帅稷者也，周人报焉。凡禘、郊、祖、宗、报，此五者，国之典祀也。（《国语·鲁语上》）

列入祀典的宗教崇拜对象已不仅是血缘上的祖先，而是"法制于民"者，"以死勤事"者，"以劳定国"者，"能御大灾"者，即"有功烈于民"的"圣王"。"圣"，即今之所谓"文化英雄"；"王"，即今之所谓氏族部落社会的"首领"和国家的君主，把他们列入禘、郊、祖、宗、报五种祀典的崇拜对象，既有宗教意义，更有社会政治意义。这些祀典的性质和内容，显然既是宗教体制，也是社会政治体制。三代以来，作为宗法社会之特征的宗庙社稷制度无疑发端于在血缘社会基础上形成的祖先崇拜。

这种宗教体制作用于社会政治体制，其至两种体制重叠合一的情况，不独中国的宗法血缘社会为然，在其他民族和国家的历史上也很普遍。而在一种宗教被社会统治者崇奉为唯一的国教时，更往往发展为"政教合一"的神权政治形式。

在世界进入文明时代的几大文明古国，其社会政治制度几乎都具有君权与神权、政权与教权合二而一的性质。国家的重大政务往往以宗教形式（通过某种宗教巫术仪式）做出决策。政治活动的成败得失往往归因于神意，国君被视为神的化身、后裔或代理人。他们或者出身于祭司贵族，或者兼任国家的最高祭司，总揽一国之政权与教权；上层统治集团包涵大量的宗教上层人物，巫觋、祭司和僧侣也兼管教务和政务。我国史籍《国语·楚语下》有关于"政出于教"的具体记叙：

> 古者民神不杂，民之精爽不携贰者，而又能齐肃衷正，其智能上下比义，其圣能光远宣朗，其明能光照之，其聪能听彻之，如是则明神降之，在男曰"觋"，在女曰"巫"，是使制神之处位次主，而为之牲器时服。而后使先圣之后有光烈，而能知山川之号，高祖之主，宗庙之事，昭穆之世，齐敬之勤，礼节之宜，威仪之则，容貌之崇，忠信之质，禋洁之服，而敬恭明神者，以为之"祝"。使名姓之后，能知四时之生，牺牲之物，玉帛之类，采服之仪，彝器之量，次主之度，屏摄之位，坛场之所，上下之神，氏姓之出，而心率旧典者，为之"宗"。
>
> 于是乎有天地神民类物之官，是谓"五官"，各司其序，不相乱也。民是以能有忠信，神是以能有明德，民神异业，敬而不渎。故神降之嘉生，民以物享，灾祸不至，求用不匮。（《国语·楚语下》）

这段内容十分丰富、价值极其重要的史料，记叙了我国古代宗教与政治之间的密切关系。那时，男觋女巫被社会认之为具有超常才智的特殊人物，为此，神灵才降附其身，使其成为通神事鬼的巫觋。他们掌握并规定了神灵世界的位秩和崇拜神灵的礼仪制度。由此而成为"宗"、"祝"（"宗教祭司"）。他们不仅主持社会和国家的公共祭仪，而且熟悉规范上下人伦关系的典章制度。他们也因此而成为职掌天、地、神、民、类物五类的官吏——是为"五官"。政权与教权在这里融为一体。这段史料直接谈到的只是古代中国的官僚系统与巫觋宗祝的渊源关系，未谈及国家最高统治者与宗教的渊源问题。不过，我们不会不注意到，我国从原始时代的氏族长老、部落首领到夏商周三代以来的历代君主，都不仅是社会和国家的行政首脑，而且也是全社会、全国家公共宗教祭祀大典的主祭人，是最高的祭司长；西周秦汉以后更直接自称是上天（上帝）的"嫡长子"（天之元子），是奉天承运、天命所归的"天子"，君权与神权，政治与宗教，在中国文化史上从来都是合流的。如果说，还有什么中国民族特色的话，那就是中国的宗教历来附属于中国的政治，神权历来从属于君权，特别是在西汉"独尊儒术"之后。

政教合一，以至教权支配政权的情况在世界历史上也屡见不鲜，其典型形式有罗马帝国时期和中世纪的欧洲基督教，哈里发帝国时期的伊斯兰教，中国西藏地区的黄教……在欧洲中世纪，基督教《圣经》的词句具有法律的效力；帝王即位由罗马教皇涂膏加冕，教会主教同时拥有世俗权，其中包括教区领地内的司法权，教会法规取代了罗马法，宗教裁判所一度凌驾于世俗法庭之上，教育事业全掌握在僧侣或修士手中，"七艺"成为神学的附庸，神甫成了乡村和基层社会生活的指导者。此种情况在资产阶级民主革命后有日趋淡薄之势，但某些外在形式和遗迹仍保留至今。

哈里发帝国时代，神权与君权是融为一体的，伊斯兰教和中世纪的基督教一样，在阿拉伯社会居于至高无上、支配一切的地位，时至今日，伊斯兰教仍被许多国家奉为国教，一些伊斯兰国家的元首，今日仍采用"苏丹"或"埃米尔"这样的政教合一的称号。在伊斯兰国家里，伊斯兰教法往往被奉为国家的民法和刑法，并形成了"金议"、"类比"等宗教性的立法准则。宗教支配下的政教合一至今仍以不同形式存在于伊斯兰国家之中。

佛教由于其教义有较强的出世性，信仰佛教的国家历史上政教合一的情况相对较弱，大乘派佛教更是如此。但在南亚小乘派佛教地区，至今仍存在一定程度的政教合一现象。至于我国的西藏地区，在民主改革之前，则是中世纪政教合一、神权政治的典型形式。

总之，宗教体制对于整个社会政治体制的影响不仅是深刻的，也是广泛的、持久的。

这一切都充分说明，宗教的各个要素本身确为社会文化的组成部分，它们植根于社会生活的土壤，同时又常常渗透到社会生活的各个方面。它们以神圣的名义为社会共同体确立了共同的信仰，规范了社会成员的社会行为，确立了伦理生活的准则，固定乃至构成社会共同体的风俗习尚和许多重要的社会政治体制。许多社会规范和社会制度在人类早期和古代社会，往往是作为当时宗教的一个组成部分而表现出来的。尽管随着社会发展，许多上层建筑、社会文化形式和社会制度，或先或后脱出了宗教的积染而世俗化为人文性的社会文化，但如追根溯源，我们几乎总是可以在其中发现宗教因素的烙印，而在原始时代和人类早期的宗教中，则可以找到它们诞生之初的原始表现形态。

四　比较研究后的质疑：宗教果真是一切文化的本体与核心么？

近现代宗教学家、文化人类学家和宗教文化史家一般都非常重视宗教对各种文化、对社会与历史的发展所发挥的重大影响。克里斯托弗·道森在《宗教与西方文化的兴起》中写道：

> 一种意识形态与一种信仰极为不同，尽管它倾向于发挥与信仰相同的社会学功能。意识形态是人的产物，是有意义的政治意向试图按照它的意图来塑造社会传统的工具。但是，信仰看起来则远离人的世界及其成果；它引导人们走向一种更高的、更加广袤的实在境界，而不是走向政权和经济秩序所归属的有限而无常的世界。因而，它给人类生活注入了一种精神自由的因素，这种因素可以对人类社会的文化和历史命运，以及对人的内在的个人经验产生创造性的、潜移默化的影响。如果我们因而把一种文化作为一个整体来研究，我们将会看到，在它的宗教信仰与它的社会成就之间有着一种内在的关系。甚至一种很明显地属于彼岸世界、似乎是否定人类社会的价值和标准的宗

教，仍然会对文化产生刺激作用，并在社会变革运动中提供推动力。劳德·阿克顿说过，"宗教是历史的钥匙"，在今天，当我们意识到无意识对人类行为所产生的巨大影响，以及抑制和缓和这些潜在力量的宗教力量的时候，阿克顿的格言获得了比他所能意识到的更广泛的含义。①

这就是说，一般的、世俗性的社会意识形态只不过引导人们去追求或塑造一个无常的有限世界，只有宗教才引导人们去追求一个更高、更广大的实在世界。尽管这个实在世界属于彼岸，而且宗教往往对社会的价值和标准采取否定的态度，但唯其如此，宗教才对文化产生刺激作用，并对社会的变革提供推动力。在道森看来，宗教的实在境界实质上是对最高的精神秩序的一种直觉和精神洞见，既表现于形而上的思维，也表现为艺术创作和道德行为。西方基督教文化所追求的精神秩序就是把建立一个超越所有的国家和文化的神圣社会作为人类的最终目的。至于中国宗教之于中国文化和中国社会、印度宗教之于印度文化与印度社会也起着同样的作用，为它们提供某种形而上的精神洞见和最高的道德理想，总之，一切富有生机的文化赖以发展的能量和动力，都源于宗教。宗教是文化的动力之源，教会则是社会秩序的种子。

道森的宗教文化观在学术界具有相当的代表性。但不同学者在强调的重点上并不相同，大致有两种倾向：宗教哲学家和宗教神学家们更多地从哲理上来论说宗教是文化的本质，文化是宗教的形式；宗教文化史学家则更着力于用历史的分析来证明宗教是文化和文明的推动力，各种文明社会不过是宗教和教会在不同历史阶段的表现形态。在现当代，前一种倾向可以保罗·蒂利希的《文化神学》为其代表；后一种倾向则应以汤因比为集其大成者。

保罗·蒂利希是当代很有影响的宗教哲学家和颇有革新精神的神学家。他提出了一个在中外学者中得到很大共鸣的宗教定义："宗教，就该

---

① 克·道森：《宗教与西方文化的兴起》，长川某译，四川人民出版社1989年版，第4—5页。

词最宽泛、最基本的意义而论，就是终极的关切。"① 所谓宗教信仰实质上就是某种终极关切所把握的存在状态，宗教信奉的神或上帝不过就是这种关切所指内容的名称而已。宗教本身是人类精神的活动，而且处于人类精神的底层，它支配着作为精神不同活动的各种文化。无论其对现实世界的认识（理论），抑或是对于现实世界的社会改造（实践），无一不是人类精神所表达到的一种对终极目标的关切。这种表达终极关切的理论活动或实践活动，都是人类精神的一种文化创造活动，其所表现的形式就是"文化的样式"（a style of culture），文学艺术的题材内容或艺术表达形式、哲学观念、道德伦理规范……实际上都是人以自己的精神活动表达他对自己、对群体以及对他所处时代的终极关切。文学、艺术是如此，哲学和道德亦复如此。蒂利希基于这种认识得出了自己的结论：

> 作为终极关切的宗教是赋予文化之意义的本体，而文化则是宗教的基本关切表达自身的形式的总和，简言之，宗教是文化的本体，文化是宗教的形式。②

类似的观点在我国学术界也不断有学者提出并主张过。哲学家贺麟先生认为："道之凭借人类的精神活动而显现者谓之文化。"③ 所谓文化就是经过人类精神陶铸过的自然。在贺先生看来，理或道不过是蕴藏在人类心灵深处的法则，将此内蕴的法则（道）发扬光大，提到意识前面成为自觉的真理，就是精神的活动，由此而显现成为"文化"。道是本体，精神是主体，文化则是精神的产物。贺麟先生把道与文化的关系解释为体与用的关系："道是文化之体，文化是道之用。"④ 哲学所谓的体与用亦即对象之本质与表现形式。当然，在贺麟哲学中，道不过只是个形而上意义上的本体，并非宗教意义上的神或上帝，他并未由此而全面直接地主张宗教是一

---

① 蒂利希：《文化神学》英文本，第7—8页。
② 同上书，第42页。
③ 贺麟：《文化的体与用》，载《贺麟新儒学论著辑要》，中国广播电视出版社1995年版，第6页。
④ 同上书，第5页。

切文化的本体或本质。但需关注者，在中国的传统文化和传统宗教里，道却是具有浓烈的神圣性、宗教性的存在，是某种泛在的神性实在。所谓"道为文化之体，文化为道之用"很容易被理解为宗教为文化之体。即使在作为哲学家的贺麟先生那里，这种理解也部分地表现出来，至少在宗教与道德的关系中是如此！

……宗教与道德皆同为善之价值之表现。但宗教所追求者为神圣之善。道德所追求者为人本之善，宗教以调整人与天关系为目的，道德以调整人与人的关系为目的，在此意义下，我们不能不说，宗教为道德之体，道德为宗教之用。①

在宗教与文化的总体关系上，作为纯粹哲学家的贺麟先生不像既是哲学家又是神学家的蒂利希神父那样，全面而彻底地主张"宗教是文化的本体，文化是宗教的形式"；但他在使用体用范畴来说明宗教与道德的关系时，二人却志同道合了。特别是他们两人在分析文化问题时使用的哲学语言和思维方式有着惊人的一致之处。

梁漱溟先生关于宗教与文化的关系也提出过大体上类似于蒂利希和贺麟先生的意见。他主张人类文化以宗教为开端，且以宗教为各种文化之中心：

人类文化都是以宗教开端，且每依宗教为中心。人群秩序及政治，导源于宗教；人的思想知识以至各种学术，亦无不导源于宗教。并且至今尚有以宗教包办一切的文化——西藏其一例。不仅文化不甚高的时候如此，便是高等文化亦多庇在一伟大宗教下，而孕育发展出来——近代欧美即其例。我们知道，非有较高文化不能形成一大民族；而此一大民族之统一，却每都有赖一个大宗教。宗教之渐失其重要，乃只晚近之事耳。

---

① 贺麟：《文化的体与用》，载《贺麟新儒学论著辑要》，中国广播电视出版社1995年版，第9页。

盖人类文化占最大部分的，诚不外那些为人生而有的工具手段、方法技术、组织制度等。但这些虽极占分量，却只居从属地位。居中心而为之主的，是其一种人生态度，是其所有之价值判断。——此即是说，主要还在其人生何所取舍，何所好恶，何是何非，何去何从。这里定了，其他一切莫不随之，不同的文化，要在这里辨其不同。文化之改造，亦重在此，而不在其从属部分。否则，此处不改，其他尽多变换，无关宏旨。此人生态度或价值判断寓于一切文化间，或隐或显，无所不在。而尤以宗教、道德、礼俗、法律，这几样东西特为其寄寓之所。道德、礼俗、法律皆属后起，初时都蕴孕于宗教之中而不分。是则所以人类文化不能不以宗教开端，并依宗教作中心了。①

他既没有说"宗教是文化的本体，文化是宗教的形式"（蒂利希），也没有说"宗教为道德之体，道德为宗教之用"（贺麟），却明确地说："人类文化不能不以宗教开端，并依宗教作中心"。这种"宗教是中心、文化为附属"的理论与蒂利希的观点异曲同工，本质上是一致的。梁先生关于宗教为文化之中心的理论是从他所谓人类文化以宗教为开端，其他文化初期皆孕育于宗教之中的主张联系在一起的。这涉及人类宗教史和人类文化史的历史事实，可惜梁先生未对此作历史的探索，未免使人难以信服。在上述引文中，梁漱溟先生特别指出："我们知道，非有较高文化不能形成一大民族；而此一大民族之统一，却要都有赖一个大宗教。"这个观点是一位蜚声国际学术界的历史学家汤因比更早一些就已提出的，是他最为心爱的一个命题。汤因比是从历史学角度来研究人类文明史，企图用历史的研究来证明人类文化史（文明史）不过是宗教变迁史的代表性人物。他不仅认为宗教信仰是人类整个文明社会得以形成和发展的生机和源泉，更把这种宗教文化史观贯穿于他的全部历史研究之中，成为他的巨著《历史研究》的指导原则。他认为，"文化"本质上是一种精神活动，是文明社会特有的标志。作为精神活动的"文化"，其核心是某种价值体系，而价值体系的根基则是宗教信仰。宗教信仰不仅决定精神活动本身，而且

---

① 梁漱溟：《中国文化要义》，学林出版社1987年版，第95—96页。

制约和决定着整个文明社会或文化体系的其他各种活动和形式（如政治和经济）。一个社会如要发展，就必须进行对环境的改造和政治的、经济的、文化的各种建设。这种改造和建设如要得到进展，必须以社会权威的领导和社会成员的协作为其条件。这样的条件只能产生于统治者和被统治者共同信仰的宗教之中。只有社会共同信仰的宗教才能产生社会的协作和社会的经济活动。在这个意义上，文明形态实质上就是宗教的表达形式。一旦某个民族对传统的宗教失去信仰，他们社会的文明必将走向衰落，甚至走向内部解体而导致社会分裂。为结束社会的解体与分裂，最终总是出现某种为社会共同信仰的新宗教，在此基础上，建立起一种取代旧文明的新文明。文明在历史上的发展像生命体一样，有一个受孕、怀胎到分娩的历史过程，新的文明出现的背后一般总是依托着某种社会共同信仰的宗教——"统一教会"。如果我们回忆各个现存的文明的历史背景，"我们就会看到每个文明在它的背后都有促使它同上一代的文明发生子体关系的某种统一教会。西方基督教和东正教徒的文明是通过基督教会和古代希腊文明发生子体关系的；远东文明是通过大乘佛教和古代中国文明发生子体关系的；印度文明是通过印度教和古代印度文明发生子体关系的；伊朗和阿拉伯文明是通过伊斯兰教和古代叙利亚文明发生子体关系的。所有这些文明都是以教会作为它们的蛹体"[①]。世界上各大文明社会实质上是伟大宗教的表现形态，而"统一教会"则是孕育和孵化出文明社会或文化体系的蛹体。

在国际学术领域，有关宗教决定文化的观点，还可以发现多种多样的表述方式，但就其基本倾向而言，大致可归结为上述哲学的（蒂利希）和历史的（汤因比）两种类型。这两种形式的"宗教决定文化论"究竟有多大的真理性？在理论上是否健全？在历史上是否符合实际？尤其重要者，是否适用于中国宗教与中国文化的性质、特点和历史事实？这是需要认真讨论的重要问题。

上述各种形式宗教决定文化的说法早已流传于学术界，似乎已经成为人们莫之与辩的普遍真理，在一定范围之内和特定的意义之上，也未始没有一些根据和道理。但是，在严格的学理上，无论是在哲学意义方面，还

---

① 汤因比：《宗教研究》下册，曹未风译，上海人民出版社1964年版，第99页。

是在历史根据方面，它们都未曾经过理性的审查和历史事实的检验。貌似深刻的精神洞见，实则以偏概全。在这个领域，我们需要深入探讨几个带根本性的问题：

第一，用本体—形式、体—用之类哲学范畴来说明和分析宗教与文化的关系，严格说来是不符合这类范畴的哲学意义的，因此是不适用的。哲学所谓的"本体"或"体"乃是对事物赖以存在的基础，是物之所以为物的本质，而"形式"或"用"则是为物之本质所决定而表现于外的外在形式或现象。无本质则无现象，无其本体则无其表现形式。物质的分子运动决定物体的热度，物质微粒（原子、电子、中子……）的数量组合和空间结构决定自然物的物理特性和化学特性，生物 DNA 的分子结构决定生物物种的遗传特性……故前者是后者的本体或本质，后者是前者的表现形式。宗教与文化显然不是这种性质的关系。我们已在前面讨论过"文化"的本质问题，文化是人类特有的创造性活动的产物，是人把人性加于自然之上，从而使自然人性化的结果。人性有多种多样的内容和需要，其加之于自然，使之人性化有多种多样的结果，由此而形成的文化便具有了多种多样的形式：有器物文化，也有行为文化；有物质文化，也有精神文化；有制度性文化，也有认知性和价值性（对真善美之类的判断或取向）文化……在这个意义上，所谓"文化"，乃是一切文化的总概念，而宗教不过是文化的一种形态。"文化"是总体，"宗教"则不过是构成总体的一个部分。文化体系中的某些"部分"的地位和作用相对于其他"部分"在总体中可能更为重要一些，但总不能说这些重要一些的"部分"是作为整体的整个文化体系的本体或本质，"整体"（文化）反倒是"部分"的表现形式。文化体系的内容是非常复杂、丰富多彩的，有些文化形态与宗教文化的关系可能密切一些，但另一些文化形态却可能是纯世俗性的、非宗教的；甚至还有一些文化，从形式到内容都是反宗教的。我们有什么理由把一切文化一股脑儿都说成以宗教为本体而为其表现形式呢？如果说，一切文化本质上都是人性的对象化，或自然的人性化，那么，我们只能说，人性及其在自然对象中的实现才是文化的基础、源泉或本质。而人性的本质是人的生存或存在，一切文化归根到底是为了人的生存，或者说为了基本人性的实现服务的，广义上的"文化"实质上就是体现人性需要的社会生活本身。宗教信仰也是人性需要的一种，是人类社会生活的一部分，是随着人性发展和社会生活发展到特定历史阶段才应运而生的产物。根据这种广义文化的概念，与其说宗教是文化的本质，文化是宗教的表现形式，不如反过来说文化（实即人类社会生活本身）才是宗教的本质，宗教不过是文化的表现形式之一。是文化决定宗教，而不是宗教决定文化。或者说，是人类的社会生活决定宗教，而不是宗教决定人类的社会生活。

我们注意到，保罗·蒂利希在论证自己的宗教决定文化论时，曾经提出了一个颇具特色的宗教规定："宗教，就该词最宽泛、最基本的意义而论，就是终极的关切。"人类对终极命运的关切，无疑是一种最根本的人生渴望和精神追求，对其他各种相对次要的精神活动及其文化表现产生支配性的影响。可是，问题的关键所在却是：此种"终极关切"是否即是宗教信仰？人类终极关切的对象和内容是否就是宗教称之为"上帝"或"神"的那种终极存在？显而易见在人们的"终极关切"与宗教信奉的"上帝"或"神"之间并无逻辑上的必然性联系，更谈不上概念的同一性。人们最基本的人生渴望和精神追求（"终极关切"）总是与他所处的存在状态紧密相连的。所处的存在状态不同，他所关切的主要内容也随之而易。饥寒交迫的苦难大众最基本的关切只能是衣食温饱，维持自身的生存；苦恋中的贾宝玉和林黛玉的"终极关切"是实现他俩的爱情与婚姻；鸦片战争以来处于民族存亡关头的中国人民以及代表他们的仁人志士的"终极关切"是奋发图强、救亡图存；爱因斯坦的崇高目的是探寻自然的规律和宇宙的奥秘；马克思、恩格斯则把建立共产主义社会作为自己的最终理想……人的"终极关切"的内容和对象既有如此复杂多变的差异，又怎能把所有这些"终极关切"统统算在宗教信仰的账上！蒂利希把世界上各色人等信奉的各种"主义"、各种精神追求和世俗追求，全都包括在内地称之为"终极关切"中。按照他的说法，一个爱国主义者就是把他所爱的国家当成终极关切；一个献身于共产主义事业的人就是把共产主义当成他的终极关切；一个相信存在主义哲学精神的人就是把存在主义当成他的终极关切；一个酷爱艺术或民主政治的人就是把艺术或民主政治当成他的终极关切。而一切终极关切的对象在关切者的心中都因此而具有神圣的神性，成了事实上的宗教信仰的"上帝"或"神灵"。这种种"终极关切"

支配着关切者的全部精神活动，其性质和内容是关切者对其一切行为和精神活动所做的一种自我解释，以解答其人生的终极意义。无论何人，只要当他对其人生的终极意义有所理解，他就进入了宗教信仰的氛围和状态。这种精神状态及其表现形式就是"文化"。蒂利希关于"宗教是文化的本体，文化是宗教的形式"的理论，其基本意义即在于此。蒂利希的"终极关切"论俨然像中国神话小说中的神仙宝囊中的"通天宝囊"，可以把普天之下一切具有根本性人生追求的信念或"主义"，囊括无遗地包罗于其中。至于这些追求的对象是世俗的，还是超世俗的；自然的，还是超自然的；宗教的，还是非宗教、反宗教的，……只要成了某个人的根本追求，它就成了这个人的宗教，成了他的上帝，于是，爱国主义、科学主义、道德主义、民主主义、共产主义、拜金主义、爱情至上主义……通通都是"终极关切"的宗教。这是一种把宗教与非宗教混为一谈，把一般信仰等同于宗教信仰的泛宗教论。实际上，宗教的东西与非宗教的东西、反宗教的东西之间，世俗之物与超世俗境界之间，宗教的神及其神性与一般真善美之物的崇高性和神圣性之间的界限，不仅在概念的实际应用上应作严肃区分，而且在理论上这种区分也并非难以做到。恺撒就是恺撒，上帝就是上帝。唯其如此，欧洲人早就主张把属于恺撒的归于恺撒，把属于上帝的归于上帝。如果我们也像蒂利希那样，把一切艺术的、伦理的、政治的、哲学的甚至庸俗的纵欲主义追求都归之于宗教的"终极关切"，那无异于事先在前提上把一切精神追求及其文化表现归之于宗教，这种论证方式不是认真地讨论宗教如何决定文化，而不过是一种逻辑上的同语反复。马克思说得好，我们不应该把世俗问题化为神学问题，而应该把神学问题化为世俗问题。正是在这里，表现出了马克思与蒂利希的根本区别。蒂利希的逻辑就是用一个意义含混的术语"终极关切"，把一切世俗问题化为宗教神学问题。我们今天的任务就是要按照马克思的办法，反蒂利希之道而行之，把他用"终极关切"论宗教化了的世俗问题恢复其本来面貌，还原为世俗问题本身。如果我们认识到这一层，展现在我们面前的人类文化将脱去蒂利希加于其上的清一色的宗教袈裟，而恢复其丰富多彩、绚丽多姿的本来面貌。

但在承认人类的人性需要多种多样，处于不同存在状态的人，其人生渴望和精神追求("终极关切")丰富多彩的同时,也许我们应该进一步承认,在各种各样的"终极关切"中,对真正意义上的宗教和宗教境界的关切在人类历史的特定时期和特殊环境下常常居于特殊的地位,相对于当时的艺术的、伦理的、社会政治的……世俗性"关切"更具有"终极"的意义。在这种特定情况下,宗教对与其相关的文化,甚至对奉为世俗性的文化发挥着巨大的影响,这些文化或许也可称为宗教关切的"表现形式"。恩格斯在谈及中世纪欧洲基督教与其他文化的关系时,就承认过这种历史事实:"中世纪把意识形态的其他一切形式——哲学、政治、法学,都合并到神学中,使它们成为神学中的科目。"[①] 类似情况在原始社会、古代社会、欧洲中世纪以及伊斯兰教世界都曾存在过。在这些地区,在那个历史时代,宗教成了上层建筑、意识形态的总汇,迫使各种社会文化成了宗教神学的附庸。但是,这些事实毕竟不过只是世界史的部分情况,或许也可说成是世界历史上比较多见的现象。但可断然地说,那绝非超时空的放诸四海而皆准的普遍真理。蒂利希那个论断太绝对了。其实,例外的情况并不少见。中国春秋战国时代的诸子百家,汉唐以来以儒家学说为主体的整个中国文化,轴心时代的古代希腊文化,西方文艺复兴时期以后日趋发展的以人文主义和自然科学为核心内容的近现代西方文化……本质上都具有非宗教(甚至直接反对宗教)的性质,是反传统的产物,严肃的学术分析很难把它们归结为宗教的附庸物,更不能简单地把它们说成是以宗教为本体的宗教文化形式。历史的真实也许恰正与蒂利希的论断背道而行。如果我们换个说法,春秋战国的诸子文化,汉唐以来的中国正统文化,实质上是以儒学为本体和核心,而中国诸宗教反为其表现形式;古代希腊文化和文艺复兴以来的西方文化本质上是以崇尚人性的人本主义、推崇理性的理性主义的哲学、艺术和科学为体,传统宗教反而变质为其所用……岂不是更符合于真实的历史么?当然,这是个大问题,需要进行精当的分析和具体的探讨。

第二,以宗教为文化之本体或核心的理论在历史学(特别是文化史

[①] 恩格斯:《路德维希·费尔巴哈和德国古典哲学的终结》,《马克思恩格斯选集》第4卷,人民出版社1972年版,第251页。

学）方面的论据，常有忽视人类各民族宗教史和文化史的复杂性的简单化倾向，经不起历史事实的严格推敲。所谓宗教为文化之开端、人类各种文化皆导源于宗教之说，更是远离历史的真相。人类考古学把人类的诞生推向越来越古远的年代（最新的考古发现已找到500余万年的人类骨骼化石及当时人类使用的工具）。现代的文化人类学倾向于把文化规定为人类区别于其他动物的本质特征，从而把人类直接规定为创造和使用文化的动物。马克思主义一贯的说法是把使用劳动工具进行劳动生产视为人类的本质；符号论文化哲学的说法有些不同，把创造和使用符号说成是人之有别于禽兽的标志。"符号"可以是人类赋之以象征性意义的语言、声音、文字、图画或各种象征意义的自然事物或创造器物。无论是马克思主义的"劳动工具论"，还是符号哲学的"符号论"，它们都既为人类所创造，又反过来塑造人类的人性本质；作为人类的本质，是人类诞生于世的基本标志。在旧石器时代，石器作为原始人类进行创造性改变自然的生产工具，就是人类最早创造的"文化"产物。而原始人群为了彼此交流协作，进行共同生产必须使用赋之以象征性意义的声音、语言、手势、动作……从而创造出了最原始的"符号文化"。在最为原始的旧石器时代，人类已开始了文化创造（劳动工具、各种"符号"），但在漫长的旧石器时代里，人类考古学都找不到任何"宗教符号"的痕迹。根据考古发现，学者们一致认为，人类最早创造出宗教的原始遗迹，发现于旧石器时代中后期和新石器时代的文化遗址之中。西方学者称之为"莫斯特文化"，其创造者定为早期智人——尼安德特人，考古定年上限约为12万年。迄今为止，在中国大地上考古发现的最原始的宗教遗迹是山顶洞人的具有规范性的"丧葬"遗址，考古定年为1.8万年。相对于原始人类所创造的旧石器时代文化早中期的漫长年代（数百万年之久），宗教文化的萌芽只不过是短短的阶段，最多不过十万余年。所以，我们可以断然地说，人类最早产生的宗教观念以及相关的宗教崇拜活动，乃是原始社会、原始文化发展到一定历史阶段的产物，最早开始于旧石器时代的中晚期，普遍化于新石器时代。这些考古学上的铁的事实，在我们现在考察的宗教与文化的一般关系问题上，提供了一个富有启发性的结论：宗教不但不是文化的开端，而且是文化发展到一定阶段的产物。我们应该从文化发展史去说明宗教的起源，而不能反过来用宗教去说明文化的开端。

但是，我们必须同时承认，当人类在原始社会的一定阶段萌生了"宗教"的观念和其他基本要素之后，原始社会的宗教便在各种原始性文化形式之中居于至高至上的特殊地位。因为，原始人一当萌生了"神圣"、"神"或"灵"的观念之后，不管赋予它们的神性是多么粗陋，也总是被原始人认之为支配自己的日常生活和自然事物活动的一种神秘力量，被认之为高于人、高于自然的力量；自然事物和人类生活背后皆为这种具有超人、超自然的神性之灵所主宰或支配。这就是泰勒所谓的"万物有灵论"。这种信念在原始民族中相当普遍。它给原始人佩戴上一副"万物有灵"的眼镜，把观察所及的世界投入于神秘的浓云密雾之中。于是，原始时代的宗教便逐渐演变、发展而成为原始人包罗万象的纲领。原始时代文化与宗教的结合是非常紧密的，甚至是浑然一体的。只有我们现代人用理性思维和逻辑分析的手段，才能从原始宗教的各种要素中分解出包容于其中的世俗性文化的内容。在这个意义上，我们可以说，原始宗教在原始社会发展到相应阶段之后，不仅本身是最重要的一种文化，甚至是一切文化的总汇。当梁漱溟先生说："人群秩序与政治，导源于宗教；人的思想知识以至各种秩序，亦无不导源于宗教"；"道德、礼俗、法律皆属后起，初时都蕴孕于宗教之中而不分……"；如果他对原始宗教与原始文化也保持一种历史的观点、发展进化的观点，把它的适用性定在原始社会的中后期，那么，梁先生的论断是可以成立的。可惜他提出这个论断的当时，却忘记了原始社会是一个漫长的历史，而宗教的产生却只是数百万年原始人类漫长发展之后的短短阶段上（最多十余万年）发生的事情。如果我们充分考虑了考古学和文化人类学的新发现，再来全面论断原始宗教与原始文化的基本关系，那么，更科学的结论也许就不是梁先生听说的"人类文化都是以宗教开端"；而是应该倒过来：人类文化创造是作为人类诞生的标志，文化不仅创造新的文化，也创造了人类本身；人类最早的宗教是原始文化发展的结果，从最原始意义上讲，文化才是宗教的开端。当然，在提出这个论断的同时，我们必须作新的补充：当人类宗教诞生并日趋成熟之后，正如宗教的神灵成了万事万物的主宰一样，作为一种文化的宗教也日渐君临于各种文化之上，把它们变成宗教文化体系的附庸。只是随着社会的发展和文化的演进，才逐渐摆脱这种附庸地位，发展为独立的文化和学术，就这种情况而言，梁先生所谓"宗教是文化的开端"的说法就有相对的正确性。但是，这种文化摆脱宗教神学而独立的过程在各种文明形态社会中发展是不平衡的，有的早些，有的迟些，有的至今仍处于程度不同的附庸状态。梁先生举出了民主改革之前的西藏的例子。它在当时仍是"以宗教包办一切的文化"。类似情况不独西藏为然，中世纪的欧洲是基督教包办一切文化，中世纪阿拉伯世界也是伊斯兰教包办一切文化，而且至今在伊斯兰教原教旨主义统治的国家也仍然处于"宗教包办一切文化"的状况。

第三，在宗教与文化的关系中，"宗教为一切文化的核心"的理论，似乎并不像汤因比为代表的历史文化学家所主张的那样，具有普遍适用于世界历史上各大文明形态的必然性。照他的说法，如果没有基督教和统一的基督教会，就不可能有西方的基督教文明；如果没有大乘佛教及其教会就不可能有中国和远东的文明；如果没有印度教及其教会就不可能有印度文明；如果没有伊斯兰教及其教会就不可能有伊朗和阿拉伯的文明。如此等等。这差不多囊括了世界历史上的几种最重要的文明形态。他认为一种伟大的文明社会，总是伴随有比较完善的政治制度、比较发达的经济建设和比较兴旺的文化艺术发展……它们的实现，一般都依赖于社会共同体的全体成员（包括统治者和被统治者）具有相同的宗教信仰，以此来凝聚社会成员的认同感或团契意识，在社会和文化的各种建设中实现社会的协作。在这意义上，汤因比把共同的宗教信仰和统一的教会组织视之为强大文明社会赖以形成的基础和条件，而把共同信仰和统一教会的分离说成是旧文明的分裂。汤因比这种"宗教决定文化论"在一定的历史条件下是可以成立的。但是，考虑到世界各个民族、各种文明形态的多样性，我们也不能把汤因比的上述理论绝对化为"放之四海而皆准"的普遍真理。在世界史上，不同地区、不同历史阶段都可以发现众多的例外情况。最为典型的例证就是德国思想家卡尔·雅斯贝斯（Karl Jaspers）关于"轴心时代"（Axial peried）的观点。他发现了世界文化史上一个引人注目的事实：在公元前500年前后（大致涵盖公元前800—前200这段精神文化过程），在当时世界范围内的几个最重要的、不同类型的文化区内，几乎同时出现了一批划时代的思想巨人，他们创造出了告别传统文化的新文化：

在中国，孔子和老子非常活跃，中国所有的哲学流派，包括墨子、庄子、列子和诸子百家都出现了。和中国一样，印度出现了《奥义书》和佛陀，探究了一直到怀疑主义、唯物主义、诡辩论和虚无主义的全部范围的哲学可能性。伊朗的琐罗亚斯德传授一种挑战性的观点，认为人世生活就是一场善与恶的斗争，在巴勒斯坦，从以利亚经由以赛亚和耶利米到以赛亚第二，先知们纷纷涌现。希腊贤哲如云，其中有荷马、哲学家巴门尼德、赫拉克利特和柏拉图，许多悲剧作者，以及修昔底德和阿基米德。在这数世纪内，这些名字所包涵的一切，几乎同时在中国、印度和西方这三个互不知晓的地区发展起来。

这个世界的特点是，世界上所有三个地区的人类全部开始意识到整体的存在、自身和自身底限度。人类体验到世界的恐怖和自身底软弱。他探讨根本性的问题，他力求解放和拯救，通过在意识上认识自己的限度，他为自己树立了最高目标。他在自我的深奥和超然存在的光辉中感受绝对。

这一切皆由反思产生。意识再次意识到自身，思想成为它自己的对象。人们试图通过交流思想、理智和感受而说服别人，与此同时就产生了精神冲突。人们尝试了各种最矛盾的可能性。讨论、派别的形成，以及精神王国分裂为仍互相保持关系的对立面。[1]

雅斯贝斯把这一时期称之为世界历史的"轴心"，因为这几个不同文化区的大思想家提出了对历史进行自我理解的范式。他们的思想成果成了历史发展的精神动力。以前人类无意识接受的思想、习惯和环境，都遭到了审查、探究和清理。一切仍具有生命力而在历史上存活下来的传统的文化和实体，其表现形式也被轴心时代的新精神予以审查而得到澄清，进入了轴心文化，成为新开端的一部分。对于世界历史的解释，学术界相当普遍地认为雅斯贝斯的"轴心时代"是一个符合于历史事实的新概念，频频引证在国内外的相关学术论著之中。

如何理解雅氏这个"新概念"？"轴心时代"出现于世界各大文化区

---

[1] 卡尔·雅斯贝斯：《历史的起源与目标》，华夏出版社1989年版，第8—9页。

的思想家们的思想和精神的性质究应如何解释？就本文涉及的基本问题而言，我感兴趣的问题可以集中为一句话：它们是否"以宗教为核心"的宗教性文化？

要找到这个问题的正确答案，大体上可从两个方面入手，一是要看它们本身的内存是否以宣扬宗教思想为其基础或核心；二是看它们对后来历史的影响是什么？与当时的宗教是一种什么性质的关系？如果这个思想方法合乎情理之常，那么，当我们沿着上述思路来探讨轴心时代的思想和文化是否"以宗教为核心"这个问题，似乎只能得出一个否定性的答案。

在我们引述的雅斯贝斯的那段有名的论述中，他先是一口气提到了五个轴心文化，中国以孔、老为代表的诸子文化；印度以《奥义书》和佛陀为代表的文化；伊朗的琐罗亚斯德教；犹太教的先知时代文化；古代希腊文化。可是在结束语中，却又删去了琐罗亚斯德教和犹太先知所代表的两种文化，而只保留了其余三个："在这数世纪内，这些名字所包涵的一切，几乎同时在中国、印度和西方这三个互不知晓的地区发展起来。"雅氏在结语中删去琐罗亚斯德教和犹太先知，似乎不是偶然的疏忽，其中有他对"轴心时代"的更切合实际的悟解。因为，从世界文化史的总体比较看，琐罗亚斯德和犹太先知的思想及其对历史和文化发展的影响，基本上限于古波斯王国和犹太民族本民族宗教信仰领域之中，总体上不过是对传统宗教神学的一种"内部革新"。其对世界历史的影响相对有限，谈不上构成人类历史发展的精神动力，与中国、印度和希腊的轴心时代文化完全不在同一水平线上，不可同日而语，至于雅氏最后肯定下来的其他三种"轴心"文化，其意义和作用就大不相同了，它们可以说得上是在真正意义上构成了世界历史的文化"轴心"。它们所开创的思想文化不仅本身是人类对自身命运和历史的新的自我理解，意味着人类精神的一种自我觉醒，而且它们的思想火焰在世界历史上一次次地推动了文明的发展，成为推动历史前进的精神动力。正因为这样，世界各民族在历史上虽曾创造出几十种文明形态（汤因比归纳为 26 种文明），但真正对世界文明发挥了普遍性的影响，在滚滚向前的历史洪流中，既未被冲入海洋而归于无形；也未被沉积在河床之下成为历史垃圾的"化石"，而是一直成为历史的主流，在历史舞台上扮演着人类文化剧的主角者，也就正是中国、印度、希腊在"轴心时代"开创的这三大文明。这三种"轴心文化",是人类精神中的精神、珍宝中的珍宝。对它们的性质、意义、影响的分析,确认它们是否是"以宗教为核心"的一种文化,事实上代表着我们对人类文化之真精神的判断,其学术价值是不言而喻的。

在展开我们的探究之前,我们不要忘记,雅斯贝斯提出他的"轴心时代"理念时,有一个理论前提,这就是把他所说的几大轴心文化直接与在产生之前的史前原始文化和古代文化对立起来两相对照和比较而后提出来的,而在此之前的原始文化和古代文化,无论是在东方的中国或印度,还是西方的希腊,无疑都是"以宗教为核心"的文化。甚至还可以说,那是一切文化形式都被包容于宗教之中的宗教文化。现在,雅氏所说的几种"轴心"文化既然被赋予有如开天辟地的开创意义,那就意味着在他心目中,他所谓的"轴心"文化显然是反传统宗教的,是具有开创时代精神的启蒙意义的新文化。而且,如果我们接受雅斯贝斯的新概念,承认世界历史和人类精神文明的每一次新的飞跃,都是对作为它发展之精神动力的"文化轴心"的同归,那么,我们也得进一步承认,世界文明和人类文化的飞跃性发展,其精神动力,便不是(至少主要不是)传统的宗教,而是中国孔老诸子、印度佛陀和希腊哲人开创的新精神、新思想和新文化。

雅斯贝斯事实上也是如此展开他的分析的。他指出,自进入轴心文化以后,"神话时代及其宁静和明白无误,都一去不返。……希腊、印度和中国哲学家的重要见识并不是神话。理性和理性地阐明的经验向神话发起了一场斗争(理性反对神话)";"哲学家首次出现了","在轴心期,首次出现了后来所谓的理智和个性"[①]。按照雅氏的总结,轴心文化影响了世界历史的结构,主要体现在四个方面:

1. 在所有地方,轴心期结束了几千年古代文明,它融化、吸收或淹没了古代文明(包括巴比伦文化、埃及文化、印度河流域文化和中国土著文化等前轴心期文化)。与轴心文化所展示的"光辉的人性"相比,这些古代文明不过是未曾觉醒的意识,未曾对世界历史的整体和后来产生什么影响。

---

① 雅斯贝斯:《历史的起源与目标》,第9—10页。

2. 直至今日，人类一直靠轴心期所产生、思考和创造的一切而生存，每一次新的飞跃都回顾这一时期，并被它重燃火焰。自那以后，情况就是这样。轴心期潜力的苏醒和对轴心期潜力的回忆，或曰复兴，总是提供了精神动力。对这一开端的复归是中国、印度和西方不断发生的事情。

3. 轴心期虽然在一定的空间限度里开始，但它在历史上却逐渐包罗万象。生活在轴心期三个地区以外的人们，要么和这三个精神辐射中心保持隔绝，要么与其中的一个开始接触从而被卷进世界历史。生活在轴心期以后的全部人类，不是保持原始状态，就是参与当时唯一具有根本意义的新事态发展过程。历史一旦开始，原始民族便成为史前残余。

4. 从三个地区相逢之际起，它们之间就可能存在一种深刻的互相理解，并相互融合在一起。

总而言之，轴心期的概念提供了借以探讨其前后全部发展的问题和标准。早先文明的轮廓渐渐消散，承载它们的民族在加入了轴心期运动时从视野中消失了。在并入轴心期开始的历史运动之前，史前民族一直保持史前状态，要不就是灭亡。轴心期同化了存留的一切。从轴心期起，世界历史获得了唯一的结构和至少持续到我们时代的统一。①

以下，我尝试按照自己对"轴心期"文化之性质与意义的理解，对印度、希腊—西方和中国等三大轴心文化的"新精神"分别作些具体分析。

在古代印度的佛陀时代，恒河流域一带出现了各种反对婆罗门教的沙门思潮。除了佛陀的佛教、大雄（筏驮摩那）的耆那教以外，还有各种反宗教思潮，其中有怀疑论者、虚无论者、诡辩家、泛神论，还有唯物论和无神论。它们共有的思想特点是：各从自己的思想立场反对吠陀时代以来传统信仰奉为神圣的婆罗门教三大主义（吠陀天启、祭祀万能、婆罗门至上）。佛陀的佛教和筏驮摩那的耆那教教义哲学中甚至也有一定程度的无神论意义（尽管逻辑上还有难以自圆其说的自相矛盾之处）。佛陀的学说最为典型。他一方面继承了关于"业报轮回"的古代传统信仰，同时却又否认永恒不灭的灵魂和神圣的实在性（他认为"诸行无常，诸法无我"）。一个人如果要从生死轮回的痛苦中最终解脱出来，其正道不是用婆罗门教

---

① 雅斯贝斯：《历史的起源与目标》，第15页。

的祭祀祈求神灵的恩赐，而是用佛陀所觉悟的智慧破除对世间事物、尘世利益的执着和对一切感官欲望的追求，通过对道德戒律的坚守和禅定的修持，最后进入永恒寂静境界（涅槃成佛），求得最后的解脱。佛陀为代表的古印度"轴心"时代的思想，本质上是具有反吠陀、反婆罗门教传统宗教的新型文化，在当时的印度社会，具有一定的启蒙意义。

但是，无论是佛陀的佛教，还是筏驮摩那的耆那教，都有自己的双重性格。他们在消除传统宗教中一切神灵的同时，又为自己的教义保留了宗教的内容和形式。他们的弟子很快就把他们本人神格化为新的信仰对象，而且一切达到"涅槃寂静"境界的"觉悟者"（佛、菩萨、罗汉）在佛教教义的演进中，都成了佛徒心中新的神灵。

佛陀教诲中那些反对婆罗门教徒信仰的新思想，以及他思想体系中所包含的哲学、伦理、社会等非宗教性的观念，由于在不同程度上摆脱了古印度的民族狭隘性和奴隶制等级社会的局限性，使它不仅在当时的印度社会赢得了众多的信徒，更使它逐步走向世界，成为世界宗教史上最早的世界性宗教。特别是传入中国（并通过中国传入朝鲜、日本、越南）之后，不仅逐渐发展为国家承认的统治性的宗教之一，而且对一切非宗教的文化（文学、艺术、道德、民俗、哲学……）产生了深刻而又持久的影响。即使到现代，如果我们想对中国历史上的许多重大事件和传统文化的来龙去脉做出深切的理解，仍不得不经常回归到中国佛教的历史和佛陀的教诲中（佛经）去寻求答案。在这意义上把佛陀的思想称之为世界历史的文化"轴心"，是可以成立的。

雅斯贝斯称为世界历史文化"轴心"的希腊古典时代，各种形式的文化艺术和学术思想犹如雨后春笋，破土而出，茁壮生长，蔚为壮观。从公元前6世纪伊奥尼亚的泰勒斯开创了对世界万物作统一的理智性说明——哲学以后，各派哲学不断涌现。从赫拉克利特到德谟克里特和伊壁鸠鲁，从克塞诺芬尼到巴门尼德，从阿拉克萨戈拉到普罗泰戈拉，从苏格拉底到柏拉图和亚里士多德……在文学上出现了埃斯库罗斯、索福克勒斯、欧里庇德斯三大悲剧大师。在雕塑、建筑等艺术领域，留下了不可胜数的不朽之作。在自然科学领域，出现了以纯理性推理为特征的欧几里得几何学和从实验出发探寻自然规律的阿基米德物理学……整个文化学术领域贤哲如云，群星灿烂。轴心时代的希腊成了欧洲以至近代世界文化和学术思想的摇篮，近代以来的各种文化形式几乎都可在希腊轴心时代的文化宝库中找到它们的源头。毫无疑问，轴心时代的希腊文化的内容和性质，完全是反传统宗教信仰的，是古代希腊人有史以来就沉湎于其中的宗教之梦的第一次觉醒，也是开创了整个西方启蒙思想的第一声惊雷。它的产生当然脱胎于传统的希腊宗教信仰，正是后者孕育了自己的对立面。轴心时代之前，古代希腊人主要信仰和崇拜以宙斯为首的奥林匹斯诸神。这些神既是某个氏族的英雄祖先或某些地区的保护神，还是某种文化行业的创造者和技艺生产活动的保护者。神人同形同性，但拥有不死的神性和超人的能耐；围绕他们形成各种神话故事。诸神职掌自然万物，支配人间事务，由此而形成古代希腊人特有的一种神话世界观的宗教。这种神话世界观的宗教把一切文化说成神的神性行为而包容于希腊宗教体系之中。但是，宗教支配一切文化的情况总是要改变的，各种非宗教的文化形态迟早要按自身的特性成长起来。当其发展到一定阶段时，就要突破传统宗教强加于它们的限制，打破神圣权威的桎梏，宗教的神圣和传统的权威于是成了批判的对象。在这个意义上，可以说，正是传统的宗教孕育了自己的对立物——启蒙思想，特别是具有启蒙性质的哲学。宗教是一种违反理性的信仰主义的"颠倒的世界观"，启蒙思想本质上就是把"颠倒的世界观"再颠倒过来，从而产生理性主义的、反信仰主义的哲学。所以，古希腊轴心时代的第一个启蒙思想家就是一位哲学家——泰勒斯，他既是希腊哲学和整个西方哲学的开端，也是整个启蒙思想的起点。从他开始，古希腊的哲学、文学、艺术、自然科学才沿着泰勒斯启蒙哲学开辟的道路奇迹般地发达起来。古典时代希腊哲学有多种学派。泰勒斯的米利都学派，赫拉克利特的爱菲斯学派，留基坡、德谟克里特等人的原子唯物论学派，都是用物质的量的关系说明一切自然物的性质多样性以至宇宙的起源，是一种早期的自然科学或自然哲学，直接与古代希腊的神话宗教相对立，取消了超自然力量在自然中的地位，把它还原为自然力作用下的物理过程。这种性质的自然哲学直接开创了自然科学的理论与方法，为轴心时代阿基米德物理学和文艺复兴时期之后的近现代自然科学奠定基础。自然科学不仅是反传统神话宗教的产物，而且从根本上说是和一切宗教对立的。希腊哲学中的毕达哥拉斯和柏拉图也有宗教性的一面，但是他们的哲学完全是理性主义的，而不是像传统神话宗教那样是一种盲目的、迷信式的信仰主义，即使提出一些神学命题（如灵魂不朽）也力图做出理智性的逻辑论证。至于亚里士多德笔下的那个"神"更完全是哲学化的，不是通俗信仰的那种赐福降祸的祈求对象，而不过是作为自然万物之原始动因、赐予质料以"形式"的哲学化的上帝。至于怀疑派哲学则对神的存在与否提出了否定性的怀疑。希腊的三大悲剧家都是具有深刻哲学素养的思想家，他们的悲剧文学作品甚至可以认之为其哲学思考的文学表现。欧里庇德斯实际上是个无神论哲学家。他的戏剧中揭露奥林匹斯诸神的道德丑恶，认为传统宗教神话中的神在道德上是败坏的，并对虚伪、奸淫、盗窃、人祭和战争给予了超自然的神圣辩护，预言家、占卜者则是光说假话的骗子……索福克勒斯在宗教问题上基本上是维护传统的神道信仰的，但他仍对传统宗教神话中的神灵的道德品行大感不满，嘲笑说神喻者不过是"骗钱之辈"，也反映了他对传统宗教缺乏道德价值的鄙视。他心中的神应该是道德和公义的创造者和维持者，他想把传统的宗教改造为某种具有伦理性的宗教。轴心时代的希腊雕塑家们的作品主要是神话中的诸神，但他们雕塑出的神像却集人性和人体之美的大成。与其说那是至高无上的神灵，不如说那是人类理想中尽善尽美的人本身。总之，轴心时代的希腊文化，从根本上说，完全是与传统宗教信仰主义不同和直接对立的，具有理性主义、人文主义、自然主义性质的启蒙文化。在古希腊的哲学、科学、文学、艺术中，我们实在难以找到"以宗教为核心"的踪影。

希腊轴心文化并未因希腊亡于马其顿和罗马，以及后来接受基督教东正教系统而在历史舞台上消失，它的影响是长久而深远的。马其顿灭亡希腊之后，立即接受了希腊文化，并随着亚历山大大帝的军旗所到之处把它普及到他所征服的土地和人民之中，形成了世界历史上的"希腊化"时期。罗马也是这样。不过，当马其顿和罗马把希腊文化普及到东方领地的同时，东方的宗教也渗入到罗马的万神殿，其中包括犹太人的基督教和东方各种神秘性仪式宗教。其后，基督教势力日益发展，在君士坦丁皇帝时期被承认为罗马帝国的"国教"，变成了君临于各种宗教和文化之上的统治性宗教。日耳曼蛮族消灭罗马帝国之后，除了基督教的修道院中尚保留着古代希腊罗马的文化典籍和遗存之外，其他文化荡然无存。蛮族统治下的欧洲是一个文化极端落后、人民极其愚昧的黑暗时代。蛮族统治者接受了基督教信仰，基督教成了整个欧洲至高无上、万流归宗的垄断性的宗教和文化。这种状况延续了一千年之久，史称"中世纪"。中世纪的欧洲文化，可以说是文化史上最典型的"以宗教为核心"的基督教文化。

但是，人们不会忘记，基督教从希腊化时期到中世纪，它的教义和神学理论不断渗入希腊哲学。希腊化时期，基督教接受了斯多噶派和新柏拉图学派的庸俗哲学，逐步演变而成为早期的教父神学；从奥古斯丁神学到11世纪的经院派神学事实上是利用柏拉图哲学来为基督教神学服务；而13世纪托玛斯·阿奎那建立的经院神学则是亚里士多德哲学与基督教教义相结合的产物。基督教的精神统治和文化垄断也渗透着轴心时代希腊哲学的理性精神，尽管在这漫长的中世纪中，哲学是基督教神学的婢女，理性成为信仰主义服务的工具。

如果我们尊重欧洲整个文化史的本来面目，我们还可以再进一步地说，从15世纪意大利和欧洲进入文艺复兴时期以降，希腊轴心文化的理性精神、人文精神和科学精神逐渐从附庸和婢女地位摆脱出来，越来越发扬光大，日益发展为整个西方文化之主体和核心。基督教在不断迫害这种趋向而不断失败之后，也不得不反过来调整自己的信仰和教义以适应于这种启蒙文化、世俗文化的发展和需要，基督教实质上越来越不成其为欧洲文化之"核心"，所谓西方文明为"基督教文明"的老生常谈，到底有多少真实可信性，是大可怀疑的。

从15世纪以来，在整个欧洲和西方世界真正起支配作用的核心文化形态，实际上不是中世纪传统以来的基督教文化，而是文艺复兴时期兴起并蓬勃发展、日新月异的新型文化。所谓"文艺复兴"，它所"复兴"的文化，并非马丁·路德所提倡的基督教从罗马天主教恢复到基督教的原始教义（《圣经》），而是"复兴"古典时代的希腊罗马文化，此即雅斯贝斯所谓的复兴轴心时代希腊文化的思想火焰和精神潜力，是对它的一次"回归"。文艺复兴时期的文化精神是与中世纪基督教精神针锋相对的，如果说后者的基本精神是一种"以神为中心"的"神本主义"，那么，文艺复兴时期的新文化的基本精神，便是"以人为中心"的"人本主义"，学者一般称之为"人文主义"。从那以后,西方思想和文化有如长江之波——一个高潮接着一个高潮,多次出现雅斯贝斯的"飞跃式前进"。但也正如雅氏所总结的那样,所有这些文化思潮仍然是对轴心时代希腊文化的复兴和回归。因为它们的本质性内容仍不外是理性精神、人文精神和科学精神,不过是其文化表现形式花样翻新罢了。

与此同时,文艺复兴也促成了基督教的宗教改革,燃起了基督教新旧两派宗教信仰的狂热,最后导致历时百余年的几次大规模宗教战争。新旧两派基督教各自加强了对本派信仰者的精神统治,并互相竞赛着表演对上帝和基督教的忠诚,强化了对被视为异端的启蒙思想、无神论、人文主义、自然科学新发现的迫害,而被迫害的一方则不断发起对传统基督教的理论批判乃至政治上的斗争,这实质上是基督教与复兴的希腊轴心文化的斗争。欧洲思想文化史上这场长期反复、曲折的斗争,深刻地表明在它的社会和历史上存在着性质上根本不同的两种文化:一种是中世纪以来的"以宗教为核心"的基督教文化;一种是希腊轴心文化以来的以理性精神、人文精神和科学精神为本质的"以人为核心"的非宗教文化。尽管两者在历史上不仅互相斗争,也互相渗透,乃至互有融合,但它们在本质上的差异却是清清楚楚、判然有别的。这是西方历史上的事实,它应该会赐予我们很多启示。我们不能把一个文化体系看成铁板一块的单一体。其中常包含有互相独立、甚至彼此对立的内容。任何一种把其他一切文化形式置于自己的独占统治之下的垄断性意识形态,它事实上也就是孕育着自己的对立物。不仅宗教是这样,非宗教的垄断性意识形态也是这样。独断性的信仰主义导致狂热的迷信,势必引起理性主义的反抗;同样,极端化的理性主义引起人类感情和自由意志的压抑,也会反过来激发起个性化的、无政府主义的自由意志对理性机器控制的挣脱。在西方历史上,希腊轴心文化传统和中世纪宗教传统就是类似于此的两种互相对立的文化。对立引发斗争,斗争导致主体地位的转化。在适当的历史条件下,两种性质本来不同的文化又会互相渗透,逐步融合。西方文化就是这样走过来的。世界其他地区的文化系统的历史发展情况也可能有类似的情况。

西欧各国 16 世纪宗教改革运动引发了新旧两派基督教的宗教战争,以及各派内部的教派纷争之后,因双方都认识到不能用"血与火"的手段消灭对方而使教权统治归于一统，便逐渐冷静下来，走向妥协，互相承认彼此的独立存在。资产阶级在西欧各国先后确立了自己的统治地位。资产阶级作为与新兴生产力相联系的反封建专制主义的新兴阶级，他们要求个人的平等权利，要求民主自由，反对封建等级制度，主张发展自然科学和理性主义的人文科学，在这种反封建的革命斗争中，他们曾反对为封建君主专制和封建等级制度进行神圣辩护的传统基督教（特别是罗马天主教）及其神学。于是他们需要复兴轴心时代的希腊文化，一次又一次地把这种具有启蒙意义的希腊精神推向前进，实现了"以人为中心"的人文科学和"以自然为中心"、以探索自然规律为任务的自然科学的大发展；但一当他们成为社会和国家的统治阶级之后，他们又感受到了利用传统宗教来维护资本主义秩序的需要。对于这种情况，恩格斯曾以英国资产阶级为典型进行了精辟的分析：

> 英国资产阶级这时（指成为英国统治阶级一部分之后——引者注）已经参加镇压"下层阶级"、从事生产的广大人民群众，而用来达到这一目的的手段之一，就是宗教的影响。①

> 如果说，英国资产者先前已经确信有必要使普通人民保持宗教情绪，那末，在经历了这一切之后，他一定会如何更加强烈地感觉到这种必要性呢？他不理会大陆上的伙伴们的讥笑，年复一年地继续把成千上万的金钱花在向下层等级宣传福音方面……②

> 现在比以往任何时候都更需要用精神手段去控制人民，而一切能影响群众精神手段中第一个和最重要的手段依然是宗教。于是，学校董事会中就让牧师占据优势；于是，资产阶级日益增加自我捐税，以维持各种基督复活派，从"崇礼派"直到"救世军"。③

---

① 恩格斯：《"社会主义从空想到科学的发展"英文版导言》，见《马克思恩格斯选集》第3卷，人民出版社1972年版，第394页。
② 同上书，第398页。
③ 同上书，第401页。

恩格斯接着指出，法国和德国资产阶级接着也步英国资产阶级的后尘：

> 法国和德国的工人已经变成了叛乱者……法国和德国的资产阶级只好采取最后的办法，不声不响地丢掉了他们的自由思想……他们毕恭毕敬地谈论教会、它的教条和仪式，甚至在实在不得已的时候，自己也行起这些仪式来了……"必须为人民保存宗教"，这是拯救社会于完全毁灭的唯一的和最后的手段。①

近现代西方资产阶级的阶级利益造就了他们的阶级特性和阶级需要；既要求资产阶级的人性实现，又需要基督教上帝的神性保护；既要求为资本主义大生产服务的自然科学，又要求自然科学的任何发展不得危及宗教存在的基础；既要求建立在个人主义、自由主义基础上的资本主义民主制度，又要求基督教的上帝和教会组织赋予这个制度以神圣的灵光，一如它们当年为中世纪封建专制制度所提供的服务那样。从18世纪法国大革命以来，一方面，新旧两派基督教的教会头目和神学家不断修改自己的传统教义和仪式以适应于新的社会和时代精神的发展需要；另一方面，资产阶级的思想家也不断改变文艺复兴时期人文主义思潮的固有方向，力图消解人性与神性、人与神、科学与宗教的对立与矛盾，使之在资本主义体系内部达成两种文化的妥协、调和与融合。这就造就了近现代的西方文明。只要我们弄清了近现代西方文明或西方文化之所以形成和发展的历史文化背景，我们就真正确切地把握了它的精神和实质。如果有人问：什么是近现代的西方文化？我们可以简单地回答一句，所谓近现代西方文化，不过就是轴心时代的希腊文化（包括继承它的罗马文化）和基督教文化的综合。当代美国专研世界文明冲突的著名学者亨廷顿教授有一段"画龙点睛"的论断可以作为我们上述论点的注脚。他指出，西方文明之所以为西方文明并区别于其他文明，主要之点是它具有的核心内容，他列出了八个主要

---

① 恩格斯：《"社会主义从空想到科学的发展"英文版导言》，见《马克思恩格斯选集》第3卷，人民出版社1972年版，第401—402页。

方面：

1. 古典遗产：包括希腊哲学和理性主义，罗马法、拉丁语和基督教。

2. 天主教和新教。

3. 欧洲语言："语言是仅次于宗教的、使一种文化的人民区别于另一种文化的人民的要素。"

4. 精神权威与世俗权威的分离……"作为西方文明象征的教会与国家之间的分离和一再出现的冲突，在其他文明中并不存在。这种权威的分裂极大地有利于西方自由的发展。"

5. 法制。法制是一个文明社会的核心观念，是从罗马法继承来的。……法制的传统为宪政和人权保护奠定了基础。

6. 社会多元主义。"西方的独特性是'多样化的自主集团'的兴起和延续，它们并非建立在血缘关系或婚姻基础之上。"

7. 代议机构。

8. 个人主义。

上述许多西方文明的特征促进了文明社会所独有的个人意识及个人权利传统和自由传统的出现。……在 20 世纪的各文明中，个人主义仍然是西方的显著标志。……西方人和非西方人一再把自由主义（即"个人主义"）认作西方主要的区分标志。

在指出了上述八种西方文明的核心要素之后，亨廷顿写道：

> 这些因素单独说来几乎没有一个是西方独有的。然而，所有这些因素的结合却是西方独有的，是它们赋予了西方独特性。这些概念、实践和体制在西方不过比其他文明中更普遍。它们至少形成为西方文明必不可少的持续不变的核心的一部分。它们是西方之为西方的东西，但不是西方之为现代的东西。[①]

亨廷顿一口气为西方文明列举了八个核心因素，"核心"而有八个之

[①] 塞缪尔·亨廷顿：《文明的冲突与世界秩序的重建》，周琦等译，新华出版社 1998 年版，第 60—63 页。

多，未免太多了一点，以至不成其为"核心"了。如果允许我们代为归纳一下的话，笔者认为，八个方面除语言因素以外无非两种传统，一是基督教传统，二是非宗教的世俗文化传统，而它们大体上都与古典希腊罗马文化传统有关①。前者是"以神为核心"的神道主义，后者则是"以人为核心"的人文主义。因此，亨廷顿所了解的西方文明或西方文化，实质上是上述两种传统的对立统一。在多变的欧洲历史上，两种传统的对立统一关系也是变化的。有时宗教传统在整个文化体系中占统治地位、核心地位；如中世纪，宗教改革时期的信仰狂热时期……但文艺复兴以后，展现人文精神、理性精神和科学精神的世俗文化却是日趋高涨，越来越多地居于事实上的"核心"地位，特别是从17、18、19世纪以来，各种人文学术和自然科学先后摆脱了教会权威的政治控制和宗教教义、宗教信条和宗教神学的精神控制，发展为自主门户、科目繁多的独立学科。其中，大多对传统的宗教和教义持批判态度，有些则居间调和，努力达成两大传统的调和。从历史事实看，这种调和的努力取得了更大的成效。为了适应取得统治权后的西方资产阶级的社会政治需要，二者之间也互相适应了，对立面的争斗放在了次要地位，这个判断当然是模糊其词的。如果学者们不满足于此，一定要穷根究底地问，究其实质而言，果真是两种传统文化、两种文化核心的平等结合么？我们是否仍有理由背诵老唱本的台词，把西方文明称之为"基督教文明"呢？依笔者的意见，在特定意义和条件下，背诵老唱本未尝不可；但严格说来，从文艺复兴时期以来，西方文化早已从"以神为中心"的神道主义在越来越大的程度上转变到"以人为中心"的人文主义轨道上来了，这似乎是400年来不可逆转的发展趋势。西方社会是按照这种趋势的要求来决定对宗教传统的取舍态度的，而传统宗教则不断改变原来的教义和仪式来适应社会发展趋势。基督教虽然仍然高唱对上帝的信仰，但上帝的传统神性却在不断改变，越来越具有资产阶级的"人性"了。无论是天主教还是新教，都走上了这同一条历史道路，这样的文

---

① 所谓世俗权威脱离精神权威（宗教与教会），所谓法制制约下的"宪政和人权"，所谓"社会多元主义"、"代议机构"和"个人主义"，均是与人文主义思潮有关的自由思想，实际上均植根于希腊轴心时代的启蒙思潮，是希腊启蒙精神、理性精神、人文精神科学精神在欧洲社会历史上的进一步发展。——笔者

明，还是"以神为中心"的"基督教文明"么？这种老调，实在未免太勉强了。如果说它已在越来越大的程度上变质为"以人为中心"的新型文明，而且这种新型文明实质上是对古典希腊罗马文明，古希腊轴心文化的"回归"，岂不是更为确切，更符合于历史的真相么？

以下，我们试着来分析雅斯贝斯所谓的中国"轴心时代"文化的性质及其历史影响。在这方面，它和希腊"轴心文化"的情况颇相类似，当然它具有中国的民族特点。

春秋战国时代，以孔、老为代表的诸子百家蜂拥而出，登上文化学术舞台，竞相发表各具特色的学术思想，形成中国漫长历史上难得一见的"百家争鸣"盛况。诸子时代和希腊轴心时代一样，也是群星灿烂、贤哲如云。诸子文化百家争鸣的出现，按中国史家的传统说法，是西周"礼乐文化"发展到东周列国时代"礼崩乐坏"的产物。所谓周公旦"制礼作乐"而形成的"礼乐文化"，实质上无非是夏商周三代以来宗法性国家宗教形态的最完善的表现形式，其宗教内容主要是宗法等级制国家宗教祭祀仪式行为的规范化，并配合音乐舞蹈艺术形式赋予仪式行为以神圣化的色彩。所以，"礼乐文化"是三代（特别是西周）宗法性国家宗教的文化表现形式，本质上是一种宗教文化。当然，它也包含宗法等级社会人际交往关系中的礼仪规定，具有社会政治制度方面的内容。但这方面的内容也已被国家宗法性宗教仪式化、神圣化了。在这里，事实上涉及宗教与社会政治的关系问题，对这个关系，从不同的角度可以做不同的分析。我们说，"礼乐文化"本质上是宗教文化，社会政治内容依附于宗教；不过，话也可以反过来说，三代（特别是西周）的宗法等级制的社会政治结构才是周公旦制礼作乐的本质性内容，而"礼乐文化"不过是社会政治结构的宗教性礼仪形式。在这个意义上，周公旦建立并完善化的"礼乐文化"，虽是一种宗教形式，却充满"人文精神"。这种分析也是有理有据之论。牟钟鉴、张践教授的《中国宗教通史》对周公旦主要通过"以德配天"的思想来改革夏商以来传统国家宗教作了高度肯定的评价，认为他"制礼作乐"的实质是使"古代宗教走上了一条伦理化的道路"，"在注重鬼神祭祀的形式下，人文主义和理性主义都在增长"：

总括周公"以德配天"的宗教伦理，我们不难发现周代宗教观念比之商代有几点明显的进步。第一，天命可变的思想，使宗教信仰失去了绝对的价值，理性主义因素不断增加。周公讲到："天不可信"，"惟命不于常"，"天难谌"等等，虽不能说当时已存在宗教信仰的动摇，但比之于殷人匍匐在神的脚下无奈地祈求、等待要前进一大步。第二，天命惟德，说明周代宗教至上神的神性已经开始从自然领域转到了社会一边。当人们支配自然的能力有所增加以后，他们便会感到异己力量的压迫主要来自社会方面，社会生活领域中有许多陌生的领域还需要神的帮助，以天神作为社会伦理的最后依据。第三，以德配天，上天的赏罚以统治者自身的行为为依据。这说明周人对人的自由意志问题已有新体会，把王朝的兴衰归结为统治者的德性，而不是推诿于神意。殷人重鬼话，周人重人谋，他们已开始在宗教的外壳下认真研究政治伦理。第四，民维邦本，天意在民。中国式的人文精神初见端倪。通过对殷周之际社会变迁原因的历史考察，西周统治者已经认识到人民的力量。以民心的向背来衡量天意，这比之龟卜草筮要进步得多，合理得多，也是一个历史的进步。

总之，殷周之际宗教变革的突出成就就是建立了一套具有人文精神的宗教伦理体系。正如《易·系辞传》所言："观乎人文，以化成天下"，古代宗教开始走上了一条伦理化的道路。在注重鬼神祭祀的形式下，人文主义和理性主义因素都在增长。可以说，周公的宗教改革为日后古代宗教的世俗化都留下了契机，也为儒、道、墨、法诸家哲学思想的出现埋下了种子。①

牟、张二教授对周公的宗教思想的分析，我认为是相当准确和全面的。周公旦一方面赋予传统宗教以宗法伦理的内容，使传统宗教伦理化；另一方面又赋予宗法伦理以宗教天命论的形式，使宗法伦理具有天命所生的神圣化意义。两方面的结合，形成了中国历史上的"礼乐文化"。可以毫不夸大地说，周公旦是中国历史上最伟大，也最有成就的宗教改革家、

---

① 牟钟鉴、张践：《中国宗教通史》，社会科学文献出版社2000年版，上卷，第121—122页。

政治家、思想家之一。他无论在中国宗教方面，还是在哲学、政治、社会伦理思想方面，对我国的历史和文化都产生了难以估量的巨大影响。他采取了一系列政治改革措施，在完善宗法血缘等级制的基础上，建立了一个具有政治伦理色彩的宗法伦理社会，与此同时，他又用"以德配天"的宗教天命论改革传统的宗法性国家宗教，使之具有伦理的内容，使以祭祀上帝、祈求鬼神的传统宗教变成为一种具有"礼乐文化"形式的宗法伦理性宗教。如果西周大封建建立和完善化的社会和国家是一种以宗法血缘关系为基础的宗法等级制社会，那么，周公改革和完善化的宗法伦理性宗教便是以这个社会为基础并为之服务的上层建筑。这个宗教非常适合于西周宗法制社会的性质和需要，为社会秩序的稳定和国家统治的巩固提供了神圣的根据，使西周政权持续了四百年之久。

对于"礼乐文化"的历史作用，我们也要全面地看。对于社会秩序，它既起了维护和稳定的积极作用，但同时也有使之固结化而阻碍社会前进的消极作用。至于宗法伦理性宗教，既起了塑造西周礼乐文化的作用，但它也把礼乐文化的内容固结在宗法伦理关系的宗教层面，妨碍了人性的自然升华和世俗性文化的自由发展。而社会和文化都不会是永恒不变的。由于异族入侵，平王东迁，东周王族势力日趋衰败，宗法等级制国家的社会控制纽带和宗法伦理性国家宗教的精神控制纽带都逐渐松弛以至崩解了。于是，就出现中国史家所谓"礼崩乐坏"的社会大变动状况。以孔、老为代表的诸子哲学百家争鸣的文化学术盛世就是在这种情况下登上中国历史和世界历史舞台的。就其产生的文化背景来况，没有传统"礼乐文化"的崩坏，就不可能有诸子百家的产生，它显然是完全不同于传统宗教的新型世俗文化。就其本身的内容而言，诸子学说所探讨的主题几乎全是社会政治的、法律的、伦理的、哲学的、军事的……是对历史的一种新的理解，对社会问题的一种新的认知，代表了人类精神的新的觉醒。即使与宗教问题联系较多的墨家和阴阳五行家者流，他们提出的宗教观念也具有自己的个性和时代的特性，在很大程度上脱离了传统的宗法伦理性国家宗教的窠臼。

先秦诸子的思想与学术对于中国文化历史发展的影响，其主流也是非宗教的。墨子思想的宗教色彩本来最为浓厚，但后来在中国文化中留下的痕迹倒主要是"兼爱"、"非攻"之类社会政治思想,而他的"天志"、"明鬼"等宗教观念反而淡出了中国宗教神学的舞台。阴阳五行学说本不是三代宗教伦理性国家宗教神学体系的一部分,但在秦始皇征服六国,建立统一大帝国的时候,却被秦汉以来的最高统治者纳入国家宗教正统神学之中,用阴阳五行相生相克关系来解释历史的变迁和朝代的更替,并与以宗教天命论为主要内容的传统神学结合起来,形成"五行德运说"(有些学者称之为"五德始终说"),为历代王朝提供"奉天承运"、"君权神授"的神学根据。道家的情况有些特殊。道教产生以后把它自己的根和老庄道家扯在一起,但老庄本人的道家思想的基本内容实质上只是一种哲学。它所主张的顺应自然、清静无为、贵柔克刚、守雌伏雄,在中国文化史上,既成为许多文化人个人的人生哲学或处世之道,有时也成为王朝统治者实行无为而治的政治理念。从整体上看,老庄道家哲学尽管与道教有些渊源,但其本身的主要内容和在历史上的主要影响仍是非宗教性的。法家和兵家思想对后世政治军事上的影响深远,但在宗教哲学上却是典型的无神论。问题最为复杂而又至关重要的是儒家与宗教的关系。中外至今仍有一些学者把它直接称之为"儒教",与佛教、道教并称为中国历史上的"三教"。由于儒家自西汉以来的历代王朝中一直被尊为三教之首,所谓"儒教",在这些学者的心目中就不仅仅是一种宗教而已,而且俨然被推到居于最高地位的统治性宗教。如此说来,孔子以来的整个中国文化变成了与所谓西方世界的"基督教文化"、阿拉伯世界的"伊斯兰文化"一样以宗教信仰为核心,受宗教信仰所支配为"宗教文化"了。在探讨中国宗教与中国文化之关系问题时,儒家是不是学术意义上所说的一种"宗教",就成了关系全局的重大理论问题。我们不能不就此费些笔墨。

对于"儒家"是否"宗教"问题,古今中外众说纷纭,有人说是,也有人说不是;那么,究竟谁说了算,我们究竟听谁为好?要对此作比较恰当的判断,必须先解决一个方法论问题。笔者认为,正确的方法应该是:不管古今中外别人说什么,应依孔子本人主张为基准;既然孔子之后的儒门后学各有说法,那么,应以两千多年来被公认为"正统"(道统)的说法为基准。牟钟鉴教授关于这个问题写了好几篇论文。我认为他的观点较为公允,因为他的研究事实上应用了上述方法。他指出,孔子本人的思想不是宗教，其后的正统儒学也反对视儒家为宗教：

> 儒学算不算宗教？儒学在中国中世纪思想文化中占主导地位，佛、道为之辅翼，其他宗教更无法与它相比。假如儒学是宗教，它便是中国历史上最大的宗教。史家习称"儒释道之教"，然而这里的"教"乃是教化之义，非宗教之称；宗教的基本特性是出世性，构造出一个虚幻的世界，认为它能拯救人间的苦难，使人得到解脱。儒家的天命鬼神思想确实包涵着某种宗教性，但其基本倾向是入世的，以修身为出发点，以平治天下为最后归宿，所以它不是宗教。历史上凡是离开这一基本轨道而企图使儒学宗教化的儒者，如董仲舒、林兆恩等，都受到正统儒家的批评，未能成为主流派。[①]

在《试论儒家的宗教观》一文中，他系统地发挥了这一主题，从孔子开始，到后代的正统派和主流派儒家代表人物，逐个进行研究，以这种方法来证明自己的结论。他认为，孔子的思想是在摆脱宗教，发扬周公旦礼乐文化中的人文精神的过程中形成的。但孔子并不废弃宗教，而是用改良的办法，保留传统的天命论；保留"天"的地位，但却消除天神的人格特征，抽象化为命运之天、义理之天。又进一步限制天命的消极作用，强调人发挥主观能动性，尽人事，人事未尽，不可以言命。他主张保留宗教祭仪，但不正面回答鬼神的有无问题。要求诚敬鬼神，以发挥神道的道德教化功能。这是以神道为形式、人道为内容；神道为手段、人道为目的。淡化宗教成分，增强人文意义。牟钟鉴对孔子宗教观的总的特点的把握，应该说是比较全面的。根据这样的判断来分析孔子与传统宗教的关系，孔子显然不是继承传统宗教神道主义，而是发扬周公旦宗教改革思潮中的人文伦理精神，本质上是非宗教和非传统的新思想，具有启蒙意义。

牟钟鉴也进一步指出孔子宗教观中的内在矛盾，其中的人文主义尔后发展为儒家宗教观的主流，但其固有的矛盾性，又导致后世儒家在宗教理

---

① 牟钟鉴：《中国宗法性传统宗教试探》，载《中国宗教文化》，唐山出版社1995年版，第81—82页。

论上的分化，产生出有神论和无神论两种极端的学派。荀子、王充是无神论一派的主要代表。荀子反对天命鬼神的存在，但又主张"神道设教"，把隆礼设祭视为一种教化手段的文化行为，王充基本上也是如此。

董仲舒和《白虎通》则是把儒家神学化、宗教化的代表。他们发展出了一套天人感应论和谶纬神学，为汉代及以后历代统治者所接受，但被作为继承儒家道统的韩愈、宋明理学家们所拒斥。因为董氏之学违背了儒学的人文主义性质，过分抬高神道的作用，把社会人生的价值之源，从内在的人性转移到外在的天和神，削弱了孔子"为仁由己"的道德力量。

从宋明理学到王夫之把孔子儒家的宗教观哲理化，以阴阳气化流变来解说鬼神，以气类相感解说祭祀，但总倾向是继承孔子"敬鬼神而远之"的传统主张，重人事而轻鬼神，提倡多治实学，少谈鬼神。

牟钟鉴把康有为、梁启超、章炳麟三人作为近代儒学的代表，比较分析了他们的宗教观。康有为主张建立"孔教"作为统一信仰、教化人心的手段。但康有为心中的孔教却是完全区别于耶、回"神道教"的"人道教"："人之生世，不能无教。教有二：有人道教，有神道教。耶、佛、回诸教皆曰神，惟孔子之教为人道教。"（《陕西孔教会讲演》）正是因为孔子儒家学说的"人道主义"本质，与宗教神通主义难以调和，孔教之议得不到中国文化的认同，很快就以失败而告终。梁启超根据他对孔子和儒学的认识，反对把孔子说成宗教教主，反对把儒学改造成宗教。他指出，西人所谓宗教乃是"迷信信仰"，"以魂灵为根据，以礼拜为仪式，以脱离尘世为目的，以涅槃天国为究竟，以来世祸福为法门"，奉其教者，"莫要于起信，莫急于伏魔"，故窒息思想自由，持宗派门户以排外，不符合人类社会的进化和发展，终究会被取代。"孔子则不然，其所教者，专在世界国家之事，伦理道德之源，无迷信，无礼拜，不禁怀疑，不仇外道"，因此，"孔子者，哲学家、经世家、教育家，而非宗教家也"。建立孔教之论，非但不能成功，其论已厚诬孔子："孔子，人也，先圣也，先师也，非天也，非鬼也，非神也。"梁启超把基于理性主义的儒学与信仰主义的宗教严格地区别开来，是非常之有见地的，比之当代那些"儒教论者"要高明得多。

章炳麟在哲学上是无神论者，但他却主张发展"无神的宗教"——佛教。利用佛教关于"一切众生平等"、"依自不依他"、"无私无畏"、"舍己救人"的教义为社会、为革命者提供一种道德精神。章氏认为儒家之"德教"也具有这种精神。他对董仲舒以来把儒学神道化、宗教化的做法持批判态度，认为"神道绌，则人道始主"。

牟钟鉴教授通过对儒家宗教观的历史考察，有力地排斥了"儒家宗教说"[①]，笔者深表赞同。

孔子和儒家思想并非宗教的观点，在西方学术界，从18世纪启蒙思想家到当代的某些有学问的神学家都是认同的。著名哲学家罗素明确断言，孔子的思想是伦理的，而非宗教的。当代天主教神学家孔汉思虽然注意到了孔子思想中有人格之"天"的宗教因素，但其中心是"人"，与基督教"以神为中心"形成鲜明的对立：

> 孔子的视野是"天"（理解为一种实际有效的力、秩序、法或存在）。它取代了古代中国原有的那些有生命的神，但在《论语》里只有一次"天"被称为"上帝"。天高于一切，人（特别是君王）应当听从天的旨意："获罪于天，无所祷也"（《论语·八佾》）。"天"在《论语》中出现十八次，每次都和意志、情感有联系。
>
> 孔子注意的中心是有自然和家庭（因而是社会）关系的人，人不必是圣人，但它应始终向往真善美（音乐！），做高尚的人（不是"血缘高贵"，而要"道德高尚"），做贡献政治的圣贤。
>
> 总而言之，这样的视野虽有宗教色彩，但却是以人为中心。
>
> 拿撒勒的宗教视野是等同于"神的国"的即将来临的"天国"。这个国度应理解为实现旧诺（约）和从所有的罪恶中解脱。人是应了神的仁慈的召唤进入天国的。
>
> 耶稣的思想、行为和祈求的中心是神（是作为人的另一个来祈求的），这个仁慈的"父亲"的全部意志在于拯救人类："愿你的意志在地上如同行在天上。"（《马太福音》第六章）

[①] 牟钟鉴：《试论儒家的宗教观》，《中国宗教与文化》，第107—130页。

> 总而言之，这样的视野虽有人的倾向，但却是以神为中心。①

所谓"以神为中心"，就是神道主义的宗教；所谓"以人为中心"，就是人道主义的人文学术。这就是儒家与基督教（推而广之则应为一切宗教）的根本区别所在。

总结上述我们关于雅斯贝斯所说古代中国、古代印度、古代希腊三大轴心文化的讨论，可以看到它们产生的一些共同特点。即：三大轴心文化都是作为传统宗教的对立物而产生的。它们的基本内容是哲学的、理性主义的、人文主义的，因此是非宗教的。仅就此事而论，一般所谓"宗教为一切文化的核心"之说，显然既无理性根据，又与历史事实不相一致，实在难以成立。三大文化被雅斯贝斯列为世界历史的文化轴心，认之为后来世界历史发展的精神动力，甚至认为文明历史的每一次新的飞跃，都是重新点燃轴心时代文化的思想火焰。它们在世界文化史上的重要地位是无与伦比的。应该说，它们比其他各种以宗教为核心的文化要重要得多，在研究世界宗教与世界文化的关系，特别是研究中国宗教与中国文化的关系时，我们固然应该看到宗教对一般文化的影响和作用，但更应该着重研究轴心文化对宗教和其他文化的影响和作用。至于我们中国，我们在关注传统的宗法伦理性宗教、道教、佛教和其他宗教的文化影响的同时，更应把轴心时代以孔子儒家为主体的诸子文化作为中国文化的主流和中心，来研究它与中国各种宗教的关系及其在中国文化史上的地位和作用。忽视这一点，不可能得到科学的结论。

五　中国传统文化的特质："以儒家伦理为准则而不是宗教"

上一节，我们在把雅斯贝斯所谓的三大轴心文化分别与宗教文化进行比较分析时，事实上已涉及三大轴心文化自身，特别是中国文化自身的性质和特点问题。由于这事关本书主题，笔者不得不再申己意，以补未尽。

---

① 孔汉思：《中国宗教与基督教》，生活・读书・新知三联书店1997年版，第104—105页。

陈来教授的《古代宗教与伦理》曾对中国从原始时代至夏商周三代的宗教与文化分为三个时期进行过比较系统的论述。他按照马克斯·韦伯的观点，把人类宗教的发展说成是"从非理性的巫术和迷信向理性的宗教演进的过程"。① 根据弗雷泽的说法，巫术盛行的后期，个体巫术渐渐减少，公共巫术日渐增多，"宗教"渐渐取代了"巫术"，巫师渐渐让位于祭司，巫师的巫术活动最终转变为祭司的祈祷献祭职能。"中国早期文化的理性化道路，也是先由巫觋活动转变为祈祷奉献。祈祷奉献的规范——礼由此产生，最终发展为理性化的规范体系周礼。商代宗教在整体上已不是巫术或萨满，上层文化与下层文化已经分离，上层宗教已经是祭司形态。夏以前是巫觋时代。商殷已是典型的祭祀时代，周礼是礼乐时代，西周的信仰已不是多神论的自然宗教，最高存在与社会价值已建立了根本关联。"② 本来，陈来教授推论所据的前提——韦伯的那个论断，把巫术和宗教、迷信与理性作那么明确的区分，未必能经得起严格的理性分析。难道巫术中就没有"献祭祈求"之类宗教性因素？宗教中也没有巫术的成分？耶稣在《新约》福音书中那一系列神迹表演难道不是"巫术"，而是"理性"么？人类宗教发展基本上是个体巫术逐渐减少，公共祭仪和公共巫术日渐增多，巫师渐渐让位于祭司，这是符合于宗教人类学提供的广泛事实的。据此类人类学的一般情况来分析三代的中国宗教与中国文化，陈来教授把它划分为巫觋文化、祭司文化和礼乐文化三个时期，应该是可以接受的。至于三个时期的时代划分，是否像他所说的那样整齐划一，则未必尽然。原始社会后期，部落内部已出现众多的公共祭祀巫术仪式，由此而发展出主持公共仪式的祭司阶层，其时代早应在夏代之前，迟则应盛行于颛顼"绝

---

① 陈来：《古代宗教与伦理》，生活·读书·新知三联书店1996年版，第10页。
② 同上书，第11页。此段引文的最后一句很容易引起误解。所谓"西周的信仰已不是多神论的自然宗教"，那是否意味着夏商时代是崇拜自然对象的"自然宗教"呢？古代宗教崇拜自然对象是自然如此的，但崇拜非自然物的社会存在物——如祖先之灵，也是普通存在于世界各民族之中的宗教现象，祖先崇拜在中国尤其发达，原墓葬可为确证。迟至殷代，占卜仍主要以祖灵为对象。殷人通过祖灵与作为"最高存在"的"上帝"打交道，当然也存在"社会价值"的"关联"。上帝在占卜启示中所表示的态度，也具有"社会价值"的意义，"诺"与"不诺"所启示的吉凶祸福也是一种"社会价值"。"社会价值"可有多种取向（如善恶、利害、好坏、美丑……），并不一定等同于"伦理价值"。

地天通"之后。至于巫觋之类,夏商周三代仍供职官方。世袭其职者,史有明载。不仅继续留传于夏商时代,即使西周创建"礼乐文化"及其之后,巫觋文化仍不绝于史。西周"礼乐文化"的性质和内容不过是把周初大封建建立的宗法等级制社会以及在此基础上形成和发展起来的政治伦理(尊尊)和血缘伦理(亲亲)吸收进传统宗教之中,并规范化、礼仪化为一整套宗教行为仪式。所以,牟钟鉴教授称之为"宗法性传统宗教",按我的理解,为明确起见,可以稍作修订,称之为"宗法伦理性宗教"。它是夏商以来传统国家宗教的最高发展和最完善的表现形式。因此,我们可以明确肯定地说,中国文化,从原始时代以来,直到夏商周(西周)三代,整个历程是从"巫术文化"①到"祭司文化",再发展为"礼乐文化"。在这个意义上,西周以前的整个中国文化是"以宗教为核心"的宗教文化。其余各种世俗性、人文性文化都附属于宗教文化之中,作为它的部分、因素而存在,不具有独立性的地位和意义。

东周国势衰颓,礼崩乐坏,宗法社会伦理关系(政治伦理和亲缘伦理)逐渐解体,宗法伦理性国家宗教的社会统合力和精神控制力大为削弱,从而为以孔、老为代表的诸子文化——"轴心文化"的发展提供了难得的社会历史条件和文化背景。正如我们在上文所分析的,诸子文化是以人文主义为本质、具有反传统宗教性质的一种世俗文化。春秋战国在文化领域的百家争鸣,实质上不过是诸子百家互相竞争,争相成为统治社会的意识形态的一种思想斗争,是文化学术之争。这场论争在两汉时代才最终定局,孔子儒家获得了王朝统治者的信任与支持,黜百家而独尊,成了最高统治者钦定的至高无上的国家哲学。同时,国家统治者按照儒家的社会政治伦理学说的基本内容对传统的宗法伦理性宗教的教义和仪规进行相应的调整和补充,重建"礼崩乐坏"之后的国家宗教。在中国两千余年的历代王朝历史上,孔子儒家与宗法性国家宗教的关系是十分微妙的。前者是人文学术,后者是神道宗教,性质上各不相同。但二者又同是王朝统治者的最高意识形态,内容上平行一致。宗教崇拜上行"崇天祭祖"之仪,儒

---

① 说明:笔者理解的"巫术"与弗雷泽不同。他把巫术与宗教看成两种根本不同的文化形式。笔者则认为巫术本质上是宗教活动方式(宗教行为)中的一种。

家学说则教人以"忠君孝亲"之义。相辅相成，相得益彰。但神道人道的界限却是泾渭分明的。历代王朝始终奉儒家思想为经世治国之大纲、判断是非的原理，开科取士、官吏升迁的准则，在一切意识形态之中居于至高无上的地位。以"崇天祭视"为内容的国家宗教本质上是把儒学"忠君孝亲"之义用宗教仪式的方式把它神圣化。在这个意义上，不妨可以认为儒学是核心内容，宗教为表现形式，二者是内容与形式、里与表的关系。这种情况在世界各民族历史上是非常独特的。除了中国和近现代的西方，世界上其他民族的历史上，如犹太民族、印度民族，中世纪基督教国家、信仰伊斯兰教和其他某种宗教为国家宗教的民族和国家，一当它们有了自己的至高无上的国家宗教之后，哲学和其他各种文化形态都不可避免地变成国家宗教的附庸，没有自己的独立地位；可两汉之后的中国却不然，尽管传统的宗法伦理性宗教重建起来仍被尊为国家宗教，但孔子儒家作为国家哲学享有比传统宗教更为尊荣的地位，宗教反倒成了儒家学说的附庸。从两汉以至明清，历时两千余年，历代王朝的姓氏可以不断更换，各种宗教的地位可以升降进退，但儒家的至尊地位却始终稳定如故，孔夫子的爵号更不断飙升。元朝皇帝加封爵位最高："大成至圣文宣王"，对他的思想在中国历史上的作用和地位的评价也最高。这一加封文告刻立在曲阜孔庙的碑上：

> 皇帝圣旨；盖闻先孔子而圣者，非孔子无以明；后孔子而圣者，非孔子无以法。所谓祖述尧舜，宪章文武，仪范百王，师表万世者也。朕纂承丕绪，敬仰休风，循治古之良规，举追封之盛典，加号大成至圣文宣王，遣使阙里，祀以太牢。呜呼，父子之亲，君臣之义，永惟圣教之尊。天地之大，日月之明，奚罄名言之妙。尚资神化，祚我皇元。

短短一段文字，对孔夫子及其所创儒家思想在中国历史上的至高无上的地位，概述得淋漓尽致。中国历史上出现过的一切文化形式（包括宗教）都是不足以相提并论。既然孔子儒家学说不是宗教，由此得出的结论显然应该是，两千余年来中国文化的主体和核心，其基本性质是人文的、世俗的、非宗教的。

　　这个结论对于我们现正讨论的中国宗教与中国文化的关系问题至关重要。它说明了从先秦诸子"轴心"时代文化到两汉"独尊儒术"以来两千余年整个中国文化的特殊性。它不仅不依赖并决定于中国的宗教，而且反过来使中国历史上的各种宗教从属并依赖于它，把承认儒学基本思想作为自己立足的根基。明确这一点，就为我们正确认识中国宗教与中国文化的关系，正确理解中国文化的本质和特性提供了比较科学的认识论和方法论。这就是说，如果我们想要具体而非一般地说明中国文化的本质与特性，就必须探讨作为中国文化之主体与核心的儒家思想的基本内容和基本特征。

　　尽管自两汉以至明清，历代王朝始终坚持儒学至上方针，但儒学本身的内容和表现形式却是因时而异的。孔孟荀之后，有两汉经学、魏晋玄学、宋明程朱理学和陆王心学，他们各自对儒学的理解和强调的重点，实际上并不完全相同。但无论如何，儒学的基本点——关于伦理的思想却是一以贯之的。对这一点，我国现代专攻儒学史、思想史和文化史的学术大家们的认识，几乎也是一致的。在我所读过的有关文献中，我认为余敦康教授所著《论儒学伦理思想》论述更为系统和精当，其中许多见解可以为我们解读儒学和中国文化的基本特性问题提供一把钥匙。下面，我打算概述该文中几点有关的内容：

　　第一，伦理思想既是儒学区别于其他学派的基本特征[①]，也是制胜墨法道诸家学派和佛道诸教，成为独享尊荣的统治思想的武器：

　　　　如果说，在中国封建社会的前期，儒家是以宗法伦理思想作为区

---

　　①　这篇文章开宗明义第一段话写道："儒学作为一个学派区别于其他学派的基本特征，不在于哲学理论和政治主张，而在伦理思想。就哲学理论而言，它可以采纳道家的思想，可以采纳阴阳家的思想，也可以采纳佛教的思想。就政治主张而言，它可以采纳法家的思想，可以采纳名家的思想，也可以采纳黄老学派的思想。事实上，在二千多年的历史发展中，儒家始终没有形成一套定型的哲学理论和政治主张，而是适应于不同历史时期的需要和思想斗争的形势，不断地吸收其他各家的思想而改变自己的形态。虽然如此，儒家并没有成为杂家，它的学派特征还是十分鲜明的，原因就在于它有一套自己的一脉相承的定型的伦理思想。"（载《宗教·道德·文化》，宁夏人民出版社1988年版，第150页）

别于其他各家的主要标志,也是以宗法伦理思想作为战胜其他各家而取得统治地位的主要武器,那么,在中国封建社会中后期与佛教二教的斗争中,情形亦复如此。可以说,这种宗法伦理思想一直贯穿于中国封建社会的始终。①

第二,儒家伦理思想的基本内容是"以宗法伦理为基础","进一步扩展为社会的伦理和政治的伦理,处理君臣、父子、兄弟、夫妇、朋友之间的关系"②。其基本原则则是"亲亲"和"尊尊"。汉代把它概括为"三纲六纪"(三纲:君为臣纲,父为子纲,夫为妻纲;六纪:诸父、兄弟、族人、诸舅、师长、朋友),由处理这些人际关系形成基本的伦理规范就是"五常":仁、义、礼、智、信。作为儒家伦理思想之基本内容的"三纲五常"构成为两千年来儒家的"道统"。

第三,儒家伦理思想的社会根源是原始时代以血缘关系为纽带而结成的父系家长制社会,以及后来发展而成的奴隶宗法制宗教社会和封建宗法制家族社会,其思想渊源是从尧舜以至周公的宗法伦理思想,孔子则是集其大成者:

> 实际上,儒家的宗法思想确实是渊源于原始社会的尧舜时代,中经禹、汤、文、武、周公,到了孔子集其大成。这种思想发展线索亦步亦趋地伴随着中国野蛮进入文明时代的整个历史进程,深刻地反映了宗法制在各个不同时期的演变。孔子以后,宗法伦理思想仍然在代代相传,没有中断,根本原因当然不在于这种思想本身,不在于某些人物的宣传提倡,而在于这种思想具有多方面的社会功能,能够充分地满足封建社会以家族制度为基础的广泛的需要。③

只要封建社会的政治经济结构不解体,家族制度普遍存在,儒家的宗

---

① 余敦康:《论儒家伦理思想——兼论其与宗教、文化的关系》,载《宗教·道德·文化》,宁夏人民出版社1988年版,第162页。
② 同上书,第151页。
③ 同上书,第172—173页。

法伦理思想就是不可超越的,并且必然要发展为封建社会的精神支柱。百家争鸣时期的墨家、道家、法家不能战胜儒家,后来佛教、道教也无法动摇儒家的统治地位,原因就在于此。①

第四,儒家宗法伦理思想是中国文化的主根,宗教、哲学等文化则是它的表现形式。

> 儒家对宗法伦理思想进行论证,有时表现为哲学的形式,有时表现为宗教的形式,有时又兼而有之,表现为神道设教的形式。为了进行论证,儒家对其他各家的思想包括佛、道二教的思想,并不排斥拒绝,而是不断地吸收融合,为我所用。……但是对于宗法伦理思想本身来说,儒家则牢牢地坚持,寸步不让,把一切背离这种思想的言行斥为异端,态度极为顽固保守。儒家的这种理论形态的可塑性以及在宗法伦理思想上的不变性,基本上规定了整个封建社会的文化思想的色调和格局。这种文化思想体现了强烈的封建宗法的精神,但又具有不同的时代风貌,斑斓五彩,是一种多样性的统一。如果把这种文化思想比作一株大树,宗法伦理思想是深深扎在土壤中的主根,哲学和宗教思想则是生长在树枝上的花叶。尽管主根不变,花叶却随四时的更替不断变换。从这个角度来看,要想具体地理解封建社会的哲学和宗教,必须时刻联系宗法伦理思想这个主根才有可能。②

对于作为中国文化之主体与核心的儒家宗法伦理思想的基本内容和基本性质,及其与宗教、哲学等其他文化形态的关系,余敦康教授这段话做出了准确的总结和精辟的论述。只要我们把握住了这个论点,我们就有了一个正确认识中国文化的深层结构及其与宗教的关系的方法论。应用这个方法,就能进一步比较科学地解读中国文化的方方面面,如:中国政治、中国法律、中国文学艺术,以及中国人民群众的人际关系、风尚礼俗生活

---

① 余敦康:《论儒家伦理思想——兼论其与宗教、文化的关系》,载《宗教·道德·文化》,宁夏人民出版社1988年版,第172—173页。
② 同上书,第174页。

方式……余敦康以"九族"、"五服"制度为例来说明儒家宗法伦理思想对中国人生活方式赖以构成的影响：

> 这种"九族"、"五服"制度用血缘亲属的网络结构把一些散漫的个体家族凝聚成为组织严密的共同体，不仅不受王朝更替、政治风云的影响，而且具有顽强的再生性的功能，可以凭借人类的自然增殖在任何地区建立起来。几千年来，人民群众长期坚持这种制度，变成了一种民族的（主要是汉族）特定的生活方式。为了维持这种特定的生活方式，自然离不开儒家的伦理思想。①

这只是一个方面的例证分析。实际上，中国人的文化生活各个方面，几乎无不是围绕儒家宗法伦理这个主体和核心来转动的。中国传统宗教，特别是佛教和道教，在这一点上表现得尤为明显。

夏商周三代以来的国家宗教实质上是一种把宗法伦理神圣化的宗法性宗教。宗教崇拜的基本内容是"敬天法祖"，其作用主要是维护宗法等级制的社会秩序。夏商时代宗教观念的政治内容极为突出。西周则逐渐强调天和天命的道德属性。一方面认为伦理秩序和道德规范是天命所定，另一方面则认为天对人的奖惩和对人事的干预以人的言行是否符合于道德为转移，也就是《书经》所谓"皇天无亲，惟德是依"。周人天命化的道德规范主要是宗法伦理。

秦汉封建制统一帝国建立之后，传统宗教的"天"成了帝王的上帝和祖宗。为了强化封建宗法社会的君权、父权与夫权，把人际社会秩序纳入宗法伦理规范，儒家思想家通过天人感应的神学思想，把儒学宗法伦理思想的集中表现——三纲五常，神化为"源出于天"的神圣准则，从此以后，三纲五常的儒家宗法伦理在中国整个封建时代具有不可动摇的神圣地位。其他一切宗教如果要想在中国大地上扎根立足，也必须把儒家的宗法伦理思想作为该宗教伦理道德规范的基础，土生土长的道教

---

① 余敦康：《论儒家伦理思想——兼论其与宗教、文化的关系》，载《宗教·道德·文化》，宁夏人民出版社1988年版，第191页。

和民间宗教是这样，外来的佛教、伊斯兰教、基督教也在不同程度上照此行事。

道教作为我国封建宗法社会的上层建筑，从其开始时就强调教义的道德内容，力图把信众的行为纳入宗法伦理规范之内。最早的道教经典《太平经》直率地宣传用道德来教化民众防止小人无道自轻，犯上作乱，从而达到"长安国家、令帝王乐也"的目的。至于用什么样的道德来教化民众和小人，在以封建宗法制度为基础的社会关系之中，在反映这种社会关系的儒家宗法伦理思想已成为神圣不可侵犯的统治思想的情况之下，道教实在不可能再把老子"大道废，有仁义；智慧出，有大伪；六亲不和，有孝慈；国家昏乱，有忠臣"那一套否定宗法伦理的思想搬出来，而只能接受儒家道德。道教的特殊作用无非是把儒家道德作为"得道"之"道"的核心和长生成仙的标准。《太平经》宣称一个人的行为合乎"道"，就有可能升天成仙；而所谓"大道"，其内容则是忠君孝亲。道教认为最大的善"上善"，就是帮助帝王建立太平盛世，使朝政上得天心，下得地意。葛洪《抱朴子》具体说明了道德行为与长生成仙的关系：

> 欲求仙者，要当以忠孝和顺仁信为本。若德行不修，而但务方术，皆不得长生也。行恶事大者，司命夺纪，小过夺算，随所犯轻重，故所夺有多少也。凡人之受命捍寿，自有本数，数本多者，则纪算难尽而迟死；若所禀本少，而听犯者多，则纪算速尽而早死。……人欲地仙，当立三百善；欲天仙，立千二百善。若有千一百九十九善，而忽复中行一恶，则尽失前善，乃当复更起善数耳……积善事未满，虽服仙药，亦无益也。若不服仙药，并行好事，虽未便得仙，亦可无卒死之祸也。

以长生导人为善，以早死戒人止恶，把行为的善恶与生死寿夭、长生成仙紧紧联系起来，道教对道德的修持不可谓不费尽心思。问题在于这里所主张的善恶是"以忠孝和顺仁信为奉"，儒家的宗法伦理思想在这里成了道教的核心和基础。南宋以后的净明道，又称净明忠孝道，其核心内容就是提倡三纲五常，以忠孝为本。它认为只要明心净性，正心诚意，养此忠孝之心，即与大道相通，也就可以得道成仙："忠孝之心非长生而长生之性存，死而不昧，列于仙班。"(《净明四规明鉴经》) 净明道之"道"与宋代理学完全一致，本质上是理学的伦理道德观的宗教化。这集中反映了中国道教与儒家伦理学说的内在联系。儒家伦理学说事实上成了道教的核心，而道教的宗教形式不过是儒家伦理学说的外在表现。

中国文化的这种独特之性在佛教身上也体现出来。

佛教本来有一套自己的道德标准和行为规范，如众生平等，皆可成佛，大慈大悲、忍辱无诤、五戒十善等等。但传入中国之初，却因其教义与中国宗法等级制社会的伦常标准不相符合（印度佛教关于生死轮回的教义不讲敬王孝亲），被儒道二家攻击为"无父无君"，不讲忠孝，难以立足，为此，佛教不得不修改传统教义，逐渐吸取作为中国国家哲学的儒家伦理思想，使之与佛教的道德主张调和和融合，证明儒佛一致。早在三国时期，康僧会即已进行这种宣传。据《康僧会传》，他与吴主孙皓进行过一场辩论：

> 皓问曰："佛教所明，善恶报应，何者是耶？"会对曰："夫明主以孝慈训世，则赤乌翔而老人（指南极星）见。仁德育物，则醴泉涌而嘉苗出。善恶有端，恶亦如之。故为恶于隐，鬼得而诛之；为恶于显，人得而诛之。《易》称：积善有庆；《诗》云：求福不回。虽儒典之格言，即佛教之明训。"皓曰："若然，则周孔已明，何用佛教？"会曰："周孔所言，略似近迹；至于释教，则备权幽微。故行恶则有地狱长苦，修善则有天宫永乐。举此以明劝阻，不亦大哉！"

康僧会把"儒典的格言"与"释教的明训"等同起来，用佛教的生死轮回"地狱长苦"、"天宫永乐"的教义来强化儒教伦理思想的教化作用。此后，佛教在中国更进一步明确地把儒家的道德规范作为佛教善恶观的标准和业报轮回的基础。南北朝以后，佛教常把"五戒"比作儒家"五常"。北齐儒家颜之推接受了佛教的这种说法：

> 内外两教，本为一体。渐积为异，深浅不同。内典初门，设五种

禁（五戒）；外典仁义礼智信，皆与之符。仁者，不杀之禁也；义者，不盗之禁也；礼者，不邪之禁也；智者，不酒之禁也；信者，不妄之禁也。（《颜氏家训·归心第十六》）

正是由于佛教在中国接受了儒家宗法伦理思想，适应了封建宗法社会人际关系的要求，才使佛教成为中国封建社会的上层建筑和中国传统文化的重要组成部分，并在唐宋之后形成儒佛道三教合流的局面和中国文化传统的基本格局。在这个三教合流的文化大格局中，儒家的宗法伦理思想无疑居于主体和核心地位，道教和佛教反倒成了它的宗教表现形式。中国文化史的历史实际说明了中国文化的基本特性及其与宗教之关系的特殊性，也说明余敦康教授的论断是合理可信的。

关于中国文化的核心是儒家伦理而非宗教的思想，并不是我和余敦康教授独有的"发现"；在我们之前的不少中外大思想家早就提出来过，尽管也许不那么系统。梁漱溟先生是这一主张最有力的倡导者。他曾提出过宗教为文化之开端，人类各种文化皆导源于宗教的说法（我们已在上文作过批判性的分析），但他大概是就周孔之前的情况说的，至于周孔之后的中国社会，梁先生认为宗教已失去其存在的价值和地位，为周孔的伦理之教所代替。他承认，中国历来有敬天祭祖的崇拜活动，但其真义无非是"报本返始"、"崇德报恩"之意，算不得真正的宗教。这种崇拜的"教义"，不过是一种"伦理观念"，是道德，而非宗教。为什么中国人最后却"以道德代替宗教"呢？根据在于"礼"：

> 古代宗教往往临乎政治之上，而涵客礼俗法制在内。可以说整个社会靠它而组成，整个文化靠它作中心，岂是轻轻以人们各自之道德所可替代！纵然敬重在道德上，道德之养成亦要有个依傍，这个依傍，便是"礼"。事实上。宗教在中国卒于被替代下来之故，大约由于二者：
> 一、安排伦理名分以组织社会；
> 二、设为礼乐揖让以涵养理性。
> 二者合起来，遂无事乎宗教。此二者，在古时原可摄于一"礼"字之内。在中国代替宗教者，实是周孔之"礼"。不过其归趣，则在

使人走上道德之路，恰有别于宗教，因此我们说，中国以道德代宗教。①

所谓"安排伦理名分以组织社会"，说的是周公建立起来的以血缘关系为纽带的西周宗法等级制度；所谓"设为礼乐揖让以涵养理性"，实则是周公根据宗法等级制度而创设的人际间的行为规范——即所谓"礼乐文化"，总起来说，就是孔子儒家集其大成而形成的宗法伦理学说以及由此而形成的道德规范。从绝对的意义上，它虽然并未完全代替宗教（作为国家宗教的宗法伦理性传统宗教、佛教、道教以及其他外来宗教和民间宗教依然存在），但它却把中国的一切宗教置于儒家伦理学说的统摄之下，并以之作为宗教教义的核心内容。梁先生对此历史事实有清楚的说明：

两千余年来中国之风教文化，孔子实为其中心。不可否认地，此时有种种宗教并存。首先有沿袭自古的祭天祀祖之类，然而却已变质；而构成孔子教化内涵之一部分（用笔者的术语讲，是传统的宗法伦理性宗教人文化，转化为人文主义的伦理学说）。再则有不少外来宗教，如佛教、伊斯兰教、基督教等等。然试问，这些宗教进来，谁曾影响到孔子的位置，非独夺取中心地位谈不到，而且差不多都要表示对孔子之尊重，表示彼此并无冲突，或且精神一致。结果，彼此大家相安，而他们都成了"帮腔"。这样，在确认周孔教化非宗教之时，我们当然就可以说中国缺乏宗教这句话了。②

在这个问题上，我们与梁漱溟先生是完全一致的。哲学家冯友兰先生略有不同，他认为中国文化的精神基础是儒家哲学。哲学高于道德。哲学是文化、也是宗教的核心。中国人即使信奉宗教，也是有哲学意味的：

人们习惯于说中国有三教：儒教、道教、佛教。我们已经指出，

---

① 梁漱溟：《中国文化要义》，学林出版社1996年版，第108—109页。
② 同上书，第101—102页。

儒家不是宗教。至于道家，它是一个哲学的学派；而道教才是宗教，二者有其区别。……

作为哲学的佛学与作为宗教的佛教也有区别。受过教育的中国人，对佛学比对佛教感兴趣的多。中国的丧祭，和尚和道士一齐参加，这是常见的，中国人即使信奉宗教，也是有哲学意味的。

中国人……不大关心宗教，是因为他们极其关心哲学，他们不是宗教的，因为他们都是哲学的。他们在哲学里满足了他们对超乎出世的追求。他们也在哲学里表达了、欣赏了超道德价值，而按照哲学去生活，也就体验了这种超道德价值。①

冯友兰先生所说的中国人关心的哲学，无疑指的是儒家的"道"。其本质内容无非三纲五常所说之"理"，就"道"或"理"而言，它高于纲常伦理规范本身，因而具有超道德价值。这与我们认为中国文化的基本精神和核心内容是儒家的宗法伦理学说的论断并不矛盾。就在这本书里，冯友兰先生还引证并赞同美国学者德克·布德关于"中国文化的精神基础是伦理（特别是儒家伦理）不是宗教"的意见：

现在许多西方人都知道，与别国人相比，中国人一向是最不关心宗教的。例如德克·布德教授（Derk Bodde）有篇文章，《中国文化形成中的主导观念》，其中说："中国人不以宗教观念和宗教活动为生活中最重要、最迷人的部分。……中国文化的精神基础是伦理（特别是儒家伦理），不是宗教（至少不是正规的、有组织的那一类宗教）。……这一切自然标志出中国文化与其他主要文化的大多数，有根本的重要的不同，后者是寺院、僧侣起主导作用的。"②

正如冯友兰先生所说，持这种中国文化观的人，不只是德克·布德一人，而是"现在许多西方人"。这许多西方人大多都是熟悉中国文化的学

---

① 冯友兰：《中国哲学简史》，北京大学出版社1996年版，第3—5页。
② 同上书，第3—4页。

者，其中最引人注目者，还是现代西方最杰出的哲学家罗素。

罗素在其《中国之问题》一书中专门讨论了中国传统文化的特点，他认为特点有三：

> 一、文字以符号构成，不用字母拼音；
> 二、以孔子伦理为准则而无宗教；
> 三、治国者为由考试而起之士人，非世袭之贵族。①

罗素不仅正确地认识到中国传统文化是"以孔子伦理为准则而无宗教"，而且在事实上敏锐地观察到这个文化上的特点是由政治制度来予以保证的，因为在中国历史上，作为"治国者"的"士人"，乃是读孔孟之书，习圣贤之道（至少在口头上）的儒家知识分子，这就使"孔子伦理"作为中国文化的准则与核心有了组织上、制度上（科举制度）上的保证，使僧道之类宗教神职人员不能凌驾于官吏之上。政权可以更替，王朝姓氏可以改变，但治国的官吏系统却永远操纵在奉"孔子伦理为准则"的儒家"士人"手中。政权的"治统"内在地服从于儒家的"道统"。从本质上看问题，这一条是儒家伦理思想之所以几千年来一以贯之地独享文化上的核心地位和主体地位的奥秘所在。罗素说这话的时候，也许并未想得如此之深，但这句话确实包涵着如此之深的奥秘。辛亥革命之后，共和代替帝制，新学教育代替科举制度，作为国家哲学的儒家学术在享有两千多年的至尊地位之后一下子失去了制度上的支撑物，轰然崩解了。以儒家伦理为核心的传统文化（包括佛教和道教）也在西方资本主义文化（科学、政治、经济、哲学）汹涌而至的大潮的冲击下，走上衰败之路。但是中国传统文化历史悠久，树大根深，是不会为外来文化所代替而消亡的。它在奋力抗争，也在自求变革维新，与时俱进。从民国建立到现在，已有九十年的历史。近百年的中国文化史，可说是一部传统与革新，东方与西方……各种思潮、各种文化形式既互相冲突，又彼此吸收、渗透、交融的关系史。登台上演这出东西文化关系史的主角，一方是代表中国文化之主体与

---

① 参见梁漱溟：《中国文化要义》，第24页。

核心的中国儒学伦理精神，一方是代表近代西方资本主义精神的自然科学、民主主义的政治、自由竞争的经济以及个人主义的伦理。尽管在宗教方面，洋教的传入也与中国传统宗教发生冲突，有时甚至发展为激烈的斗争，但始终没有进入东西文化之争的舞台中心。百年历史告诉我们，无论是中国文化，还是西方文化，它们的主体与核心都不是宗教，而是与人的现实生活直接相关的人文精神。宗教当然也是非常重要的文化形式，对各种人文性的文化一直发生着重大的影响，这也是历史真实。宗教学者和文化学者任何时候都不能忘记这个事实。但它并不是在任何时代和任何国度都是一切文化的核心或内在精神，这种论断并不是放之四海而皆准的普遍法则。在有些民族和国家可能是适用的，但在有些民族和国家可能就不那么适用，甚至完全不适用。雅斯贝斯已举出了轴心时代三大轴心文化的例子。而以儒家为主体和核心的中国文化一直继承和发扬了先秦轴心时代的轴心文化，文艺复兴时期之后的西方文化也继承和发扬了作为轴心文化的古代希腊文化，只有古代印度的吠陀为代表的印度轴心文化才演变而成为宗教。在当代世界中，中国文化和西方文化已成为两种不同人文精神的主要代表者，它们的关系将对未来世界文化的发展发生重大的影响，在一定程度上将决定世界文化的命运，以至人类的命运。无论是回顾历史，还是展望未来，我们都不要忘记宗教的作用，但应以更多的注意去关注人文主义的精神和文化。从根本上说，我们应以文化去说明宗教，而不应以宗教来说明文化。在探讨宗教与文化的关系时，我们提出的这一原则与方法是否有普遍的适用性，是可以继续讨论的问题，但我相信，它至少适合于中国文化与中国宗教的历史和现实。

（《浙江社会科学》从 2002 年第 2 期起以《关于宗教与文化之关系的若干思考》为题分期连续刊登本文全文）

中国传统宗教与传统道德的历史关联

在世界各民族的传统文化体系中，调整和支配人际社会关系的行为规范、道德准则和价值观念居于最为重要的地位，甚至可以说居于核心地位。如果说，传统宗教作为传统文化体系的重要组成部分与其他文化形式（道德、政治、法律、风俗、习尚、文学艺术、哲学……）有着互相影响、互相渗透、互相制约、互相补充的密切关系，那么，这种关系在传统宗教和传统道德之间就尤其密切。如何分析这种关系，历来是宗教学研究中的一个重要课题。宗教家、神学家们常常把道德规范说成是宗教的附属物，甚至说什么道德规范来源于天命、神启、佛说或圣训，没有神圣的宗教，就没有传统的道德。对于宗教神学家所主张的这种"道德神启论"，站在科学立场的宗教学者大概都不会赞同。我认为，一个民族的宗教与道德，都是其民族文化体系的各自独立的组成部分，它们的根源都是该民族的生存需要和社会生活，其作用和功能都是为了满足民族的生存需要，服务于社会生活。二者并不是"谁产生谁"的问题。它们之间的关系，一如各种文化形式之间的关系一样，只能是一种互渗互补的关系。当然，在一定条件下，也有互为因果的情况。道德用行为规范、伦理准则、价值观念来调整人际社会关系，维系社会的秩序与稳定，宗教则用神的旨意和天命的安排来神化社会秩序，维护人际社会关系。道德为宗教教义信条体系提供了社会内容，宗教则为道德准则涂抹上一层神圣的色彩。一方面，宗教把道德抬高为宗教的教义、信条、诫命和律法，把恪遵宗教关于道德的诫命作为取得神宠和进入来世天国的标准；另一方面，宗教的教义信条又被神以天命或道德诫命的形式加之于整个社会体系，被视为一切人等行为之当与不当、德与不德、善与不善的普遍准则，于是就在人类历史上形成所谓道德的宗教化和宗教的道德化的情况。

我认为，上述情况具有普遍性意义。不仅符合于世界各民族的历史实际，也符合于中国传统宗教与传统道德互相关联的历史实际。当然中国这方面的历史实际具有自己的一些特点。本文旨在对中国传统宗教与传统道德的历史关联，按照个人的理解做一些说明。

一

中国历史上道德与宗教的互渗互补关系，是随着社会的演变而演变、发展而发展的。这一点，中国和世界各民族的历史道路是大同小异、大体一致的。中国的突出特点是：在中国社会从古代到近代、从原始社会到阶级社会的发展过程中，以血缘为纽带的宗法制度始终以不变应万变，万变不离其宗，使其他的社会变化从属于它。在原始社会时代，这种以血缘为纽带的宗法制度表现为从以母权为中心到以父权为中心的氏族制；在商周时代，表现为以宗族为社会结构的基本单位的宗法奴隶制；春秋以后，则逐渐发展为以家族为社会单元的宗法封建制。自从原始社会时代，中国社会的历史变迁由原始氏族公社制演变为宗族奴隶制、又由宗族奴隶制演变为家族封建制，社会形态的性质发生了根本性的变化，但社会结构的基本单元都是以血缘为纽带连接起来的群体；或者是氏族，或是宗族，或是家族。宗法性的血缘关系是组织社会、把社会联为整体的基本纽带，上下纵横，一以贯之。中国社会和历史的这个基本特征，在一切上层建筑和意识形态都打上了决定性的烙印。伦理观念和道德规范，宗教的信仰和崇拜活动，本质上都不过是以自己的形式来表现这种血缘宗法关系，宗教与道德之间的互渗互补关系也不能不以这种关系为其核心和基础。

在宗法性社会结构之中，国是家的延长与放大。一国之君即为大宗族的"宗子"，或为全国百姓的"大家长"。各宗族、各家族之间结为亲属血缘关系。这种人际关系具有突出的伦理性质。人伦关系上下左右，错综复杂，最为重要的，古代儒家归结为"三纲六纪"。《白虎通·三纲六纪篇》："三纲者何谓也？谓君臣、父子、夫妇也。六纪者，谓诸父、兄弟、族人、诸舅、师长、朋友也。"如果再进一步归纳，最主要的是两种关系，一是君臣上下之间的政治关系；一个是父子、夫妇、诸父、兄弟、族人、诸舅之间的血缘关系。不同的人际关系要求人的行为要符合于它的性质，从而形成一定的伦理准则和道德规范。而一切道德规范的根本目的是突出君权和父权，即用君权来维系政治关系，用父权来维系血缘关系。中国上下几千年阶级社会的伦理准则和道德规范，其庞杂博大的程度可谓举世无双，但说到底，其基本内容和实质无非上述所说这些。

中国历史上的宗教作为社会上层建筑的重要部门，也要反映并维护这个社会基础。如果说，道德的任务是为了确立并调整人的行为规范使之适合于以君权和父权为中心的"三纲六纪"之类人伦关系，那么，宗教的任务则是神化这种人伦关系，在此基础上，神化反映这种人伦关系的伦理准则和道德规范。具体地讲，它把以君权和父权为中心的宗法性道德神圣化为上帝的"天命"，同时又把这些宗法性道德转化为宗教的信条和教义，按照社会的道德需要赋予天帝诸神以神性，塑造神灵的形象。这就是中国历史上道德与宗教互渗互补的一般情况。不过，在不同的历史时期，道德宗教化和宗教道德化的具体情况有不同的特点。

二

综观中国有文字记载的历史，道德与宗教的互相渗透和相互影响，主要发生在以下几个历史时期：

（一）殷代政治伦理的宗教化

传说中的尧舜时代大概是从原始社会转变为奴隶制阶级社会的过渡期，夏商周时期则是奴隶制社会形成期和发展期。在原始的氏族制社会中，氏族的长老在氏族内部享有至上的权威，逐渐发展为享有诸多特权的氏族贵族。在若干氏族联合而成的部落联盟中，最强大的氏族必然最有权势，成为部落联盟的首领。部落联盟发展为阶级国家，部落首领和氏族贵族构成统治者阶级。既然国家是在氏族基础上建立起来的，新生的君权自然不会脱离传统的父权，二者结合起来，相得益彰。氏族血缘社会所形成的宗法性道德规范适应于阶级社会的需要，继续发挥作用。从尧舜到夏商，没有文字记载可证，社会伦理状况到底是个什么样子，难以确断。

《尚书》中有相当多的说法，一方面强调统治者的君权，要求诸氏族、众百姓服从；另一方面也有提倡"五礼"、"五典"、"五教"之类氏族宗法社会的伦理规范。《尚书》是晚出的文件，"五典"、"五教"、"五礼"之类是西周时代的概念，这显然是用周代的社会伦理观念去想象过去的产物。但我们也得承认其中包含有对虞夏商时代社会伦理状况的历史追述成分，"君权伦理"和"父权伦理"在那时的伦理生活中起着重要作用。

我国有文字可证的信史从殷代卜辞开始。卜辞中有没有伦理道德观念的痕迹呢？字面上似乎没有，但深入分析起来，还是有的。殷人深信上帝在天上决定人间事务，死去的祖宗在冥冥中关心儿孙的吉凶祸福。殷人几乎事无巨细都要通过占卜，乞求天命启示。大而至于发动战争之类国家大事，小而至于起居行止之类生活琐务，皆秉诸占卜而后行。卜辞中，殷人的上帝对殷王求卜的事项发布各种指示；做出或吉或凶、或可或否的回答。从字面上看，这些命令或指示既没有什么理性根据，也没有什么道德根据。殷人的上帝基本上是个恣情任性的专制君主，人们必须绝对服从，否则就会受到上帝惩罚，导致凶祸灾难。但是，如果我们透过卜辞的字面分析内在的实质，就可认识到：必须绝对服从上帝的"没有道德根据"的指令这个事实本身，就是一种"理性"，但这不是"理论的理性"，而是一种"政治的理性"；必须绝对服从上帝的"没有道德根据"的指令这个事实本身，就是一种"伦理"，但这不是"纯社会性的伦理"，而是一种"政治的伦理"。上帝本质上是殷王的投影，上帝的神性本质上是殷代统治者的阶级特性，上帝的绝对神权本质上无非是殷王对绝对君权的企求。服从上帝的一切指令，事实上也就是要求臣民服从殷王朝的发号施令。这不是"政治的理性"、"政治的伦理"又是什么？

殷王朝崇尚这种"政治的伦理"，显而易见是当时社会的政治需要。夏殷是奴隶制国家建立、成型和巩固的时期，没有强大的君权，就很难克服各氏族、各部落的分散性和离心力，国家机器就难以拥有号令国内诸族百姓的政治权威。因此之故，原始时代遗留下来的传统"父权"必须服从新起的"君权"；与父权相联系的氏族血缘社会的"父权伦理"必须服从于奴隶制国家的"君权伦理"。这种政治的需要和伦理的需要反映到宗教幻想世界之中，构成殷代宗教的政治内容和道德内容。这就是殷代政治伦理的宗教化和殷代宗教政治化、伦理化的实际情况。

如果我们承认今文《尚书》商书部分（清儒认为古文《尚书》商书部分为西晋时人所编撰，不可信）包含有商殷时代史实的话，那么，我们就会发现，其中的宗教天帝观也已蕴含有某些道德理性因素，构成周代天命论的历史起点，如《尚书·汤誓》有几句话：

> 有夏多罪，天命殛之。……夏氏有罪，予畏上帝，不敢不正。……尔尚辅予一人，致天之罚……

被范文澜肯定为无可怀疑的商朝遗文《盘庚》篇中也有这样的话：

> 先王有服，恪谨天命。……罔知天之断命。……天其永我命于兹新邑。

这些话一方面贯穿着君权神授的宗教政治思想，另一方面，又主张天帝将惩罚"有罪"的君主，断其天命，当然，罪与非罪，并不直接等于恶与善，但因畏上帝之罚而"不敢不正"，这正与不正包含有道德伦理意义，应该是确定无疑的。周公"天命靡常"、"以德配天"是这种宗教思想的发展。

（二）西周宗法伦理与天命神学的结合

在我国历史上，西周是道德宗教化和宗教道德化最为突出的时期。周公旦既是一个伟大的政治家、思想家，又是一个伟大的宗教改革家。他在当时的政治、道德和宗教诸方面都进行了深刻的变革，打上了自己的印记。主要是由于周公的影响，周代在夏殷以来的奴隶制国家的基础上更充分完备地利用宗法血缘制纲纪天下、把夏殷时代那些以血缘氏族为单位的结构松散的众多属国，凝聚为组织严密的宗法奴隶制帝国，大力提倡和推广与这个社会政治结构相适应于的宗法伦理观念和道德规范。王国维指出："周人制度之大异于商者，一曰立子以嫡之制，由是而生宗法及丧服之制，并由是而有封建子弟之制，君天下臣诸侯之制。二曰庙数之制，三曰同姓不婚之制。此数者皆周之所以纲纪天下，其旨则在纳上下于道德，而合天子、诸侯、卿大夫、士、庶人以成一道德之团体。""故知周之制度典礼，实皆为道德而设。……周之制度典礼乃道德之器械，而尊尊、亲亲、贤贤、男女有别四者之结合体也。"（《观堂集林·殷周制度论》）王国维的这段话很有见地，他看到周代的社会政治体制是在宗法血缘制基础上发展起来的，用宗法血缘关系的伦理规范来调整并制约君臣、上下、宗族、家庭等人伦关系，把这种宗法伦理作为衡量各色人等之行为的道德标准。周公时代形成了一整套道德伦理规范，但归结起来，仍不外以"父权"为轴心的"社会伦理"和以"君权"为轴心的"政治伦理"。周人把宗法血缘社会的人伦关系以及与之相适应于的伦理规范系统化，称之为"民彝"。所谓"民彝"即人伦之常，主要有五种，即儒家所谓"五常"：父义、母慈、兄友、弟恭、子孝。西周大封建，又把天子、诸侯、卿大夫、士庶人之间的君臣、上下、尊卑、贵贱的政治关系说成是大宗、小宗之间的宗法亲缘关系，在宗法性亲缘伦理基础上建立宗法性政治伦理。

周代统治者，特别是周公又把这一套宗法性的社会伦理和政治伦理宗教化、神圣化为天命所定的行为准则，因而是神圣不可侵犯、绝对不能违反的绝对真理。据《尚书·康诰》，周公在训诫其弟康叔时，一方面把宗法血缘伦理规范称为"民彝"，同时立即指出这些"民彝"乃是天帝启示于民的。

> 王曰：封！元恶大憝，矧惟不孝不友。子弗祗服厥父事，大伤厥考心；于父不能字厥子，乃疾厥子。于弟弗念天显，乃弗克恭厥兄；兄亦不念鞠子哀，大不友于弟。惟吊兹，不于我政人得罪，天惟与我民彝大泯乱，曰：乃其速由文王作罚，刑兹无赦。

周公把父慈、子孝、兄友、弟恭说成是上天颁布的基本伦理规范，人们必须恪遵奉行，如有违反，速即刑罚，决不宽赦。这是把宗法社会的伦理规范宗教化、神圣化，说成是来自上天的命定，强化人们服膺伦理规范的自觉性。西周统治者还进一步把西周大封建新建立起来的一切社会政治制度都说成是天帝的决定：

> 无旷庶官，天工人其代之。天叙有典，敕我五典五惇哉。天秩有礼，自我五礼五庸哉。同寅协恭，和衷哉。天命有德，五服五章哉。天讨有罪，五刑五用哉。（《尚书·皋陶谟》）

这段材料，文字上假托夏代，实质是西周大封建所建立的社会政治体制的反映。它把国家规制的典、礼、刑、德、章、服说成是上天（上帝）的命令和意志。典、礼、刑、德、章、服的内容非常广泛，囊括了当时社会中政治关系和伦理关系的一切方面。所谓"天秩有典"、"天秩有礼"、"天命有德"……事实上不过是假托天命，用上帝的命令和安排来神化社会的等级区分（公侯伯子男五等爵位）和人伦关系，神化与之相适应的礼仪、言行、服饰等行为规范。

周代殷命后，又面对殷人的反叛活动，周公主政时，时刻存着一种如何维护政权的政治忧患意识，他必须论证周代殷命的合法性，于是周公在把社会道德宗教化、神圣化的同时，又在"君权神授"（天命所定）的基础上，提出了"惟命不于常"的天命转移论和天命转移以德为依归的思想。他在《康诰》中说，周之所以代殷，是因为殷王无德、有罪，天乃断其大命。同时周文王为政"明德慎罚"，泽及鳏寡，这些不凡的功德闻于上帝，博得帝的喜爱，乃授命文全代行天罚，代殷而王：

> 王若曰：孟侯，朕其弟、小子封。惟乃丕显考文王，克明德慎罚，不敢侮鳏寡。庸庸，祗祗，威威，显民。用肇造我区夏。越我一二邦以修我西土。惟时怙冒，闻于上帝，帝休。天乃大命文王，殪戎殷。诞受厥命，越厥邦民。（《尚书·康诰》）

如要保持天命常住，必须遵守天命所定的道德要求。此即所谓"皇天无亲，惟德是依"，这就是说，不仅社会伦理秩序、道德规范和政治制度是上天规定启示的，而且上天还对人事进行干预，至于如何干预，则以统治者之言行是否合于天命所定的道德规范为转移。周公赋予上天的神性以浓厚的道德属性，天命渗透着道德的内容。在周公的宗教天命论中，天帝和天命都道德化了。

西周时代,在我国历史上是道德与宗教互渗互补最为深入、道德宗教化和宗教道德化最为明显的时期。在这个过程中,周公旦事实上是作为"宗教改革家"起了极为重要的作用。

(三) 汉代儒家伦理的神学化

春秋战国时代,出现了以孔孟为代表的儒家学派。儒家本质上是一套礼会伦理学。孔孟"祖述尧舜,宪章文武",主要是继承和发展周公的社会伦理和政治伦理观点,并使之进一步系统化、理论化。孔孟虽在世界观上是有神论,但并不是宗教家。他们并未把自己形成的那一套伦理观念和道德规范宗教化。秦汉建成了统一全国的封建大帝国,这时,夏商周以来传统的宗法宗教所崇拜的"天",已成了封建帝王的上帝,封建帝王的皇权被认为是"奉天承运"、"天命所归",而"天命"的性质和内容,本质上是维护以封建宗法制度为基础的君臣、父子、夫妻等社会人伦关系和社会政治关系。为了强化封建社会的君权伦理、父权伦理和夫权伦理,把全国各色人等的伦理生活纳入封建宗法制度的规范之下,便有必要把它们宗教化,并用封建宗法的伦理道德观念重新塑造上帝的形象,赋予上帝以新的道德属性,使宗教和上帝按照封建帝王的要求道德化。西汉时代,道德宗教化和宗教道德化的工作,主要是由董仲舒来实现的。在此之前,孔孟儒家完全继承了周公的天命论和道德天定的思想,但天如何制定道德伦理规范,又如何启示,这些神秘主义问题,孔孟都未说明。孔子只说:"天生德于予",至于如何生出道德则未讲明。董仲舒则用天人感应的神秘主义来具体说明这个问题。

在董仲舒的思想体系中,天是一切的源泉,自然也是伦理准则和道德规范的源泉,此即他所谓的"道之大源出于天"。天有"天理"、"天志"化生为人的德行:"人之人本于天,天亦人之曾祖父也。……人之血气,化天志而仁;人之德行,化天理而义"(《春秋繁露·为人者天》)。他有时更直接把人事道德说成是天生人时赋予人的:"天之生人也,使之生义与利,利以养其体,义以养其心"(《春秋繁露·身之养重于义》)。

董仲舒"道德天启说"中最有代表性的理论是用天人感应的神学目的论把封建宗法社会中基本的人伦关系和道德规范("三纲五常")说成是

天帝的安排和阴阳五行的体现，他的具体说法是：

> 君臣、父子、夫妇之义，皆取之诸阴阳之道。君为阳，臣为阴；父为阳，子为阴；夫为阳，妻为阴。（《春秋繁露·基义》）
>
> 仁义制度之数，尽取之天。天为君而覆露之，地为臣而持载之；阳为夫而生之，阴为妇而助之；春为父而生之，夏为子而养之……王道之三纲，可求于天。（同上）

天地阴阳之道引出王道三纲。至于"五常"，即仁、义、礼、智、信等伦理规范，则被董仲舒说成是"五行相生"而成：

> 木生火，火生土，土生金，金生水，水生木，此其父子也。木居左，金居右，火居前，水居后，土居中央，此其父子之序，相受而布。是故木受水而火受木，土受火，金受土，水受金也。诸授之者，皆其父也；受之者，皆其子也；常因其父以使其子，天之道也。是故木已生而火养之，金已死而水藏之，火乐木而养以阳，水克金而丧以阴，土之事［火］竭其忠。故五行者，乃孝子忠臣之行也。五行之为言也，犹五行欤？（《春秋繁露·五行之义》）

尽管具体说法牵强附会，神秘荒诞，但终究给道德天启之说以一种似是而非的理由。他把封建宗法社会的政治、社会、人伦秩序及相关的伦理纲常神圣化为阴阳天道，这就为封建社会的君权、父权和夫权提供了神学根据。由于封建道德的宗教化，三纲五常这一套宗法伦理就成了我国整个封建时代伦理生活中的统治思想，具有不可动摇的神圣地位，其他一切宗教如果要想在中国大地上扎下根来，立定足跟，也必须把儒家神圣化了的这一套封建宗法道德作为该宗教的伦理道德观的基础，以此为准，去塑造该教神灵的道德形象。中国土生土长的道教和民间宗教是这样，外来的佛教、伊斯兰教、基督教也在不同程度上照此行事。

（四）东汉以后，道教、佛教对儒家伦理的吸收与影响

中国传统的宗法性道德不仅与传统的宗法性宗教有机地结合在一起，形成互渗互补关系，而且进一步与土生的道教和外来的佛教达成新的联合，使我国历史上道德宗教化与宗教道德化的进程出现新的特点，发展到新的高度。

我国的道教萌生于东汉、成型于魏晋南北朝。它继承和发展了秦汉时代的神仙方术之说，以追求肉体的长生不死、得道成仙为宗旨。魏晋以后，道教深得历代帝王的欢心，多次被封建帝王尊奉为国教，列为三教之首，一直与儒家、佛教一起成为我国封建社会中居于统治地位的宗教之一。道教和我国封建制社会中其他上层建筑部门一样，它的基本任务是为巩固封建社会的经济基础和政治秩序服务。在这方面，道教特别重视宗教对道德的影响和作用。它把道教教义信条体系的道德内容，定为道教信仰者的行为规范，把善男信女的行为纳入封建宗法社会的伦理秩序和道德规范的要求。最早的道教经典《太平经》就直率地宣称，它将用道德来教化民众，防止"小人"无道自轻，犯上作乱："今要遭善德，出之以教化，小人得之守道德，更相仿学，不敢为非"[1]；"以至道要德，力教化愚人，使为谨良，令易治"[2]。这种道德教化的根本目的则在于使国家长治久安，帝王安享太平之乐（"长安国家，令帝王乐也"[3]）。

那么，道教究竟用什么样的道德来教化"小人"和"愚人"呢？在我国这个以封建宗法制度为基础的社会关系之中，在反映这种宗法血缘关系的儒家道德已成为神圣不可侵犯的、官方法定为正统道德体系的情况之下，道教实在不可能有它自己的一套特殊的道教道德，而只能是接受儒家道德。除此以外，别无选择。

《太平经》宣传和主张的道德，总的说来，就是东汉《白虎通义》所定下来的"三纲六纪"，这是儒家道德的核心。道教认为，三纲六纪与道

---

[1] 王明编：《太平经合校》，中华书局1960年版，第430页。
[2] 同上书，第433页。
[3] 同上。

相合，故为永恒长吉的道德规范。按照三纲六纪的总原则，《太平经》具体强调的道德信条主要有：

第一，"敬上爱下"。此所谓"上，即指君、父、师"："君父及师，天下命门，能敬此三人，道乃大陈。"① 君权、父权和师道是封建宗法社会的三大支柱，决定着个人的命运，所以，道教称之"天下命门"，是大道之所在，敬奉三者方合于道。与此同时，道教又主张为上者当爱下。下就是民，无民则君无所泊。"爱民"的本质是要求为君上者以道德化天下，做到上下关系和谐，天下太平无事。

第二，"孝为上第一"。儒家伦理特重孝道，以孝为德行之本，求忠臣于孝子之门。道教《太平经》完全接受这个主张，认为"天下之事，孝为上第一"②。假如一个修道之人不尽孝道，绝不能得道长生："不孝而为道也，乃无一人得上天者也。"③ 不仅不能长生，而且更是天地所不赦的大罪："为子乃不孝，为民臣乃不忠信，其罪过不可名字也。"④ "天地至慈，惟不孝大逆，天地不赦，可不核哉？"⑤

第三，"安贫乐贱"。《太平经》也接受儒家关于"富贵在天"的思想，认为人的富贵贫贱乃命中注定："人生各有命也，命贵不能为贱，命贱不能为贵也。"⑥ 只有顺命才是"顺天之道"。贫贱之人不得有非分之想："安贫乐贱可久长，贱反求贵道相妨。"⑦

第四，"周穷救急"。《太平经》鉴于为富不仁者终将激起民变的历史教训，主张富贵人家在安享富贵的前提下分出一杯之羹周济穷困之人。"积财亿万，不肯救穷周急，使人饥寒而死，罪不除也。"⑧

第五，"恶杀好生"。《太平经》认为天道恶杀好生，为政者当尚道德而慎刑杀："天将兴之者，取象于德；将衰败者，取法于刑。"

---

① 王明编：《太平经合校》，第403页。
② 同上书，第593页。
③ 同上书，第656页。
④ 同上书，第257页。
⑤ 同上书，第116页。
⑥ 同上书，第289页。
⑦ 同上书，第306页。
⑧ 同上书，第242页。

《太平经》所提倡的这些道德信条，无非就是儒家所主张的忠孝仁爱之类宗法性伦理。太平道之后，道教经历了长期的发展，分化出不同的教派，但它们的道德信条本质上仍是忠孝之道，没有什么根本性的变化。魏晋南北朝时期，道教与佛教争夺宗教至上权，激烈竞争。道教斥责佛教的最大过恶就是沙门出家修行，不敬王者，是为无父无君，不忠不孝。忠孝之道在道教的道德信条中因此而更加突显出来。北魏寇谦之清整道教明确规定"于君不可不忠"（《老君音诵戒经》），"臣忠、子孝、夫信、妇贞、兄敬、弟顺，内无二心"（《正一法文天师教戒科经》）。以后，道教各派为信徒制定了许多清规戒律，都把不忠不孝列为最为重要的第一大戒。南宋以后的净明道更直接提出"以忠孝为本"的口号，故此派道教又名为"净明忠孝道"。回顾道教的历史过程，可以清楚地看到，道教推崇的道德完全就是儒家的道德。那么，在道德问题上，道教有什么特点呢？这就是把儒教道德宗教化，发挥道教在强化道德方面的作用。这表现在：

第一，认为道德规范源于天道，使之具有神圣意义。道教吸收神秘化的阴阳之说，说什么阳尊阴卑是天之道，这种天道决定人世间君尊臣卑，父尊子卑，男尊女卑，以此论证儒家的"三纲"伦理观。

第二，道教把封建宗法道德作为得道之"道"的核心和长生成仙的标准，以此推动信仰者实践这些封建道德。《太平经》宣称，如果一个人的行为合于"道"的要求，就有可能升天成仙：

> 天上积仙不死之药多少，比如太仓之积粟也；仙衣多少，比如大官之积布帛也；众仙人之茅舍多少，比若其官之室宅也。常得大道而居，故得入天。大道者，得居神灵之传舍室宅也。[①]

《太平经》所说的"大道"，根本内容是忠君孝亲。它认为最大的善（"上善"）就是帮助帝王建立太平盛世，使朝政上得天心，下得地意，这就是"得大道"，因而就有可能与君王一起升天成仙。道教在以后的发展中更着力发挥这一思想。葛洪在《抱朴子》一书中具体说明了一个人的道

[①] 王明编：《太平经合校》卷四十七，《上善臣子弟子为君父师得仙方诀》。

德行为与长生成仙的关系：

> 欲求仙者，要当以忠孝、和顺、仁信为本。若德行不修，而但务方术，皆不得长生也。行恶事大者，司伞夺纪，小过夺算，随所犯轻重，故所夺有多少也。凡人之受命得寿，自有本数。数本多者，则纪算难尽而迟死；若所禀本少，而所犯者多，则纪算速尽而早死。……人欲地仙，当立三百善；欲天仙，立千二百善。若有千一百九十九善，而忽复中行一恶．则尽失前善，乃当复更起善数耳。……积善事未满，虽服仙药，亦无益也，若不服仙药，并行好事，虽未便得仙，亦可无卒死之祸矣！①

这段话把道德与成仙的关系说得非常具体。他以长生成仙导人为善，以夺算早死戒人止恶，把行为的善恶与生死寿夭、长生成仙紧紧地联系起来，使道德行为超过服仙药而成为长生成仙的第一条件。当然，葛洪所理解的善事和德行，乃是"以忠孝、和顺、仁孝为本"，完全是儒家所倡导的那一套宗法道德。有些道教文献说得更为明确，认为只有实践了儒家道德的"忠臣孝子"才可成为天上仙人："道教之学仙至难．惟大忠大孝不俟修炼而得其说。……其使无上真有仙人，必忠臣孝子为之，非可幸而致也。"（《真文忠公文集》卷三十五）南宋以后的净明道更直接强调三纲五常、忠孝节义之类封建宗法道德是得道成仙的基本根据。在净明道看来，一个人只要明心净性、正心诚意、养此忠孝之心，即与大道相通，从而就可得道成仙："忠孝之心非长生而长生之性存，死而不昧，列于仙班。"（《净明四规明鉴经》）

无可否认，道教这种以实践封建宗法道德为得道成仙的基本条件的理论，成了封建社会人们遵守并奉行封建道德的强大推动力，是道德宗教化和宗教道德化的重要契机。

第三，用天神的赏罚来监督并保证人的道德行为。

道教不仅止于一般地宣传"积德成仙"。为推动世人遵奉封建宗法道

---

① 《抱朴子·封俗》。

德，还虚构出一套天神系统来监督人们的道德行为。《太平经》宣称人之善行或恶行，均由人之气上通于天，天神记人之功过，赏善罚恶；为善者可以竟其天年，为恶者身死不得为善鬼。《太平经》中的《大功益年书出岁月戒》写道："过无大小，天皆知之。簿疏善恶之籍，岁日日拘校，前后除算减年，其恶不止，便见鬼门。"《天神考过拘校三合诀》则说天神每天记录人之过恶，三年一中考，五年一大考。《老子想尔注》也宣称天神赏善罚恶，在冥冥中监督着人们的道德行为："道设生以赏善，设死以罚恶"；"人为仁义，自当至诚，天自赏之。不至诚者，天自罚之"。后来，道教更进一步，具体地设计出一系列监督善恶的神灵，以及对善恶行为进行赏罚的具体标准。道教的重要经典如《易内戒》、《赤松子经》、《河图纪命符》等都具体开列了这套神仙系统。据《赤松子经》说，在天上监督人们行为的是三台北辰司命司禄之神。北辰即北斗七星，北斗第一星（本斗）主管增减人的寿命，第二星（西斗）主管功名，第五星（南斗）登记生录，第六星（北斗）记录死籍，第七星（中斗）为东西南北四斗之魁星，总监一切神灵的生死祸福（《灵宝度人经》："东斗主算，西斗记名，北斗落死，南斗上升，中斗大魁，总监众灵"）。

《河图纪命符》则说，除了天地有司过之神外，每家每户还有灶神，人的身体内部则有"三尸"之神，每到一定时候，即上天向司命神作汇报，报告人的罪过（三尸神汇报之时为庚申日，灶神为月晦之夜）。司命之神即据此汇报予人以惩罚，过大者夺纪，过小者夺算。道教为道德实践设立的监督系统，比当今世界的特务情报系统还要严密。三尸之神岂不类似于安置在人体之中的万能窃听器！其他道教经典也有与此大同小异的说法。据《大道通玄要》说，无上有阴阳考官，掌管着人的生死簿录，善功记人"青簿"，罪恶记人"黑簿"，于每年的"三元日"（即"上元"：正月十五日；"中元"：七月十五日；"下元"：十月十五日）加以统计算总账，增减人的寿命。为了使这种赏善公平合理，道教又不得不设计出一套计算标准，规定各种善功恶行之大小，据以行赏罚之高低。这样就形成了道教所有的"功过格"。

第四，用累代承负的道教因果报应来补充关于善恶报偿的信仰。

儒家经典《易经》中已有所谓"积善之家，必有余庆；积不善之家，必有余殃"（《易·坤卦·文言》）的说法。意思是说，一个人道德行为的善或不善，所产生的后果将不限于此人此生，而且会延及后代。按照孔颖达注疏的解释，这句话本来并没有宗教神秘主义的含义。无非是说，吉凶之来，并非突然而起，而是由来以渐。先辈做了善事，受惠者报恩于后人；先辈作恶多端，受害者亦报怨于后人。这种"余庆"、"余殃"之报，乃是自然之理，人情之常，并没有什么神秘的味道。道教接过这个说法，对之作了宗教神秘主义的理解，发展为一种类似于佛教因果报应说之类的宗教信条。

道教主张天神在冥冥中监督着人们的道德行为，根据道德行为的善恶进行相应的赏罚。善者长生，甚至成仙；恶者减寿，直至死后受恶果折磨。可是，在现实生活中，善恶的报偿不仅不能完全兑现，而且常常出现相反的情况；为善者得祸，为恶者受福。如何解释这种现象，弥补理论上的漏洞呢？这无疑是一个难题。为此，道教便把《易经》的那段话吸收过来，发展为所谓"承负"之说。《太平经》首先提出了"承负"的概念和理论，并以之来解释善恶报偿之上的"颠倒"：

> 力行善反得恶者，是承负先人之过，流灾前后积来害此人也。其行恶反得善者，是先人深有积累大功，未流及此人也。[①]

为善得祸是承负先人之过，为恶得福是承负先人之功，这种善恶报偿的"颠倒"和矛盾，于是得到了补救。这样一来，道教神灵的赏罚仍是公正的，对于任何人的任何行为来说，仍是善有善报、恶有恶报；今生不报，后代亦报。因果报应的链条不仅不断，而且将延续到子孙后代。

道教与我国封建宗法社会伦理道德的关系大致有如上述，上者的关系是非常密切的：有些学者认为，道教本质上就是以长生成仙为诱饵，用儒家宗法道德对信仰者进行道德教化的一种宗教，这个说法不无一定道理。

在中国历史上宗教与道德互渗互补的过程中，以儒家伦理为代表的封建宗法道德不仅被传统的宗法性宗教和道教奉为圭臬，在此基础上实现了

[①] 《太平经合校》，第22页。

道德的宗教化和宗教的道德化，而且，各种外来的宗教在中国大地上与道德发生关系也离不开这个模式。在这方面，佛教最为典型。它对儒家伦理的吸收也相当全面，对我国人民道德生活的影响非常深刻和深远，似乎绝不在道教之下。佛教在东汉传入我国，而在魏晋南北朝大行其道，与道教的发展几乎是同步进行，形成宗教上的双峰对峙，江河并流。佛教传入中国之初，也被当时中国人视为与道家、道教一样的神仙方术之类。在道德问题上，佛教主要是宣传善恶果报、生死轮回这一套教义，以此来拨动中国信仰者的宗教心弦。但是，由于印度社会与中国社会的差异，在何者为善、何者为恶的价值标准上，初来的佛教与儒家伦理是颇有不同的。因此，从东汉末年三国时期开始，儒家就对佛教的道德观进行激烈的攻击，这在三国时代佛教信徒牟子和康僧会的卫佛论文中可以清楚地看到。

据传，三国时的牟子其人是《理惑论》的作者，由儒转佛。鉴于当时儒家对佛的非难，他写作《理惑论》，着力论证佛与儒、道一致。但从此文可以看到，当时的儒家在道德观方面攻击佛教僧人剃发出家，抛妻弃子，有违孝道；身披袈裟，见人不行跪拜之礼，违背传统礼仪（由此发展为后来的沙门不敬王者，是为不忠于君之说）。牟子的辩解一方面反映了儒家对佛教的排斥，另一方面，也反映了佛教开始注意了对儒家和道家的适应与吸收。

大致与牟子同时代的康僧会更为有力地吸取传统的儒家思想，力图使佛教与之调和和融合，证明儒佛一致。在社会政治观上，他宣传佛教"仁道"就是孔孟的"仁政"，"诸佛以仁为三界上实，吾宁陨躯命，不去仁道也"。在道德观上，更大力吸收儒家关于忠孝节义之类道德规范。在他编译的佛教著作中歌颂"至孝之行，德香熏乾"，"至孝之子，实为上贤"，强调妇女应"尽力修孝"，以"获孝妇之德"。他和儒家一样，提倡"君仁臣忠，父义子孝，夫信妇贞，比门皆贤"。特别是，康僧会认为佛教善恶报应之教有益于实施周孔之道。《康僧会传》记载了他与吴主孙皓进行过的一场辩论：

> 皓问曰："佛教所明，善恶报应，何者是耶？"会对曰："夫明主以孝慈训世，则赤乌翔而老人（南极星）见。仁德育物，则醴泉

涌而嘉苗出。善既有端，恶亦如之。故为恶于隐，鬼得而诛之；为恶于显，人得而诛之。《易》称：积善有庆。《诗》云：求福不回。虽儒典之格言，印佛教之明训。"皓曰："若然，则周孔已明，何用佛教？"会曰："周孔所言，略似近迹；至于释教，则备极幽微。故行恶则有地狱长苦，修善则有天宫永乐。举此以明劝阻，不亦大哉！"

康僧会把"儒典的格言"和"释教的明训"等同起来，用佛教的"地狱长苦"、"天宫永乐"之类来世报偿，来加强儒家关于"孝慈、仁德"之类宗法伦理的劝化作用。

但是，仅仅把儒家道德规范作为佛教业报轮回的根据还不能完全回答儒、道两家对佛教道德的攻击。这是因为印度佛教本来是不大讲敬王孝亲之道的，这一套主张在我国这个标准的封建宗法社会内，与君臣、父子、夫妻、兄弟、朋友的人伦关系格格不入。儒家士大夫和道教攻击佛教无父无君、不讲忠孝，这使佛教很是狼狈，难以立足，佛教不能单凭意向声明求得儒道的认可，而必须具体地把忠孝之道和仁、义、礼、智、信（五常）引入佛教的道德体系之中。东晋名僧慧远在其《沙门不敬王者论》中指出，在家的佛教信徒"有天属之爱，奉主之礼"，理应忠君孝亲；出家为僧，虽是方外之宾，但通过传教化民，也可有助"王化"，"协契皇极"（《弘明集》卷五），尽忠君之责。北魏昙靖伪撰佛经《提谓波利经》，以"五戒"比作"五常"，认为：不杀生为仁，不邪淫为义，不饮酒为礼，不偷盗为智，不妄语为信。

唐宋以后，这种说法更加流行。唐僧道世《法苑珠林·受戒篇·五戒部》也把五戒等同五常。宋神宗云门宗名僧契嵩在《辅教篇》中更鼓吹佛、儒以及百家合一，认为五戒即五常，修五戒即可尽孝道，否则即为不孝："是五者，有一不修，则弃其身，辱其亲，不亦不孝乎？"他强调说："圣人之道以善为用，圣人之善以孝为端。"

佛教名僧的这种援儒入佛，把儒家伦理佛教化的努力没有白费功夫，逐渐得到儒家士大夫和封建帝王的承认。北魏名儒颜之推在其《颜氏家训》中实际上已经接受以五戒比五常的说法：

> 内外两教，永为一体。渐积为异，深浅不同。内典（佛典）初门，设五种禁（五戒），外典（儒典）仁礼智信；皆与之符。仁者，不杀之禁也；义者，不盗之禁也；礼者，不邪之禁也；智者，不酒之禁也；信者，不妄之禁也。①

中国历代的封建帝王逐渐认识到佛教的道德体系（五戒十善加业报轮回的信仰）对于维护其统治有特殊的功用，于是便自觉地予以利用。南朝刘宋文帝与大臣何尚之有这样一段著名的对话：

> 元嘉十二年（公元435年）五月五日，帝……谓侍中何尚之曰："……六经典文，本在济俗为治耳；必求性灵真奥，岂得不以佛经为指南耶？……若使率土之滨，皆敦此化，则朕坐致太平矣，夫复何事！"尚之对曰："悠悠之徒，多不信法。……（若使）百家之乡，十人持五戒，则十人淳谨矣；千室之邑，百人修十善，则百人和厚矣；传此风训。以遍宇内，编户十万，则仁人百万矣！此举戒、善之全具者耳。若持一戒、一善计为数者，抑将十有二三矣，夫能行一善，则去一恶，一恶既去，则息一刑；一刑息于家，则万刑息于国……则陛下所谓坐致太平者也。"②

唐代李节在一篇文章中谈及佛教教义和佛教道德的社会作用时说：

> 夫释氏之教，以清净恬虚为禅定，以柔谦退让为忍辱，故怨争可得而息也。以菲薄勤苦为修行，以穷达寿天为因果，故贱陋可得而安也。
>
> 夫俗既病矣，人既怨矣，不有释氏使安其分，勇者将奋而思斗，智者将静而思谋，则阡陌之人皆纷纷而群起矣！③

---

① 《颜氏家训·归心第十六》。
② 《弘明集》卷十一：《何令尚之答宋文皇赞扬佛教》。
③ 《送潭州道林疏言禅师大原取经序》，见《全唐文》卷七八三。

北宋名僧契嵩上书仁宗，力陈佛教有助于道德教化，有利于王朝统治，请求皇帝兴佛。他说：

> 若今佛法也，上则密资天子之道德，次则与天下助教化，其次别省刑狱，又其次则与天下致福却祸，以先王之法裁之，可斥乎？可事乎？①

佛教在中国完全是自觉地适应于封建统治者的政治需要，他们不仅完全接受了三纲五常的封建宗法道德，而且用佛教本有的道德规范（如教人灭欲净心，忍辱无诤等）来维护封建制度，加上佛教所特有的那一套因果业报、生死轮回的信仰，起到了儒家伦理学说所不能起的社会作用。

三

在中国和世界各民族的历史上，道德和宗教互渗互补过程，大体上是一致的。道德的根据在社会人际关系之中，但道德规范要深入人心，成为人们自觉的行为准则，往往离不开宗教的作用。中国历史上的宗教，包括夏商周以来的正统宗法性宗教，东汉产生的道教以及外来的佛教，几千年来，对于培养、形成和强化我国人民的伦理意识，发挥了极其深刻的作用。当然，中国人伦理意识的主体和核心是儒家伦理，道教所教化、佛教所吸收的伦理规范本质上就是儒家伦理，但是，如果没有道教和佛教应用宗教方式，调动神仙系统，鼓吹因果业报来系统宣传儒家伦理，而仅仅是像孔子、孟子那样完全通过世俗教育和理论宣传的手段，那么，我们可以断言，儒家那一套伦理道德观念是不可能那样深入人心、根深蒂固的。在漫长的封建社会中，除了极少数"高级知识分子"（士大夫）是通过研讨四书五经，接受并实践儒家伦理以外，绝大多数芸芸众生都是感于长生增寿、减算夭折之说，慑于因果报应、生死轮回之教而行于忠孝节义，实践道德要求的。在这方面，一个"善有善报、恶有恶报"的宗教故事，胜过

---

① 《镡津文集》卷八。

十卷百卷"子曰"、"诗云"的儒教经典。没有宗教化的道德，枯燥乏味，僵死无力，既不神秘，也不神圣，缺乏实践它的驱动力。不言而喻，我国道教和佛教所神圣化的道德乃是以儒家伦理为代表的封建宗法道德，其实际的社会效果无非是把封建宗法社会的种种人际关系和封建宗法制度，用神圣化了的道德混凝土固结起来，变成超稳定的社会结构。我们的祖先世世代代生活在这个超稳定的道德体系和社会结构之中，驯化为儒、佛、道三教道德的信奉者，历史洪流的冲刷也未能完全洗尽它留在中国人内心深处的印记。时至今日，三教道德合流的历史阴影仍在中国大地上游荡。如何对待它？是推倒重建，还是沙里淘金？已成为当今一些学者热心关注的话题。也许，这种讨论将是永无止境，没有结论的。但是，社会在变革，时代将前进，新时代的道德体系终将在历史的灰烬中诞生和成长。

（原载于台湾《宗教哲学》1996年第2卷第4期）

中国现代宗教学术研究的
百年回顾与展望[*]

在论述中国现代宗教学的历史进展时，有两个概念需先加以说明：

第一，本文所讨论的"宗教学"，意指对宗教基本问题（本质、起源、特性、现象、历史、教理、功能……）所进行的学术性研究或理智性探讨，完全不同于以传道为目的的宗教教义学或宗教神学。前者是理性主义的，后者是信仰主义的。因此，本文涉及的人物是宗教学家，而不是宗教家。但是，一个宗教家在宗教上的主张并不一定就是纯粹的信仰主义，其中也可能包含有理智性研究的成分，正如一个科学家的理论并不一定就是科学，其中也可能有非科学的谬误一样。如果宗教家的宗教学说确有此种理智性成分，又确曾在中国现代宗教学说研究的发展过程中发生过重要影响，本文也将把它列入讨论范围之内。

第二，本文所讨论的"现代"，不局限于1949年中华人民共和国成立之后。从纯学术观点看，所谓"现代宗教学"，并不是一个局限于起讫年代的时间概念，而是着眼于在它从事宗教学术研究时应用的理论和方法不同于"传统"的革新。在历时数千年之久的中国学术思想史上，对宗教问题进行过理智性探讨者代不乏人。但在近现代"西学东渐"之前，这些探讨的理论和方法，大体上是在儒家传统学术基础上进行的，属于儒学传统的一部分。自戊戌变法时代起，一代接一代的先进中国知识分子引进西方的自然科学和人文学说，其中包括启蒙宗教学说，来审视中国的封建社会及其传统文化和传统宗教，从而逐渐发展起各种"新学"；同时展开了批

---

[*] 本文写于1995年；最新发表于尹章义主编《当代中国学术发展史》，台北，中华综合发展研究院，2000年版。

判传统宗教和迷信，启迪民智、革新民德的启蒙运动，兴起了以启蒙宗教观为主要内容的、具有现代意义的中国宗教学术研究。在这个意义上，我们可以把戊戌变法至民国时代的宗教学术研究称之为中国现代宗教学的第一阶段，而把中华人民共和国建立之后的宗教学术研究看成是它的新发展。如果一定要把这一阶段当作"现代宗教学"，那么，上面所说的"第一阶段"则可理解为它的文化背景或"准备阶段"。总之，本文的历史叙述将从戊戌变法至民国时代这一时期开始，而把对它的性质判断问题留给读者。

中华人民共和国建立至今不过50余年，时间并不算长。但就宗教学术研究情况而论，以1976年"文化大革命"结束为界限，可划分为前后两个阶段。前一阶段，马克思主义、列宁主义、毛泽东思想作为"指导一切"的指导思想，在宗教学术研究中占据绝对统治地位。其特点是：宗教研究的理论和方法一元化，宗教问题政治化，宗教学术研究让位于对党的宗教政策的政治解说，主要致力于消灭宗教的无神论宣传。1976年以后，随着"文化大革命"的结束，宗教学术研究和整个文化学术界逐步从政治禁区中解放出来并得到恢复和发展。由于思想的解放，宗教学术研究的理论和方法虽仍然强调马克思主义的理论指导，但已逐渐呈现出多样化的倾向。不仅近现代西方宗教学和其他各种非马克思主义的理论和方法进入到宗教学者的视野，而且对马克思主义宗教理论的理解和应用，也出现了不限旧说、各有所解的情况。这种理论和方法上的多样化倾向，构成了20世纪80年代以来宗教学术研究不同于五六十年代的思想特色，也是近年来中国宗教学术研究空前繁荣的思想条件。

基于上述理解，我把中国现代宗教学术研究的全部历史进程分为三个阶段：

（一）从戊戌变法到民国时期："西学东渐"和现代意义的宗教学术研究的兴起；

（二）1949—1976年：马克思主义一元化指导下的宗教研究；

（三）1976年以后：理论和方法的多元化与当前宗教学术研究的繁荣。

一 从戊戌变法到民国时期:"西学东渐"和现代意义的宗教学术研究的兴起

从 19 世纪末到 20 世纪上半叶,中国社会经历了急剧的动荡和激烈的变革,相继发生了戊戌变法、辛亥革命、讨袁护国军阀混战、北伐战争、抗日救亡、国共内战等大事变,直到 1949 年中华人民共和国建立,中国社会才安定下来。从社会体制上看,这是中国从封建社会向现代社会的过渡和转变时期。反映在文化学术领域,则表现为西方文化影响下发展起来的"新文化"冲击"旧文化","新学"冲击"旧学"(传统儒学)。这种冲击以更尖锐的形式出现在宗教领域,逐渐兴起了具有不同于传统宗教观念的具有现代意义的宗教学术研究。与此同时,各种宗教内部则出现了回应社会变动的宗教文化革新和学术活动。因此,我认为,从戊戌变法到民国时期,现代意义的宗教学术主要表现在三个方面:(1)宗教启蒙思潮的发展;(2)宗教史学的开创;(3)宗教内部的文化革新和学术活动。

(一) 宗教启蒙思潮的发展

在中国宗教学术史上,具有和传统宗教观念决裂的现代宗教学术研究,其最初的表现形式是戊戌变法运动以来的启蒙宗教学说。

戊戌变法运动虽然以失败告终,但"西学东渐"之风却日盛一日,各种不同于传统儒学的"新学"得以兴起。一代一代的先进中国人认识到,如欲救亡图存,必须变法图强;欲革封建君权,必革封建神权,批判传统的宗教天命论对"君权神授"的维护。因此,近现代的中国革命派和先进知识分子几乎都在不同程度上批判传统宗教,提出了"革天"、"革神"的启蒙宗教观,发动启蒙教育运动。正像文艺复兴时期以来西方进步思想家批判宗教神学的启蒙宗教观,往往就是反封建专制制度的资产阶级民主革命的思想先导一样,中国当时的启蒙宗教观也是中国反封建民主革命的思想准备。从戊戌变法运动的代表人物康有为、梁启超、谭嗣同、严复,到辛亥革命的革命派思想家孙中山、陈天华、邹容、章炳麟,再到"五四"时期新文化运动的知识精英蔡元培、胡适,以及由此转向马克思主义的陈独秀、李大钊，尽管这些人活动在不同的历史阶段，政治信念也不相同，但他们都是政治上的革新派，在宗教问题上都是启蒙思想家，我把他们的宗教观看成是"现代"宗教学术研究的开端。这是因为他们对传统宗教的批判研究是理性主义的，完全区别于信仰主义的宗教神学；同时，与历史上那些批判宗教迷信的无神论宗教观比起来，无论在内容上，还是在表现形式上，也有明显的差别。第一，现代意义的启蒙宗教观具有反帝反封建的政治内容，属于资产阶级民主革命思潮，而传统的无神论思想在政治上是维护当时的封建君权和封建制度的。第二，现代意义的启蒙宗教观广泛引进并吸引了近代西方的自然科学和哲学，特别是达尔文生物进化论以及由此推演而出的社会进化论，把它作为自己的启蒙宗教思想的科学根据。这样一来，它在理论形态上与传统儒学范畴的无神论宗教观比起来就大不相同了。

严复是我国引进西学来冲击传统旧学以求变法维新的先驱。他通过翻译赫胥黎的《天演论》等西方学术名著，在中国最先宣传达尔文的进化论。他把中国人对天命的崇信和对鬼神的迷信视为社会"进步之阻力"。救国之道在于发展科学、兴办教育、清除"宗教之流毒"。

辛亥革命时期，革命民主派从反对封建专制制度出发，深刻认识到批判传统宗教、开展启蒙教育的必要性，除孙中山、陈天华、邹容、章炳麟等革命思想家之外，还有一批无政府主义者以及一批报刊（如：《杭州白话报》、《大陆》、《浙江潮》、《国民日报》、《觉民》、《中国日报》、《宁波白话报》、《安徽俗话报》、《民报》、《竞业旬报》、《新世纪》、《滇话》，等等），都不断发表宣扬科学、民主和启蒙宗教观的文章，为辛亥革命做了思想准备。孙中山把传统宗教观念与封建专制制度的关系说得非常清楚："帝制时代，以天下奉一人，皇帝之于国家，直视为自己之私产，且谓皇帝为天生者，如天子受命于天，及天睿聪明诸说皆假此欺人，以证皇帝之至尊无上，甚或托诸神话鬼语，坚人民之信仰。中国历史上，固多有之"（《在桂林对滇赣粤军的演说》）。孙中山认为，神权、君权，都是过去的陈迹，应在民权时代予以扫除。章炳麟的《无神论》也对宗教进行了类似的批判："惟神之说，崇奉一尊，则与平等绝远也。欲使众生平等，不得不先破神教。"章氏宗教理论的一个特点就是，他对宗教有神论的批判不限于政治上的揭露，而是利用近代自然科学和哲学，应用逻辑分析手段，从理论上证明宗教有神论（上帝创世说、灵魂不灭说、神学目的论）和宗教教义的自相矛盾。就理论分析的深度而言，他超过当时和过去的启蒙宗教思想家。但他在否定有神论宗教的同时，却把佛教看成是某种"无神论的宗教"。他认为，佛教唯识法相宗主张"万法唯识"，把一切事物（包括神）视为心识之表现，故在佛教中，心为真实，神是虚幻。因而佛教乃无神的宗教。他因此而独钟佛教，特别强调佛教所谓"一切众生平等"、"依自不依他"、"无私无畏"、"舍己救人"的社会意义，认为这些主张可以为社会、为革命者提供一种道德精神。章炳麟的这种观点在当时知识阶层中具有一定的代表性（梁启超就有大致相同的佛教观），对佛学研究的方向也有一定的引导作用。

"五四"时期的新文化运动是中国启蒙运动的高峰。启蒙运动的内容是多方面的，但批判宗教神学和世俗迷信的启蒙宗教思潮却在其中占突出地位。其著名代表人物是蔡元培、胡适、陈独秀和李大钊。

蔡元培是一位博古通今、学贯中西的学问家和教育家，他的学术思想和教育思想中贯穿着启蒙宗教观：为了实现民主共和制度，必须反对君权和神权，开展启蒙教育："数千年君权、神权的影响，迄今未泯，其与共和思想抵触者颇多。同人以此建设兹会，以人道主义去君权之专制，以科学知识去神权之迷信。"[①] 蔡元培的可贵之处在于，他不仅对宗教神学进行一般哲理的批判，而且还在于他对宗教学的一切重要问题，如宗教之本质、起源、功用问题，以及宗教与科学、宗教与哲学、宗教与道德、宗教与美学，进行了学术性的探讨。这就把启蒙宗教学说对传统宗教的批判推向对宗教学理论问题的深入研究。他认为，宗教本质上与科学是对立的。随着科学理性的发展，宗教信仰必将衰败，[②] 社会应以对科学真理的"理信"取代对宗教的"迷信"。蔡氏用康德哲学来论证宗教与教育、政治和

---

① 《蔡元培全集》第 4 卷，中华书局 1984 年版，第 179 页。
② 蔡元培在其《在信教自由会之演说》中说："其后人智日开，科学发达，以星云说明天地之始，以进化论明人类之由来，以引力说原子论明自然界之秩序，而上帝创造世界之说破；以归纳法组织伦理社会学等，而上帝监理人类行为之说破。于是旧宗教之主义不足以博信仰。"《蔡元培全集》，第 2 卷，中华书局 1984 年版，第 490—491 页。

道德的分离。因为宗教信仰的对象属超时空、超因果律的本体界，而教育和政治事务属时空界中受因果律支配的现象界，两界截然不同，故必须将宗教从教育和政治领域驱逐出去。道德领域亦复如此。道德是人在现象界的行为，是人的意志对自由、平等、博爱的追求，可宗教却排斥人在现实生活中的快乐和幸福，既不符合人性，也不利于道德的培养。在全面否定宗教在社会生活中的地位和作用之后，蔡元培主张以美育代替宗教。① 不管人们是否同意蔡氏引用的康德哲学，但他用哲学来论证其宗教观，大大深化了我们对宗教问题的理解，给宗教学术研究者以理论启发。

"五四"新文化运动和启蒙思潮的主将之一胡适在现代宗教学术领域做出了重要贡献。他不仅是宗教哲学上的启蒙思想家，而且是开创中国宗教史研究的宗教史学家。他在提倡科学和民主思想，推动当时中国正在开展的启蒙运动的同时，引进了他所谙熟的西方学术的理论和方法，开辟对中国传统宗教的史学研究。

胡适论宗教的著作，据他自己说："代表我的人生观、代表我的宗教"者是三篇文章：《易卜生主义》、《不朽》、《科学与人生观序》（这当然是就其主要者而言，实际不止于此）。胡适关于宗教的基本态度，我们似可以称之为崇奉科学的启蒙无神论。他对宗教有神论（上帝存在、灵魂不灭、天堂地狱、因果报应……）都坚持科学立场，持彻底否定态度。在他看来，自然科学、特别是达尔文进化论提供的科学证据，已经打倒了两千年来备受尊崇的宗教。对于基督教，他不仅否定其基本教义，更谴责它所谓的平等和博爱不过是虚伪，是富人手中维护自己利益的工具。对于影响中国人民至深且久的佛教和道教，他更表反感，一是因为佛道二教教义中均"充满了惊人的迷信"；二是他认为和尚道士都弄虚作假、伪造经典。尤其值得注意者，他认为佛教传入中国，是中国文化史上的一大不幸："我一直认为佛教在中国自东汉到北宋千年的传播，对中国的国民生活是有害无益，而且为害至深且巨。""我把整个佛教东传的时代，看成'中

---

① 蔡元培在其《以美育代宗教说》中写道："鉴激刺感情之弊，而专尚陶养感情之术，则莫如舍宗教而易以纯粹之美育。纯粹之美育，所以陶养吾人之感情，使有高尚纯洁之习惯，而使人我之见，利己损人之思念，以渐消沮者也。盖以美为普遍性，决无人我差别之见能参入其中。"《蔡元培全集》，第3卷，中华书局1984年版，第33页。

国的印度化时代',这实在是中国文化发展上的大不幸也。这也是我研究禅宗佛教的基本立场。"胡适可以算作我国学者最早应用历史考证方法研究中国宗教史（特别是禅宗史）的宗教史学开拓者之一。他关于这方面的论著有：《从译本里研究佛教的禅法》、《菩提达摩考》、《论禅宗史的纲领》、《白居易时代的禅宗世系》、《禅学古史考》、《荷泽大师神会传》、《陶弘景的真诰考》等。尽管胡适的这些研究不一定会得到学术界普遍的赞同，但他的方法还是有启发意义的。既应用了传统国学的考据方法，又不拘泥于传统考据学的一字一句之辨，而是从宏观上把握整个禅宗的历史发展问题，根本着眼点放在剥开蒙在禅宗史上的那一层神秘主义外罩。他把禅宗的顿悟说看成是一种"自然主义人生观"，是打倒佛教旧说的一种革命性的个性解放。他的《荷泽大师神会传》通过对神会的研究来破除神会在禅宗史上所做的神秘主义的附会。胡适承认神会是使南派禅宗得以战胜北派的"手腕高超的大政治家"，但揭露神会在这个过程中进行了一系列弄虚作假、伪造证据的欺骗活动："神会自己就是个大骗子和作伪专家，禅宗里的大部分经典著作连那五套《传灯录》……都是伪造的故事和毫无历史根据的新发明。"[1] 胡适对道教史也作过类似的历史考证，证明道教经典很多都是来自佛教的伪作。他的《陶弘景的真诰考》考证，《真诰》中有 20 章之多是剽窃佛经《四十二章经》。不仅《真诰》如此，整部《道藏》大多如此："道教中的所谓圣书的《道藏》，便是一大套从头到尾，认真作假的伪书。道教中所谓的经——那也是《道藏》中的主要成分，大部都是模仿佛经来故意伪作的，其中充满了惊人的迷信。"[2]

对于胡适的中国宗教史研究，有些专治佛道史的学者认为简单化，认为没有全面反映佛道教对中国文化的深刻影响。这种批评的是非，此处置而不议。但我们应当看到，"五四"时期是启蒙的时代，启蒙教育的需要首先总是要揭破宗教的神秘和欺骗；不打破对神圣宗教和神圣经典的迷信态度，不仅不能启迪民智，就是有知识的人也谈不上对之进行学术性研究。胡适对禅宗和道教的历史考证研究的价值就在这里。没有启蒙性的宗

---

[1] 《胡适口述自传》，传记文学出版社 1981 年版，第 256 页。
[2] 同上书，第 256 页。

教理论和宗教研究方法，真正现代意义的中国宗教史学是难以建立和发展的。

"五四"时期启蒙思想运动中最激进的陈独秀、李大钊后来发展为马克思主义者，他们除了一般地提倡民主反对封建专制主义，提倡科学反对传统的宗教迷信以外，更进一步，用马克思主义的唯物史观和阶级斗争理论来分析和解决中国的宗教信仰问题。李大钊认为，宗教信仰具有排他性，反对真正的思想自由；宗教用神权保护历史上的特权阶级，行使阶级压迫的职能，宗教所谓的博爱和对压迫者的不抵抗主义，是要无产阶级放弃反抗资产阶级的斗争。在"五四"时期，这种马克思主义宗教理论确有其深刻性。李大钊是在中国应用马克思主义的理论和方法来分析宗教问题的先锋。随着中国共产党领导的斗争取得胜利，马克思主义在整个意识形态中取得指导地位，李大钊引进的马克思主义宗教观的理论和方法，也在宗教学术研究领域成了唯一的指导思想。回顾这一时期宗教启蒙思潮的发展历程，我们不是可以得到某种历史启示吗！

（二）宗教史学的开创

随着宗教启蒙思潮的发展，一些学者逐渐不满足对于传统宗教进行一般性的批判，而着眼于对宗教的经典、教理进行哲学分析和宗教史的研究，由于佛道二教影响中国文化至深且巨，中国学者对具体宗教的研究自然而然地落脚于这两大宗教之中，从而开创了新佛学和以佛教史、道教史为中心的宗教史学。

戊戌变法以来启蒙思潮在对传统宗教和传统文化的批判中，有一个引人注目的现象：他们在一般地清算传统的宗教和迷信时，其中一部分人却对佛教的思想和哲学推崇备至，甚至吸取某些佛教思想作为变法维新的精神武器。戊戌变法之前的革新派思想先驱龚自珍、魏源已开其端，康有为、谭嗣同、梁启超更是援佛以图维新的代表人物。康有为的《大同书》中贯穿了佛教关于现世界是"苦"的判断的"极乐"世界的理想，援佛入儒，最后归结于以孔教立国。谭嗣同著《仁学》，用佛教精神来解释儒家关于"仁"的观念。梁启超更是大加发挥，不仅从理论上论证佛教救国的主张，而且更进一步，用他所提倡的"近世科学方法"，从佛教的历史和经藏入手，对佛教进行追本溯源的研究。

梁启超有自己的一套宗教观。他把宗教等同于一般的信仰，凡对于某种事物或"主义"有绝对的信仰者皆为"宗教"。信仰在一个人为一个人的元气，在一个社会为一个社会的元气，故宗教对社会有益而且必要。中国人现在的病根，就是没有信仰，无宗教则无统一、无希望、无解脱、无忌惮、无魄力。但他认为，孔教乃教化之教，非宗教之教；基督教是列强侵华工具；唯佛教可为国民提供一新信仰，因佛教的特点是：乃智信而非迷信；乃兼善而非独善；乃入世而非厌世；乃无量而非有限；乃平等而非差别；信自力而非他力。基于这种佛教观，梁氏鼓吹应在中国发扬佛教精神作为改造国民性和改良社会的有效途径，这种佛教观与其说反映了佛教自身的性质与特点，不如说寄托了梁启超个人的社会思想。

从纯学术看，梁启超的最可宝贵之处是他吸取日本佛学家的一些研究方法和研究成果，开拓了对佛教的历史和经典的学术研究。他写了一系列有关中国佛教的思想和历史的论著，集为《佛学研究十八篇》。他的佛学研究解答了中国佛教史和整个佛教思想上的许多疑难问题。例如：他对《阿含经》的性质及其在佛教史的地位的见解就很有见地（认为它是佛教的早期经典，其"所含佛语分量之多且纯非他经所及"，佛教之根本原理已备见于四部《阿含》之中……）。他把西方宗教心理学的方法引入佛学领域，把小乘《俱舍》所谓的"七十五法"、大乘《瑜伽》说的"百法"，以及"五蕴"、"十二因缘"、"十二处"、"十八界"、"八识"……都说成是佛教对人类心理现象的一种分析，因此，整个佛教学说无非是一种佛教心理学。梁氏对佛教经籍进行了大量的历史考证，如他对《四十二章经》、《理惑论》的辨伪，对《大乘起信论》为中国人所做的考证（继承并发展了日本学者的同类研究），对佛经翻译对中国语言文学的影响……这些研究把中国佛学和佛教史的研究推进到新的水平。当代中国的佛教学者至今仍肯定地评价他的成果，认为他是现代佛学和中国佛教史研究的开拓者。

对于佛教的根本态度，梁启超和胡适可以说是站在对立的两极，但无论是梁启超的佛教救国，还是胡适的佛教误国，都是从自己的政治立场看佛教，他们对佛教的历史考证研究或多或少地服从于自己的政治信念。无论如何，他们用新的研究方法研究佛教史的开拓之功是不可没的。在梁、胡治佛教史的时代,已有一些学者从纯学术角度对中国佛教史和道教史进行专业性研究,他们当中取得优异成就者首推陈寅恪、陈垣和汤用彤。

陈寅恪是我国最负盛名的史学大师。他学识渊博,通晓多种文字,尤精于梵文、突厥文、西夏文等古代文字。他以深厚的文史功底和语言特长,对一些重要的佛教经典的传译与意蕴,进行了精湛的研究,对中国佛教历史上的一些重要问题,特别是佛教与历代政治的关系,以及佛教传入对中国文化和思想的影响等问题作过深入的历史考证研究,达到很高学术水平,至今为中外学术界所推崇。

史学家陈垣以他博通中外历史和文化的广阔视野从事多种宗教史的研究,写下了一系列宗教史的专著。其主要者是:《元也里可温教》(1917年);《开封一赐乐业教考》(1919年);《火祆教入中国考》(1922年);《摩尼教入中国考》(1922年);《基督教入华史略》(1924年);《回教入中国史略》(1927年);《关于四十二章经考》(1933年);《释氏疑年录》(1938年);《明季滇黔佛教考》(1940年);《清代僧诤记》(1940年);《南宋初河北新道教考》(1941年);《中国佛教史籍概论》(1946年)……涉及基督教、伊斯兰教、犹太教、祆教、摩尼教、佛教、道教等诸大宗教,其视野之广,为中国学人治宗教史者所仅见。他研究宗教史,非常关注佛教历代高僧生卒年和佛教史籍的考证。《释氏疑年录》12卷,对从康僧会至清初的历代高僧2800人的生卒年月、籍贯、姓名进行详细考证,纠正史籍中的错讹重复。《中国佛教史籍概论》则对南北朝至明清时代的35种佛教史籍分门别类予以介绍。每书均条举其名目、略名、类名、卷数异同、版本源流、撰人简历及本书之内容、体制及其与史学有关之点,予以说明。这两部佛学研究工具书,对后来研究佛教史的学者提供了极大便利,被学者列为必读之书。陈垣的宗教史著作,多为纯学术的历史考证之作,但其中一些重要著作实别有深意。《明季滇黔佛教考》旨在反映明末西南人民抗清斗争。他在该书(重印版)中写道:"此书作于抗日战争时,所言虽系明季滇黔佛教之盛,遗民逃禅之众,及僧徒拓殖本领,其实所欲表彰者乃明季遗民之爱国精神、民族气节,不徒佛教史绩而已。"《清代僧诤记》则旨在表现当时东南人民的抗清斗争史,《南宋初河北新道教考》的内在意图是表彰宋南渡之后河北遗民"义不仕金"的民族气节和爱国斗争史。正如陈垣自己给友人信中所说，他撰写这些宗教史论著的目的是提倡一种"有意义的史学……并欲正人心，端士习，不徒为精密之考证而已"。他当时生活在日军铁蹄侵占下的北平，他通过自己的史笔来歌颂历代人民反抗异族统治的斗争史，曲折地表达了自己的爱国情操和民族气节。陈垣不仅全面开拓了中国宗教史的学术研究，而且赋予它的一种"意义"，无论在学术上和政治上都是难能可贵的。陈寅恪先生盛赞他的学术贡献，誉为中国宗教史之始。①

对中国的宗教史学，陈寅恪以其考证之精深，陈垣以其视野之广阔，都做出了我们今日尚未达到的高水准；但他们的研究都没有超出局部范围而达到对佛教史、道教史和中国宗教史的整体把握。在这一点上，汤用彤有其特殊的贡献。从20世纪20年代起，汤用彤就不断发表有关佛教的专题论文。1938年，他的《汉魏两晋南北朝佛教史》（上、下册）出版（1955年再版）。还有一本《隋唐佛教史》，原是他授课时的讲义，生前未能修订完稿，1979年由其子汤一介先生整理出版。两部书都属断代史研究，并未完成中国佛教通史。但它们却是对由汉魏、两晋、隋唐整个时代的佛教发展史的系统把握。它对汉代以来佛教在我国的传播进行了历史的考证，对佛教各宗派的兴起、衰落的过程及其原因作了历史的分析，对佛经的翻译、名僧的生平著述，重大历史事件都有清晰的说明。如此系统的断代佛教史，在我国的佛教学术研究史上是开创性的，奠定了中国佛教史的基础。

1934年，商务印书馆同时出版了两部中国道教史著作：许地山的《道教史》（上册）和傅勤家的《道教史概论》。1937年，傅勤家又推出《中国道教史》。这部书篇幅不大，却是中国第一部关于中国道教的通史。论述了道教的形成与发展、崇拜对象、崇拜方式、修炼内容、清规戒律、道教分派、道教经典、宫观体制等问题，论说虽简，但体例大体完备，通过此书可对中国道教有一个比较完整的了解。本书作为中国道教史的起步

---

① 陈寅恪在《陈垣〈明季滇黔佛教考〉序》中说："中国史学莫盛于宋，而宋代史学家之著述，于宗教往往疏略，此不独于意执之偏蔽，亦其知见之狭陋有以致之。元明及清，治史者之学识更不逮宋。故严格言之，中国乙部之中，几无完善之宗教史。然而有之，实自近岁新会陈援庵先生著述始。"

之作有其价值。

这一时期对于道教经典的考证研究有重要的成果，其中之著者当首推陈国符的《道藏源流考》，罗常培先生在为该书所写的序中对该书评价甚高："于三洞四辅之渊源，历代道书目录，唐宋金元明道藏之纂修镂版，及各处道藏之异同，均能究源探本，括举无遗，其功力之勤，搜讨之富，实前此所未睹也。"该书出版于1949年2月，1962年又增订再版，至今仍是研究道教和《道藏》的必备参考书。

综观1949年之前的宗教学术研究，我们看到的事实是：从戊戌变法、辛亥革命直到民国时代的半个多世纪中，从政治上的革新派到学术上的进步思想家以及著名学者，差不多都相当重视宗教问题，他们都表现为批判传统宗教的启蒙思想，然后逐渐从一般性的宗教批判转向对中国宗教史的历史考证研究，从宗教哲学转向宗教史学，从而开创了中国佛教史和中国道教史，打下了这两门宗教学分支学科的基础。但是，这些成果与中国历史遗留下来佛教文化和道教文化的丰富巨大的遗产相比是很不相称的。至于对宗教学的基础理论研究和对基督教、伊斯兰教的研究则基本上尚未开展。

（三）宗教内部的文化革新和学术活动

由于帝国主义的侵略、封建政权的腐败、西方科学文化的传入以及宗教启蒙思潮和现代宗教学术研究的发展，中国社会的传统宗教和外来宗教均受到严重的冲击，都必须在这些挑战面前做出自己的反应，以适应历史的潮流和当前的形势。固守过时的传统已不能维护自身的存在了。于是，各种宗教内部先先后后出现了一批宗教改革家，致力于宗教文化的革新，兴起了自己的宗教学术活动。

佛教在清朝后期已日趋衰颓。民国之初，一批著名的佛僧和有学问的居士企图重振佛教，建立具有现代意义的佛学体系、现代形式的宗教组织和宗教教育系统。佛教现代化和新佛学的开创者是杨文会（1837—1911年），他为重振佛教做了许多开创性的工作，如设立金陵刻经处，刻印发行大量佛经，对于近代佛教的传播产生了很大的影响。影响更大的是创办佛学研究会和佛教学堂"祇洹精舍"，并亲自授课。梁启超把杨文会评为新佛学的一代宗师:"今代治佛学者,什九皆闻文会之风而兴也。"(《饮冰室文集·中国佛法兴衰沿革说》五)"晚清所谓新学家者殆无一不与佛学有关系;而凡有真信仰者,率归依文会。"(《清代学术概论》)杨文会开风气于先,其后各地相继创办各种佛教学校。1936年,中国佛教协会成立佛教研究所。这些佛学院和研究机构不仅提高了出家僧侣的文化素质,也为社会培养了佛学研究人才,把佛教文化和学术推向社会。这时,佛教内成长了一批很有学识的佛学家,如太虚、圆瑛、弘一、欧阳渐、韩清静、杨度、吕澂等,他们的著作把中国佛学发展到新的水平。特别应提及者是欧阳渐。他是杨文会的传人,他主持的支那内学院造就了一批佛学大家,如梁启超、梁漱溟、熊十力均在此就学。不过梁、熊二人都由佛入儒。熊十力的代表作《新唯识论》对窥基的《成唯识论述记》做出自己的评议,他实际上是藉法相宗名相来构造儒学新体系,成为现代新儒学的奠基之作。此书的文言文本发表于1932年。1940—1944年,又陆续出版了语体文本。因此书而先后与支那内学院的佛学家们发生了两次争论。其中与吕澂辩论"心性"问题,涉及印度佛教与中国佛教在本体论上的差别,很有理论意义。

吕澂是欧阳渐的高足和得力助手,通晓日、梵、巴利、藏、英等多种文字,在对教理的把握上造诣很高,有的学者赞为佛学中之"首屈一指"。他对佛教典籍的辨伪和释义,对中印佛教之比较,对佛教因明和西藏佛教之研究,都有开创性贡献。吕澂与熊十力在佛学问题上思路不同,观点各异,但就企图通过人心的道德改造,以实现道德化的社会理想这一点而论,二人又是十分接近的。

清末民国时期,道教衰颓之势尤盛于佛教。"五四"时期,启蒙思潮对道教的批判和打击最为激烈。剧烈的社会变乱又冲击了道教的社会经济基础,整个道教面临生存危机。为此,一些有学识的道教人士开始从事道教的改革和创新,并提出一些新的道教思想,这就是陈撄宁的"新仙学"。他幼习儒学,又精通中医,把近代科学精神引入道教养生术(内丹学),抛弃传统道教的术数、祀神、符箓之类迷信成分,力图把道教内丹术科学化为追求长生成仙之道。尽管陈撄宁仍不能摆脱传统道教关于长生成仙的妄想,但他把内丹养生术与医学科学结合起来,使之从神秘主义的秘而不宣走出来，这就有利于使道教得到社会大众的理解和承认。当代中国社会一再掀起的养生保健热在很大程度上是道教养生术走向社会的结果。

天主教、基督新教和伊斯兰教都兴起了各自的文化革新运动和学术活动，但其学术成就当时尚不能与佛教振兴运动相比。伊斯兰教在民国时期也兴起了"伊斯兰文化复兴运动"。民国二年，北京筹建"清真学会"，规定其宗旨为：联络学界伊斯兰人，讲求伊斯兰学问，并阐发之于社会之上。民国六年，北京正式成立"清真学社"。其宗旨是：阐明学理，研究学术各宗旨，借联同教之感情，共劝学问之进步。……庶几道德因学术而愈明，学术以研究而愈进，宗教固可借以昌明，社会国家亦胥获补益。北京、上海、南京、甘肃、青海等地先后建立了现代形式的伊斯兰宗教组织，致力于经典翻译、学术著述、报刊宣传和出版事业，使伊斯兰学术研究得以发展起来。20世纪30年代，中国开始出版《古兰经》汉译本和一些诠释著作。以后，又出现了一些阐述伊斯兰教的教义、教理、教德、教史的书，涌现了一批有学识的伊斯兰学者。其中著名者有王宽、王静斋、哈德成、达浦生、马松亭、庞士谦、杨仲明、马坚、马邻翼、马自成、白寿彝等。他们或者创办新式的伊斯兰学校，或者翻译伊斯兰经典和阿拉伯世界的学术著作，或者从事学术研究。这些文化学术活动，推动了中国伊斯兰教的现代化和伊斯兰教学术的发展。

基督教在近代中国的传播，由于它确与帝国主义侵华活动紧密联系在一起，故一直受到中国人民和中国主体文化的坚决抵制。为减少中国人民的敌视态度，基督教新旧两派在民国以来都采取了新的文化策略。1919年，罗马教皇本笃十五批准中国教团重新进行"天主教中国化"运动。新教则推行所谓"本色化"运动，其文化方面的内容主要是寻找基督教与儒学的共同点，"使教会与中国文化结婚，洗刷西洋的色彩"，于是就在中国出现了"儒化基督教"和"佛化基督教"的尝试。教会开办了各种文化福利事业来争取中国人的信仰，其中最有意义者就是利用"庚子赔款"在中国兴办教育事业。据1914年统计，天主教会开办各类学校有8034所，学生总数达132850人。基督教新教办4100所，在校学生有11.3万人，不管教会办学是何居心，但在客观上却为现代中国培养了大批人才。至于在基督教学术方面，中国基督教会的一些机构（如广学会）曾广泛接纳中国知识界从事文化出版事业，大量翻译出版了一批有关西方文化学术的著作；其中既有宗教传道性质的，也有学术性质的。如哈斯丁的《圣经辞典》（1916年）、《宗教伦理百科全书》（1925年）、《四福音大辞典》（1934年），还有《宗教心理学》、《神学大纲》。吴耀宗主持的基督教青年协会出版了一批有关宗教学术的读物，如：《宗教研究丛书》、《基督教与中国文化》、《科学与宗教》……总起来看，应该承认，基督教新旧两派在中国兴办的教育事业和文化出版活动造就了一批了解西方文化和基督教的知识分子，为基督教的学术研究积累了一批学术著作，打下了我国基督教学术研究的初步基础。现代中国一些基督教领袖人物和研究基督教的知名学者都是在这种条件下培养和成长起来的。

二　1949—1976年：马克思主义一元化指导下的宗教研究

1949年，中华人民共和国宣告成立。中国从此进入社会主义革命和社会主义建设的新时期。在那个时代，一切文化形式和学术研究活动都被列为党的事业的一部分，置于马克思主义、列宁主义和毛泽东思想的指导之下，因而都具有党性。文化学术的党性原则，决定它们必须反对一切非马克思主义的浸染。由此也就决定这一时期的宗教学术研究和整个文化学术活动的总的特点：一是指导思想的马克思主义一元化；二是学术研究的政治化。

马克思主义宗教观是人类思想史上最彻底的一种无神论。马克思、恩格斯认为，是人创造了神，而不是神创造了人；是社会决定宗教，而不是宗教决定社会。宗教作为一种"颠倒的世界观"乃是"颠倒的世界"的产物，其社会功能是为这个颠倒的世界提供神学的辩护、道德的核准和感情的慰藉；为苦难的现实社会罩上神圣的灵光圈，为套在苦难人民身上的锁链戴上虚幻的花朵；因此，宗教是毒害人民的鸦片。但是宗教作为一种社会异化现象，其深刻的根源是私有财产制度所必然产生的劳动异化。所以，要想消灭宗教，使人从宗教鸦片的麻醉下解放出来，成为掌握自己命运的主人，首先必须消除劳动异化现象的根源——私有财产制度；或者说，要想消灭"颠倒的世界观"，首先必须消灭"颠倒的世界"。这就意味着无产阶级进行的社会主义革命。在社会主义社会中，私有制将被消灭，支配人们生活的社会异己力量和劳动异化现象将因此而消失，宗教也将随之而丧失其存在的社会基础，从而退出历史舞台。马克思阐述的这种宗教理论是毛泽东和中国共产党处理中国的宗教问题、制定宗教政策的理论基础，当然也是一切宗教学术研究必须遵循的指导原则。

毛泽东本人没有系统的宗教理论著作，但有一些论述。最集中地表现他的宗教观的论述，见于1927年写的《湖南农民运动考察报告》之中，在这里，毛泽东把宗教神权视为代表"封建宗法的思想和制度"、"束缚中国人民特别是农民的四条极大的绳索"之一：

> 中国的男子，普遍要受三种有系统的权力的支配，即：（一）由一国、一省、一县以至一乡的国家系统（政权）；（二）由宗祠、支祠以至家长的家族系统（族权）；（三）由阎罗天子、城隍庙王以至土地菩萨的阴间系统以及由玉皇上帝以至各种神怪的神仙系统——总称之为鬼神系统（神权）。至于女子，除受上述三种权力的支配以外，还受男子的支配（夫权）。这四种权力——政权、族权、神权、夫权，代表了全部封建宗法的思想和制度，是束缚中国人民特别是农民的四条极大的绳索。①

中国共产党领导的新民主主义革命就是要推翻维护封建制度的这四种权力，其中包括消灭"神权"。毛泽东当时就曾在农民运动中亲自进行过破除封建神权、批判宗教迷信的启蒙性的宣传教育。但是，毛泽东作为革命家，对如何消灭神权问题，头脑是清楚的。他主张"引而不发"：菩萨是农民立起来的，到了一定时期农民会用他们自己的双手丢开这些菩萨，无须旁人过早地越俎代庖丢菩萨。共产党对于这些东西的宣传政策应当是"引而不发，跃如也"。菩萨要农民自己去丢，烈女祠、节孝坊要农民自己去摧毁，别人越俎代庖是不对的。②

---

① 《毛泽东选集》，第1卷，人民出版社1976年版，第31页。
② 同上书，第32页。

在建国之后相当一段时期里,毛泽东和中国共产党大体上执行了这一条"引而不发"的明智政策。在 1949 年的《共同纲领》和以后的宪法中都写进了宗教信仰自由的条款,并把宗教界爱国人士作为统一战线的团结对象。但是,毛泽东的统战政策只是团结拥护共产党的领导、走社会主义道路的爱国宗教人士,并不取消和放弃马克思主义世界观反对宗教有神论的斗争,而只是把这种斗争放在意识形态范围之内。因此,大力开展马克思主义和科学无神论的宣传教育、抵制宗教有神论对广大人民的影响,也是中国共产党在宗教战线的基本任务之一。宗教信仰者可以有信仰宗教的自由,但宗教学术研究作为党的事业的一部分,则必须接受马克思主义历史唯物论的思想指导,成为党对人民进行无神论教育的一种工具。这样一来,宗教学术研究在指导思想和研究方法上就结束了学者自行其是的"多元化"状况,变成了马克思主义的一元化;纯学术的宗教学术研究被视为资产阶级的东西而被彻底否定了,宗教研究完全政治化了。

20 世纪 50 年代初期,在知识分子中发动"思想改造"运动,一切非马克思主义的文化学术思想,包括世界观上的唯心论,都被当成与新社会格格不入的资产阶级的腐朽物,遭到批判和清除。宗教学、社会学之类西方传来的人文学科首当其冲,被宣布为"伪科学",从此绝迹于大学的讲坛和学术之林。经过思想改造以及其后一次紧接一次的政治运动,学者、教授和广大知识分子自觉或不自觉地都把马克思主义作为规范自己言行、指导学术研究的唯一科学的世界观和方法论。马克思主义一元论指导下的宗教学术研究几乎完全变成了马克思主义哲学体系的附属物,或者作为一种与辩证唯物论相对立的"唯心论",或者作为"社会意识形态"的一种,通过历史唯物主义原理给予解说。至于中外历史上的宗教理论和宗教学说,大多是在中外哲学论著中,从唯物主义无神论反对唯心主义有神论、科学反对宗教这种两种路线斗争的角度,给予批判性的研究。由于宗教问题被定位在马克思主义哲学体系之中,这就决定了这一时期的宗教学术研究的性质和内容,必然是一种对宗教和有神论进行全面批判和否定的战斗无神论。一切有关宗教的理论和历史的研究都具有无神论宣传的性质。所以,从 20 世纪 50 年代到"文化大革命"结束的 70 年代,宗教学术领域的基本情况是:大学中没有宗教学和宗教史的课程,学术界几乎没有研究宗教的专业学者，也没有一份专业性的宗教学术刊物。在一些哲学论文中可以见到对神学唯心主义的批判，在一些史学论文中可以见到对宗教在历史上如何麻醉被压迫人民的揭露。宗教学基本理论和宗教史学的专论性研究，确如"凤毛麟角"，难得一见。偶尔可以看到几本宣传无神论常识的小册子，或者说明世上没有鬼神狐仙之类，讲点"怕鬼"或"不怕鬼"的历史故事；或者告知灵魂不会不死，批判算命、看相、风水之类低级迷信。这些属于初级启蒙的读物，本也是社会的需要，是应该鼓励的；但在当时的社会条件下，此类小册子却没有一个作者具有像蔡元培、胡适、李大钊那种类型的启蒙思想家的知识水平和社会自觉性。

实事求是地说，马克思、恩格斯对宗教的本质和功能，宗教的社会根源和消亡途径，共产党处理宗教问题的政策等问题，本来是有一套相当系统而且深刻的理论的，如能对之进行深入的研讨，求得正确的理解，是可以为中国共产党和中国政府确立宗教政策提供正确的理论依据的。但奇怪的是，如此富有实际意义的宗教理论问题在"文化大革命"之前几乎没有受到关注，得到认真的研究。倒是马恩列斯那些批判宗教的只言片语，诸如"鸦片烟"、"劣质酒"、"灵光圈"、"精神锁链"、"精神刽子手"、"牧师职能"之类，在涉及宗教问题的论文和文件中翻来覆去，用个不停，至于这些概念的真正内涵倒几乎未见深究。本来富有人性解放精神的人道主义的马克思主义宗教理论，逐渐变质为浅薄的政治口号，常常受到"左"的误解和歪曲。当1958年"大跃进"要求全国人民立即实行"两个决裂"（一是与传统的所有制实行彻底的决裂，二是与传统的观念实行彻底的决裂）的时候，上述这种"左"倾理解的马克思主义宗教理论便成了要求消灭传统宗教的根据。1958年"大跃进"运动和1966年"文化大革命"，曾用"运动"的形式来消灭传统宗教，显然与20世纪50年代以来宗教理论政治化的趋向有关。

20世纪50—60年代对具体宗教和宗教史的研究也不例外，各种宗教都成了阶级斗争的政治战场，学术性的探讨几乎无法进行。道教研究基本上是一片空白，偌大一个中国，除了道教协会办了一个宗教性的《道教会刊》之外，没有学术性刊物。没有一个研究道教的学术性机构，也没有新的学术著作问世。直到1976年"文化大革命"结束之前的20余年间，只是重印了陈国符的《道藏源流考》（1963 年）和陈垣的《南宋初河北新道教考》（1962 年）这两部写于民国年间的书。基督教只是作为帝国主义侵华工具，在论及中国人民的反帝斗争时受到史学界的回眸一顾。伊斯兰教则只在史学家论及中外文化交流史或中国穆斯林反对封建王朝的起义斗争时写上几笔。相比之下，佛教研究的状况显然要好一些。这是因为佛教对中国思想文化有深刻影响，文史哲论著不能不涉及佛教。中国知识分子历来有谈佛说禅的传统，民国时代的佛学重振，又涌现了一批佛学大家，1949 年后，他们大都以欢迎新中国的姿态留在大陆，继续从事佛教事业和佛学研究。1950 年 9 月，中国佛教协会的知名佛学家还创办了刊物《现代佛学》，陈铭枢任社长，吕澂任名誉社长，巨赞任主编，这三人均属欧阳渐的支那内学院系统。《现代佛学》除介绍佛教常识外，仍重视教理的探索。1955 年，中国佛教协会组织老一代专业佛教学者为英文版《佛教百科全书》撰写有关中国佛教的条目，后于 1980—1989 年以《中国佛教》为书名，分四册陆续出版。这套书将汉藏佛教视为中国佛教两大系统，从历史、宗派、人物、经籍、教理、仪轨制度以及中外关系等方面，对中国佛教作了比较全面、准确的介绍和解释。它的撰稿人有吕澂、喜饶嘉措、法尊、巨赞、王森、周叔迦、黄忏华、高观如、林子青、虞愚等汉藏佛学专家，极人物之盛，体现了当时专业佛学家可能达到的高水准，至今仍是了解中国佛教的必读之书。

  20 世纪 60 年代初，吕澂发扬支那内学院的传统，在南京开办佛教班，为国家培养了一批佛学研究人才。现在活跃于中国佛教学术领域的学者杜继文、方立天、高振农等都曾受教于吕澂的佛教班。吕澂当时讲授佛教史，其讲稿于 1978 年出版，书名为《印度佛学源流略讲》、《中国佛学源流略讲》。吕澂的学术风格比过去有很大发展。实事求是地讲，在整个佛教研究（包括中国佛教研究）方面，日本一直处于领先地位。中国佛教学者往往从日本取经。早在 1925 年，吕澂编《印度佛教史略》；1929 年，蒋维乔撰《中国佛教史》，1940 年，黄忏华著《中国佛教史》，都在不同程度上利用了日本学者的成果，参考了他们的思路。这种借鉴有助于发展当时中国的佛学研究，并非坏事；但因此却难免不受别人成见的支配，影响自己的学术判断。吕澂的新著改变了这种依附日本的状况，不再把佛教史看作单纯的宗派传承，而是侧重于分析佛教教理的演化，及其在不同国度、不同时代和不同教派之间的差别。他把佛教哲学的根本问题归纳为"真实"（物自体）和"所知"（认识对象）的关系，将"有部"体系定性为"唯实论"，般若中观定性为近乎"唯名论"；这些观点比海内外其他各种解说似更为准确和深刻。他写史立论的资料根据主要是中国的佛经译本和中国文献，远优于应用印度资料所做的佛教研究。这是因为印度本土保存下来的佛教资料很少，近现代虽发现了一批梵文经典，但其写作年代难以确定，甚至其是否为汉译本的转译也不能确定；巴利文三藏只有一套，且不完整，形成年代待定之处甚多，难以使用。西方和印度人的佛教研究，过去主要利用六派哲学经典中对佛教的批评部分；但如果要对六派哲学进行深入研究，则必须从佛经中译本中寻找资料。所以，吕澂说，在佛教研究中，汉文和藏文的译文和撰述具有更重要的参考价值。这个论断有充分根据。因为现有汉文译籍在1400部、5700卷以上，是保存佛经原典最多的语种，其纪年之准确、经目之严密、僧传之详备，更是举世无出其右者。藏文大藏经则更多地保存了印度佛教晚期的原貌，也有很大的史料价值。吕澂的《印度佛学源流略讲》正是以如此雄厚的汉藏文资料为基础写成的，其学术水平不言而喻。他的《中国佛学源流略讲》则完全打破了中国佛教三阶段的旧时框架。其中有两个重要观点关系到对中国佛教的整体认识：第一，中国佛教从初传到佛典的广泛翻译，主要不是来自印度，而是来自西域（大月氏、安息、康居、罽宾和我国的于阗）；第二，中国佛教的根子在中国而不在印度。从译经开始，就含有中国的内容。中国有两大翻译家：鸠摩罗什一直以意译著称，玄奘也并不那么忠实于原著。吕澂早年就很注意中印佛学的差别，到撰写中印佛教史时，便将这一研究成果用于确立中国佛教的独立性之上。吕澂的佛学研究，标志着老一代佛教学者的最高成就。继之而起的是以马克思主义为理论指导的佛教研究。由于中国佛教在历史上所起的作用及其对思想文化的深刻影响，研究中国政治史、文学史、哲学史和思想史的学者不能不进一步了解和研究中国佛教。20世纪50—60年代，对佛教论述较多者是在这些领域。马克思主义史学家、思想史家、哲学史家们对中国佛教的历史作用的分析，当然也摆脱不了"政治化"的倾向，多从阶级斗争角度揭示传统宗教如何服务于反动统治阶级；或从唯心—唯物、形而上学—辩证法和哲学路线斗争来分析其哲学实质；但马克思主义唯物史观毕竟是一种具有科学意义的新理论和新方法，在其被应用于中国佛教史的研究时，也给它带来一种前所未有的新思路，取得了前人未曾取得的新成果。

第一个尝试应用马克思主义唯物史观去说明中国佛教在中国思想史上的地位和作用的，是侯外庐先生主编的《中国思想通史》。作者从唯物史观出发，从社会结构和思想结构的双层关系来审视佛教的特殊功能和哲学观念，重视对佛教进行阶级分析和思想批判；但这种批判是以相当充实的中国佛教史实为依据的，因而值得重视。他从对《续高僧传》的分析中得出判断说：从魏晋南北朝以至唐初，学问僧大都出于旧的名门大族；由于这种出身使他们具有特殊的社会联系和"名理教义"，很容易接受魏晋时代的玄学传统，浮游于佛教的概念世界，由此形成中国佛学的重要特征。他又根据唐代学僧道宣所述南北朝佛教差别，进一步推论说：南方对佛教的形式教条，粉饰上逻辑色彩，而"逻辑是宗教的奴婢"；北方则坚持宗教传统，使佛学变成"戒律式的苦行口头禅"，而"道德便成了宗教分泌物"。天台宗提倡定慧双开、禅义兼弘，反映了国家走向统一的趋势；禅宗之所以在武周时被选拔为佛学的正宗，是因为其传统的社会基础是社会的中下层，武则天之尊崇禅宗，同她在政治上启用庶族地主有关，反映了"封建的品级结构"的"再编制"；华严宗则被武周用来调和矛盾，以稳定这种品级结构的再编制。这些论断究竟在多大程度上反映了客观的历史事实，可以在学术上再商榷，但这种对佛教史的唯物史观的分析，确是别开生面，颇有新意。吕澂评其为"开荒"之作，是比较允当的。

"文化大革命"前，用马克思主义研究佛教取得一定成果者是任继愈。从 1955 年起，他陆续发表了几篇文章，分别讨论天台宗、华严宗、禅宗、净土宗、法相宗等佛教宗派的哲学思想以及佛经翻译问题。汤用彤曾经说过，通佛法有两难，一名相辨析难，二微义证解难。任继愈的佛学论文，则有意避开名相辨析和微义证解这"两难"，而着眼于佛教哲学的宏观把握。他的特点有二：一是应用马克思主义历史唯物论关于经济基础和上层建筑、阶级斗争理论和阶级分析方法分析各佛教宗派的经济基础（寺院经济）和阶级实质；二是应用苏联日丹诺夫的哲学史观来分析佛教义理的哲学实质。在任继愈的这种社会分析和哲学分析之下，玄奥晦涩的佛教哲理变得简单化了，易于为初学佛学者所理解。任继愈当时在把佛教哲学从整体上归结为唯心主义体系的前提下，也发现它包含有某些辩证法因素，应用中国佛教史料证实了恩格斯的所谓佛教辩证法的论断。他还指出，隋唐哲学在抽象思维的造诣上远不及佛教哲学。这些观点如从今天的眼光看似乎平平淡淡，无关宏旨，但在当时环境下却能重新吸引知识分子再度关注佛教。这几篇论文于1962年收编在他的《汉唐佛教思想论集》中。1963年，毛泽东在一份党内文件中就宗教研究问题发出指示，其主要内容是：（1）严厉批评《现代佛学》，说它不是马克思主义的。（2）认为宗教影响广大人口，宗教研究有重要意义；如果不批判神学，就写不好世界史、文学史、哲学史。（3）建立一个世界宗教研究所。

毛泽东这一批示，对中国宗教学术研究的发展立即产生了重大的作用。这个作用既有积极的方面，也有消极的方面。毛泽东事实上承认了宗教在历史上对社会和思想文化的巨大影响，离开了宗教，就不可能对文学史和哲学史有真正的了解，甚至不可能了解历史本身。由于这项批示，一个专业性的世界宗教研究所第一次在中国大陆建立起来了，它必将培养出一批从事宗教学术研究的专家学者，推动中国宗教学术研究的发展。事实确也如此，中国社会科学院世界宗教研究所崛起于中国学术之林，优秀学者不断涌现，高水准学术成果不断问世。这个研究所至今仍是中国宗教学术研究的中心，受到国内外学术界的高度关注。如果没有这样性质的研究机构的建立，中国宗教学术研究的发展是难以想象的。但是，毛泽东批示严格规定一切宗教研究都必须以马克思主义为指导思想，即使像《现代佛学》这样一本由中国佛教协会创办的宗教刊物，也因其不是马克思主义的而受到指责，学术思想的天地进一步缩小了，佛教内部的佛学研究很难进行了。佛教的学术研究必须接受马克思主义，其他宗教又岂能例外。在研究方法上，按毛泽东批示：要批判神学。对这个说法本可以作正面的理解。如果当时人们（特别是政治领导人）是用辩证法精神来理解作为学术研究方法的"批判"的，把毛泽东所说的"批判神学"理解为对宗教进行理论的探讨、非独断的分析和辩证的扬弃，那么，毛泽东这一批示本可以成为对我国宗教学术事业的一次有力的推动，促使各人文学科深入研究宗教在历史上对学术、文化和社会生活的全面影响，考察宗教与文化、宗教与艺术、宗教与哲学、宗教与社会政治、宗教与人生等等的关系，这就不仅可以大大推动宗教学术研究，而且可以促进哲学社会科学的全面发展。可是，在当时那种政治现实之下，这样来理解"批判"的含义是不可能的。从20世纪50年代后期到60年代，与传统观念实行彻底的决裂，仍被视为毛泽东思想的天经地义，它随时都有可能转化为"消灭宗教"的政治运动。在这种政治气候下，毛泽东"批判神学"的指示，必然超出世界观上有神无神、唯心唯物的学术研讨的范围，学术上对宗教神学的批判势必演变为政治上的讨伐。历史没有第二条路可走。毛泽东批示之后不久，他就发动了"文化大革命"。阶级斗争的急风暴雨横扫中国大陆，宗教被列为"四旧"，成为必须扫除的对象。宗教信仰自由和宗教学术研究均被破坏无遗，不仅宗教界人士和广大信仰者被斥为"牛鬼蛇神"受到冲击，而且宗教研究的学者也身受其害，不遑宁处。刚刚组建起来的世界宗教研究所的学者们在接受既触及灵魂、也常触及皮肉的"文革洗礼"之余，也不能不参加到红卫兵大军之中走向社会，实际参加破除"四旧"、消灭宗教的斗争。个别学者的宗教学术研究只能在风雨如磐的环境下，凭借个人的意志和毅力艰难地进行。

三 1976年以后：理论和方法的多元化与当前宗教学术研究的繁荣

　　1976年"文化大革命"结束后，中国历史上难得一见的思想解放年代终于到来。凡是经历过1957年"反右派"运动以来连续不断的阶级斗争，特别是十年"文化大革命"的学界中人，大概都会怀念邓小平关于"拨乱反正"、"实事求是"的号召给我们带来的思想解放。一个时期，大家好像从寒冬的黑夜回到初春的黎明，睁开自己的眼睛，重新去欣赏和审视这晨曦普照的世界。这道理性之光也照到了宗教学术研究领域。宗教研究者开始有了一些条件，有可能从过去那种宗教学术政治化的死胡同里走出来，以一种实事求是的理性态度，用属于自己的头脑去观察和思考宗教问题。

1976年以来，宗教越来越受到社会的重视，出现了两种性质不同的"热"：一种是"宗教信仰热"，一种是"宗教学术热"。一方面，在"文化大革命"年代被强力压制而一度销声匿迹的各种宗教信仰和崇拜活动，像《天方夜谭》中那个装进魔瓶的妖怪一样，被渔夫打开瓶盖，重新放回人间；另一方面，对宗教的学术研究也日益受到我国学术界的关注。宗教的神秘令人眼花缭乱，宗教的神圣性使善男信女为之倾倒；而这一切则促使宗教学者对之进行理性的反思，这就促进了宗教学术研究的深入和发展。

从20世纪70年代末到90年代中期，短短15年间，我国的宗教学术研究展现出朝气蓬勃、蒸蒸日上的气象，出现了真正的繁荣。其具体标志是：

1. 学术研究的队伍和机构迅速扩大。除20世纪60年代建立的中国社会科学院世界宗教研究所外，一些著名的大学（如北京大学、南京大学、中国人民大学、四川大学、中央民族大学等）和许多省市、自治区（上海市、新疆、甘肃、宁夏、云南、河南）社会科学院都相继建立起自己的宗教研究所。

2. 建立了全国性的宗教学会以及地方性、分科性的宗教研究协会，团结各地宗教学者开展各式各样的学术讨论会和学术交流活动。

3. 创办专业性学术刊物。如世界宗教研究所的《世界宗教研究》和《世界宗教资料》、四川大学的《宗教学研究》、南京大学的《宗教》、上海市的《当代宗教研究》、中央民族大学的《宗教与民族》……其他的社会科学期刊也经常刊登宗教学术论文，各宗教协会办的宗教性刊物也有多家。

4. 建立起培养宗教学术研究人才的教育机制。各宗教研究所定期招收博士生和硕士生，北京大学、南京大学、中央民族大学等著名大学相继创办了宗教学专业，培养具有学士学位的本科大学生。

5. 出版社大量出版宗教学术专著和介绍宗教知识的读物。这个事实具体反映了宗教学术的繁荣，以及社会对了解宗教的渴求。

这种繁荣来之不易，是思想解放的结果。人们痛切地认识到，如果不破除对所谓马克思主义一元化指导的极"左"理解，宗教学术政治化的局面就不可能结束。宗教学者开始用理性的态度来审视昔日被视为天经地义的马克思主义的宗教观，力求做出正确的理解和解释，使它不再像"文化大革命"时期那样成为文化专制主义的怪物。一个时期，学者们利用报刊和学术研讨会，大力批判"文化大革命"时期那种极"左"的宗教政策和宗教理论，认为它实际上是对马克思主义的"歪曲"。与此同时，一些学者对马、恩、列有关宗教问题的论著着手进行真正的学术研究，发表了一批探讨马克思主义宗教观的理论与历史的学术论文。有些学者仍然主张马克思主义对宗教学术研究的指导，但坚决反对对它持一种教条主义和信仰主义的态度，吕大吉在《宗教学通论·导言》中的一段论述比较典型地反映了这种主张："马克思主义的世界观和宗教观可以为我们的宗教研究提供认识论和方法论的指导。但是我们决不能把马克思主义的这个观点或那个理论当成现存的结论或永恒不变的教条，更不能把马克思、恩格斯、列宁的个别论断当成证明的工具。彻底的辩证法不承认超时空的绝对物，当然也反对把马克思主义自身绝对化。马克思主义应该是一个开放的系统，既要敢于随时抛弃已被实践证明为错误的东西，更要不断研究新的问题，吸取新的营养，使自身得到发展……马克思、恩格斯、列宁并不曾建立一个完整的宗教学体系，他们的宗教理论并没有穷尽宗教问题的各个方面，也不是绝对真理。对待马克思主义的宗教理论，我们不能持宗教徒式的迷信态度，不能用经典作家的语录去代替对宗教问题的具体分析。"[①] 对于马克思主义的这种理解和态度，显然是这一时期宗教学者思想解放的一种表现。把马克思主义理解为一种"开放的系统"，这就意味着学者在解释和应用马克思主义的某一原理或论断时，可以本着自己的理性判断，而不必遵循某个权威的一己之见。这就有可能导致对马克思主义理论的理性的理解，对非马克思主义持比较宽容的态度，有助于克服文化专制主义。正是这种宽容的开放态度，促进了学术思想的活跃，文化创作和学术研究的繁荣。20世纪80年代初，宗教学术界曾围绕着马克思"宗教是人民的鸦片"这一重要论断，展开不同意见的论争。列宁曾说过一句话："马克思的这句名言，是马克思主义政党在宗教问题上全部世界观的基石。"现

[①] 吕大吉主编：《宗教学通论》，中国社会科学出版社1989年版，第33页。

在，人们却对这句作为"基石"的"名言"出现了不同意见，这对宗教问题上的理论与实践的影响是可想而知的。双方论争的焦点是宗教是否为麻醉剂？一方认为，如果把宗教称为鸦片（麻醉剂），则宗教界人士岂不是被视为"毒品贩子"，信教者岂不成了"吸毒者"，宗教岂不像"鸦片"一样应予消灭？故此方认为，这个论断是过去极"左"的宗教路线的思想基础。另一方则坚持马克思这个论断的本来意义，认为宗教具有精神麻醉作用是不能否认的。但精神鸦片与物质鸦片有本质区别，不能由此导出像消灭鸦片一样消灭宗教的政治结论。极"左"宗教路线另有根源。论争的后一阶段有了变化，一方不再直接说宗教鸦片之说导致极"左"路线，而只是认为马克思写这句话时（1844年），欧洲人当时尚把鸦片当作治病镇痛的良药，并无麻醉剂之意。不过由于中国人在中英鸦片战争中吃了败仗，便把怒气发到鸦片身上；于是产生了对马克思论断的误解，把作为镇痛良药的鸦片误解为麻醉剂，从而进一步误解了马克思这句名言，把宗教当成麻醉剂。这种意见是通过重新解释"鸦片"的文化意义，用马克思的嘴否认宗教是麻醉剂。另一派不赞成这种解释，因为欧洲人早在两个世纪之前已认为鸦片是麻醉剂，并非只是鸦片战争后中国人的偏见。鸦片当然也是镇痛剂，但其所以镇痛，正在于它具有麻醉的功能；宗教固能麻醉信仰者的精神，但也能镇痛，给信仰者以精神安慰。在社会本身有缺陷，不能解决社会苦难的情况下，宗教给苦难人民的精神上镇痛或麻醉，是社会的需要，不能完全否定。

事过二十余年之后的今天，回过头来看这场论争，否认宗教是麻醉剂的一方，其思想无疑更开放一些，对极"左"宗教路线的批判更尖锐一些，不仅得到宗教界的支持，也得到一些宗教学者的支援。但当时此方通过马克思的口说鸦片不是麻醉剂，在道理上难免牵强附会，既不符合马克思的原意，也不符合历史事实。论争的实际效果是积极的，因为尽管双方对马克思这句话各有不同的解释，但都反对过去那种极"左"的理解，为宗教信仰自由，为全面理解宗教的社会功能提供了新的论证。这场论争，既是宗教学术领域思想解放的产物，也为思想的进一步解放作了准备，双方用不同的方式和理由为宗教的社会必要性作了肯定的答案。宗教学者可以对宗教的社会功能和历史作用问题作更深入的探讨和更全面的评价了。

促进宗教学者思想解放，推动宗教学术繁荣的另一思想源泉是关于"宗教是文化"、"一个民族的宗教是构成其民族文化的重要内容"的认识。这并非什么新发现，但在过去那种宗教学术政治化的社会条件下，这种宗教文化观自然会被视为为宗教张目的邪说。在"文化大革命"之后，宗教学者们重新发现它的意义和价值。方立天在《中国佛教与传统文化》的《前言》中写道："宗教也是人类文化发展过程的必经阶段，宗教现象是和人类的文化现象紧密联系着的。"《宗教学通论·导言》更从理论高度对宗教与文化的关系作了表述："宗教是人类历史上一种古老而又普遍的社会文化现象，也是至今依然存在、在社会和人生的各个方面发挥着重大影响的客观现实。它历尽人事沧桑，但历史的种种变迁只不过使它不断改变自己的形态。它高居于上层建筑的顶端，曾经使不可一世的君王俯伏于庙堂之下，使叱咤风云的英雄跪拜于神座之前，它在上层建筑和意识形态的各个领域都打上了自己的印记，对它们产生了广泛而深远的影响。哲学要追求宇宙的真理，宗教则说最高的真理是上帝的存在；科学要破解自然的奥秘，宗教则说神灵是自然的主宰；道德要寻求崇高的善，宗教则说最高的善是对神的信和爱；艺术要创造惊心动魄的美，宗教则说终极的美来自对上帝的直观。这些宗教观念渗透在许多自命不凡的哲学家、科学家、思想家、政治家、艺术家的思想里，在他们标榜真善美的著作和业绩中留下了深深的烙印。天堂地狱之教，因果报应之说，更是深入善男信女的心灵，成为指导其生活与行为的一种准则。宗教在社会历史上所起的作用之大，于群众生活的影响之深，是难以尽说的。要了解一个国家和民族的社会、历史、文化和民族心理特性，而不了解它和宗教传统，终不过是隔岸观花，难尽其妙。"① 既然宗教构成一个民族的文化传统，那我们显然不能像过去那样把宗教文化笼而统之地视为"四旧"，与反动政治简单地等同起来，一棍子打死。学者们就必须研究宗教与各种文化形态的关系，通过宗教研究去了解民族的文化以及各民族之间的政治关系和文化关系。这种认识大大提高了宗教学术研究的价值与意义，拓宽了宗教学术的领域和宗教学者的视野。正是在这种认识的推动之下，这一时期关于宗教史和

---

① 吕大吉主编：《宗教学通论》，中国社会科学出版社1989年版，第2—3页。

宗教理论研究的内容大大丰富起来，专论各种宗教与文化之关系的学术著作更是不断推出，展现为宗教学术研究中的一大亮点。回顾1949年以来宗教学术研究走过的道路，大概可以这样说，没有一种理论或观念，像"宗教即反动政治"那样束缚宗教学者的思想；也没有任何一种理论或观念，像"宗教是文化"那样对宗教学者起了那么大的解放作用。

改革开放以来，宗教学术研究的各个领域，如：综合性的基础理论研究（比较宗教学、宗教学说史、宗教社会学、宗教文化学、宗教伦理学、宗教哲学等）、佛教研究、道教研究、民间宗教研究、各民族原始宗教和萨满教研究、基督教研究、伊斯兰教研究、当代宗教问题研究……都有大批论著问世，其数量之大、方向之广、水平之高，都是前所未见的。宗教学术研究在国内人文学科之林中，占有显著的位置。仅举其中之优卓者，我们就需要编写一本相当篇幅的书目索引。限于篇幅，此处从略。

四　反思和展望

回顾我国现代宗教学术研究走过的路，我们心中的感慨可能会有很多，应该得出的结论也难以尽说。我们经历过开创时期摸索的艰辛，也品味过学术政治化带来的学术衰落的痛苦……今日能有如此繁荣的局面实在来之不易，弥足珍贵。宗教研究和一切学术研究一样，它的兴旺发达需要许多条件，但当前最需要的东西仍然是学术上的开放精神。一切学术研究的进行都需要科学的理论作为指导，但科学的历史却告诉我们，各种真理的真理性，各种科学的科学性，都只有相对意义，谁也无权宣称他那一家之言就是"绝对真理"或"唯一科学"。在历史上，只要某一种理论被宣布为至高无上的真理，随之而来的便是信仰上和文化上的专制主义，思想就会僵化，文化就会枯萎，道德就走向虚伪，社会于是停滞以至倒退。一切宗教神学独占统治的时代和地区是这样，"罢黜百家，独尊儒术"后的中国封建社会是这样，"文化大革命"也是这样。对于马克思主义我们必须持一种开放的态度，马、恩是创建共产主义思想体系的思想家和革命家，他们在共产主义体系中的权威是无可争议的；但他们不是专业的宗教学者，并没有建立完整系统的宗教理论体系，他们从没有像我们在"极左时代"所做的那样，把自己的宗教理论说成是至高无上的、唯一科学的。但是，一个实事求是的宗教学者也会承认他们的宗教理论确有合乎科学的成分，不应像有些人今天所做的那样对之盲目否定。正确的态度应该是：对于各种宗教学说，无论是马克思主义的，还是非马克思主义的，我们都应采取一种科学分析的态度，不搞绝对化，不搞宗派主义；既不盲目地视之为"唯一科学"的绝对真理，也不盲目地认其为异己之物而绝对排斥。学术发展到一定阶段时，最需要的东西常常不是别的，而是观念的革新。把宗教学术当成政治，这是一种观念，它造成了宗教学术研究的严重停滞；把宗教视为一种文化，又是一种观念，可它带来了宗教学者思想的解放、观念的更新、学术研究的繁荣。那么，我们今天是否可以满足于现在的成就，不再需要观念的更新和新的进步呢？我们的宗教学者应该对今天的学术成就有一个比较清醒的认识。面对极"左"年代，我们可以喜庆丰收；但面向世界和未来，难道我们还意识不到学术水平的差距吗？改革开放以来的二十多年间，我们确实向社会奉献了大量的宗教学术成果，其数量和质量都远超以往的任何年代。但平心而论，其中的很大部分是对宗教知识的一般介绍，即使一些属于宗教学术分支的开拓之作，也仍具有某种不成熟性。对于佛教、道教、基督教和伊斯兰教的研究，近年来成就突出者仍是历史的方面，我们有了大部头、多卷本的通史、专题史、断代史和宗教史，蔚为壮观；但这种宗教史的研究永远不会终结，它的进一步发展，必须有观念和方法论的创新。否则，写来写去，都只不过是卷数的多少，部头的大小和资料引证的繁简而已。治宗教史者必须走出传统的史学方法的旧领地，看一看外面的世界，认真借鉴近现代比较宗教学的理论与方法。西方的比较宗教学从 19 世纪 70 年代作为人文学科成立以来，出现了一批又一批的宗教学大家；他们各树一帜，推动这门学科不断向前发展，并逐渐分化出宗教人类学、宗教史学、宗教心理学、宗教社会学、宗教现象学等分支学科，至今仍在向纵深发展，方兴未艾。对于他们的理论和方法，我国学者过去基本无知，现在也知之不多，知之不深。我们今天有必要进一步发扬学术开放精神，了解他们，学习他们，借鉴他们具有科学意义的理论和方法。当然，我们同时也要避免西方各派宗教学可能有的片面性。一种理论和方法，当其高度系统化而形成"学派"、"体系"之后，往往就会被学派中人奉之为"高于一切"的"主义"，就难免自觉或不自觉地具有排他性，变成某种宗派主义。这种违反"学术开放精神"的情况，在西方各派宗教学之间也有其表现。其实，宗教是一种非常复杂的社会文化现象，具有多层次性和多方面性。一个人可以从这个方面和这一层次去研究，另一个人也可以从另一个方面和另一层次去研究。研究的角度和层次不同，得出的结论也会随之而异；但它们都是对同一对象各个方面、各个层次的认识，因而都可以具有一定的真理性。从认识的总体看，它们并不一定互相排斥，而是可以互相兼容，彼此补充的。正是基于这种认识，我们主张发扬学术开放精神，博采众家之长，努力使各种理论和方法在一个开放的宗教学体系中各就各位、各展所长。马克思主义有自己的位置，各种非马克思主义宗教学也有自己的位置，只要它们都具有真理性。例如，在研究宗教时，我们既可以应用马克思主义的唯物史观分析它的社会经济基础和阶级实质，也可以用宗教人类学的理论和方法分析它作为一种文化现象究竟是如何形成和发展的；既可以从宗教心理学的角度探讨它们在宗教信仰者心中的心理根据，也可以用宗教社会学的理论和方法说明它们的社会功能，还可以用宗教哲学的原理去评判它们的价值。只要我们不混淆宗教所具有的不同层次和不同方面，这些理论和方法及其结论就不至于相互冲突。一个心胸狭窄的灵魂，总是把不同视为对立，将差异变成仇敌；而对于一个襟怀博大的精神来说，不同意味着多彩多姿，差异包含着统一与和谐。我相信，如果我们的宗教学者能了解整个宗教学发展的历史轨迹，熟悉各派宗教学说的理论和方法，并以一种开放精神来对待和处理它们，就会把我们的宗教学研究推向更加广阔的新天地。当然，我的意思并不是说学术开放精神是宗教学术发展的唯一条件。此类条件还有很多，比如：社会应该为学者提供必要的物质设备，创造一种学术自由、百家争鸣的政治环境……这些很重要，也许更重要。但对于这些，我们只能寄予希望，却难以自己之力保证其实现；而发扬学术开放精神，却是我们宗教学者应该具有的学术品质，也是我们主观可以付诸实现的学术理想。对于这种可以实现的希望，不妨多说几句。

第四部分

宗教研究方法及其他

学术需理性　信仰要宽容

——宗教研究方法谈之一

我们的宗教研究和任何一种科学研究一样需要一种科学的方法。方法是处理研究对象的程序和方式，但研究者对这种程序和方式的选择，并不是任意的。一般总是以行为主体对待对象的基本态度为前提，以关于对象之本质和特性的认识为基础。所以，一般意义的方法论，既包括认识论，也包括态度问题和立场问题。在科学研究中，选择何种态度、立场、认识论和方法论非常重要，此即通常所谓"工欲善其事，必先利其器"。立场态度正确、理论方法对路，可收事半功倍之效；态度、方法不对头，犹如南其辕而北其辙，必将走到预定愿望的反面。"大跃进"时期除"四害"，把麻雀列入四害之中。这是对麻雀的认识和态度都不对头，还没有开步走，方向就选错了。用行政命令的手段和方法发动全国亿万群众同时停止生产到户外摇旗呐喊围歼麻雀，这是方法不对路，除了劳民伤财，不会有好结果。用镰刀斧头造不出宇宙飞船，用飞机大炮也消灭不了地球上的蚊子苍蝇。我们要想对宗教问题进行科学的研究，建立起具有科学意义的宗教理论体系，首先要确立一种科学的立场与态度，其次要选择一种科学的理论与方法。

宗教本质上是对超人间、超自然权能的一种信仰。在宗教研究中如何对待这种信仰，这是我们首先遇到而且应予正确解决的态度问题。这个态度问题是研究者进行研究活动的基本立足点和基本出发点，对他们在研究中选择什么样的理论和方法往往起着决定性的作用。如果宗教研究者根本不了解宗教信仰者的信仰心理和宗教感情，把他们的一切宗教崇拜和宗教体验当成欺骗和捏造。从这种态度出发，就不需要对宗教作任何具体深入的研究，只要作一次性的简单宣告："宗教是谎言"，足矣！又何必殚精竭智献身于这个"绝对荒谬"的对象。但是，另一方面，如果宗教研究者一开始就站在信仰主义立场，用盲目迷信的态度去看待宗教，那么，宗教崇拜物对他就成了神圣不可侵犯的对象，歌颂礼赞犹恐不足，哪里还谈得上对它们进行理智性的审查和研究。上述这两种态度都有害于宗教研究的进行。正确的态度应该是，既要在尊重宗教信仰者的信仰的基础上深入研究他们的信仰，同时又要避免各种盲目迷信的信仰主义。我国的宗教研究者在世界观上大多是无神论，不相信上帝鬼神之类的真正存在。但是，无神论者的这种"相信"应该以对宗教信仰的理性思考为依据。如果不对宗教信仰进行深入细致的科学研究，就得不出令人信服的无神论结论。但是，如果他们不尊重宗教信仰者的信仰、人格和权利，也就不会有对宗教信仰的深入细致的学术研究。只有对宗教信仰者的尊重和宽容，才能赢得他们对非宗教信仰者的尊重和宽容，从而开创一个宽松的环境、宽和的气氛，使实事求是的宗教学术研究成为可能。当然，所谓"尊重"宗教信仰，并不意味着理智上对宗教信仰的赞同。一个人可能在理论上否定宗教有神论，却可以而且应该在政治上用自己的理论来维护宗教信仰者信仰宗教的自由权利。与此同时，宗教信仰者有权要求无神论者尊重自己的信仰，却没有权利要对方放弃他们的无神论世界观。在历史上，宗教界常常对理性主义的宗教研究和无神论者持不宽容的态度，甚至使用极端的暴力和强权，对他们进行异端迫害；反过来，也有一些无神论者在掌握国家政权之后，对宗教信仰采取过压制以至消灭的极端政策。这两种互相压制的情况都加深了社会的矛盾与冲突，加剧了宗教组织与文化学术界的敌对态度，妨碍了宗教学术研究的进行与发展。尽管最近几个世纪社会有了巨大的进步，但宗教与无神论在世界观上的矛盾仍以各种方式在宗教研究中表现出来。在宗教界，要求宗教学术研究服从于宗教信仰的信仰主义，在中外都有所表现，反对理智性宗教研究和迫害非宗教思想家的事件不断出现。他们总是要求宗教学术研究的结论不能危害宗教的教义和信条，否则就是不尊重他们的信仰，就要对之采取强烈措施。宗教势力进行的这种异端迫害，不仅妨碍科学和学术的自由发展，而且也招致知识界对宗教的反感，从根本上说有害于宗教的形象，不符合各种宗教自己所主张的"慈忍无诤"、"仁爱"之类教义。任何一种宗教，任何一个民族，如果把自己的教义和传统神圣化，不容忍不同的意见，把持有不同信仰的人和民族视为"异教徒"，不仅不能表现其自封的崇高和神圣，反倒暴露其偏狭与落后。只有提倡对不同意见和不同宗教信仰的宽容，鼓励学术上的自由讨论，才能推动民族的繁荣和进步，使传统的宗教与文化适应于不断变化的时代，从而树立起自己的宗教和自己的民族在世人心中的美好形象。这种性质的工作，最好是由本民族和本宗教中的有识之士自己去做。

科学的宗教研究，既要尊重宗教信仰者的信仰，也要反对信仰主义。信仰不等于信仰主义。信仰，可以是理性的，也可以是非理性的；而信仰主义，本质上是非理性的。一个人虽然有某种宗教信仰，但只要不是盲目地迷信自己的信仰，而是理性地对待自己所信和别人所信的宗教，这种态度就不是信仰主义。在学术领域和知识阶层中，这样的人并不少见。在我国一个时期曾流行过一种说法，认为有宗教信仰的人不能研究宗教，只有马克思主义者才行。这看来是把宗教信仰和宗教信仰主义混为一谈了。一个有宗教信仰的人，是有可能理性地对待宗教问题、从事宗教学术研究的。即使你是"马克思主义者"，但如你对"马克思主义"持一种盲目迷信而非理智性的态度，视之为不可超越和侵犯的"神圣"，这种态度也是一种反理性、反科学的信仰主义。这些年来，我们吃这种信仰主义的"亏"，难道还不够吗？

还应注意到另一种情况，有些有宗教倾向的人坚持认为，只有具有宗教信仰的人才有资格从事宗教研究，说什么一个宗教研究者如果不首先信仰宗教，就不可能理解宗教。一个不进宗教之门的门外汉，又怎能研究宗教?! 著名的宗教人类学家施米特把这个道理作了淋漓尽致的说明：

> 但是，在研究宗教史上，一个有信仰的学者比一个无信仰的学者更占便宜，而且前者的造就是后者难以追及的。如果宗教的本质是内在的生命，那么就惟有藉着内心才能把握宗教的真义。所以，惟有意识中具有宗教经验的人，对于宗教问题，才能有深刻的明了。无宗教信仰的人来谈宗教，真可说是危险重重，就好比盲人谈颜色、聋子谈

音乐一样。勒南认清了这一点，然而他认为曾经信仰过宗教而又背弃了宗教的人，再来研究宗教比较更适宜些。这又是不能令人承认的。因为背弃宗教者，既然对真理下了一种很强烈的评判，他的客观的态度自然也就受了威胁。

施米特神父的主张实际上从根本上取消了无信仰者、放弃信仰者和无神论者研究宗教的资格。这虽然还不是政治上的异端迫害，却是学术上的异端歧视。这段话貌似有理，逻辑上却自相矛盾。如果无信仰者和放弃信仰者因其已对宗教下了"很强烈的评判"，从而没有资格研究宗教，根据同样道理，有信仰者亦因其对宗教下了"很强烈的评判"而笃信不疑，它不也失去了研究宗教的资格吗？无信仰者固然不会有虔信者内心感受到的那种宗教体验，但这并不能成为不能对宗教进行学术探讨的理由。一个没有钱财的穷汉并不妨碍他承认金钱的权能和百万富翁对金钱的感受和体验；不会创作诗歌和其他艺术的人，也可以欣赏和品味诗歌和艺术。须知，任何内在的宗教体验都会表现为外在的宗教行为，从而成为别人可以感性接触、进行科学考察的客观对象。不表现为宗教行为的纯粹内在的宗教体验，只不过是单个人的主观感受，没有普遍的效准，那是没有意义和价值，也无法进行科学处理的。如果像施米特神父那样，把宗教的研究权仅仅特赐给虔诚派宗教徒，会出现什么样的情况呢？那时，每一种宗教、每一个教派以至每一个自称具有宗教体验的宗教信徒，都会把自己内心的宗教体验宣称为"宗教的内在生命"或"宗教的真理和真义"，这样一来，世界上有多少种宗教和教派，或许就会有多少种"宗教真理"；甚至世界上有多少个声称具有"宗教体验"的宗教徒，就可能出现多少种不同的"宗教真理"。因为，不仅各种不同的宗教各有自己不同的宗教体验，而且，同一宗教、同一教派的不同信仰者也会有自己不同的宗教体验。每个人的气质、学识、文化背景和宗教需要各不相同，他们的宗教体验也必然各有千秋，甚至互相冲突。在这种情况下，如果出现有某个骗子坚持他的谎言是得自内心感受到的上帝的亲口启示，用施米特的逻辑是无法不予承认的。这不是空言推论，而是铁的历史真实。事实告诉我们，在宗教学术研究中，我们绝不能站在某一种特定宗教的立场，一般地说，不能站在宗教信仰主义的立场。宗教研究不是为了论证或肯定某种宗教，而是对各种宗教的事实做理性的分析。有信仰的人可以研究宗教，没有宗教信仰或放弃宗教信仰的人也可以研究宗教。问题不在于他们有无宗教信仰本身，而是在于他们是否因此而影响宗教研究的客观性和科学性。有信仰的人完全有可能在研究过程中暂时把个人的特殊信仰放在一边，而对宗教的事实（包括他个人的内在的、真实无虚的宗教体验）做出真正客观的描述和理智性的分析。无信仰和放弃宗教信仰者也完全有可能承认并深入研究各种各样的"宗教体验"。我们所不赞成的东西，不是个人的信仰，而是一切服从于个人信仰的信仰主义。站在特定的宗教立场，把自己的"宗教体验"宣布为宗教的真理，这是信仰主义，不是学术研究；为了表示无神论的坚定性和彻底性，以至于置事实于不顾，否定任何"宗教体验"的可能性，否定宗教的任何一种积极的意义和价值，那也是一种以无神论为至上的"信仰主义"。这两种情况都不合乎理性的科学态度。

近代宗教学者中颇多有识之士对信仰主义不以为然，他们呼吁宗教研究者不要站在某一特定宗教立场，而要对各种宗教一视同仁，把它们放在平等的地位进行客观的比较与分析。"宗教学之父"麦克斯·缪勒在《宗教学导论》中大声呼吁："应当对人类所有的宗教进行不偏不倚，真正科学的比较，在此基础上建立宗教学"；在对一切宗教进行的比较研究中，各教地位一律平等，不要扬此抑彼：

> 在我的心目中，凡想利用宗教比较研究贬低基督教而抬高其他宗教的人，跟那些认为为了抬高基督教而必须贬低所有其他宗教的人一样，都是危险的同盟者。科学不需要宗派。

自麦克斯·缪勒建立比较宗教学并使之独立以来，这种在宗教研究中要求客观性和各种宗教之间互相宽容、彼此平等的呼吁，一直成为这门学科的强烈要求。它与西方世界中传统的基督教信仰主义相对抗，反对把基督教以外的其他宗教视为"异教"、"低级宗教"、"野蛮人的宗教"而加以排斥，从而使对各种宗教的比较研究成为可能。应该说，这种客观主义的呼吁是非常必要的,有助于思想的解放、信仰的宽容。没有这种宽容精神,就不可能有学术研究的自由,也不可能有社会的进步和比较宗教学这门人文学科的发展。

(原载于《世界宗教资料》1994年第2期)

科学不要宗派　思想需要开放

——宗教研究方法谈之二

近代意义的宗教学是在摆脱宗教神学的精神垄断和哲学的规范性研究之后而出现于学术之林的。因此，它一起步就深受实证主义哲学的影响，把自己规定为某种经验科学，倾向于拒绝理论思维的规范或指导。在实证主义看来，任何一种讨论事物之内在本质的理论，都是使人类认识超出经验范围之外的形而上学，应作为伪科学予以抛弃。真正的科学只能是对感官所感之现象进行纯经验的描述、并可用经验予以实证的学问。这种思潮表现在宗教研究之中，上帝神灵、地狱天堂之类便成了超经验的存在，既不能证实，亦不能证伪。这样一来，企图证实它们的宗教神学是形而上学，同理，企图证伪它们的唯物主义、无神论亦是形而上学，都应弃之不顾。宗教学所能做的事，就是对宗教之形而下的现象与事实进行历史的记叙和经验的描写。

实证主义对于传统的神学和通俗的迷信实际是持批判和否定态度的，在思想史上起过积极作用，他们发出的"当心形而上学"的呼吁也有其合理的因素，不能视而不见。不过，实证主义在反对一切形而上学的名义下反对一切理论思维在宗教研究中的指导作用，则未免言之过头，逻辑上也有不能自圆其说的地方。否定一切理论思维，那实证主义本身作为一种理论思维是否也要否定呢？抛弃任何指导思想，这种主张本身作为一种思想是否也在抛弃之列呢？实证哲学自身的逻辑也包含着对自身的否定。一切真正的科学都不能满足于描述其对象的外部现象，而必须通过外部现象认识其内在本质，通过其偶然的属性揭示其必然的规律，这是科学之所以为科学的基本特性。对外部现象的认知固然可以诉诸经验的观察，但关于对象之内在本质和必然规律的把握，单凭经验观察是还不够用的。要深入于事物之内在本质，把经验材料升华为科学理论，就得依靠我们的理论思维。科学以感官经验作为认识之基础和源泉，但以理论思维作为指导经验观察的理论和方法。宗教研究的对象是一座充满神秘主义浓云密雾的迷宫，在它面前，如果我们放弃一切理论思维，那只会把它置于永远不可解破的神秘之境；如果我们带着错误的导游图（错误的理论和方法），那就会使我们永远陷入其中，不得其门而出。只有借助于科学理论的理性之光，才能照亮幽暗的黑夜，给我们指示走出迷津的正确方向，破解宗教的神秘，把宗教研究变成具有科学意义的人文学科。

事实上，所谓抛弃任何理论思维的纯粹经验描述，在学术研究领域是根本不存在的。以西方的近代宗教学为例，19世纪末到20世纪初，各种宗教学派差不多都是着重研究宗教的起源和发展问题。各派学者各自根据手头上掌握的宗教史资料，提出了各种理论。在起源问题上，有的认为宗教起源于星辰的神话，有的认为起源于万物有灵观念，有的认为起源于巫术，有的认为起源于祖灵崇拜或图腾崇拜等等。在宗教的发展问题上，主要有两大思潮。一种认为宗教的发展是进化的，是从低级的自然宗教发展为多神教、再发展为高级形式的一神教，这是进化论；另一种思潮则认为宗教产生于上帝的原始启示，一开始就是原始一神教，后来由于低级崇拜的产生和渗入，原始一神教逐渐退化，出现了多神崇拜，这是宗教退化论。所有这些不同的宗教学说，其主要区别之点，与其说是由于经验资料的不同，不如说是对经验资料做出了不同的理论解释。不同的宗教学说本质上是不同的宗教理论的表现。孔德、斯宾塞在哲学上本来是实证主义的奠基人，正是他们大声疾呼反对一切形而上学；可也正是他们就宗教的起源和发展问题，用进化论的哲学观念对之进行理论概括。任何学术研究都是由人来进行的，研究者本人的世界观和方法论便自觉或不自觉地渗入其研究过程之中：研究主题的确定，资料的选择与解释，结论的做出，都会反映出研究者的世界观。更何况，研究者毕竟生活在一定的社会场景之中，传统的教育和习俗的熏染，信仰的权威以及当政者的宗教倾向和政治需要，都会对宗教研究者产生有力的影响。日本当代宗教学者田丸德善对此问题有相当透彻的分析。他不同意把宗教学看成是纯描述性的学科。他认为研究者都拥有一定的价值观念，社会的制度、时代的环境和思潮都会对宗教研究者产生影响,使他们对宗教或持积极信仰的态度,或取消极批判的态度。他把这种对宗教做出价值判断的学问称之为宗教学的外在因素。同时,他还认为在他们所谓的宗教学的内在因素中,既有资料性的部分,也有理论性的部分。作为科学的东西,只有把经验资料用一定的理论模式加工整理使之系统化才能成立。未经加工的资料,在他看来,只是宗教科学的必要条件,不能称之为科学。资料与理论的互相结合是一切科学的普遍性结构。宗教学主要是由两部分东西构成,一是资料性的宗教志,一是把它系统化而成的宗教史;宗教学则处于宗教志和宗教史的延长线上,作为它的系统化而出现的。笔者认为,田丸德善的意见颇有见地。事实证明,在宗教研究过程中,不存在要不要理论思维的指导问题,而只是这种理论指导是否科学的问题。我们应该尽可能选用科学的世界观和方法论来指导我们的宗教研究。

在我国,宗教学的研究刚刚起步,既没有坚实的理论基础,也没有充分的资料准备,真可以说是名副其实的"一穷二白"。为了把这门学问建设起来,我们当前迫切需要的是一种学术上的开放精神,敞开胸怀,放眼世界,把古今中外宗教学说史上一切有价值的探讨,都虚心地引进吸收,参考借鉴。一切具有科学意义的理论、观点和方法,我们都要认真学习。

世界上没有"绝对物"的存在,学术领域也没有绝对完美、不可超越的东西。各种理论的真理性或科学性,都只有相对的意义,谁也无权宣称他那一家之言就是"绝对真理"或"唯一科学":我们不难看到,在历史上,只要某一种理论被宣布为至高无上的真理,随之而来的便是文化上的专制主义,思想就会僵化,文化便会枯萎,社会于是停滞以至倒退。中世纪宗教神学的独占统治是这样,"罢黜百家、独尊儒术"后的中国封建社会是这样,"文化大革命"也是这样。历史借鉴,足以为训。在宗教学领域,自19世纪70年代这门学科摆脱宗教与哲学的控制而独立以来,一直是千帆竞渡、百舸争流的局面,任何一派学说都没有获得公认的无可争议的权威地位,一种观点问世之后不久,总有各种不同的观点站出来唱反调。我们有必要把马克思主义宗教观放在宗教学发展的历史场景之中。马克思、恩格斯是创建共产主义思想体系的思想家和革命家,他们在共产主义体系中的权威地位是无可争议的,但他们不是专业的宗教学者,并没有建立一个完整系统的宗教学理论体系。他们从来没有像我们"极左时代"所做的那样把自己的宗教理论说成是"至高无上的"、"唯一科学的"……但是，一个实事求是的宗教学者总会承认，马克思、恩格斯在宗教学理论思想中确也做出了独特的贡献。他们建构的历史唯物主义的基本原理（如经济基础与上层建筑、社会存在与社会意识、阶级斗争与阶级分析等）在说明宗教的本质和功能时，确乎具有比较普遍的指导意义，也是不容否认的。总之，对于各种宗教学说，无论是马克思主义的，还是非马克思主义的，我们都应采取一种科学的分析态度，不搞绝对化，不搞宗派主义；既不盲目地视之为"唯一科学"的绝对真理，也不盲目地认其为异己之物而绝对排斥。以别人为借鉴、以真理为良师，采百家之长，通古今之变，以博大的胸怀建设宗教学的宏伟体系。

在建设我国的宗教学的过程中，我们需要认真借鉴近代西方比较宗教学的成果。自19世纪下半叶这门学科独立以来，一大批宗教学者相继而起，独树一帜，推动这门学问不断向前发展，并逐渐分化出宗教人类学、宗教史学、宗教心理学、宗教社会学、宗教现象学等分支学科。宗教研究领域百花竞放，硕果累累，蔚为壮观。至今各分支学科仍在向纵深发展，方兴未艾。我们应该如实地承认，近代西方比较宗教学各派应用各具特色的理论和方法，提出了种种不同的学说，其中确实不乏真知灼见。而在这些领域，我国学者过去几乎未曾涉猎，基本上是一片空白。我们不仅应该利用西方各家比较宗教学长期积累起来的丰富资料，也不仅只是要借鉴他们在局部性问题上的具体分析，而且还应借鉴他们具有科学意义的理论和方法。当然，我们同时也要避免他们未能避免的片面性。各派比较宗教研究的理论和方法，当其高度系统化而形成"学派"、"体系"之后，往往就会被学派中人奉之为"高于一切"的"主义"，就会自觉不自觉地难免于排他性，变成某种宗派主义。宗教心理学、宗教社会学和宗教现象学属于"同时性的比较研究"，宗教史学和宗教人类学属于"历时性的比较研究"，它们之间就有互相排斥和互相贬低的情况。即使宗教心理学、宗教社会学、宗教现象学之间也有类似情况，我们要克服这种宗派主义的狭隘性。宗教是一种非常复杂的社会文化现象，具有多层次性和多方面性，一个人可以从这个方面和此一层次去研究，另一个人也可以从另一方面和彼一层次去研究。研究的角度和层次不同，得出的结论自会随之而异。但它们都是对同一对象的各个方面的认识，因而都可以具有一定的真理性。从认识的总体上看，真理本不是互相排斥的，而是彼此补充、互相兼容、交替为用的。正是基于这样的认识，我们才主张在宗教研究中博采众家之长，以一切真理为师，努力使各种理论和方法在一个统一而又开放的宗教学理论系统内各就各位，各得其所，各展所长，各有所用。例如，无论是对于宗教的整体，还是对于宗教的各种现象形态，我们既可以应用马克思主义的历史唯物论分析它的社会经济根源和阶级特性，也可以应用宗教人类学的理论和方法分析它作为一种文化现象究竟是如何形成和发展的；既可以从宗教心理学的角度探讨它们在宗教信仰者心中的心理根据，也可以用宗教社会学的理论和方法说明它们的社会功能，还可以应用宗教哲学的原理对它们的真假和价值进行评论。只要我们不混淆宗教所具有的不同层次和不同方面，这些理论和方法及其结论就不致互相冲突。一个心胸狭窄的灵魂，总是把不同视为对立，将差异变成仇敌；而对于一个襟怀博大的精神来说，不同意味着多彩多姿，差异包涵着统一与和谐。

（原载于《世界宗教资料》1994年第3期）

唯物史观与宗教研究方法论

马克思主义的宗教观是在马克思主义哲学的理论基础上建立起来的宗教理论，它的基本精神和主要内容，经受了历史实践的检验，至今仍是有生命力的。马克思主义的世界观和宗教观可以为我们的宗教研究提供认识论和方法论上的指导。但是我们决不能把马克思主义的这个观点或那个理论当成现成的结论或永恒不变的教条，更不能把马克思、恩格斯、列宁的个别论断当成证明的工具。彻底的辩证法不承认超时空的绝对物，当然也反对把马克思主义自身绝对化。马克思主义应该是一种开放的系统，既要敢于随时抛弃已被实践证明为错误的东西，更要不断研究新的问题，吸取新的营养，使自身得到发展。马克思、恩格斯、列宁并不曾建立一个完整的宗教学体系。他们的宗教理论并没有穷尽宗教问题的各个方面，也不是绝对真理。对待马克思主义的宗教理论，我们不能持宗教徒式的迷信态度，不能用经典作家的语录去代替对宗教现象的具体分析。

马克思主义的世界观和宗教观在哪些方面可以为宗教研究提供方法论呢？马克思主义在社会科学方面的伟大贡献就在于把辩证唯物主义的世界观贯彻到社会历史领域，提出了历史唯物论。唯物史观用社会的经济基础去说明一切上层建筑的特性和本质，用经济基础的变化和发展来说明上层建筑的变化和发展，这就揭示了上层建筑各部分的本质，给了我们一把打开宗教世界和天国秘密的钥匙。唯物主义历史观在以下四个方面给我们提供了方法论上的指导原则：

1. 不要从宗教本身的历史去说明宗教，也不要用人类的其他精神因素去说明宗教的本质。

马克思、恩格斯在《德意志意识形态》一书中，提出了唯物史观关于"经济基础和上层建筑"的原理之后，就立即用这个原理去批判宗教研究中的唯心主义历史观，批判他们用精神去说明精神，从宗教本身去说明宗教的陈腐观点：

> 那种使人们满足于这类诸精神史的观点，本身就是宗教的观点，因为人们抱着这种观点，就会安于宗教，就会认为宗教是 cuasa sui [自身原因]（因为"自我意识"和"人"也还是宗教的），而不去从经验条件解释宗教，不去说明：一定的工业关系和交往关系如何必然地和一定的社会形式，从而和一定的国家形式以及一定的宗教意识形式相联系。如果施蒂纳注意一下中世纪的现实历史，他也许就会了解：基督教徒关于世界的观念在中世纪为什么正是采取这样的形式，这种观念怎么会在后来转变为另一观念；他也许就会了解："基督教本身"没有任何历史，基督教在不同时代所采取的不同形式，不是"宗教精神的自我规定"和"它的继续发展"，而是受完全经验的原因、丝毫不受宗教精神影响的原因所制约的。①

宗教不是一个绝对独立自足的"王国"，它的根本原因不在自身之中。马克思主义以外的其他宗教学说的根本缺陷就在这里，他们或者用人的恐惧感、依赖感、好奇心来解释宗教的原因，或者用人类的天性、人生的需要、道德的要求、社会安宁的必需来说明宗教的根据，或者用上帝的启示、教主的创造、绝对精神或实体和自我意识的表现以及诸如此类的东西来规定宗教的本质，总之一句话，是用精神性的因素来说明宗教这种精神性现象。在这种唯心主义宗教观的支配之下来观察宗教的历史发展，各种宗教之所以在不同历史时期采取不同的形式，就变成了"宗教精神的自我规定"和"它的继续发展"，这种说明问题的方法有一个总的特点，即：就宗教本身来说明宗教。这无异于逻辑上的同义反复，实质上是什么东西也没有说明。马克思主义的唯物主义历史观从根本上揭露了这种历史观的非科学性，使我们在宗教学研究中自觉地避免重复唯心史观宗教学的覆辙。

---

① 《马克思恩格斯全集》第3卷，人民出版社1956年版，第162—163页。

2. 宗教是社会意识和上层建筑的一部分，由社会存在的经济基础所决定，只有在社会经济基础中才能找到宗教的根据和本质。

宗教和哲学、法律、政治、艺术、道德一样、是社会意识和上层建筑的一部分。尽管宗教讲的东西净是天国的事情，可是作为上层建筑，它的基础并不是虚无缥缈的天国，而是在人间，它是由社会的物质生产方式、即社会的经济制度所决定的。因此，我们的宗教研究，如果要寻找宗教的根据和本质，就必须转向决定宗教的经济基础：

> 宗教本身既无本质也无王国。在宗教中，人们把自己的经验世界变成一种只是在思想中的、想像中的本质，这个本质作为某种异物与人对立着。这决不是又可以用其他概念，用"自我意识"以及诸如此类的胡言乱语来解释的，而是应该用一向存在的生产和交往的方式来解释的。这种生产和交往的方式也是不以纯粹概念为转移的，就像自动纺机的发明和铁路的使用不以黑格尔哲学为转移一样。如果他真的想谈宗教的"本质"即谈这一虚构的本质的物质基础，那末，他就应该既不在"人的本质"中，也不在上帝的宾词中去寻找这个本质，而只有到宗教的每个发展阶段的现成物质世界中去寻找这种本质……①

宗教的内容和形式，它的教义、教理、崇拜对象、崇拜仪式以及宗教的组织形式，绝不是像宗教神学家和唯心主义的哲学家和宗教学家所说的那样，来源于上帝神灵的启示和人类精神的发明，归根到底是对社会物质生产方式的适应，为社会的经济基础所决定，并转过来为社会经济基础服务。根据这个唯物史观的基本原理，当我们在分析各种宗教的教义、教理、崇拜对象、崇拜仪式以及宗教组织结构方式的时候，就必须对之进行社会的和经济的解释。因为社会存在和经济基础才是宗教之最深刻的本质和秘密之所在。

3. 宗教的发展决定于社会的发展，只有从上层建筑如何适应于经济基础的发展而发展的历史过程着手分析，才能找到宗教发展的客观规律。

---

① 《马克思恩格斯全集》第 3 卷，人民出版社 1956 年版，第 170 页。

马克思主义宗教学把宗教的发展规律作为自己的主要研究对象，这是马克思主义宗教学区别于其他宗教学派别的基本标志，而问题的关键却在于我们有什么理论根据可以肯定宗教的发生和发展有其客观的规律？我们怎样才能发现和确定这种客观规律？

从辩证唯物主义哲学看世界，一切对象、一切事物都有其发生、发展以至消亡的过程，而且这个发展过程都有其客观的原因和内在的根据，表现为客观的必然性和发展的规律性。物质的对象和客体是如此，社会历史的对象和现象亦复如此。社会历史现象由于是社会的人的活动，精神性的主观活动（包括人的理智认识、情感和意志）必然对人的实践活动发生影响，这就使人们产生一种错觉，似乎社会历史现象不过是主观的精神活动的表现，不可能有客观的规律。看来主要就是由于这个原因，马克思主义以前的哲学家和人文学者（包括宗教学者）一般都不承认社会历史的发展有其客观的规律性。黑格尔一类的唯心主义哲学家虽然承认这种客观规律，但他却把这种客观规律归结为纯粹的精神实体（绝对理性）自身发展的逻辑表现，他把社会历史发展的规律性说成是绝对理性辩证演绎的逻辑必然性。

马克思和恩格斯把黑格尔的唯心辩证法改造为辩证唯物主义世界观，并把这种世界观从自然界推广而应用到社会历史现象上去，在唯物主义基础上找出了社会的发展规律。正如恩格斯所说的那样："我们不仅生活在自然界中，而且生活在人类社会中，人类社会同自然界一样也有自己的发展史和自己的科学。因此，任务在于使关于社会的科学，即所谓历史科学和哲学科学的总和，同唯物主义的基础协调起来，并在这个基础上加以改造。"[1] 马克思主义唯物史观关于生产力与生产关系、经济基础与上层建筑的原理，不仅揭示了社会发展的内在的动因和根据，而且使全部社会现象的发展变成为一个合乎规律的历史过程，并能对之做出合理的科学说明。从此，对社会历史现象的研究（社会科学）才变成了真正的科学。

宗教和各种社会现象一样，为社会生产方式和经济基础所决定，随着生产方式的演变而演变，随着经济基础的发展而发展。既然生产关系对生

---

[1] 《马克思恩格斯选集》第4卷，人民出版社1972年版，第226页。

产力发展的适应，上层建筑对经济基础发展的适应是一个合乎规律的过程，那么，宗教和各种社会历史现象以及上层建筑各部门的发展就必然是一种合乎规律的历史过程。唯物史观不仅为宗教发展的规律性提供了理论上的证明，而且为寻找宗教发展的客观规律指出了正确的方向，提供了认识论和方法论上的指南。

4. 神—人宗教关系是人—人社会关系在观念上的反映，只有把神—人关系还原为人—人关系，并用阶级斗争的观点和阶级分析的方法去说明阶级社会中的人—人关系，才能正确揭示宗教的社会功能和历史作用。

宗教在社会生活和历史发展过程中到底起着什么样的作用，是进步的、积极的，还是保守的、消极的？这些问题，古今中外，一直是学者们热烈讨论和激烈争辩的题目，当然也是我们的宗教学必须研究和做出回答的重要课题。长时期以来，在西方的宗教学者中流行一种看法：似乎马克思主义宗教观既然把宗教说成是"麻醉人民的鸦片"、"颠倒的世界观"，那就等于说宗教在政治上必然起保守的、反动的作用。在国内，由于极"左"思潮的影响，把宗教在世界观上的荒谬与政治上的反动完全混为一谈的情况，的确是有所表现的。林彪、"四人帮"在宗教领域内推行的极"左"路线就是典型。把这种"宗教等于反动"的观点强加给马克思主义，不是对马克思主义宗教观的有意歪曲，就是对它的无知和误解。世界观上的正确或错误，与政治上的进步或反动，虽然不无内在的联系，但二者并不是完全等同的概念。错误的世界观在社会历史中并不必然起反动的作用，进步的社会运动也不必然以正确的世界观为其指导原则。哲学上的唯心主义世界观，总的说来，是错误的、颠倒的，也常常为反动派的政治服务。但唯心论在政治上并不一定反动。周公旦所谓以德配天，孔子讲"仁者爱人"，孟子讲"民为贵，君为轻，社稷次之"，都是唯心史观在社会政治上的表现，但这些思想在一定的历史条件下都具有进步的意义。因为它们突出了为政以德，强调了人的价值，提高了民的地位。欧洲近代资产阶级革命的思想武器，主要是天赋人权论和社会契约说，属于唯心史观，但它却沉重地打击了封建专制主义，动员起第三等级广大群众奋起为争取人权和政治上的自由平等而斗争。

宗教在社会历史上的作用和影响，常常比哲学更直接、更有力。哲学原则是一种抽象的理论形式，对知识阶层的影响较大，却是一般群众所难以理解的。宗教则不然，它以神的名义，用神的诫命，紧紧牵动着信教群众的心弦，可以轻易地调动起他们为信仰而献身的宗教热情，掀起声势浩大的群众运动。这些以宗教形式表现出来的社会运动，在性质上是反动，还是进步，不能用世界观上的正确和错误作一刀切的划分，而只能从其在一定历史条件下的社会政治内容作具体分析，予以评价。任何宗教世界观及受其影响的宗教运动，如果符合社会历史进步的需要，在一定历史条件下有利于反抗反动统治秩序，都可能具有进步的政治意义。把世界观的对错与政治上的正反等同起来，是宗教研究中形而上学思想方法的具体表现，与马克思主义宗教观不可混为一谈。

　　如何分析和评价宗教的社会功能和历史作用，马克思主义的辩证法和唯物史观为我们提供了真正科学的原理和方法。宗教作为一种社会意识形态和上层建筑，其基本功能是为社会经济基础服务的。因此，这种功能的性质到底如何，主要应视其为之服务的社会经济基础的性质而定。经济基础是生产关系的总和，如果一定历史阶段上的生产关系适合于生产力的发展，它就是推动生产力发展和促进社会进步的力量，在这种情况下，为之服务的宗教，也应具有历史的进步性。同样道理，如果宗教为之服务的经济基础或生产关系已成为束缚生产力发展的桎梏和历史进步的障碍，那么，这种宗教在当时所起的作用便必然是消极的、保守的、甚至是反动的。

　　这种分析和评价宗教功用的历史唯物主义的原理和方法，还可以用另一种更具体的说明方式来表达。

　　社会经济基础虽然主要表现为生产关系，但生产关系却是人与人的社会关系。各种社会意识形态，作为上层建筑，其基本内容本质上都是人与人的社会关系在观念上的表现。宗教的性质亦复如此。宗教所信仰和崇奉的神是人的创造物，神的神性本质上是人的人性的异化。宗教的一切表现形式，如宗教观念、宗教经验和宗教行为，都意在表现人对神的依赖、敬畏、景仰、皈依和服从，在内容上直接体现为人与神的关系。人—神关系是一种宗教关系。但是，既然神性是人性的异化，神是人的幻影，所以，人—神宗教关系本质上便是人—人社会关系的反映和表现。这种情况就为我们具体分析和评价宗教的社会功能和历史作用问题提供了一个一般性的原理和方法。如果人—神宗教关系所表现的人—人社会关系具有历史的合理性，那么，尽管表现它的宗教关系是颠倒的、虚幻的，但它的社会意义也具有历史的合理性，在特定的历史条件下可能起进步的、积极的作用。反过来，如果宗教所表现的人—人社会关系不合理，已经或正在被历史所否定，那么，用人—神关系来维护和强化这种不合理的社会关系，其社会历史作用显然是消极的。只要我们找到了人—神宗教关系的社会原型，我们就不难对宗教有关方面的社会功能和历史作用做出实事求是、合理可信的评价。

但是，这里所说的人—人社会关系的性质和内容，不是抽象的、不变的，而是具体的、可变的。人与人到底结成什么样的关系，取决于人们的生产关系，即取决于人是否占有生产资料。人们由于占有生产资料的差异，被划分为不同的阶级。所以在生产资料私有制的社会里，人与人的社会关系本质上是一种阶级关系。不同的阶级，有着不同的阶级地位和阶级利益，他们的社会的、政治的、经济的要求也就各有不同，从而导致阶级之间的对立和斗争，这种对立和斗争总是会用各种方式反映在社会意识和上层建筑的各个领域之中，表现为政治上、哲学上的、文化上的斗争，同样也会反映到宗教观念上来，使宗教的人—神关系具有阶级关系的内容和形式。这就是马克思主义关于阶级和阶级斗争的学说。

从阶级斗争的观点和阶级分析的方法看宗教，宗教在阶级社会的历史上实质上是阶级斗争的工具。在分析宗教的各个方面时候，不仅要从人—神宗教关系一般地看到人—人社会关系的原型，而且还要进一步分析出人—人关系的阶级内容，揭示出人—神关系的阶级实质。事实上，历史上各种宗教尊奉的神的神性都具有明显的阶级色彩。人神关系本质上是阶级关系的投影。因果报应之说，天堂地狱之教，以及"死生有命，富贵在天"的说教，表面上对社会体系中的各色人等一视同仁机会均等，普遍有效，似乎没有特定的阶级性，但在实际生活中，由于社会上已经存在阶级分化的既成事实，这些教义的实际作用对于各个不同阶级而言是不大相同的。从根本上说，它们神化了统治阶级的既得利益，麻痹了被压迫人民的反抗意志，从而具有鲜明的阶级色彩。唯其如此，历史上的阶级斗争与宗教有着非常密切的关系，统治阶级常常利用传统宗教作为维护其统治秩序的精神支柱，而进步的阶级则经常进行反对传统宗教的斗争。在这种斗争中，他们根据当时的历史条件和阶级力量的对比，或者走向各种形式的无神论，或者利用宗教的传统形式，作为掩饰其政治经济要求的思想外衣。被压迫阶级和受苦受难的人民常常把摆脱现实苦难的希望寄托在大慈大悲救苦救难的菩萨和神灵的恩赐上，把对幸福生活的渴望寄托于西天的净土和来世的天堂。他们总是赋予神灵和菩萨以自己所希望的神性，在幻想的神人关系中倾注自己关于某种新的人际关系的理想。

对宗教的各个方面的意义和功能进行阶级分析，不仅不会使宗教研究简单化，而且只会使这种研究更深入、更具体；不仅不会使人们一概否定宗教的社会价值，而且只会使宗教的社会价值得到更合理的说明。既然马克思主义把宗教视为上层建筑的一部分和阶级斗争的一种工具，宗教也就脱离了个人信仰的狭小天地而取得了广泛深刻的社会意义。无论我们在对宗教社会功能的评价上是肯定，还是否定，都具有更重要的含义。我们不妨把唯心史观的宗教研究与马克思主义唯物史观的宗教研究作一番对比。在基督教统治下的欧洲和伊斯兰教统治下的阿拉伯世界，从中世纪以来，各种教派之间的宗教斗争连绵相续，神学异端、异教运动、教会改革……不断出现。按照唯心史观的一般分析方法，总是把这些在欧洲和阿拉伯历史上具有重大社会意义的宗教斗争归结为某个宗教家个人的宗教经验和神学见解，他们一般都看不见这些"宗教经验"、"神学见解"背后的社会根源，因此，他们永远说不清楚这些宗教家个人如何能影响那么多的群众，燃起他们的宗教热情，进行生死以继的斗争。他们对这些事件的评价，肯定也好，否定也好，不仅没有合理的根据，也没有超出个人之外的社会意义。而且，由于任何宗教观念和神学见解在科学世界观审视之下都是颠倒的世界观，这些宗教斗争就不过是宗教家之间的各种谬论的争吵，从而也就失去了积极的社会意义。可是，如果我们用马克思主义的阶级观点来分析这些历史事件，情况就大不相同了。那时，我们就会在宗教斗争和神学争吵之中，看到它们所主张的各种不同的神—人关系，在不同的神—人关系之后看到各种不同的人—人关系，通过对这些人—人关系的透视看到不同的阶级关系以及它们之间的斗争。那些为过时的社会秩序、不合理的人—人关系、反动的统治阶级服务的宗教和神学体系，自然会受到批判和否定，但做出这种否定评价的，与其说是马克思主义的唯物史观和阶级斗争学说，毋宁说是历史本身；至于那些通过神—人关系曲折而颠倒地表现苦难人民所向往的人际关系，有利于反抗反动统治秩序的宗教观念，如果它适应了历史发展的需要，马克思主义是不会否定其历史作用的。恩格斯在基督教历史的研究中，一再对宗教改革的积极作用做出肯定的评价，他把宗教改革运动视为早期资产阶级革命的"思想外衣"。恩格斯的有关论述是在宗教研究领域应用马克思主义阶级分析方法的典范。

马克思主义唯物史观在宗教研究中的方法论意义，当然不完全限于上述四个方面，这里所说的，只是择其要者而言。

（选自《宗教学通论·导言》）

宗教是什么?
——宗教的本质、基本要素及其逻辑结构

一

对于一个像宗教那样的复杂而又庞大的对象,用一两句话清楚明白地下个定义,那是一桩很难做到的事。古今中外宗教品种繁多,情况千差万别,一个专业学者虽穷尽毕生之力也难窥其全貌;更难升堂入室,曲尽其妙。如果执意要对宗教下个断然的判断,说它是什么,难免会闹出瞎子摸象似的笑话。科学的宗教定义必须揭示一切宗教必然具有的本质规定性,使之适用于一切宗教。但学者越是对古往今来的各种宗教有广泛的了解,就越是感到难以做到这一点。无论我们从哪一方面来确定宗教的本质和含义,似乎都可以找到例外的情形。特别是近百余年来,随着宗教学术研究的发展,宗教学者从不同的立场和角度,应用不同的观点和方法去研究宗教,他们笔下的宗教定义展现出了千姿百态的多样性。近代宗教学的奠基人弗雷德里赫·麦克斯·缪勒(Friedrich Max Müller, 1823—1900)谈到这种状况时使用了这样的措辞:

> 各种宗教定义从其出现不久,立刻就会激起另一个断然否定它的定义。看来,世界上有多少宗教,就会有多少宗教的定义,而坚持不同宗教定义的人们之间的敌意,几乎不亚于信仰不同宗教的人们之间的对立。[1]

---

[1] 弗·麦·缪勒:《宗教的起源和发展》,1972年印度重印版,第21页。

此种宗教定义多元化的趋势，近年来在我国的宗教研究者之中也有所表现，他们对此问题也有不同的意见。我认为，这种众说纷纭的情况，并非什么"混乱局面"，而是宗教研究日趋深入，对宗教的理解更加全面的反映。企图"一劳永逸"地做出了断，既无必要，更无可能。学者的任务应该是认真研究这种多元化的趋势，分析各种宗教学说的内容，取其所长，避其所短，使我们对此问题有一个更加全面、更加深入、更为准确的理解。这种研究不是终结不同意见的讨论，而是把这种讨论推向更新的境界和更高的水平。

回顾宗教定义多元化的历史过程是必要的，但如想对各种说法一一展开分析却是不可能的，本文选择的做法是在众多的学说中抓住几种最有影响和代表性的主张进行必要的分析。

在近代宗教学中，有三种研究方法最有影响，一是宗教人类学和宗教历史学，二是宗教心理学，三是宗教社会学。它们对宗教的本质和基本特性的看法各有侧重，在此基础上对宗教提出了不同的界说。宗教人类学和宗教历史学一般强调以宗教信仰的对象（神和神性物）为中心来规定宗教；宗教心理学则着眼于宗教信仰者个人内心世界对神或神性物的内在体验；宗教社会学则往往以社会为中心来看待宗教，把宗教对于社会生活的影响和功能视为宗教的核心和基础。可以这样概括：在把握和规定宗教的本质问题上，第一种是以宗教信仰的对象（神或神性物）为中心；第二种是以宗教信仰的主体（人）为中心；第三种则是以宗教信仰的环境（社会）为中心。

第一种主张：以神或神性物为中心来规定宗教的本质。

各种传统的制度化宗教显然是以对神灵的信仰和崇拜作为所信宗教的核心的。如果我们问一个犹太人：什么是宗教？他会说：宗教就是对上帝耶和华的信仰。如果问的是基督徒或穆斯林，他则会把对上帝、基督或真主的信仰作为宗教的核心内容。各个地区、各个时代的宗教都把对神灵的信仰和崇拜体制化了。所不同者，只是他们赋予神的神性各有不同的特点而已，中国历史上的宗教也不例外。

我们现在常用的"宗教"一词，源于西文"Religion"，意义广泛，主要意指对神道的信仰。尽管"宗教"为外来词，但我国古籍上亦有类似的说法。神道设教的思想，古已有之，它是把宗教理解为用鬼神之道来教化人民。《礼记·祭义》说："合鬼与神，教之至也。"其意是说，对鬼神的信仰与崇拜，是教化人民的至理。我国近代有些学者仍根据这个传统来解释"宗教"的含义：宗者本也；宗教者，有所本而以为教也。他们所谓的"本"，即本诸神道。这是"神道设教"的另一种说法。

19世纪末20世纪初的近代西方宗教学以宗教人类学和宗教史学为主流，学者们着重研究人类历史上宗教的形成和演进。传统宗教以神道信仰为中心的历史事实，使宗教学者自然倾向于把宗教理解为某种以神道为中心的信仰系统。但由于学者们逐渐积累了世界历史上各种神道宗教的经验事实，对它们进行比较性的研究，这就促使宗教学者们超出特定宗教的神道，把各种各样的宗教信仰对象抽象化、一般化，使用"无限存在物"、"精灵实体"或"超世的"、"超自然存在"之类抽象的哲学概念来表述，使之适用于世界历史上的各种宗教体系。麦克斯·缪勒、爱德华·伯尼特·泰勒（Edward Burnet Tylor，1832—1917）、赫伯特·斯宾赛（Herbert Spencer，1820—1903）、詹姆斯·乔治·弗雷泽（James George Frazer，1854—1941）等人的宗教观是这方面的典型。麦克斯·缪勒认为人们产生宗教意识的种子，乃是人们对有限物背后的无限存在物的追求，因此，所谓宗教就是对某种无限存在物的信仰。[①] 在爱德华·泰勒看来，宗教发端于万物有灵的观念，因此，他对宗教所下的定义就是"对于精灵实体的信仰"[②]。泰勒关于宗教的本质和定义的观点是根据他对原始宗教的研究做出来的，没有概括出其他宗教信仰系统的特点，所以，他以后的弗雷泽便提出了更概括的说法，认为宗教是对超人力量讨好并祈求和解的一种手段：

[①] 麦克斯·缪勒的《宗教学导论》一书对宗教的特点作了如下的说明："如果我们说把人与其他动物区分开来的是宗教，我们指的并不是基督徒的宗教或犹太人的宗教，而是指一种心理能力或倾向，它与感觉和理性无关，但它使人感到有'神'（the Infinite，意为无限）的存在。……"（该书第13—14页）后来，他在《宗教的起源和发展》一书中把这段话说成是他给宗教所下的定义（见该书1972年印度重印本，第22—23页）。

[②] 泰勒在其《原始文化》中指出，一切宗教，不管是发展层次较高的种族的宗教，还是发展层次较低的种族的宗教，它的最深层、最根本的根据是对"灵魂"或"精灵"的信仰。他根据他当时掌握的大量宗教人类学资料论证说：在人们已经完全了解的所有低级种族中，都存在着对"精灵"的信仰。据此，泰勒直接把对精灵的信仰作为宗教的最低限度的定义（详见《原始文化》第11章"万物有灵观"）。

"我说的宗教，指的是对被认为能够指导和控制自然与人生进程的超人力量的迎合或抚慰。"[1] 奥地利宗教人类学家威廉·施米特（William Schmidt，1868—1954）虽然在宗教学说上持反对上述几位学者的宗教进化论的"退化论"观点，但仍以宗教信仰的对象（神）为中心来规定宗教的本质和定义。他在其《比较宗教史》一书中曾对宗教下了一个比较完整的定义："宗教的定义，有主观与客观之分，从主观上来说，宗教是人对系属于一个或多个超世而具有人格之力的知或觉；根据这种知识或感觉，人与此力有一种相互的交际。从客观来说，宗教即是表现这主观宗教之一切动作的综合，如祈祷、祭献、圣事（Sacraments）、礼仪、修行、伦理的规条等。"[2]简言之，施米特所理解的宗教，主观上是对"超世（即超自然界的）而具有人格之力"的知觉，客观上是对这种力量的崇拜。

上述这些宗教学家所说的"无限存在物"、"精灵实体"、"超人力量"、"超世而具有人格之力"……实际上都是关于上帝或神灵的哲学术语，所以，他们都是把宗教规定为信仰和崇拜神灵的体系。

这种类型的宗教定义，后来受到了各种批评。各种异议的共同点是说它不适合于一切宗教。据他们说，虽然有些宗教中的神灵是具有无限性的存在，但有些宗教体系中的神灵并不具有无限性；虽然有些宗教中的神灵具有超自然和人格化的性质，但另一些宗教的神灵则并不具有此种性质。更大的异议是：许多宗教学者认为，有些宗教（如原始佛教和"儒教"）崇奉的对象，并非人格化的神灵。它们被说成是"无神的宗教"。因此，他们认为，对于宗教信仰和崇拜的对象，最好不要用"神"（God）的观念，而改用"神圣事物"（the Sacred）的观念。他们所理解的"神圣事物"这一概念，其主要特性是：它是不同于普通的世俗事物的事物。一件事物，只要被人视为不同于世俗之物，便被尊奉为"神圣"而成为宗教信仰、宗教禁忌和宗教仪式的对象。"神圣事物"这个概念可以把一切宗教信仰的对象（不管是有限的，还是无限的；超人的，还是非超人的；超自然的，还是

---

[1] 弗雷泽：《金枝》，徐育新、汪培基、张泽石译，中国民间文艺出版社，1987 年版，上卷，第 77 页。

[2] 威廉·施米特：《比较宗教史》，萧师毅、陈祥春译，辅仁书局，1948 年版，第 2 页。

非超自然的；宗教的，还是巫术的……）一包在内、涵盖无遗。因此，在这种宗教观看来，宗教就是对某种被奉为"神圣事物"的信奉。此说的主要代表人物是法国的杜尔凯姆（Emile Durkheim，1858—1917）、瑞典的瑟德布罗姆（Nathan Soderblom，1866—1931）、英国的马雷特（Robert Ranulph Marett，1866—1943）。这种"宗教即神圣"[①]之说，被认为是关于宗教之本质的一种最简单、包容性最广的规定。

更有一种倾向，不仅回避使用"神"观念，甚至连"神圣事物"观念也不用。有些宗教学家认为，宗教的本质就在于信仰并俯首听命于某种比人更高的力量。例如，英国的马林诺夫斯基就把宗教规定为"对于较高势力的乞求"。

第二种意见：把信仰主体的个人体验作为宗教的本质和基础。

宗教心理学特别强调宗教信仰者个人内在的心理活动在宗教生活中的意义，他们把信仰者个人的主观性的宗教感受和宗教体验视为宗教之最本质的东西和宗教之真正秘密所在。有些宗教心理学者认为，正是由于信教者有了关于神或神圣物的宗教感情和宗教体验，才对他们体验到的神圣对象进行崇拜、祈祷、祭祀，从而形成各种宗教体系。美国的哲学家和宗教心理学家威廉·詹姆士（William James，1842—1910）的名著《宗教经验之种种》，专从个人的宗教体验来研究宗教的性质和作用，实际上是把个人的宗教体验作为宗教的基础和本质。他说，以个人的宗教体验为本质的"个人宗教"，比以神学信条和教会制度为根本的制度宗教更为根本。以教会为基础的制度宗教一经成立，就变成因袭相承的传统。可是，每个教会创立者的力量，最初都是由教会创立者个人直接与神感通的宗教经验而来。不仅佛陀、耶稣、穆罕默德等超人的创教者如此，而且一切创建教派的人也是如此。可见，个人的宗教体验是宗教中最先起、最根本的因素。据此，他提出了自己的宗教定义："因此，我现在请你们武断地采纳的对于宗教的定义，就是：各个人在他孤单的时候由于觉得他与任何种他认为神

[①] 例如，按照瑟德布罗姆的说法："宗教徒就是视某物为神圣的人"（引自他的论文：《神圣》，载于《宗教与伦理百科全书》第6卷，第731页），由此推论出：宗教就是视某物为神圣之事。

圣的对象保持关系所发生的感情、行为和经验。"①詹姆士所理解的宗教就是个人对于神圣对象的感情和经验。此后，西方宗教学者把个人的宗教感情和宗教体验作为宗教的基础和本质因素，并以此来分析各种宗教现象的研究方法大为时兴。德国的鲁道夫·奥托（Rudolf Otto，1869—1937）在1917年出版的名著《论神圣观念》中发挥了这种主张，把信仰者个人对神圣物的直觉性体验——"对神既敬畏又向往的感情交织（the numinous）"说成是一切宗教的本质特征，认为这种对神既敬畏又向往的感情和经验就是宗教。奥托的宗教本质论迎合了西方世界在20世纪个人主义高度发展时期的宗教心理，引起了很大的反响。英国当代著名的宗教学者麦奎利（John Macguarrie，1919—　）认为宗教中最根本的东西就是人与神的交际与感通。他据此对宗教下了这样一个定义：宗教就是存在本身（神或上帝）对人的触及，以及人对这种触及的反应。麦奎利这里所说的人对神的感触和反应，是指宗教信仰者个人对信仰对象的主观感受或宗教经验而言。

当然，在宗教心理学中，对于"宗教经验"的看法并不完全相同。有由此出发来肯定宗教者，也有由此而对宗教持批判态度者。例如，弗洛伊德（Sigmund Freud，1856—1939）从分析人类的潜意识出发推论宗教的起源和本质。他认为人类的宗教信仰和精神病一样，起源于童年时代潜意识冲动受到压抑的经验，本质上是对性冲动的强迫性压制。他对宗教的态度是批判性的。②

第三种意见：以宗教的社会功能来规定宗教的本质。

宗教社会学者一般把宗教在人类社会生活中的功能和作用作为宗教的基本因素。以杜尔凯姆为例，他一方面把宗教规定为一种与神圣事物相关联的信仰和行为的统一体系；同时又认为，宗教的基础是社会的需要，故被宗教尊奉为"神圣"的事物，本质上无非就是社会本身。用他的话讲，神明不是什么别的东西，而无非是被改造和被象征地表现出来的社会。一

---

① 威廉·詹姆士：《宗教经验之种种》，唐钺译，商务印书馆1947年版，第30页。
② 关于弗洛伊德的宗教观，请参见拙作：《西方宗教学说史》第16章，中国社会科学出版社1994年版。

切宗教的祭祀、礼仪、道德诫命、神学信条、宗教团体和宗教制度，都是由社会需要所决定，为维护社会的一体化而产生的。[1]杜尔凯姆的宗教观在宗教社会学中颇有代表性。宗教社会学家逐渐趋向于完全撇开宗教在观念上与其他社会文化形式区别开来的本质，专门致力于研究宗教的社会功能。有些学者甚至还把宗教的社会功能当成宗教的本质，并以此来规定宗教的定义。当代美国宗教社会学家密尔顿·英格（M. Ying）在其《宗教的科学研究》中把宗教规定为"人们藉以和生活中的根本问题进行斗争的信仰和行动的体系"[2]。他所谓的人生根本问题就是"存在"问题，其中包括死亡、罪恶、痛苦、不幸等，宗教的功能则在于减轻人生的不幸和痛苦，使之转化为最高的幸福。宗教是人们获得最高幸福的手段。

日本很有影响的宗教学家岸本英夫在其《宗教学》一书中规定宗教定义时，也贯穿了这种社会功能学派的宗教观。他明确地说，他是以人的生活活动为中心来观察作为社会文化现象的宗教，从宗教在人们的生活中具有什么作用、发挥何种效能的角度来规定宗教。在他看来，所谓宗教，就是一种使人们生活的最终目的明了化、相信人的问题能得到最终解决，并以这种运动为中心的文化现象[3]。这就是说，宗教的最基本的特征就是相信人生问题能得到最终解决。岸本英夫的这个规定与上述英格的宗教观异曲同工。一个认为宗教是使人获得"最高幸福"的工具，一个则认为宗教是使人生问题求得"最终解决"的手段。人有了最高的幸福，当然也意味着人生问题得到了最终的解决。

按照宗教研究中社会功能学派的主张，我们势必会得出一个结论：凡是与他们所规定的宗教社会功能起着相似作用的社会文化形式，都可以成为宗教的等价物或类似物，他们事实上也作如是观。他们一般都把在社会功能上近似于宗教的非宗教现象称之为"非宗教的宗教"、"准宗教"或"世俗宗教"。进一步还把共产主义、爱国主义、民族主义、科学主义……等等都视之为类似宗教的"世俗宗教"。因为，他们认为这些社会文化形

---

[1] 关于杜尔凯姆的宗教观，请参见拙作：《西方宗教学说史》第15章，中国社会科学出版社1994年版。
[2] M.英格：《宗教的科学研究》，纽约，1970年版，第7页。
[3] 岸本英夫：《宗教学》，日本大明堂，1961年版，第17页。

式都起着维系社会秩序、加强社会一体化、决定社会伦理价值的功能，与宗教的社会功能等价。而且宗教体验的外在表现，如崇拜、忠诚、虔信、入迷、自我牺牲之类宗教行为，在共产主义、爱国主义、民族主义、科学主义等社会文化体系中也有同样表现。

上述三种宗教本质论和宗教定义只是就大概情形而言，既有例外的情况，也有不能简单归属于其中任何一类的主张。要对它们做出公正的评价，有必要进行一番比较性的研究。

我认为，如果要对宗教做一个比较科学的规定，必须解决一个认识论和方法论上的问题：对一类事物或概念下定义，也就是对这个概念所反映的那类事物的界限作出规定，揭示出这类事物之所以是这类事物，而不是他类事物的质的规定性，即揭示其本质。定义是事物之本质在概念上的表现。定义如不表现事物之本质，必然不能把此类事物和他类事物清楚地区别开来。同类事物只是在本质上是相同的，而在现象形态上则可能是多种多样的。如果从现象形态上，而不从本质上规定一类事物，这样的规定便不能涵盖该类事物在现象形态上的多样性，从而失去其普遍的适用性。在我看来，上述三种类型的宗教定义都各有一定的缺欠。它们或者是以现象为本质，或者未能全面准确地把握宗教的本质。神秘的宗教体验看来不应视为决定和产生一切宗教现象的本质，宗教经验乃是宗教传统、宗教教育以及习俗迷信的结果。人心中并无天赋的上帝神灵观念，此类体验必然来自后天。即使把我们的探索追根溯源地推进到底，找到某个第一位自称拥有此种宗教体验的人（佛陀、耶稣、穆罕默德……），其根源仍来自传统的宗教和文化背景。所以，宗教体验并非宗教生活的出发点和原动力，而是传统的宗教和文化生活积淀而成的副产品。

宗教的社会功能，显然是宗教体系中的重要问题。宗教研究中的社会功能学派强调这种研究，当然是有益的。不过，我们不能因此而把宗教的社会功能看成是宗教的本质。一种事物的"功能"，乃是它所表现出来的作用和作用的效果，因而属于事物之现象形态范围。不同的事物可能有相同或相似的作用和效果。坏事可能是坏人干的，也有可能是好心干坏事。能够对维系社会的秩序和一体化起作用者，可以是宗教，也可以是政治法律体系，还可以是哲学世界观和伦理道德规范；给予苦难不幸者的安慰，既可来自来世的天堂，也可以来自现实的世界。宗教与它的社会功能之间，并没有等质、等量或等价的关系。任何事物的功能都是其内在本质的外在表现，不仅不能决定事物的本质，相反倒为其本质所决定。宗教的社会功能，与政治、法律、道德、哲学、文化艺术的社会功能，尽管彼此有互相交叉和重合的现象，但如仔细地观察和分析，是截然有别的。它们各自发生作用的方式更是大不相同。究其原因，只能说，这是由于这些不同的社会文化形式各有其独特的本质，它们各自决定其自身并把自身与他物区别开来。由于宗教的社会功能乃是宗教之本质的表现，我们可以而且应该通过它来认识和揭露宗教的本质，却不能用宗教的社会功能来代替宗教的本质。要想给予宗教的社会功能以科学的说明，只有真正科学地把握了宗教的本质才有可能。这就像普通车工和工程师的关系一样。一个熟练的车工对车床的功能很熟悉，但他并不一定熟悉车床的设计原理，而工程师之所以在技术上高于普通的车工，就在于他掌握了车床的设计原理，正是这些原理决定了车床之所以为车床，并且决定了车床的工作效能。

按照社会功能学派的说法，宗教的社会功能主要在于它能维系社会的稳定和一体化。可是，能发挥此种社会功能者，不止于宗教一家，其他许多社会文化形式亦可发挥同样的作用。为了区别起见，就必须从它们发挥作用的方式、工具和方法上寻找各自的特殊性。用他们的话讲，宗教之所以是宗教，就在于它是以某种象征体系和价值体系来发挥其社会功能的。即使我们接受这种理论，宗教社会学家仍然必须进一步回答：宗教的象征体系和价值体系是什么？它为什么就能发生如此这般的社会功能？这就是说，必须进一步探索宗教社会功能的内在根据，即宗教的本质。所谓宗教的象征体系和价值体系无非就是神、神性和天命、神迹之类。宗教之为宗教，正是由于它用神和神的诫命作为人们敬畏崇拜的象征性对象，从而发挥其特有的社会作用。所以，宗教社会学最后仍然必须把神观念作为宗教社会功能的内在根据和区别于其他社会文化形式的基本标志。实际上，离开了神观念和对神的信仰与崇拜，宗教社会学家就不能谈宗教及其社会功能，或者，所谈的对象就不复是真正的宗教，而是其他的社会文化对象了。正是由于这个缘故，杜尔凯姆仍然认为宗教是与对"神圣事物"的信仰和行为相关联的统一体系；岸本英夫也得在其功能性宗教定义之后加上附加语，承认宗教在发挥其最终解决人生问题的功能时，常常是通过神的观念进行的。这实际上无异于承认，如果没有神的观念和对神的信仰与崇拜，宗教就无从发挥其社会功能，神观念和对神的信仰与崇拜乃是宗教之为宗教并发生其社会功能的内在根据。无论是宗教心理学的宗教体验，还是宗教社会学家的宗教社会功能，都离不开神观念，根据这个事实，我们似乎应该得出一个结论：如果要把握宗教的本质，规定宗教的定义，看来还是要返回到以神观念为中心的第一种主张上去。把宗教确定为信仰和崇拜神的体系，从总体上看仍是正确的。至于使用什么样的概念或术语来表述更为恰当，那是可以继续讨论的另一个问题。不管宗教学者使用何种术语，它所指的仍是那超人的、超自然的、神圣的对象。"比人更高的力量"不是"神"又是什么！自然界中至今并未发现什么比人更高的存在。所谓"比人更高的力量"、"神圣者"，仍然是超越于当时人所理解的自然规律之外的超人间、超自然的力量。

　　许多西方宗教学家津津乐道所谓"无神的宗教"，而且把原始佛教和孔孟儒学归入此类。其实，就是从西方宗教神学着眼，这个说法也得作很大的限制和修正。孔子本人"敬鬼神而远之"，"远"则远矣，但"敬"仍敬之，并未否认鬼神的存在。他崇天畏命，颇为虔诚，而对天和天命的崇信，恰恰是中国神道和正统宗教的基础和核心。释迦牟尼宣扬"诸法无我，诸行无常，涅槃寂静"（"三法印"），在理论上似乎否定了永恒不灭、常住不变的神或灵魂实体，但其六道轮回的教义，却又在逻辑上必然肯定接受此种轮回果报的业力主体，这实际上等于承认灵魂不灭。六道轮回中的"天"，就是天神。至于涅槃境界，既被认为佛徒修道的最后归宿，灵魂在此并非消灭于绝对的无，而只是免除轮回的痛苦得到永恒的安息。释迦牟尼之后，成佛越来越神格化，佛徒心目中的佛与其他宗教的神本质上并无差别。乔·瓦赫（J. Wach）在其《比较宗教学》一书中就对所谓佛教是无神宗教之说表示异议。历史上是否有过标榜无神的宗教呢？确也有过。18 世纪英国自由思想家约翰·托兰德（John Toland, 1670—1722）所主张的"自然宗教"，就是以对自然、自然规律的崇拜代替对神的崇拜。费尔巴哈（Ludwig Andreas Feuerbach,

1804—1872）的"爱的宗教"，孔德（Auguste Comte，1789—1859）的人道教和卢那察尔斯基的（Анатолий Васяьсвич Луначарский，1875—1933）的"造神论"和"社会主义宗教"，都可以说是"无神的宗教"，因为它们都是公开否定超自然的神和上帝的存在的。但是，唯其如此，它们不过是借着宗教之名，行反对宗教之实，绝不是真正的宗教，而是真正反宗教的哲学体系。

在这个问题上，关键之点似乎并不在于历史上是否确有无神宗教的存在，而是如何理解和确定作为宗教崇拜对象的"神"的概念。世界上各种重要的宗教，其崇拜的"神"都具有强烈而浓郁的与人同形同性的人格性，如果以此为准来衡量一切形态的宗教（特别是原始民族的宗教）就可能会发生所谓例外的情况。但如果像许多宗教学者所主张的那样，对"神"概念作广义的理解，视为某种超人间、超自然的力量，把宗教理解为与此有关的信仰体系，或者对所谓神的"人格性"作更科学的规定，那末，对于宗教含义的上述规定显然便会有广泛的适用性（笔者的《宗教学通论》在论及神灵观念时对神的"人格化"作了自己的解释，可供参阅）。

二

20世纪50年代以来，马克思主义宗教观在我国宗教研究中的地位是众所周知的。这一代的宗教研究者当时几乎不知道其他的理论与方法。然而，随着改革开放的进展，情况逐渐发生变化。对宗教的多元化理解在对马克思主义宗教理论的解释与应用中也越来越明显地表现出来。马克思、恩格斯关于"宗教是什么"的论断总计约有十来例。但究其内容，大体上仍可分为本文第一部分所分别的三种类型。一类是以宗教信仰和崇拜的对象为中心的；一类是以宗教信仰的主体为中心的；另一类则是论述宗教之社会功能的。如果这个分类可以成立，那末，根据上文对宗教本质论的比较分析，我们就不能把第二、第三类视为揭示宗教之本质的宗教定义。至于第一类是否符合定义的要求，也要视其是否揭示了宗教的本质规定性而定。

马、恩论断属于第二类型者，如："宗教是那些还没有获得自己或是再度丧失了自己的人的自我意识和自我感觉。"①

这个论断在形式上颇有一点宗教心理学派视宗教信仰主体的心理感受、宗教经验为宗教之本质的味道。不过，马克思这句话并没有把这种"自我意识和自我感觉"说成是宗教的本质。所谓"还没有获得自己，或是再度丧失了自己"，似可解释为尚没有意识到自己的主体性或丧失了自己的主体性的人。这里的"主体性"意指自己的命运。如果这个解释可以成立，那末，马克思这句话可以理解为：宗教是那些尚没有掌握自己命运的人的自我意识，是这种自我意识的异化。不管人们是否赞同这个思想，但应该说，这句话的内容并未说明宗教意识不同于其他意识的本质规定性。人的丧失主体性的自我意识并不一定表现为乞求上帝或追求来世的宗教意识，他完全可能用文学艺术、哲学或政治思想等文化形式予以表现。魏晋大文人阮籍有一首《咏怀诗》："嘉树下成蹊，东园桃与李。秋风吹飞藿，零落从此始。繁华有憔悴，堂上生荆杞。驱马舍之去，去上西山趾。一身不自保，何况恋妻子。凝霜被野草，岁暮亦云已。"所谓"咏怀"，就是阮籍的自我意识的宣泄，自我感觉的表白。这种人生无常、身不自保的感怀岂不正是丧失了主体性或命运主人感的自我意识！但阮籍并未把这种自我意识表现为对宗教的皈依，而是抒发为伤感悲凉的诗歌。在封建专制时代，"君叫臣死，臣不得不死；父命子亡，子不得不亡"。臣、子在君、父面前，也是丧失了自己的人，但臣、子这种丧失主体性的自我意识也不是表现为宗教意识，而是表现为"事君以忠，事父以孝"的儒家伦理规范。在尼采的"超人哲学"中，平庸低能的下等人也是"没有获得自己"的一群人，但尼采为他们安排的"救世主"并不是宗教的上帝（尼采宣布上帝已死），而是权力意志达于顶点，才能出类拔萃的"超人"。"超人"是人，不是神，"超人哲学"并不是宗教。我们大体上可以承认，各种宗教都是不能掌握自己命运的人的"自我意识"。这是宗教的共性。但这种"共性"并非宗教所特有的、其他社会文化形式也可能具有这种性质。这表明

---

① 马克思：《〈黑格尔法哲学批判〉导言》，见《马克思恩格斯选集》第1卷，人民出版社1972年版，第1页。

它不是决定宗教之所以为宗教,把宗教与非宗教区别开来的本质规定性。只有当这种意识与对超人间、超自然力量(神)的敬畏、崇拜联系起来时,它才是宗教意识。

马克思、恩格斯关于"宗教是……"的论断大多是说明社会功能的。其中最著名者如:"国家、社会产生了宗教即颠倒了的世界观,因为它们本身就是颠倒了的世界。宗教是这个世界的总的理论,是它的包罗万象的纲领,它的通俗逻辑,它的唯灵论的荣誉问题,它的热情,它的道德上的核准,它的庄严补充,它借以安慰和辩护的普遍根据。"①

这一大段话显然讲的是宗教的社会基础和社会功能,说的是宗教作为"颠倒了的世界观",其社会基础是"颠倒了的世界",其功能就是为"颠倒了的世界"提供总的理论上的辩护、感情上的安慰和道德上的核准。但这些社会功用也可以是其他形式的"颠倒了的世界观"(例如为反动社会力量服务的社会意识形态)所同样具有的。宗教虽是"颠倒了的世界观",但"颠倒了的世界观"并不就等于宗教,这个论断不能满足作为宗教定义的逻辑要求。

马克思还有一句更有名的论断:

宗教是人民的鸦片。②

由于后来列宁把马克思的这句名言誉为"马克思主义在宗教问题上全部世界观的基石",所以,我国从事宗教工作的人常把这句名言认作为集中揭示了宗教之本质的经典论断。其实,这句话的内容讲的也是宗教的社会功能:对人民的麻醉。功能是本质的表现,但并不等同于本质。本质不同的事物可以表现出相似的功能。对人民起鸦片麻醉作用者不仅限于宗教,颓废无聊的靡靡之音,诲淫诲盗的黄色书刊,实际上都是麻醉人民的精神鸦片。可见,"人民的鸦片"不是把宗教和其他社会文化形式区别开

---

① 马克思:《〈黑格尔法哲学批判〉导言》,见《马克思恩格斯选集》第1卷,人民出版社1972年版,第1页。
② 同上书,第2页。

来的本质规定性。

上述马、恩的论断是他们在 1844 年 1 月之前写的。这属于他们的历史唯物主义的世界观和宗教观的形成时期。这些论述从各方面论及宗教的世俗基础、社会功能以及它们所表现的社会本质，都不是用定义形式规定宗教之为宗教的本质。但在 1876—1878 年写的《反杜林论》"社会主义"编讨论宗教问题时，一上来就对"宗教是什么"提出了一个定义式的规定：

> 一切宗教都不过是支配着人们日常生活的外部力量在人们头脑中的幻想的反映，在这种反映中，人间的力量采取了超人间的力量的形式。①

马克思主义的宗教理论工作者一般都把这段话当成马克思主义的宗教定义使用（包括笔者过去）。这个论断是以宗教的崇拜对象为中心来规定宗教的本质。毫无疑问，这是一种以唯物主义为哲学基础的无神论宗教观。它把一切宗教崇拜的对象——作为"超人间力量"的"神"说成是"人们头脑中"的一种虚假的观念，即对"支配人们日常生活的外部力量"这种"人间力量"所做的一种"幻想的反映"。从马克思主义宗教观看，恩格斯的论断不仅揭示了宗教的核心——神观念的本质，而且进一步揭示了它得以产生的世俗基础，为马克思主义探索宗教存在的根源及其消亡的途径之类重要宗教理论问题提供了思想基础。不管人们是否赞同马克思主义的整个宗教观，但也应该承认，恩格斯的论断言简意赅，内容是丰富而深刻的。

但是，本文所要探讨的主要问题是，恩格斯的这个论断是否可以作为宗教的科学定义而应得到学术界的承认。看来，这是难以实现的。

第一，这个论断带有鲜明突出的无神论色彩，是一个强烈的价值判断。对于那些具有有神信仰和希望在有神无神问题上保持价值中立的宗教学者而言，他们是很难接受的。因此，近现代宗教学者中许多人倾向于在此类

---

① 《马克思恩格斯选集》第 3 卷，人民出版社 1972 年版，第 354 页。

宗教问题上最好采取价值中立的立场，使用描述性的述语，可以指出一切宗教都信仰和崇拜超人间、超自然力量（神）的事实，但不必一定从定义开始就一句话否定神的存在，从而把整个宗教说成虚假的幻想反映。一种单纯的事实描写只要符合事实，而不涉及对事实的价值判断，对于宗教学者（不管是有神论者，还是无神论者）都是可以接受的。

第二，恩格斯这个论断，严格说来，只涉及宗教的"神"观念的本质，视为对于神观念的定义则尚可考虑，但如视为整个"宗教"的定义，仍有所不足。这是因为，神观念固然是宗教的核心，但整个宗教并不等于就是一个"神"观念。宗教作为整体，并不单纯是存在于个人头脑中的主观观念，它同时也是客观存在的社会事实；宗教也不单纯是个人对某种超人间、超自然力量的虚幻信仰，它同时还是某种与社会结构相结合的现实的社会力量。作为个人信仰的宗教观念是一回事，作为社会现实客观存在的宗教又是另一回事。二者有联系，也有区别。只要信仰者相信有某个超人间、超自然的力量支配着自己的命运和生活，他就会把这种力量反映为头脑中的上帝神明之类观念。没有这种反映形成的神观念，就没有宗教信仰的对象和对它的信仰活动和崇拜行为，从而也就没有所谓宗教的存在。但这种反映而成的超自然体的观念，却完全有可能停留在反映者个人头脑之中，并不必然表现为信仰宗教、崇拜神灵的行为。唯心主义哲学家有可能在世界观上承认某种超验的绝对物的存在，却不一定把它视为祈求和崇拜的对象，成了某种宗教的信徒。宗教观念只是宗教体系的基础和前提。但只有当宗教反映超出了观念形态的主观性，表现为宗教信仰的外在行为；超出纯个人的信念，表现为社会性群众性的信仰、准则和行为规范的时候，主观的宗教观念才获得了它的"物质外壳"，宗教才作为一种社会现象而出现于世。

总结上文两部分的讨论，我们的结论是：无论是西方近现代各派宗教学的宗教观，还是马克思、恩格斯的各种论断，尽管它们各自都在揭示宗教之本质问题上提出了许多有价值的内容，推动了整个宗教学研究的进步，但它们也都各有自身的缺欠，都还不能作为现存的答案全盘接受过来。我们的宗教研究应该在它们已经提供的基础上继续往前走，把这项重要的研究向前推进一步。

三

通过上文的分析，我们看到，各种类型的宗教规定都离不开神或神性物的观念。具有超人间、超自然的神或神性物的观念在宗教体系中构成核心的、本质的因素。但是，我们同时也指出，单是神观念并不构成宗教的全体，无论我们对神观念作了多么准确的规定，也不等于对宗教有了完整的定义，因为宗教并不单纯是一种主观的观念，而是一种客观存在的社会文化系统，包含有比神观念更广泛的内容。本文尝试对从宗教神观念进一步构成宗教文化系统的各个基本要素作一次比较系统的研究。

当人们头脑中形成某种超人间、超自然力量的观念，它就成了神秘或神圣的东西。但是，无论这种超人间、超自然的神观念，在人们头脑中被设想得多么神圣、多么神秘、多么伟大，却始终只是存在于个人的观念世界之中，自己以外的其他人无从感知，因而不能成为信众共同崇拜的对象。如果要想做到这一点，神观念就必须表象为信众可以共同感知和体认的感性物。它必须外在化，必须物态化。因此，各种宗教几乎都是把其心中信仰和崇奉的神圣观念客观化为某种具有感性形态的象征系统。原始宗教崇奉为神圣的图腾物、氏族祖先、自然物和自然力，多神教中的各种偶像，都是神灵观念的感性象征。天主教神学家虽然把他们的上帝抽象化为无形的精神性存在，但同时又把十字架、圣母像、圣徒遗物之类作为上帝的象征和神圣事物，把耶稣基督说成是"道成肉身"和"上帝之子"，这实际上也是把他作为上帝和圣灵的感性象征。伊斯兰教谴责一切偶像崇拜，说真主既无形象，也无方所（空间），但真主却偏要通过某个具体的人（真主的使者穆罕默德）来传达他的启示，而且圣城麦加的克尔白庙还要供奉一块黑石头作为神圣的象征物。至于佛教寺庙中的佛和菩萨的偶像更是数不胜数。

主观的宗教观念外在化、物态化为宗教崇拜的偶像或其他象征表现之后，还必须有宗教象征物的安息之地和供奉之所，以便为信仰者提供宗教活动的场所。于是，各种各样的寺庙和教堂便傲然矗立在大地之上，虚无缥缈的神灵便具有了物质存在的形式。这说明，宗教的神明已不仅仅是信仰者主观的观念，它客观化了、社会化了、物态化了。

宗教信仰者的宗教崇拜行为，是信仰者用语言和肉体进行的外在活动，它是内在的宗教观念和宗教感情的客观表现。一定的宗教观念和一定的宗教感情总是像磁铁的两极一样相伴而生。当人们头脑中产生了视某种力量为超人间、超自然力量的时候，也就伴生了对它的敬畏感、依赖感和神秘感。情动于中则形之于外，发之为尊敬、爱慕、畏怖、祈求、祷告、赞美的言辞，表现为相应的崇拜活动。各种宗教都通过一定的仪式把这些原为自发而且分散的宗教行为规范化、程式化，并附加上神圣的意义。因此，一切宗教的礼仪行为都是规范化的，而且是有组织地进行的，具有鲜明的社会性。

宗教的社会性更具体地表现为宗教组织和制度的建立。在原始社会里，整个氏族部落都崇拜共同的神灵，有组织地进行共同的宗教活动。宗教信仰和崇拜活动把每一个氏族成员凝结在氏族社会的组织结构之中。在阶级社会里，由于多种宗教的同时共存和彼此竞争，由于新兴宗教和教派的不时出现，各种宗教和教派的信徒往往由于社会利益的不同和信仰上的差异，导致各种形式的冲突和斗争。在此基础上，形成了各种不同的宗教组织。宗教组织的出现，进一步消除了原始宗教信仰上的自发性，而使宗教成为以宗教组织为基础的社会性宗教。宗教既然有了固定的组织形态，为了对外立异和对内认同的需要，便相应地把本教的基本宗教观念教义化、信条化，并建立与教义相适应的各种戒律规范和教会生活制度。这些共同的礼仪行为，共同的教义信条，共同的教会生活制度，共同的戒律规范……强化了宗教的社会性，把广大信仰者纳入共同的组织和体制，规范了他们的信仰和行为，影响以至决定了他们的整个社会生活，这就使宗教在现实生活中成为一种重要的社会力量，更由于宗教的教义、信条、行为规范、礼仪规定……常通过文化、艺术、哲学、道德的形式表现出来，不仅铸型信仰者的信念和灵魂，更规定他们的价值观念和价值取向，所以宗教也是一种社会文化体系。

通过上述分析，我们可以看到，宗教作为一种社会化的客观存在具有一些基本要素。这些要素分为两类：一类是宗教的内在要素，其中有两部分：1. 宗教的观念或思想；2. 宗教的感情或体验。另一类是宗教的外在要素,也有两部分:1.宗教的行为或活动;2.宗教的组织和制度。一个比较完整的成型的宗教,便是上述内外四种因素的综合。

宗教的四种基本要素在宗教体系中有其一定的关系和结构。长期以来,宗教学者在如何理解和说明这种关系和结构问题上各有不同的看法,体现了他们在宗教本质论上的差异。有强调宗教神道观念是宗教的基础和本质因素者,有强调宗教的感情或体验是宗教的核心者,也有人强调最初的宗教原本是无意识的行为,宗教观念和宗教体验不过是宗教行为理智化和感情化的结果。各执一词,难以一致。看来,如果要以四种要素产生的时间先后来区分宗教的本质因素和非本质因素,是难以找到可信的答案的。实际上,宗教观念和宗教体验是统一的宗教意识的互相依存的两个方面。没有无识之情,亦无无情之识。宗教意识的情与识又必然形之于外,体现为宗教信仰和宗教崇拜的行为。这一切又逐渐规范化、体制化为宗教的组织和制度。概念上可分析为二,实质上内外一体,它们是相互伴生、相互制约的。

如果我们把宗教四要素产生的时间先后这个烦琐问题撇在一边,着重分析它们在宗教体系中的关系结构,那么应该承认,它们在逻辑上是有序的(当然,逻辑的秩序不是一个时间上的先后关系,而是义理上的蕴含关系)。从逻辑次序上看,四个要素在宗教体系中实际上有四个层次。处于基础层或核心层的是宗教观念(主要是神道观念)。只有在有了宗教神道观念的逻辑前提下,才有可能使观念主体产生对它的心理感受或宗教经验。因此,我们把宗教的感受或体验作为伴生于宗教神道观念的第二个层次。各种宗教崇拜的行为(巫术、祭祀、祈祷、禁忌、礼拜、忏悔等)显然是宗教观念和宗教体验之外在的表现,属于宗教体系的第三个层次。宗教的组织与制度则是宗教观念教义化、信条化,宗教信徒组织化,宗教行为仪式化,宗教生活规范化和制度化的结果,它处于宗教体系的最外层,对宗教信仰者及其宗教观念、宗教体验和宗教崇拜行为起着规范、凝聚和固结的作用,保证宗教这种社会文化现象形成一种有着严整结构的体系,并作为社会结构的重要部分而存在于社会之中。宗教体系四大基本要素之间的逻辑次序和层次结构,可以用一个简单的图式来表示(见下页图1)。我个人认为,这个图示对"宗教是什么?"问题给了一个一目了然的回答。

不仅说明了宗教是四个基本要素的综合,而且形象地表明了这四大要素之间的结构和关系。宗教作为一个整体,就是这四要素如此结构组合而成的社会文化体系。有此四要素,并如此结构组合起来,就有了宗教体系;缺乏其中任何一个要素都不成其为完整的宗教。因此,现在如果有人问:什么是宗教? 我可以这样回答,请看此图。

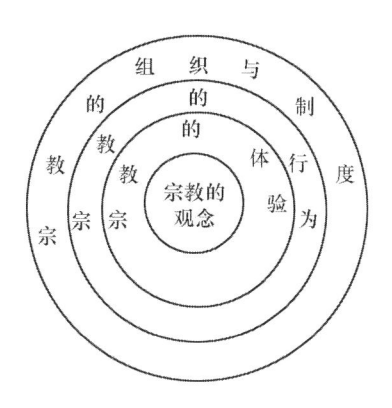

图 1　宗教体系结构图

我把这种研究方法称之为宗教要素的结构性分析。这种分析暂时还是把宗教体系作为一个封闭性的系统来处理的。但是,宗教并不是一个自身决定、自给自足的封闭性系统。宗教的外在要素当然是其内在要素的外在表现。在内在要素中,宗教的感情和体验逻辑上必须以对神或神性物的信仰为条件。问题是,神和神性物又是什么? 这种观念从何而来? 这就进入于宗教的深层本质。从观念自身去说明神观念的来源,等于把它当成既定的先在的事实,实际上是同语反复,什么问题也没有说。而要说明神观念的来源及其本质,这就涉及研究者的哲学世界观和宗教价值观,仁山智水,绝难一致。泰勒说,一切神灵观念均起源于原始时代野蛮人对于梦幻、出神、疾病等精神现象作了错误理解而产生的"精灵"观念;杜尔凯姆则认为,神灵观念来源于社会本身的神圣化。恩格斯以为那是对支配人们日常生活的异己力量的幻想反映。至于宗教神学家们则直截了当地肯定神灵的真实存在……各种见解分歧如此之大,如果要在"宗教是什么"的定义规定中反映出来,那么,这样的定义规定便只能在本派信奉者中得到承认,而必然受到其他学派的批判。为了避免这种没完没了的争论，在对宗教做出定义规定时，我们似乎应该只限于说明一切宗教皆以信仰和崇拜神或神性物为中心和基础这一基本事实，而不必进一步揭示神或神性物观念的来源和本质。当然，这不是否定这种深层次的研究，而只是说把这种深层次研究保留到宗教定义之后或之外。这样的宗教定义，既然只限于经验事实，而不再涉及神或神性物的真假是非，不包含任何价值性评判，它就比较容易为各派宗教学者所认可。在此之外的进一步宗教研究中，你可以坚持你的无神论，也可以坚持你的有神论，甚至具体阐述你的"精灵论"、"巫术论"、"鬼魂论"、"图腾论"、"玛纳—塔布论"、"超神论"、"泛神论"、"内在神论"、"原始一神论"……笔者个人过去认为，恩格斯的宗教规定，虽然不足以成为"宗教"的完整定义，却可以承认为关于"神观念"的定义。因此，曾经把它纳入我的宗教四要素说之中，从而对宗教下了这样一个定义：

  宗教是把支配人们日常生活的异己力量幻想地反映为超人间、超自然力量的一种社会意识，以及因此而对之表示信仰和崇拜的行为，是综合这种意识和行为并使之规范化的社会文化体系。

  根据笔者在上文表明的新思考，这种视神观念为"幻想反映"的无神论价值评判在宗教定义中出现是没有必要的（不是说它是错误，而只是说没有必要），我打算对这个论断作如下的修改：

  宗教是关于超人间、超自然力量的一种社会意识，以及因此而对之表示信仰和崇拜的行为，是综合这种意识和行为并使之规范化、体制化的社会文化体系。

  用不着多加解释，这个表述意在从经验事实上说明宗教是一种宗教意识（宗教神道观念和宗教体验）及其外在表现（各种宗教行为和宗教制度）诸多因素组合而成的社会文化体系，并且蕴含着这四大基本要素的逻辑联系和层次结构。

四

　　为了寻找一个具有比较广泛的适用性、比较准确反映宗教之所以为宗教、并能与其他社会文化形式区别开来的宗教定义，我们在宗教学领域进行了一番学术漫游，最后得出了自己的结论。无论是对西方各派宗教学，还是对马克思、恩格斯的宗教观，对于他们给出的宗教规定，我们的评论自信是实事求是的，既未轻率地否定一种观点，也不盲目接受一种主张。我对各种宗教定义都有不尽满意之处。为了研究宗教，总得对宗教的本质、特性、基本内容和基本要素有一个基本看法，否则，连什么是宗教、什么不是宗教也分不清，宗教研究也就根本无法进行了。我按照宗教四要素说对宗教给出的规定，是我个人进行宗教研究的基础理论。我打算从三个方面谈谈我对它的理解与应用。

　　第一，宗教四要素说揭示了宗教的本质及其基本内容，能把宗教与非宗教明确区分开来。

　　宗教四要素说一方面揭示了宗教的核心和本质内容是关于超人间、超自然力量的信仰（神观念），另一方面又指出了这种作为宗教之核心和本质的神观念必然伴生宗教的感情和体验，表现为外在的崇拜行为，规范化为宗教的体制。这就意味着这个表述体现了宗教的本质与其表现的综合与统一，给予宗教一种完整的规定，能对宗教与非宗教做出明确的区分。某些西方宗教社会学者之所以把某些非宗教文化形式宣布为"宗教"、"准宗教"、"世俗宗教"等，其原因盖在于他们不知道宗教是四种要素的统一，从而把宗教与非宗教在某些外在表现形式上的相似，夸大为整体上的相同。他们之所以把"儒家"说成"儒教"，也是因为他们只看到了儒家对"大成至圣"及其教诲的顶礼膜拜与宗教崇拜在行为方面的相似性，而忽略了一个最基本的事实：孔孟是学者，孔门弟子只把他们说成"圣贤"。所谓"圣贤"，不过是道德高尚、知识渊博的人，而不是超自然的神。孔子创建的理论是一种社会的、政治的、伦理的学说，而不是引导世人追求天堂净土之类超自然境界的宗教体系。对于夏商周三代以来的传统宗教信仰，孔子既有信仰的一面，也有否定的一面。孔子"畏天命"，这是宗教性信仰；但他同时又"敬鬼神而远之"、"不语怪力、乱神"，表现出反传统宗教的态度。孔子并未构想某种新的神灵观念和崇拜体制，我们不能视儒学为宗教。我之所以不采用恩格斯的论断为宗教之定义，也是因为它只表述了神观念（超人间力量）的本质，未概括其他的宗教要素，不能划清有神论哲学和宗教的界限。一个哲学家完全有可能只承认某种超自然力量的存在，可并不把它当成祈求和礼拜的对象。

这里必须回答一个问题。我们如此强调宗教是四大要素的统一，固然可以把某些与宗教部分要素相似的世俗文化形式排斥于真正宗教之外，但是否因此而有可能把某种虽不完全具有四大要素却货真价实的宗教从宗教领域驱逐出去呢？我的回答是：如果它确实是货真价实的宗教，那它就必然具有上述四大要素。且以中国原始宗教为例。北京周口店山顶洞人的葬式，是我国迄今发现的最原始的宗教迹象。由于葬式意味着灵魂观念，所以它是我国宗教的最早萌芽，但尚未发育成型为完整的宗教。可即使在这株宗教"幼芽"中，也已包含了宗教四要素的"种子"。这是因为，如果山顶洞人没有某种死后生活的观念（当然是非常模糊的），他们就不会把死人进行丧葬处理，并随葬装饰物和生活用物。其中蕴含的观念就是后来发展为灵魂不死和神观念的种子。既然山顶洞人有了死后生活的遐想，就相应会伴生对"死灵"的"敬"、"畏"感；没有这种情绪，就不会出现使用殉葬物的行动。此即宗教的感情和行为。死者不会自己葬自己。在当时，葬他者只能是与他有血缘关系的血缘集团中人。可以设想，丧葬过程是同一血缘集团成员集体进行的。这是一种社会性—集体性的宗教活动，是以原始社会氏族血缘关系为其背景的。可见，即使是在山顶洞人的"丧葬"这种最简单、最原始的宗教活动中，确已存在着宗教四要素的"种子"。随着原始社会氏族制的形成与完备，原始宗教的四要素也发育成型。崇拜的对象越来越具有超人间、超自然的神秘性和神圣性，逐渐成了原始氏族群体的命运的决定者和保护者。原始人越来越强烈地对之感到尊敬、爱慕、敬仰、畏惧、恐怖、震慑，于是便表现为祈求、崇拜、祭祀、巫术利用之类行动。原始的神灵总是氏族集体共同信仰的对象，对之进行的献祭之类崇拜行动也总是氏族成员集体进行的。集体性的宗教活动要求一致性，于是便越来越规范化、体制化、成为氏族成员共同遵守、一致奉行的制度。宗教要素制度化和社会制度宗教化同步进行，整个氏族制度下的社会生活都宗教化了。可见，原始社会的宗教生活实际上已明显而完备地具有宗教的四个基本要素。原始宗教尚且如此，后来发展程度更高的宗教又岂能例外。古往今来到底有没有不完全具备宗教四要素的宗教呢？当然没有。

第二，宗教四要素及其层次结构为宗教分类和建立宗教学的范畴体系提供了理论依据。

任何一门学科，如果它确实是具有科学意义的学问，应具有两点标志。其一，它的内容应该反映其研究对象的本质和规律。本质找到了，有关的众多现象就有了共同的根据，得到了统一的说明；规律找到了，这众多的现象之间就有了必然的联系，而不再是偶然的、任意的堆砌。现象与现象之间应该有可重复性，其关联应该是只能如此，不能如彼。其二，从表现形式上看，这门学科应有一系列概念和范畴，它们之间的关联也应有其必然的逻辑联系，而不是研究者可以随其所好而任意排列的。因为概念、范畴之间的逻辑必然性乃是事物、现象之间的规律必然性的表现。如果我们要把宗教学这门人文学科建设成为真正的科学，就应使它符合于上述两点标志。我个人相信，宗教四要素说可以满足这两点要求。

首先，这个学说把一切宗教中的众多宗教现象，按照同一原理、同一逻辑予以分类，最后归纳为四大类。并确定，一切宗教现象都可归类于这四类宗教现象之中，似乎没有任何一种宗教现象可以游离于这种分类之外；同时，一切宗教都必然具有这四类现象并以之作为组成宗教的基本要素，似乎也没有任何一种宗教可以不具有这一要素或那一要素。这是否可以表明：宗教四要素说具有一种科学性的理论所应该具有的普遍适用性呢？

其次，它发现并确定了宗教四要素之间的逻辑关系。人们头脑中萌生的宗教观念（灵魂观念、神灵观念、神性观念等）是一切宗教的核心和逻辑出发点。由于它被设想为超人间、超自然的力量和支配自己命运的神圣者，设想者必然伴生对它的依赖感、崇敬感、畏怖感、神圣感、神秘感。内在的宗教敬畏感外在化为崇拜神灵的宗教行为，具体表现为巫术、献祭、祈祷、礼拜、崇拜、皈依、修行、悟道、苦行禁欲之类宗教活动。由于宗教信仰的社会性和集体性，为了对内认同、对外立异的需要，就自然而然地发展为把宗教的信仰和行为规范化、体制化。于是，就出现了宗教观念的信条化、教义化、经典化；宗教体验的虔诚化、神秘化、目的化；宗教行为的仪式化、礼仪化；宗教信徒的组织化、宗教生活的制度化。于是，就出现了"宗教观念→宗教体验→宗教行为→宗教体制"的逻辑序列。宗教四要素的内在关系是严格符合于上述逻辑必然性的。它们各自在此逻辑序列中的位置只能如此，没有任何主观随意性可言。

再次，宗教四要素说反映了宗教四大范畴之间的逻辑序列与宗教发生发展之历史过程的一致。只要我们认真观察历史上任何一种宗教发生和发展的历史过程，当可发现并都可归纳为"宗教观念→宗教体验→宗教行为→宗教体制"的过程。前面，我们分析过原始宗教从萌芽状态到成型状态的发展历程，它非常典型地体现了宗教四要素的历史逻辑。其实，高度发展的宗教也是如此。佛教的创立，开始于佛陀在菩提树下静坐沉思数日之后的"觉悟"。据说，他"悟"到了最终解脱的"涅槃"境界。有此涅槃境界的直觉，就会伴生对涅槃境界的渴慕与追求。由此出发，佛陀提出了四圣谛、三法印、八正道以及一整套的修行法门。初转法轮之后，有了越来越多的追随者，于是结成僧伽团体。有了一个社会性的集体，自然要求众僧尼奉行共同的教义，执行共同的戒律，实行共同的行为规范。总之，随着佛教僧众的组织化，推进了佛教哲理的教义化、涅槃悟道的目的化、宗教生活戒律化、宗教行为规范化，一个体制化的佛教体系于是成型。

按照《新约圣经》的说法，耶稣创建基督教的过程与此颇有相似之处。旧约时代以色列先知关于上帝将派"弥赛亚"（基督、救世主）到世上来建立"千年王国"的预言，乃是基督教创教时期的基本宗教观念。耶稣其人于是自称他是上帝之子，上帝派他来此世界拯救苦难大众。信徒认为他就是"弥赛亚"，就是"基督"，他将建立地上的天国，而且做王一千年。据福音书载，耶稣在约旦河受洗之后，天忽然为他打开。他看见上帝之灵如鸽降在他身上，天上有声音说，"这是我的爱子，我所喜悦的"（《新约圣经·马太福音》第3章第16节）。有了这种宗教体验，耶稣开始传道。随着基督教的传播，信仰者的增多，自然而然地形成教会组织。教徒在共同的教会组织中过宗教生活，礼拜上帝和基督，实行"圣餐"之类宗教仪式。后来，为了在不同宗教的竞争中获得胜利，为了克服教内不同教派之间的分歧，逐渐用各种方式把基督教的思想观念系统化为统一的教义，作为基督徒必须遵奉的"信经"。在成为罗马帝国和中世纪封建制国家的国教之后，又适应社会的政治结构形成教阶制度。

穆罕默德创建伊斯兰教大体上也是如此过程。

所以，无论是原始社会的氏族宗教、国家社会中的国家宗教，还是像佛教、基督教、伊斯兰教等由创教者创建的世界性宗教，它们从其萌芽到成长，再到发展成型的历史过程，实际上都是经历从"宗教观念→宗教体验→宗教行为→宗教体制"这样一个过程。宗教史的历史事实证明，宗教四要素的层次结构体现了宗教发生发展的历史逻辑。如果使用一句黑格尔的术语说，那就是：宗教四要素说体现了理论与事实、逻辑的东西与历史的东西的一致。

如果宗教四要素说的科学性能够成立，那么，它的价值不仅可以为比较宗教学的学科体系和范畴系统提供基础理论（本人主编和主笔的《宗教学通论》的理论构架和范畴体系就是按此学说构建起来的），而且也将会对各种具体宗教史的研究发挥一定的理论参照作用。在以往的宗教史研究中，由于学者们一般把"神"观念等同于宗教，于是便自觉不自觉地把宗教史的发展看成是宗教观念（主要是神观念）的发展，具体内容往往局限于宗教观念、宗教教义、宗教哲学的提出和演变，各种宗教和教派围绕这方面问题的分歧与论争；而对于宗教的其他要素（宗教体验、宗教行为、宗教体制）的形成与演变，却很少涉及，甚至基本没有涉及。按照宗教四要素说，这样性质和内容的宗教史就不是完整的宗教史，而只能算作"宗教观念史"或"宗教教义史"。一部完整的宗教史，应该包含宗教四大要素诸方面的内容。我希望，宗教四要素说将会为各种具体宗教史的研究提供一种可资参考的认识论和方法论，为宗教史研究开辟更广阔的研究空间，使它的内容更充实，形式更完美。

五

宗教四要素说的宗教定义把宗教规定为四要素构建起来的"社会文化

体系"，那么，宗教四要素为什么、又如何发挥其社会文化功能呢？这是笔者必须回答的一个重要理论问题。

在漫长的历史上，宗教一直高踞于社会上层建筑的顶端，支配着人类的精神世界。正像宗教的神被视为君临世界的主宰一样，它也被视为人类社会各种文化形式的神圣之源。早在原始时代，各种文化的幼芽几乎无不包含在原始人的宗教观念和宗教活动之中。从那时起，宗教及其神灵的权威，就渗入人们社会文化生活的各个领域，成了人们包罗万象的纲领、思想的原理、行为的准则、激情的源泉、道德的效准、人际关系的纽带、社会秩序的保证。人际社会关系和各种文化形式无不打上宗教的神圣印记，从宗教观念中吸取自己成长所需的营养，通过宗教活动来展现自己的存在，并由之而获得自己的表现形式。文化与宗教的这种历史性结合，并不完全是上帝启示和皇帝御旨造成的包办强迫婚姻，其中也有自然而然的成分。宗教既有阻碍各种世俗文化自然发展的消极作用，也有在一定条件下促进文化发展的积极性一面。在我国，相当一个时期，由于把唯物史观绝对化、片面化，总认为宗教作为维护统治秩序的上层建筑，其社会功能是反动的，而凡是反动的，就得打倒、消灭。至于传统宗教的文化功能则被放逐于视野之外。其实，就是按照唯物史观的历史辩证法的本来意义，社会的统治阶级在一定的历史阶段并不一定就是反动的。为他们服务的社会意识和上层建筑的社会功能也是如此。更何况，宗教作为一种上层建筑，其功能和作用也不完全局限在政治上。它本身也是一种社会文化形态，对社会文化生活的各方面发挥着独特的作用。我们把宗教规定为一种包含宗教四要素的层次结构的"社会文化体系"，这就意味着宗教体系赖以构成的四个基本要素作为这个"社会文化体系"的一部分，本身都具有文化意义，发生文化功能。

宗教的灵魂观念、神灵观念、神性观念，从科学观点看，当然是人的一种幻想反映，它最初发端于原始时代野蛮人的头脑中，本来是质朴而粗陋的。但在那个使用石器的野蛮人的头脑中，诸如此类的神观念却是他们当时所能想象出来的最伟大、最崇高的一种存在，它集中了原始人的最高智慧，是人性的最高升华，寄托着他们对美好生活的期待以及对人类自身命运的关注。当代的文明人不妨设身处地地想一想，石器时代这些凭借自然本能、终日以生存为务的原始人群，竟然在某一天构想出某种逐渐脱离肉体的"灵魂"观念；再进一步，竟至构想出灵魂的不死；构想出飘忽不定的"精灵"，构想出能创造人类所不能创造的"奇迹"（"神迹"）的"神灵"……我们有理由这样说，这样的幻想本身就是一首充满"灵感"的奇妙的诗，是一部原始时代的"科幻"小说，比之于现代科学家设计的脱离地球引力场的宇宙飞船是毫不逊色的。那是划破原始蒙昧人黑暗精神世界的一道曙光。神灵观念给原始人的想象添上了超自然的羽翼，使之解脱了人类生理本能的自然束缚，翱翔于超自然的无垠空间；也使原始人超出动物式的感性直观，进入于人类所特有的想象空间和抽象思维领域。正是这种具有超人性、超自然性的宗教灵魂观念、宗教神灵观念、宗教神性观念孕育了人类关于人与超人、自然与超自然的思考，成了文明时代各种哲学思辨和科学探索的起点。我们当然不必像泰勒那样，把产生万物有灵观念的原始人称之为"原始的哲学家"，因为他们头脑中当时所有的东西，不过是某种模模糊糊的意念，而不是明晰的概念和推理。但是，如果原始人没有某种关于"超人间、超自然力量"的意念，就不会有超人的宗教之神，也就不会在文明发展的一定阶段，出现论证它的宗教哲学和神学；也不会因此而激发起把这种"超人性的神性"还原为人性，把"超自然力量"还原为自然力量的启蒙哲学和自然科学。这两种不同的思潮，一方面是论证超自然神灵的宗教哲学和神学，另一方面是把超自然力量还原为自然力量，把神性还原为人性的启蒙哲学和自然科学。它们在历史上不断论战和斗争，又不断互相渗透和启发，既推动这两大思潮自身的发展，又推动了人类理论思维和各种文化思想的发展。

宗教感情随神观念的产生而产生，也随着神观念的发展而发展。神观念愈是发展，神的神性愈益崇高，神的权能愈益巨大，神对人间生活的主宰愈是无所不在，人对神的依赖之感和敬畏之情也就相应膨胀，益发强烈。内在的情感外在化为相应的言辞和身体动作，以之来表现他心中的神灵和对神灵的感受。但是，由于神灵只是幻想中的存在，任何人都不可能对神有实在的感触，所以，一切表现神灵的言辞和身体动作便不能不是拟人化的、象征性的。或者用某种物质性的实物和偶像来象征那本属虚无的神灵；或者用模拟化的身体动作来表象神灵的活动和事功，以及自己对神灵的感受……一切象征性的表现，都是人性的创造性活动，展现为形象化的艺术。语言的象征，发展为讴歌神灵事功、感谢神灵恩德的文学艺术；身体动作的象征性模拟，发展为舞蹈艺术；神灵偶像的制作，发展为雕塑、绘画之类造型艺术……人类的艺术活动和艺术创作冲动之最深刻的源泉，无疑是他们的生活实践。但同样无疑的事实是，在人类社会的早期以及以后的文明发展史中，各种艺术的存在和发展，不可能脱离宗教观念的激发和宗教崇拜活动的哺育。文化人类学告诉我们，世界各民族的早期文化艺术几乎无不具有宗教的色彩，寄生于人们的宗教生活之中。道德、法律和社会习尚的形成，最早也与早期人类的宗教生活和宗教行为有关。人们对神灵的依赖感总是表现为向神祈求、对神献祭之类崇拜行为；对神灵的敬畏感又总是体现为对自身的限制和禁戒规定。不管是在原始社会的氏族宗教、还是在民族国家的国家宗教中，全氏族以至全民族的成员都信仰共同的神灵，进行共同参加的宗教活动，从而逐渐形成全氏族、全民族成员必须共同遵奉的规范化的宗教礼仪，它把全体成员纳入一个普遍性的行为模式和统一性的宗教体制之中。规范化的宗教礼仪具有超个人的权威，对共同信仰体制中的每一个人的行为与活动具有社会的强制力。社会集体和共同信奉的宗教体制赋予宗教禁忌规定和宗教礼仪以神圣的权威，迫使共同体制下的成员逐渐强化了对社会规范的服从和对个人行为的制约。这些神圣的禁忌和规范逐渐构成人们在生活中必须遵守奉行的"无上命令"，使早期社会中人所天赋的动物本能受到抑制，由此而受到自制的教诲。年深日久，这些神圣的禁忌规定和行为规范演变为社会共同体的习尚。外在的强制内化为内在的责任，行为上的"必须"积淀为良心上的"应该"，成为判断人们行为好坏善恶的价值准则。这就强化了源于人际关系的行为准则和伦理意识。在人类社会的早期，特别是在原始社会，如果社会上没有与宗教崇拜相联系的礼仪制度和与宗教禁忌有关的禁戒规定，以及随之而来的对犯禁违礼者的严酷可怕的神圣制裁，人类社会的道德规范、伦理准则和"法纪性"规约是难以建立起来的，社会的文明和进步就难以想象了。

在原始时代的氏族制社会和早期民族国家中，宗教的体制和社会的体制基本上是浑然一体的。社会体制宗教化了，宗教崇拜活动的体制也构成了社会的制度。例如，在氏族制社会中，由图腾崇拜而固定了同一图腾氏族男女不婚的外婚制；由祖先崇拜而强化了以血缘关系为基础的氏族制，规定了相应的丧葬制度和礼仪规范；与生产活动相联系的自然崇拜和丰产巫术仪式发展为各种祭祀制度……这一切都说明，宗教渗透到氏族制社会生活中的各个方面，固定乃至构成氏族社会的各种制度。许多社会制度在当时往往是作为宗教的一个组成部分而表现出来的。尽管随着社会的演进，文化和文明的发展，许多上层建筑和社会制度或先或后脱去了宗教的外衣，但如追根溯源，我们几乎总是可以在其中发现宗教的作用与影响，而在原始时代的宗教中则可以找到它们诞生之初的原初表现形态。

上述所论宗教四要素的文化功能，主要侧重于原始宗教的例证，但它的原理和方法同样适合于其他发展程度更高、文化色彩更浓的宗教体系。我们只想得出一个一般性的结论，宗教的四要素在社会文化诸形式中的作用和功能是非常明显和深刻的。不管人们喜爱与否，但这却是历史事实。我希望，本文阐发的宗教四要素说应该有可能为我们研究宗教的文化功能问题提供一种独特的视角和有效的方法。

（原载于《世界宗教研究》1998年第2期）

试论宗教在历史上的作用

一

关于宗教在社会历史上的阶级斗争中所起的作用，既是一个很难处理的问题，也是一个容易以简单化的办法来对待的问题。其所以难以处理，是因为宗教在社会历史上和阶级斗争中的作用极其错综复杂，很难归于一个普遍的原理或一般的模式之中；其所以容易简单化，是因为宗教作为一种虚幻的幻想和颠倒的世界观已是常识性的定论，只要据此作一些简单的推演，就不难得出一个一般性的结论。十年动乱期间，林彪、"四人帮"极"左"路线对宗教问题的认识，把这种简单化的办法发展到了极端，以致把宗教在理论上的虚幻与在政治上的反动完全混同起来。至于大量有关宗教与历史上进步的群众运动有着联系的事实，则被放逐于视野之外，置之不顾。在拨乱反正的年代里，这种形而上学的简单化、绝对化的做法，理所当然地应予抛弃。人们要求我们的宗教理论研究，首先必须承认客观存在的事实。当此之时，最容易引起我们的注意的，便是那些长期受人忽视、甚至遭到遗忘的历史事件。在中国，从陈胜吴广利用宗教迷信发动暴动到黄巾起义与太平道的关系，从白莲教与红巾军的反元斗争到拜上帝教与太平天国农民革命；在西亚和欧洲，从犹太教与以色列人反对异族统治的斗争到原始基督教的群众运动，从中世纪异教运动与市民和农民的反封建斗争到宗教改革与近代资产阶级的早期革命；在印度和阿拉伯世界，佛教和伊斯兰教也不乏类似情况……一系列关于宗教与群众运动有各种联系的事实迎面扑来，要求我们作出实事求是、合理可信的理论分析。林彪、"四人帮"时代所流行的宗教等于反动的模式显然与事实有所不符，于道理有所未通。世界观上的正确或错误与政治上的进步或反动，虽然不无内在的联系，但二者并不是完全等同的概念。政治上具有进步意义的斗争，如要取得胜利，一般总是要求正确的指导思想和方针，但这些正确的东西却并不一定结晶和升华为一种完全正确的总的世界观，而可能作为因素和颗粒包涵于外表上是错误的世界观之中。进步的政治运动之发动、人们之所以积极参加这种运动，并不一定是因为群众首先接受了科学的世界观，而总是直接取决于他们的社会处境以及由此而产生的政治经济要求。当社会历史的发展要求否定反动统治秩序的时候，一切反抗这种反动秩序的斗争都在不同程度上具有进步的意义。尽管引导他们斗争的理论原则和世界观是错误的东西，甚至最终导致斗争的失败，这也不能成为否定其斗争的进步性的理由。哲学史上的唯心论世界观，总的说来，是错误的，常常为反动派的政治服务。但唯心论在政治上并不就等于反动。周公旦关于以德配天，孔子讲"仁者爱人"，孟子讲"民为贵，君为轻"，都是他们的唯心史观在社会政治上的表现，但这些思想在一定的历史条件下都具有进步的意义。因为他们突出了为政以德，强调了人的价值，提高了民的地位。欧洲近代资产阶级革命的思想武器，主要是天赋人权论和社会契约说，在总的世界观上也是属于唯心史观的认识，但它却沉重地打击了封建专制主义，动员起第三等级的广大群众奋起为争取人权和政治上的自由平等而斗争。

宗教在社会历史上的影响常常比哲学更直接有力。哲学原则是一种抽象的理论形式，对知识阶层影响较大，却是一般群众所难以理解的。宗教则不然，它以神的名义、用神的语言，紧紧牵动着信教群众的心弦，可以轻易地调动起他们为信仰而献身的宗教热情，掀起声势浩大的群众运动。这些以宗教形式表现出来的群众运动在性质上是反动还是进步，不能用世界观上的正确与错误作一刀切的划分，而只能从其在一定历史条件下的政治内容作具体分析，予以评定。一切在一定历史阶段上有利于反抗反动统治秩序的宗教运动，都可能具有进步的政治意义。把世界观的对错与政治上的正反等同起来，是宗教研究中形而上学思想方法的具体表现，必须否定。

二

在否定和抛弃宗教理论研究中的这些反科学的形而上学的东西的时候，如果我们不坚持实事求是的科学态度，也有可能走到另一种极端，犯另一种形而上学的错误。在这方面，我们要注意两种偏向。

一种偏向是：由于宗教在历史上既可能为反动统治阶级利用来维护其反动统治，也可能为被统治阶级利用来反抗这种统治，我们就往往易于设想宗教本身是独立于阶级斗争之外的东西，是可以为各色人等所利用的纯工具性的东西，它本身没有阶级性，可以一视同仁地为各种社会阶级服务，因此，我们似乎应该把宗教本身与反动统治阶级对它的利用坚决分开。这种主张需作认真研究。宗教是社会意识和上层建筑中最重要的组成部分之一，在阶级社会中，它是反映一定的阶级利益并为之服务的，宗教具有深刻的阶级特性。表面上看，似乎各种社会阶级都曾利用过宗教作为为自己阶级利益服务的工具，而工具本身并没有特定的阶级色彩。但问题在于这里所说的"工具"只是一个抽象概念，工具本身却有不同的种类和性质。人类所用的工具，既有从事生产斗争的生产工具，也有从事阶级斗争的思想工具。前一种工具可以不经任何改装和变化而一视同仁为各个阶级服务。思想工具则不然。不同的思想原则，常常是为不同的阶级利益所决定的。有些思想原则表面上似乎被不同的阶级所利用，但不同的阶级在利用它时，却总是在其抽象的一般形式中装进各自不同的阶级内容，因而具有不同的阶级实质。一种社会意识形式和思想原则，当其被不同阶级所利用的时候，总是要经过不同阶级对它的改装和变形。这是社会意识形式作为"工具"使用时，与生产工具的本质区别所在。在这里，深刻地表明了前者本质上具有阶级性，而后者则不具有阶级性，在马克思主义以前，历史上的各种社会阶级的社会历史观，总的说来都没有超出唯心史观的范围。但这种唯心史观，在不同阶级那里，却都被他们按照各自的阶级利益加以改造，具有不同的阶级内容和阶级色彩。宗教也是这样，不同的阶级往往都信仰同一种宗教，礼拜同一个上帝和神灵，但这个上帝和神灵，却总是被不同阶级加以改装或重新塑造的。墨子天志论之天和孔夫子天命论之天大不相同。欧洲中世纪末期，在罗马教廷与世俗君王争夺权力的斗争中，尽管双方都主张君权神授的说教，却各有不同的理解。罗马教廷所谓君权神授，是强调上帝通过其在世上的代表罗马教皇授予世俗君主以君权，因此，各国的君权应听命于教廷的神权；世俗君主的君权神授说则反其道而行之，认为皇权由神直接确立，教皇应服从君主的统治。14世纪西欧最著名的唯名论派经院哲学家威廉·奥卡姆在其《有关教皇权力的八个问题》一书中，从理论上论证世俗政权是上帝直接授予的，教皇无权册封世俗君主，教皇和教会只有宗教上的权力，在政治上应服从世俗君主。后来，英国的威克里夫运动和捷克的胡司运动继承和发展了这种主张。教廷与君主本来不过是同一个阶级的不同集团，但因其有各自不同的利益，这就使本来具有同一阶级属性的君权神授说涂染上了不同的色调。宗教与阶级斗争密切到了不可分割的程度，这是客观存在的事实，即使有人主观上想把宗教本身和不同阶级对它的利用坚决分开，而且无论他的态度如何坚决，也是办不到的。宗教一旦成为阶级斗争的工具，就被打上了阶级的烙印，如果没有这种烙印，它就起不到"工具"的作用。这就像一张没有签字和图章的支票就没有任何信用一样。没有阶级色彩的中性的宗教是不存在的。马克思主义根据历史唯物主义的科学历史观，强调我们必须用阶级分析方法去分析宗教问题和其他一切社会问题。[①] 在阶级社会没有超阶级的宗教，在宗教研究中，只有贯彻马克思主义的阶级分析方法，才有可能得出科学的结论。

三

我们要注意的第二种偏向就是：当我们看到被统治、被压迫群众利用

[①] 列宁说得好："马克思主义给我们指出了一条指导性的线索，使我们能在这种看来迷离混沌的状态中发现规律性。这条线索就是阶级斗争的理论。只有把某一社会或某几个社会的全体成员的意向的总和加以研究，才能对这些意向的结果作出科学的判断。其所以有各种矛盾的意向，是因为每个社会所分成的各阶级的生活状况和生活条件不同。"（《列宁选集》第2卷，人民出版社1972年版，第587页）又说："必须牢牢把握住社会阶级划分的事实，阶级统治形式改变的事实，把它作为基本的指导线索，并用这个观点去分析一切社会问题，即经济、政治、精神和宗教等等问题。"（《列宁选集》第4卷，人民出版社1972年版，第47页）

宗教形式进行反抗运动的事实在历史上确实存在的时候，我们难免向自己提出这样一个问题：历史上有没有人民自己的宗教？具体地说，历史上有没有从人民自己当中产生、并为人民自身利益服务的人民宗教？既然被压迫人民利用宗教来反抗反动统治，那么，是否可以说，宗教也是被压迫人民反抗反动统治的精神支柱？这个问题已经不是单纯的想象，而是近年来宗教理论研究中提到研究日程上的一个实际问题。应该说，正确解决这个问题在理论上和实践上都具有重要的意义。如果存在着人民自己的宗教，我们对待宗教的态度和政策显然就应该有相应的调整，换成另外一种样子。

支持人民宗教说的主要论据，一是来源于对马克思有关论断的解释；二是对有关历史事实的分析。

马克思在《〈黑格尔法哲学批判〉导言》中谈及宗教的社会作用时有一段著名的话：

> 宗教里的苦难既是现实的苦难的表现，又是对这种现实的苦难的抗议。宗教是被压迫生灵的叹息，是无情世界的感情，正象它是没有精神的制度的精神一样。宗教是人民的鸦片。①

我们是否可以根据这段话得出这样的结论：宗教作为人民的鸦片，就是对现实苦难的反映和抗议，而且正是这种抗议，概括地表现了宗教的本质和社会作用呢？既然宗教的本质和社会作用是对现实苦难的抗议，宗教是否也就从麻醉人民的东西变成了反抗苦难社会的一种进步的意识形态，人民的鸦片从此就变成了人民的宗教呢？马克思这段话是否表明他主张宗教正是从人民自己当中产生出来的呢？

对于当前宗教领域的理论研究和实际工作说来，如何理解马克思主义这段话，确实是事关重大、不可忽视，因为这里涉及的问题是马克思主义者对待宗教的根本态度问题。马克思的原意对宗教是基本肯定，还是基本否定？是赞美，还是批判？这是需要通过学术上的民主讨论把它弄清

---

① 《马克思恩格斯选集》第1卷，人民出版社1972年版，第2页。

楚的。

我们认为，如果想要正确理解马克思这段话的原意，绝不能离开马克思在《导言》中所阐述的全部宗教观的基本精神。这就是：揭露宗教的社会本质和社会作用的是麻醉人民的鸦片，肯定德国哲学批判宗教的历史必要性，揭露宗教的社会根源，提出必须把对宗教的批判进一步发展为对法、政治和社会的批判。马克思在《导言》中对宗教的总的态度是批判的，否定的。认识到这一点非常必要。只有这样，我们才不至于曲解他的个别论断，用马克思的名义去美化宗教。

马克思关于"宗教是人民的鸦片"的论断，是他在《导言》中全面考察了宗教的社会本质和社会作用之后所做的总结论，《导言》至少讲了三个方面的理由：

1. 宗教是对人间谬误的天国的申辩，是颠倒的世界借以安慰和辩护的普遍根据；

2. 宗教给人民以幻想的幸福，为人民身上的锁链装饰上虚幻的花朵；

3. 宗教是现实苦难的表现和抗议。

前两条明显不过地体现了宗教作为"人民的鸦片"对人民的麻醉作用。但为什么马克思既说宗教是现实苦难的抗议，却又说"宗教是人民的鸦片"呢？那是因为他看到人民在宗教幻想里对来世天堂的追求，虽然包涵了对现实苦难的不满和"抗议"，但是，这种"抗议"实质上只是一种消极的无可奈何的叹息，它只会使被压迫者麻木消沉，却无损于压迫者一根毫毛，所以，宗教的抗议仍表现出它是麻醉人民的精神鸦片。这里的"抗议"一词是在消极意义上使用的，既不能与革命理论和批判现实主义文学对苦难现实的正面批判相提并论，更不能与革命人民反抗苦难社会的阶级斗争混为一谈。否则，山林隐士者流和修道院的修士就与李自成、洪秀全、斯巴达克、闵采尔没有区别了。

马克思在这里更没有说宗教是从人民自己当中产生出来的。马克思这段话，说的是被压迫人民在苦难世界里找不到摆脱苦难的道路，便容易相信宗教的说教，把希望寄托在天堂的幻想。这里说的是被压迫人民为什么会轻易相信宗教的问题，根本没有宗教正是从人民自己当中产生出来的意思。"人民"，在阶级社会里，是相对于反动统治阶级的那一部分人而言，是一个意义明确的阶级概念。因此，当马克思说"宗教是人民的鸦片"的时候，他的原意显然是说，宗教是对人民而言才是鸦片，才是精神的麻醉剂；至于对反动统治阶级而言，宗教则主要是有利于他们的反动统治的工具。宗教是对人民有害的东西，而不是"人民自己"的东西。对于马克思主义来说，只有人民的鸦片，没有人民自己的宗教。

我们对马克思这段话所做的解释是否准确全面，合理可信，那是可以讨论的，但是，我们总应该注意到一个事实，那就是，列宁曾不只一次对这段话作过解释：

> 对于工作一生而贫困一生的人，宗教教导他们在人间要顺从和忍耐，劝他们把希望寄托在天国的恩赐上。对于依靠他人劳动而过活的人，宗教教导他们要在人间行善，廉价地为他们的整个剥削生活辩护，廉价地给他们享受天国幸福的门票。宗教是麻醉人民的鸦片。宗教是一种精神上的劣质酒，资本的奴隶饮了这种酒就毁伤了自己作人的形象，忘记要求稍微过一点人所应当过的生活。①

> 宗教是麻醉人民的鸦片，——马克思的这一句名言是马克思主义在宗教问题上的全部世界观的基石。马克思主义始终认为现代所有的宗教和教会、各式各样的宗教团体，都是资产阶级反动派用来捍卫剥削制度、麻醉工人阶级的机构。②

列宁对马克思上述论断所做的解释，其根本特点就在于它贯穿着阶级斗争的观点和阶级分析的方法，认为宗教对不同阶级的社会作用是根本不同的。列宁认为：只有对于人民而言，宗教才是麻醉剂和鸦片烟，而对于反动统治阶级，他们本质上则是使用宗教鸦片来麻醉人民的麻醉者，而不是被麻醉的受害人。

显而易见，在列宁的心目中，任何符合于人民根本利益的人民自己的

---

① 《列宁全集》第10卷，人民出版社1958年版，第62—63页。
② 《列宁选集》第2卷，人民出版社1972年版，第375页。

宗教是根本不存在的。这并不是说，历史上所有宗教的教会都是反动派的官办机构，它们把麻醉被压迫人民明确地作为自己的政治任务，而是从宗教的本质和宗教的根本教义着眼，归根到底于统治阶级有利，于人民有害。例如，各种宗教差不多都有关于天命论和宿命论的教义，宣扬人事社会一切受之于天，定之于命，形式上对一切信徒有效，机会均等，但现实社会却分为不同的阶级，故上述教义便不可避免地转化为关于统治阶级的特权受之于天，被压迫人民的处境定之于命的说教。正是认识到宗教的根本性质及其在社会历史上所起的实际作用，马克思才在《导言》中深刻指出，宗教是对人间谬误的天国申辩，为人民身上的锁链装饰上虚幻的花朵，列宁据此指出，现代宗教和教会是麻醉工人阶级的机构。

当然，列宁所说"马克思主义始终认为现代所有的宗教和教会，各式各样的宗教团体，都是资产阶级反动派用来捍卫剥削制度、麻醉工人阶级的机构"，是指旧时代、旧社会秩序而言。在社会主义社会的我国，宗教作为信教者的信仰依然存在，但教会组织的性质已发生了根本性的变化，变成了信教群众自己组织起来独立自主的爱国团体，是统一战线的一个组成部分，是团结信教群众爱国守法，参加四化建设的群众性纽带。但是，宗教的本质并未改变，宗教仍然是颠倒的世界观，仍然是麻醉人民的鸦片，对信教群众始终起着消极的作用。人民自己的宗教，不仅在历史上并不存在，而且在社会主义社会也不存在。

四

看来，从"宗教是人民的鸦片"的论断导出人民宗教的理论是难以使人信服的，但马克思主义宗教观却从未否认过历史上被压迫人民曾经利用宗教进行反抗斗争的事实。恩格斯的有关著作对此有大量的论述。他指出，欧洲中世纪农民和平民的多次反封建斗争和资产阶级早期的三次大起义都曾打起了宗教的旗帜，并对宗教在这些群众斗争中的历史作用进行了深刻的科学分析。他丝毫也不抹煞宗教在其中所起的某些积极作用，但他从未就此而说什么宗教是被剥削阶级反抗剥削阶级的精神支柱，宗教因此而成为代表革命人民根本利益的人民自己的宗教。他始终坚持，在所有这些革命斗争中，宗教的基本作用只不过是作为意识形态的"外衣"。"宗教外衣论"是马克思主义宗教观在这个问题上的基本观念，与人民宗教说有本质的差别。所谓人民自己的宗教，是从宗教的本质上肯定宗教属于人民自己；宗教外衣论则从本质上否定宗教是人民自己的东西。恩格斯否认人民宗教的存在，不是出于无神论的狭隘偏见，有意贬低宗教的作用，而是对历史的科学总结。

概观中外历史上与宗教密切相关的群众斗争，大致有三种情况，而宗教在三种情况中所起的作用都不过是掩盖和包涵其社会政治观念的外衣。

第一种情况：打着宗教旗帜的武装起义。从表面上看，许多次被压迫人民的武装起义是打着宗教旗帜、由宗教的教义鼓动起来的。但如对之作更深一层的考察，则可发现实情并非如此。宗教在群众斗争中的作用常常是形式上的，并没有决定性的意义。具有宗教色彩的群众运动，它所包含的内容和意义是多方面的：除了宗教神学方面的教义信条以外，还有直接为当时阶级斗争服务的政治思想、哲学理论和社会伦理观念。一场群众斗争的理论原则和思想因素，是上述各种意识形态的综合和统一，它们在斗争中的意义和作用是各不相同的。我们实不可笼而统之，不加分析地把诸种意识形态都化为单一的宗教神学观念。这是一条理论原则，对我们分析这一类问题具有方法论上的意义。似乎可以说，我们过去在这个问题上的偏差，往往就是由于笼统地不做这种分析。由于不区分一场群众斗争中宗教因素和政治因素的不同作用而笼统地把它视为宗教运动，我们就会或者因强调宗教神学的消极性而完全否定整个群众斗争，或者因肯定整个运动而把它的全部积极意义都归结为宗教的作用。根据这个方法论的原则，我们就会看到，历史上那些以宗教为旗帜的群众斗争之所以发动起来，总是由人民群众的切身利益所决定的，是由直接反映这些利益的政治经济要求和社会政治观念鼓动和指导的。宗教神学的作用，一般不过是用当时人民大众所能理解的神的语言来强化这种要求，为其社会政治观念披上一件神圣的外衣。我国秦末的农民大起义，并不是成卒在鱼腹中发现了"陈胜王"的天命而动员起来的，如果不是"天下苦秦久矣"，全国的农民群众是不会跟陈胜、吴广揭竿而起的。汉末黄巾起义也不是农民群众为实现"苍天已死，黄巾当立，岁在甲子，天下大吉"的宗教预言而斗争，如果群众不要求改变当时的统治秩序,张角兄弟的全部宗教活动是无能为力的。

德国闵采尔领导的农民战争和我国洪秀全领导的太平天国革命是中外历史上规模最大的农民革命运动。两大革命的性质和情况极其相似,都是直接打着宗教的旗帜。但是,两国农民为之献身的理想,并不是宗教的天堂,而是切身的政治经济要求;斗争的思想武器不是神学的理论,而是包容在宗教外衣之内的社会政治原则。德国农民要求在地上建立基督教预言的千年王国和人人平等的社会,确曾受到路德所译的《圣经》的某些启发,但这要求本身却是直接起因于农民的社会处境。闵采尔只是选用了上帝和《圣经》的名义使之具有神圣的色彩。至于闵采尔的神学理论,按照恩格斯的分析,实质上是反对基督教的,接近于无神论:

> 他的神学哲学理论不仅攻击天主教的一切主要论点,而且也一般地攻击基督教的一切主要论点。他在基督教外形之下传布一种泛神论,他的泛神论和近代推理思考方法相当接近,个别地方甚至着了无神论的边际。①

他否认《圣经》是唯一的启示,也否认《圣经》是无误的启示。他认为真正的启示是存在于一切时代和一切民族中的神性;所谓圣灵,并非人类的身外之物,而就是人的理性,因此,人人都有神性,个个可升天堂;但天堂不在彼岸而在此世,教徒的使命就是在现世把天堂建立起来;不但没有来世天堂,而且也没有地狱和魔鬼,基督是和我们一样的人,他只是先知和师表。恩格斯指出,闵采尔的这些理论实际上是"掩藏在基督教词令外衣之下"来进行的"近代哲学"。而且,"正如闵采尔的宗教哲学接近无神论一样,他的政治纲领也接近于共产主义"。闵采尔想在地上建立的千载太平之国,"只不过是没有阶级差别,没有私有财产,没有高高在上和社会成员作对的国家政权的一种社会而已"。闵采尔的纲领,"与其说是当时的平民要求的总汇,不如说是对当时平民中刚刚开始发展的无

---

① 《马克思恩格斯全集》第7卷,人民出版社1959年版,第413页。

产阶级因素的解放条件的天才预见。"①

恩格斯对闵采尔的分析，处处闪耀着辩证法和唯物史观的科学光辉。他不是笼统地把闵采尔的全部理论看成是单纯的神学体系，而是透过宗教的外衣，直接分析其哲学和社会政治理论本身的性质；他解剖了闵采尔的宗教哲学，经过这番解剖，闵采尔的宗教哲学不仅不再是宗教神学，反而变成了接近无神论的近代哲学；他承认闵采尔政治理论与《圣经》的联系，但通过历史联系而展现其现实内容；他肯定闵采尔关于建立现世千载王国的共产主义和无产阶级性质，但他并不因此而把闵采尔的宗教观称之为人民自己的宗教或无产阶级的宗教，而是认为闵采尔关于宗教的说教不过是为其革命的哲学和政治理论披上宗教的外衣。宗教的外衣，无神论和共产主义的实质，这就是闵采尔全部思想的特点。矛盾，然而是事实。

恩格斯的理论和方法也是我们分析太平天国一类革命运动的科学工具。洪秀全、冯云山、杨秀清等人创建的拜上帝教在组织和动员群众、发动太平天国革命的过程中，起了相当大的作用，但这种作用仍然只是一件宗教外衣。

洪秀全借用了基督教的一神论观念，宣传皇上帝是独一真神，把中国封建社会中其他一切宗教崇拜对象一概斥为"阎罗妖"，声称他本人是皇上帝的次子，耶稣的弟弟，他亲奉天父、天兄所命，来此世上，要把一切阎罗妖斩尽杀绝。这是通过对传统神权的否定表达农民要求推翻清朝封建政权的愿望。他主张建立现实的"凡间小天堂"：

> 神国在天是上帝大天堂，天上三十三天是也。神国在地是上帝小天堂，天朝是也。天上大天堂是灵魂归荣上帝享福之天堂，凡间小天堂是肉身归荣上帝荣光之天堂。②

地上小天堂的根本内容实际就是《天朝田亩制度》所规定的："天下皆天父上主皇上帝一大家，天下人人不受私物，物归上主，则主有所运

---

① 《马克思恩格斯全集》第7卷，人民出版社1959年版，第414页。
② 《钦定前遗诏圣书批解》，《太平天国史料》，第77页。

用，天下大家处处平均，人人饱暖矣！"

洪秀全关于拜上帝教的这一套说教，本质上是一种社会政治观念，是当时中国农民反对清朝政权，建立天下一家、人人平等的理想国的反映，中国大地上的千百万农民群众之所以集中到洪秀全太平天国的大旗之下，舍生忘死拼命奋斗，与其说是他们相信洪秀全是皇上帝的儿子，跟着他，死后进入"灵魂归荣上帝享福"之"天上大天堂"，不如说是向往在地上建立"肉身归荣上帝荣光"之"凡间小天堂"。洪秀全建立拜上帝教，最初是受了中国基督徒梁发的《劝世良言》一书所宣讲的基督教义的启发。基督教在此以前在中国尽管传播了千余年之久，但并未在中国土地上扎下根来，信之者寥寥无几。洪秀全接受和理解的基督教义，在神学理论上比西方宗教家和神学家要简单粗糙得多，而且有些东西是根据不准确的译文做了错误的引申和附会，笑话百出。[①] 但是，为什么他的宗教活动却很快就取得极大成功，燃起熊熊的革命之火呢？这显然不能从基督教的宗教神学和教义方面去寻找原因和理由。而且，太平天国的领导人对他们自己所宣讲的神学说教是否真正相信，更是一大疑问。洪秀全反复考证他是上帝次子；杨秀清、肖朝贵分别宣称自己是上帝和耶稣的代言人，诸如此类，显系自觉地编造神话故事，用宗教外衣来达到政治目的。洪仁玕就曾泄露过此中奥妙："即我天朝，初以天父真道，蓄万心如一心，故众弟兄只知有天父兄，不怕有妖魔鬼。此中奥妙，无人知觉。"[②] 至于石达开等有识之士，最初就"不甚附会邪教俚说"（见左宗棠：《与王璞山书》）。这从一个方面说明，太平天国革命不能归结为某种宗教感情和信念，它是一场在宗教的外衣下进行的政治革命。这场革命的精神支柱，并不是拜上帝教的

---

① 洪秀全关于天父、天兄的说教就是一个典型的例子。马礼逊的《圣经》译本将 God Jehyah（上帝耶和华）译为"神爷火华"。洪秀全望文生义，以为"神爷"指"上帝"，"火华"是上帝的名字。有"爷"就有子孙，上帝有一个大家庭，而不只有耶稣一个独子。于是，洪秀全宣称：耶稣是上帝的长子，他是次子，冯云山是三子，杨秀清是四子，洪宣娇是五女，韦昌辉是六子，石达开是七子，肖朝贵是帝婿，还说他曾上天见过天妈、天嫂。这样一来，上帝和耶稣都和凡人一样娶妻生子、养儿育女。马氏译本将圣灵（The Holy Ghost）译为"圣神风"，洪秀全理解为"圣神风亦是圣神上帝之风，非风是圣神也。风是东王，天上使风者也"（《太平天国史料》第85页）。据此演义，又将冯云山说成"云师"，肖朝贵是"雨师"，韦昌辉是"雷师"，石达开是"电师"。诸如此类说法，完全不符合基督教的基本教义。

② 见《资政新篇》附《兵要四则》，《太平天国》（二）第540页。

宗教理想或神学理论，而是反映农民群众政治经济要求的社会政治理想。

基督教本来早已成为欧洲奴隶制社会和封建社会的上层建筑，无论是闵采尔的欧洲变种，还是洪秀全的中国变种，都没有使基督教从本质上由统治阶级的宗教演变为被压迫人民的宗教。当德国和中国的农民群众利用基督教作为宗教外衣的时候，统治阶级却利用基督教本质内容为剥削制度的神圣性提供了真正的神学论证。①

1522年，路德按照统治者的需要写了《劝基督教徒勿从事叛乱书》，说"上帝禁戒叛乱"，群众起义是由于"魔鬼的挑动"，呼吁基督徒服从执政者。1523年，他又发表《论世俗当局的权力》，宣称封建统治的法律和武力乃是出于上帝的旨意，世俗君主是神的刽子手，人人应该顺从。他又在《为反对叛逆的妖精致撒克逊诸侯书》中，把闵采尔称之为魔鬼的工具。1525年，他说，闵采尔被捕和农民起义的失败"这是上帝的旨意，要使民众懂得惧怕，不然，魔鬼就要更加肆虐。……这是上帝的审判。凡动刀的必死于刀下。上帝的旨意得到彰显，使我感到安慰，要使农民们看到他们的行动有多可恶，或许他们将不再谋叛。所以，对这件事件不必过于在意，它对众人来说，其实是好事，使他们懂得惧怕，断了造反的念头"。这些用神学的语言对官方唱出的赞美诗和对起义农民的诅咒，在起义队伍中所起的破坏作用，是不难想象的。马克思深刻地指出："当时，农民战争这个德国历史上最彻底的事件，因碰到神学而垮台了。"②

以拜上帝教为旗帜的太平天国革命，在一定程度上，也是"因神学问题而垮台"的。宣扬皇上帝的神圣权威，虽可使人兴奋于一时，亦可使人麻醉于长久。上帝意志决定一切，人的革命主动性就很难发挥。战争过程必然会遭遇到的几次暂时挫败，就会动摇人们对上帝和整个事业的忠诚和信仰。洪秀全晚年在政治军事形势已出现严重危机的时候，却变本加厉地

---

① 恩格斯指出："路德因为翻译了圣经，于是就给了平民运动一个强有力的武器。……农民们利用这个武器来从各方面反对诸侯，贵族，僧侣。于是路德把这个武器掉转过来反对农民，他从圣经中拼凑出真正的赞美诗来歌颂那些由上帝委派的官方，这是舐食专制君主残盏的臣仆从来还没有一个人能够做到的。神授君权，忍耐服从，甚至农奴制度都由圣经认可了"。（恩格斯：《德国农民战争》，《马克思恩格斯全集》第7卷，人民出版社1959年版，第410页）

② 《马克思恩格斯选集》第1卷，人民出版社1972年版，第10页。

耽迷于神秘主义的昏睡之中。据《李秀成自述》记，洪秀全在1856年韦杨内讧之后"就一味靠天"，"不言人事"。1860年第二次打破江南大营之后，"格外不由人奏，具（俱）信天灵，诏言有天不有人也。……不问政事，具（俱）是叫臣证实天情，自言（然）升乎之语。"天京垂危之际，洪秀全不听李秀成、李世贤关于让城出走的合理建议，胡说什么："我朕奉上帝圣旨，天兄耶稣圣旨下凡，作天下万国独一真主，何具（惧）之有。……朕铁桶江山，尔不扶，有人扶，尔说无兵，朕之天兵多过与（于）水。"洪秀全被宗教鸦片熏得如此麻木不仁，断无不败之理。当时参加太平军的英人哈利分析洪秀全军事失败的原因之一，就是"对上帝的保佑信赖得太过"。

太平天国定都南京之后，洪杨政权日益明显地步入封建化的过程。实际建立的并不是起义农民阶级追求的"地上小天堂"，而是绝对的君主专制制度、封建等级制度再加上封建神权制度的混合物。拜上帝教的教义这时成了这种新的封建体制的神学根据。①

看来，对于拜上帝教在太平天国革命过程中所起的作用应该分成两个阶段。早期，它作为洪杨等人发动革命的宗教外衣曾起过积极的作用；后期，它作为人民的鸦片日益暴露出它的反人民的本质，促进了革命的蜕化变质过程，成为洪杨建立政权的神学根据，是太平天国革命最后失败的重要原因之一。

第二种情况：宗教改革和教会改革。宗教改革和教会改革是社会关系的变化在宗教上的反映，是上层建筑对经济基础的适应。不少宗教在

---

① 洪秀全、杨秀清利用上帝的名义来神化他们建立的君主专制制度，《天平礼制》的根本观念是"贵贱宜分上下，制度必制尊卑。"

它规定："臣下有言及谈及后宫姓名位次者，斩不赦"；"臣下有敢起眼窥香后宫面者，斩不赦"；对后宫嫔妃也有类似规定：耳邪要割耳，眼邪要挖眼，心邪要挖心，手邪斩手，脚邪斩脚。《幼学诗》借用皇上帝的天命给洪秀全自己授予神圣不可侵犯的权威："天朝严肃地，咫尺凛天威，生杀由天子，诸官莫得违。"《天父诗》说："只有媳错无爷错，只有婶错无哥错，只有人错无天错，只有臣错无主错。""一语半句都是旨，认真遵旨万万年"，"遵旨得救违旨刀"……洪秀全的这些主张，实际上是把中国封建社会的根本规范"三纲五常"用拜上帝教的神学语言加以神圣化，它的落后性和欺骗性，比之董仲舒和宋明理学所解释的儒家并无逊色之处，甚至犹有过之。如果全部照办，那么，代清之后的太平天国，必将是一个类似中世纪的欧洲和民主改革前的西藏农奴制社会那样一种政教合一、封建神权专制的国家。

其历史发展过程中都曾为了适应社会的变化而发生过各种改革，其中既有神学信条的改变，也有教会组织结构的革新，这种改革的性质和作用，决定于它们所适应的社会变迁的性质和阶级关系的内容。一般说来，在剥削阶级专政的社会里，占统治地位的宗教总是统治阶级的宗教，而且教会组织的中上层往往就是统治阶级的一部分，因此，宗教和教会的改革本质上是统治阶级的利益和需要决定的，它对被压迫人民的根本利益和社会历史的进程并无好处。但是，由于历史的原因，信奉同一宗教的善男信女并不限制在统治阶级的范围之内，有些宗教具有相当广泛的群众性和民族性，故人民群众对于变革苦难现实的愿望，就常常通过对现存宗教和教会组织的改革要求而曲折地反映出来。它有时形成声势浩大的群众运动，对历史的发展起一定的积极作用。所以，宗教改革既可能有积极的意义，也可能是消极保守的，要具体分析，不可一概而论。藏传佛教在15世纪时，由宗喀巴发动了一次宗教改革运动，创立了黄教教派（格鲁派），并取得藏传佛教的统治地位。改革的内容主要是严格僧侣的戒律生活，禁止僧侣娶妻生子和参加生产劳动，反对追求尘世的功名利禄。为了把僧侣吸引和控制在寺院之内，他为黄教寺院规定了一整套管理制度。宗喀巴的宗教改革实质上是适应于西藏的封建领主阶级对加强宗教以维护农奴制度的需要而发生的。他希望通过严格戒律规定，克服当时佛教僧侣中广泛的腐化堕落现象（"颓废萎靡之相"，《续藏史鉴》绪言），振兴佛教于丧失人民信仰的危机之中，强化藏传佛教对人民的精神麻醉作用。改革的结果，使黄教得到封建领主阶级的支持，大为兴盛，并因此而使已经日趋尖锐的阶级矛盾得到暂时的缓和，巩固了封建领主对人民的统治。宗喀巴的宗教改革深深地打上了封建领主阶级的烙印。当然，由于阶级矛盾的相对缓和，也可能为经济文化的发展提供了一定的条件，不能绝对否定。但从根本上看，宗喀巴改革之后，黄教寺院经济逐渐形成和强大起来，僧侣的政治地位越来越高，随着历史条件的形成，逐渐在西藏地区形成了政教合一的政治体制，封建农奴制和佛教僧侣的神权统治紧紧地结合起来，融为一体。佛的灵光使野蛮落后的农奴制度具有了神圣不可侵犯的性质，严重地阻碍了社会历史的进一步发展；至于不许僧侣娶妻生子和参加生产劳动等规定，对藏族社会的消极影响更是不言而喻的事情。

西方的基督教在其发展过程中曾经经历过多种形式和各种性质的改革，它不断改革自己的教义信条、神学理论和组织形式，使之适合于奴隶制、封建制和资本主义制度的需要。基督教的阶级属性虽然随着欧洲奴隶制到封建制的历史进程而改变，但它并未促进和推动这两种社会体制的交替。[①] 当基督教成为罗马帝国的国教时，奴隶制早已走上了没落的道路，帝国统治者的目的是要利用基督教作为挽救奴隶制度的工具。日耳曼人的入侵，促成了帝国的崩溃和奴隶制的灭亡，封建制代之而兴。基督教也随之而发生相应的变化。在中世纪，随着封建制度的发展，基督教成为一种同它相适应的、具有相应的封建教阶制的宗教。基督教的封建化过程，并没有伴随过人民群众广泛参加进来的群众运动。但是随着资本主义关系的发展，欧洲早期资产阶级反对封建制的几次大起义却采取了宗教改革的形式。

对于欧洲各国宗教改革的原因和性质，恩格斯有许多精辟的分析。他指出，由于罗马教会是整个西欧封建社会的政治中心和最大的封建领主，由于基督教给封建制度绕上一圈神圣的灵光，所以，要在每个国家内从各个方面成功地进攻世俗的封建制度，就必须先摧毁它的这个神圣的中心组织。在反对罗马教会权利的斗争中，最有直接利害关系的阶级是资产阶级。而当时反对封建制度的每一种斗争，都必然要披上宗教的外衣，必然首先把矛头指向教会。欧洲的各种宗教改革运动，从英国14世纪的威克利夫运动，15世纪捷克的胡司运动到德国15世纪的路德派宗教改革，瑞士、法国、尼德兰等地的加尔文派宗教改革和英国17世纪的清教运动，它们都是直接起因于市民和资产阶级的反封建的政治经济要求。所谓"宗教改革"的主要内容无非几条：政治上反对罗马天主教会的神权高于世俗的君权，要求各国教会直接服从于本国君权的统治；教义上，强调《圣经》至上和"因信得救"，主张信徒可以直接通过对上帝和《圣经》的信

---

① 恩格斯指出："基督教对于古代奴隶制的逐渐灭亡是完全没有责任的。它在罗马帝国和奴隶制和睦相处了好几世纪，以后也从来没有阻碍过基督徒买卖奴隶"（恩格斯：《家庭、私有制和国家的起源》，《马克思恩格斯选集》第4卷，人民出版社1972年版，第146页）。

仰而灵魂得救，不必经过天主教会各级神职人员的中介，削弱教会的权威；教仪上，简化豪华浪费的宗教仪式，取消偶像崇拜；教会组织上，加尔文派采取由市民教徒民主推选长老和牧师，共同管理教会组织。所有这些改革的基本内容都是极其世俗化的，纯粹宗教神学的东西是很少的，而且确实不过是包藏世俗利益的一件宗教外衣。支持宗教改革的各国君主和贵族，参加运动的主要目的是趁机抢夺天主教会的财富和地产，并把教会置于自己的控制之下。① 当然，我们也要看到，尼德兰和英国的新兴资产阶级在宗教改革的掩护下进行了资产阶级革命取得了胜利。宗教改革在历史上的积极作用是肯定无疑的，但这种作用，归根到底仍是给予资产阶级政治革命以方便的宗教外衣。如果因此而把基督教新教称之为人民自己的宗教或被剥削阶级反对剥削阶级斗争的精神支柱，那是错把外衣当成本质，误认资产阶级社会政治观念为宗教神学。我们毕竟不会忘记，以宗教改革为外衣的三次资产阶级革命中，主力军都是真正的被剥削阶级——农民，他们倒是颇为相信《圣经》的某些平等的教义的，可是各国世俗君主、贵族和资产阶级却总是在宗教改革的过程中就把他们镇压下去。宗教改革的胜利是资产阶级专政的建立，而基督教新旧两派先后都成了维护资本统治、对被剥削人民进行精神奴役的工具。宗教改革的历史进程和人民宗教说的理论逻辑并没有共同的节奏。

第三种情况：异端神学和异教运动。许多宗教在其发展的各个阶段先后曾分裂为众多的教派，各教派都以得自教主或神灵的真传自许，以"真正的宗教"和"真正的教会"自居，互把对方打成异端，它们之间的斗争有时非常残酷，甚至不惜以兵戎相见，酿成旷日持久的宗教战争。有些异教和异端神学确实具有反对旧的传统宗教神学的内容，常常得到下层群众的支持和信奉，故易于被人们赋予以进步的意义，甚至被视为人民自己的宗教。其实，异端神学和宗教改革一样，也是不可一概而论的。在正统宗教和异端神学的争论和斗争中，有些是纯属信仰主义

---

① 恩格斯一针见血地指出："除雷尼亚尔以外，多数研究历史的人都很清楚，如果抛开教义上的种种争吵和注解的话，全部新教改革是一个广泛筹谋好了的没收地产的计划。开始是夺取教会的土地。随后在那些新教掌权的地方，天主教徒被宣布为叛乱者，于是他们的土地就被没收。"（《马克思恩格斯全集》第35卷，人民出版社1971年版，第157页）

范围之内的烦琐神学之争,并无多大的社会意义;有些则是社会矛盾在宗教教义上的折射。在后一种情况下,异端神学的性质取决于它所反映的阶级属性。

总结各大宗教的历史事实,我们似乎可以看到一种比较普遍的情况,社会阶级冲突表现为异端与正教的斗争者,常常是发生于那些正统宗教在意识形态上居于绝对垄断和独占统治的地区和国家。如果各种宗教可以同时并存,不同教派的斗争尽管也很激烈,但一般多属于宗教内部的问题。佛教在中国也曾不断分化为许多宗派,但是,由于中国历史上容许多种宗教同时并存,互相竞争,故各个社会阶层的社会政治要求可以直接表现为哲学、道德、政治和法权的形式,而不必一定要诉诸宗教神学的哈哈镜(当然,为了强化和神化其政治要求,使用宗教语言的情况也是存在的)。早期佛教在印度曾分裂为上座部和大众部,它们又各自再分裂为数以十计的教派,彼此争论很是热闹。论战的胜败,有时激烈到以败者自杀为条件。但这些宗派的争论并没有多少政治内容,或起因于对一经一偈的不同解释,或起因于对佛门戒律的不同规定,或起因于对修行成佛的方式有不同看法。大乘派反对小乘派着重自我修行的传统教义,贬小乘为利己,主张度尽天下一切有情,以利他为标志。我国大乘派也是如此。南北朝时名僧竺道生宣传人人皆有佛性,"一阐提人皆可成佛";禅宗进一步主张"我心自有佛,自佛是真佛"……此类宗教主张,其内容似乎平等地为一切众生开辟成佛的通道,反映了社会下层信徒的要求。不过,它与其他教派的争论,都是为了统治者的需要而强化佛教对信徒的麻醉,基本上属于对神学的不同理解。大乘派佛教的所谓的利他主义,并没有积极的社会意义,更不具有被压迫阶级的阶级属性。

中世纪以来的欧洲和哈里发时代以后的伊斯兰世界的情况则大不相同。基督教和伊斯兰教分别成为这些地区各个国家的国教,宗教经典的条文和信条具有法律的意义,意识形态的其他一切形式都被合并到宗教体系之中成为神学的分支。人民群众自降生之后,他们的信念和感情就受到宗教的熏染和范型。在传统观念和社会习俗的重压之下,反映人民群众利益的社会政治要求,便不能不体现为对传统宗教的信条做出某种新的解释,或者利用传统资料构造某种新的宗教学说。异教和异端神学的产生,其社会根源即在于此。当罗马帝国宣布基督教为国教、尼西亚会议确定三位一体和原罪说为正统教义以后，人民群众反对社会现实的要求，便很难通过非宗教和其他宗教的形式表现出来。从 4 世纪起，异端神学便不断出现，与三位一体说、与原罪说唱反调，其社会含义则是以此来反对和削弱已成为统治集团重要组成部分的教会权力。亚历山大地区的阿利安教派倡基督人性论，以此反对教会的神性；埃及、叙利亚地区的"一性派"则强调基督的神性，据此要求教会神职人员放弃对物质财富和世俗权势的追求。两派在神学理论上完全相反，而其社会含义则殊途同归，明显地表现出神学异端实质上是某种社会政治观念的宗教外衣。

中世纪时期，基督教和伊斯兰教都曾出现过神秘主义异端。理论上，神秘主义比正统神学更为荒唐，但神秘主义的外衣却掩藏不住它所包容的世俗内容，公元 10 世纪，阿拉伯人为了反对阿巴斯王朝的残暴统治，便参加和组织各种秘密教派（如卡尔玛特派、新伊斯玛仪派、暗杀派等），形成政治上的反对派。有些人则由于反对和鄙弃现实生活而变成神秘主义者，其著名代表是哈拉杰（825—922）。他宣传神秘的直觉主义，说什么通过对神的虔信和热爱的激情，可以达到与真主圣灵的交融，领悟到圣爱的欢乐与神恩，这种神秘主义实际上表达了对传统宗教信条和社会陈规的蔑视。13—14 世纪。德国的神秘主义思潮更有影响。他们也是强调个人可以直接与神交通，而不必通过教会神甫和繁琐的宗教仪式。这就否定了教会的权威和必要性，为 16 世纪的教会改革准备了条件。

中世纪异教运动几乎遍及欧洲各国。7—9 世纪拜占庭帝国发生了保罗派农民运动；10 世纪，保加利亚、塞尔维亚等地发生了波高美尔派运动；12—13 世纪发生了以法国南部为中心的华尔多派（"里昂穷人派"）和纯洁派（卡塔尔派）运动等。这些异教运动在神学上大同小异，大致都是在摩尼教关于光明与黑暗、精神与物质、善与恶绝对对立的二元论教义的影响下，发展出一种严格的禁欲主义。他们否弃现实世界和物质生活，说尘世和肉体都是恶魔所造；他们讴歌清贫，以受苦为灵魂得救之道；他们主张教徒抛弃财产，献给教团公有；在教会组织内，则主张信徒平等，只分"完人"（Perfect）和"信士"（Credenti）；在教仪上，反对偶像崇拜和豪华奢侈的祭礼……这些异端神学当时之所以能吸引广大的下层群众，主要是由于它具有反封建的社会政治内容。它的禁欲主义实际上是反对天主教会的腐化堕落；教会内部的平等实际上是反对封建教阶制；财产公有的主张更是破产农民关于未来生活的理想。如果不是这些异端神学具有反封建的政治内容，罗马教会和封建统治阶级是不会对之进行迫害和镇压的。镇压总是导致反抗，最后发展为武装斗争。

为了科学分析上述种种异端的性质和作用，我们有必要把它们的宗教神学和政治内容分开。就异端神学的纯宗教方面来说，不过是更为荒诞无稽的信仰主义和蒙昧主义，与被压迫人民的根本利益毫不相干。严酷的禁欲主义只会使被剥削人民更加安于贫困生活，甚至演出许多无谓赴死的人间悲剧。卡塔尔派宣扬灵魂得救的唯一道路是摆脱肉体的束缚，临终时的受苦可以避免来世遭难，其结果使许多信徒以自杀方式来寻求解脱。有的绝食自尽，有的使自己窒息而死，有的更用吞食碎玻璃、服毒或割破血管的办法了此一生。卡塔尔派神学极端厌恶婚姻关系，说什么亚当和夏娃的最大罪过就是他们的淫乐，淫乐才是伊甸园的禁果；生子是把善神造化的灵魂囚禁在恶魔造化的肉体之中，夫妻同居比通奸更可诅咒；有孩子的妇女是恶鬼缠身；……诸如此类的神学说教，对被压迫人民实无积极意义可言，客观上只会有利于封建统治阶级。具有积极意义的部分，主要是隐藏于其中的社会政治观念，这些才是吸引群众感情的磁石和促使群众斗争的动因。那么，我们是否可以从另一个角度说，那些包容着革命的政治观念的宗教外衣也是宗教神学的一种，而这就正是人民自己的宗教呢？可是，正统的宗教神学家却不愿意接受这种美化宗教的厚礼。在他们看来，这些东西不是真正的宗教，而是异端邪说，实质上是反宗教。两种评价的对立，令人颇感兴味。前者把异端神学的政治内容化为纯粹的宗教，于是荒诞的神学变成了人民的宗教；后者则敏感到它的政治内容，从而否认了它是真正的宗教。但是，两种意见有一个共同点，这就是它们都对异端神学的政治方面和宗教方面未作必要的区分，都不是科学的结论。马克思主义宗教观应该避免片面性，既要分析异端神学和异教运动的宗教形式，也要透过宗教形式把握其社会政治内容。它的宗教神学方面绝不符合被压迫人民的根本利益，但在一定的条件下却可以为反映人民利益的社会政治要求披上一件掩人耳目的外衣；它不是人民自己的宗教，却可以被人民借过来作为工具。这个工具本质上不属于人民，因此，不管人民怎样对它进行改造，它到头来总是一把倒持过来、授人以柄的太阿剑。

通过对上述三种情况的分析，我们认为，马克思主义宗教观的"宗教外衣论"，在各种情况下都得到了有力的证明：宗教是人民的鸦片，而不是人民的福音。

（原载于《世界宗教研究》1982年第4期）

概说宗教禁欲主义

禁欲主义是宗教生活中一种非常普遍而且重要的现象。古今中外的各种宗教，除了像印度教的性力派、古希腊宗教的狄奥尼索斯崇拜等极少数宗教具有某些纵欲主义特征以外，差不多都有禁欲主义倾向，一些极端的宗教和教派甚至在教义规定上奉行极其严厉的苦行主义。

为什么宗教一般都与禁欲主义结下不解之缘呢？这是比较宗教学应该研究的重要课题。我们应该用比较宗教研究的方法，收集宗教禁欲主义的各种事实，追踪其产生和发展的历史过程，探索其心理学、伦理学、社会学上的原因，说明它在历史上和社会生活中所起的作用。本文打算对这些问题作一些尝试性的研究。

一 原始人的宗教禁忌与宗教禁欲主义的产生

要说明宗教禁欲主义的产生，就得了解人类欲望的本性。人的欲望是自然天赋、生来就有的。人作为生物，必然具有求生的欲望和谋生的活动，此即所谓的"生存本能"。人也和其他一切生物一样，不仅要求个体的生存，而且要求种族的生存。种族的生存在自然选择中表现为生物对性的欲求，此即生物的"生殖本能"。生殖本能是生存本能的放大和延续。生存本能表现为生物对食物的欲求，生殖本能表现为对异性的爱欲。人们欲望和欲求的对象多种多样，非止一端，但最根本的欲求，仍无非是生存的欲求和生殖的欲求，一切其他的欲求，归根到底，不过是生存本能和生殖本能的不同表现形式。我国先秦时代的思想家告子已经懂得这道理，他留下了一句名言："食、色，性也。"饮食、男女，人之大欲，表现了人的最基本的欲望，也表现了人的基本人性。

当我们从人性的观点看待和分析禁欲主义的本性及其产生时，似乎可以得出一个顺理成章的结论：当人作为一个体现自然人性的人，在不受任何外在的强制和文化观念、道德观念的内在抑制的时候，人是不会抑制、更不会放弃与生俱来的生存本能和生殖本能的。这也就是说，自然状态下的人，是绝不会禁制人性欲求，搞什么禁欲主义的。事实上，人类早期的宗教崇拜不仅不禁制生存本能和生殖本能，而且与实现这两种人性本能直接有关。原始时代盛行于世的自然崇拜，其崇拜对象无非就是原始人生存所系的自然力和自然物，崇拜它们的根本目的是企求神灵的祐助，更加顺利地获得食物。原始社会广泛流行过"生殖器崇拜"，这种崇拜实际上是把人类的生殖本能神圣化。在母权制氏族社会时代是"女阴崇拜"，到父权制氏族社会又发展为"且"崇拜（男性生殖器崇拜）。显而易见，在当时那种接近自然状态的原始社会里，是不可能出现禁制性本能的禁欲主义的。

为什么在人类社会生活中冒出了个反乎人性之常的禁欲主义？有两种不同的答案。一种观点认为禁欲主义的产生与宗教无关，另一种观点认为禁欲主义是宗教的伴生物。就我接触到的资料而言，著名的英国哲学家罗素是持第一种观点的典型代表。他在其《婚姻与道德》一书中专门讨论过性禁欲主义如何产生的问题。他认为，性禁欲主义的最初产生纯为世俗原因，与宗教完全无关。人是先有某种世俗的心态和原因，才激起反对性欲求的宗教信仰之心。性的禁欲主义态度之所以产生有两大原因：一为心理上的"忌妒心"，二为生理上的"性疲乏"。"忌妒心"来自对异性的独占欲望；"性疲乏"则是由过度的性纵欲引起的。因此，罗素把性禁欲主义视为性纵欲主义的一种反动，是人类进入文明社会之后的产物。不过，罗素所讲的这种性禁欲主义似乎主要合适于比较发达的状态，而不适合于说明性禁欲主义的原始形态。人类学和民族学的大量材料说明，性禁欲的最初萌芽并非发生在人类进入文明时代之后，而是发生在人类尚未完全摆脱野蛮状态的原始时代；产生性禁欲的原因，也不是由于纯世俗的经济原因而引起的性纵欲，以及由此而产生的性疲乏，而是与原始时代的宗教信仰有关。

早在原始社会的父权制氏族社会时代，即已出现了以歧视妇女为内容和形式的禁忌规定。例如，许多原始民族对于妇女的初潮期、月经期、妊娠期、生育期的性生活，做出了严格的禁忌规定。男人们每逢重要的社会活动和生产活动（特别是出征之前和战斗之中）不许接触女人，不许与妻子同房睡觉，更严禁过性生活……原始宗教之所以做出这些歧视妇女、禁制性关系的规定，显然是认为妇女和性关系在这些特殊的时间和场合里是不洁净的、污秽的，是为神灵所厌恶的。可以推断，诸如此类的宗教禁忌便是视妇女和性关系为罪恶的性禁欲主义的原始形式。这种形式的禁欲主义应该是父权制氏族社会的产物，那是人类进入文明之前的原始时代。在那个时代，不可能有什么因经济原因而引起的性纵欲主义，以及由之而引起的性疲乏；个人对于情敌的忌恨心似乎也不会发展为重大的社会问题，以致促使社会不得不发动禁欲主义的道德运动和宗教运动。性的禁欲主义和其他形式的禁欲主义，从其萌芽时起，就是作为"宗教禁忌"而产生的。

"宗教禁忌"是宗教崇拜的一种必然表现，是与宗教的神灵观念不可分割地联系在一起的。一当人们把支配自己生活的异己力量幻想地反映为超自然、超人间的神秘力量或神圣事物，在观念上有了意识，在情绪上就会有所感受，产生出对"神圣物"的惊奇、恐惧以及尊敬、爱戴等宗教感情。宗教心理学称这种宗教感情为对神灵的"敬畏感"。表现宗教敬畏感的行为是多种多样的，如果是在人与神的关系上表现为人对自身行为做出限制和禁戒规定，这就构成宗教禁忌。因此，宗教禁忌本质上是宗教神观念的伴生物，是随着宗教神灵观念在原始人心中的产生而产生的。

最早对宗教禁忌现象进行研究的宗教学者首推英国的罗伯特森·史密斯（1846—1894）。他注意到古代闪米特人把事物区分为神圣的事物和非神圣的普通事物。被闪米特人视为神圣的事物（Holy things），乃是慑于神的震怒而只能在严格的宗教禁戒规定下方可使用的那些事物。与此相反，被他们视为非神圣的普通事物（Common things），则是指那些不怕遭受神灵惩罚、人们可以随意使用的事物。他指出，闪族人所谓的"神圣"一词，本来即含有"分离"、"禁止"的意思，"神圣"观念即为"禁止"观念。一个事物在人的观念中被视为神圣，在行为上则表现为禁止人们随意使用它，或者说在某种特殊情况下禁止使用它。被闪米特人列入此种禁止性规定的事物，可以是特别的人物或自然物，也可以是与神圣物有关联的特定的时间与空间。对诸如此类的人、物、时、地所做的禁止性规定，就是所谓"禁忌"。因此，宗教信仰的神圣物、神圣观念和禁忌规定，二者在根源上是相同的。禁忌，作为一种宗教行为，是与远古时代人类关于神圣事物的观念同时产生的。

在罗伯特森·史密斯之后，西方人在世界许多地区的原始民族中发现了更为典型的宗教禁忌现象，其中以太平洋岛屿上的波利尼西亚人的"塔布"（taboo, tabu）现象最有代表性。波利尼西亚人信仰和崇拜一种他们称之为"玛纳"（Mana）的神秘力量。他们相信，凡是具有玛纳力的人或物都是危险的、不可接触的，于是便形成了一套禁忌规定，此即所谓"塔布"。部落中的头面人物（酋长、头人、巫师、祭司）举行宗教仪式的场所，被视为有神灵居住的"圣地"，某些物品被视为神灵使用的"圣物"，以及某些鸟兽木石和食物都被视为拥有玛纳，因而成为"塔布"。人在某些非常时期（如出征打仗和打猎时以及妊娠期、月经期……），也被视为塔布：就此所规定的禁令和戒律，人们必须严格遵守，不得违反，否则必将受到神圣力量的灾难性惩罚，轻者危及个人，重则祸延氏族。在这种情况下，便必须举行特定的宗教巫术仪式，以禳解"塔布"。显而易见，波利尼西亚人的"玛纳"——"塔布"现象是一种典型的由宗教崇拜对象所规定的宗教禁忌。类似"塔布"的宗教行为，在许多古老民族的宗教中都有发现。在泰勒、弗雷泽之后负有盛名的宗教人类学者马雷特（1866—1943）根据这些发现，把史密斯的禁忌理论发展为一般性的宗教起源论，他认为，早在原始人信仰万物有灵之前，已开始信仰某种类似"玛纳"之类的神圣物。关于神圣物的"神圣"观念才是宗教的核心："玛纳"之类就是人类最早的神圣物。当波利尼西亚人视"玛纳"为神圣物的时候，他们同时也就对之做出所谓"塔布"的禁忌规定。"塔布"是"玛纳"的伴生物。马雷特的结论是：最原始的宗教就是"玛纳—塔布"（神圣物—禁忌）这两个观念的联合。他把这两个联合起来的观念看成是"宗教的最小定义"。此后，许多鼎鼎大名的宗教学家，如法国的杜尔凯姆、摩斯和瑞典的瑟德布罗姆都不约而同地提出过类似的理论。

总而言之，宗教禁忌与宗教神圣观念同样古老，是人类随着神圣观念的产生而伴生的对自身行为的限制和约束，以此来表达人们对神圣物的敬畏感。对神圣物的信仰和崇拜，乃是宗教之最本质、最核心的因素。有了神圣物的观念，就会伴生对神圣物的敬畏感，并由此而产生禁忌规定，而禁忌规定也就意味着禁欲主义。可见，禁欲主义是宗教生活中的一种必然的表现和倾向。当然，这种倾向的展现和发展有其历史的过程。

在原始时代，人们信仰和崇拜的神圣物品类繁多，宗教禁忌规定也花样百出。综合各民族原始时代的宗教禁忌，大体上可以归纳为以下几种类型：

一是"语言禁忌"：在一定的神圣物以及与此相联系的"圣时"（具有神圣意义的时间，如宗教节日）、"圣地"（具有神圣意义的空间，如原始宗教的"神林"、名宗教创始人的出生地、死亡地、墓葬地之类），有些话不能说。

二是"作业禁忌"：在神圣物面前，在"圣时"或"圣地"，有些事不能做。

三是"食物禁忌"：何者可吃，何者不可吃，以及吃的方式、时间、地点，各民族宗教都有特殊的规定。

四是"性禁忌"：对于异性接触和性生活所做的暂时性的或永久性的禁戒。

以上四种，是比较常见的宗教禁忌，按次序一个比一个严苛，完全遵奉的难度也越来越大。大体上可以肯定，宗教禁忌的难度是随着宗教赋予其神圣物以越来越多的神性而逐级增大的。食物禁忌与性禁忌所禁制的对象是"饮食、男女"两项"人之大欲"，所以这两大禁忌具有禁欲主义性质，是原始宗教禁忌制度发展到一定阶段出现于世的。食物禁忌后来演变为各种宗教中的"斋戒制度"；性禁忌则演变为各种宗教中的"洁身仪式"。当然，由于不同的宗教体系有不同的教义、信条和神学理论，它们对斋戒、洁身之类禁忌规定的性质和意义有不同的说明。尽管如此，它们的基本形式大体上是一致的，都起源于原始宗教生活中的禁忌制度。

二　宗教的二重世界论必然包涵禁欲主义

原始宗教生活中的禁忌制度以及在此基础上产生出来的禁欲主义，不仅没有由于原始时代演进到文明社会而消逝，反而随着文明的发展而花样翻新，日益强化。这是因为宗教禁忌本质上是宗教神灵的支撑物，如果没有禁忌规定，宗教神灵就不复成其为神圣物。所以，宗教禁忌规定所表现的禁欲主义只会随着宗教神灵观念的发展而发展。事实也是如此，宗教禁欲主义在原始时代之后皆被各种宗教的教义体系所接受，并通过其神学理论得到进一步的强化。

各种宗教为了拨动善男信女的宗教感情，激发他们对神灵的信仰，一般总是把世界二重化，在现实世界之外虚构一个幸福的天堂或极乐的净土，并把它和现实世界对立起来。按神学的二重世界论，尘世生活总是短暂无常，只有天堂才永恒不灭；尘世生活充满罪恶和痛苦，天堂则无限美好和幸福。宗教不可能取消来世的天堂，也不可能把来世天堂说得和现实生活一样普通。如果这样讲法，宗教就会失去对善男信女的吸引力。夸大来世天堂的幸福，就会相应地强调尘世生活的苦难。但是，任何宗教都只能利用尘世生活的苦难，而不能在现实世界中解脱这种苦难；他们之所以大肆渲染尘世之苦，就是要使善男信女们鄙弃这个现实世界，不要去争取现实的物质利益，而要把物质世界的一切视为微不足道的过眼云烟予以鄙弃；既然四大皆空，一切皆苦，那就应看破红尘，注视来世，到宗教幻想的天堂去寻求最终的解脱。宗教就这样从关于来世天堂的信仰导出了否定现实生活的禁欲主义。

释迦牟尼创建的佛教，其基本出发点是认为诸行无常，人生极苦；其宗教修行的目标是把众生从苦海中解脱出来。但是佛教并不主张通过佛教的修行使众生在现实生活中免受人生苦难的折磨，实实在在地享受到生命的欢乐。相反，它认为，只要是生命，其整个生活历程就总是苦的。即使一个人今生行善，来世轮回到富贵人家，过上富贵生活，甚至转生为"天"（神），也仍会经历任何生命皆必然经历的生老病死之苦。所以，佛教要求其信仰者放弃一切尘世生活，把解脱的希望寄托在那超自然的涅槃境界。佛教所谓的涅槃虽然不像基督教、伊斯兰教和我国道教所理想的那种"天堂"，但总是一个断生死、绝轮回的永恒寂静的境界。佛教经典形容它是一个"常、乐、我、静"的世界，我国的净土宗佛教直截了当地称之为"极乐净土"，实质上仍是一般宗教所追求的可以安享永恒欢乐的天堂。对涅槃之乐的绝对肯定，意味着对现世幸福的根本否定。众生只能放弃任何享受现世幸福的欲求，在禁制情欲的宗教修行生活中度过苦难的人生。

犹太教和基督教关于来世天堂的教义和信仰有一个发展过程。古代以色列民族的上帝信仰和摩西之后的犹太教并没有明确的来世天堂观念。上帝只是要求以色列人信他为上帝，不要信别的神，上帝则特选以色列人为自己的"选民"，给以特殊的恩宠和福祐，否则，上帝必予严惩，直至肉体上的消灭。这种以是否信仰上帝为转移而给予的祸福报偿，都是许诺在现实世界中来实现的，并没有把报偿推到来世。耶和华启示摩西，只要以色列人信他为唯一的上帝，不拜别神，他将保佑摩西把以色列人从埃及带往巴勒斯坦那块"流奶与蜜"的乐园。以后，以色列人的苦难没完没了，先后被亚述人、巴比伦人、波斯人、希腊人、罗马人所征服，沦为奴隶，民族复兴无望，逐渐发展出救世主弥赛亚思想。一些宗教预言家（"先知"）预言上帝将要派一个救世主降临人世，拯救以色列人，在地上建立神的统治，尽管这种"神的统治"仍在地上，而非天国，但此神国已被推迟到渺茫的未来，与天国一样可望而不可即。由于犹太人寄希望于弥赛亚的拯救，他们在现实生活中往往采取静观等待的态度，忍受现实的苦难。犹太教中的艾赛尼派之类则吸收了希腊哲学中的灵魂不灭说，发展出来世幸福的信仰。主张今生受苦，标榜禁欲生活；将来弥赛亚降临时，死人将复活接受审判，按生前行为的善恶接受赏罚报应。犹太教就这样出现了现世受苦禁欲、来世获得福报的信仰。这种信仰也为基督教所继承和发展。

基督教的《福音书》宣称耶稣是上帝之子，是上帝派来拯救世人的救世主（基督）。他死而复活，不久就要重来此世，对世人进行最后审判，在地上掌权为王，建立千年王国，追随耶稣基督的信徒将与他一起掌权享福。这个"千年王国"虽是由神统治的神国，但也仍在地上而非天国，神国中的生活当然是幸福的，而不会是禁欲苦行的，但这一切毕竟是未来的事，现实情况则完全不同。早期基督教徒结为社团，过着实行公共用餐的"公社"生活。由于他们绝大多数都是下层劳动者，其生活必然是清苦的，在观念上势必发展出一种轻视金钱、安于清贫的禁欲主义思想。他们和犹太教艾赛尼派一样，幻想用现实生活中的禁欲主义去等待或交换未来的千年王国。随着时间的消逝，早期基督教等待神国来临的盼望一再化为泡影，一些宗教神学家开始修改过去的信仰，把千年王国的实现从地上搬迁到天上去了。耶稣基督宣称"天国近了"，但又说："我的国不属这世界。"人们怎能进到那个世界呢？耶稣在其著名的"登山宝训"中说：有福进天国、见上帝的人是那些"虚心的人"、"哀痛的人"、"温柔的人"、"饥渴慕义的人"、"怜恤的人"、"清心的人"、"使人和睦的人"、"为义受逼迫的人"……而且这些"有福的人"将会得到的赏赐是在天上。① 可见，要想得到天国的赏赐，过幸福的生活，必然忍受尘世的苦难，清心寡欲，与人无争。

伊斯兰教在这方面的情况大同小异。穆罕默德创教时，一开始就陷入了与传统的社会势力和宗教势力的激烈斗争。他与追随者逃到麦地那建立教徒公社组织，并使之成为一个政治的、军事的社会实体。为了争取战争的胜利，他不能不顾及广大信徒的现实生活利益。所以，伊斯兰教是一个广泛的社会运动，而不是像佛教那样是出世的宗教。反映在教义上，《古兰经》既允诺穆斯林享受来世幸福，也承认他们享受现世幸福："谁想获得今世的报酬，我给谁今世的报酬；谁想获得后世的报酬，我给谁后世的报酬。"（《古兰经》第3章第145节）但是，伊斯兰教和一切主张有来世幸福的宗教一样，只要承认来世的天堂，就绝不可能把今生的幸福和来世的幸福放在同一天平的两端，而必然用各种方式否定今世幸福，把教徒的注意力从对现世幸福的执着引开，导向对来世幸福的追求。《古兰经》在这方面留下了大量的经文："今世的生活，只是虚幻的享受"（3：185），"今世的享受比起后世的幸福来是微不足道的"（9：38）。"真主使他所意欲者享受宽裕的给养或窘迫的给养。他们因今世的生活而欢喜，然而今世的生活比起后世的生活来，只是一种［暂时］的享受"（13：26）。今世的生活无论多么幸福都是短暂的，终将零落消亡，只有后世生活才是永恒的享受。相比之下，今世的幸福只是一种"欺骗人的享受"（57：20）。在伊斯兰教这种教义的长期熏陶之下，穆斯林越来越重视来世生活。信仰越是虔诚，对来世幸福的追求越是强烈，而对今世幸福则相应地趋于淡漠。因此，虔诚而狂热的穆斯林往往趋向于严厉禁欲的苦行主义。重视今世幸福

---

① 见《新约全书·马太福音》第5章，第5—12节。

的伊斯兰教尚且如此,其他的宗教,特别是出世倾向比较突出的宗教,具有禁欲主义倾向更是理所当然的。总之,我们似乎可以一般地说,任何主张来世天堂的宗教,骨子里都包含有否定现世幸福的因素,最后终将导致禁欲主义。

三 灵魂与肉体的二元论对宗教禁欲主义的强化

任何一个正常的社会和正常的人都会主张去恶向善,宗教自不例外。而且,宗教还以其特有的神圣权威来强化社会对道德罪恶的反对态度。问题在于罪、恶的性质和根源是什么?如何清除它?一般说来,历史上较大的宗教和教派多是用精神—物质、灵魂—肉体的二元论来解释个人在道德上之所以或善或恶的原因。它们一般都认为,灵魂本是纯净的,物质和肉体才是不洁的、污秽的。道德罪恶是由于肉体的物质欲求对灵魂的污染,因而,物质追求和肉体情欲乃是万恶之源。只有否定物质生活,弃绝肉体欲求,自觉忍受苦难才是灵魂得救之道。一些极端的宗教禁欲主义甚至宣扬灵魂得救的唯一道路便是摆脱肉体的束缚,其结果是使许多信徒以各种方式折磨肉体,许多宗教都把妇女看成是诱发人的肉体情欲、造成道德犯罪的重要原因,因此而制定出歧视妇女的教义和性禁忌方面的戒律规定,反对男女性生活,进而反对婚姻和家庭。在这方面,印度宗教最为突出。

古代印度吠陀时代的宗教还不像后来各派印度宗教那样主张厌世和出世。当时的印度人虽然深信人死后尚有一种个人人格存在(实即人的灵魂不灭),但他们不大考虑死后生活。梨俱吠陀认为来世和今生相似,死人仍有身体,还能吃能喝,且能与家人见面相聚。吠陀后期逐渐发展出天国思想,希望往生天国。梵书时代[①]逐渐产生了作为创生世界、统一万有的最高神——"梵"的概念,接着又出现了"业报"思想,认为人的行为("业")有善有恶,恶行必受相应惩罚,善行应得相应报偿。由此又生出死后轮回的信仰。在这种宗教教义的影响下,人究竟如何从生死轮回中解脱出来,便成了印度宗教着力解决的大问题。奥义书时代(公元前700—

---

① 印度历史上的后期吠陀和梵书时代,约在公元前1000—前700年间。

前500年间）的思想家们认为，解脱轮回之苦的根本途径不是宗教上的祭祀和世俗的德行，而是静修和苦行。主要的修行方法是禅定和瑜伽。禅定、瑜伽的具体法门很多，而根本之点在于要求禅定者离动住静而作内观，端坐调息，排除情欲杂念的干扰，将心集中于特定的宗教目标之上，达到某种所谓"非想非非想"、精神恍惚的出神境界。在印度宗教看来，此即所谓梵我同一的境界。达到此种境界，人也就解脱了。

在印度宗教看来，通过禅定达到梵我同一的解脱之境的根本障碍，是人的感官情欲或人对尘世生活的眷恋。一个人，如儿女之情过盛，物欲过多，就会去追求饮食、男女之欲的实现，从而注定要作恶行、得恶报，不能解脱；在禅定过程中，则不可能排除情欲的干扰，将心思集中于宗教目标之上，实现梵我同一的证悟。正是由于这种宗教哲学的影响，当时各派宗教都逐渐发展出否定感官情欲的禁欲主义和鄙弃尘世生活的厌世主义、出世主义，主张修行者离尘绝世，遁迹山林，进行苦修。

奥义书时代之后，出现了许多反正统婆罗门教的沙门思想和宗教运动。其中，耆那教和佛教最有影响。耆那教奉行极其严酷的禁欲主义和苦行主义，佛教虽有所缓和，亦不能摆脱禁欲倾向。

耆那教在根本教义上接受传统的业报轮回、灵魂解脱之类信仰，它认为，人的灵魂要想摆脱轮回之苦得到解脱，必须通过宗教的修持，使灵魂摆脱尘世生活的污染，保持灵魂的洁净。在耆那教看来，人的灵魂是半物质的实体，与其所依附的形体（肉体）相当，随肉体而动。因此，也就容易受到肉体的污染。如果让不洁净的物质从肉体的毛孔进入灵魂之中，就会引起灵魂的欲念，导致作业，构成道德上的污染。要想使灵魂清净不染，就应做到道德上清净不污。这就必须堵塞肉体上的孔道，使不洁净的微细物质不得其门而入。要达到这种目的，只有进行宗教修持，压制种种情欲。此种对情欲的抑制便是宗教戒律的功用，耆那教规定了五种根本的戒律：不杀生、不欺诳、不偷盗、不奸淫、戒私财。严守戒律，即可抑制情欲。实行禁欲苦修，才能消除旧业之力的束缚；与此同时，不再造新业，人就可灭其情欲，达到寂静，证得涅槃，获得解脱。由此可见，耆那教的根本解脱道路就是禁欲主义或苦行主义。

佛教创建者释迦牟尼早年感悟到人的一生短暂无常，充满痛苦，遂立志寻求解脱痛苦的道路与方法。他曾追随一些宗教大师从事禅定苦修,长达数年之久,据载,他实践过许多非常严酷可怕的苦行苦修法门。如:节食达到每日一谷一麦,甚至七天才吃一顿饭;他有时吃草,甚至以吃粪便度日为生;在穿着方面极为简朴,穿粗毛织成的衣服,甚至穿用鹿皮和树皮制成的衣服,以刺激皮肤;在行为方面,他曾拔除须发,连续站立不卧,或卧于荆棘、鹿粪、牛粪之上,甚至常到墓地和已腐烂了的尸体睡在一起,更不洗澡除污……总之,他用一切苦行法门来折磨自己的肉体,以求实现精神上的解脱。但据佛陀说,这一切苦修苦行尽管已经达到了自我禁欲克制的极限,但仍未找到解脱的正道。于是,他决心放弃苦修,另寻正道,终于觉悟成佛。在禁欲苦行问题上,佛陀主张既不纵欲、也不禁欲的"中道",与耆那教之类禁欲主义宗教划清界线。但是,佛教作为一种宗教绝不可能完全摆脱禁欲主义的总倾向,只不过在禁欲苦修的程度上有所缓和。在根本教理上,佛教仍继承了传统宗教关于业报轮回的信仰。在佛教看来,三界五趣之属,有情无情之类,无一不是五蕴诸法因缘会合而成,因而也必将随因缘关系的分解而消灭。因此之故,宇宙万物皆不能免于生灭变化的流转过程。一切有生有灭,故一切皆苦:生、老、病、死、怨憎会(互相仇视,却必须生活在一起)、爱别离(互相友爱,但却必须分开)、求不得(欲望不能实现)、五蕴炽盛(身心烦恼),诸苦充满人生整个历程。人的生活中当然也有欲求实现而享受快乐的时候,但诸行无常,好景不长,一时之乐无非过眼云烟,到头来终成空幻,反而更苦。

由于佛陀认为众生沦入无边苦海的根本原因是因"无明"而生的"贪欲",故佛教的一切宗教修持方法归根到底在于断除人的情欲追求。因此,尽管佛陀口头上并不主张搞严酷的苦行苦修,但佛教的世界观和根本教义却包含着显而易见的禁欲主义。佛陀为其弟子规定了戒杀生、戒偷盗、戒邪淫、戒妄语、戒饮酒这五条戒律。这是根本性戒律,不管是出家弟子,还是在家弟子都要遵守。但对出家弟子,规定的戒律更多更严,其主要内容是禁制人对"饮食、男女"的欲求。"不杀生"的戒条本与佛教关于生死轮回的信仰有关。任何生命(包括牲畜)可能由人转世而来,来世也可能转生为人,故佛教禁止以任何方式伤害各种生命。但早期佛教并不反对施主赐食的肉食。到中国梁武帝之后就进一步发展为禁止僧尼以任何方式吃肉，成为严格的禁欲主义规定了。至于出家弟子要以云游乞食为生、午后禁食、禁蓄金银财物等戒规，明显地是以禁制对饮食、财货的欲求为内容。佛教对人的性本能更是严格地予以禁制。因为性本能引起的冲动和欲望，最能引致佛徒们感情上的骚动（烦恼）。所以，佛陀规定其弟子最好抛妻别子、出家修行、修习禅定。佛教认为，凡修习禅定达到阿罗汉果位者，应已断尽一切烦恼，禁绝性方面的生理欲望，不仅断绝男女性生活，甚至不许出现梦中遗精之类事体。总之，在饮食方面，佛教主张乞食、节食以至素食；在男女方面，佛教提倡出家修行，禁止僧尼的性生活，追求断除性本能。此二者便是佛教禁欲主义的集中表现。

古代东方宗教关于灵魂不灭和生死轮回的信仰传入希腊后，对希腊人和西方人的宗教信仰产生了重大的影响。首先受此影响的是古代希腊的奥尔弗斯教。其后流行于希腊—罗马世界的诺斯替教和基督教，也都接受了灵魂与肉体二元论的观念，并在此基础上发展起自己的宗教禁欲主义。下面着重谈谈基督教禁欲主义产生和发展的情况。

早期基督教对于灵魂与肉体、精神与物质的本质及其关系，本来并没有明确的教义，但在当时各种宗教体系的冲突、竞争和交融过程中，它直接或间接地接受了各种东西方宗教关于灵魂与肉体的二元论思想，逐步发展出基督教的禁欲主义。

早期基督教的信徒和教会中无疑存在着许多不道德行为，贪财好色，淫乱苟合，无奇不有。教会领袖逐渐视这些行为为肉体之恶，必须禁制肉欲，方能使灵魂得救。保罗的《哥林多前书》提出要把那些从事淫乱的基督徒"交给撒旦"。但他同时也指出，这样做，只是"败坏他的肉体，使他的灵魂在主耶稣的日子里可以得救"。保罗虽不反对结婚生子，但他总的倾向是否定的。因为结婚必然要性交，而性交是有碍于灵魂得救的。他之所以主张结婚，是因为考虑到性冲动常常导致淫乱，"倘若禁止不住，就可以嫁娶。与其欲火攻心，倒不如嫁娶为妙"[①]。为了灵魂得救，最好一生一世不过男女性生活，严守童身。

在保罗的思想影响下，虔诚的基督徒为了摆脱饮食男女之类肉体情欲

[①] 《哥林多前书》第7章第9节。

对灵魂的诱惑，常常离尘遁世，逃到荒无人烟的沙漠旷野之中，过着极端清苦的隐修生活，与自己的肉体情欲进行搏斗。公元3世纪中4世纪初，逐渐兴起到男女修道院苦修的修道运动。修道者们视性欲为罪恶，视身体的清洁为灵魂的污秽，视守童身为神圣，宣誓立志坚守清贫、苦行与贞节。第一位著名的禁欲虔修的隐修士是被授予圣徒称号的安东尼。他于公元250年生于埃及，270年左右开始隐居。他先在离家不远的一间茅屋里独居了15年之后，又到遥远的荒漠中住了20年。他以其禁欲主义的苦行赢得了崇高的名声，大批群众渴望听到他的声音。于是，他于公元305年左右出世讲道，并鼓励人们过隐居生活。他实行类似印度耆那教徒式的苦修苦行主义，把饮食、睡眠减少到仅能维持生命的最低限度。按照宗教家们的说法，他毅然抗拒了魔鬼撒旦经常以男女情色对他的恶毒诱惑。在他的晚年，埃及塞伯斯附近的荒野竟住满了为他的榜样和教诲所感悟的隐修士。

在西欧的整个中世纪时代，基督教及其教会成了至高无上的政治力量，上层教会人士成了社会上最高的等级——僧侣贵族。政治、经济、社会的种种特权使基督教及其教会世俗化了，超世俗的禁欲主义对精神的束缚瓦解了。教士们穷奢极欲，饮食惟恐不精，情妇不厌其多。上层教会人士的纵欲引起了下层信徒的反感。中世纪的欧洲不断出现了反官方教会的异端神学和异端教派。其中最著名者有公元7至9世纪拜占庭帝国的保罗派，10世纪保加利亚、塞尔维亚之鲍格米勒派（意为"爱上帝者"），12—13世纪法国南部之华尔多派（"里昂穷人派"）和卡塔尔派（"纯洁派"）等这些异端教派在神学思想和伦理观念上大致都接受诺斯替教、摩尼教关于光明与黑暗、精神与物质、灵魂与肉体、善与恶绝对对立的二元论，发展出一种与纵欲主义针锋相对的禁欲主义。他们否弃现实世界和物质生活，说什么尘世和肉体都是恶魔所造；他们讴歌清贫和苦行，以受苦为灵魂得救之道；他们主张教徒抛弃财产，献给教团公有；在教仪上，反对偶像崇拜和豪华奢侈的祭礼……更有甚者，像卡塔尔派这样极端的禁欲主义教派甚至进一步主张灵魂得救的唯一道路是摆脱肉体的束缚；临终时的受苦可以避免来世遭难。其结果是使不少信徒以自杀方式来解除肉体束缚，实现灵魂得救。有的信徒绝食自尽，有的使自己窒息而死，有的则用吞食碎玻璃、服毒或割破血管的办法了此一生。卡塔尔派神学极端否定男女性生活和婚姻关系，说什么亚当和夏娃的最大罪过就是他们的淫乐，淫乐才是伊甸园的禁果；生儿养女实质上是把善神造化的灵魂囚禁在恶魔造化的肉体之中；夫妻同居比通奸更应受到诅咒；有孩子的妇女是恶魔缠身……在这种严厉苛刻的宗教禁欲主义的桎梏之下，人类的基本人性受到了强制性的压抑，而受害更大更深者则是妇女。正统基督教虽然并不主张如此严酷的禁欲规定，但也包涵有否弃肉体情欲才能使灵魂得救的因素。因此，我们看到，在基督教的许多神学著作和传道文献中都视妇女为万恶之源，对之充满辱骂的言辞。勒基（W. E. H. Lecky）在其《欧洲道德史》谈及这方面的情况时写道：

> 妇女做了地狱之门，万恶之源。人，生为妇女，就当自惭。她携灾祸来到人间，理宜长久忏悔。她当以自己的服饰为羞辱，因为那是她背教堕落的纪念品。她尤当以自己的美丽为特别可耻，因为那是恶魔最厉害的工具。身体的美丽，实是被宗教永久责骂的题目。惟有一个例外，即中世纪时，教主们身态的美丽常见于彼等之墓志铭中。6世纪时，曾有省议会因认妇女为不洁，禁止他们用赤手接受圣餐。妇女们差不多都居于服从的地位。①

只是到文艺复兴时期之后，由于人文主义启蒙思潮对宗教禁欲主义的长期批判，特别是新兴资产阶级领导的反封建民主革命不断取得胜利，宗教禁欲主义才逐渐减弱了它的影响，"饮食"、"男女"之类人之大欲才作为基本人性逐渐在人身上得到复归，尽管如此，基督教和一切重视灵魂得救的宗教一样已与禁欲主义结下不解之缘，并未在基督教教义中销声匿迹。

最后谈谈伊斯兰教的禁欲主义。伊斯兰教相信灵魂不灭、末日审判、来世报偿，并认为人的行为之善恶，其原因为真主所前定。《古兰经》并未说肉体为罪恶之源，但是，《古兰经》中所谓人祖阿丹与其妻好娃因偷

---

① 勒基：《欧洲道德史》，英文版，第2卷，第357—358页。

食禁果获罪并因此而被逐出乐园的说法，使许多穆斯林觉得饮食男女之类肉体情欲乃是人类犯罪的根源，由此而主张通过禁欲、苦行、忏悔之类宗教修行，邀取真主的宽恕与恩宠，在末日审判时获得进入天国的权利。但是，系统而严酷的禁欲主义主要是在伊斯兰教的苏非派中发展起来的。苏非派神学具有浓厚的神秘主义色彩，它认为真主是唯一的存在，惟真主为真实，俗世生活中的一切皆为虚幻。因此，苏非派将尘世生活喻为人生旅途上让人暂时寄宿的旅店，人作为旅客其最终归宿是返归故里，这故里就是真主。所以，苏非派认为，宗教修行的根本目标就是返本归原，人主合一。在实际的宗教生活中，苏非派通过一套修行方式达到灵魂的自我净化，消除一切欲念，使自我消溶于对真主的信仰与热爱中，沉浸于人神合一的出神境界。这种主张与古代印度宗教所说的通过禅定和瑜伽，达到梵我合一境界的说法，基本上是一致的。

那么，如何才能促成灵魂净化，实现人主合一呢？苏非派也和古代印度宗教一样走到严厉的禁欲主义和苦行主义。苏非派力求仿效穆罕默德创教时在希拉山洞中潜修的榜样，排除尘世生活对灵魂和精神的干扰，遁世隐修。他们主张放弃富贵荣华，放弃私有财产，视黄金为秽物，满足于贫穷卑贱的生活，以便断绝人欲，洁净身心，全力沉思和虔敬真主。在修行方法上，苏非派信徒常常长时间地静坐和守夜、连祷和夜祷、洁身和斋戒。有些苏非派信徒甚至抛妻别子，过独身生活，以便把全部身心献给真主。苏非派禁欲主义的教义与实践再一次表明，宗教的灵魂观念和实现灵魂净化、灵魂解脱的教义，必然导致并强化禁欲主义。

四　宗教禁欲主义的社会历史作用

宗教禁欲主义在许多民族的历史上对文化生活，特别是伦理生活有着极其深刻的影响。

人要求得自身的存在和种族的延续，就得实现人的生存本能和生殖本能，即实现人性的自然欲求。人类的生存本能促使人去创造实现它的自然条件和社会条件，按照人的自然欲求和审美欲求改造和利用自然界，使之适合于人性的需要。这就创造了人类的文明，推动了社会的发展。人性乃是人类社会生命力的内在基础，创造性的内在源泉。禁制人性欲求，势必萎缩人类社会的生命力和创造性，不利于文明的创造和社会的进步。宗教禁欲主义用神的名义禁制人的自然情欲，把人对现实幸福的追求视为道德上的恶，把人的注意中心从人引向神，从现实社会引向虚无缥缈的来世，其社会效果显然是消极的。在各民族的历史上，宗教禁欲主义愈是盛行，人性情欲被禁制得愈是严苛，那个民族便愈是愚昧无知，那个社会便丧失生机，陷于停滞、落后、僵化，直至死亡。要想使那个民族恢复其生命力和创造性，便必须重新夺回丧失了的人性，使之重新回归到人的自身，而这就需要有否定宗教禁欲主义的启蒙思潮。这种启蒙思潮在中外许多民族的历史上都曾出现过，最为典型的，当首推西方文艺复兴时期的人文主义。

意大利在14—16世纪时出现了一场以复兴古典文化为形式的文艺复兴运动，其实质就是批判宗教禁欲主义，实现个人的自由和个性的解放。它在理论上表现为人文主义、人本主义或人道主义，力图说明人实现现世幸福的合理性，追求物质利益的自然性。"人文主义之父"彼特拉克的名言是："我自己是凡人，我只要求凡人的幸福。"他所谓的"凡人"，也就是有血有肉、有感官之求、有情欲之爱的活人，而所谓"凡人的幸福"，也就是感官情欲在生活中的实现。在人文主义者看来，人不仅有情欲，而且有自由的意志和无限的潜能。人有自己的尊严，可以根据自由意志的选择决定自己的命运，实现一切想要实现的欲求。这种看法反映了人的觉醒。在宗教禁欲主义那里，人的肉体、感官、情欲，乃是罪恶的渊薮，是应予诅咒和抛弃的东西，人的人性被异化为敌视人的异己力量。特别是女人，更被神圣的宗教钉在严厉禁欲的十字架上。但在人文主义的艺术家和思想家的作品中，昔日被禁制的人性重新复归到人的自身，作为"美"的化身得到表现。既然人性、人的感官情欲和肉体形相是"美"，那么，追求人性的实现和情欲的满足，便是符合于自然之理的事情。传统宗教禁欲主义的道德说教显然成了反乎自然之道、背乎人性之理的货色，不是善，而是恶；不是道德，而是不道德了。由于这种人文主义启蒙思想对宗教禁欲主义的彻底否定，人才逐渐有了人性的自由和人格的独立，抛弃了基督教原罪教义强加于人的罪恶感、羞辱感，厌倦了对死后地狱的恐惧心，不再理会死亡，开始面对生命；否定苦行的高洁，追求生命的欢乐。著名的人文主义学者瓦拉在其《论享乐和真正幸福》中发挥了伊壁鸠鲁的快乐主义伦理学观点，认为人性是上帝赋予的，因而人性本善；既然追求快乐和幸福合乎人的本性，那么，这种追求是无罪的，也是人生的正确目标。所有的享乐，无论是感官上的，还是知识上的，都应合法地予以保存。我们有追求配偶的天性，却没有终身贞洁的本性，禁欲是不自然的，违反人性的，那是一种不可忍受的痛苦，不应作为美德予以倡导。

人文主义对宗教禁欲主义的批判，唤起了人的主体意识，促进了思想的解放，培育起了一代新人——"再生人"（the man of the renaissance）。再生人是从宗教禁欲主义长期桎梏下解放出来，敢于追求人性实现的时代先驱；他们具有新的精神气质，其最大特点是他们在宗教信仰上已不再囿于传统教义的束缚，逐渐淡化了对来世生活的关切和对地狱惩罚的恐惧，积极对待尘世生活，追求现实幸福；对上帝的崇拜逐渐转变为对知识和天才的景仰；对灵魂不死的信仰逐渐转变为对声名不朽的追求；支配他们言行的准则不是对宗教的忠诚，而是个人主义精神。因此，他们不顾一切地致力于发展个人的潜能，实现个人的价值。他们藐视基督徒的谦卑、温顺和怯懦，鄙夷传统的道德规范和清规戒律，以审美的观念代替道德的观念，勇敢地讴歌和鉴赏宗教禁欲主义视为罪愆的自然美、人性美和女性美。

"再生人"的出现，是否定宗教禁欲主义实现人性复归的结果。这种复归的"人性"，本质上是新兴资产阶级的阶级之性，是开创新时代、创建新文明的资本主义精神。由于时代精神的高扬，传统权威的没落，文艺复兴时期的文化焕然一新，突飞猛进。小说、诗歌、绘画、雕塑等各个领域都涌现出一批巨匠和大师，创造出了大批精美绝伦、流芳百世的艺术杰作。人性的解放促进了社会生产力的解放，经济蓬勃发展，政治生活日益开放。人类的一切文明和文化，都是人的创造和人性的展现，如果人的人性不从宗教禁欲主义的桎梏下解放出来，意大利的文艺复兴是根本不可能的。

16世纪之后，人文主义启蒙思潮并未衰落，人性解放的基本精神在欧洲以及全世界奔流不息，所到之处都一再激发起人的主体意识，唤起人的觉醒。文学、艺术、科学、哲学、道德、宗教、法律等都在自己的领域内实现了观念上的更新，导致16世纪的德国和全欧的宗教改革，16世纪在尼德兰，17世纪在英国，18世纪在法国，19世纪在整个欧洲、北美和全世界迎来了反对封建专制制度的民主革命。

当我们回顾人类走过的这段历史进程的时候，我的意思并不是想把社会的一切进步都归结为人性从宗教禁欲主义桎梏下的解放。我并不赞成这种绝对化的说法。我只想说，这种人性的解放是社会进步的一个条件。宗教禁欲主义对人性和人欲的禁制，其社会历史作用基本上是消极的。不解放人性，实现人性的真正自由，人的创造性潜能就始终受到压抑，社会的解放和进步就是不可能的。我国社会之所以长期落后，一个重要的原因，就是几千年来各种宗教的和非宗教的禁欲主义对人性的禁锢。传统的儒家伦理倡导"存天理，去人欲"，各种宗教的神圣权威又强化这种禁欲主义。歪曲真正的人性，把人性与人欲对立起来，以人欲为恶，克己复礼，保守，中庸，不务进取，不敢表现和实现自我的主体性……这种种丧失了人性的传统观念，在中国人民中根深蒂固。可是，我国历史上偏偏没有成功地进行和完成人文主义式的启蒙教育。新中国成立之后，极"左"思潮以新的形式来禁锢人性。林彪、"四人帮"之流把马克思主义歪曲为一种思想上的信仰主义、文化上的专制主义、道德上的禁欲主义。人和人性在传统桎梏之上又套上了新的枷锁。我国人民的创造性潜能并未得到彻底的释放，人性并未真正解放。在这种情况下，人的主体意识又怎能展现为生产上的积极性和文化上的创造精神！要实现人的解放，我们要做的事当然不能只限于批判各种形式的禁欲主义，提倡单纯的启蒙教育，根本出路在于社会的改造和文化的更新，但这种批判和教育却是社会改造和文化更新的一个必要条件。

在批判地揭示宗教禁欲主义在人类历史上所起的消极作用的同时，我们也要防止另一种偏见，似乎宗教禁欲主义是一种绝对的恶，在人类历史上没有起过任何一点积极作用。的确，据我所知，在论述马克思主义宗教观的论著中，肯定宗教禁欲主义的社会效应者，即令不是没有，也是难得一见的。现在看来，我们有必要对此问题进行新的反思。如果我们全面深入地考察人类宗教的历史，似乎可以说，宗教禁欲主义在人类历史的特殊阶段上所起的作用,并不是完全消极的。

　　人的感官情欲和肉体需求,如饮食男女之类,作为人性的一种表现,既有生物本能的一面,又有社会制约性的一面;既是利己性的,也具有利他性。所以,整个说来,人的人性是生物性与社会性的统一,利己性和利他性的统一。人性本身无所谓善恶。人的生物性和利己性作为生存本能的一种表现形式,并不等于伦理上的"恶"。但如其在人性实现的过程中,损群体以利个体,损他人之利以肥一己之私,这就是伦理上的恶了。这就是说,人性本身虽无伦理意义,但人性在人际关系中的实现却有伦理上的善恶之分。人为地禁锢人性,固然是反人性的;但如果把对人性的禁锢限制在合理的范围,使之既能合理地实现个人的人性,又不致损及他人的人性实现,这种禁制便是必要的,对社会是有益的。在这种特定的意义下,禁欲主义的作用就不完全是消极的了。

　　宗教禁欲主义的原始形式是原始宗教生活中的禁忌规定。在当时的社会条件下,宗教禁忌规定对于培养原始人的伦理意识曾经起了很大的作用。20世纪初,著名的瑞典神学家、宗教学家纳坦·瑟德布罗姆认为,严酷的禁忌制度成了原始人日常生活中必须遵守奉行的"无上命令",使原始人的动物式欲望受到限制,由此受到自制的教诲,有助于原始人培育伦理意识,强化公共道德规范。著名的宗教人类学家弗雷泽也认为,禁忌制度在社会生活中对确立和稳定政治,对确保私有财产不被盗窃,不受侵犯,对婚姻的神圣性,对保护和尊重人的生命都有作用和意义。瑟德布罗姆和弗雷泽的上述观点,无疑也适用于我们对原始社会中宗教禁欲主义的批判分析。表现人性的生存本能以及有关的感官情欲,确有动物性欲求的一面,如其在人际关系中的实现不受必要的控制,势将损人以利己,产生破坏性行为。人际社会关系当然会自发地对人的利己性生物本能施加限制,从而产生许多强制性的社会规约、习惯法以至成文法。但宗教禁欲主义和宗教禁忌制度以神圣的名义,把这些社会性的强制措施神圣化,更能培育起人们抑制人性之破坏性方面的自觉性,把趋利避害的动物本能变成自觉调整行为以适应于社会关系的伦理意识。《旧约》中,犹太人的上帝不断颁布各种诫命和指示,命令犹太人不许做这,不许做那,大至事关民族存亡的政治军事事务,小至生活起居,何者可吃、何者不可吃的日常琐